中國學術思想研究輯刊

三　編
林　慶　彰　主編

第11冊

顏子形象與魏晉人物品鑒
吳　冠　宏　著

魏晉任誕士風研究
栗　子　菁　著

花木蘭文化出版社

國家圖書館出版品預行編目資料

顏子形象與魏晉人物品鑒　吳冠宏　著／魏晉任誕士風研究
栗子菁　著 ─ 初版 ─ 台北縣永和市：花木蘭文化出版社，
2009〔民 98〕
序 2+ 目 2+110 面／目 2+112 面：19×26 公分
（中國學術思想研究輯刊　三編：第 11 冊）
ISBN：978-986-6528-79-8（精裝）
1. 知識分子　2. 魏晉南北朝哲學　3. 社會風氣
123　　　　　　　　　　　　　　　　　　　　　98001665

ISBN - 978-986-6528-79-8

中國學術思想研究輯刊
三　編　第十一冊　　　　　　ISBN：978-986-6528-79-8

顏子形象與魏晉人物品鑒
魏晉任誕士風研究

作　　　者　吳冠宏／栗子菁
主　　　編　林慶彰
總 編 輯　杜潔祥
出　　　版　花木蘭文化出版社
發 行 所　花木蘭文化出版社
發 行 人　高小娟
聯絡地址　台北縣永和市中正路五九五號七樓之三
　　　　　　電話：02-2923-1455／傳眞：02-2923-1452
網　　　址　http://www.huamulan.tw 信箱 sut81518@ms59.hinet.net
印　　　刷　普羅文化出版廣告事業
封面設計　劉開工作室
初　　　版　2009 年 3 月
定　　　價　三編 28 冊（精裝）新台幣 46,000 元

顏子形象與魏晉人物品鑒

吳冠宏　著

作者簡介

吳冠宏

民國五十四年（1965）出生於花蓮，性喜沈思冥想，雅好山海自然，情鍾於中國傳統文化，對人文教育深具使命感。台灣大學中國文學博士，曾擔任東華大學中文系主任（2001 — 2004），現為東華大學中文系教授兼通識中心暨藝術中心主任。著有《聖賢典型的儒道義蘊試詮—以舜、甯武子、顏淵與黃憲為釋例》（里仁書局 2000）、《魏晉玄義與聲論新探》（里仁書局 2006）及多篇學術論文著作，專長為魏晉學術與儒道思想。

提　　要

　　人物形象之探討，向來著眼於傳統史傳與小說的領域，而義理思想的研究，亦每側重在論點及概念的辨析，本文則嘗試從「顏子形象」轉進，試圖開闢以人物形象連結思想問題的詮釋新途。

　　賀昌群先生曾提出「漢晉間賞鑒人物何以獨擬顏子」的論題，本文即承此特殊的品鑒現象出發，一則藉著具有典型意義的顏子形象，探入《論》、《莊》及魏晉《論語》注疏的思想底蘊，以作為討論人物品鑒之思想背景的詮釋基礎；二則乃從顏子形象與魏晉人物品鑒交會而生的待詮面向切入，透過對應效用法，將被喻為顏子的黃憲、荀彧、陳群、羊祜、陸雲、謝尚諸人對照並觀，從而勾勒出天資異稟、言談風姿、知人善鑒之理想人格的時代特質，並彰顯「人物喻體—顏子」之義涵有由「道德（至德）→才德（才略、明智）→才情（才器、性情）之轉變的趨勢，遂使此部分現象與整體之間，可以形成相互詮釋、彼此證成的關係。

　　可見，本文之所以標舉顏子，不僅視其為一探討的對象，也使之成為一種方法的運用。如此，耳熟能詳的顏子，不再只是被人歌頌的對象而已，更能為我們開啟探討儒、道、玄的思想精義及魏晉人物風貌與品鑒風尚的橋樑。

目

次

序　言

　　《顏子形象與魏晉人物品鑒》是我的碩士論文（1993 年），十多年來未嘗考慮會有正式出版的一天，十分感謝花木蘭出版社的牽成，讓這一本碩士論文得以順利問世。面對自己這一本學術處女作的出版，雖不免有重寫修改的衝動，但幾經考量，我仍讓它原味現身，因為它不僅呈現一段學術成長的真切軌跡，亦勾勒出自己以人物探入思想研究的進程，而一路走來的緣起逢遇，尤令我滿懷感念之心與珍惜之情。

　　還記得在台大讀中文研究所碩士班的時候，修習廖蔚卿老師「世說新語研究」的課程，由於我和廖老師都習慣早到，因此每能於上課前向廖老師請教自己閱讀《世說新語》的問題。在疑解之際，正是廖老師「為什麼魏晉人喜歡顏淵，值得想想」這一句話，啓動我以「魏晉人何以盛擬顏子」為論題來撰寫報告，又在廖老師的鼓勵下，加以延展推擴，而成此碩士論文。廖老師以一身名士的風骨帶我走進《世說新語》及魏晉文化的迷人世界，而指導教授張亨老師則開啓我儒、道思想的視域，助我奠定義理生命的規模，並以寬厚的雅量包容我以文學筆調來處理學術問題，還有兩位口考老師王叔岷教授及齊益壽教授的用心提點，才能將此小題大作的論文順利完成。

　　至今重覽舊作，雖仍有未盡成熟的遺憾，但依問題意識起興的論述模式，乃至經由聖賢人物以探入學術思想的研究進路，都已在此點燃火苗而一路延燒。

2008.11.25，吳冠宏誌於花蓮東華大學文學院 B406 研究室

第一章 導 論

第一節 緣起與釋題

魏晉人物品鑒，由於它特涵豐富旨趣，同時也影響到當時學術、思想、歷史、文學、美學等諸多課題，因此歷來學者對於呈顯當時人物風貌的品鑒實錄──《世說新語》、或人物品鑒理論──《人物志》的研究頗多，且皆有卓越的成績，〔註1〕是以面對這片熟泥舊壤，如何重整出新肥的沃土，實有待開闢詮釋的新途。為了避免旁生枝節，筆者打算重返原初現象予以考察，也就是逕由此一品鑒現象出發，不先另行架構或援引一理論、方法來進行討論，然詮釋新途亦隨透映現象的過程中豁顯。

在魏晉諸多人物品鑒的現象中，我們發現好「比」、重「比」即為頗具特色的時代徵狀，如劉惔與桓溫：

1. 劉惔……後稍知名，論者比之袁羊。惔喜，還告其母，其母，聰明婦人也，謂之曰：「此非汝比，勿受之。」又有方之范汪者。惔復喜，母又不聽，及惔年德轉升，論者比之荀粲。（《晉書》卷75）
2. 桓溫……自以雄姿風氣是宣帝、劉琨之儔，有以其比王敦者，意甚不

〔註 1〕 近人研究魏晉人物品鑒者，不勝枚舉，諸如湯用彤《魏晉玄學論稿》的〈讀人物志〉，收入《魏晉思想》（里仁書局，民國 73 年版）、牟宗三《才性與玄理》的〈人物志之系統的解析〉（學生書局，民國 74 年版）、朴敬姬的《世說新語中人物品鑒之研究》（政大 71 年碩士論文）、張蓓蓓的《漢晉人物品鑒研究》（台大 72 年博士論文）、梅家玲的《世說新語的語言藝術》（台大 80 年博士論文）等。

平，及是征還，於北方得一巧作老婢，訪之，乃琨伎女也，一見溫，便潸然而泣。溫問其故，答曰：「公甚似劉司空。」溫大悅。……（《晉書》卷 98）

第一條寫劉惔隨著年德增長，而其比亦由袁羊（以博學有文才聞名），范汪（以善談名理稱世），以至荀粲（能言玄遠，簡貴逸俗），〔註2〕聲名漸升而日趨時流上乘。其母之聰明，正在訓兒慎受其比，以免自限其才望；第二條則寫桓溫自比爲英雄，並因他人將之比爲劉琨、王敦，而有情緒上喜怒的強烈反應，可見作爲比類的人物喻體，〔註3〕已意味著品評的高下深淺。劉惔爲風流宗主，桓溫有英雄器宇，兩人皆爲魏晉名流，〔註4〕故其對「比」的重視心態，適足以反映出「比」的廣爲流行與對聲望的巨大影響，因此從「比」的現象考察，應該更能貼切地看出整個時代的風貌來。又如：

1. 王衍……武帝聞其名，問戎曰：「夷甫當世誰比？」戎曰：「未見其比，當從古人中求之。」（《晉書》卷 43）

2. ……毋丘儉嘗薦裴秀於大將軍曹爽，曰：「……非徒子奇、甘羅之儔，兼包顏、冉、游、夏之美。」（《晉書》卷 35）

可見比類古人，對其品賞者，不僅是一種譽美，而且可以通過爲人所熟悉的人物質性來喻示，如此被比之人的特質往往也隨之顯現，如毋丘儉比類古人來稱賞裴秀，正是欲藉由人們對子奇、甘羅及顏、冉、游、夏諸人形象的認知，來加強彰顯裴秀之才德聰慧。就此喻例而言，子奇等六人乃是作爲支援對象的人物喻體，共同指向焦點對象──裴秀，在實際品鑒的內容中，並非本然興趣所在，〔註5〕因此歷來討論品鑒問題的學者，很少注意於此，往往僅視爲語言

〔註2〕 可由史傳資料來略窺諸人才望之高下：袁羊見《晉書·袁喬傳》（洪氏出版社，民國 64 年初版），卷 83，頁 219（據劉注：袁羊爲袁喬小字）；范汪見《晉書·范汪傳》，卷 75，頁 1982；荀粲見裴松之注《三國志·魏書·荀彧傳》，（洪氏出版社，民國 63 年初版），頁 319～320。

〔註3〕 「喻體」一詞，沿用黎運漢、張維耿在《現代漢語修辭學》（香港商務印書館，1986 年版），頁 102，的說法，其將被比喻的事物稱作本體，用作比喻的事物稱作喻體。由是本文將用作比喻的人物，以『人物喻體』一詞稱之。

〔註4〕 據蘇紹興〈從《世說新語》的統計分析看兩晉士族〉《兩晉南朝的士族》（聯經公司，民國 76 年版）一文之統計：桓溫出現 88 次，劉惔出現 69 次，各居人名出現次序的 2、4 名，可見兩人於魏晉名流中頗具代表性。

〔註5〕 此處關於「支援對象」、「焦點對象」、「本然興趣」的觀念，係參考 Michale Polaryi 原著，彭淮棟譯〈從知覺到比喻〉《意義》（聯經公司，民國 73 年版），第四章而來。

現象的表達模式，所以總以分類歸納的方法來探討人物喻體。〔註6〕其實，以古代的知名人物作為比喻對象，究其緣由，可以說是原始民族「類推」思維模式的殘留，〔註7〕直到今天，我們也常常把濟世救人的名醫稱作「華陀」，而機智過人的人才則以「孔明」呼之，雖然我們已經懂得運用抽象思維，但畢竟不如以具體形象傳達來得生動鮮活，因此歷史上那些具有完美人格、偉大事功或特殊行為表現的人物，便常常為人所引用，而形成一種特殊意義的代稱，諸如賢君──堯舜、聖賢──孔顏、良史──董狐……等，〔註8〕皆是利用人物喻體所涵攝的意義，來加強讀者對於新人物的認識，而達到「借此喻彼」的效果。如此看來，對於歷史上已名垂千古，家喻戶曉的人物，其屢被引用於品鑒之中，似乎沒有討論的必要，但是這種代稱用法，雖然有突破時空的普遍性質，然而在特殊的背景下，即可能投射出獨具的新意，諸如引用之多寡、引用之功能是否有因革損益的不同，或其他意義的轉化，皆有待進一步的考察。賀昌群先生曾提出「漢晉間賞鑒人物何以獨擬顏子」的論題，〔註9〕雖然並未予以深究，但值得注意的是，顏淵於孔門中以德行見賞，而魏晉時玄學與佛道思想盛行，儒義德化既已漸寂於當代，當代人物又何貴於「顏子」？因此我們若細思這種品鑒現象，的確值得再三玩味，而且也可以翻轉傳統研究人物品鑒的注目焦點，成為引領我們向支援對象的人物喻體──顏子──思索的先聲。

　　「人物喻體──顏子」乃是運用顏子形象以施之於人物品鑒而來，顏子向為中國人的理想人物之一，也是筆者於學術領域中相當關切的對象，由於每一個詮釋者對他體認、理解的不同，甚至於將之轉化、塑造，顏子形象遂有因革發展之跡，又富涵文化、思想之深義，進而與顏子本身形成互動的關

〔註6〕　如梅家玲之《世說新語的語言藝術》，即曾以代稱用法收攝各種具有典型意義的人物喻體，見其書頁177；廖棟樑於〈論漢末魏晉人物品鑒的形象批評〉一文亦將此納入形象批評中以人物為形象的品評，見《王靜芝先生七十壽慶論文集》（文史哲出版社，民國75年），頁797。

〔註7〕　所謂「類推」，指由某一事而推度其他相類事物，維科（Vico）將其稱作想像性的類概念，他認為原始民族都用形象鮮明的、突出的個別具體事例，來代表同類事物，比如埃及人把每一個有發明才能的人都叫做『赫爾彌斯』，因為當時他們尚沒有『發明家』這個抽象類概念，而『赫爾彌斯』正是他們所熟悉的且有發明才能的具體對象。此說轉引自朱光潛的《西方美學史》（漢京公司，民國72年版），上卷，頁322至頁323。

〔註8〕　參見註6所引前例。

〔註9〕　見〈魏晉清談思想初論〉，收入《魏晉思想》（里仁書局，民國73年版），頁12。

係。顏淵由於早逝，未能活躍於當代，故其史料奇缺，然而孔子的頻賞顏淵，乃在顏淵於道德實踐上的精進不已，其形象遂可呈顯出深涵儒家思想精義的理想人格特質。此外，莊子更藉其好學形象來傳達道家思想，使顏子形象也成為道家理想人格的典型之一。而魏晉於儒、道兩家所開展的人生面向，正處於既衝突對立又兼容並蓄的階段，故而激盪、映發出格調獨特、面目多樣的玄學清談，他們每以玄意詮解《論語》，亦玄化了顏子形象，諸如此類，俱為本文探討顏子形象所必須顧及的課題，由此看來，所謂「顏子形象與魏晉人物品鑒」，實兼有組合與交會的關係。就組合而言，顏子形象與魏晉人物品鑒本屬兩個截然不同的範疇，各具探討旨趣，而兩者之所以交會，實因「人物喻體——顏子」之故。可見，本文之所以標舉顏子，不僅視其為一探討的對象，同時，也使之成為一種方法的運用。是故，特由「形象」的角度入手，一方面是針對人物品鑒中的「形象批評」而言，因為用顏子稱擬品賞對象，基本上是形象批評中以人物為形象的品評方式，〔註10〕是以點出「形象」，可以更凸顯兩者的關係；再者，乃就顏子而言，本文所重，不在其事蹟的考辯，而著眼於形象所具獨立自足的意義。所謂「形象」，向來具有狀貌形容與人格特質兩義，〔註11〕因此「形象」正是由兩者互動互成所展現出來的，唯本文更著眼於由此人格所顯露出來的心靈特質與生命境界。而論及「人物形象」，不免令人聯想到它的傳統歸屬——史傳與小說的領域，在此用來討論顏子，雖有唐突之感，但亦非沒有前例可尋，廖平曾於《書經大統凡例》中指出：

> 儒家之堯舜美備、墨家之堯舜質野、道家之堯舜天神、農家之堯舜農耕、兵家之堯舜戰爭、法家之堯舜明察。各執一偏，言人人殊，皆非真堯舜也。〔註12〕

堯舜在儒、墨、道、農、兵、法諸家中形象各不相同，而且與諸家的學說緊密相關。顏子雖未如堯舜般擁有多樣面目，且《論語》為實錄，顏子形象自是以此為主，但其形象朗現於儒、道、玄的典籍之間，攸關儒、道、玄的思想則亦然。一般學者論及思想的範疇，輒訴諸概念之分析，以力求清楚明確。其實，具有典型意義的人物形象，往往涵藏著文化生命的活水源泉，因此揭

〔註10〕 參見註6所引後例。

〔註11〕 係參考《張氏心理學辭典》對「形象」（figure）一詞的定義。張春興著（東華書局，民國78年版），頁255。

〔註12〕 此引自《六譯館叢書（二）》（民國24年版），第19本，頁15。

示其形象之義蘊，雖然不若哲學論述般，可以客觀、細密地闡發某一論點或思想，卻可經由深透形象所湧現的生命渾全感，而傳達出邏輯概念所無法體現的思想之精義，由此可見對於人物形象的探討，可以跳出傳統史傳與小說領域的制約，而更具廣度。

「魏晉人物品鑒」的時代範圍，雖定名爲「魏晉」，但是人物品鑒的現象始於漢末，故本文不論取材範圍或討論領域，亦本此原則出發，冠以「魏晉」，只是爲了方便起見。此外，本文也不是對人物品鑒進行全面性的考察，而是僅由顏子形象與魏晉人物品鑒交會而生的待詮面向切入，究其主要目的，尤在人物風貌與品鑒風尚的探討。然而如前所述，作爲支援對象的人物喻體，就人物品鑒的內容而言，地位上僅具邊緣角色，何以能成爲我們探討人物品鑒的啓鑰呢？解構主義大師德希達（J. Derride）曾經指出其典型的閱讀習慣是：抓住作品中某個明顯是邊緣的細節──某個腳注，某個反覆出現的次要的詞或形象，某個隨便運用的掌故──頑固地使它發生作用，直到它有可能破壞支配原文整體的那種對立關係。〔註13〕對於魏晉人物品鑒的傳統論點，筆者無意解構，然而部分現象與整體之間，必然存在著可以互詮互解的通道，所以對於如此問題的發現與解決，至少可與傳統的說解，形成互證的交流，或有助於詮釋角度的開拓。話雖如此，有鑒於傳統習慣不以人物喻體爲討論的核心，我們有必要建立人物喻體在討論進行上的可行性。因此，本文打算先以另一個「人物喻體──甯武子」爲試驗對象，以建立從人物喻體出發的可行性。

第二節　「人物喻體──甯武子」

> 衛瓘……弱冠爲魏尚書郎，……轉中書郎。時權臣專政，瓘優游其
> 間，無所親疏，甚爲傅嘏所重，謂之甯武子。（《晉書》卷36）

傅嘏何以用甯武子來稱美衛瓘？甯武子乃春秋衛國舉足輕重的政治人物，《論語·公冶長》篇有載：

> 子曰：「甯武子，邦有道則知，邦無道則愚，其知可及也，其愚不可
> 及也！」

對於甯武子之「愚」，《論語》中並未指明，杜預（晉）的《春秋左氏傳》注

〔註13〕引自 Terry Eagleton 原著，王逢振譯《當代西方文學理論》（中國社會科學出版社，1988 年版），中譯本，頁 194。Literary Theory，頁 133。

則直以《左傳》文公四年所記：「衛甯武子來聘。公與之宴，爲賦湛露及彤弓。不辭，又不答賦。公使行人私焉，對曰：『臣以爲肄業及之也。……』」而言「魯人失所賦，甯武子佯不知」爲孔子稱美所據。而魏晉之人，亦時以「詳愚」、「晦智」釋甯武子之愚，如魏王朗與晉孫綽所言：

1. 智之爲名，止於布德尙善，動而不黜者也，愚無預焉。至於詳愚，韜光潛綵，恬然無用，支流不同，故其稱亦殊。且智非足者之目可有，雖審其顯，而未盡其愚者矣。（皇侃《義疏》引王朗言）〔註14〕

2. 人情莫不好名，咸貴智而賤愚。雖治亂異常，而矜鄙不變，唯深達之士，爲能晦智藏名以全身遠害。飾智以成名者易，去華以保性者難也。
（孫綽《論語孫氏集解》）〔註15〕

而此正與朱熹理解的甯武子之愚大異其趣：

> 武子仕衛，當文公、成公之時。文公有道，而武子無事可見，此其知之可及也。成公無道，至於失國，而武子周旋其間，盡心竭力，不避艱險。凡其所處，皆智巧之士所深避而不肯爲者，而能卒保其身以濟其君，此其愚不可及也。（朱熹《論語集注》）〔註16〕

余嘉錫先生認爲：「以甯武子之愚，爲詳愚，乃漢魏人解論語與宋儒異處。」〔註17〕此一爲詳愚、晦智的深達之士，一爲秉持道義的忠君典型，對於甯武子之愚如此截然不同的體會，正說明即使面對同一形象，也可能因爲時代、文化等背景的不同，而有隨之而異的詮釋。魏晉之際，曹氏與司馬氏權勢互有消長，衛瓘「優游其間，無所親疏」，正是魏晉所理解的甯武子「詳愚」、「晦智」的化身，傅嘏善論才性，〔註18〕其品鑒的普遍認同性，不容置疑。由甯武子於魏晉所呈顯的時代殊義──詳愚、晦智──觀之，衛瓘「優游其間，無所親疏」的生命型態，正是如此特殊的時空背景與政治環境下，極爲普遍的人格面向：

1. 山濤：居魏晉之間，無所標明。（見《名士傳》，《世說‧識鑒》第四則

〔註14〕見《論語集解義疏》（廣文書局，民國66年，57年初版），頁168。

〔註15〕見馬國翰輯之《玉函山房輯佚書（三）》（文海出版社，民國63年版），頁172。

〔註16〕見朱熹《四書章句集注‧論語》（長安出版社，民國79年版），頁81。

〔註17〕見《世說新語箋疏‧識鑒》第8條箋疏（二）余嘉錫案語（華正書局，民國78年版）。本文所引之《世說新語》，凡據此版本者，後皆以《世說》簡稱之。

〔註18〕《三國志‧魏志‧傅嘏傳》云：「嘏常論才性同異，鍾會集而論之。」裴注引《傅子》云：「嘏既達治好正，而有清理識要，好論才性，原本精微，尠能及之。」由此可見傅嘏善言名理，其品評之影響力，自不待言。

劉孝標注引）爲人常簡默。（見《竹林七賢論》同上所引）

2. 裴楷：時楊駿執政，優游無事，默如也。（《晉書》卷 35）

3. 謝鯤：不徇功名，無砥礪行，居身於可否之間。……敦有不臣之跡，顯於朝野，鯤知不可以道匡弼，乃優游寄遇，不屑政事，從容諷議，卒歲而已。（《晉書》卷 49）

4. 應詹：以王敦專制自樹，故優游諷詠，無所標明。（《晉書》卷 70）

他如王戎、王衍、楊準、山簡、何劭、裴憲、阮裕、庾敳、王雅等諸人亦然。〔註19〕他們面對亂世困局（權臣專橫、王室交爭、天下多故……），往往以愼默、耽酒、陽狂的態度逃避，「無所標明」以免禍全身，「恬然無用」以逍遙適性，究其「崇愚」之舉，亦是「尚智」風氣所成，並無關乎德性生命，故其會心於甯武子，正有其時代無可如何的悲感，進而以此爲尚，成爲一種普遍的風潮，當然不會是孔子稱讚甯武子的本義。孔子稱其「邦無道則愚」究竟意指甯武子何種行誼，尚難論斷，若直就「賦詩」一事觀之，儒家固然也論及明夷識時的人生智慧，但其背後有「義」 ── 禮樂與家國大義 ── 存焉。程子雖以「沈晦以免患」釋此，然立即補以「亦有不當愚者，比干是也」，〔註20〕推敲其意，恐是提醒人勿執此殊境之姿態，而忘當諫之應然。觀《左傳》所載，甯武子職納橐饘、貨醫薄酖……對衛侯盡心竭智，始終一心，〔註21〕此自非魏晉宗於全身保性、優游自適之流所能深體力行。比照於

〔註19〕王戎「以晉室方亂，慕蘧伯玉之爲人，與時舒卷，無寒諤之節。」《晉書》，卷 43，頁 1234；王衍「楊駿欲以女妻焉，衍恥之，遂陽狂自免。」又「素輕趙王倫之爲人，及倫篡位，衍陽狂斫婢以自免。」同上，頁 1236～1237；楊準「見王綱不振，遂縱酒不以官事規意，消搖卒歲而已。」《世說·賞譽》58 劉孝標注引荀綽《冀州記》，頁 455；山簡「于時四方寇亂，天下分崩，王威不振，朝野危懼。簡優游卒歲，唯酒是耽。」《晉書》，卷 43，頁 1229；何劭「三王交爭，劭以軒冕而游其間，無怨之者」《晉書》卷 33，頁 999；裴憲「在朝玄默，未嘗以物務經懷。」《晉書》卷 35，頁 1051；阮裕「以敦有不臣之心，乃終日酣暢，以酒廢職。」《晉書》，卷 49，頁 1367；庾敳「時天下多故，機變屢起，敳常靜默無爲。」《晉書》，卷 50，頁 1396；王雅「以朝廷方亂，內外攜離，但愼默而已，無所辯正。」《晉書》，卷 83，頁 2180。以上所舉諸例，皆與衛瓘的詳愚之舉，頗爲相類。

〔註20〕同註 16。

〔註21〕職納橐饘事見《左傳》僖公 28 年：「……衛侯不勝，殺士榮，刖鍼莊子，謂甯俞忠而免之。執衛侯歸之于京師，寘諸深室。甯子職納橐饘焉。」（藝文印書館十三經注疏，民國 74 年版），頁 276。貨醫薄酖事見《左傳》僖公 30 年：「……晉侯使醫衍酖衛侯，甯俞貨醫，使薄其酖。不死。」頁 284。對於甯武

朱熹所釋，魏晉人對於甯武子，捨「彼」——職納橐饘、貨醫薄酖等行徑，而取「此」——賦詩，並且無形中淡化了賦詩一事的禮樂道德義涵，正好吻合當時人物品鑒的基本風格——審美而非道德——的品鑒趨勢。

透過「人物喻體——甯武子」的穿針引線，從人物品評（傅嘏——甯武子——衛瓘）的特殊風貌出發，以至當時政治處境下相類人生面向的考察，甯武子，遂具有漣漪式的伸展張力，可以建立從人物喻體出發來觀照時代人物風貌的可行性。並非每個作爲支援對象的人物喻體，皆具探討旨趣，因此選取的條件在其可否兼具普遍性與特殊性，普遍性指其在當代確實爲一種普遍現象，特殊性指其與其他時代的現象確實有所不同，品鑒現象中雖有諸多人物形象可以與「傅嘏——甯武子——衛瓘」互證參照，但是直接以甯武子引喻之例不多，未若顏子形象般揚聲於人物品鑒之域，是以兩者雖同具特殊性，然而在討論的條件上，顏子實較甯武子更具有普遍性的典型意義。

第三節　取材與作法

顏子，作爲歷史性的存在，即在其形象的塑成與傳演，而塑造顏子形象的源頭，乃爲《論語》，因此《論語》中的顏子形象，爲貫串顏子形象之發展與對魏晉人物品鑒之探討的基本對應點。《莊子》裡的顏淵，可以說是顏子形象的一個變數，若將它與《論語》作一對照，亦恰可彰顯儒、道兩家理想人格的殊義。而魏晉時代籠罩著融合儒、道和玄化儒理的趨勢，是以筆者嘗試考諸魏晉的《論語》注疏，由此勾勒出玄學化的顏子形象，進而探討是時之聖賢觀，與呈顯此一時代的心靈特質，這種心靈特質影響著魏晉人的生活情調與生命型態之發展，自然也關係著人物品鑒。故對於顏子形象的探討，必須兼顧以下三者：1.《論語》中的顏子形象；2.《莊子》中的顏子形象；3. 魏晉玄學化的顏子形象。

至於顏子形象於人物品鑒中的運用，筆者擬以「人物喻體——顏子」作爲引介，所用的方法即爲對應效用法。所謂「對應效用法」，乃指兩種（或兩種以上）具有某些相同質素的不同對象，藉其共同點的連繫，而將彼此作一對應，使兩者（或以上）的不同處更爲顯明。在此，「人物喻體——顏子」即

之賢智，竹添光鴻撰《左傳會箋》（漢京公司，民國73版）於僖公28年「敝犬走，出，公使殺之，元咺出奔晉。」頁31。後論析甚詳，亦可參看。

爲縮合的媒介，透過「人物喻體──顏子」的牽引，使《論語》中的顏子形象與喻爲顏子諸人形成對應，而《論語》中的顏子形象最能體現孔子本諸仁德的論人精神，是以在如此的對應下，也更能透顯出魏晉人物品鑒之殊趣。漢末至東晉間，黃憲、荀彧、陳群、羊祜、陸雲、謝尚諸人皆曾被喻爲顏子，〔註22〕也就喻示了他們的人格地位，有如顏子之賢，乃爲其時的理想人物之一，而此理想人物之形象，正可見出一時代之精神與風貌。因此，本文試圖以「人物喻體──顏子」爲縱貫諸人的軸心，重現「品評者──顏子──被品評者」的品鑒情境，並透過時序先後，經由史書（《後漢書》、《三國志》、《晉書》、其他史料……等）及《世說新語》中的相關資料來呈顯被品評者的人格特質，以見其時理想人格的風貌。除此之外，又以對品評者的考察及被品評者與顏淵的比較最爲重要。前者，用以驗証如此的品鑒可否具有影響力與普遍性；後者，經由對應，則可間接揭示如此品評所透顯的品鑒風尚與時代意義。因此對於以顏子爲喻的人物探析，本章依 1. 黃憲與顏淵；2. 荀彧與顏淵、陳群與顏淵；〔註23〕3. 羊祜與顏淵；4. 陸雲與顏淵；5. 謝尚與顏淵。分別進行討論，而定名爲「從『人物喻體──顏子』到魏晉人物品鑒（上）」，再綜論之，以爲下章。

　　本著由人物形象出發的討論原則及對應效用法的運用，綜觀黃憲等六人，可由此勾勒出三項共同特質：1. 天資異稟；2. 言談風姿；3. 知人善鑒。此正是從以顏子爲喻的人物討論，延伸至考察普遍品鑒風潮與人物風貌的媒介，並援引品鑒理論──《人物志》，與品鑒實錄──《世說新語》來加以印証之；再者，由黃憲等六人人格特質的不同與時代價值觀的遞演，可以發現「人物喻體──顏子」的義涵也有因時而異的轉變，而此轉變與品鑒風尚之間形成極爲密切的關係，故特以「人物喻體──顏子」義涵的考察，作爲

〔註22〕考諸《世說新語》及劉孝標注，乃至相關於漢末至魏晉間的史料，可知喻爲顏子者，除此六人之外、尚有文立，《晉書·儒林列傳》載：「文立……師事譙周，門人以立爲顏回，陳壽、李虔爲游、夏，羅憲爲子貢。」卷91，頁2347。然究其品鑒屬性，爲譙周門人分擬孔門弟子所致；而時代稍後的周續之，受業於范甯，以名冠同門而被號爲顏子亦然，皆未若前引六人般較具獨立的探討旨趣，《宋書·隱逸列傳》（洪氏出版社，民國64年版），卷93，頁2280。他如禰衡謂孔融曰：「仲尼不死。」孔融答曰：「顏子復生。」《後漢書·孔融傳》，（洪氏出版社，民國67年版），卷70，頁2278。則純屬遊戲之談，故亦不列入討論。

〔註23〕荀彧與陳群併爲一節，理由可參見本文第三章第二節，頁51～52。

映襯魏晉品鑒風尚與時代精神的橋樑。由是本章分列：1. 天資異稟；2. 言談風姿；3. 知人善鑒；4.「人物喻體——顏子」義涵的轉變與品鑒風尚之流演。四節以論之。

綜合以上所言，本文將分五章進行討論：

第一章　導論。

第二章　儒、道的顏子形象及其玄學化。

第三章　從「人物喻體——顏子」到魏晉人物品鑒（上）。

第四章　從「人物喻體——顏子」到魏晉人物品鑒（下）。

第五章　綜論。

此外，必須另外說明的是：戴君仁先生以為莊徒改造假冒孔顏，乃莊學之徒的一個極大的陰謀；〔註24〕崔述主張「顏子並非後儒可擬」，病漢末之流風漸尚氣度，故「不知其勝人者何在」的黃憲，遂能以蘊藉和平、氣象雍容而得顏子之喻。〔註25〕本文則不擬探如是的批判態度，而以設身處地的方式，盡可能地貼近思想文獻或人物言行之記錄來加以詮釋，以逼顯每一特殊時空與文化背景下的思想精義及人物風貌。作為一個詮釋者，必有其自身的限制，但是通過與原文的對話，置身其中地加以直觀、反思，並不先預設立場，也沒有一定的規範與模式，如此配合探討對象的特殊性，則當更能呈現其較為整全與本然的面貌，故筆者不論處理那一章節，皆本此原則進行。

〔註24〕參見戴君仁〈莊子書中的夫子曰〉《梅園論學續集》一文（藝文印書館，民國63年初版），頁258～259。

〔註25〕崔述云「漢人稱黃叔度為顏子，……顏子……非徒以蘊藉和平、氣象雍容為勝人也。……彼叔度者，吾不知其勝人者何在，不過以其蘊藉和平、氣象雍容，故有此品題耳，蓋漢末之流風漸尚氣度，至於魏晉遂專以風采度量權衡人物，以至萬事不理而有劉石之禍。……」見〈洙泗考信餘錄〉卷之1，頁7，收入《考信錄》（世界書局，民國52年版）。

第二章　儒、道的顏子形象及其玄學化

　　時空移轉的腳步未曾歇息，歷史的人物形象之所以能擺脫時空的限制，往往是得力於語言文字的傳遞；而語言文字裡涵藏著文化延續的活力，經由它們的傳引，在歷史長流中曾經活躍的生命，方能持續波動著我們的感覺記憶。因此，雖然顏子與我們已時空遙隔，若要探究其形象，求助於相關文獻，應是可行的方便之道。然而探討歷史人物，其間往往牽涉到對文獻的史實性與影響力的考察，韓非即曾針對史實性的真偽問題提出質疑：

　　　　孔子、墨子俱道堯舜，而取舍不同，皆自謂真堯舜，堯舜不復生，

　　　　將誰使定堯舜之誠乎？（《韓非子‧顯學》）

雖然無法斷定堯舜的真正面目，然而「儒家之堯舜美備，墨家之堯舜質野」，〔註1〕其形象卻可由儒墨兩家學說的不同，而有美備與質野的塑成，如此看來，形象之形成，乃係乎文獻的塑造影響，因此若以探究歷史人物的真實面貌為目的，自不能輕忽文獻的真偽性質，但若著眼於形象，則當無囿於此。〔註2〕是故筆者並不打算辯証顏淵真偽性的問題，而以形象的凸顯為主要目的。尋繹於《論語》、《莊子》，我們自會發現兩種截然不同的顏子形象，如《論語‧顏淵》所記：

　　　　顏淵問仁，子曰：「克己復禮為仁，一日克己復禮，天下歸仁焉！為

〔註1〕語出廖平《書經大統凡例》，可參見本論文第一章第一節，頁4。

〔註2〕如《三國演義》的曹操，相較於《三國志》所載，雖有失真之嫌，然其將曹操塑為「千古第一奸雄」的典型形象，鮮活生動，因而深烙人心，是以曹操形象的塑成，「七分實事，三分虛構」（章學誠語）的《三國演義》反比史實性的《三國志》更具影響力與決定性。

仁由己，而由人乎哉？」顏淵曰：「請問其目。」子曰：「非禮勿視，
非禮勿聽，非禮勿言，非禮勿動。」顏淵曰：「回雖不敏，請事斯語
矣！」

於此，我們看到孔子以「克己復禮」向顏淵點出仁的特質，而顏淵默識其理，
進而直問德目，請事四勿之教，於是力行於勝私復禮之道德實踐中的顏子形
象，便昭然於目前了。而在《莊子・大宗師》裡卻云：

顏回曰：「回益矣！」

仲尼曰：「何謂也？」

曰：「回忘禮樂（仁義）矣。」

曰：「可矣，猶未也。」

他日復見，曰：「回益矣！」

曰：「何謂也？」

曰：「回忘仁義（禮樂）矣。」

曰：「可矣，猶未也。」

他日復見，曰：「回益矣！」

曰：「何謂也？」

曰：「回坐忘矣。」

仲尼蹴然曰：「何謂坐忘？」

顏回曰：「墮肢體，黜聰明，離形去知，同於大通，此謂坐忘。」

仲尼曰：「同則無好也，化則無常也，而果其賢乎！丘也請從而後也。」

《論語》裡問仁得禮，平易踏實的顏淵，於此，竟然搖身變成忘仁義忘禮樂，
甚而語吐「坐忘」的玄虛人物。「克己復禮」與「坐忘」分別是儒、道兩家成
就理想人格極為重要的實踐功夫，有趣的是，兩者同是透過孔、顏的對話來
完成，直至魏晉玄學影響下的皇侃《論語義疏》更載有：

回也，其庶乎，屢空。……（太史叔明）按其遺仁義，忘禮樂、墮
支體、黜聰明、坐忘大通，此忘有之義也。忘有頓盡，非空如何？
若以聖人驗之，聖人忘忘，大賢不能忘忘，不能忘忘，復為未盡，
一未一空，故屢名生也焉。

竟援用《莊子・大宗師》的「坐忘」，來解釋《論語》的顏淵，而形成「一未
一空」玄學化的顏子形象。太史叔明雖已是南朝梁人，〔註3〕但其玄化《論語》

〔註3〕《南史・儒林傳》載：「太史叔明……少喜莊、老，兼通《孝經》、《論語》、《禮

的態度是沿襲魏晉而來的，〔註4〕可見若從思想的角度觀之，魏晉人於理想人物——顏子，已有因時而異的體會與詮釋，是以對於顏子形象的探討，本章將依儒、道、玄三個面向來加以呈顯、論述。

第一節　《論語》中的顏子形象

　　叱吒風雲的項羽，如果沒有史遷的悲情傳寫，實難以重現其動人的神采；若非曹雪芹的孤芳澆壘，伶仃葬花的黛玉，又何以能令人一掬同情之淚？因此，不論是創造或重現，人物形象的建立，在某種意義上，總是與揭示者息息相關。顏淵，至今所以仍活在我們的心中，可以說是得力於孔子的稱賞；而孔子，作爲顏子形象的揭示者，正是我們探索顏子形象的橋樑。由於孔顏之間，存在著相契相知的生命呼應，比之於其他被孔子評論的人物，他們師生有著更爲密切與互動的關係，是以，《論語》中的顏子形象，其整體意義必須透過孔子對理想人格的要求，及顏子的言行特質來理解，而孔子對顏淵的贊語，往往就是這兩個面向的交點，由是，也成爲我們討論的憑藉，而在諸多贊語中，「不遷怒，不貳過」、「三月不違仁」、「簞瓢陋巷，不改其樂」、「用之則行，舍之則藏」四則，皆爲孔子獨賞顏淵的關鍵贊語，爲了避免討論過於零散、籠統，本文嘗試以此四則贊語爲目，再分別加以推擴、闡述；同時，又參佐《論語》、《孟子》、《中庸》及《史記》所載之相關資料，期能把《論語》中的顏子形象，朗現出來。

一、不遷怒、不貳過

　　《論語・雍也》云：

　　　　哀公問弟子孰爲好學。孔子對曰：「有顏回者好學，不遷怒，不貳過，不幸短命死矣，今也則亡，未聞好學者也。」〔註5〕

記》，尤精三玄，每講說，聽者常五百餘人。……」（洪氏出版社，民國 66 年版），卷 71，頁 1741。

〔註4〕清陳澧《東塾讀書記》云：「何注始有玄虛之語，……『回也其庶乎屢空』注云：一曰空猶虛中也。自是以後，玄學論起。」他如王弼援《老》入《論》的《論語釋疑》，郭象以《莊》注《論》的《論語體略》等皆是。可見魏晉以來以間雜玄言的方式，注解《論語》蔚爲一時風尚，馬國翰於《玉函山房輯佚書（三）》亦稱太史叔明的《論語集解》「語涉沖虛，出入釋氏，與王弼、郭象二家相近」，頁 1746。

〔註5〕除了〈雍也〉篇所記之外，〈先進〉亦載有季康子問弟子孰爲好學一事，唯無

觀孔子所答，字裡行間流露著無限感慨懷念之情，因為顏子以後，弟子已無足以稱為好學者，而「不遷怒、不貳過」正是孔顏師徒多年朝夕與共，夫子對顏淵所下的一個修德斷語。孔子也曾自云：「十室之邑，必有忠信如丘者，不如丘之好學也。」（〈公冶長〉），孔子的「好學」究竟是指什麼？《論語·學而》云：

> 子曰：君子食無求飽，居無求安，敏於事而慎於言，就有道而正焉；
> 可謂好學也已！

於此，孔子揭示出「好學」之人所以有別於凡夫俗子，在其由自然欲求食飽居安的趨務下，轉向關懷其道德人格的成長，而此由外返內的轉向極具關鍵，〔註6〕否則任其安此或樂此自然欲求而不疲，則其道德生命即無開展的可能，故孔子重「學」以開啓向道之仁心，因此其口授勸勉之際，不時以「食無求飽，居無求安」之意，作為士與君子「志於道」的初始判準：

> 士志於道，而恥惡衣惡食者，未足與議也。（〈里仁〉）
>
> 士而懷居，不足以為士矣。（〈憲問〉）
>
> 君子謀道不謀食。（〈衛靈公〉）
>
> 君子憂道不憂貧。（〈衛靈公〉）

可見「志於道」是小我超越有限生命，以追求意義無限的仁心發動，也是由個人之私充擴至立人達人的具體表現，〔註7〕顏淵深明於此，故能「屢空」以至「庶道」，相對之下，其他弟子不免使孔子有「三年學，不至於穀，不易得也」（〈泰伯〉）的感歎。「學」而不為營生所繫，自然能「深造之以道」，用心於修德向善的實踐；而「道不遠人」，故必從自身的「庸言」、「庸行」做起，所謂「庸德之行，庸言之謹，有所不足，不敢不勉，有餘不敢盡；言顧行，行顧言，君子胡不慥慥爾！」（《中庸》第13章），「君子欲訥於言而敏於行」

「不遷怒、不貳過」二語。

〔註6〕孟子曰：「口之於味也，目之於色也，耳之於聲也，鼻之於臭也，四肢之於安佚也，性也，有命焉，君子不謂性也。仁之於父子也，義之於君臣也，禮之於賓主也，智之於賢者也，聖人之於天道也，命也，有性焉，君子不謂命也。」（〈盡心下〉）孟子的性命之學正可作為此一轉向的理論基礎。

〔註7〕〈泰伯〉載有：「子曰：『禹，吾無間然矣。菲飲食，而致孝乎鬼神；惡衣服，而致美乎黻冕；卑宮室，而盡力乎溝洫；禹，吾無間然矣！』」為孔子「吾無間然矣」的禹，即是忘己之私進而致力於群體之公的典範，可見「食無求飽，居無求安」不僅是成己立己者，亦是成物立人者所共有且自然而顯的願相。

（〈里仁〉），是以「敏事」、「愼言」俱爲「好學」之君子的言行特質，顏淵於
此，最能身體力行：

> 回之爲人也，擇乎中庸，得一善則拳拳服膺，而弗失之矣。（《中庸》
> 第8章）

> 語之而不惰者，其回也與！（〈子罕〉）

> 吾見其進也，未見其止也。（〈子罕〉）

> 吾與回言終日，不違如愚，退而省其私，亦足以發，回也不愚。（〈爲
> 政〉）

頻頻稱賞之餘，可以感受到顏淵在孔子指點之下，有一服膺不止的方向，孔
子自言「默而識之，學而不厭，誨人不倦，何有於我哉？」（〈述而〉），也曾
以「德之不修，學之不講，聞義不能徙，不善不能改」（〈述而〉）爲其所憂，
由此可知，憂己不能精進，憂道不能普現，是孔子的關懷焦點，也正是其「好
學」之所在。而「不遷怒、不貳過」其實也是孔子自身用心於修德向善之後，
對顏淵「好學」的生活實踐予以貼切珍重的總評。

　　孔子又云：「弟子入則孝，出則弟，謹而信，汎愛眾，而親仁，行有餘力，
則以學文。」（〈學而〉），可知「做人」與「學文」，俱爲「學」的內涵。顏淵
曾說：「夫子循循然善誘人，博我以文，約我以禮。」（〈子罕〉），發心的君子，
從「入孝出弟謹信愛眾親仁」的生活踐履中，陶冶自己質野的氣質，學習人
與人之間情感行爲的適當表達，使能感知個人與群體之常道，是以「約之以
禮」正是以禮約之，「約」是將向外流放的心收束於本心的功夫，「禮」則不
僅是人際間的禮節儀則，其中已蘊涵了人文，而與「文」有一互輔性的交會。
古代典籍的學習，一則是士階層方可享有的權利，同時，所謂「學而優則仕」，
亦是其出仕從公所必備的學養，由是「博我以文」，不僅在「多聞而識之」，
更在藉由涵蘊於典籍中的歷史文化精神，來開拓讀書人的視界與胸襟，使之
達理有識，培養其關懷群體與文化之大義。「禮」與「文」之交會，就在於實
踐的累積與印證典籍的智慧心得之結合，而予禮一自覺創造性的精神，予文
一博深生命的力量，因此孔子循然善誘顏淵「文」與「禮」，是孔子提攜互輔
式的教學進程，而顏淵於此進程中，拳拳服膺、進而不止，故能有「不遷怒，
不貳過」的效驗。「不遷怒」，正是「約」質野之心於「禮」的表現，顏淵每
每於性情處用心，持志修養，使能行之皆中節，終成自己的主人，道德理性

已彰然於心、盎於背、充暢於四體，因而光照四方，展現的自是一派坦蕩謙和、從容大度的氣象；「不貳過」則是勇於面對自我成長所呈顯的一股無限向上的生命躍動，然常人往往無以自拔於屢過屢悔的困限之中，任生命滯礙於逃避或文飾自我錯誤的習流，而醒悟不出這種汰濁揚清的積健意志，反觀顏淵無論同群或獨處，皆能日日於改過遷善的修道歷程中勤下功夫，故能於此不免有過的自然生命中，開出正大坦蕩的應然向度。

顏淵，真切地把握到孔子『學』的義涵——道德主體的覺養與理想人格的實踐，因而呈顯出「不違如愚」、「拳拳服膺」的人格面貌，慎言敏行，終臻「不遷怒，不貳過」的境界，所以能卓立於三千弟子之上，獨得夫子「好學」之美稱，也為中國的成德之學，繪出最動人的形象。

二、三月不違仁

如果我們進一步追究孔顏的好學表現，其道德創造的根源及其終極關懷的境界何在？那就不得不觸及到孔子『仁』的義涵了。除了「不遷怒、不貳過」之外，「三月不違仁」亦是夫子稱賞顏淵所以能超邁同門之處：

> 子曰：「回也，其心三月不違仁，其餘則日月至焉而已矣！」（〈雍也〉）

孔子不輕易許人以仁，就是因為仁涵攝著難以窮盡的義蘊，它是人心具有感通與道德創造力的精神實體，仁心之動如春之綠意，生機無限。因此孔子言顏淵「其心三月不違仁」，正是指這種自覺湧現的仁心，沛沛然泉流不竭，而顏淵所以能持「操則存，舍則亡」的仁心於不失，也正是得力於孔子博深其志與能近取譬的教學提攜。《論語・雍也》篇有云：

> 顏淵問仁。子曰：「克己復禮為仁。一日克己復禮，天下歸仁焉。為仁由己，而由人乎哉？」顏淵曰：「請問其目。」子曰：「非禮勿視，非禮勿聽，非禮勿言，非禮勿動。」顏淵曰：「回雖不敏，請事斯語矣！」

此段雖非直述顏淵其人，但是由於孔子對於弟子所問，往往因人而有不同的回答，而「仁」是孔顏師生終極關懷的眼目，因此此處由孔子所揭示的「仁」旨，對於了解顏淵生命的深度與廣度而言，亦有照明的作用。而由主體的人格境界，可極言其深；客觀的文化大業，可極言其廣。比照仲弓問仁，孔子答以「己所不欲，勿施於人」外，亦兼及「在邦無怨，在家無怨」依恕而行仁的效驗，如此看來，最為孔子所深望的顏淵，孔子告之以「天下歸仁」，絕

非僅及個人的主體境界，尚須從客觀的文化義著眼，並觀兩者，方能更為切合於先秦孔顏兼顧內聖與外王的精神面貌〔註8〕

「克己復禮為仁」，就主體境界而言，「克己」是克勝己身的私欲，「復禮」是復於理性道德的真實生命，因此，若能克己而復於禮，便能與人無對，「天下歸仁」便是這種感通無礙的極至。就文化義而言，「克己」雖亦指克勝己身的私欲，然隨個人生命成長的開展，即可從個人至家庭、社會、國家，乃至整個天下、宇宙，依層級之別即有勝私工夫所重之異，以復於「禮」，而「禮」依層級之別與人生活動之異，亦有相應之禮樂儀則，此即〈禮運〉所云：「夫禮，……先王以承天之道，以治人之情，……是故夫禮必本於天，殽於地，列於鬼神，達於喪祭射御冠昏朝聘。」（《禮記》）。因此，「克己復禮」最後終能成全客觀世界的群體大公，建立人倫秩序。由此觀之，「克己復禮」是道德創生周流不已的具體實現，人若能掌握禮樂制度的精義，使自身的道德仁心充塞其中，並予以自主創造性的運作，則天下之人就能在此仁心浸潤下的禮樂制度中得所安頓、依歸。在此文化義下，「微管仲，吾其被髮左衽矣」（〈憲問〉）的管仲，才為孔子稱許為「如其仁！如其仁！」可見，顏淵問仁，孔子告之以「一日克己復禮，天下歸仁焉。」亦有望其有朝一日秉承文化重任、普現德業的深意。然而「為仁由己，而由人乎哉？」孔子一轉即點明文化大業的普現，必由一己的道德實踐出發，「語之而不惰」的顏淵，契悟其深意後，便當下承擔地「請問其目」，孔子示之以「非禮勿視，非禮勿聽，非禮勿言，非禮勿動」，也就是躬行於言行日用之間做勝私復禮的工夫。顏淵所以能至「三月不違仁」的境界，正是孔子博深其志——以人文世界的化成為其終極關懷，而顏淵又能於當下切近處踐履行仁求仁之方所致。

在孔子屢屢歎美之語的照映下，顏淵又以何種姿態處身於同門之間呢？曾子曾云：

> 以能問於不能，以多問於寡，有若無，實若虛，犯而不校，昔者吾友，嘗從事於斯矣。（友，馬融以為顏淵是也，見朱注）（《論語·泰伯》）

〔註8〕內聖外王只是方便說，因為於道德而言，德與業是一體的。不少學者本著宋儒程明道「與物無對」、「仁者渾然與物同體」的說解，從主體境界來言「一日克己復禮，天下歸仁焉。」頗能精微地闡揚儒家內聖境界的義涵，本文則兼及文化大義的客觀層面，以免偏於內聖境界，而未顯孔子深許顏淵普現德業的厚望。

在同窗好友的眼中，顏淵所展現的正是一副恭而持敬、謙而能容的神宇，「有若無，實若虛」不是故弄玄虛的造作，而是克盡私我後，無所驕矜、虛懷若谷的表現，仁心通暢無礙，所以能「犯而不校」，與人無對，因而散發出一股溫潤平和的氣象，潛移默化於同門之間，故能久映人心，使得傳孔子「忠恕」之道的曾子為此念之不已。

顏淵「三月不違仁」所朗現的仁儒形象，兼融剛柔之美的特質；其問仁而行仁，無所滯礙遲疑，正如「無終食之間違仁，造次必於是，顛沛必於是」（〈里仁〉）的君子般，必深體仁之大美有力，方能有「我欲仁斯仁至矣」的大信大行，而做如是的堅持。故顏子除了充塞著如此剛毅健勁的生命力之外，其踐履於勝私復禮以「致中和」的修養境界，持志於「願無伐善，無施勞」（〈公冶長〉）而通體仁心流注，具有潤澤他人的胸懷，又洋溢著溫柔敦厚與「和風慶雲」〔註9〕的神采，因此能深烙於千古人心中，成為企慕瞻仰的對象。

三、簞瓢陋巷，不改其樂

顏淵所以能「欲罷不能」，於孔子之言「無所不說」，其自身必在體仁行仁的路上深有自得之樂使然。孔子也深知顏子之樂，《論語·雍也》云：

> 賢哉！回也！一簞食，一瓢飲，在陋巷，人不堪其憂，回也不改其樂。賢哉！回也！

孔子亦曾自道：

> 飯疏食飲水，曲肱而枕之，樂亦在其中矣；不義而富且貴，於我如浮雲。（〈述而〉）

可見孔顏之樂，有著相同的質性，他們不是因貧而樂，而是不因貧而左右其志道依仁的悅樂。因此在這溫潤祥和、如如常樂的徵狀背後，實有極深透莊嚴的道德生命涵蓄其中，自非逐尋其樂、玩弄光景者所能掌握。

孔子曾說：「學而時習之，不亦說乎？有朋自遠方來，不亦樂乎？人不知而不慍，不亦君子乎？」（〈學而〉），「說」、「樂」、「不慍」皆是君子學而自樂的心境與神態，由此不難發現：「學」與「樂」之間有著十分密切的關係，樂可以說是學的效驗，而學是樂的內涵。所謂「知之者不如好之者，好之者不如樂之者。」（〈雍也〉），如果修德為學還不能達到「樂」的地步，就是工夫

〔註9〕程子云：「仲尼，天地也；顏子，和風慶雲也；孟子，泰山巖巖之氣象也。」
《二程集（一）》（台北：漢京公司，民國76年印版），頁76。

還有不足之處，是以和諧與悅樂，是隨修德而來的充實感所洋溢出來的效果和情感，孔子也曾自道：「其為人也，發憤忘食，樂以忘憂，不知老之將至云爾！」（〈述而〉），因此人確實可以由個人的時習時樂而超越現實的禍福憂苦，貧富如是，「不知老之將至云爾！」生命的局限亦復如是，而德性之美的莊嚴與豐厚，在面對人生的困阨與劣境時，尤能彰顯其無形的力量，益見其「歲寒，而知松柏之後凋」（〈子罕〉）的節操，所以孔子才會說「貧而無怨難，富而無驕易」（〈憲問〉）、「君子固窮，小人窮斯濫矣」（〈衛靈公〉），而孔顏的貧而樂，更是「無怨」、「固窮」後，在境界上的一大躍進，其所以能不憂自身境遇的窳陋，正因孔顏的為學與行仁，是內發於自身的良心本性，因而能樂知樂行，沛然自足，其樂自然於與時俱進的生命中源源湧現。孟子曾云：「君子所性，雖大行不加焉，雖窮居不損焉，分定故也。」（〈盡心上〉），又云：「萬物皆備於我矣，反身而誠，樂莫大焉。」（〈盡心上〉），孔顏之樂，正是這種反求諸己、無待於外而圓滿自足之情境的真實寫照。《中庸》亦云：「君子素其位而行，不願乎其外。素富貴，行乎富貴；素貧賤，行乎貧賤；素夷狄，行乎夷狄；素患難，行乎患難，君子無入而不自得。」（第十四章），因此「富貴」、「貧賤」、「夷狄」、「患難」，於孔顏皆然，找到自身安身立命之所在，故能得生命最大的充實與自由，以致「無入而不自得」，而此正是孔顏不為境遇所限，仍能如如常樂的根由。

孔顏是適道而又能與立的師徒，是以孔顏之樂，亦顯現於他們師生之間共通共感、互証互成的相契之情中。孔子曾云：「自吾有回，門人加親。」（《史記‧仲尼弟子列傳》），顏淵能自樂於夫子之道，進而與同門扶持適道，益使孔門弟子間洋溢一片師友之樂。孔子又云：「回也，非助我者也，於吾言無所不說。」（〈先進〉），在顏子默識心融而「無所不說」的神情前，對應的正是孔子「得天下英才而教育之」（《孟子‧盡心上》）的大樂，而此樂是文化生生、道繼有人的欣慰！於孔顏來說，他們又彷如漫漫長夜中的兩盞明燈，閃爍著相知相敬、互重互惜的暖意與慧光。

人生的艱難、生命的有限，確實令人不堪其恐懼與憂患，世人由此不堪而企圖追尋生命的無限，或求長生長樂，或苦修以寄來世，孔顏卻以自足自主的「為己」之學，彰顯積極剛健的「樂」來指引人一條正大坦蕩的成德之路，此正是中國文化殊勝殊美之處，而「簞瓢陋巷，不改其樂」的顏子，無疑是體現如此理想樂境的典型人物。

四、用之則行，舍之則藏

簞瓢陋巷的顏子，並不是拘於自得其樂的隱者；想要「乘桴浮于海」（〈公冶長〉）的孔子，也正有其深摯的關懷——憂道之不行。《論語・述而》載有：

子謂顏淵曰：「用之則行，舍之則藏，唯我與爾有是夫！」

可見「用行舍藏」的智慧，孔子以為唯有顏淵與之同具。孔門弟子中不乏政事人才，如冉有、季路即是，但其皆是死守傳統家宰倫理的「具臣」，只有顏淵能契悟孔子「以道事君，不可則止」的精神，而可為公天下的社稷之臣。〔註10〕《論語・衛靈公》有云：

顏淵問為邦，子曰：「行夏之時，乘殷之輅，服周之冕，樂則韶舞。

放鄭聲，遠佞人；鄭聲淫，佞人殆。」

孔門諸子問為政，孔子多從個人修身與政治社會層面等等具體施為告之，〔註11〕惟顏子已深明為政之本，並且修德有成，故孔子以四代禮樂之精義示之；夏時「以人為紀」，而「時以作事」，故行夏之時能時正令善；商輅「樸素渾堅，而等威已辨」，是「質而得其中」者；周冕「雖華而不為靡，雖費而不及奢」，乃為「文而得其中」者；〔註12〕韶樂則「盡善盡美」。〔註13〕制禮作樂是聖王之事，歷時關乎人民整體的生活秩序，輅、冕、樂展現了一國之光，「放鄭聲，遠佞人」則係乎政教。孔子答為邦，示之以四代禮樂，正告以超乎時空的因革損益之基準：文化大義——「時」與「中」。而孔顏俱能「用行舍藏」，也就是深體「時」與「中」的精神而來，子曰：「可與適道，未可與立，可與立，未可與權。」（〈子罕〉），又云：「君子之於天下也，無適也，無莫也，義之與比。」（〈里仁〉）。可見行「權」是求學適道的至極，而「無可無不可」之間，有「義」存焉。未能大信大立於道，無法有「時」、「中」的作為，也只有胸懷文化道業的承繼與開創，孔顏方能不拘執於必仕必隱，而一以能行「道」與否為其出處的

〔註10〕此說係參考杜正勝在《周代城邦》（聯經公司，民國74年，68年初版）的說法，見其書頁154。

〔註11〕如子張問政，則曰：「居之無倦，行之以忠」（〈顏淵〉）；子夏問政，則曰：「無欲速，無見小利。欲速則不達，見小利則大事不成」（〈子路〉）；告子路問政則為先之，勞之，無倦（〈子路〉）；子貢問政，則曰：「足食、足兵、民信之矣。」如必不得已而去，應先去兵，然後去食，民無信不立（〈顏淵〉）；於仲弓，則曰：「先有司，赦小過，舉賢才。」（〈子路〉）等，皆從個人修身與政治社會層面等等具體施為之大義著眼。

〔註12〕見朱子《四書章句集注・論語・衛靈公》顏淵問為邦一章，頁163～164。

〔註13〕《論語・八佾》篇云：「子謂韶『盡美矣，又盡善也。』」

關鍵。所謂「天下有道則見，無道則隱」（〈泰伯〉），「達則兼善天下，窮則獨善其身」（《孟子‧盡心上》），故孔顏其仕，是「道仕」；其隱，是「道隱」。而獨善其身的「道隱」，並非離群索居的辟世，孔子曾云：「隱居以求其志、行義以達其道」（〈季氏〉），此志依然不離適道行義的初衷，因此，其「仕」與「隱」，皆本於「時」與「中」的精神，而此也就是孟子推許孔子所說的「可以速而速，可以久而久，可以處而處，可以仕而仕」（〈萬章〉下），無論「速」、「久」、「處」、「仕」皆能適其所宜、得其所中。顏淵雖未能如孔子得比義行權之用，但那是「命」的限制，無損顏淵有「用行」之才器與心志。孟子云：「禹稷顏回同道，……易地則皆然。」（〈離婁下〉），將顏淵與功業彪炳的禹稷並舉，就是深明此理而說的。觀顏子問為邦，知其有治世之意願，夫子告之以禮樂大義，直以王佐之才視之，於顏淵，的確寄以厚望；其自言「舜，何人也，禹，何人也，有為者亦若是！」（《孟子‧滕文公上》），亦有當仁不讓，自重自勉的氣魄與胸襟，且身處亂世窮困之際，依然不為時移，依乎中庸，樂道精進，故能得夫子「用之則行，舍之則藏」的相許。

　　孔顏的「用行舍藏」，並不是與時俯仰遊移於仕隱之間的觀望周旋，如此行誼的背後，實有一剛健自主的道德生命，比「義」而行「權」。此「義」不是個人小義，而是合道之大義，是以困險之際，正是明辨考驗君子道德生命的佳機：孔子困於陳蔡之間時，知弟子有慍心，乃分別召子路、子貢、顏淵問道：「詩云：『匪兕匪虎，率彼曠野』。吾道非邪？吾何為於此？」子路以為是自身未仁未知而使人不信不行，子貢則認為當稍稍貶道以使天下容夫子，唯有顏淵深知孔子：

　　　　顏回曰：「夫子之道至大，故天下莫能容。雖然，夫子推而行之，不
　　　　容何病！不容然後見君子！夫道之不脩也，是吾醜也。夫道既已大
　　　　脩而不用，是有國者之醜也，不容何病？不容然後見君子！」〔註14〕

「君子固有窮乎！？」是子路不平的質問，子貢則主張貶道順勢以苟合於當世，兩者皆未能比於合道之大義，故也無以行真正之「權」。唯顏子大信於道，以仁自任，故能有如此卓然獨立、舉世不見知而不悔不懼的擔當。「不容何病，不容然後見君子！」顏淵的話直如千古晨鐘，提振人心，與其「簞瓢陋巷，不改其樂」的形象，共同輝映於濁濁亂世之中，成為可以體現「用行舍藏」

〔註14〕此段記載出於瀧川龜太郎著《史記會注考證（學人版）‧孔子世家》（洪氏出版社，民國74年版），卷47，頁757。

之理想人格的具體化身。

五、小　結

　　以上所言，皆是經由孔子的贊語來探索顏淵的人格特質，分成四個面向來討論，雖然尚不足以涵顯其全，但已可概觀其要。究其贊語的精神內涵，也分別與孔子思想中的重要觀念——學、仁、樂、義——緊密相關，而互相涵攝融通，流動於各個面向之間的正是孔子所揭示的理想人格境界與顏淵本諸德性的生命向度。顏淵既然已至「三月不違仁」的境界，就仁兼攝諸德的特性觀之，顏子的德行亦有涵融諸德——忠、恕、謙、恭、寬、智、禮、慎、敏、勇、剛、信……等德目的意義，本文不由列分德目的方式來分析，迻由贊語進行討論，意在把握孔、顏之間密不可分的互動關係，唯有融入洋溢著孔子稱賞之情的贊語，才能領會孔子對顏子早逝的「喪」、「慟」：

> 顏淵死，子曰：「噫，天喪予！天喪予！」（〈子罕〉）

> 顏淵死，子哭之慟。從者曰：「子慟矣！」曰：「有慟乎？非夫子之
> 為慟而誰為？」（〈子罕〉）

孔子惋歎的眼淚裡，不僅流露著如父喪子的哀戚，而且盈溢著道統無繼、文化難承的悲痛，其喪慟之感與稱賞之情同深，而在孔子無限喪慟之感與稱賞之情的灌溉下，對顏子在歷史長流上的聲望，有著推波助瀾的巨大影響，所謂「顏淵雖篤學，附驥尾而行益顯」（《史記·伯夷列傳》），顏淵的歷史形象，可以說是孔子塑造的，因此唯有深體孔、顏之間相契相知的情誼，並把握揭示者——孔子所開展的理想人格之義蘊，方能適切地朗現儒家顏子形象的意義。是以，本節探究的雖然是《論語》中的顏子形象，而儒家理想人格——君子，〔註15〕亦於此勾勒出來，顏子遂為中國讀書人心目中理想的賦託與寄情之所在，其形象因而富涵文化理想人格的深義與「充實而有光輝」的道德之美。〔註16〕

〔註15〕「君子」在《論語》諸人格概念中出現 107 次，居於首位，林義正先生指出：
　　　　君子是孔子在現世所期望達到的理想人格，至於聖人，孔子既不敢自居又歎
　　　　「不得而見」，所以聖人雖也是孔子的理想人格，但不是現世論人的理想準
　　　　則。請參看林正義先生〈論孔子的君子概念〉一文，收入台大《文史哲學報》
　　　　（民國 75 年），第 32 期。
〔註16〕《孟子·盡心下》載有：「浩生不害曰：『樂正子，何人也？』孟子曰：『善
　　　　人也，信人也。』『何謂善？何謂信？』曰：『可欲之謂善，有諸己之謂信，

評論人物並非孔子的主要用意，但在其口授身傳的教學中，往往人物（不論古今）的評論，即相應於人格典範的彰顯，因此也形成其傳道、授業、解惑的一種教育方式：

> 子曰：「……君子哉蘧伯玉！邦有道，則仕；邦無道，則可卷而懷之。」（〈衛靈公〉）

> 子謂子產：「有君子之道四焉：其行己也恭，其事上也敬，其養民也惠，其使民也義。」（〈公冶長〉）

> 南宮适出，子曰：「君子哉若人！尚德哉若人！」（〈憲問〉）

他如以殷有三仁，稱賞微子、箕子、比干；美伯夷叔齊乃「古之賢人」等皆是。觀諸人雖有不同的出處行誼，但均本諸德性之仁，是發自內心不能自已的真摯情願，可見孔子評論人物，不但顧及到其人的政治表現，更掌握了他們於歷史文化脈絡下所透顯的道德意義。在觀察現實人物時，也兼及行為以前的存心與行為之後的處心：

> 子曰：「視其所以，觀其所由，察其所安，人焉廋哉！人焉廋哉！」（〈為政〉）

這正是孔子觀察人物的方法，因為真正的德行必從創生不已的仁心發動而來，否則易被僵化為外在規範而失去其精神，或竟為德之賊的鄉愿，是以須從「所以」、「所由」、「所安」來觀察，方能見其真實之面貌。孔子又云：「如有周公之才之美，使驕且吝，其餘不足觀也。」（〈泰伯〉），在孔子心目中，德性的地位遠超乎才性與氣性之上，而形成一種以德為本的論人規範。然在論及弟子時，孔子亦往往觸及其才性與氣性的偏頗，如：

> 柴也愚，參也魯，師也辟，由也喭。（〈先進〉）

> 師也過，商也不及。（〈先進〉）

> 求也退，由也兼人。（〈先進〉）

孔子的用意並不在鑑別他們的高下好壞，而是站在點醒抒解其未明之處的立

充實之謂美，充實而有光輝之謂大，大而化之之謂聖，聖而不可知之之謂神。樂正子，二之中，四之下也。』」朱注引張子曰：「顏淵、樂正子皆知好仁矣。樂正子志仁無惡而不致於學，所以但為善人信人而已；顏子好學不倦，合仁與智，具體聖人，獨未至聖人之止耳。」明道亦云：「人之學，當以大人為標垛，然上面更有化爾。人當學顏子之學。」《二程集》，頁136。由此可見，於孟子人格道德美的進程中，顏子可以說是「充實而有光輝」的大人典型。

場，來勸勉其積德潤身以轉化氣質之困限。由此看來，顏淵所以能名列孔門德行之首，實不在其特稟中庸之材質（至少孔子不是由此揭示），乃是在其「擇乎中庸」，又能加以「拳拳服膺」的持守工夫所致，此「擇」是向道之仁心主動積極的展現，而仁心乃人人所涵具，非如才性與氣性般，是一種先天與命定，因此，人果能覺以擇之，持以守之，則「雖愚必明，雖柔必強」（《中庸》第20章），才性與氣性的偏頗將俱爲德性的潤澤所化。而《論語》中的顏淵，最能體現孔子本諸仁德的論人精神，無疑是孔子尚德思想下最具實踐性格的典型。

在孔子「不遷怒，不貳過」、「三月不違仁」、「簞瓢陋巷，不改其樂」、「用之則行，舍之則藏」諸多贊語的揭示之下，顏淵已成爲儒家理想人格的重要典範，爲中國讀書人所樂向欣慕，不惟莊子藉以抒其玄邈的思想，魏晉人也以玄學思考的方式，由此勾勒出賢人境界，又以人物喻體的型態，屢擬當時爲人所稱賞之人物，直至宋明「尋孔顏樂處」的深思善體，遂開出宋明理學之新花燦蕊。《論語》中的顏子形象，自是此百花齊放的根源。

第二節　《莊子》中的顏子形象

《莊子》中何以屢屢出現孔顏的事跡？向來對此特殊現象，往往僅以寓言釋之，或由此推言孔顏與莊學的傳承關係，〔註17〕因而未能客觀且獨立的顯露《莊子》中的顏子形象。有鑒於此，本節所論將不受《論語》實錄的限制，而逕由此特殊現象出發。既然已跳開實指對象的束縛，此特殊現象的存在，則係乎敘述文字本身，因此若能掌握莊子語言與此論題相涉的性質與形式，對於本節的論述，將有釐清其範疇的作用。

就其性質而言，莊子曾云：「寓言十九，重言十七，卮言日出，和以天倪。」（〈寓言〉）、「以天下爲沈濁，不可與莊語，以卮言爲曼衍，以重言爲眞，以寓言爲廣。」（〈天下〉），而顏淵在此「謬悠之說，荒唐之言，無端崖之辭」中，應與黃帝、堯、舜、老聃、孔子諸人同類，皆是莊子借重偶像用以止辯而具有重言性質的寓言人物，〔註18〕因此，或隱或顯，其出現之處，往往有

〔註17〕莊書內篇時述顏子，章太炎與郭沫若，皆有莊子源於顏氏之儒的主張，見《十批判書》（坊間翻印版），頁165及頁183。錢穆亦曾提出莊學襲於孔門顏氏之風的推論，見《莊老通辨》（東大圖書公司，民國80年版），頁146。

〔註18〕姚鼐曰：「莊生書凡託爲人言者，十有其九。就寓言中，其託爲黃帝堯舜孔顏

個莊子藏在裡邊，是以論及《莊子》中的顏子形象，必然與莊子本身的思想核心——如何實現至人、眞人、天人、神人的人生理想——息息相關，故可與莊子的理想典型——至人、眞人、天人、神人之生命境界——參照發明。再就形式而言，對話一直是《莊子》一書表達其哲學思辯或步步深入其微旨的陳述方式，由是孔顏師生自然也成爲莊子借重假托的理想對象。在探討《論語》中的顏子形象時，筆者曾以孔顏之間密不可分的關係，作爲兩者可以互詮的依據，於《莊子》亦然。因此，不僅是顏淵所言，可以表現其人格特質，顏淵所問與孔子所答，也間接的呈顯出其生命向度。揭開莊子佈幕的語言面紗後可知，《莊子》中的顏子面目，必須透過莊子本身及《莊子》中的孔子來理解，因爲一個是幕後塑造其形象的主導，一個是幕前與之提攜共進的師友，並觀兩者，方能適切且較爲完整的烘托出《莊子》中的顏子形象。

　　然而，在《莊子》有些篇章中，顏淵的出現，僅作爲一類似背景的角色，如〈盜跖〉的「爲馭」、〈漁父〉的「還車」……等並非皆具涉及人格特質的探討旨趣，故本節僅選擇較具代表性的敘述作爲討論的核心，其中又以「體悟心齋的顏子形象」與「進益坐忘的顏子形象」最具典型意義，故個別加以闡述，用以凸顯其特質之所在，其他則別立一小節，採綜述併觀的方式進行。

一、體悟心齋的顏子形象

　　〈人間世〉首先即由顏淵欲救衛而展開長達千餘字的孔顏對話，遂逐漸契入「心齋」的修証層次，而莊子利用顏淵的好學穎悟與孔顏的救世熱腸，暗地裡將顏淵脫胎換骨，蛻變成體現道家微旨——心齋——的重要人物：

　　　仲尼曰：「齋，吾將語若，有（心）而爲之，其易邪？易之者，皞天不宜！」

　　　顏回曰：「回之家貧，唯不飲酒，不茹葷者數月矣，若此則可以爲齋乎？」

　　　曰：「是祭祀之齋，非心齋也。」

　　　回曰：「敢問心齋。」

　　　仲尼曰：「若一志！無聽之以耳，而聽之以心；無聽之以心，而聽之

之類，言足爲世重者，又十有其七。」見錢穆《莊子纂箋》（東大圖書公司，民國75年版），頁228。

以氣，耳止於聽，心止於符。氣也者，虛而待物者也。唯道集虛。
虛者，心齋也。」

顏回曰：「回之未始得使，實（自）有回也，得使之也，未始有回也，
可謂虛乎？」〔註19〕

夫子曰：「盡矣！吾語若，若能入遊其樊而無感其名，入則鳴，不入
則止。無門無毒，一宅而寓於不得已，則幾矣。絕跡易，無行地難。
爲人使易以僞，爲天使難以僞。聞以有翼飛者矣，未聞以無翼飛者
也，聞以有知知者矣，未聞以無知知者也，瞻彼闋者，虛室生白，
吉祥止止。夫且不止，是之謂坐馳。夫徇耳目內通而外於心知，鬼
神將來舍，而況人乎！是萬物之化，禹舜之所紐也，伏戲几蘧之所
行終，而況散焉者乎？」

「心齋」是莊學中極爲重要的修道功夫，顏淵聞言當下即悟，立刻以「有回」
轉爲「未始有回」的心齋效應回應孔子，是以「心齋」之義蘊關涉乎《莊子》
中顏子形象的殊勝之處。而何謂「心齋」呢？「心齋」是「若一志，無聽之以
耳，而聽之以心；無聽之以心，而聽之以氣」的實踐歷程，歷來說解此段文字，
往往把「心」視爲「心意」與「心知」的範疇，〔註20〕如此詮釋有其明確清楚
的好處，卻未必吻合實際的工夫進程。觀其行文的安排，若心與耳同位否定之
列，爲何不直說「無聽之以耳，無聽之以心，而聽之以氣」，中間還插入一句「而
聽之以心」呢？可見，於此的「心」不應僅指「心知」的作用而已，否則，「無
聽之以耳，而聽之以心」的功夫義無處著落。因此當我們企圖描述這種實踐歷
程時，當注意其間存在著語言無法傳遞的漸進流動情境。「若一志」是集中精神
以放下的功夫，孔子指點：「無聽之以耳，而聽之以心」（不要僅聽之以耳，而
當聽之以心），顏淵的精神遂集中於「心」，同時即放下感官的紛馳、心知的思

〔註19〕有字依奚侗說。郭象註：「未始心齋，故有其身。」並見《纂箋》引，頁30。
王叔岷先生則以爲「自」非「有」之誤，自、有互文，自猶有也。見《莊子
校詮》（中央研究院歷史語言研究所，77年版），頁132。本文爲便於引文清
楚而採前說。

〔註20〕如郭象註：「遺耳目，去心意。」即以「心意」釋「心」。成疏：「心有知覺，
猶起攀緣。」即以「心知」釋「心」，並見《莊子集釋》（木鐸出版社，民國
72年初版），頁147。王夫之云：「參之以心知，而氣爲心使。」亦是，見王
夫之《莊子解》（里仁書局，73年版），頁38。爾後說解此段文字者，皆以「徇
耳目內通」爲「無聽之以耳」，以「外於心知」爲「無聽之以心」，亦本郭註
及成疏而發。

慮等等的連續運作，而讓「心」只有「聽」（感應）的能力。我們一般的情形是耳接受訊息，心或能感知而動心使氣以產生反應，「無聽之以耳，而聽之以心」即是打斷感知之後的種種連續運作而逐漸恢復「心」之純粹感知的精神革命。但莊子以爲「耳－心－氣」是生命體自身三種不同深度的存在，當進程到「無聽之以心，而聽之以氣」時，心的感知能力逐漸純粹，然而卻不能僅止於此，尚須「聽之以氣」，所謂的「氣」，是「虛而待物者也」，即是一種無自形、無自相、又無臭無味、因物而顯、應物而動的存在，唯心耳感官沈靜不越其分作主而使心如一「虛室」時，「氣」方能如實地被覺察出來，此時「聽之以氣」，以精神集中於「氣」，就能有聚「氣」集「虛」之效。「唯道集虛」即是說明這種情形，氣聚而神凝，心遂爲「靈府」，〔註21〕也就是達到「虛室生白，吉祥止止」的狀況，物我俱泯於皞天之和氣，超越了認知我、存在我之有我而通體爲虛，完成了心齋的功夫，故曰：「虛者，心齋也。」是以顏淵云：「得使之也，未始有回」時，孔子便云：「盡矣」，此「盡」乃是指心齋工夫之極盡，遂又告之以救衛行世之方。然而，何以須「無聽之以心，而聽之以氣」呢？乃因「心」有其限制，「聽止於耳，心止於符」，符爲合、應之意，心固可因放下的功夫而暫如「虛室」，不積貯，不紛擾，但就生命體自身來說，還尚未能保自身之絕對清明純粹，是故雖至「聽之以心」的境地，自身尚分心與氣二截，心僅停留在合應感知外在的狀況中，只是被動的存在，唯有「聽之以氣」，集虛聚氣，而後「氣－心－耳」整體一貫，生理與精神達到完全的統一，生命能量方能和暢流通，動止無礙，發揮主動積極的力量。因此孔子乃云「瞻彼闋者，虛室生白，吉祥止止。夫唯不止，是之謂坐馳。夫徇耳目內通，而外於心知。」生命體如牖之一隙，爲有限的存在，卻可因心齋的功夫而聚氣神凝，使「虛室生白，吉祥止止」，虛體之氣流暢無礙，周行不止而有神妙之用，即爲「坐馳」。〔註22〕這是由耳目感官向內通貫，破除「我我」之對立，以達到生命整體的一致，使心如靈府，有坐馳之妙用而外於心知，此「外於心知」，不僅指超越平常心的感知符

〔註21〕〈德充符〉云：「日夜相代乎前，而知不能規乎其始者也。故不足以滑和，不可入於靈府。」郭注：「靈府者，精神之宅也。」《集釋》，頁212、213。

〔註22〕郭象注：「若夫不止於當，不會於極，此爲以應坐之日而馳騖不息也。」而王叔岷先生於《校詮》云：「錢穆纂箋引馬其昶曰：『淮南〔是謂坐馳陸沈〕注：〔言坐行神化，疾於馳傳〕案夫猶此也，『夫且不止』謂吉祥來止尚且不止，即不僅吉祥來止而已之意，……高注『坐行神化，疾於馳傳』亦是莊子『坐馳』之意。」頁135。是以「坐馳」向有正反兩面詮釋，依文意脈絡觀之，「坐馳」應採正面詮釋爲宜。

應等基本作用，亦超乎人爲知識經驗所知之外，〔註23〕也就是已達「以無地行，以無翼飛，以無知知」的化境，至此「鬼神將來舍，而況於人乎！」故而此亦爲「萬物之化，禹舜之所紐，伏戲几蘧之所行終」也。

　　顏淵當下證悟「耳──心──氣」的心齋功夫，所以能由「有回」轉爲「未始有回」達到無「我」的精神狀態，由此可知，「聽之以氣」是開啓顏淵逐漸無「我」的關鍵，而這種精神狀態，正是通向「至人無己」（〈逍遙遊〉）的準備，因此我們可以再透過〈達生〉所謂「純氣之守」的至人，來進一步掌握顏淵於此所展現的生命向度：

> 子列子問關尹曰：「至人潛行不窒，蹈火不熱，行乎萬物之上而不慄，請問何以至於此？」關尹曰：「是純氣之守也，非知巧果敢之列。……物之造乎不形而止乎無所化，夫得是而窮之者，物焉得而止焉！彼將處乎不淫之度，而藏乎無端之紀，遊乎萬物之所終始，壹其性，養其氣，合其德，以通乎物之所造。夫若是者，其天守全，其神無郤，物奚自入焉！……」

至人不僅能「聽之以氣」，同時進一步地守其清醇之氣，藉由「壹其性，養其氣，合其德」的工夫，直通「物之所造」，故能「全神守天」，周遊萬物而不爲物所傷。可見能「聽之以氣」以至「未始有回」的顏淵，已經契入了道家修道的關鍵，其「未始有回」的展現，正是「唯道集虛」的當下證悟，雖尙待「純氣之守」以至精熟純全，但已爲其通往至人、眞人、天人、神人的境界，立穩了腳跟。

　　心齋實爲顏淵行莊子處世事君之法的準備功夫，孔子於顏淵心齋後指點云：「若能入遊其樊，而無感其名，入則鳴，不入則止，無門無毒，一宅而寓於不得已。」一依彼之言動心思而言動心思，端賴虛「我」至極，使「我」成爲無所窺尋指目方能致此，故其處世事君之法在順勢而流，與之爲一體而以皞天之和氣感之，己則若「寓於不得已」而已，也就是「彼且爲嬰兒，亦與之爲嬰兒，彼且爲無町畦，亦與之爲無町畦；彼且爲無崖，亦與之爲無崖；達之，入於無疵」（〈人間世〉）的「形就心和」之功夫，使自身「乘物以遊心，

〔註23〕心齋前，仲尼曰：「齋，吾將語若」，待顏淵體證心齋後，孔子又云：「盡矣。吾語若！……」始告之以如何行衛之方。故依行文觀之，於此夫子沒有再指點其如何心齋的必要，是以此處之「坐馳」與「外於心知」應皆爲心齋妙用的描述語。

託不得已以養中」（〈人間世〉），以無事無心事其心，而不尸其名，不居其功。〈應帝王〉云：「無爲名尸，無爲謀府，無爲事任，無爲知主，體盡無窮，而遊無朕；盡其所受乎天，而無見得，亦虛而已。至人之用心若鏡，不將不迎，應而不藏，故能勝物而不傷。」此「虛」亦爲心齋處世之法的極至，故能泯物我於大通，且經由「純氣之守」的修持，使自身耳－心－氣恆爲一貞定整全狀態──守虛，而「遊心乎德之和」，達到「勝物而不傷」的境地。儒家的孔顏，用之則行，舍之則藏，一以行道合義與否爲其判準，故處春秋之世，無論是不時之驚浪、無定之駭濤，抑暗島沈礁滿佈，必持志穩舵，無所疑懼，處之泰然若素；而莊子處世卻如虛舟，雖觸他船，人亦不怒，[註24] 隨浪逝於江湖、與世委蛇，不失其眞。莊子利用顏淵家貧持齋引入唯道集虛的心齋，一則暗示此齋之不同，一則以開莊子處世修道之法門，而將孔顏形象陳倉暗渡，持「心齋」功夫以至「未始有回」的顏淵，遂成爲體虛而將寓於不得已以遊世的道家人物。心齋效應的極至，也就是同於大通的坐忘，莊子於〈大宗師〉中有進一步的闡明。

二、進益坐忘的顏子形象

〈大宗師〉「坐忘」裡的顏淵，其形象尤爲突出，在莊子巧妙的裝扮下，顏淵成爲語吐坐忘的玄虛人物：

> 顏回曰：「回益矣。」
>
> 仲尼曰：「何謂也？」
>
> 曰：「回忘禮樂（仁義）矣。」
>
> 曰：「可矣，猶未也。」
>
> 他日，復見。曰：「回益矣。」
>
> 曰：「何謂也？」
>
> 曰：「回忘仁義（禮樂）矣。」[註25]

[註24] 〈山木〉云：「方舟而濟於河，有虛船來觸舟，雖有褊心之人不怒；有一人在其上，則呼張歙之；一呼而不聞，再呼而不聞，於是三呼邪，則必以惡聲隨之。向也不怒而今也怒，向也虛而今也實。人能虛己以遊世，其孰能害之！」《集釋》頁675。

[註25] 王叔岷先生於《校詮》云：「案淮南子道應篇『仁義』二字與『禮樂』二字互易，當從之。《老子》三十八章云：『失道而後德，失德而後仁，失仁而後

曰：「可矣，猶未也。」

他日，復見。曰：「回益矣。」

曰：「何謂也？」

曰：「回坐忘矣。」

仲尼蹴然曰：「何謂坐忘？」

顏淵曰：「墮肢體，黜聰明，離形去知，同於大通，此謂坐忘。」

仲尼曰：「同則無好也，化則無常也，而果其賢乎！丘也請從而後也。」

此段間續性的孔顏對話，以「可矣，猶未也。」分別爲前兩個階段的結語，其中涵有仲尼對顏淵「爲道日損」的體道功夫——忘——的一種肯定，同時也勉其「損之又損」以求境界上的逐次遞升；「他日——他日」則是連接諸次問答以開展對話的時間串語，而沉潛其間的是顏淵忘之又忘的實修歷程。這種以時間爲境界續進的背景，是莊書中屢見的修道描述模式，〔註26〕可見莊子言道，皆不離其內證的實踐性格，且此實修功夫又非得力於「勤志服知」〔註27〕的學習，而是以損爲益之「忘」的功夫。有趣的是，莊子竟將如此具有道家典型的修道方法，交由最具儒家好學典型的孔顏來証成，更以孔顏終極關懷及其踐修不已的眼目——仁義與禮樂，爲其修道所必須忘遣的對象。莊子如是的安排，用以發揮其迴異於儒家孔顏的學說，極具顛覆、解構之能事，而儒家秉懷仁義禮樂的顏淵，也在莊子重言之筆的轉化下，搖身一變，成爲忘禮樂、忘仁義以至坐忘的道家人物。

「坐忘」的顏淵所展現的人格向度爲何？試從其「忘禮樂」與「忘仁義」說起：〈天道〉篇有云：「通乎道，合乎德，退仁義，賓禮樂，至人之心有所

義，失義而後禮。』（莊子知北遊篇亦有此文）。淮南子本經篇：『知道德，然後知仁義之不足行也。知仁義，然後知禮樂之不足脩也。』……道家以禮樂爲仁義之次，文可互證。禮樂，外也。仁義，內也。忘外以及內，以至於坐忘。……」頁268。凡言修養功夫，當由粗而精，故本文依先禮樂後仁義之順序來說解。

〔註26〕如〈大宗師〉的女偊：「……參日而後能外天下；……七日而後能外物；……九日而後能外生。……」《集解》，頁252、〈達生〉的梓慶：「……齋三日，而不敢懷慶賞爵祿；齋五日，不敢懷非譽巧拙；齋七日，輒然忘吾有四枝形體也。……」同上，頁658～659、〈寓言〉的顏成子游：「……一年而野，二年而從，三年而通，四年而物，五年而來，六年而鬼入，七年而天成，八年而不知死、不知生，九年而大妙。」同上，頁956……等等。

〔註27〕惠子曰：「孔子勤志服知也。」《集釋・寓言》，頁953。

定矣。」其「退」與「賓」，正與「忘」義同，皆爲一種排遣的功夫，何以須排遣「禮樂」與「仁義」呢？此則涉及道家對「禮樂」與「仁義」的看法：所謂「大道廢，有仁義」（《老子》18 章）、「及至聖人，屈折禮樂以匡天下之形，縣跂仁義以慰天下之心，而民乃始踶跂好知，爭歸於利，不可止也。」（〈馬蹄〉），把「禮樂」與「仁義」視爲「道」、「德」墮落後，一種匡形慰心的工具，以啓動人民好知爭利的欲望，自是有礙自然清靜的生命，而陷天下於擾攘，因而須加以擯退之、遣忘之，以回復素樸無爲的生命整全之體，因此莊徒以爲「道德不廢，安取仁義？性情不離，安用禮樂？」（〈馬蹄〉）。禮樂爲人的贅形，仁義爲心之疣物，贅形易別，故顏淵能先擯退之；而「仁義」乃使人心拘執於人爲的是非價值判準中，並以此自是自彰，而攻物訐人，遂造成人、我、物之對立，因此顏淵先脫落繁文縟節與禮樂制度的桎梏，再放下足以攖矯人心的「仁義」，以還身心之本然。故其「忘禮義」以至「忘仁義」，正表現出一種「通乎道」、「合乎德」的生命向度。

在整段「坐忘」的描述中，顏淵一開始即先後以「忘禮樂」與「忘仁義」的形象出現，這是莊子極爲巧妙的安排，使《論語》中本問仁得禮，重德好學的顏子形象，得以淨脫仁義禮樂之網、卸舊換新，進而步入莊子「坐忘」的玄妙中。「忘禮樂」與「忘仁義」雖開啓了「天之小人，人之君子；天之君子，人之小人」（大宗師）畸人侔天的生命向度，但尚未能當下契入莊子修道的法門，故莊子假夫子云：「可矣，猶未也」來引領顏淵續朝「忘」的功夫邁進，因而有「坐忘」的體現。「坐忘」雖是修道工夫的指點，然就莊子而言，其境界義乃直從工夫義而顯，故可從「坐忘」的義涵來朗現語吐「坐忘」的顏子形象。忘禮樂仁義是消除世俗我以還「我」之本然的過程，坐忘卻是直現「眞我」的功夫，而「眞我」卻由無「我」以顯，因爲意識到「我」的存在，乃由於有彼，何以知有彼？則因彼我皆有身，有此身則有我之生，故而有我之死，物我相接，遂生利害，死生無端，亦起憂懼之情，是以「我」雖能逃仁義禮樂之攖擾，卻終不能成獨立自足之存在，畏死樂生之困溺，既陷「我」於生存的恐懼，用與無用之成心，又縛我於功利的自限，因此唯有忘遣「我」，方能脫存在我之侷限，而湧現渾全自在的「眞我」：

$$\text{「我」}\begin{cases}\text{肢體（形軀）——離形}\\\text{聰明（耳目心知）——去知}\end{cases}\text{——無「我」——眞我}$$

　　「我」之存在，在於有肢體與聰明以顯現「我」，故顏淵墮此肢體，黜此聰明，以離形去知，此並非眞的殘害自己的肢體耳目，而是在主觀精神上破形軀我的質礙與耳目心知的紛馳，使生命回復清靜無爲的渾然狀態，如此就能「同於大通」，進入沒有生死、終窮的玄冥之境。故顏淵離其形、去其知，使其形若槁木，心若死灰，正是南郭子綦「吾喪我」的境界。

　　「吾喪我」的南郭子綦答顏成子游何以爲天籟時曾云：「夫吹萬不同，而使其自己也。咸其自取，怒者其誰邪？」現象「我」正如地籟之眾竅、人籟之比竹，各具音色長短萬端之異，但是就「咸其自取」而觀之，萬竅各自成聲，皆天籟也，此即不拘於紛異的表象，讓事物呈現其所受於天的本然，而觀照主體也能顯一「不將不迎」通體明澈的心境，故喪「我」之現象身，得「吾」之「眞我」，即是由「不齊」而「齊」的關鍵，然此「眞我」並非從現象「我」中脫離，而是超越且又回到現象「我」來顯現。是以「眞我」能由「吹萬不同」的現象，契入「咸其自取」的天機，所謂「立乎不測，而遊於無有者也」（〈應帝王〉）；亦能以「咸其自取」的觀照心靈，遨遊於「吹萬不同」的現象之中，所謂「與造物者爲人，而遊乎天地之一氣」（〈大宗師〉）。故莊子往往以無向與無心的「遊」來形容「眞我」於道的「本體」與「現象」之間來往自如的精神狀態。〔註28〕而「同於大通」、「大同乎涬溟」〔註29〕的顏子，無疑已「獨與天地精神往來而不敖倪於萬物」（〈天下〉），故能以「同則無好」的「眞我」，往復周流於「化則無常」的萬象之中。「官知止而神欲行」（〈養生主〉），其離形去知後，唯「神」可馳，進入莊子所謂至人、眞人、天人、神人無所滯礙的逍遙境界：

　　　至人神矣！大澤焚而不能熱，河漢沍而不能寒，疾雷破山（飄）風震海而不能驚。若然者，乘雲氣，騎日月，而遊乎四海之外。死生無變於己。……（〈齊物論〉）

　　　古之眞人，不知說生，不知惡死；其出不訢，其入不距；翛然而往，翛然而來而已矣。（〈大宗師〉）

〔註28〕王叔岷先生於「莊子通論」一文（《學原》1卷9期、10期），即以「遊」字爲莊子之通義。徐復觀先生亦主張：「遊」是莊子精神自由解放的象徵。參見《中國藝術精神》（學生書局，民國73年，55年初版），頁60。

〔註29〕〈在宥〉中鴻蒙云：「……墮爾形體，吐爾聰明，倫與物忘；大同乎涬溟。……」《集釋》，頁390。與「坐忘」相類，故可引「大同乎涬溟」形容之。

且彼方跐黃泉而登大皇，無南無北，奭然四解，淪於不測；無東無
西，始於玄冥，反於大通。（〈秋水〉）

坐忘的顏淵，「不知說生，不知說死」，離形去知，同於大通，故能神遊於變
化不測之中，使孔子竟也欲請隨其後！與《論語》中篤實切近的顏子，形象
竟有如此天壤之別。儒家的顏淵於生活實踐處用功，博文約禮，而曉明禮樂
文化大義，其精神在文化道傳、人世道繼之中，洋溢著溫厚親切之情，留給
我們的是無可如何早逝的悲歎，於莊子筆下，卻能超生死、忘仁義遣禮樂，
形與世俗處，其神卻遺然獨立於天地之外，可見莊子已為顏子形象注入縹緲
玄虛、恍惚超妙的生命，使其成為道家傳真保性之理想人物的化身。

三、其 他

　　除了內篇的「心齋」與「坐忘」之外，〔註30〕《莊子》外雜篇尚有不少
記載，可以作為探索《莊子》之顏子形象的間接線索，其雖未如「進益坐忘
的顏子」般現身說法，也沒有「體悟心齋的顏子」之親體實證，卻仍是利用
顏問孔答的形式來闡發道家的思想：諸如〈知北遊〉中請示「無有所將，無
有所迎」之遊的顏子，其問正是深喜於自體與外物之間無滯無對之境而欲行
其理所發，孔子遂答之以：「……聖人處物不傷物，不傷物者，物亦不能傷也。
唯無所傷者，為能與人相將迎……」的無心順物之方，指示其處於任何境遇
中，必得虛己而不「務免乎人之所不免」，達到「至言去言，至為去為」，方
能至無將無迎的妙境。又如〈達生〉中探詢「操舟若神」的顏子，其欲知津
人何以能出神入化，故孔子告之以「外重者內拙」——遣外全內的道理，為
其開啟道家凝神修道之門。〈山木〉中又載孔顏窮於陳蔡之際，顏淵層層扣問
「無受天損易」、「無受人益難」、「無始而非卒」、「人與天一」於夫子，而得
夫子隨自然形勢之變以偕逝，襲諸人間，而無貪以全性之理，並且在此為知
終始的時間續程中，惟有「正而待之」，方可得晏然體逝而終之道。凡此皆為
莊徒運用孔顏來揭示道家的思想，《莊子》中的顏子形象，遂蒙上一層探玄問
虛的色彩。此外〈田子方〉與〈讓王〉篇的顏子形象，也別具風味，二者皆
由《論語》脫化而來，試加以分析說解於下：

〔註30〕內篇〈大宗師〉中尚有一段顏淵問夫子孟孫才何以善喪的記載，仲尼所答，
　　　極為深邃，然顏子於此對話中，並無涉及人格特質的探討旨趣，故不再贅述
　　　之。

〈田子方〉中顏淵問於仲尼曰：「夫子步亦步，夫子趨亦趨，夫子馳亦馳；夫子奔逸絕塵，而回瞠若乎後矣！」乍看之下，似與《論語》中「顏淵喟然歎曰：『仰之彌高，鑽之彌堅，瞻之在前，忽焉在後。……雖欲從之，末由也已！』」（〈子罕〉）有同曲異工之妙，皆爲顏淵深感孔子之博深超邁，無可倫比所發，然而〈田子方〉之顏淵以爲孔子之奔逸絕塵乃在「不言而信，不比而周，無器而民滔乎前。」孔子遂告之以：

> ……哀莫大於心死。……吾一受其成形，而不化以待盡，效物而動，日夜無隙，而不知其所終；薰然其成形，知命不能規乎其前，丘以是日徂。吾終身與汝交一臂而失之，可不哀與！女殆著乎吾所以著也。彼已盡矣，而女求之以爲有，是求馬於唐肆也。吾服女也甚忘，女服吾也亦甚忘。……

其所展現的乃顏淵學孔子之行跡而未始悟道，故夫子示其當保持己心之活潑無滯，於變化無端的生滅中，與化俱往，不於已逝者求有，不期乎前，不規於已成，且勿以成心待之云云。而《論語》中精進於成德之路的顏淵，卻是因其精進遂更能感受到孔子的堅毅與高明，故又懷著感激之情云：「……博我以文，約我以禮，欲罷不能，既竭吾才，如有所立，卓爾！……」是以在此讚歎感激之語中，益見顏淵的溫潤深厚，而大異於〈田子方〉中步趨夫子的顏子形象。

至於〈讓王〉篇中所記：

> 孔子謂顏回曰：「回，來！家貧居卑，胡不仕乎？」
>
> 顏回對曰：「不願仕。回有郭外之田五十畝，足以給飦粥；郭內之田十畝，足以爲絲麻；鼓琴足以自娛，所學夫子之道足以自樂也。回不願仕。」
>
> 孔子愀然變容曰：「善哉回之意！丘聞之：『知足者不以利自累也，審自得者失之而不懼，行修於內者無位而不怍。』丘誦之久矣，今於回而後見之，是丘之得也。」

此段顏子隱居自樂的記載，其況味恍似《論語》中「簞瓢陋巷，不改其樂」的顏子，然而《論語》中的顏子其仕隱的立足點，關鍵全在於道的行與不行，顯然不是站在個人可以自給自娛自樂而言。而〈讓王〉所述，孔子以顏淵「家貧居卑」之由勸其出仕，聞顏自述後愀然變容的窘態，皆是十足貶損孔子人格的描摹；唯對不仕的顏子，藉其知足自得的樣貌，大抒遺世忘俗的隱居之

樂，顯然已頓失《論語》中充滿用行舍藏的出處大義與簞空忘貧以善德樂道的顏子本色，也未能全契莊子與世委蛇而不失其真的處世深意。〔註31〕而此段以《論語》為底本，卻採孔問顏答的形式，將儒家仕以求道之志轉化為求居安食飽之欲，又使隱居自樂的顏子反成孔子師，是對《論語》進行了解構，也淺化了顏子形象，而呈現出亂世中莊徒末流反仕身隱而適性逍遙的思想。

　　由以上諸例及內篇的「心齋」與「坐忘」可知，孔顏是莊子與莊徒用以傳達其思想的媒介人物，故其所述，不必墨守孔顏師徒的關係，因而顏子亦可反徒為師，是《莊子》中的孔顏形象，不僅所言所行，大異於《論語》所載，其孔師顏徒的關係，亦為莊子（莊徒）所解構，而如此任意施設的安排，似有「道無定師」的寓意可循，但不論是脫胎於《論語》或莊子（莊徒）所杜撰，孔顏提攜共進的皆不再是篤實近切的行仁修德與人文理想的實現，反倒洋溢著一片窈冥玄旨，予人無限虛緲超逸之感，而於此妙境中，或師或徒的顏子，其玄虛形象，自不待言。

四、小　結

　　「心齋」與「坐忘」皆是道家極為精微切要的修道工夫，莊子乃交由儒家的孔顏來完成，而於外雜諸篇中，顏淵也呈現隱居自樂或屢屢探玄問虛的形象。孔門多才，何以莊子與莊徒特別獨鍾顏子？蓋就《論語》所述，顏淵為孔門中最為孔子稱賞的高徒，比之於在質性或行為上皆有所偏的同門，好學穎悟、不違如愚又終身未仕的顏淵自然更適合與孔子攜手互唱莊學的玄旨，是以莊子與莊徒樂此不疲的借用顏淵，使其成為《莊子》中頻頻出現的寓言人物。

　　「心齋」、「坐忘」的顏子，不論是「聽之以氣」以至「未始有回」，或「墮肢體、黜聰明」，在有我以至無我的過程中，皆將有用之我化為無用，蓋不以「用」之功利觀來羈絆人心，方能全物我而「遊」於世，邁越形知之所限，故能超死生而遊宇宙，「同於大通」以至「乘天地之正，而御六氣之辯，以遊無窮。」（〈逍遙遊〉），而此正是莊子至人、真人、天人、神人之理想人格所共具的生命內涵。《論語》中的顏淵，問仁而得克己復禮之教，問為邦而有文化因革損益之示，雖云克己，乃重在復禮，可見儒家精神本質上實有人之陽

〔註31〕王先謙云：「〈讓王〉下四篇，古今學者多以為偽作。」《校詮・讓王》，頁1117。似可由此明其淺近。

剛精神向外開建的取向，並在此開建的過程中，實現自我存在的價值；而《莊子》中的顏淵，不論心齋或坐忘，正顯示道家的本質有超越存在質限而向內通貫的取向。因此儒、道之理想人物也呈現不同的型態：儒家屢稱的堯、舜、文、武、周公，皆於現世文化有卓越的貢獻；而《莊子》的理想人物，卻每以越形存神、遺然忘世，抑或侔天畸俗、超逸絕塵的寓言人物來顯示。〔註32〕經由《莊子》之顏子形象的探討，道家之理想人格與莊子思想中深涵的功夫義亦隨之朗現，同時也更凸顯了《論語》顏子形象的特質，並可爲其後老莊思想影響下的玄學產物——魏晉玄學化的顏子形象，提供一對照玄、道本質異同的參考。

第三節　魏晉玄學化的顏子形象

　　學者常以「遠儒近道」一詞來涵稱魏晉時代的特質，此乃衡之以先秦以來儒、道開展之面向所概言的時代趨勢。若逕由魏晉的學術思想觀之，魏晉可以說是玄學興盛的時代，所謂的「玄學」，概略地說，是魏晉人懷著獨特的關切，玄談「本末有無」等論題，而以《易》、《老》、《莊》爲其資材所發展出來的哲學思想，其特重名理思辨，已大不同於兩漢之經學與思想。然而兩漢以來，孔顏的聖賢地位已無可動搖，是以在此儒衰道盛之際，對於本爲儒聖的孔子，魏晉人必須予以合理的解釋與轉化，才能吻合其嶄新的體認，〔註33〕因而《論語》一書遂成玄化儒理的重要津梁，孔子玄學化亦爲會通儒、道的必然結果。顏淵雖非如孔子般居於主流的角色，然而就其玄化孔子與《論語》的普遍趨勢觀之，被目爲「亞聖」及「大賢」的顏淵，自亦無法脫此玄風之外。是以，本文於此嘗試由魏晉論語注疏來呈現儒家顏子形象玄學化的面貌。唯魏晉論語注疏至今

〔註32〕《莊子》中越形存神之人物，如〈德充符〉中以惡駭天下的哀駘它，及兀者王駘、申徒嘉與叔山無趾等；遺然忘世者如〈田子方〉裡新沐披髮而乾、遊心於物之初的老聃，〈齊物論〉隱几而臥、仰天而噓的南郭子綦等；而侔天畸俗者如〈大宗師〉中臨尸而歌，莫逆於禮俗生死之外的孟子反、子琴張等；至於超逸絕塵的寓言人物則有〈逍遙遊〉裡吸風飲露、脫盡嗜欲而純養天機的藐姑射之山的神人等。他們皆是莊子用以寓道合天所塑造的寓言人物。

〔註33〕如《世說‧文學》第八條載：「王輔嗣弱冠詣裴徽，徽問曰：『夫無者，誠萬物之所資，聖人莫肯致言，而老子申之無已，何邪？』弼曰：『聖人體無，無又不可以訓，故言必及有；老莊未免於有，恆訓其所不足。』」頁199。王弼所揭示的「聖人體無」之說，維持了孔聖於學統上的地位，另一方面，也兼顧到時人對老莊思想的企慕，爲魏晉時代所體認的孔聖，開出嶄新的局面。

散佚極多，故而筆者乃以皇侃《論語集解義疏》與馬國翰之《玉函山房輯佚書》
爲本，來加以討論之。試先以注家對「回也，其庶乎！屢空。」（〈先進〉）的解
釋爲例：

1. 何晏：言回庶幾聖道，雖數空匱而樂在其中矣。……一日：屢猶每也，
　　空猶虛中也。以聖人之善道，教數子之庶幾，猶不至於知道者，各內
　　有此害，其於庶幾每能虛中者，唯回懷道深遠，不虛心，不能知道。……
　　（皇侃《論語集解義疏》）

2. 顧歡：夫無欲於無欲者，聖人之常也；有欲於無欲者，聖人之分也。二
　　欲全無，故全空以目聖，一有一無，故每虛以稱賢。賢人自有觀之，則
　　無欲於有欲；自無觀之，則有欲於無欲。虛而未盡，非屢如何。（《皇疏》）

3. 太史叔明：按其遺仁義，忘禮樂，墮支體，黜聰明，坐忘大通，此忘
　　有之義也，忘有頓盡，非空如何？若以聖人驗之，聖人忘忘，大賢不
　　能忘忘，心復爲未盡，一未一空，故屢名生也焉。（《皇疏》）

顏淵「屢空」之「空」，先儒皆釋爲「空乏」，乃指顏淵樂道忘貧一事，
而何晏於傳統說解之外，另起「心虛知道」之說，觀何晏注「子曰：志於道」
（〈述而〉）云：

　　　志，慕也，道不可體，故志之而已。

此「道」已非儒家「道不遠人」的人倫日用之道，反而接近道家「微妙玄通，
深不可識」之道，故其以「懷道深遠」、「每能虛中」來說解「屢空」之顏淵，
已別開解經之生面，而有玄化顏淵的跡象。何晏如此由實轉虛的說解方式，
也爲爾後注解《論語》者開啓玄虛之門，自其後玄風大開，顏子形象亦愈加
玄化。如顧歡以「一有一無」釋顏子之賢，其說可以簡示如下表：〔註34〕

	（一）			（二）
聖人 ——	無欲	—— 於 ——	無欲 / 有欲
賢人 ——	有欲 / 無欲	—— 於 ——	無欲 / 有欲
凡人 ——	有欲	—— 於 ——	有欲

〔註34〕顧歡所云，並未言及凡人的心靈型態，然爲求綱目明暢，使居於聖凡之間的
　　　賢者型態更形清楚，故筆者依其文意，別立凡人一項。

　　依此，第（一）列的有欲、無欲，是指事所未發前人的主觀意願；而第（二）列的有欲、無欲，則是已發後人實際作爲中所涵的心態，顧歡將聖賢一切活動予以高度概念化，而著眼於主體之心靈形態的辨析。在此詮釋系統下，賢人雖已「無欲於有欲」，卻仍「有欲於無欲」，也就是賢人主觀上能夠於凡人有欲之事（諸如名利）上無心爲之，但仍企望於聖人「無欲於無欲」的全空無累之境，是故僅達「聖人之分」而未臻「聖人之常」境。由是，顏淵在此詮釋下，因爲「無欲於有欲」，故言其爲「虛」，而其又「有欲於無欲」，所以非能「全空」，而僅能「屢空」。太史叔明更援用《莊子》坐忘的顏淵來解釋《論語》屢空的顏淵，其說亦可簡示如下表：〔註35〕

聖人	──	忘	忘	──	全 空
賢人	──	忘有不能忘忘		──	一未一空
凡人	──	有	有	──	未 空

　　因此，顏淵僅忘有而未能至忘忘的境界，心尚未盡空，所以云「一未一空」，而有屢空之名。但是觀《莊子》坐忘原文，顏回忘禮樂、忘仁義、墮肢體、黜聰明、實有一功夫進層義，太史叔明則抹去此功夫義而一概逕自歸之於忘「有」（禮樂、仁義、肢體、聰明）的境界，是重境界去功夫，又更推上一層以爲聖人連此忘有亦能忘去，心靈全空，不惹一絲塵埃，此則是太史叔明玄理的發揮，是以其乃藉莊子「坐忘」之玄理來解釋儒家顏淵之「屢空」，卻以莊子解構孔顏師生關係所肯定稱賞的「同於大通」之理想人格爲次，而另起「忘忘」、「全空」之聖人境界。由此可見，儒家顏子形象已被玄學化了。所謂的「玄學化」，即是以玄學的思想語言來重新詮釋典籍，使得典籍及其中人物如孔顏等由詮釋之異而呈現玄學的風貌，如顧歡以老子的「有欲」與「無欲」，將顏子明析爲「一有一無」的賢人型態，太史叔明也透過莊子的坐忘，以「一未一空」之名來指稱顏子之賢。在其思辨推理的運用下，以有無空忘等名詞，來呈現聖賢或道所達至的理境，就聖賢之形象而言，遂特富玄遠簡澹的特質。他如何晏注「不遷怒，不貳過」（〈雍也〉）云：

　　　凡人任情，喜怒違理，顏淵任道，怒不過分。

─────────
〔註35〕太史叔明所云，亦未言及凡人，別立凡人一項之理由同註34。

何晏主聖人無情說，〔註 36〕而以任情與任道區別凡賢，以為顏淵雖未有聖人般純然合乎天理之性，然能以情當理，故有合理之情。何注不涉其修德義涵，而逕以思辨方式解此，於理境自有其殊勝之處，然皇侃更據此而疏曰：

　　未得坐忘故任情，不能無偏故違理。

亦以莊子的「坐忘」釋「不遷怒，不貳過」的顏淵。至此，顏子形象已頓失《論語》中安貧樂道、篤實修德的面貌，也剝落了莊子坐忘層層深進的功夫義涵，而呈顯出以老莊名理為基調且富涵魏晉玄學特質的賢人樣態。由何晏、顧歡以至太史叔明對「屢空」的論釋，及何晏注「不遷怒、不貳過」以至皇侃所疏可知，這種玄學化的現象是逐漸發展而成的。顧歡、太史叔明與皇侃雖已是南朝齊梁之人，但觀其所言，「既是玄談，又擅名理，正是魏晉的遺風。」〔註 37〕至於晉人的說解，試再舉孫綽、繆播、殷仲堪、李充、劉歆〔註 38〕之注為例：

1. 孫綽：說孔子言，自玄同。（注「回也，非助我者也」章，〈先進〉）
2. 繆播：

　　……顏回盡形，形外者神，故知孔子理在回，知淵亦唯孔子也。（注「顏淵死，子曰：噫！天喪予！天喪予！」章，〈先進〉）

　　學未尚名者多，顧其實者寡，回則崇本棄末，賜也未能忘名。（注「子謂子貢曰：汝與回也孰愈」章，〈公冶長〉）

3. 殷仲堪：能問不能、多問於寡，或疑其負實德之跡，似乎為教而然。余以為外假謙虛黃中之道，沖而用之，每事必然。夫推情在於忘賢，故自處若不足，處物以賢善，故期善於不能，因斯而言，乃虛中之素懷，處物之誠心，何言於為教哉。……（注「曾子曰：以能問於不能，以多問於寡」章，〈泰伯〉）

4. 李充：自伐者無功，自矜者不莊。（注「顏淵曰：願無伐善，無施勞」章，〈公冶長〉）

5. 劉歆：顏是亞聖人之偶，然則顏孔自然之對物，一氣之別形，玄妙所以藏寄，道旨所由讚明。……（注「顏淵死，子曰：噫！天喪予！天

〔註 36〕《三國志·魏書·鍾會傳》注引何劭〈王弼傳〉云：「何晏以為聖人無喜怒哀樂，其論甚精，鍾會等述之。」卷 28，頁 795。

〔註 37〕語出戴君仁先生〈皇侃論語義疏的內涵思想〉《梅園論學續集》，頁 140。

〔註 38〕戴君仁先生以為「劉歆，當然不會是漢之劉歆，宋書武三王傳有一劉歆，恐亦非此劉歆，皇疏所引，不知所從出。」所引同上注，頁 144。觀劉歆所言，頗染魏晉玄風，故暫置於此討論之。

喪予！」章，〈先進〉）

在此，孫綽以為顏淵說孔子言，乃「自玄同」而然，故能共契於玄妙之旨：「於吾言無所不說」本是孔子稱賞顏淵因進德修業之篤切遂能默會樂契其言，孫綽卻逕由此莫逆之境，而言「自玄同」，以「玄」釋孔顏，實已迥異於《論語》原義。繆播以為顏淵能崇本棄末，學顧實而不尚名，又云其盡形，而形外者神，故能知孔子理，顏淵於此詮釋脈絡中，遂成「崇本棄末」、「盡形知理」之人；「本末」乃王弼由老子「有無」觀念所引申出來作為其哲學理論的基本架構，遂演為魏晉人玄談的專題之一，更進而以「有無」、「形神」、「體用」、「言意」、「名教、自然」……等語言進行名理思辨的推理，乃形成具有特殊風貌的玄學，因此由此詮釋，自是有別於顏子的本來面目，而富涵魏晉名理色彩。殷仲堪所言的「謙虛黃中之道」乃就易義言，「沖而用之」為老子語，「虛中之素懷」亦為老子義。李充以「自伐者無功，自矜者不莊」來釋「願無伐善，無施勞」，乃本《老子》二十四章「自伐者無功，自矜者不長」而來，《論語》裏「願無伐善，無施勞」的顏子，是一個自願默默踐修行善，惟求克盡本分，絲毫不思己功的人；李充以老子語來解，則寓有體用之玄義，自伐自矜則失其自體為虛的本然，由是將盡遺本體之妙用，而有無功與不莊之病。劉歆更言孔顏乃「自然之對物，一氣之別形」，而云其同為「玄妙所以藏寄，道旨所由讚明」此則可能由《莊子》「萬物皆種也，以不同形相禪」〈寓言〉〔註39〕脫化而來。由此可知，晉人已較何晏更進一步地善體玄旨了。無怪乎時至南朝，玄化儒理與孔顏有愈演愈烈的跡象。

孔顏的玄學化，實際上呈顯的是魏晉人對於理想人格的看法，由上述的分析可知，這種富涵魏晉名理色彩的聖賢觀，著眼的實為聖賢的心靈境界而略其工夫。工夫義只能以指點的方式呈顯，而境界義卻可經由規定、思辨與推理來加以清楚的展現。由此也顯示著，崇尚智悟的魏晉人所以獨好境界之由，且於心靈之純淨無限有一特殊的祈嚮。再考諸時人玄學中的聖人觀，當更為瞭然。試僅舉何晏、王弼、郭象以為代表：

1. 何晏以為聖人無喜怒哀樂，其論甚精，鍾會等述之。弼與不同，以為聖人茂於人者神明也，同於人者五情也。神明茂，故能體沖和以通無；五情同，故不能無哀樂以應物。然則，聖人之情，應物而無累於物者也。今以其無累，便謂不復應物，失之多矣。（《魏志・鍾會傳》注引

〔註39〕郭象注此句亦云：「雖變化相代，原其氣則一。」《莊子集釋》，頁951。

何劭〈王弼傳〉，卷28）

2. 夫松柏特稟自然之鍾氣，故能為眾木之傑耳，非能為而得之也。言特
受自然之正氣者至希也，下首則唯在松柏、上首則唯在聖人。……（郭
象《莊子·德充符》注）

3. 聖人常遊外以宏內，無心以順有，故雖終日揮形而神氣無變，俯仰萬
機而淡然自若。（郭象《莊子·大宗師》注）

　　不論是聖人無喜怒哀樂，或以為聖人神明茂而有情，乃至以「特稟之鍾
氣」稱聖，都是就人自身的情感與材質著眼。聖凡之別，即在其材質有異，
性分天成，故不可改易。何晏之聖人無情論，以為凡人往往制於外物而有喜
怒哀樂之發，聖人獨能超然於此，顯一寂然無情之本體。而王弼以為聖人有
情，所異於人者乃神明特茂之材質，因其神明茂，故能體「沖和」以通「無」，
也就是說聖人以虛為主，抱一清神，善體沖和之用，遂能通「無」之道體，
故雖有情卻能入乎「有」境而不傷，應物而不累於物；因此，王弼又曾云「聖
人體無，無又不可以訓，故言必及有。」〔註40〕郭象更以聖人之自性乃獨稟
自然之正氣，故而雖其日理萬機，猶能神氣無變而淡然自若，成為遊外宏內、
無心順有之跡冥圓融的聖人典型。東晉王脩亦曾與時人談辯「賢人有情與否」
而云「賢，有情之至寡。」〔註41〕賢者「有情之至寡」乃相應於聖人無情而
言，可見賢人亦超乎常人之上。是以在這種有無形神空忘等的討論下，孔顏
之為聖賢，不再就其於文化、德業之貢獻，或外王制度的建立而言，也非如
莊子由深涵功夫義的心齋、坐忘以同於大通的境界來展現其理想人格，而是
全然指向聖賢之心靈境界。魏晉時局艱屯難測，民生又極其塗炭，士人面對
當世徒有不能旋乾轉坤的無奈之感，這種痛苦，驅使人避開任重道遠、使命
感極重的儒家，而轉向老莊，藉其明智以保身或求解脫以慰心，他們更敏感
的意識到人的欲念情感之拘執，與面對生死的悲懼，也因而更企慕心靈純靜
淵美、融涵道智的聖人典型。然其雖遠儒近道，卻無取老莊智慧中極為重要

〔註40〕請見註33。
〔註41〕《世說·文學》第83條載：「王敬仁（脩）年十三，作《賢人論》，長史送示
　　　　真長。真長答云：『見敬仁所作論，便足參微言。』」頁261。可見其《賢人論》
　　　　亦為玄理之妙著，同條劉注引其《賢人論》所述可略見其意，其云：「或問：
　　　　『易稱賢人黃裳元吉，苟未能闇與理會，何得不求通？求通則有損，有損則
　　　　元吉之稱將虛設乎？』答曰：『賢人誠未能闇與理會，然居然體從；比之理盡，
　　　　猶一豪之領一梁。一豪之領一梁，雖於理有損，不足以撓梁，於賢人何有損
　　　　之者哉？』」頁261。

的工夫義涵，而賞其智術與境界之深美，這種泯去德業與工夫，純然針對心靈境界的分析與判別，又與是時品觀人物的角度有其相通之處。魏晉人品鑑人物，亦不再著眼於事功德業，或不斷向上超越以修道成德的典型，而是欣賞人由其心靈境界所散發出來的各種行徑儀態與神采風流之美，觀《世說》之〈品藻〉、〈賞譽〉、〈容止〉、〈雅量〉……等篇可知。同時，嵇康之「越名教而任自然」與向郭《莊子注》所謂的「適性逍遙」的理論，亦與時人樂尚莊老卻任情適性的生命型態，正有其相互輝映之趣：

1. 夫稱君子者，心無措乎是非，而行不違乎道者也。何以言之？夫氣靜神虛者，心不存於矜尚；體亮心達者，情不繫於所欲。矜尚不存乎心，故能越名教而任自然；情不繫於所欲，故能審貴賤而通物情。物情順通，故大道無違；越名任心，故是非無措也。（〈釋私論〉）

2. 向子期、郭子玄逍遙義曰：「夫大鵬之上九萬，尺鷃之起榆枋，小大雖差，各任其性。苟當其分，逍遙一也。……」（《世說‧文學》第32條劉注引）

名教乃外在之規範，使人有所矜持崇尚，而不能表現人自性之真美，有所欲則有所蔽，而妨其本然具有的清達之心，所以唯有越名教而任自然，方能心不存乎矜尚，情不繫於所欲，還一切於本然，而無是非名利攪擾。這是嵇康深透當時上層社會禮教之虛偽，而欲解脫以返自然之本真的意見，結合其一生才情美儀的影響，遂成一時風尚。向郭所云，既承認萬物天生資稟有所不同，同時也肯定不唯聖人能逍遙自得，且人人皆可達逍遙的境界，要者則在「各任其性，苟當其分」，也就是安於自己天性所受的本分，而將之完全發揮出來，則在主體境界上已完全圓滿自足了，故其云：「苟足於其性，則雖大鵬，無以自貴於小鳥，小鳥無羨於天地，而榮願有餘矣。故小大雖殊，逍遙一也。」（〈逍遙遊〉注），這種逍遙適性的主張，強調人人當發揮自己本然各具的性分才情，及至具足，則高下無別。是以魏晉人於此崇尚心靈境界的玄學理論提出的激盪下，遂更能以一種賞趣之心品賞人物，特重人之自性與真情，時人也能如百花之繽放，各展其本然自具的才情與姿形，而呈顯出豐富多樣的人物風貌。

儒家顏子形象玄學化，最能由魏晉《論語》注疏中彰顯出來。究其玄化之由，與時人對人之心靈境界所懷的特殊關切亦攸契相關，推擴來看，其意義不僅呈顯了賢者的心靈境界，也已涵融魏晉人對於理想人格之特質的探

討，故再就玄學聖賢論觀之，不論是何晏的聖人無情、王弼的體無而言有、或郭象跡冥圓融的聖人、乃至王脩有情之至寡的賢人，其玄智玄理間，皆體現出一種超越有限以追求無限的精神心靈活動，而與審美之心靈活動相若。是以宗炳《山水畫序》所言之「聖人含道應物，賢者澄懷味象。」正是由玄學化的聖賢境界轉釋人對自然山水、藝術美觀照感應的心靈活動。而所謂的「賢者澄懷味象」，乃指賢者能虛心澄慮，味象以觀道。因此，就人物鑑識來說，魏晉人特能以賞趣從人之行跡言動形貌來見其神采風姿之美，同時，澄懷味象的賢者境界，乃人眞實人生所可希冀的，不若聖人之完美遙遠，不可企及，由孫放答庾亮以「仲尼生而知之，非希企所及；至於莊周，是其次者，故慕耳」之言，〔註42〕正可見出時人的觀點。而亞聖顏淵亦爲聖人之次，同爲時人所慕，故孔融以「仲尼不死」而致禍，〔註43〕時人卻以「顏子復生」爲美譽。〔註44〕再就形象來說，玄學化的顏子，已大不同於《論語》中安貧樂道、非禮弗履的君子形象，也異於《莊子》中由心齋坐忘功夫契入玄虛大道、或屢屢探玄問虛、卸下儒者重仁義禮樂的有道者，而是於「自玄同」處匯通了儒、道，改造了儒、道思想，純由人心靈境界著眼，以名理探討玄境，而呈顯出以老莊名理爲基調的簡澹深遠之賢人樣態。《論語》中的顏子形象，正展現了先秦儒家對理想人格的看法，《莊子》中的顏子形象，也涵藏著道家理想人格的義蘊，魏晉玄學化的顏子形象，同樣也透露出魏晉時人的聖賢觀，經此揭示，不僅看到顏子形象於不同思想投影下的因革損益，同時也呈現了魏晉人的心靈特質，而此正可作爲其後討論人物品鑒之思想背景的詮釋基礎。

〔註42〕《世說·言語》第 50 條劉注引〈孫放別傳〉曰：「放字齊莊，監君次子也，年八歲，太尉庾公召見之。放清秀，欲觀試，乃授筆令書。放便自疏名字。公題後問之曰：『爲欲慕莊周邪？』放書答曰：『意欲慕之。』公曰：『何故不慕仲尼而慕莊周？』放曰：『仲尼生而知之，非希企所及；至於莊周，是其次者，故慕耳。』……」頁 110。

〔註43〕《後漢書·孔融傳》言曹操嫌忌孔融，遂令丞相軍謀祭酒路粹枉狀奏融曰：「少府孔融……既而與（禰）衡更相贊揚，衡謂融曰：『仲尼不死。』融答曰：『顏回復生。』大逆不道，宜極重誅。」卷 70，頁 2278。

〔註44〕時人以「顏子復生」爲美譽，請參見第三章第一節，頁 46、47。

第三章 從「人物喻體——顏子」到魏晉人物品鑒（上）

在導論第二節中，曾以甯武子建立從人物喻體出發來探討魏晉人物風貌的可行性，是以本章亦擬透過「品評者——顏子——被品評者」的討論，來作爲考察魏晉品鑒特質與人物風貌的橋樑。「品評者——顏子——被品評者」，一則可以交會出實際品鑒的具體情境，同時也分別是本章人物探析中用以穿針引線的詮釋焦點：「品評者」無疑是我們揭示如此賞鑒之角度，及檢驗其可否具有影響力與普遍性的重要對象；而作爲人物喻體的「顏子」，又非如其他人物喻體如治獄良吏——張釋之，清談宗主——王弼、何晏，善鑒之倫——郭泰、許劭，王佐之才——管仲，謀略之士——張良，……等爲具有某種特殊才能之固定意義的代稱，〔註 1〕反而因顏子形象於時人心中的再詮效應，而使「人物喻體——顏子」富涵多義性；加以是時品觀人物，普遍存在著以人物情性出於天性，後天極少改變的觀念，〔註 2〕因此「品評者——顏

〔註 1〕 品風漸盛，人物喻體的運用亦隨之普遍，尤以某些具有特殊才能者，其名每每成爲此特殊才能的代稱，而屢現於人物品評之中，諸如漢代的張釋之，乃爲治獄良吏之別名，比之者有劉頌、王彪之，見《晉書》，卷 46，頁 1293；卷 76，頁 2007。縱橫籌謀的張良，則成謀才的代稱，比之者有荀彧、鍾會，見《三國志・魏書》，卷 10，頁 308；卷 28，頁 787。而管仲即指稱王佐之才，比之者有王導、殷浩，見《晉書》，卷 65，頁 1747；卷 77，頁 2044。此外，天下言拔士者，咸稱許、郭；江左稱有才辯者，皆以王、何名之焉。諸如此類，不勝枚舉，唯其皆以某種特殊才能見稱，與比爲顏淵者，不盡相同。

〔註 2〕 《人物志・體別》即云：「夫學所以成材也，恕所以推情也。偏材之性，不可移轉矣。雖教之以學，材成而隨之以失；雖訓之以恕，推情各從其心。」（中華書局，民國 77 年版）頁 6。

子——被品評者」雖然僅是當下語,卻已有概括其人特質的恆定意義,故對於「被品評者」的考察,可以超越當下的限制,而就其人格特質的整體風貌著眼,並較之以《論語》的顏子形象,以明「人物喻體——顏子」在被品評者的投影下所各具的賞鑒義涵。漢末至東晉間,黃憲、荀彧、陳群、羊祜、陸雲、謝尚諸人皆曾被喻爲顏子,因此本章依其時序先後,〔註3〕以「品評者——顏子——被品評者」爲基本形式,分別加以探析。

第一節　黃憲與顏淵

> 黃憲,字叔度,汝南愼陽。時論者咸云:「顏子復生。」(《世說·德行》二劉孝標注引《典略》)

> 穎川荀淑至愼陽,遇憲於逆旅,時年十四,淑竦然異之,揖與語,移日不能去。謂憲曰:「子,吾之師表也。」既而前至袁閬(閬)所,〔註4〕未及勞問,逆曰:「子國有顏子,寧識之乎?」閬曰:「見吾叔度邪?」(見《後漢書·黃憲傳》,卷53)

年僅十四的黃憲,荀淑於客舍遇之,見其神采,即「竦然異之」,揖而與語,竟又「移日不能去」,可見黃憲有其獨特的魅力溢於形表。在此「荀淑——顏子——黃憲」所構成的品鑒關係裡,品評者——荀淑在與被品評者——黃憲短短的共處相談中,所感受到的到底爲何?何以稱黃憲爲顏子?且袁閬聞之竟也默會其意,而言「見吾叔度邪?」一種親切又引以爲榮之情流露無遺,彷如黃憲爲其地之光;不僅如此,據《世說》劉注所載,時論者亦咸

〔註3〕據楊家駱主編,《歷代人物年里通譜》(世界書局,52年初版)所輯,諸人的生卒年與時代如下:

黃　憲	漢明帝	——	漢安帝	西元75年	——	122年
荀　彧	漢桓帝	——	漢獻帝	西元163年	——	212年
陳　群	?	——	魏明帝	西元?年	——	236年
羊　祜	魏文帝	——	晉武帝	西元212年	——	278年
陸　雲	魏元帝	——	晉惠帝	西元262年	——	303年
謝　尚	西晉懷帝	——	東晉穆帝	西元308年	——	357年

〔註4〕《後漢書·黃憲傳》注:「閬,一作閬」,據楊勇《世說新語校箋》(明倫出版社,民國63年初版)、余嘉錫《世說新語箋疏》的考辯,閬當作閬。並見兩書〈德行〉第3條之案語,頁4、頁5。

云憲爲「顏子復生」，可見黃憲確實有股與當時人心目中的顏子相若的氣質。范曄云其「世貧賤，父爲牛醫。」由此可知，黃憲並不是貴胄子弟，能著華衣、乘駿馬以顯其風流俊逸；而荀淑「少有高志，博學而不好章句，……州里稱其知人。」、「當世名賢李固、李膺等皆師宗之。」（卷 62〈荀淑傳〉），更以「清識難尚」見賞於世，〔註5〕實爲一高德人物，且欲以年僅十四的黃憲爲師表，自不會僅因憲之貧賤而稱其爲顏子，當應有所深見而然，見其未及袁閬勞問即逆曰：「子國有顏子，寧識之乎？」感佩驚喜之情竟然如是，黃憲究竟有何殊善之處？其傳並無具體事蹟功業或其所作所云之隻言片語傳世，唯以各種人物的感言讚語所砌成的側寫法撰成，益見其神秘難解，卻又透露著一股不著痕跡的高邁之氣，試舉戴良、周乘、〔註6〕陳蕃、郭泰所云爲例：

1. 戴良才高倨傲，而見憲未嘗不正容，及歸，罔然若有失也。其母問曰：「汝復從牛醫兒來邪？」對曰：「良不見叔度，不自以爲不及；既睹其人，則瞻之在前，忽焉在後，固難得而測矣。」

2. 周乘曰：「時月之間不見黃生，則鄙吝之萌復存乎心。」

3. 郭林宗（泰）少游汝南，先過袁閬，不宿而退，進往從憲，累日方還。或以問林宗。林宗曰：「奉高之器，譬諸氿濫，雖清而易挹。叔度汪汪若千頃陂，澄之不清，淆之不濁，不可量也。」

觀諸人所稱，無不以其爲深遠難測：戴良乃任誕駭俗，不拘禮法之人，曾自云：「我若仲尼長東魯，大禹出西羌，獨步天下，誰能爲偶！」〔註7〕才高倨傲如此，自非常儒所能折服，而黃憲竟能使其正容，自歎弗如，罔然若有所失；「天姿聰明，高峙嶽立」的周乘，以治才、不畏強禦爲世所稱〔註8〕，卻有「時月之間不見黃生，則鄙吝之萌復存乎心」之感；郭林宗善爲知人，貞不絕俗，往往能見人之才德，尤具風流雅望，〔註9〕其過袁閬，不宿而退，

〔註5〕「李元禮嘗歎荀淑、鍾晧曰：『荀君清識難尚，鍾君至德可師。』」《世說‧德行》第 5 條，頁 6。

〔註6〕據楊勇、余嘉錫的考辨，《後漢書》的「周舉」當作「周乘」，今據《世說‧德行》第 2 條改之。

〔註7〕戴良之言行事蹟，可參見《後漢書‧逸民列傳》所載，卷 83，頁 2772～2773。

〔註8〕《世說‧賞譽》第 1 條劉注引《汝南先賢列傳》云：「周乘字子居，汝南安成人。天資聰明，高峙嶽立，非陳仲舉、黃叔度之儔則不交也。仲舉嘗歎曰：『周子居者，眞治國之器也！』」頁 413。

〔註9〕林宗殊多風人雅事，素有知人之鑒，爲一世所宗仰，可參見《後漢書‧郭泰傳》，卷 68 所載。

進往從憲，卻累日方還。袁閬亦爲當時汝南的知名人士，素有眾望，〔註10〕
而林宗卻以爲其「雖清而易挹」，自是不若叔度「汪汪若千頃陂，澄之不清，
淆之不濁」之耐人尋味。由此可知，不論是隱誕狂徒、忠賢時彥、抑或風雅
名流，皆推崇黃憲，而其所推崇處，不在忠孝節義等之具德，卻以「既睹其
人，則瞻之在前，忽焉在後，固難得而測矣！」、「不見黃生，則鄙吝之萌復
存乎心」、「汪汪若千頃陂」之語來傳達他們對黃憲的感覺，這種感覺渾全整
體，無可名之，卻具有一種道德美感，它使人身處其間，能爲之感攝淨滌，
而虛己斂容，卻又毫無迫人的盛氣，好樂人倫的林宗，尤善描摹這種溫潤深
厚之感，故能以洋溢興味的形象語言來透顯黃憲的人格境界，成爲膾炙人口
的品鑒美談。

　　林宗之品題與叔度之美器蓋已相映成趣，若細品林宗之語以試圖勾勒出
黃憲的人格面貌，將不難發現此「汪汪若千頃陂，澄之不清，淆之不濁」之
形象語言，竟與《老子》15章語暗合：

> 古之善爲士者，微妙玄通，深不可識。夫唯不可識，故強爲之容：
> 豫兮若冬涉川；猶兮若畏四鄰；儼兮其若客；渙兮若冰之將釋；敦
> 兮其若樸；曠兮其若谷；混兮其若濁；澹兮其若海；飂兮若無止；
> 孰能濁以靜之徐清，孰能安以動之徐生。……

老子亦將體道深遠之士以形象語言從各種角度來加以感覺描摹之，冀能由此
傳達出其理想人格的生命內涵，范曄於〈黃憲傳〉論中亦云：

> 黃憲言論風旨，無所傳聞，然士君子見之者，靡不服深遠，去玼吝，
> 將以道周性全，無德而稱乎！余曾祖穆侯以爲憲隤然其處順，淵乎
> 其似道，淺深莫臻其分，清濁未議其方。……

由此可知，「微妙玄通，深不可識」亦是眾人於黃憲共有的感覺，而此必得從
生命之深醇發出，方有如此的力量，使人樂與之處，罔然自失，此不也神似
《莊子・德充符》中德和神全之人：如兀者王駘「立不教，坐不議」，卻使人
「虛而往，實而歸」、惡人哀駘它「以惡駭天下，和而不唱，知不出乎四域。」
卻使「丈夫與之處者，思而不能去也。婦人見之，請於父母曰：『與爲人妻，
寧爲夫子妾』者，十數而未止也。」皆有一種守虛以化人的無形力量，直發
自內在生命的涵存，因此范曄論之以「道周性全，無德而稱乎！」另一方面，

〔註10〕《後漢書・王龔傳》云：「閬字奉高，數辭公府之命，不修異操，而致名當時。」
　　　　卷56，頁1820。

黃憲屢徵不辟，天下號爲「徵君」，然而卻不被范曄收入〈逸民列傳〉，而與
周燮、徐稺、姜肱、申屠蟠等人合列一傳，且范曄特於傳前闡發其用意云：

> 易曰：「君子之道，或出或處，或默或語。」孔子稱「蘧伯玉邦有道
> 則仕，邦無道則可卷而懷也。」然用舍之端，君子之所以存其誠也。
> 故其行也，則濡足蒙垢，出身以效時；及其止也，則窮棲茹菽，臧
> 寶以迷國。

蓋是以儒家之君子視之，並引爲孔子所稱賞之蘧伯玉以明諸人之行。姑且不論
其用舍行藏可否盡合孔子出處之大義，觀此傳所載，諸人皆爲修身養德、高風
潔矩之人，尚存漢末清節勵俗之人格典範，與魏晉之際「慕蘧伯玉之爲人，與
時舒卷，無瀆諤之節」的王戎之與世浮沉已不可同日而語，〔註11〕而史傳又載
黃憲「初舉孝廉，又辟公府，友人勸其仕，憲亦不拒之，暫到京師而還，竟無
所就。」、「太守王龔在郡，禮進賢達，多所降致，卒不能屈憲。」可見其並不
劃地自限於必仕必隱，觀其初舉孝廉又辟公府時，友人勸其仕，憲亦不拒之，
是不以仕進爲濁；而王龔欲招致時賢以力挽狂瀾、共濟時艱，〔註12〕卻也不能
屈憲於其「禮進賢達」的名望之下，是憲終無用世之志。因此，所謂「用舍之
端，君子之所以存其誠也」，黃憲抉擇之本心，已非「己利利人、己達達人」的
仁心宏願，此「誠」則在忠於自己的性分素懷，是以黃憲不以功利見世、不以
是非判清濁，不以出處定高下，不企望人知，然亦無儒家道德的應然使命感，
其自不能以人事經驗來加以限定之，故予人深不可測之感，然而這種人格境界，
實亦無法逕別其爲儒家抑或道家。蓋自漢代以來，將儒家之重德由內在之自證，
轉向外在的德目規範，而施之於政教風俗，並且用於政治以爲仕途之所階後，
選舉進薦亦須瑣列德目進行，行之既久，遂逐漸僵化失實，漢末王符於《潛夫
論》中描寫當時選舉乖濫之狀云：

> 群僚舉士者或以頑魯應茂才，以桀逆應至孝，以貪饕應廉吏，以狡
> 猾應方正，以諛諂應直言，以輕薄應敦厚，以空虛應有道，以囂闇
> 應明經，以殘酷應寬博，以怯弱應武猛，以愚頑應治劇；名實不相
> 符，求貢不相稱。(〈考績〉第7)

〔註11〕《晉書·王戎傳》云：「戎以晉室方亂，慕蘧伯玉之爲人，與時舒卷，無瀆諤
之節。自經典選，未嘗進寒素，退虛名，但與時浮沉，戶調門選而已。」卷
43，頁1234。

〔註12〕〈王龔傳〉載王龔好才愛士，後進知名之士，莫不歸之，又深疾宦官專權，
志在匡正，與李固、李膺等俱爲以堅操屬節共濟時艱之流。

當時浮誇無實之風，槪可見一斑。事實上由仁心之流暢自成的道德方有道德創造力，若形成規範以要求他人遵行，則易流於僵化而失去道德的精義，如再結合權勢利，將不乏陽君子陰小人的好名之士，悖性違理之行也夤緣而起了，如此勢必引發人心之反動，而尋求新價值觀與新的道德典範，是故漢末有識之士憂思反省整個社會時代之病症，或提出針砭之道，或揚清棄濁判然自成清流，同時亦有重尋內在之價值根源崛然成一風範的時代人物，由是老莊尚樸歸眞的思想，即在此背景下注入於時人的思想內涵之中，提供他們新的視界與人生觀，來作爲解決問題的參考。漢初黃老思想流行，重在治術，武帝又施以儒教，群體意識便籠罩於人心之中，事功遂成爲個人生命價值投注之所在。漢末的老莊思想，卻是基於社會之弊與個人生命向內涵養的需要而日漸盛行起來的。因此，在個人方面，亦由其獨特生命展現了融通儒、道的嶄新道德風貌，群體意識也在這種新型人格的價值觀中脫解消融，代之而起的是自覺意識的醒覺，他們不屈於名利事功之所限，反而流露著高節清氣的神宇風釆，體現了人們對新道德典範之眞善的心靈需求，「道德」遂從功利外顯轉向道家圓融無礙、深不可識之境來呈現，而黃憲即是這種時代背景下爲人所欽慕的人物典型。

　　黃憲的行事超越於現實功利之上，所展現出來的新道德典範，讓人深深地感受到其人格的純粹淵靜，這種人格的感攝力量足以使狂倨之士爲之正容、罔然若失，即可知其人格眞淳之深度，昭然不假。是以時論者咸云憲爲「顏子復生」，以他們心目中敬仰的亞聖來加以比擬之，在此，「人物喻體──顏子」被賦予的義涵與《論語》中的顏子形象有何異同？則須再由黃憲人格的展現與探析，來得一槪況，並且可就此見時代風尙一隅，以明當時人品觀人物側重之所在。黃憲世貧賤，是與顏子簞瓢屢空的境遇相彷；年僅十四，荀淑即見而異之，亦與顏子皆爲早慧之人；曾子曾云顏淵「有若無，實若虛，犯而不校」，與「難得而測」、「汪汪若千頃陂」、「隤然其處順，淵乎其似道」的黃憲也有境意上的神似。然而細究其別，「隤然處順」、「淵乎似道」不盡合《論語》義，反而似老子守柔致虛的思想，《老子》第四章云：「道沖，……淵兮似萬物之宗」、第八章亦云：「居善地、心善淵，……夫唯不爭，故無尤」。「不爭」即爲處順，道體本有淵深難測的特性，善道之士，其心亦必如道淵深般地沈靜，黃憲處世正似如此，因此范穆侯云其「淺深莫臻其分，清濁未議其方」，不論高下深淺之君子凡民皆無法探其虛實，清議濁流亦不得論議其

方，將之析納。此與博文約禮於成德路上的顏子自是不同，顏淵「有若無，實若虛，犯而不校」是其致力於道德實踐，以謙虛好學的態度勉勉向上，所自然流露的寬博溫潤之氣度，其於孔子之言無所不說，深喜的是孔子禮樂文化之大義，是以能三月不違仁，安貧樂道，卻又能用行舍藏，以行道爲己任。而黃憲存誠之心，在己之性分素懷以至「終無所就」，其仕隱之判準已有所差異，然而史傳云王龔終不能屈憲，是隱有以此高憲之意，可見時風之所尚。〔註13〕黃憲與顏淵雖皆在亂世，然時代與政治制度、社會風俗皆有極大的差距，相應之下，其環境於個人的限制，亦各有不同。顏淵早逝，故未能行道於當時；黃憲德高，陳蕃歎其有三公之才美，自以不及，〔註14〕竟也寂然無跡於世。因此黃憲與顏淵所以交會於當時人的心目之中，乃在其皆爲家貧、早慧、德高近道之人，而德高近道尤爲其主因，然此「德高近道」的面目，已大不同於顏子博文約禮於平實切近處用心的人格特質，何以仍以顏子喻黃憲？蓋乃自境界著眼，在此「境界」乃指一個人生命的高深程度，可由其人的言行神態之感攝力傳達出來，因此我們可就他人對黃憲之感覺評語而知其境界，儒道之相通，即在此境界上有其相彷彿之處。由前面的分析已知，黃憲呈現了新的道德典範，而此新道德，乃以「道意體現儒心」的方式呈顯，〔註15〕也就是柔順虛靜地涵養其心性，不避常倫，卻超然於外物功名之上。黃憲得力於老莊虛無之道，卻得「顏子復生」之美名，由此即可概見漢末人道德觀念之轉變與魏晉思想蛻變之幾兆。

第二節　荀彧與顏淵、陳群與顏淵

> 鍾繇以爲顏子既沒，能備九德，不貳其過，唯荀彧然。或問繇曰：「君雅重荀君，比之顏子，自以不及，可得聞乎？」曰：「夫明君師臣，其次友之。以太祖之聰明，每有大事，常先諮之荀君，是則古師友之義也。吾等受命而行，猶或不盡，相去顧不遠邪！」（《三國志‧魏書‧荀彧傳》裴注引《彧別傳》，卷10）

〔註13〕 觀《後漢書》所載，東漢後期高名善士，不應徵辟者甚夥，其不仕之因縱或有異，然可由此不仕之盛風見其貴高蹈而賤仕宦之時尚。

〔註14〕 「陳蕃爲三公，臨朝歎曰：『叔度若在，吾不敢先佩印綬矣。』」見本傳。

〔註15〕 此語乃援用許結的論點，見〈從東漢后期文學看玄儒境界〉一文，山東大學《文史哲》（1991年），第3期，頁83。唯許君所論的對象在東漢文人，與本文有別。

陳群在朝無適無莫，雅仗名義，不以非道假人。文帝在東宮，深敬
器焉，待以交友之禮，常歎曰：「自吾有回，門人日以親。」（《三國
志‧魏書‧陳群傳》，卷22）

荀彧與陳群俱為漢魏興替之際的名臣，荀彧揚聲於曹操之時，陳群名重於曹
丕之世，而漢末以來荀、陳兩家即甚有淵源，觀《世說‧德行》第6條云：

陳太丘（寔）詣荀朗陵（淑），貧儉無僕役，乃使元方將軍，季方持
杖後從，長文（陳群）尚小，載著車中。既至，荀使叔慈應門，慈
明行酒，餘六龍下食，文若（荀彧）亦小，坐箸膝前。于時太史奏：
「真人東行。」

檀道鸞《續晉陽秋》又載此事曰：

陳仲弓從諸子姪造荀父子，于時德星聚，太史奏：「五百里賢人聚。」
（見前條注引）

以天文見人事，本為兩漢人之常習，陳仲弓父子造訪荀朗陵，而至德星聚，向
來傳為美談，亦可見陳、荀兩家雖尚未為望族，但已以德高而為世所重。〔註16〕
陳群與荀彧此時皆為孫輩，或載箸車中而來，或坐箸膝前與會，寧知其後竟皆
被比為顏子？正始中人士比論，亦有「五荀方五陳」之說：

正始中，人士比論，以五荀方五陳：荀淑方陳寔、荀靖方陳諶、荀
爽方陳紀、荀彧方陳群、荀顗方陳泰。（《世說‧品藻》6）

荀、陳兩家發跡至此，乃已成為當世並談比觀的望族，而「鍾繇——顏子—
—荀彧」與「曹丕——顏子——陳群」之間，經由「荀彧方陳群」的引入，
兩者的關係遂更形密切，是以乃將兩人合為一節，以明「人物喻體——顏子」
於此對應下涵攝的品鑒內涵，並冀能藉此管窺漢魏間人物品鑒的特色。

荀彧〔註17〕瓌姿奇表，為人偉美有儀容。年少時，以知人名於世的何顒
初見彧即以「王佐之才」賞異之，可見荀彧早年已有盛才之鋒芒。及長，他
以雄略有否擇主，而去軍勢頗盛的袁紹，竟從初起的曹操。曹操見語荀彧，
大悅曰：「吾子房也！」乃以「運籌策帷帳中，決勝千里外」〔註18〕的王者師

〔註16〕《三國志‧魏書‧陳群傳》裴注引《先賢行狀》曰：「……于時，寔、紀高名
並著，而諶又配之，世號曰三君，每宰府辟命，率皆同時，羔鴈成群，丞掾
交至。豫州百姓皆圖畫寔、紀、諶之形象。」頁634。

〔註17〕《後漢書》，卷70與《三國志‧魏書》，卷10並有〈荀彧傳〉，以下有關荀彧
的事蹟敘述，乃據兩書及《三國志》裴注所引之史料而來。

〔註18〕語出《史記‧留侯世家》高祖贊子房言，卷55，頁807。

張良稱許之，即可知荀彧流露形外者，正以才智謀略見長。然而鍾繇比之為顏子，以為「顏子既沒，能備九德，不貳其過，唯荀彧然」，豈不啓人疑竇？鍾繇亦出身名門，〔註 19〕為荀彧所推舉於曹操，歷仕曹氏父子，功高德茂，與華歆、王朗同為曹丕稱美為「一代之偉人」，〔註 20〕他既與荀彧共事，當更深明切感於荀彧的行事與為人，以「既備九德，不貳其過」言荀彧，應是對其人格極高的讚譽，然而當有人問他何有如此之比？卻云「以太祖之聰明，每有大事，常先諮之荀君」，而「吾等受命而行，猶或不盡，相去顧不遠邪！」可見鍾繇實以才識觀點來議論稱賞之，並未言及荀彧的德性生命，因此其所謂的「九德」、〔註 21〕「不貳其過」，皆須再由荀彧之行事與時人對「德行」觀念的討論，來明其實指之義涵。

　　曹操每向荀彧諮詢籌謀軍國之事，因此往往能立戰績、得勝兆，諸如迎獻帝、擒呂布、敗袁紹，平冀、青、幽、并四州以固其本據，寢九州議以定人心等，遂在此群雄詭譎之際，屹然成雄霸一方之勢，其中尤以迎獻帝與敗袁紹最能見荀彧之深謀遠慮。建安元年，荀彧獨排眾議，力勸曹操迎獻帝云：

> 昔晉文公納周襄王，而諸侯景從；漢高祖為義帝縞素，而天下歸心。
> 自天子蒙塵，將軍首唱義兵，徒以山東擾亂，未遑遠赴，雖禦難於外，
> 乃心無不在王室。今鑾駕旋軫，東京榛蕪，義士有存本之思，兆人懷
> 感舊之哀。誠因此時奉主上以從人望，大順也；秉至公以服天下，大
> 略也；扶弘義以致英俊，大德也。四方雖有逆節，其何能為？〔註 22〕

由此可知，荀彧以為迎獻帝奉主上可使天下歸心於曹操，使義士兆民、英俊豪傑無不慨然從之，實為謀略的運用，其後曹丕為群臣擁立為天子，魏承漢祚，史書遂以魏為正統之傳，此或非荀彧本意，但其功自亦不可抹滅。〔註 23〕

〔註 19〕 鍾繇乃鍾皓之孫，《後漢書‧鍾皓傳》云：「時皓及荀淑並為士大夫所歸慕，李膺常歎曰：『荀君清識難尚，鍾君至德可師。』」卷 62，頁 2064。

〔註 20〕 《三國志‧魏書‧鍾繇傳》載：「時司徒華歆、司空王朗，並先世名臣，文帝罷朝，謂左右曰：『此三公者，乃一代之偉人也，後世殆難繼矣！』」卷 13，頁 395。

〔註 21〕 「九德」指九種品德，《逸周書‧常訓》：「九德：忠、信、敬、剛、柔、和、固、貞、順」，古籍中談到九德的很多，如《書‧皋陶謨》、《逸周書‧文政》、《寶典》、《左傳》昭公 28 年……等，內容亦隨文而異。

〔註 22〕 此段文字，並見於《三國志》與《後漢書》，然文字略異，此處所引，乃本於《後漢書》。

〔註 23〕 荀彧忠漢或魏，一直為史論所爭議，許為忠漢者要如范曄、裴松之、司馬光、趙翼，或從仁者大濟生民的角度看荀彧之功，或由荀彧之行事言論以為忠漢，

是時，能與曹操爭天下者，唯有袁紹，荀彧乃以度勝、謀勝、武勝、德勝來
穩曹操之心，再分析局勢，定謀略，使曹操在軍力不及袁紹，又困於呂布、
張繡的窘境中，竟能一一殄滅敵人，使國力大增，而確立其雄主的地位，可
見就謀略來看，荀彧為「思通道化，策謀奇妙」出於聰思的術家人物。〔註24〕
然而又不僅如此，荀彧往往能折節下士，並提舉計謀之士如荀攸、鍾繇、郭
嘉、陳群、杜襲、司馬懿……等效力曹操，諸人皆稱其舉，而得曹操「荀令
君進善，不進不休」知人的美稱。同時他平素謙沖節儉，祿賜散之宗族知舊，
家無餘財，又臨功不居，逢賞屢辭。這是德也是智，頗類《老子》「後其身而
身先」（7 章）、「上善若水。水善利萬物而不爭，處眾人之所惡，故幾於『道』。
居善地，心善淵，與善仁，言善信，正善治，事善能、動善時」（8 章）之大
智，不使自居功耀位顯之地，來保身於亂世之險惡，與曹操之善嫉。因此，
觀荀彧所為，他的才智氣度，俱在群臣之上，非一「術家」可涵括，然鍾繇
何能由此逕云其德呢？若考諸史傳書論，則不僅鍾繇為然，諸如：

> 荀彧德行周備，非正道不用心，名重天下，莫不以為儀表，海內英
> 儁咸宗焉。司馬宣王常稱書傳遠事，吾自耳目所從聞見，逮百數十
> 年間，賢才未有及荀令君者也。（裴注引《彧別傳》）

司馬光更主張：荀彧佐魏武而興之，……十分天下而有其八，其功豈在管仲
之後乎！管仲不死子糾而荀彧死漢室，其仁復居管仲之先矣。《資治通鑑》（華
世出版社，民國 76 年版），卷 66，頁 211。而王夫之則以為：荀彧之智算無
遺策，並且深悉曹操，不當委身於操而為之謀，故又以潛龍見道的管寧正之。
彧既為操之謀臣，「至於篡逆而心怵焉其不寧，左掣右曳以亡其身，其天良之
不昧著也」，因此他不贊成司馬光許彧以忠，也反對「譏其為操謀篡，而以正
論自詭」（如杜牧）之言。見《讀通鑑論》（里仁書局，民國 74 年版），卷 9，
頁 296～298。筆者以為荀彧於操不可能不知其野心，知之而助之，是勢有所
不得已。荀彧其人乃以智謀見長，管寧其人則以德行見知，有才謀之材質，
自會尋顯才成功之處，以德自勵者，則自潔以全道，二者不同，而以依道仕
隱責荀彧，似太過求全。有謀略者能知人明勢，就此而言，管仲亦如荀彧，
而管仲終能因勢成功，以大義匡天下合諸侯，維華夏文化於不墜，故孔子許
其仁。曹操見彧即云「吾子房也！」是以漢高祖自比，曹操之心可知，但荀
彧屢以正道佐曹操，乃於因勢成勢中，猶有致意之處，並不苟是，若非曹操
私心太重，終不用彧，彧之成就當不僅限於此，故范曄云其：「崇明王略，以
急國艱，……及阻董昭之議，以致非命，豈數也夫。」《後漢書》，頁 2291。
但是因彧勸操納天子之故，致使魏承漢祚，而正統，此固因勢而成，然就魏
而言，荀彧之功自不可減。

〔註24〕 《人物志・流業》云：「思通道化，策謀奇妙，是謂術家，范蠡、張良是也。」
頁 7。

> 或問近世大賢君子，答曰：「荀令君之仁，荀軍師之智，斯可謂近世
> 大賢君子矣，荀令君仁以立德，明以舉賢，行無諂贖，謀能應機。……」
> （裴注引《傅子》）

皆以荀彧爲天下儀表之大賢君子，范曄亦論之曰：

> 自遷帝西京，山東騰沸，天下之命倒縣矣。荀君乃越河、冀，開關
> 以從曹氏。察其定舉措，立言策，崇明王略，以急國艱，豈云因亂
> 假義，以就違正之謀乎？誠仁爲己任，期紓民於倉卒也。

乃從其舉措言策，如其崇明王略以急國難時艱，解天下蒼生於倒懸塗炭之中，
遂以此稱其仁德。可知，此時言德，乃一改兩漢孝廉方正於父子君臣人倫中
篤志純善者，甚至有異於高蹈自勵，卓然以名節爲上的士風，而以利天下者
爲重，建安七子之一的徐幹於其《中論・智行》中亦云：

> 或問曰：「士或明哲窮理，或志行純篤，二者不可兼，聖人將何取？」
> 對曰：「其明哲乎！夫明哲之爲用也，乃能殷民阜利，使萬物無不盡
> 其極者也，聖人之不可及，非徒空行也，智也。……」

即是基於智利天下的觀點，以爲明哲窮理過於志行純篤，有識之士當特重殷阜
民利、德澤廣被，以利貞天下。究其緣由，蓋與時代背景切然相關，在此戰亂
頻仍、民不聊生之際，賢達之士莫不哀懼深思，加以曹操四下求賢令，〔註25〕
唯才是舉，以爲「治平尚德行，有事賞功能」，因此道德內涵亦醞釀而變，如劉
劭《人物志》所云：

> 夫聖賢之所美，莫美乎聰明，聰明之所貴，莫貴乎知人。知人誠智，
> 則眾材得其序，而庶績之業興矣。（自序）

> 故偏至之材，以材自名；兼材之人，以德爲目，兼德之人，更爲美
> 號。是故兼德而至，謂之中庸，中庸也者，聖人之目也。具體而微，
> 謂之德行，德行也者，大雅之稱也。一至，謂之偏材，偏材，小雅
> 之質也。（〈九徵〉）

材爲材質，乃就人天賦所生的氣稟而言，聖人「兼德而至」，具有「五常既備，
包以澹味，五質內充，五精外章」的中庸之質，聰明平淡，爲「明智之極明」
者也。由此可知，其「聖人」義亦大異於儒道之聖人，其特重明智，強調知
人、識人以能用人，施於政治以利天下。而顏淵在此「聖人兼德而至，德行

〔註25〕曹操在建安 8 年、15 年、19 年、22 年曾先後下了四次求賢令，均見《三國志・
　　　　魏書・武帝紀》。

大雅兼材，小雅一至偏材」之三度人品層級的脈絡中，當屬德行大雅之倫，唯此「德」乃是「兼材」之別名，已無儒家的道德義涵。略後的王弼，其注《論語·先進》「德行顏淵、閔子騫、冉伯牛、仲弓」章時亦云：「此四科者，各舉其才長也，顏淵，德行之俊，尤兼之矣。」〔註26〕更以兼有實際具顯之才能的「兼才」詮釋德行之俊的顏淵。徐幹於其《中論·智行》亦舉顏淵「聞一以知十」義以言其智先仁後的主張：

> 仲尼問子貢曰：「汝與回也孰愈？」對曰：「賜也何敢望回，回也聞一以知十，賜也聞一以知二。」子貢之行，不若顏淵遠矣，然而不服其行，服其聞一知十，由此觀之，盛才所以服人也。仲尼亦奇顏淵之有盛才也，故曰：「回也，非助我者也，於吾言無所不說。」顏淵達於聖人之情，故無窮難之辭，是以能獨獲疊疊之譽，為七十子之冠，曾參雖質孝，原憲雖體清，仲尼未甚嘆也。

謂顏淵以盛才服人而居德行科之首，是有德者必有才智才幹，而德愈高其才亦愈備矣。由此觀之，鍾繇所謂的「九德」、「不貳其過」，實是涵攝於才智觀念下的德稱之詞，並不具其本有的道德義涵。唯荀彧處亂世之中，從容於譎詭難測之政壇，靜觀天下，縱橫籌謀，助曹操成一方之雄主，而其人謙沖機警有膽識，又「非正道不用心」，公正愛賢為天下之儀表，故得有「逮百數十年間，賢才未有及荀令君者」之美稱，是以觀其言行舉措，比之為顏子，於此時風之德行觀下，不亦宜乎？

正始中人以荀彧方陳群，蓋乃鑑於兩家交好，門戶相當，又俱有德望，且荀彧、陳群之才德亦有名聲於世之故。然而考諸史傳，二人才質有別，功績之成亦自有異。陳群少有英才，年方幼，祖父陳寔即對宗人父老說：「此兒必興吾宗。」及長，頗有識度，與父執輩交善，可知陳群不僅早慧，也相當地老成持重。爾後為荀彧薦於曹操，遂為曹魏三代老臣。曹丕為太子時，對他便相當地禮敬器重，待之以交友之禮，並且還常感慨地說道：「自吾有回，門人日以親。」言下之意，乃藉孔子稱賞顏淵之語，來言與陳群交往時所感受到的感化力量，是將陳群比為顏子。顏淵好學德高，故能與門人提攜共進於夫子之道，使門人彼此更相敬愛而日親孔子。曹丕貴為太子，名望所歸，由其《典論論文》觀之，固亦有鑒識之慧，〔註27〕然曹丕何以如此稱美陳群？

〔註26〕見《論語集解義疏》頁368。

〔註27〕曹丕的《典論論文》乃從文學家天賦的氣質、個性、才能來評論作品的風格

當再從陳群之爲人及其與主上相處的情形來明此因由。

　　史傳云陳群在朝「無適無莫，雅仗名義，不以非道假人」，「無適無莫」
乃出於《論語·里仁》：「子曰：『君子之於天下也，無適也，無莫也，義之與
比。』」是指君子於人於事當無適莫（偏頗厚薄）〔註28〕之成見，而惟義是從。
由此可知，「無適無莫，雅仗名義，不以非道假人」的陳群，能夠不拘執己見，
卻雅仗禮義名教以立身處世，並且待人對事必有他的原則。這種特色，可由
二事，略見一二：

1. 諸葛亮圍祁山，不克，引退。張郃追之，爲流矢所中死。帝（魏明帝）
   惜郃，臨朝而歎曰：「蜀未平而郃死，將若之何！」司空陳群曰：「郃
   誠良將，國所依也。」毗心以爲郃雖可惜，然已死，不當內弱主意，
   而示外以不大也。乃持群曰：「陳公，是何言歟！當建安之末，天下不
   可一日無武皇帝也，及委國祚，而文皇帝受命。黃初之世，亦謂不可
   無文皇帝也，及委棄天下，而陛下龍興。今國內所少，豈張郃乎？」
   陳群曰：「亦誠如辛毗言。」帝笑曰：「陳公可謂善變矣。」（《三國志·
   魏書·辛毗傳》裴注引《魏略》，卷25）

2. 魏文帝受禪，陳群有戚容，帝問曰：「朕應天受命，卿何以不樂？」群
   曰：「臣與華歆服膺先朝；今雖欣聖化，猶義形於色。」（《世說·方正》
   3）

　　陳群善體明帝與辛毗的用心，一則知明帝惜才不捨之心，又明辛毗冀主
能不溺既往、展望將來之意，故有如此的回應，絕非曲附阿從者之流。觀其
上疏明帝云「……夫臣下雷同，是非相蔽，國之大患也，若不和睦則有讎黨，
有讎黨則毀譽無端，毀譽無端則眞僞失實，不可不深防備，有以絕其源流」
之言，及本乎禮制諫明帝不宜因八歲愛女薨而自往視陵、親臨祖載；又述卑
宮室、惡衣服之聖禹，以冀明帝勿勞民營宮室等諸事即可知之。因此陳群的
「無適無莫」，非鄉愿之苟是，乃是由其善體人意之才使然，就某一角度而言，
亦頗得老子「不自是」、「不自見」之智用。文帝受禪時，百辟莫不說喜，陳
群卻獨有戚容，以「義形於色」示其不忘君之心，而使文帝爲之「大悅，歎

　　　　特色，又據《隋書·經籍志》，卷34子部名家類中，亦列有魏文帝（曹丕）
　　　　撰〈士操〉1卷（今已佚），當是討論士之情操或操行以見人品者，可見曹
　　　　丕實有鑒識之慧。

〔註28〕《皇疏》採范寧曰：「適莫猶厚薄也。比，親也。君子於人，無有偏頗厚薄，
　　　　唯仁義是親也。」見《論語集解義疏》，頁123。

息良久，遂重異之」（同條劉注引《譜敘》）。可見其「雅仗名義，不以非道假人」之處世，確然有異於群臣。《晉陽秋》云庾亮：「淵雅有德量，時人方之夏侯太初、陳長文之倫。」〔註29〕將陳群與「蕭蕭如入廊廟中，不修敬而人自敬」〔註30〕的夏侯玄並稱，以喻「風格峻整、動由禮節」的庾亮，〔註31〕可見陳群亦「淵雅有德量」，守禮而不流於拘檢之俗，故能威儀自顯，儼然為一時風範之人物。故武陔稱其「通雅博暢，以天下聲教為己任」，〔註32〕陳壽也評其為「動仗名義，有清流雅望。」陳群之德，比之於其父、祖輩，雖有「父慚卿，卿慚長」〔註33〕之言，但依然雅出群倫。「雅」除了「正」意外，尚有「高尚」之意，劉劭《人物志》以德行為「大雅」，偏材為「小雅」，亦以「雅」名人品等次，可見，「雅」乃深為時尚所重，以「大雅」為「德行」，自有其側重行誼談吐之高尚風雅的時代特性。〔註34〕其實，陳群曾累表勸進，又何曾「服膺先朝」之有？可見他的「感容」，不過是名義上的表示而已，但於此百辟莫不說喜的對比下，就顯得獨具一格，而予人「合於正道」之感，也自顯雅儀雅言的風貌，故入《方正》之林，因此其「通雅博暢」，推其類屬，自當為德行大雅之倫。由此觀之，曹丕將陳群比為顏子，就當時人品的層級觀之，也誠有其因。然而亦可知當時人在道德方面的表現卻是浮淺無實的，僅留於表相形貌的講究而已。

此外，陳群常不伐己功。太祖時，劉廙坐弟反，當誅，而因陳群之故方得免，因此劉廙深德陳群，陳群卻說：「夫議刑為國，非為私也；且自明主之意，吾何知焉？」這種不結私恩，而將恩德盡歸於主，又可見其「雅仗名義，不以非道假人」之一斑。如此不伐深斂而歸德主上的行事，同樣見諸其勸諫君主之道，本傳裴注引《魏書》曰：

> 群前後數密陳得失，每上封事，輒削其草，時人及其子弟莫能知也，論者或譏群居位拱默。正始中詔撰群臣上書，以為《名臣奏議》，朝

〔註29〕見《世說·德行》第31條劉注引，頁33。
〔註30〕語出《世說·賞譽》第8條，裴楷目夏侯玄語，頁421。
〔註31〕語出《晉書·庾亮傳》，卷72，頁1915。
〔註32〕司馬文王問武陔：「陳玄伯（泰）何如其父司空（陳群）？」陔曰：「通雅博暢，能以天下聲教為己任者，不如也；明練簡至，立功立事，過之。」《世說·品藻》第5條，頁505。
〔註33〕見《後漢書·荀韓鍾陳列傳》，卷62，頁2068。意指陳氏之德漸漸小減。
〔註34〕《人物志·九徵》云：「其為人也，質素平澹，中叡、外朗、筋勁、植固、聲清、色懌、儀正、容直。」可見其著重人顯現於外之聲、色、儀、容……等，頁4。

士乃見群諫事，皆歎息焉。

可見陳群寧遭拱默之譏，也不願言人君之非來彰自是之功的性格，故得袁宏之論，以爲：

> ……夫仁者愛人，施於君謂之忠，施於親謂之孝。忠孝者，其本一也。故仁愛之至者，君親有過，諫而不入，求之反覆，不得已而言，不忍宣也。今爲人臣，見人主失道，直訐其非而播揚其惡，可謂直士，未爲忠臣也。故司空陳群則不然，其談論終日，未嘗言人主之非，書數十上而外人不知。君子謂群於是乎長者矣。〔註35〕

陳群諫人主之惡，溫厚之至，袁宏以爲「於是乎長者矣」，特賞他這種仁忠之德。事實上，陳群之行頗違常理，然而前有荀彧，後有羊祜亦皆焚其籌策諫上之草，〔註36〕此舉實是身處亂世變局，用老子深智而然。《老子》云「企者不立，跨者不行，自是者不明，自見者不彰，自伐者無功，自矜者不長。」（24章），又云「大直若屈，大巧若拙，大辯若訥。」（45章），陳群密陳得失，拱默居事，不自是自伐而大辯若訥，方能既盡職守而又無忤主上。就此看來，陳群實亦爲融儒、道之智以用世者。

荀彧與陳群同出名門，縱橫於漢魏屯艱莫測之際，自有其能因應時局所須之英才卓識，他們又護持著名德門風，能以儒家之德 —— 立身嚴禮、動仗名義來接物，又活用道家之智 —— 不伐、沖退以保身，而有大賢之風的德名，成爲一世之儀表。然顏淵之「不伐善、不施勞」，是修德虛懷，深期自己能不斷精進的志願，絕非智術之用，他的好禮更富有人文理想，而不僅是立身的規矩，如此自是大異於荀、陳之行事用心！然並用儒、道之術，以智見長的荀彧、陳群，卻皆得顏子之名，可見是時之人品觀，而「人物喻體 —— 顏子」遂也涵攝了此一時代的道德觀而展現了新的風貌與義涵。

第三節　羊祜與顏淵

> 羊祜……太原郭奕見之曰：「此今日之顏子也。」（《晉書・羊祜傳》，卷34）

〔註35〕見本傳裴注引《袁子》頁638。

〔註36〕《三國志・魏書・荀彧傳》裴注引《彧別傳》曰：「彧自爲尚書令，常以書陳事，臨薨，皆焚毀之，故奇策密謀不得盡聞也。」卷10，頁317。又《晉書・羊祜傳》云「（祜）嘉謀讜議，皆焚其草，故世莫聞。」卷34，頁1019。

羊公還洛，郭奕爲野王令。羊至界，遣人要之，郭便自往。既見，
歎曰：「羊叔子何必減郭太業！」復往羊許，小悉還，又歎曰：「羊
叔子去人遠矣！」羊既去，郭送之彌日，一舉數百里，遂以出境免
官，復歎曰：「羊叔子何必減顏子！」（《世說‧賞譽》9）

由「羊叔子何必減郭太業」而「去人遠矣」而「何必減顏子」，郭奕三歎，其
發展頗具戲劇性；羊祜究竟風采如何？竟使郭奕歎懷如此，實在耐人尋味。
郭奕，史傳云其性「雅正」、「高爽有識量」，具鑑人之明，卻少所推先，頗爲
自重，〔註37〕然其品人，不爲門閥所限，不以禮度自拘，而能直探人之才情。
如寒門俊才李含，不爲豪族所納，他卻有所賞識，含後果有名位；〔註38〕又
如任達不拘、縱情違禮的阮咸，深爲禮法之士所譏，奕也能賞其清眞寡欲，
而爲之心醉歎服，〔註39〕即可概見郭奕鑑識之一斑。少所推先的他，首見羊
祜，以爲不下於己，再見之，深覺非己所能及，三見送祜，竟不覺間一舉數
百里，送之彌日，早已忘懷出境當免官的現實律令了。至不得不止時，遙目
送之，不禁又復歎曰：「羊叔子何必減顏子！」以釋其無以言喻的欽賞之情。
羊祜乃「今日之顏子」遂傳爲佳話，而形成「郭奕 —— 顏子 —— 羊祜」洋溢
款款情意的賞譽美談。

羊祜〔註40〕美鬚眉，善談論，博學能屬文，又身長七尺三寸，相當地魁
偉俊逸。世吏二千石，至祜九世俱以清德聞。祜性情純厚良篤，由他遭父母
憂，孝思過禮與不以岳家敗事絕妻子，〔註41〕反而恩禮有加，即可知其絕異
於世人之功利寡情。〔註42〕其性格又敬謹愼事，素喜《老子》，曾作《老子傳》，
蓋他平素處世亦深得老子之智：如不就曹爽之辟，以爲「委質事人，復何容
易」；其後處司馬氏與高鄉貴公間，亦無親疏之分，故能保身免難，〔註43〕時

〔註37〕郭奕之言行事蹟，可參見《晉書》本傳，卷45。此外，〈阮咸傳〉亦云「太原
　　　郭奕高爽有識量，知名於時，少所推先。」卷49，頁1362。
〔註38〕見《晉書‧郭奕傳》。
〔註39〕阮咸乃竹林七賢之一，其爲人事蹟，可參見《晉書》本傳。
〔註40〕此節有關羊祜的敘述，乃採自《晉書‧羊祜傳》，卷34，頁1013～1025。
〔註41〕本傳云：「夏侯霸之降蜀也，姻親多告絕，祜獨安其室，恩禮有加焉。」頁1014。
　　　夏侯霸乃祜妻之父。
〔註42〕《禮記‧昏義》有云：「夫禮，始於冠，本於昏，重於喪祭。」（藝文印書館
　　　十三經注疏，民國74年版）卷61，頁1000～1001。是以婚喪之禮爲人倫分
　　　際之大者，尤以情義爲重，故可由此見其人情之厚薄純雜。
〔註43〕本傳載：「（祜）與王沈俱被曹爽辟。沈勸就徵，祜曰：『委質事人，復何容易。』
　　　及爽敗，沈以故吏免，因謂祜曰：『常識卿前語。』」頁1013。又云「時高貴

人遂以先識稱之。觀其動靜之間，豈非老子「知人者智，自知者明」、「不失其所者久」（33章）之智的發用！

羊祜之功業立於晉武帝世，主要在平吳一事，由其鎮邊布署，最可見其深智才情；其鎮軍南夏時，首先對內「開設庠序」，以教育人才作固本的建設，又「綏懷遠近」，使人民歸心於政府，因此甚得江漢民心。其對敵，則「與吳人開布大信，降者欲去皆聽之」，樹之恩信，以德鎮邊，弱其必戰之志而收敵心，又設計使能派軍墾田自備軍糧，〔註44〕以供長期進守之需，定吳之根基遂立。進而又據險要，建五城，收膏腴之地，奪吳人之資，以求從客觀形勢上先佔勝機，立於不敗之地。果然，自是前後降者不絕，然祜不倚勢驕人，卻更增修德信來懷柔初附的將士，是以降者安降，欲來降者也益加眾多了。所謂「不爭而善勝，不言而善應，不召而自來，繟然而善謀」（《老子》73章）之智行，不亦似此？且祜每與吳人交兵，必剋日方戰，不為掩襲之計；又曾美敵將死節而厚加殯斂；若出軍行吳境須刈穀為糧則必計值償之；平素遊獵，常僅止於晉地，也不取吳人先傷之禽，甚有廉義之節。可見他於戰爭當下，周旋進止間，也顯現著清朗正派從容恬淡的風采，是以能夠未勝吳兵已先得吳心，竟使吳人翕然悅服，尊為羊公而不稱其名。此不正是老子所說的「善為士者，不武；善戰者，不怒；善勝敵者，不與；善用人者，為之下。是謂不爭之德，是謂用人之力，是謂配天之極」（68章）嗎？以不爭之德服人，即是羊祜深智的運用。羊祜踐修德信，以正道與吳人處，使吳之主將陸抗也告戒其戍卒說：「彼專為德，我專為暴，是不戰而自服也，各保分界而已，無求細利。」「不戰而自服」，只求保界而已的話竟出自敵將之口，羊祜德術之效，彰然可見。吳主孫皓聞兩境交和，乃責問抗，陸抗答之云：「一邑一鄉，不可以無信義，況大國乎！臣不如此，正是彰其德，於祜無傷也。」羊祜竟以其德逼使陸抗亦只得以信義相待，至此勝負之大局已明。也難怪雖然直到羊祜死後二年而吳始平，武帝卻於群臣上壽之際，尚未封賞杜預即不禁執爵流涕說道：「此羊太傅之功也。」

羊祜數建奇功，卻深自戒懼，屢讓封賞，曾上表固讓之曰：

鄉公好屬文，在位者多獻詩賦，汝南和逌以忤意見斥，祜在其間，不得而親疏，有識尚焉。」頁1014。

〔註44〕 本傳云：「吳石城守去襄陽七百餘里，每為邊害，祜患之，竟以詭計令吳罷守。於是戍邏減半，分以墾田八百餘頃，大獲其利。祜之始至也，軍無百日之糧，及至季年，有十年之積。」頁1014～1015。

……臣自出身以來，適十數年，受任外內，每極顯重之任。常以智
力不可頓進，恩寵不可久謬，夙夜戰悚，以榮爲憂。……今臣身託
外戚，事連運會，誠在過寵，不患見遺。而猥降發中之詔，加非次
之榮。臣有何功可以堪之，何心可以安之。……

祜蓋亦得老子「善建者不拔，善抱者不脫」（54 章）之沖退自養，與「兵者不
祥之器，非君子之器，不得已而用之，恬淡爲上，勝而不美」（31 章）之義，
故能以榮爲憂，懼禍福之所伏，而深自戒懼，反而益彰其德業之美，與見其心
之誠無不在天下國家者。故祜之名德更爲遠播，朝野咸稱共仰，他卻不伐敬事
如初，克盡厥職，至死不懈，愼終如始。〔註45〕他平素立身清儉，被服率素，
俸祿皆以贍給九族，賞賜軍士，家中竟無餘財。又常懼「以盛滿受責」，而以安
於親舊之樂、不爲子孫置田產的疏廣爲師，〔註46〕老子云：「持而盈之，不如其
已；揣而銳之，不可長保；金玉滿堂，莫之能守；富貴而驕，自遺其咎。功遂
身退，天之道。」（9 章），又曾云：「明道若昧；進道若退；夷道若纇；上德若
谷；大白若辱，廣德若不足。」（41 章），羊祜可謂深體此理而篤行不已的君子
了。其材質純厚，性格又貞愨無私，博學好老而家風清正，頗得儒門與老義之
智慧，故能以德術之柔弱制武力之剛強，又以「忠亮純茂，謇謇正直」的性情，
「圖難於其易，爲大於其細」（《老子》63 章），行正而智深，是以終能成其高
德，誠爲一「執德清劭」、「經緯文武」、「蹈德沖素，思心清遠」的大賢君子，
一種不伐善，不施勞，謙恭大度的德儀之美，昭然若現。

　　然而羊公雖剛正，卻不是嚴禮無情趣的人。在軍中鈴閣之下，他常輕裘
緩帶，身不被甲，強敵當前，侍衛也不過十數人，依然輕鬆自在如常。他好
遊獵，《輿地紀勝》64 有云：

晉羊祜鎮荊州，江陵澤中多有鶴，常取之教舞以娛賓客。因名曰鶴
澤。後人遂呼江陵郡爲鶴澤。（《世說・排調》47 余嘉錫箋疏引）

可想見他周旋布署、躍馬馳聘之際的英偉氣象與風姿，而以鶴舞娛賓客的清

〔註45〕觀祜至寢疾，尚求入朝，見帝即面陳伐吳之計。病篤，籌策囑咐張華，軍務
則舉良將杜預代之，即可知其至死不懈之志。

〔註46〕本傳云：「（祜）與從弟琇書曰：『既定邊事，當角巾東路，歸故里，爲容棺之
墟。以白士而居重位，何能不以盛滿受責乎！疏廣是吾師也。』」頁1020。疏
廣，乃漢東海蘭陵人，字仲翁，少好學，明春秋。宣帝時爲太傅，其兄子受
亦爲少傅，在位5年，俱謝病免歸。日與族人故舊賓客娛樂，不爲子孫置田
產，嘗曰：「（子孫）賢而多財，則損其志，愚而多財，則益其過。」參見《漢
書・疏廣傳》（宏業書局，民國73年再版），卷71，頁767～768。

風雅致，又豈是凡俗溺聲色之倫堪比！羊祜俊逸瀟灑之風神概可略得。他也曾與吳將陸抗推僑札之好，《晉陽秋》載道：

> 抗與羊祜推僑札之好。抗嘗遺祜酒，祜飲之不疑。抗有疾，祜饋之藥，抗亦推心服之，于時以為華元，子反復見於今。（《三國志·吳書·陸遜傳》裴注引，卷58）

本傳亦云：

> 祜與陸抗相對，使命交通，抗稱祜之德量，雖樂毅、諸葛孔明不能過也。抗嘗病、祜饋之藥，抗服之無疑心，人多諫抗。抗曰：「羊祜豈酖人者！」

兩相敵對之時，主將間竟不疑若此，「羊祜豈酖人者！」以信徵信，無羊公之德豈有此雅行佳話！名士之風情亦可概見。祜又樂山水，每當風和景麗，惹人遊興時，他必登峴山，置酒言詠，終日不倦，於此登高望遠，見山河亙古麗景依舊，而人世卻幾番更替，不禁慨然歎息：

> 自有宇宙，便有此山，由來賢達勝士，登此遠望，如我與卿者多矣，皆湮滅無聞，使人悲傷，如百歲後有知，魂魄猶應登此也。

天地蒼茫，小我於此無垠之宇宙山水，何其微渺有限，能使其名如青山長存者，古來又有凡幾？使人傷悲者，不正是生死無常之悲哀而人恆所不能免？賢達勝士，權高一世，名重一時，風雅閒情，登高望遠，不亦曾慨然自許，然亦終歸培土，「百歲後有知，魂魄猶應登此。」羊公之情深竟自若此。爾後祜喪，襄陽百姓於峴山祜平生游憩之所建碑立廟，歲時饗祭，望其碑者莫不流涕，因名為墮淚碑，羊公仁德感人如是，是德名自與青山長存。

　　「羊叔子何必減顏子！」羊祜乃「今日之顏子也！」郭奕所以將羊祜與顏子遙會於此，當是因羊祜之高德冠於當世使然，而其「德」由以上的探析可知，仍是其時人品觀所尚的兼材之德，涵有儒、道之智，然而同時也重現由其德智性情流露於外的才情與風神，實不類心契於禮樂文化大義而志道依仁、好學篤行的顏淵。羊祜雖然善談論，但是其時正值司馬氏剷除異己（曹爽黨人），正始名士之清談遂由崢嶸絢爛化為岑寂。祜潔身慎言，故無預談風，其後又負平吳重任，是以他的名士風範，乃直就其生活行事中得見，頗富雅德清正，深智高遠的色彩，而且雍容大度，舉止有節，實迥異於是時任自然、放達不拘、飲酒避禍的竹林七賢。此後名士或效七賢之行，或慕王衍之流，〔註47〕羊祜清正有

〔註47〕《晉書·王衍傳》載：「（王）衍既有盛才美貌，明悟若神，常自比子貢。兼

爲、智德風雅之輩遂於世漸寂。至東晉賢如王子敬竟亦云:「羊叔子自復佳耳,然亦何與人事,故不如銅雀臺上妓。」而入《世說・言語》之林(86 條),正可見風尚之轉變。郭奕以羊叔子比於顏子,乃就其「德」而言,由祜之生平觀之,其恂恂若儒者,而以道素自居,鎮軍南夏,敵我皆稱其德,功成而弗居,具謙沖之深智,喜遊獵、樂山水,而又深情如是,其與顏子自是不同,但透過「人物喻體——顏子」的牽引,羊祜也代表了其時之一理想人格,而展現了此理想人格的生命型態與情調。

第四節　陸雲與顏淵

> 陸雲……刺史周浚召爲從事,謂人曰:「陸士龍當今之顏子也!」(《晉書》本傳,卷 54)

> 陸雲……儒雅有俊才,容貌瓌偉,口敏能談,博聞彊記,善著述,六歲便能賦詩,時人以爲項託、楊烏之儔也。年十八,刺史周浚命爲主簿。浚常歎曰:「陸士龍當今之顏淵也!」(《世說・賞譽》20,劉注引《陸雲別傳》)

經由「陸士龍當今之顏子也!」這句歎語,遂形成「周浚——顏子——陸雲」的品鑒關係。《別傳》云陸雲年十八,周浚即命雲爲主簿,任幕僚文書之職,〔註48〕因而他能日與雲處,然他何以常發此歎言?陸雲與顏淵之間究竟有何相仿?觀《別傳》特別指出「年十八」,似乎此也是重要的線索之一,「年十八」是人成長過程中將成未就的階段,然材質特異之人,卻早已在此時展志施才。東漢郎顗的奏疏曾云:

> 夫有出倫之才,不應限以官次。昔顏子十八,天下歸仁,子奇稗齒,化阿有聲。(《後漢書》卷 30 下)

顏淵與子奇,皆爲傳說中年僅十八,就以德行異群或才略超倫爲世所重,〔註49〕

聲名藉甚,傾動當世。妙善玄言,唯談老莊爲事。……累居顯職,後進之士,莫不景慕放效。選舉登朝,皆以爲稱首。矜高浮誕,遂成風俗焉。」卷 43,頁 1236。

〔註48〕據黃木驥〈歷代職官簡釋〉《歷代職官表》(洪氏出版社,民國 72 年再版),頁 41,所釋:主簿乃漢以後通用官名之一,初置之時,雖爲主管文書,然至魏晉以後,則常爲將帥重臣之幕僚。

〔註49〕「顏子十八,天下歸仁」之說當由《論語》「顏淵問仁。子曰:『克己復禮爲仁。一日克己復禮,天下歸仁焉。……』」(〈顏淵〉)脫化而來。至於子奇之

而成早慧人物的典型，因此，東漢孝順帝時下詔求賢即云：「……郡國舉孝廉，限年四十以上，諸生通章句，文吏能牋奏，乃得應選。」隨之又曰：「其有茂才異行若顏淵、子奇，不拘年歲」，〔註50〕有此但書以求兼顧順次之常度與拔奇舉尤之特殊狀況。《南史·儒林列傳》亦有伏挺年十八爲梁武帝謂爲顏子之事。〔註51〕因此，「年十八」，似爲巧合，也似有殊義。然而若細究陸機陸雲本傳，自會發現陸氏兄弟北上入洛，已近而立之年，而雲爲周浚主簿則當在此後，〔註52〕是以雲「年十八」之說或是承雲早慧之脈絡而來。陸雲六歲時即能賦詩屬文，被稱爲項託、楊烏之倫，〔註53〕年尚幼，吳尚書廣陵閔鴻見雲即曰：「此兒若非龍駒，當是鳳雛。」可見雲之資稟秀穎聰慧，確實有異於常童，《別傳》有此附會，自亦誠有其因。然而史傳稱浚「以才理見知，有人倫鑒識」，〔註54〕他以特有之知人鑑識，而屢歎雲以「當今之顏子也！」縱有溢美，當亦有所深見而然。因此，「周浚——顏子——陸雲」品鑒關係的形成，究屬何因？則尚須從陸雲之性情爲人處探考。

　　陸雲，乃吳名將陸抗之子，與其兄陸機齊名，號爲「二陸」，皆以文才爲世所稱，張華愛賞有加，竟云「伐吳之役，利獲二俊。」並爲之延譽，二陸由是揚名於晉，但是兄弟二人之爲人性情卻絕不相同：

　　　蔡司徒在洛，見陸機兄弟住參佐廟中，三間瓦屋，士龍住東頭，士衡住西頭。士龍爲人，文弱可愛；士衡長七尺餘，聲作鐘聲，言多

事，則見《後漢書·順帝紀》注所引之《新序·佚文》曰：「子奇年十八，齊君使之化阿，至阿，鑄其庫兵以爲耕器，出倉廩以賑貧窮，阿縣大化。」頁261。

〔註50〕見《後漢書·孝順帝紀》，頁261。

〔註51〕《南史·儒林列傳》載伏挺「幼敏悟，七歲通孝經、論語，乃長，博學有才思。……梁武帝師至，挺迎謁於新林，帝見之甚悅，謂之顏子，引爲征東行參軍，時年十八。」卷71，頁1732。可見其亦是才敏早慧之流，遂使梁武帝見之即出此歎美。

〔註52〕陸機大陸雲一歲，由二人同年被誅，機年四十三，雲年四十二可知。本傳云機「年二十而吳滅，退居舊里閉門勤學，積有十年。」陸雲亦然，於太康末方俱入洛，是時機年三十，而雲已二十九矣；且周浚爲晉臣，陸氏兄弟又爲陸抗之子，吳未滅，雲必不可能事周浚，而且依陸雲本傳陳述之順序，其爲主簿當亦在入洛訪華之後。因此「年十八」之說，應不可信。

〔註53〕項託、楊烏皆神童，齠齔能屬文，《史記·甘羅傳》：「項橐生七歲，爲孔子師。」楊烏，雄子。《法言》：「育而不苗者，吾家之童烏乎！九齡而與我《玄》文。」見《世說新語校箋·賞譽》第20條楊勇校箋6，頁326。

〔註54〕見《晉書·周浚傳》，卷61，頁1657。

慷慨。（《世說·賞譽》39）

　　雲性弘靜，怡怡然爲士友所宗。機清厲有風格，爲鄉黨所憚。（同條
　　劉注引《文士傳》）

陸雲性偏柔，弘靜而怡然；陸機則偏剛，清厲而慷慨。因此陸雲常能和順處世，平易近人，而爲士友所樂推宗仰，自是大不同於陸機之「伏膺儒術，非禮不動」（見本傳）的剛毅氣象。由是，人之於二陸，遂有愛憚之別，然就風格而言，可謂各得柔順與強毅之美，無以軒輊。陸機傳又載一事，更可見二人之異：

　　范陽盧志於眾中問機曰：「陸遜、陸抗於君近遠？」機曰：「如君於
　　盧毓、盧珽。」志默然。既起，雲謂機曰：「殊邦遐遠，容不相悉，
　　何至於此！」機曰：「我父祖名播四海，寧不知邪！」議者以此定二
　　陸之優劣。

《世說·方正》第五條亦載有此事，文字略異，而指明議者爲謝公。謝安以此判二陸高下，自與當時矜尚門第、尊嚴家諱的世風有關，〔註55〕然而亦可由此見二人性情之別。陸機臨辱不屈，當是求是，毫無轉圜之餘地，遂以義正詞嚴而得方正之名；陸雲則善於設身處地爲他人著想，寬和圓潤以待，卻對客觀之尊嚴禮度弱於持守。因此，陸雲的性情，常發自於自體之和樂適性，而陸機爲人則是非嚴明能相應於外界之禮度尊嚴。陸雲傳所載「雲有笑疾」一事，亦頗能傳達出其不拘俗軌的眞和之氣與怡怡然的生命形象：

　　機初詣張華，華問雲何在？機曰：「雲有笑疾，未敢自見。」俄而雲
　　至。華爲人多姿制，又好帛繩纏鬚，雲見而大笑，不能自己。先是，
　　嘗著縗絰上船，於水中顧見其影，因大笑落水，人救獲免。

陸雲見茂先之姿制，竟一時忘卻張華貴位高官之勢與見父執輩的禮度，而逕抒其當下之感受，一笑不能自已。又嘗著縗絰上船，顧見水中之影，即忘懷喪親之哀與乘舟之危，遂至大笑落水，人救乃逃一劫。這種不囿於客觀名教的怡然適性，不正是郭象所謂的「夫我之生也，非我之所生也，則一生之內，百年之中，其坐起行止，動靜趣舍，情性知能，凡所有者，凡所無者，凡所爲者，凡所遇者，皆非我也，理自爾耳」〔註56〕率性而動之眞嗎？一切皆本然天成，有

〔註55〕黃汝成《日知錄集釋》引錄：「六朝風氣，論者以爲浮薄，敗名檢，傷風化；
　　　　固亦有之；然予核其實，復有不可及者數事：曰尊嚴家諱也，矜尚門第也。……」
　　　　卷17正始條引。
〔註56〕見郭象注《莊子·德充符》。《莊子集釋》，頁199～200。

無行遇，自有其理，無待修爲矯飾，純任性情，是以「待鉤繩規矩而正者，是
削其性也，待繩約膠漆而固者，是侵其德也。」（《莊子·駢拇》），陸雲率性自
爾所展現的風情，發之於笑，正如孩童之天然眞純，方能無存名欲死生之想，
一派天眞。而當時老莊適性之學日漸浸淫，陸雲之行遂能見容隱慕於當世，其
又「文弱可愛」，富怡然弘靜之美，人與之處，自然也常感到輕鬆自在如常，不
會動輒得咎，沒有恃才凌人或仗義糾責的壓迫感。然而陸雲性亦清正，有才理，
由他出任有難理之名的浚儀令，竟能到官肅然，下不能欺，市無二價，使一縣
稱其神明，〔註57〕又上書勸吳王晏敦儉素樸與開懷信士，及成都王穎晚節政衰，
雲也屢以正言忤旨，即可知他在公則清正有爲，絕非是非不明，徒然適性怡情，
只求與人和平相處之人，〔註58〕因此周浚稱雲爲「當今之顏淵」，必有深見於其
性情之清正寬和，與怡然弘靜之美而然。此外，《陸雲別傳》又云：

> 機天才綺練，文藻之美，獨冠於時。雲亦善屬文，清新不及機，而
> 口辯持論過之。（《三國志·吳書·陸抗傳》裴注引，卷58）

可見二陸雖並稱，亦各有所擅，機以文藻取勝，雲有善談之美，所謂「口辯
持論過之」，當指陸雲兼具思理與辯才，《世說·排調》第九條載：

> 荀鳴鶴、陸士龍二人未相識，俱會張茂先坐，張令共語。以其並有大
> 才，可勿作常語。陸舉手曰：「雲間陸士龍。」荀答曰：「日下荀鳴鶴。」
> 陸曰：「既開青雲睹白雉，何不張爾弓，布爾矢。」荀答曰：「本謂雲
> 龍騤騤，定是山鹿野麋。獸弱弩彊，是以發遲。」張乃撫掌大笑。

陸雲樂與人同的性情與善於口辯的才情，使他願與荀鳴鶴較勁，雖然終略居
下風，但已可見才捷詞騁的情狀。此種語言遊戲，爲當時名士所樂尚，〔註59〕
陸雲有善談之辯才與雅興，故得以從容於這種顯露才智、詼諧談笑的氛圍之
中。本傳末更附有一段陸雲神遇王弼的異聞，〔註60〕不論此說可否眞有其事，

〔註57〕 本傳載雲「出補浚儀令。縣居都會之要，名爲難理。雲到官肅然，下不能欺，
市無二價，……於是一縣稱其神明。郡守害其能，屢譴責之，雲乃去官。百
姓追思之，圖畫形象，配食縣社。」頁1482。

〔註58〕 本傳載「孟玖欲用其父爲邯鄲令，左長史盧志等並阿意從之，而雲固執不許，
曰：『此縣皆公府掾資，豈有黃門父居之邪！』玖深忿怨。」頁 1484。可見陸
雲平日雖溫和怡然，但在公則清正，愛才好士，多所貢達，卻絕不結黨營私。

〔註59〕 言談爲魏晉名士間標尚才情風致的重要社交活動，而此種遊戲語言，一可顯
其機智，一可見其博學華詞，雖無涉實用或人生宏旨，卻可憑添其生活情趣，
遂爲當時之名士所熱衷雅尚。

〔註60〕 本傳末載「初，雲嘗行，逗宿故人家，夜暗迷路，莫知所從。忽望草中有火

有此傳聞，雲喜於談玄說理而妙會老弼，應是無庸置疑的。

　　一句「陸士龍當今之顏子也！」的歡賞，陸雲與顏淵之異同就頗堪玩味了。顏淵自言「願無伐善，無施勞。」又能犯而不校，不遷己怒，素位而行，如如常樂，故予人溫潤祥和之感。而陸雲的寬和怡然，卻是得力於性情，無關乎修養，不若顏淵之和美，乃就克己復禮、不貳己過於其道德實踐之中而來，遂有一剛毅健勁之生命力涵藏於其中，直貫於禮樂文化之深志。是以志道依仁以成其德的顏淵與和樂天成的陸雲自是有別，然而卻皆能散發出一種溫良和易的魅力，使人欣然愛慕又樂與之處。故周浚於陸雲所以有「當今之顏子」的歡賞，乃是自其由性情而發的樣貌著眼，因此從依稀彷彿間得其況味。陸雲早慧而有俊才，長於著述、美風姿，既能雅言閒談，又善談老論玄，其言語儀容之風貌，無不吻合時人心目中的人物理想，是以他既不以德行見長，亦非叱吒風雲、才經夷險、儼然為一世風範之倫，卻使周浚屢歎為「當今之顏子也！」比之於黃憲或荀彧、陳群，乃至羊祜諸人，不難窺見，「人物喻體——顏子」於時人心目中的轉變。而晉人不尚學養、好論人物之才情天分的特質，亦可由此得之証之。

第五節　謝尙與顏淵

　　　　謝仁祖年八歲，謝豫章將送客，爾時語已神悟，自參上流。諸人咸
　　　　共歎之曰：「年少一坐之顏回。」仁祖曰：「坐無尼父，焉別顏回？」
　　　　（《世說・言語》46）

　　　　劉尹謂謝仁祖曰：「自吾有回（四友），〔註61〕門人加親。」謂許玄
　　　　度曰：「自吾有由，惡言不及於耳。」二人皆受而不恨。（《世說・品
　　　　藻》50）

「坐無尼父，焉別顏回」，謝尙穎悟聰慧之鋒芒即在此巧答中流露出來，而此時年僅八歲。及長，劉尹又以使門人日以親的顏子喻之，兩者之意指縱有不

　　　　花，於是趣之。至一家，便寄宿，見一年少，美風姿，共談《老子》，辭致深
　　　　遠。向曉辭去，行十許里，至故人家，云此數十里中無人居，雲意始悟。卻
　　　　尋昨宿處，乃王弼冢。雲本無玄學，自此談《老》殊進。」《晉書》，頁 1485
　　　　～1486。

〔註61〕余嘉錫同條箋疏引程炎震云：「李慈客曰：『四友字當為回，與下句一例，形
　　　　近故誤耳。』」頁 528。今據此改之。

同，然前後數十年，謝尚竟皆以顏子爲人所加歎，可見以謝尚比顏淵並非偶喻使然，是以「眾客——顏子——謝尚」與「劉尹——顏子——謝尚」的品鑑關係，遂具有別觀與共向的探討旨趣。

眾客不知爲誰？但謝尚其父謝鯤，爲中朝名士，〔註62〕性素任達通簡，好老易，而常與阮放、畢卓、羊曼、桓彝、阮孚、胡母輔之、光逸諸人散髮裸裎，酣飲累日、不捨晝夜，時人謂之八達。〔註63〕其爲人又不修威儀，「不徇功名，無砥礪行，居身於可否之間」，然「雖自處若穢，而動不累高」，〔註64〕實乃藉駭俗之異以守眞，遂致高名。可見謝鯤雖好老易，卻與慕莊狂誕之時風推相進引。謝尚出身於此任達家風之中，目濡耳聞，自是有助於其性情材質之發揚。眾客既爲謝鯤之友，亦素知名士風流之任達曠誕，自然對「語已神悟，自參上流」的謝尚另眼相待，「此兒一坐之顏回」是對謝尚資質天才的肯定與稱許，而謝尚之答，可謂正中其意而反破其言，因此席賓莫不歎異。劉尹（惔）素有知人善鑑之名，本傳云其尤好老莊，任自然趣，儼然爲當時清談風流之宗主，〔註65〕謝尚亦雅重劉尹，曾說：「昔嘗北面」，〔註66〕因此劉尹以「自吾有回，門人加親」稱尚，尚受之不恨，可見劉尹、謝尚兩人相得甚歡，尹因好老莊自然之趣，而亦以此深知尚之材質性情。宋明帝《文章志》有載：

> 尚性輕率，不拘細行。兄葬後，〔註67〕往墓還，王濛、劉惔共遊新亭，濛欲招尚，先以問惔曰：「計仁祖正當不爲異同耳。」惔曰：「仁祖韻中自應來。」乃遣要之。尚初辭，然已無歸意。及再請，即回軒焉。其率如此。（《世說·任誕》33 劉注引）

〔註62〕袁宏《名士傳》云：「以夏侯太初、何平叔、王輔嗣爲正始名士，阮嗣宗、嵇叔夜、山巨源、向子期、劉伯倫、阮仲容、王濬仲爲竹林名士，裴叔則、樂彥輔、王夷甫、庾子嵩、王安期、阮千里、衛叔寶、謝幼輿（鯤）爲中朝名士。」見《世說·文學》94 條注，頁 272～273。

〔註63〕見《晉書·光逸傳》，卷49，頁 1385。

〔註64〕見《晉書·謝鯤傳》，卷49，頁 1377。

〔註65〕可參見《晉書·劉惔傳》，卷75，頁 1991。所載〈王濛傳〉亦云：「時人以惔方荀奉倩、濛比袁曜卿，凡稱風流者，舉濛、惔爲宗焉。」卷93，頁 2419。

〔註66〕見《世說·賞譽》124 條，頁 484。

〔註67〕《世說·任誕》33 條載：「王、劉共在杭南，酣宴於桓子野家。謝鎮西往尚書墓還，葬後三日反哭。諸人欲要之，初遣一信，猶未許，然已停車。重要，便回駕。諸人門外迎之，把臂便下，裁得脫幘著帽。酣宴半坐，乃覺未脫衰。」頁 748，劉孝標注「尚書，謝裒，尚叔也。」與《文章志》所引不同。

所謂「仁祖韻中自應來」正是以老莊自然通達意知謝尚性情，〔註 68〕而謝尚亦以老莊自然真率意，迴軒赴邀，直至酣宴半坐，乃覺未脫衰，〔註 69〕共視死生同異為一如此。是以眾客深見尚之資稟天成，而劉尹則已見尚之性情發華處了。在此，品評者不同，卻皆以「人物喻體──顏子」指稱之，謝尚之生命有何特質？何以時空遙隔卻兩受其喻，當再細就謝尚之行事為人以明之。

謝尚幼有至性，七歲喪兄，即哀慟過禮，十餘歲復遭父喪，溫嶠弔之，其號咷極哀，既而收涕告訴，舉止有異常童，嶠甚奇之。〔註 70〕可見謝尚少時，臨哀遇事，舉止即相當地沈穩，當哀則哀，當訴則訴，其情思言動大不同於常童之懵懂，反而深細如成人，因此溫嶠對他頗為見重。謝尚也承其父任達之風，性通任又開率穎秀，辨悟絕倫，脫略細行，不為流俗之事，尤善音樂，〔註 71〕且博綜眾藝，能作異舞，本傳有云：

> 謝尚……始到府通謁，導以其有勝會，謂曰：「聞君能作鴝鵒舞，一坐傾想，寧有此理不？」尚曰：「佳。」便著衣幘而舞。導令坐者撫掌擊節，尚俯仰在中，傍若無人，其率詣如此。……（亦見於《世說·任誕》32，文字略異）

王導的不情之請，謝尚卻云：「佳！」，正是臨勝會而起清興，士人與優伶身分違絕，但其情興起處，衣冠架勢剎時擺落，直沈浸於舞蹈之美與怡眾之樂中，而超然於世俗禮教與個人身名的矜持之上，如此的清情雅興，又何時不然，何地無之？《語林》又載：

> 謝鎮西酒後，於檠案間，為洛市肆工鴝鵒舞，甚佳。（《世說·任誕》32 劉注引）

謝尚酣暢興濃時，竟即在檠案之間起舞，使凡庶肆工為之娛心悅目，所謂「酒，正使人人自遠。」、「酒正自引人箸勝地」，〔註 72〕其姿神曼妙、韻會高遠之情狀風采概可想見。《類聚》44 引《俗說》曰：

> 謝仁祖為豫州主簿，在桓溫閣下。桓聞其善彈箏，便呼之。既至，

〔註 68〕徐復觀於〈釋氣韻生動〉《中國藝術精神》第三章時曾云：「『仁祖韻中自應來』，等於說『在仁祖的性情中自應來』。而這裡的所謂性情，實係一種生活的情調、個性。」見其書頁 177。

〔註 69〕見註 67。

〔註 70〕見《晉書》本傳，卷 79，頁 2069。

〔註 71〕本傳云尚「善音樂，博綜眾藝」，頁 2069。同時又載尚「採拾樂人，并制名磬，以備太樂，江表有鍾石之樂，自尚始也。」頁 2071。

〔註 72〕見《世說·任誕》第 35 條王光祿語，頁 749；及第 48 條王衛軍語，頁 760。

取箏令彈，謝即理絃撫箏，因歌秋風，意氣甚遒。桓大以此知之。（《世
說・容止》32，余嘉錫箋疏（三）引）

尚理絃撫箏而歌秋風，彈指顧盼間，自有一股難言之美。益顯其神宇之灑落
清遠，是以桓溫見人批評謝尚輕薄，〔註73〕便為之辯言：

諸君莫輕道，仁祖企腳在北牖下彈琵琶，故自有天際真人意！（《世
說・容止》32）

桓溫之稱美體會竟如是。尚亦曾著紫羅襦，據胡床，在佛國門樓上彈琵琶，
作大道曲，市人不知其位居三公，〔註74〕而謝尚又何嘗以權位為意呢？「故
自有天際真人意！」桓溫可謂深知謝尚者，故云其「神懷挺率」，〔註75〕能
在其形似疏放任誕的容止間，知其心之超逸高曠而深許焉，孫綽亦以「清易
令達」賞之。〔註76〕也正是如此，謝尚遂能以美的觀照從容悠遊於天地之
間，坦率清易地展現其藝術美的材質，而朗現出一種高韻別俗的生命情調。
世人或知之，或不知，或輕之，或重之，又何妨？《世說》又有一條有趣的
記載：

宋禕曾為王大將軍妾，後屬謝鎮西，鎮西問禕：「我何如王？」答曰：
「王比使君，田舍、貴人也。」鎮西妖冶故也。（〈品藻〉21）

田舍、貴人自有俗雅之別，露蜂目，振豺聲的王敦，有武而不文，舊有田舍
名，〔註77〕而謝尚卻是風雅愛美之人。〔註78〕謝尚固為美男子，但就其人之
氣質神采而言，謝尚之所以為貴人，當亦指他那令人意氣超拔的風度，王丞
相云：「見謝仁祖，恆令人得上」，〔註79〕這種清易挺率的神懷，自有一種感
人的力量與熙怡雍容之美感。

〔註73〕《世說・容止》32 條云：「或以方謝仁祖不乃重者。」余嘉錫《箋疏》同條案
語云：「言有比人為謝尚者，其意乃實輕之。若曰：『某不過謝仁祖之流耳。』」
頁 623。楊勇《校箋》則引盧文弨考證謂「方，古論謗字作方，以聲近而通。」
頁 477。細索文意，楊說似長。

〔註74〕此據《樂府詩集・大道曲》下引《樂府廣題》所載，卷75。見《世說・容止》
32 條余嘉錫箋疏（二）引，頁 624。

〔註75〕見《世說・賞譽》第 103 條，頁 477。

〔註76〕見《世說・品藻》第 36 條，頁 521。

〔註77〕《世說・識鑒》第 6 條云：「潘陽仲見王敦小時，謂曰：「君蜂目已露，但豺
聲未振耳。」頁 391。〈豪爽〉第 1 條云：「王大將軍年少時，舊有田舍名，語
音亦楚。」頁 595。

〔註78〕本傳云尚年輕時即「好衣刺文褲」，頁 2069。可知其天性愛美。

〔註79〕見《世說・品藻》第 26 條。

　　謝尚素與劉尹、王濛善，劉、王並爲當時之談主，乃風流之所宗，〔註80〕
尚雖不以清談擅名，但少時即有佳致雅興，〔註81〕也爲清談坐上的常客，〔註82〕
與會時或默融心識、或商略人物，〔註83〕雖非清皦犀利或詞贍豐美之流，然其
思致卻兼顧情理，時有慧語巧言，如：

> 陶公疾篤，都無獻替之言，朝士以爲恨。仁祖聞之曰：「時無豎刁，
> 故不貽陶公話言。」時賢以爲德音。（《世說・言語》47）

簡單數語，化解了人心之憾，遂能傳爲一時美談，其八歲所云「坐無尼父，
焉別顏回」之鋒利，亦在答之以情理。是以謝尚以其捷悟慧敏之資質與率易
不俗的性情，乃爲最佳之聽客，而其樂尚風雅與無門戶貴賤之姿態亦可於一
事見之：

> 袁虎（案：宏小字）少貧，嘗爲人傭載運租。謝鎮西經船行，其夜
> 清風朗月，聞江渚間估客船上有詠詩聲，甚有情致。所誦五言，又
> 其所未嘗聞，歎美不能已。即遣委曲訊問，乃是袁自詠其所作詠史
> 詩。因此相要，大相賞得。（《世說・文學》88）

袁宏的詠史詩，鍾嶸謂其「鮮明緊健，去凡俗遠矣」（《詩品》卷中），故在此
清風朗月之下，使謝尚爲之歎美不已，這種愛才賞美之才情，特能使他破世
俗見以深契情理、貴賤一等，悠遊物我之際，如此的藝術精神正與莊子之齊
物逍遙相會交契，而見賞於以審美而非道德的品賞時風之中。

　　觀謝尚活躍於《世說》的〈任誕〉、〈容止〉、〈言語〉、〈文學〉之林，或
企腳而彈，或應聲而舞，傍若無人，正與嵇康、向秀、阮瞻、王敦、王澄……
等諸人之適情任性之舉，有其神會之處：

　　1.（嵇）康善鍛，（向）秀爲之佐，相對欣然，傍若無人。（《晉書》卷

〔註80〕見註65。

〔註81〕謝鎮西少時，聞殷浩能清言，故往造之。殷未過有所通，爲謝標榜諸義，作數
　　　　百語，既有佳致，兼辭條豐蔚，甚足以動心駭聽。謝注神傾意，不覺流汗交面。
　　　　殷徐語左右：「取手巾與謝郎拭面。」《世說・文學》第28條，頁217～218。

〔註82〕如《世說・文學》22條云：「殷中軍爲庾公長史，下都，王丞相爲之集，桓公、
　　　　王長史、王藍田、謝鎮西並在。丞相自起解帳帶麈尾，語殷曰：『身今日當與
　　　　君共談析理』既共清言，遂達三更。……明旦，桓宣武語人曰：『昨夜聽殷，
　　　　王清言甚佳，仁祖亦不寂寞，我亦時復造心。……』」頁212。又如《世說・
　　　　文學》56條云：「殷中軍、孫安國、王、謝能言諸賢，悉在會稽王許。殷與孫
　　　　共論〈易象妙於見形〉。」頁238。楊勇與余嘉錫皆引程炎震云：「此王、謝是
　　　　王濛、謝尚，非逸少、安石也。」

〔註83〕見第四章第三節頁87。

49）

2. 阮瞻……善彈琴，人聞其能，多往求聽，不問貴賤長幼，皆爲彈之。神氣沖和，而不知向人所在。（同上）

3. 王敦……自言知擊鼓，因振袖揚枹，音節諧韻，神氣自得，傍若無人，舉坐歎其雄爽。（《晉書》卷 98）

4. （王）澄將之鎮，送者傾朝。澄見樹上鵲巢，便脫衣上樹，探鷇而弄之，神氣蕭然，傍若無人。（《晉書》卷 43）

不論是脫衣上樹、相對而鍛、或彈琴，或擊鼓，皆能神氣閑豫、蕭然沖和，而顯一傍若無人的神采，正可見晉人雅尚自然任率之風流於一斑，亦與《莊子》中新沐方將被髮而乾、熱然似非人，遊心於物之初的老聃，在意境況味上自相彷彿。〔註 84〕謝尚「常使人得上」的貴人之姿與「自有天際眞人意」的灑落超逸，有如清風朗月，兼具形神之美，當也是對《莊子》藐姑射山神人之超凡出塵的忻慕愛悅使然吧！然何以前有眾客，後有劉尹，皆引以德行見重的顏子喻之？玩味這兩則的文意與語境，可再試揣其類比關係的建立：眾客所云，當與「語已神悟，自參上流」有關；劉尹此喻則以「門人加親」爲其著眼。謝尚以年僅八歲，其言行神采，卻超悟絕倫，眾客咸以顏子擬之，可見「人物喻體──顏子」乃成夙慧的代稱，而此夙慧自與其資稟相關；且謝尚不拘禮度、閑雅任情、樂與人處，遂使門人日親劉尹，唯此「親」並非如《論語》中的顏淵般修身以德與而與同門扶持適道使然，卻是任率自得地從容優游於談玄、酣酒、弄樂、暢舞的風雅韻事中，而以其平和樂易的性情與眾人處，忘其自身的架勢、名利，故其況味反而遙契於《莊子》中的顏子形象。因此這兩種品鑒關係的建立，固自有異，卻皆能再反映至謝尚之人格生命。是以謝尚與顏淵，這兩種截然不同的生命形象，卻在「人物喻體──顏子」逐漸剝落其「道德」義涵的情形下，得以兩度交會於時間之流中。

〔註 84〕見《莊子集釋・田子方》，頁 711～712。

第四章　從「人物喻體——顏子」到魏晉
　　　　人物品鑒（下）

　　黃憲、荀彧、陳群、羊祜、陸雲、謝尚諸人，經由「人物喻體——顏子」
的收攝而並列成六種人格面向，顏子，遂具有一種漣漪式的伸展張力，使我們
得以藉由「品評者——顏子——被品評者」的牽引，在《論語》的顏子形象
與被品評者之人格特質的對應之下，重現其因時而異的品鑒情境與義涵。唯前
一章所論，皆著眼於每個被品評者及其與顏子的關係，故特重其個別面向的闡
發，因而鮮有綜貫的論述。是以本章擬採綜觀的角度，一則由黃憲等六人之形
象出發，以勾勒三項共具的特質：1. 天資異稟、2. 言談風姿、3. 知人善鑒，
並較之以《論語》中的顏子形象及其揭示者——孔子的論人要義，以透顯出魏
晉的人物風貌與品鑒特質，及是時理想人格的基本內涵；再者，本文將從黃憲
等六人之人格風貌所涵顯的「人物喻體——顏子」義涵之不同，來與時代價值
觀及品鑒風尚相互印証，並反觀當時理想人物——名士一格的人格特質。這種
經由形象的揭示以契入魏晉人物品鑒的討論角度，實有別於一般的研究模式。
然之所以如此，不僅因時代價值觀與當代理想人物之間的互動，使人物形象與
時代風尚呈現密不可分的微妙關係；更在於人物形象的朗現，能予人如置其中、
狀溢目前之感，尤以人物品鑒乃以「人」為討論之核心，因此訴諸於「人物形
象」，自能傳達出更為鮮明與生動的力量。是以本章四節，皆本此原則出發。

第一節　天資異稟

　　綜觀黃憲等六人，會發覺他們自幼皆有特異之處：黃憲年十四，荀淑即

竦然異之，歎爲顏子；荀彧年少就以「王佐之才」爲何顒所識；陳寔指其孫
陳群對宗人父老說：「此兒必興吾宗」時，陳群尚爲兒輩；而羊祜方幼，已有
行父美其好相；〔註1〕陸雲尤具「六歲能屬文」之奇才；八歲的謝尚亦有「此
兒一坐之顏回」的美譽。然而頻頻稱賞顏淵的孔子，卻未嘗提及顏淵早慧。
孔子曾說：「吾與回言終日，不違如愚，退而省其私，亦足以發，回也不愚。」
（《論語·爲政》），是顏淵之行跡，不若其他弟子之當下善應好問，反而予人
如愚之感，但孔子就其日用躬行間察之，卻發覺顏淵往往能用之於行。常人
於學，須至精通，才能施用於生活之中，而顏淵學用之間，敏慧若素，可見
他資質之秀異乃爲默識心融的內斂型，同時他敏悟力之高，嘗使聰巧捷慧的
子貢自歎弗如：「回也聞一以知十，賜也聞一以知二，賜也何敢望回」（《論語·
公冶長》），聰明外彰的子貢推舉顏淵如是，是顏淵材質之優異，遠超乎同門
之上，爲同門所共識。如此看來，顏淵與黃憲等六人，實皆爲天資異稟之人，
然而何以孔子不言，而黃憲等六人之夙慧，卻皆標舉於史籍中呢？蓋夫子於
人之材質雖有生知、學知、困知之判別，然其所重卻在人後天好學的努力，
故云「及其知之，一也」，〔註2〕是以才性縱有良窳之別，及其修德有成，即
無高下之分，在這種前提之下，人皆有成聖成賢的可能，材質遂隱而爲個人
修爲的條件與助力。由是，夫子於顏淵，美其好學，賞其「拳拳服膺」之篤
行，卻不強調他早慧的資稟，故顏淵雖兼有成德與夙智之美，然於孔子的揭
示下，兩者實有顯隱之別。而魏晉人之所以鍾情於顏子，卻當是心契於顏淵
的早慧使然，顏淵早逝，且爲孔子稱賞如是，可見他亦爲早成的天才，黃憲
等六人爲人所稱美之處雖各有不同，也皆與顏淵少時即悟性超群有異常人相
彷。〔註3〕再觀魏晉史料，尤多有關岐嶷夙成的記載，他們或以捷語、夙智，

〔註1〕《世說·言語》86條劉注引《晉諸公贊》曰：「羊祜……爲兒時，游汶濱，有
行父止而觀焉，歎息曰：『處士大好相，善爲之，未六十，當有重功於天下。
即富貴，無相忘。』」頁142。可見羊祜之異質很早即發顯於相貌之上。

〔註2〕《論語·季氏》載：「孔子曰：『生而知之者，上也；學而知之者，次也；困
而學之，又其次也；困而不學，民斯爲下矣！』」又《中庸》第20章「……
或生而知之，或學而知之，或困而知之，及其知之，一也。……」可見孔子
重學。

〔註3〕成書於魏晉時期的《列子》，更有所謂「顏淵之才不出眾人之下，而壽十八」
的傳說，《列子·力命》（中華書局，民國71年5版），卷6，頁1。熊賜履《學
統·正統·顏子》也謂：「顏子生而明睿潛純，有聖人之資，十三歲，從學於
孔子。」（商務印書館，民國57年版），卷2，頁27。宋朱熹則曰：「顏子資
質固高於曾子，顏子問目，卻是初學時，曾子一『唯』，年老成熟時也。」《朱

或以文采、風神，爲世所稱道，試舉四例如下：

1. 孔文舉有二子，大者六歲，小者五歲。晝日父眠，小者床頭盜酒飲之。大兒謂曰：「何以不拜？」答曰：「偷，那得行禮！」（《世說・言語》4）

2. （何）晏小時養魏宮，七八歲便慧心大悟。……魏武帝讀兵書，有所未解，試以問晏。晏分散所疑，無不冰釋。（《御覽》385 引《何晏別傳》，轉引自《世說・夙惠》2，余嘉錫箋疏（二））

3. 潘岳總角辨惠，摛藻清豔，鄉里稱爲奇童。（《文選・藉田賦》注引臧榮緒《晉書》，轉引自《世說・容止》7，余嘉錫箋疏（一））

4. 衛玠年五歲，神衿可愛。祖太保曰：「此兒有異，顧吾老，不見其大耳！」（《世說・識鑒》8）

孔融少慧之名早已耳熟能詳，其子亦頗得父風，何晏、潘岳、衛玠皆爲一時人物，他們兒時的異事，時人也傳之不懈，諸如此例，於魏晉史料中比比皆是，不勝枚舉，甚至年少即如陳群般負有興一宗一家門戶之深望者，也不在少數，茲引二例以概觀其況：

1. （樂）廣時年八歲，（夏侯）玄常見廣在路，因呼與語，還謂方（廣父）曰：「向見廣神姿朗徹，當爲名士，卿家雖貧，可令專學，必興卿門戶也。」（《晉書・樂廣傳》，卷43）

2. （荀）崧志操清純，雅好文學。韶亂時，族曾祖顗見而奇之，以爲必興頵（崧父）門。（《晉書・荀崧傳》，卷75）

夏侯玄乃正始名士，素有知人之名，〔註4〕見廣「神姿朗徹」，即預知他終當爲名士，而後樂廣果然名重一時，〔註5〕荀崧爲荀彧之玄孫，荀氏爲當時的名門大族，而其垂髫換齒之際，即爲其族曾祖荀顗所深重，並寄以厚望。這些人長成皆爲當時的名士，而此特重人捷慧神姿的現象，不僅迥異於其他時代，也著實啓人疑思：孔子所重之學，不見於諸人之中，所隱之資稟，卻似爲當時精英必備的要件，他們何以如此看重人的材質呢？此則當可由《人物志》中得一線索，《人物志》云：

子語類・論語23》（北京中華書局，1988年版），卷41，頁1054。顏淵早逝，而又屢爲孔子所稱，其慧質早發，自然可知。

〔註4〕　《三國志・魏書》，卷9注引《世說》曰：「（夏侯）玄世名知人，爲中護軍，拔用武官，參戟牙門，無非俊傑。」頁295。

〔註5〕　〈樂廣傳〉云：「廣與王衍俱宅心事外，名重於時，故天下言風流者，謂王、樂爲稱首焉。」頁1244。

　　蓋人物之本，出乎情性，……凡有血氣者，莫不含元一以爲質，稟陰
　　陽以立性，體五行而著形，苟有形質，猶可即而求之。……（〈九徵〉）
劉劭以爲人物存在的本然，乃出於情性，而情性之理，可由人之形質來明白
知察，因爲只要是具有血氣的具體存在，皆稟氣（元一）以爲生命物質性的
基礎，其中所受的氣因陰陽（清濁厚薄）之不同，而形成個體獨特之性（或
剛柔或拘抗或動靜等），同時人軀體之形成亦因五行（金筋、木骨、水血、火
氣、土肌）而彰然。〔註6〕劉劭在此提出情性以爲人物之本，而以「質（元一）
── 性（陰陽）── 形（五行）」爲其觀人的形上架構，並由此完成他的品
鑒理論，這種理論，於人學脈絡觀之，尤具承先啓後的地位，所謂的「承先」，
意指此乃順著告子、董仲舒、王充「順氣言性」之理論一脈下來而有的觀點；
〔註7〕「啓後」則指此實不同於告子以至王充般著眼於人性之善惡的層面，而
是關涉一新面向的開展 ── 品鑒人物，遂與傳統人性之學有極大的分野。但
是它既承氣性而來，以爲人秉氣天成，則有別於在孔孟德性（道德理性）觀
念下，所肯定人有向上超昇的可能，反而以爲人之資稟不可改異，如《人物
志・體別》即云：

　　夫學所以成材也，恕所以推情也，偏材之性不可移轉矣，雖教之以
　　學，材成而隨之以失，雖訓之以恕，推情各從其心。……

是以爲學乃在助其資材發揮得更爲完備，不可能移轉改變人的資稟，同時「人
材不同，能各有異」（〈材能〉），而「能」則關涉到事業成就及處世成敗，自
然影響到人活在世上客觀價值的實現與完成，是故，人資稟材質的高低，就
特爲人們所重視，加以漢末以來，人之個體意識覺醒，〔註8〕又特懷超越觀照
之祈嚮，因而更心折於天才 ── 天資異稟、眾人之尤者 ── 的出現，天才最
能展現人生命之美，在漫漫人生傳衍與歷史長流中，尤在此益感生命無常的

〔註6〕劉劭提出「體五行而著形」，乃結合漢代氣化宇宙論的五行觀念，而以五行金、
　　　木、水、火、土象徵筋、骨、血、氣、肌。《人物志・九徵》云：「若量其材
　　　質，稽諸五物。五物之徵，亦各著於厥體矣。其在體也，木骨、金筋、火氣、
　　　土肌、水血，五物之象也。」頁2。
〔註7〕此「順氣言性」之說，乃採牟宗三先生《才性與玄理》第一章〈王充之性命論〉
　　　中的論點而來，牟先生指出言性有兩路：一順氣而言，二逆氣而言，並將告子、
　　　董仲舒、王充所論之性，收攝於「順氣而言性」的系統下，詳見其書頁1～35。
〔註8〕有關漢末士人「個體自覺」諸問題，參見余英時〈漢晉之際士之新自覺與新
　　　思潮〉，收入余氏所著之《中國知識階層史論》（聯經出版社，民國69年初版），
　　　頁205～327。

時代氛圍裡，天才的出現便如耀眼的流星，剎那而絢爛，「寧爲蘭摧玉折，不作蕭敷艾榮」，〔註9〕若非天才，又豈有此卓爾不群自恃甚高的表白，也正因他們風華騁馳於一世，遂盪漾著人心，在這種對現實生命具體存在特有的關注，與向無限超越之心懷的激盪下，獨稟佳氣的天才，便爲眾人所矚目與深祈。同時，由於品鑒非如道德批判般著眼於人行爲的是非善惡，而是立於材質氣稟來分辨優劣屬性，不同材性之人在此態度下皆受到肯定與褒揚，由此鼓舞，人人更勃勃地展志施才，於是思想、清談、文學、藝術等各各領域便隨之開展，而造就了魏晉天才與美的時代，然此時又何以特重岐嶷夙成的奇童呢？《人物志》云：

　　　夫幼智之人，材智精達，然其在童齔，皆有端緒。（〈七繆〉）

凡是天生異稟，聰敏絕慧之人，魏晉人皆以爲乃直發自其材質之殊美，故在幼童即有端倪可見，而漢魏之後，門第漸興，家有慧子，往往繫乎家族門第的興衰，因而特重門風之整與子弟的教育，若其子弟有言行之異，或才貌之殊的徵兆與現象，門人宗老或知人名流即爲之張揚有加，而且家有佳子弟，正「譬如芝蘭玉樹，欲使其生於階庭耳」，〔註10〕不僅堪慰親心，頗致時譽，且能光大門戶，延展家風，點綴精神，同時也是對芝蘭玉樹之質美形清的愛尚使然，人物品鑒之品賞，實不僅在人之具才，更將「人」之自身視爲一美的創作，而此亦爲人天生材質的發戀，故如衛玠年僅五歲便流露出神衿可愛的風采，其祖太保遂爲之褒愛若是，由此可見時風之一斑。喻爲顏子的黃憲諸人，自幼皆有不同的徵兆與端緒爲人賞之，也正相應於此醉心於天才的品風，反映出此時代理想人格的要涵與品鑒人物之特質。

第二節　言談風姿

　　經由第三章各節的揭示，黃憲諸人各各精彩的生命便有一輪廓可見，綜觀之，卻發現他們皆善言談，也無不有風姿之美：黃憲宛若潛龍，形跡難覓，但是由荀淑揖與語，竟移日不能去而不禁執其手曰：「子，吾之師表也！」以

〔註9〕　語出《世說・言語》96條載：「毛伯成既負其才氣，常稱：『寧爲蘭摧玉折，不作蕭敷艾榮。』」頁148。
〔註10〕 語出《世說・言語》92條載「謝太傅問諸子姪：『子弟亦何預人事，而正欲使其佳？』諸人莫有言者，車騎答曰：『譬如芝蘭玉樹，欲使其生於階庭耳。』」頁145。

及郭林宗過往從憲，累日方還，又以「汪汪若千頃陂」來形容之，他神采言語之妙，便可想見；縱橫籌謀的荀彧，瓌姿奇表，爲人偉美，雖建功於帷幄之中，卻也有與獻帝旦夕談論文學的雅事；〔註11〕動仗名義的陳群，素有雅儀，亦曾與孔融論辯汝、潁人物之優劣；〔註12〕羊祜美鬚眉，善談論，乃魁偉俊逸之人，其登山吟詠，獵野舞鶴，文武兼備，從容於敵我之際，既令德名遐邇，又有風情雅致；文弱可愛的陸雲，則早慧有俊才、長於著述，而且口敏能談，容貌瓌偉；任率自然的謝尚，秀曼超逸，時有巧言慧語，富藝術氣質，他的思致舉止，自有天際眞人意。顏淵也有喟然歎美孔子之言，〔註13〕情辭相稱而皆美，是以《論語》中雖未言及顏淵的口才與形貌，但可知他並非不善言辭，只是孔子未嘗以形貌與言語之美來許人，孔子曾言「剛毅木訥，近仁」（〈子路〉），又云「巧言令色鮮矣仁」（〈學而〉），〈公冶長〉篇亦載：「或曰：『雍也，仁而不佞。』子曰：『焉用佞，禦人以口給，屢憎於人，不知其仁，焉用佞？』」「佞」是口才便捷之意，可見孔子深喜的是慎於言而敏於行的君子，並非言語動聽、神色美好之人，因此他的洞察宰我辭過其實時方說：「始吾於人也，聽其言而信其行。今吾於人也，聽其言而觀其行。於予與，改是。」（〈公冶長〉）。但是又由於孔子重禮，若從仁心通透禮儀所展現出來的儀容風度，則符合儒家善美合一的要求，故孔子言「色思溫，貌思恭」（〈季氏〉），其自身也「溫而厲，威而不猛，恭而安」（〈述而〉），在鄉黨、宗廟、朝廷間各有禮儀容色（見〈鄉黨〉），由此推知，顏淵也應有禮容之美。如此的態度，自是以言語形色皆爲表德修身的內涵，故當慎取謹行之，顏淵由是乃更重禮文學行的實踐功夫以充擴仁心。然喻爲顏子諸人，時人卻皆重其言談風姿，此言談風姿，不再要求合仁合德由善顯美的威儀，而在言語與形神之美，這種現象，再觀魏晉史料，實所在多有，試舉漢末的郭林宗、西晉的王衍與東晉的庾亮爲例：

1. 郭太字林宗，……善談論，美音制。……身長八尺，容貌魁偉，褒衣

〔註11〕《後漢書・荀悅傳》云：「……獻帝頗好文學，（荀）悅與（荀）彧及少府孔融侍講禁中，旦夕談論。」卷62，頁2058。

〔註12〕《全後漢文・汝潁優劣論》，卷85有孔融一文，但未載陳群反詰之辭，恐已不全，陳群答辭唯可見《三國志・魏志・荀彧傳》，卷10裴注引之寥寥數語，然從孔融文氣觀之，此文當爲長篇大論，是以陳群之談才亦非可可而已。

〔註13〕《論語・子罕》篇：「顏淵喟然歎曰：『仰之彌高，鑽之彌堅，瞻之在前，忽焉在後。夫子循循然善誘人，博我以文，約我以禮，欲罷不能，既竭吾才，如有所立，卓爾，雖欲從之，末由也已！』」

博帶，周遊郡國。……（《後漢書・郭太傳》，卷 67）

2. 王夷甫（衍）容貌整麗，妙於談玄，恆捉白玉柄麈尾，與手都無分別。（《世說・容止》8）

3. 庾亮……美姿容，善談論，性好莊老，風格竣整，動由禮節，閨門之內不肅而成。（《晉書・庾亮傳》，卷 72）

這三人都為傾動當世之名士，然而不論是隱不修遁，反而褒衣博帶，周遊列國的郭林宗，或累居顯職，卻拱默遺事、揮麈談玄的王衍，抑或端委廟堂、風格峻整、不輕舉止的庾亮，無不具有言談風姿之美，縱有禮節也只成為展現個人風度的憑藉。屠隆鴻《苞節錄》卷 1 更載：

> 晉重門第，好容止。崔、盧、王、謝子弟生髮未燥，已拜列侯，身未離襁褓，而已被冠帶。膚清神朗，玉色令顏，縉紳公言之朝端，吏部至以此臧否。士大夫手持粉白，口習清言，綽約嫣然，動相誇許，鄙勤樸而尚擺落，晉竟以此雲擾。〔註14〕

可見不惟民間有看殺衛玠之事，〔註15〕朝廷大臣雅仗美儀清言也蔚然成風。而究此現象之由，實與人物品鑒有關，由《人物志》可得知一二，劉劭在其「質──性──形」的形上架構下，又云：「雖體變無窮，猶依乎五質，故其剛柔明暢，貞固之徵，著乎形容，見乎聲色，發乎情味，各如其象。」因此他主張可從「神、精、筋、骨、氣、色、儀、容、言」九徵來加以鑒識。〔註16〕這種由人之精神言貌觀人，表面上似與孔子之察言觀行相類，然而兩者觀人的目的與角度，卻有極大的不同。孔子察言觀色，乃以進德修業為依歸，是有著道德善的追求，而非著眼於人自然生命之美感，是故「不違如愚」、「語之而不惰」的顏淵能善體孔子意於慎言敏行處用心，遂得孔子的稱賞，而言語動聽的宰我卻為孔子責之。《人物志》則除了材質能力的識別外，尚言「發乎情味」，著眼於「情味」，即有人自身展現出來的生命情調之美，因此《人物志》固然本以知人善任為目的，卻亦涵有就人之具體姿態而審美觀照的趨向。除此之外，《人物志》

〔註14〕轉引自余英時〈漢晉之際士之新自覺與新思潮〉《中國知識階層史論》，頁 244。

〔註15〕《晉書・衛玠傳》：「衛玠……京師人士聞其姿容，觀者如堵。玠勞疾遂甚，永嘉六年卒，時年二十七，時人謂玠被看殺」，卷 36，頁 1068。

〔註16〕《人物志・九徵》云：「……性之所盡，九質之徵也。然則平陂之質在於神，明暗之實在於精，勇怯之勢在於筋，彊弱之植在於骨，躁靜之決在於氣，慘懌之情在於色，衰正之形在於儀，態度之動在於容，緩急之狀在於言。」頁 3～4。

又將「德」與材質結合起來，以為人既稟氣而生，體五行而著形，五行在體為五質，而五質恆性，乃有仁義禮智信五常之德，發之於形容聲色情味，即為「九徵」，劉劭遂依此定人材等級高下，其云：

> 九徵皆至，則純粹之德也，九徵有違，則偏雜之材也。三度不同，其德異稱，故偏至之材，以材自名；兼材之人，以德為目，兼德之人，更為美號。

可見劉邵以為「德」之有無高下，乃決之於人材質的良窳偏至，而人神、精、筋、骨、氣、色、儀、容、言正可顯示其人的材質，以見其「德」，由是人之儀容精神言行舉止愛憎之情遂為評「德」的依據，如此則失去孔子指點仁心而以德潤身的義涵，也非由禮儀人文來言人之風度威儀，道德實踐義於茲捨去，反從自然天成的言談風姿舉止才能來言其德、賞其人。這種由人材質見「德」的觀念，以及觀人角度與目的的轉變，正反映出漢末以來對人看法的基本取向，同時也是他們何以如此重視言談與風姿的原因。

言談與風姿，既為是時品鑒人物的焦點，是以由此面向來加以考察，魏晉人物的風貌與特質，自能益形彰明。《世說・言語》中尤多有關時人言辭音吐的記載，如：

1. 庾公（亮）造周伯仁。伯仁曰：「君何所欣說而忽肥？」庾曰：「君復何所憂慘而忽瘦？」伯仁曰：「吾無所憂，直是清虛日來，滓穢日去耳。」（30）

2. 簡文入華林園，顧謂左右曰：「會心處，不必在遠。翳然林水，便自有濠、濮閒想也。覺鳥獸禽魚，自來親人。」（61）

3. 謝太傅語王右軍曰：「中年傷於哀樂，與親友別，輒作數日惡。」王曰：「年在桑榆，自然至此，正賴絲竹陶寫。恆恐兒輩覺，損欣樂之趣。」（62）

「雅流弘器」的伯仁〔註17〕道：「清虛日來，滓穢日去」，唯清為雅，唯虛為大，想是他才智機敏，又常懷超俗雅正之心，遂能與庾亮於玩笑寒暄間出此巧言妙答；簡文帝見翳然林水，不覺與天地自然交契冥會，有「濠、濮閒想」乃由此冥契進入莊子之理境，「覺鳥獸禽魚，自來親人」，則又透過這種理境而能以「玄」對山水，流露出與萬物自然感通無礙的情意；人年歲漸增，面對老

〔註17〕《世說・賞譽》第47條：「周侯於荊州敗績，還，未得用。王丞相與人書曰：『雅流弘器，何可得遺？』」頁448。

死之逼人，益對親情友人有無限之依戀，一別此去，能再見否？多情人自會傷於哀樂，謝安道來，情眞見深，王羲之的「自然至此」，是於理的通達，但是他又「恆恐兒輩覺」，卻是達理之下的難禁之情，絲竹陶寫的欣樂之趣，又何能眞掩生離死別的無奈之感！在這些話語中，我們正見到了名士情趣盎然又深致幽微的情感。言語會成爲品鑒的要點，正是因爲透過其話語，一個人的才情與生命氣度便展露無遺，而其中極其動人的地方，即在於對理之智悟與對情之深摯。唯在於情之深摯，魏晉人方言「情之所鍾，正在我輩」，〔註18〕唯在於理之智悟，遂益顯於情之眞率與癡深，而更洋溢著迴盪人心的動力。不僅如此，他們更於清言玄談中，呈現這種智悟的生命特質：

1. 客問樂令（廣）「旨不至」者，樂亦不復剖析文句，直以麈尾柄确几曰：「至不？」客曰：「至！」樂因又舉麈尾曰：「若至者，那得去？」於是客乃悟服。樂辭約而旨達，皆此類。（《世說·文學》16）

2. （阮宣子）〈阮千里〉有令聞，（太尉王夷甫）〈司徒王濬沖〉〔註19〕見而問曰：「老、莊與聖教同異？」對曰：「將無同？」太尉善其言，辟之爲掾。世謂「三語掾」。衛玠嘲之曰：「一言可辟，何假於三？」宣子曰：「苟是天下人望，亦可無言而辟，復何假一？」遂相與爲友。（《世說·文學》18）

「旨不至」爲當時清言的主題之一，相當玄妙難解，樂廣藉麈尾的開示，一至一去間，便令人悟明，也難怪衛瓘言其「人之水鏡也，見之若披雲霧睹青天。」（《賞譽》23）。老莊尚自然，自與名教相對，但究其旨，阮瞻（阮千里）以爲皆同，這是直參玄理，以調和現象界紛離對立的矛盾，故得王戎（王濬沖）的賢賞，衛玠本不服其「三語掾」的盛名，遂質問：「一言可辟，何假於三？」若假於三，則非最佳，而且既同則曰「同」，何必說「將無同」呢？言下之意，是以爲他未臻至理，其名有虛。阮瞻卻由此轉進，以爲「無」更勝於「一」，而使衛玠服之。談玄說理，針鋒相對，往復辨析，是天才與天才的較勁，所謂玄理，即是探討抽象高妙的第一因（道、無），他們於對立蕪雜的現象中抽理出道理，爲之統合，並掌握這第一因以觀事言物，對存在以簡御繁，同時，他們以爲聖人體無，故可超邁群倫。正因魏晉人特能企

〔註18〕語出《世說·傷逝》第4條王戎語，頁638。
〔註19〕據楊勇《世說新語校箋》：「阮宣子」當作「阮千里」；「太尉王夷甫」當作「司徒王濬沖」，頁159。

慕這種第一因，是以稟有祈慕無限永恆、至高至上的心懷，而道體又需極高的天份方能深契，由是善談玄說理即為邁越常人的表徵，玄理所呈現的清明理境，更憑添清談者一股超拔優雅的氣度，而品鑒人物，實亦須智悟的妙解來觀照品賞之，進而題目；魏晉人情深的生命特質，則使他們的智悟更通達於人情世理，遂對人有其獨特的觀照。人既是具體存在，可感可見之處自以形貌為先，然其所重，不唯在形貌儀容之秀異，更在於性情、才智、氣量、識度所形成的生命情調，兩者合而為一，即為風姿。試舉夏侯玄與裴楷為例：

1. 時人目「夏侯太初朗朗如日月之入懷。……」（《世說・容止》4）

   裴令公目夏侯太初：「肅肅如入廊廟中，不修敬而人自敬。」一曰：「如入宗廟，琅琅但見禮樂器。」（〈賞譽〉8）

2. 裴令公（楷）有俊容儀，脫冠冕，麤服亂頭皆好。時人以為「玉人」。見者曰：「見裴叔則如玉山上行，光映照人。」（〈容止〉12）

   （鍾）會曰：「裴楷清通。」（〈容止〉5）（武元夏亦曰：「楷清通」見同篇第 14 條引）

   王太尉曰：「見裴令公精明朗然，籠蓋人上，非凡識也。若死而可作，當與之同歸。」（〈賞譽〉24）

由「朗朗如日月之入懷」之目，可以想見夏侯玄必呈現一種高朗坦蕩的神宇，光芒四射，為人所仰慕；他又有肅穆之威儀與如禮樂器般貴重端美的氣度，於舉止投足間，令人心生敬意，這種高朗神宇與貴重風度，正是夏侯玄的風姿。而此風姿之來，除了他玉樹之形質與善談老論玄外，尚在其方正的性情與臨危時從容寬靜的雅量，如〈雅量〉第三條曾載：「夏侯太初嘗倚柱作書。時大雨，霹靂破所倚柱，衣服焦然，神色無變，書亦如故。賓客左右，皆跌蕩不得住。」夏侯玄的神色無變是處變不驚的泰然自若，故亦能「臨刑東市，顏色不變」，〔註 20〕此是他剛正容毅性情之流露，也實有超死生的凜然氣度，而其貴肅威儀，即來自此性情的不可侵犯，由其語陳騫「可得同，不可得而雜」的一絲不苟、毫無情面，〔註 21〕與答鍾會「雖復刑餘之人，未

〔註20〕《世說・方正》第 6 條載：「夏侯玄既被桎梏，時鍾毓為廷尉，鍾會先不與玄相知，因便狎之。玄曰：『雖復刑餘之人，未敢聞命！』考掠初無一言，臨刑東市，顏色不異。」頁 285〜286。

〔註21〕《世說・方正》第 7 條載：「夏侯泰初與廣陵陳本善。本與玄在本母前宴飲，本弟騫行還，徑入，至堂戶。泰初因起曰：『可得同，不可得而雜。』」頁 286〜287。

敢聞命」的絕斷，〔註22〕玄「不修敬而人自敬」的方正氣質便昭然可曉。裴
令公時人以爲玉人，又云「見裴叔則如玉山上行，光映照人」，此不僅是他
形美質清使然，而且「玉山」之光，內蘊而清潤通明，也正似裴楷的才情與
器量，如裴楷曾向貴族募款以濟貧困，以爲「損有餘，補不足，天之道也」，
而坦然處他人之譏評；〔註23〕晉武帝探策得一大不祥，他卻以「臣聞天得一
以清，地得一以寧，侯王得一以爲天下貞」化解了現實的缺陷，使人心大悅；
〔註24〕也曾弔阮籍母喪，而「兩得其中」，是雖以儀軌自居，並不拘於禮度；
〔註25〕即使在面臨死亡的逼迫，他亦「神氣不變，舉止自若」，而力圖解難
之法以免禍。〔註26〕如此在在都呈顯了裴楷通達識敏、不執不滯的特質，故
人多云其「清通」，而其「清」即在能玄談達理，又有玉人之質，其「通」
則在困而不滯、機敏寬弘、體玄識遠有氣量。夏侯玄爲正始名士之首，裴楷
則爲中朝名士，可見兩人俱爲當時理想人物的典型，他們不僅形美神俊，更
有深透生命所發的性情之美，與智悟情眞所蘊育的識度之量，魏晉名士雖各
各稟氣不同、性情有異，他們的風姿之美，卻無不涵此，唯神重於形，故矮
胖的庾子嵩與短小醜悴的劉伶，能以「頹然自放」、「悠悠忽忽，土木形骸」
入〈容止〉之林，〔註27〕而於性情氣度，則更重雅量，廖師蔚卿曾釋「雅量」
云：

> 「雅量」一詞的涵義與指涉，基本上指心性之寬洪厚和，這種內具
> 的才性特質，見於行爲態度言語容色，構成愼、靜、緩的風度或風
> 貌。是以一個「容」字可以涵括「雅量」的全部：因爲「容」即「寬
> 容」；亦即「儀容」。由才性之「寬容」，乃可以「容忍」「容納」「容
> 接」客觀的人或事之善與不善、順與逆、吉與凶；因爲能容忍、容
> 納、容接，所以「儀容」「容色」「容貌」等便表現出「從容」「容

〔註22〕見註19。
〔註23〕見《世說·德行》第18條，頁21。
〔註24〕見《世說·言語》第19條，頁81。
〔註25〕《世說·任誕》第11條載：「阮步兵喪母，裴令公往弔之。阮方醉，散髮坐
　　　　床，箕踞不哭。裴至，下席於地，哭弔唁畢，便去。或問裴：『凡弔，主人哭，
　　　　客乃爲禮；阮既不哭，君何爲哭？』裴曰：『阮方外之人，故不崇禮制；我輩
　　　　俗中人，故以儀軌自居。』時人歎爲兩得其中。」頁734。
〔註26〕《世說·雅量》第7條載：「裴叔則被收，神氣無變，舉止自若。求紙筆作書。
　　　　書成，救者多，乃得免。後位儀同三司。」頁351。
〔註27〕分見《世說·容止》第18條與第13條。頁614，頁613。

與」的「容止」，這就構成了名士們的威儀的「閒雅」或異於庸俗
的「清雅」，雅步容與，雅人深致，是爲名士風流之骨髓。〔註28〕
精闢地闡示了魏晉名士雅量的義涵與特殊性。天災人禍等等不可預期的突變
與危難，刹那間便令人陷於死生利害榮辱之際，此時人的反應最可見其性情
與器量之眞假大小，能「神色無變」、「舉止自若」者，尤能顯出其處變不驚、
通達生死的性量，更由之展現人高貴閑靜優雅的神宇。「有若無，實若虛，犯
而不校」的顏淵，亦爲孔門君子雅量的典型，然人物品鑒所注重的，卻非德
性之養，乃在名士們從容優雅、坦然閒暢的風貌之美，而這種風姿與門第的
結合，更兼具貴重家風的習染與詩文辭章美之陶養，因此，其造次之間，舉
止周旋，發言吐詞，也莫不風流蘊藉、文采斐然。由是自大不同於「辭達而
已矣！」與「巧言亂德」（〈衛靈公〉）的觀念下，「欲訥於言而敏於行」（〈公
冶長〉）、「恥其言而過於行」（〈憲問〉）的孔門君子了。然而在這種崇尙言談
與美姿的時風推演下，孕育於此的名士風流遂成魏晉理想人格極爲重要的生
命特質，因此綜觀魏晉比爲顏子諸人，亦無法脫此特重談才與美姿的時風之
外。

第三節　知人善鑒

漢末魏晉品風盛行，相對的知人善鑒即成當時名士的重要內涵之一，而
綜觀比爲顏子諸人，除黃憲「言論風旨，無所傳聞」外，餘五人莫不有知人
之名望或論人的行事爲世所稱，史傳云荀、陳二人：

1. （荀）或言策謀士，進戲志才。志才卒，又進郭嘉。太祖以或爲知人，
   諸所進達皆稱職。（《三國志・魏書》卷10）
2. （陳）群荐廣陵陳矯，丹陽戴乾，太祖皆用之。後吳人叛，乾忠義死
   難，矯遂爲名臣，世以群爲知人。（《三國志・魏書》卷22）

可知，荀、陳二人皆務力拔舉匡濟時艱之士，知人才智以薦達；〔註29〕

〔註28〕見廖師蔚卿之〈論魏晉名士的雅量——《世說新語》雜論之一〉，收入《台大
中文學報》第2期，頁39。

〔註29〕《三國志・魏書》注引《魏氏春秋》云：「（荀彧）……取士不以一揆：戲志
才、郭嘉等有負俗之譏，杜畿簡傲少文，皆以智策舉之，終各顯名。」，卷10，
頁318。又《太平御覽・職官部六三・中正》引傅玄《傅子》謂「魏司空陳群
始立九品之制、群立中正，詳次人才之高下，各爲筆目。」卷265。

羊祜尚德，雖其仍懷知人薦士之心，〔註 30〕卻也能脫此政治實用之目的，先識王衍僑利氣盛之傷風敗俗、又賞美羊長和之宛若成人；〔註 31〕樂與人處的陸雲，也有「愛才好士，多所貢達」之稱；〔註 32〕至清易挺率的謝尚，則每與清談名流商略人物，如：

1. 永和中，劉眞長、謝仁祖共商略中朝人。或問：「杜弘治可方衛洗馬不？」謝曰：「安得此！其間可容數人。」（《世說‧品藻》42 條劉注引《玠別傳》）

2. 謝仁祖曰：「庾赤玉胸中無宿物。」（〈賞譽〉89）

3. 謝鎭西道敬仁：「文學鏃鏃，無能不新。」（〈賞譽〉134）

謝尚以「其間可容數人」，言神令奕奕之衛玠（洗馬）與面如凝脂、眼如點漆的杜乂（弘治）間的差距，〔註 33〕又言庾統（赤玉）「胸中無宿物」，直識其清朗無滯、周流和暢而能予人一新耳目之胸懷，不惟有慧鑒，其語言亦簡淨傳神；至於道早慧超悟之王脩（敬仁）「文學鏃鏃，無能不新」，〔註 34〕則賞其清談玄理，傑出挺拔，常發新意。是謝尚亦富知人善鑒的名士特質。然顏淵卻無知人善鑒之名，由子貢方人，孔子即以「賜也，賢乎哉？夫我則不暇。」（〈憲問〉）責之，可知孔門之風。蓋賢達君子修身學行，乃重在自我惕勵、反求諸己，非以道德名目責人不及，如有先後，則當提攜共進，豈能以方人自尙？然自漢末以來，外戚宦官當道，政治漸壞，有志之士逐「激揚名聲，互相題拂，品覈公卿，裁量執政」，〔註 35〕自爲清流以抗濁污，藉清議以發時弊、立典範，影響所及，則是「議」的意味漸淺，「品」的意味漸深，品評對象則由公卿普及至州里人士，人物品鑒之風因而漸盛，或定其褒貶高下，或爲之稱美形容，然而亦有共相標榜，互爲延譽揄揚之情狀，是以當時品鑒理論之書漸行於世，《人物志》即爲其中之翹楚，其序云：

〔註 30〕由本傳載祜「凡所進達，人皆不知所由」，其又舉賢屢讓，即可明其亦有知人薦士之行事。《晉書》，卷 34，頁 1019。

〔註 31〕見《世說‧識鑒》第 5 條及〈賞譽〉第 11 條。頁 389，頁 423。

〔註 32〕見《晉書》陸雲本傳，卷 54，頁 1483。

〔註 33〕〈品藻〉42 條載：「……或問：『杜弘治何如衛虎？』桓答曰：『弘治膚清，衛虎奕奕神令。』」頁 524；〈容止〉26 條云：「王右軍見杜弘治，歎曰：『面如凝脂，眼如點漆。』」頁 620。

〔註 34〕《世說‧文學》83 條云：「王敬仁年十三，作《賢人論》。長史送示眞長，眞長答云：『見敬仁所作論，便足參微言。』」頁 261。

〔註 35〕語出《後漢書‧黨錮列傳》，卷 67 序，頁 2185。

> 夫聖賢之所美，莫美乎聰明；聰明之所貴，莫貴乎知人。知人誠智，
> 則眾材得其序，而庶績之業興矣！

可見，一則他肯定知人以序材興業的功效，一則又讚美鑒識之難能可貴，因此乃提出品鑒之原理、方法等等的理論。而此流風所及，知人之士遂具有舉足輕重的地位，也演為當時名流極為重要的才具與特質，是以漢晉之際，尤多號為「知人」、「愛好人倫」、「有人倫鑒識」之人，〔註36〕試舉漢末許氏兄弟、魏之王脩、吳之顧劭、晉代的王戎，以概觀其盛況：

1. （許）劭與（許）靖俱有高名，好共覈論鄉黨人物，每月輒更其品題，故汝南俗有「月旦評」焉。（《後漢書》卷 68）
2. （王）脩識高柔于弱冠，異王基于幼童，終皆遠至，世稱其知人。（《三國志・魏書》卷 11）
3. （顧）邵⋯⋯好樂人倫。⋯⋯自州郡庶幾及四方人士，往來相見，或言議而去，或結厚而別，風聲流聞，遠近稱之。⋯⋯（《三國志・吳書》卷 52）
4. （王）戎有人倫鑒識，嘗目山濤如璞玉渾金，人皆欽其寶，莫知名其器；王衍神姿高徹，如瑤林瓊樹，自然是風塵表物。⋯⋯（《晉書》卷 43）

在此風氣之下，許劭兄弟的月旦評即有極大的影響力，不惟曹操欲藉以提高聲望，甚至劉繇用人亦不敢輕率，以免蒙許劭之譏；〔註37〕其後如王脩、顧邵，或稱知人，或好人倫，俱為世所重，以至州郡及四方人士「往來相見，或言議而去，或結厚而別」，可見知人之士實為時望所宗。漢魏之際與三國初鼎，時局詭譎，唯才是舉，故此時知人或有政用之目的，然至晉以後，品風遂漸由實轉虛，如王戎能以「璞玉渾金」、「瑤林瓊樹」等富涵美感的形象語言來名器品神，是故本傳雖載其「自經典選，未嘗進寒素，退虛名，但與時

〔註36〕 張蓓蓓《漢晉人物品鑒研究》曾羅列《後漢書》、《三國志》、《晉書》列傳中號為「知人」、「好人倫」、「有人倫鑒識」者，為數甚夥，可作為人物品鑒之盛風的一大旁證，請參考其書頁 161～168，台大中文研究所民國 72 年博士論文。

〔註37〕 《後漢書》許劭本傳載：「曹操微時，常卑辭厚禮，求為己目。劭鄙其人而不肯對，操乃伺隙脅劭，劭不得已，曰：『君清平之姦賊，亂世之英雄。』操大悅而去。」頁 2234。《三國志・吳書・太史慈傳》云：「或勸（劉）繇可以（太史）慈為大將軍，繇曰：『我若用子義，許子將不當笑我邪？』」，卷 49，頁 1188。

浮沈，戶調門選而已」，猶得「有人倫鑒識」之譽。由此可知，人物品鑒也已
漸離鑒用人才的實用目的而日趨風流，他們不但品評人物之優劣高下，尤重
品味人的風貌性情，如：

1. 時人欲題目高坐而未能。桓廷尉以問周侯，周侯曰：「可謂卓朗。」桓
公曰：「精神淵箸。」（《世說‧賞譽》第 48 條）

2. 撫軍問孫興公：「劉眞長何如？」曰：「清蔚簡令。」「王仲祖何如？」
曰：「溫潤恬和。」「桓溫何如？」曰：「高爽邁出。」「謝仁祖何如？」
曰：「清易令達。」「阮思曠何如？」曰：「弘潤通長。」「袁羊何如？」
曰：「洮洮清便。」「殷洪遠何如？」曰：「遠有致思。」「卿自謂何
如？」曰：「下官才能所經，悉不如諸賢；至於斟酌時宜，籠罩當世，
亦多所不及。然以不才，時復託懷玄勝，遠詠《老》、《莊》，蕭條高
寄，不與時務經懷，自謂此心無所與讓也。」（《世說‧品藻》第 36
條）

「卓朗」與「精神淵箸」皆是針對高坐之生命氣度所下的評語，這種品
味題目並不容易，故時人欲題而未能，但周侯與桓公卻能透過直感體會，以
寥寥數字點出高坐之卓特處，其必有善鑒之才識方能如是。至於孫綽（興公）
品目諸人之語，不論「清蔚簡令」、「溫潤恬和」或「高爽邁出」等等，皆具
文簡義贍而言詞清美的特色，由此可見孫綽的文藻長才，〔註 38〕使品鑒語言
更可精簡地傳神達意，而他「託懷玄勝，遠詠《老》、《莊》，蕭條高寄，不
與時務經懷」的表白，不也正是東晉名士所共契的理境與心懷！老莊玄學成
爲他們鑒識人物的根柢，〔註 39〕因此更能超脫實用利害的目的，純以觀照審
美的眼光來品味人物，而充分發揮品鑒的審美趣味。在此脈絡下，品鑒語言
中的形象語言便富涵美的興趣，精簡語言則更有理勝的意味，二者俱能顯
才，於是品鑒語言成爲名士特意經營之處，人物品鑒遂成雅人清談的美事。
品鑒人物實可顯露一個人識見之深淺，也就關涉其人材質之優劣兼雜，和其
「德」之高下，是以鑒識之才特爲此時名士的內涵之一，然在人物品鑒由評

〔註 38〕孫綽以文才著稱，《晉書》有載：「（孫）綽少以文才垂稱，于時文士，綽爲其
冠。溫、王、郗、庾諸公之薨，必須綽爲碑文，然後刊石焉。……」卷 56，
頁 1547。

〔註 39〕徐復觀曾云「……人倫鑒識，在無形中由政治地實用性，完成了向藝術的欣
賞性的轉換。自此以後，玄學，尤其是莊學，成爲鑒識的根柢。……」見《中
國藝術精神》，頁 152。

議、政用乃至審美的發展趨勢下，語言文藻之才也隨之益形重要，由前述之
荀、陳與謝尚、漢魏與晉諸人之對照，即可了然。

孔顏雖不以品鑒爲事，但孔子於學統上所具有之不可動搖與替代的地
位，卻使他仍爲是時鑒識者所宗，劉劭於《人物志》之自序即云：

> 是故仲尼不試，無所援升，猶序門人以爲四科，汎論眾材以辨三等，
> 又歎中庸以殊聖人之德，尚德以勸庶幾之論，訓六蔽以戒偏材之失，
> 思狂狷以通拘抗之材。……人物之察也，如此其詳，是以敢依聖訓，
> 志序人物，庶似補綴遺忘。惟博識君子裁覽其義焉。

是以爲孔子分四科、辨三等、戒偏材、通拘抗，皆是由人物材性之察再加以設
教之故。但是劉劭與孔子所言實有側重之不同，且已大失孔子本意，卻欲藉此
以奠定其地位與價值。遲至劉宋臨川王劉義慶集其門下撰成的《世說新語》一
書，仍因襲孔教，首冠四科，也難怪曹丕與劉尹，皆引孔子「自吾有回，門人
日以親（加親）」之語來稱賞陳群與謝尚。在此脈絡下，《論語》中的孔顏，亦
儼然成爲品評者與被品評者的典範了。王弼曾云：「顏子之量，孔父之所預在。」
是肯定孔子尋極幽微之明，〔註40〕而此「明」即《人物志》所云的「聰明」之
美，在魏晉尚玄遠智悟的心靈追求下，知人善鑒者也特能有此尋幽明壑之能耐，
而爲時所尚，遂成一時風流。荀彧等諸人亦受此風影響，其品論人物之角度與
目的，或有才德之異，或有實用與風雅美事之別，而有知人之明則皆然。此知
人善鑒之明亦爲魏晉理想人格的要涵之一，然不論是「自吾有回，門人日以親」
的讚賞，或謝尚「坐無尼父，焉別顏回」之巧答，藉著時人之以孔顏爲品鑒典
範，也透露出魏晉人物品鑒風潮的承襲與轉化。

第四節 「人物喻體──顏子」義涵的轉變與品鑒風
尚之流演

若配合時代以觀，黃憲等六人恰與漢末至東晉之時序暗合，爲求一目了
然，試先依其先後，以「品評者──顏子──被品評者」的形式，排列如下：

〔註40〕《三國志・魏書・王弼傳》裴注引何劭曰：「弼注易，潁川人荀融難弼《大衍
義》。弼答其意，白書以戲之曰：『夫明足以尋極幽微，而不能去自然之性。
顏子之量，孔父之所預在，然遇之不能無樂，喪之不能無哀。……』」卷28，
頁795～796。夫子知賞顏淵如是，故使王弼引爲其主張聖人有情以力駁聖人
無情之說的力證。

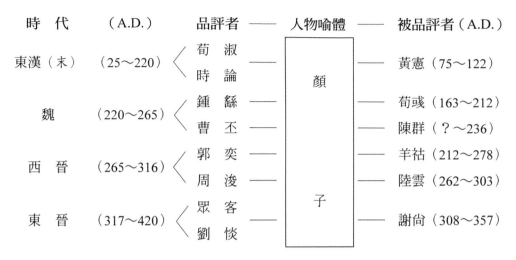

時　代	（A.D.）	品評者 ——	人物喻體 ——	被品評者（A.D.）
東漢（末）	（25～220）	荀　淑 時　論	顏 子	黃憲（75～122）
魏	（220～265）	鍾　繇 曹　丕		荀彧（163～212） 陳群（？～236）
西　晉	（265～316）	郭　奕 周　浚		羊祜（212～278） 陸雲（262～303）
東　晉	（317～420）	眾　客 劉　惔		謝尚（308～357）

　　「人物喻體——顏子」之運用，乃爲品評者（及其同時代人）對顏子形象之再詮，而施之於人物品鑒的品評方式。由列表所示，它正宛若一磁極，將不同時代之品評者與被品評者收攝於此。此六組品鑒，雖然只是漢末至東晉品鑒活動中的一小部分，但是由表可知，各組之時段與時代之轉換若相符合，因此每一組的組成分子：品評者、「人物喻體——顏子」與被品評者，亦受各時代特殊時空與意識型態的影響，而爲各時代風尚之投影。顏淵爲孔門德行科之首，顏子形象亦爲孔門理想人格的展現，以顏子爲喻，理應重在其高德，而由第三章的探析可知，此六組「品評者——顏子——被品評者」之「人物喻體——顏子」的義涵，卻隨時代道德觀念之偏重異同，而呈現多種風貌，甚至有道德義涵逐漸剝落的趨向。是以筆者在此，一則先綜觀被品評者的人格風貌，來看「人物喻體——顏子」義涵的轉變，並証之相應於此的時代價值觀；再則，藉著對品評者（郭林宗、劉尹）品鑒實例的考察，〔註41〕以明品鑒風尚之流演。鑒於「人物喻體——顏子」自身的特殊性，及品鑒方法與人物品鑒本具的密切關係，「人物喻體——顏子」義涵的轉變，當亦恰可相應於漢末至東晉品鑒風尚的歸趨，而在品鑒風尚的推演下，理想人格——名士的特質，也有因時而異的展現。如此，前表所示本屬一小部分的品鑒現象，即能映襯出漢末魏晉間人物風格及時代精神的特色與遞演，故由此推擴以完成本文以「人物喻體——顏子」探索魏晉人物品鑒的嘗試。

〔註41〕若依表所示，漢末之品評者，理應舉荀淑爲例，然荀淑雖有知人之稱，卻無較多的品鑒事蹟可資探討，而以黃憲爲「顏子復生」，乃時人所共識，故以同時之郭林宗代之。

　　黃憲等六人，雖同具天資異稟與言談風姿之美，荀彧等五人，亦有知人善鑒之才，但就其整體人格特質而言，卻各個展現其不同的風格與面貌：黃憲爲漢末新道德典範之人物，他能化戴良之狂誕、息周乘鄙吝之萌，呈顯的是涵融道智、深不可測的生命境界；荀彧、陳群俱爲兼用儒、道之術的明智型人物；而於魏晉之際，最善於兼用儒、道，以才智顯德者，莫過於羊祜，然他又輕裘緩帶，儒雅風流，乃一有逸氣之軍事家，〔註42〕可知郭奕三見之以爲不減顏子，實在其德智之養與淳厚性情之美使然；而至陸雲與謝尚，皆被喻爲顏子，則已全然著眼於他們智悟過人之才器與溫良和易的性情了。可見，相應於這幾種不同風格人物的「人物喻體──顏子」，其義涵亦有由道德（至德）──→才德（才略、明智）──→才情（才器、性情）的轉變趨向。這種轉變，表面上雖可歸之於人物品鑒隨著時代「識鑒」的意味漸淺，「賞譽」的意味漸重而然，但若推其源由，實乃在時人價值觀念的蛻變。

　　「道德」、「德行」向爲中國人所注重，它呈顯了一時代的價值觀，因此由此角度切入，當可約略反影時代風尚。荀淑與時人以黃憲爲「顏子復生」，實乃著眼於其至德。觀《世說‧德行》篇可知，漢末之道德人物蓋有二類，一是東漢重氣節德操之儒士，如陳蕃、李膺之倫，一爲涵融道智的新道德人物，如黃憲、荀淑、陳寔、鍾皓之輩，此兩類人雅相敬重，而新道德人物尤受傳統儒士之肯定與稱揚，黃憲固有陳蕃之賞，李膺亦曾歎美荀淑、鍾皓曰：「荀君清識難尚，鍾君至德可師。」所謂的「至德」、「清識」，正是一種純粹深美毫無功利的德性與識見，是以客有問陳季方：「足下家君太丘（陳寔），有何功德，而荷天下重名？」季方即答曰：

> 吾家君譬如桂樹生泰山之阿，上有萬仞之高，下有不測之深；上爲
> 甘露所霑，下爲淵泉所潤；當斯之時，桂樹焉知泰山之高，淵泉之
> 深，不知有功德與無也！（〈德行〉第7條）

雖云「不知有功德與無也」，實際上卻肯定與彰顯了其父之德的特質。功德之來繫於其對人世具體之貢獻與作爲，然而漢末新道德人物卻是「至德」，就如泰山峨然立天地間，日月雲泉煦瀉環潤於上，林木滋茂，鳥獸群生，一種生而不有、爲而不恃、功成弗居，無爲而無不爲之德，自然呈露，卻無實際有爲之功德可見，而「汪汪若千頃陂」的黃憲，即是這種以道智來內塑涵實，展現純粹「至

德」的典範，於此「人物喻體──顏子」自然也是時人心目中「至德」的表徵。
漢魏之際，時局詭變，曹操與孫、劉俱以英雄之姿崛起於亂世之中，才略智術
尤為其時所重，時人由「盛才」、「兼才」的觀點詮釋顏淵，亦以智利天下為仁
德的具體展現，然此時儒、道之修身義涵卻有脫略之勢，而轉為智用保身處世
之所藉，故錢穆先生云「時人所采於道家言者，首在求處世，而循守儒術，則
重在全家保門第。」〔註43〕其時，忠君觀念淡化而重純孝，〔註44〕以順默沖儉
處世又尚門第家風，故陳群以文帝禪面有慚容而入〈方正〉，華歆、陳紀兄弟俱
以門風雍熙入〈德行〉之林，〔註45〕出身名門，兼用儒、道之術的荀彧陳群即
皆有顏子之美名，於此，「人物喻體──顏子」乃成德行－兼材大雅者的代稱。
其後，門第高士遂亦兼有儒、道之智養，羊祜九世俱以清德聞，正為典型，然
他也兼有發乎性情的閒情雅致，郭奕之所以歎服心醉於阮咸，正在其「清真寡
欲，萬物不能移也」的性情，而與羊祜同時之阮籍、嵇康，因「言皆玄遠，未
嘗臧否人物」之至慎，與「未嘗見其喜慍之色」而入《世說・德行》，〔註46〕
所謂「言皆玄遠」，即不涉及現世利害；喜慍之情內斂，則不外現以成罪罅，皆
為明智深達的典型，可見時人既賞性情亦重明智，故郭奕所以歎美羊祜，當亦
由此見之，也正可見「人物喻體──顏子」之義涵，已有由才德過渡至性情的
跡象。阮、嵇俱為竹林七賢之流，其慕尚莊子，處在材與不材之間，在官則至
慎以保身，為人行事又主張越名教而任自然。他們任真放達的行徑，尤為晉人
所慕，其所樂效的《莊子》，也在向、郭「適性逍遙」說的推演下而廣為流行，
〔註47〕由是，人人遂能各展其本然自具之才情與姿形，影響所及，是時所重的
「道德」，其義涵亦為之一變，由晉人於「道德」一詞的用法，即可見其端倪，
試舉兩例以明其況：

〔註43〕語出錢穆〈略論魏晉南北朝學術文化與當時門第之關係〉《中國學術思想史論
　　　　叢（三）》（東大圖書公司，民國74年版），頁159。
〔註44〕關於魏晉「親先於君，孝先於忠」之觀念的緣由與形成，可參見唐長孺的〈魏
　　　　晉南朝的君父先後論〉，該文收入《魏晉南北朝史論拾遺》（坊間翻印版），頁
　　　　238～239。此外，由《世說・德行》篇言孝者特多（凡十見），亦可証之。
〔註45〕《世說・德行》，第10條云：「華歆遇子弟甚整，雖閒室之內，嚴若朝典。陳
　　　　元方兄弟恣柔愛之道。而二門之裡，兩不失雍熙之軌焉。」頁12。
〔註46〕〈德行〉第15條載：「晉文王稱阮嗣宗至慎，每與之言，言皆玄遠，未嘗臧
　　　　否人物。」頁17。16條載：「王戎云：『與嵇康居二十年，未嘗見其喜慍之色。』」
　　　　頁18。
〔註47〕請參見本論文第二章第三節，頁42。

1. 「太傅東海王（司馬越）鎮許昌，以王安期（王承）為記室參軍，雅相知重。敕世子毗曰：『夫學之所益者淺，體之所安者深。閑習禮度，不如式瞻儀形。諷味遺言，不如親承音旨。王參軍人倫之表，汝其師之！』」又注引《趙吳郡行狀》云：「……小兒毗既無令淑之資，未聞道德之風。欲屈諸君，時以閑豫，周旋燕誨也。」（《世說・賞譽》第34條及注）

2. （卞）壼斡實當官，以褒貶為己任，勤於吏事，欲軌正督世，不肯苟同時好。然性不弘裕，才不副意，故為諸名士所少，而無卓爾優譽。明帝深器之，於諸大臣而最任職。阮孚每謂之曰：「卿恆無閑泰，常如含瓦石，不亦勞乎？」壼曰：「諸君以道德恢弘，風流相尚，執鄙吝者，非壼而誰！」（《晉書》卷70）

例一的王承與阮瞻俱為中朝名士，〔註48〕所謂「儀形」、「音旨」，當是指王、阮諸人的清言清談與容止風姿，是以其所謂「未聞道德之風」，實與儒德無涉，而是清談玄學的流風餘韻。〔註49〕例二阮孚諸君之「道德恢弘」，正是名士風流所尚，而與「鄙吝」相對，此鄙吝之來乃來自「性不弘裕，才不副意」，恆無閑泰之斡實任事的勞心勞力，不能顯一雍容閑豫之神采風姿，故與阮孚放浪形骸之輩，正反其道而行，而不為彼輩優譽，可見此「道德」亦指由玄學影響而來的一種超俗放達、自得無累的生活情調之展現。西晉的王承、阮瞻兩人，性皆清虛寡欲，王承無所修尚，處險夷然，不見憂喜之色，〔註50〕阮瞻則每自得於懷、神氣沖和，而無貴賤之等，〔註51〕與東晉的阮孚「蓬髮飲酒，不以王務嬰心」為時望所歸者，〔註52〕已有不同，此不同正可見時風之異。故陸雲與謝尚雖俱由和易的性情與穎悟之資稟為人所識，但觀兩人行徑可知謝尚則更純任性情，而任情適性之風愈演愈烈也於此可見。在此任達時風之下，無怪乎「人物喻體——顏子」之「道德」義涵亦剝落殆盡而呈顯才情義涵，所謂「才情」，乃是結合「才器」與「性情」而言，概指在玄學思想的滋養下，人之自然質性、情感於文辭、樂舞、琴、棋、書、畫、乃至言

〔註48〕見袁宏《名士傳》。東海王越敕其子一事，並見王承與阮瞻本傳，故本文於此，亦以王、阮兩人為主要探討對象。
〔註49〕此說係參考徐復觀在《中國藝術精神》中的論點，見其書頁154。
〔註50〕見《晉書・本傳》，卷75，頁1961。
〔註51〕見《晉書・本傳》，卷49，頁1363。
〔註52〕見《晉書・本傳》，卷49，頁1364。

語、思致、容儀等各各面向所發露出來的風韻雅致，自有別於由顏子形象所呈顯的人自我修養陶鑄的人格特質。從漢末至東晉以顏子為喻的人物轉變可知，人之修養義漸變漸淺，而性情呈顯義則相對轉出，可見「人物喻體——顏子」道德義涵的逐漸剝落，正透顯出時人價值觀念的蛻變。

再就品評者而言，漢末之郭林宗與東晉的劉惔俱為其時品鑒之宗主，故可藉著對他們品鑒實例的考察以明品鑒風尚演變之歸趨：郭林宗為一有德之士，其性明知人，每以善德的眼光言人之成敗，如：

1. 史叔賓者，陳留人也。少有盛名。林宗見而告人曰：「牆高基下，雖得必失。」後果以論議阿枉敗名云。（《後漢書》卷 68）

2. 黃允字子艾，濟陰人也。以儁才知名。林宗見而謂曰：「卿有絕人之才，足成偉器。然恐守道不篤，將失之矣。」

3. 謝甄字子微，汝南召陵人也。與陳留邊讓並善談論，俱有盛名。每共候林宗，未嘗不連日達夜。林宗謂門人曰：「二子英才有餘，而並不入道，惜乎！」甄後不拘細行，為時所毀。讓以輕侮曹操，操殺之。（同上）

所謂「牆高基下」、「守道不篤」、「並不入道」，皆是指他們德行有所不足，以為若不修德，雖有盛才，也終不能成事。不僅如此，他又好獎訓士類，如曾勸避雨樹下而坐愈恭、事母食饌豐於客的茅容，與荷甑墮地不顧而去的孟敏，進學以成德；又容賈淑之惡，以期其返善；於輕悍之宋果則訓以義方、懼以禍敗，而使他改節自敕終以烈氣聞等等，〔註 53〕可見郭泰觀人，乃由人之言行來看其才性，雖有別於孔子的指點仁心，然而他品鑒的用意仍是站在冀人日善的立場，注重德行，則無可疑。〔註 54〕而東晉的劉惔，《世說新語》中尤多有關他品評人物的記載，如：

1. 劉尹云：「清風朗月，輒思玄度。」（〈言語〉第 73 條）

2. 劉尹每稱王長史（濛）云：「性至通，而自然有節。」（〈賞譽〉第 87 條）

3. 劉尹云：「孫承公狂士，每至一處，賞翫累日，或回至半路卻返。」（〈任誕〉第 36 條）

〔註 53〕見《後漢書·郭泰傳》，卷 68，頁 2228～2230。

〔註 54〕余英時於〈漢晉之際士之新自覺與新思潮〉中，亦持此論點，該文收入《中國知識階層史論》，可參見其書頁 240。

4. 劉尹云：「人言江虨田舍，江乃自田宅屯。」（〈品藻〉第 56 條）

5. 劉尹道桓公：鬢如反猬皮，眉如紫石稜，自是孫仲謀、司馬宣王一流人。（〈容止〉第 27 條）

6. 劉眞長曰：「吾請評之，弘治膚清，叔寶神清。」（〈品藻〉第 42 條注引）

劉惔不但喜歡高情遠致、雅善清言的許詢，尤心契「性至通，而自然有節」的王濛，於狂士孫承公，亦頗能知其雅興眞致，素有田舍名之江虨，劉尹識之，認爲他雖不若名士之風雅，卻自成一格；品觀容止，則知桓溫有英雄器宇，又能以神清、膚清別衛玠與杜乂之高下。可見劉尹之時，品評人物，成爲名士風流，其意既不在進善，也不在用才，只是純以品評爲美事，觀他答殷浩之問：「自然無心於稟受，何以正善人少，惡人多？」而云：「譬如寫水著地，正自縱橫流漫，略無正方圓者。」（〈文學〉46 條），以爲人皆秉自然無心之受，正如瀉水流注於地，自然縱橫漫流，既無定形定向，水濺珠圓，亦無大小方正之預設，人之美惡，亦復如是。換言之，即是所謂「樝、梨、橘、柚，各有其美」（〈品藻〉87 條），每個人物若能發揮其秉受之資材，就能展現自我的風格，是故劉尹不僅能賞有談才的許詢諸人，至於狂士、田舍、英雄人物等，亦能有所識達。然而他的品鑒態度，實爲當時人所共尚，由於人之材質性情的全幅舒展，加以審美觀照之品鑒態度亦普受認同，是以南朝宋劉義慶撰集《世說新語》，亦從品賞的角度，戲劇性的呈顯任誕、豪爽、簡傲、忿狷、夙慧、捷悟等等不同的人物風貌，即使是善德篇目，也有〈德行〉、〈方正〉、〈雅量〉之異，而這種不以德與不德、善與不善來區判人物的品賞角度，乃是體認人有德性、才性、氣性天生之不同，並予以包容、欣賞、玩味使然，與漢末郭林宗時重德的品鑒風尚有極大的差異，也正可見出品鑒風尚已有由道德走向審美的趨勢。而於此轉變之大趨下，漢魏之際，風雲詭變，卻又異峰突起，在時代將變未定之時，唯盛才者能開創新機、安局定業，識才任才本爲人物品鑒的實用目的之一，然此時鑒識所重，卻隨順時需而全然轉爲盛才，《人物志》理論應運而生，兼有聰明秀出與膽力過人的英雄，[註55] 及有政治才具的王佐之才，即爲當時的理想人物，故曹操以英雄之姿崛起於政壇，荀彧亦能以謀略家之才德而得顏子之美稱。由

〔註55〕《人物志‧英雄》第 8 云：「聰明秀出謂之英，膽力過人謂之雄。」又云：「一人之身兼有英雄，乃能役英與雄，能役英與雄，故能成大業也。」頁 7～8。劉劭以單篇加以論述，可見「英雄」乃當時深受矚目的典型人物。

此看來，「人物喻體──顏子」之義涵由道德（至德）──→才德（才略、明智）
──→才情（才器、性情）的轉變，實與漢末至東晉的品鑒風尚由重「德」而鑒
「才」而審「美」的流演相映成趣。

　　「人物喻體──顏子」之義涵，乃由黃憲等六人之形象抽取出來，再証
之以從「道德」、「德行」角度切入來看的時代價值觀，其所呈顯的正是漢末
魏晉間各時段理想人格側重面向之所在，而天資異稟、言談風姿、知人善鑒
則為此時普遍共具的理想人格要涵，由此普遍要涵，再加上各階段所側重之
面向，大致即可勾勒出漢末魏晉間各階段理想人物的基本風貌。而此理想人
物，即為名士，〔註56〕是以名士、時代價值觀與品鑒風尚，三者實具有互動
的關係，名士人格的義涵，自亦隨著品鑒風尚由重「德」──→鑒「才」──→
審「美」的轉變而有相應的呈顯，大抵說來，亦恰與「人物喻體──顏子」
之義涵從道德（至德）──→才德（才略、明智）──→才情（才器、性情）的
演變若相符合，〔註57〕其中又以在重才情的價值觀與審美的品鑒風尚下之名
士，最能展現迥異於傳統賢人君子的人格特質，而使「名士」一格特具獨有
的人格典型意義。廖師蔚卿曾云：

> 魏晉名士的真精神，確如孔子所謂的狂狷，因為當時士大夫受特殊
> 的現實環境所迫，有濟世之志似屈原一類的人不得不捨棄進取，而
> 以「不屑不潔」之狷介行為以免於隨波逐流；在人生宗旨方面，除
> 有所不為之外，尚欲保存莊周那樣的進取之狂態，而求有所為於「獨
> 與天地精神往來」的自由。……魏晉名士的狂狷，便是在有所為和
> 有所不為、進取和不取這兩方面的表現。〔註58〕

魏晉名士在對抗險醜虛矯的人為現實，乃由其言行表現來傳達他們的反抗與
不滿，顯出違禮越分的行徑，這種現實的迫力，激壓出真性真情的反彈，而

〔註56〕所謂「名士」，概指「著名之士」或「知名之士」，雖然名士一詞起源甚早（始
　　　見於《禮記・月令・季春之月》：「聘名士，禮賢者」），但是此一人格，卻是
　　　相隨人物品鑒之活動而大起。
〔註57〕「人物喻體──顏子」的「道德」義涵，特指漢末融合儒、道的至德，然漢
　　　末名士卻不限於此至德典型人物，如在朝之陳蕃、李膺等三君八俊剛介名節
　　　之流，亦為當時卓犖特立的名士；而相應於「人物喻體──顏子」的「才德」
　　　義涵的名士，有名者即為曹操、諸葛亮等才智之士，東晉袁宏《名士傳》所
　　　列的名士，型態各異，卻也皆相應於「人物喻體──顏子」的「才情」義涵。
〔註58〕見廖師蔚卿之〈論魏晉名士的狂與癡〉，收入《現代文學》第33期，頁34～
　　　35。

在此反彈中，展現出他們的生命力。晉人對於竹林七賢雖特有同情之深契，然其所忻慕的卻不在此反抗精神，而是直承清談、飲酒、吃藥、放誕等行為，不論是謂得大道之本，或名之通、名之達，〔註59〕皆是嚮往一種不拘不滯、情眞自得的生命境界，大體說來，也正是牟宗三先生曾揭示的「名士」一格之特徵：

> 名士者清逸之氣也。清則不濁，逸則不俗。沉墮而局限於物質之機括，則爲濁，在物質機括中而露其風神，超脫其物質機括，儼若不繫之舟，使人之目光唯爲其風神所吸，而忘其在物質機括中，則爲清。……精神落於通套，順成規而處事，則爲俗。精神溢出通套，使人忘其在通套中，則爲逸。……逸則不固結於成規成矩，故有風。逸則灑脫活潑，故曰流。故總曰風流。風流者，如風之飄，如水之流，不主故常，而以自在適性爲主。……此「唯顯一逸氣而無所成」之人格即爲名士人格。……此是天地之逸氣，亦是天地之棄才。……任何處掛搭不上之生命即爲典型之名士人格。〔註60〕

「狂與狷」與「無所掛搭」，此兩種似截然不同的看法，卻都掌握了魏晉名士的生命特質。有所爲到有所不爲，即是他們忠於自己的性分素懷，對現實之反抗精神的流露；另一方面，也正因爲如此，他們特能有一股清逸之氣，展現自在適性的風流，不落入俗套，溢出於規矩，而使人忘其在物質機括中。可見，這兩種特質是相互表裡的，若欲究其別，廖師蔚卿所云之「狂與狷」，乃放在傳統論人脈絡中來凸顯魏晉名士之精神，故他特能從嵇、阮諸人於性情與境遇相衝突的角度，來掌握其風流之創造性的呈露，而晉人卻是在相似的境遇下，祈慕此精神，認可此價值之有意識的展現；牟先生所云則以名士一格自身之獨特性及所完成的境界爲其著眼。然而不論是「狂與狷」或「逸氣與棄才」，名士之風情，皆得力於審美風尙的推波助瀾，方能花爛映發，蔚爲一時典範，他們往往也無繫於立德、立功、立言的現世人文要求，而能展現才情姿態之美。故此名士人格，確然逸出於傳統聖賢君子的人格之外，落在人的客觀存在，以彰顯出人的另一種可能，也由此帶出迥然不同於以往的

〔註59〕王隱《晉書》曰：「魏末阮籍，嗜酒荒放，露頭散髮，裸袒箕踞。其後貴游子弟阮瞻、王澄、謝鯤、胡毋輔之之徒，皆祖述於籍，謂得大道之本。……甚者名之爲通，次者名之爲達也。見《世說・德行》，第23條劉注引，頁24。

〔註60〕見牟宗三之〈魏晉名士及其玄學名理〉《才性與玄理》，第三章，頁68～70。

哲學思辨與文學、藝術等各領域的成就。不同的品鑒風尚，雖然呈現出相異的價值意識；但是卻皆超越了一元價值觀的束縛，使人可以有多元化的發展，而在精神方面流動著相當熱情、自由、解放的氣息。如果說春秋戰國的孔、顏、孟子流露著充滿生命力的道德美，魏晉時則可以說是洋溢著富涵理趣的藝術美，而孔門高德好學的顏淵，蛻變成性情之美與天資之高的指稱，無疑是魏晉崇尚智悟與美趣的時代精神中最為具體的表徵。

第五章　綜　論

　　「有顏回者好學」，在孔子的揭示下，顏淵成為中國人的好學典型。孔子重學，若從儒家整個思想體系來看，由「學」所開展出來的，即為其中的「工夫」義，而實作工夫，便是實踐。徐復觀先生曾對「工夫」之意義作過解釋：

　　……以自身為對象，尤其是以自身內在的精神為對象，為了達到某種目的──在人性論，則是為了達到潛伏著的生命根源、道德根源的呈現──而加（將）內在的精神以處理、操運的，這才可謂之工夫。人性論的工夫，可以說是人首先對自己生理作用加以批評、澄汰、擺脫；因而向生命的內層迫進，以發現、把握、擴充自己的生命根源、道德根源的，不用手去作的工作。……〔註1〕

此正可為本文所云之「工夫」義的一個基本詮釋，徐先生所云的「人性論的工夫」，是一切具有實踐性格之思想的基本修道方法，然而透過每一種思想的開展、方向之有異，卻也彰顯其進一步工夫路數的不同。《論語》中的顏淵，孔子博之以文，約之以禮，顏淵拳拳服膺於夫子之言，即是他正視自身生命的不足，隨著孔子的指點，立志於學，故得以擺落物質生理的拘限，把握仁心，而居仁由義，得道德理性之開建，受禮樂典籍之陶冶，乃有一文化歷史生命之通貫，仁心通暢無已，又曉明文化大義，是以能夠「不遷怒、不貳過」、「三月不違仁」、「簞瓢陋巷、不改其樂」、「用之則行，舍之則藏」，顯現儒家「仁者不憂」的成德之樂，與創建禮樂人文世界的剛健精神。因此所謂「為學日益，為道日損」，「學」是正面積極開建的過程，也是儒家由內而外，將

〔註1〕見徐復觀《中國人性論史》（商務印書館，民國76年，民國58年初版），頁460。

個人、家庭、社會、國家、民族、文化、自然、宇宙各層級皆化涵人文精神，王道一貫，成己成物，仁心周流不已的創生。道家卻提出反面積極消減的工夫，此實爲另一角度之「學」，旨在排遣認知、經驗等的成見，不僅卻除「人我」、「物我」之對立，更深細至「我我」之衝突紛擾的平息，故以遺忘的消減工夫，自覺地回復至自身最素樸清明的狀態，無欲無求，心如靈府，來統一人之生理與精神，以得人最大的自由，而至「道」的境界。故莊子假借顏淵好學、善學的形象，來呈現其思想的工夫義涵，《莊子》中的顏淵，遂成爲屢屢探玄問虛、能夠悟行心齋與坐忘的道家人物，他以忘遣的工夫，超越存在我種種之質限與成見，使心如虛室明鏡，而能通體氣虛神凝，皞天和氣暢流，以達到「同於大通」的妙境。

事實上，不論「爲學」或「爲道」，實踐功夫至一程度即顯境界，此境界遂當富涵與工夫俱進的動感。先秦儒、道兩家皆重工夫，因此亦有不斷超越自然生命與人爲成見，而向其理想人格邁進的活力，《論語》、《莊子》中的顏子形象，正呈現如此的向度，也隨其工夫所至而有相應的境界。然而兩漢以來的氣性說，卻著眼於人的自然生命，遂涵命定天成的色彩，順此而來的《人物志》，亦以爲「學所以成材也」、「偏至之材不可移轉」，否定人超越存在質限的可能，這正是魏晉人普遍的觀念，因而不論是玄學化的顏子形象或「人物喻體──顏子」，皆擺落了顏子「好學」的形象義涵，是故魏晉人乃以名理探討玄境，略去工夫直顯境界，而使顏子呈現出「懷道深遠」、「崇本棄末」、「盡形知理」、「一未一空」、「忘有不能忘忘」等富涵簡約玄澹況味的賢人形象。這種以名理思辨來契入理想人格──聖賢境界的方式，雖清楚地勾勒出顏淵生命境界的層次，於理境自有殊勝之處，然而卻使先秦儒、道（孔孟、老莊）兩家思想，從以工夫深貫的動態立體結構，化爲玄學概念的靜態平面解析，伴隨著由工夫實踐所湧現的當機創造力與思想的活潑性，也因工夫義涵的剝落而失去光彩，這正顯示著玄學不同於先秦儒、道的基本性格，也透露出魏晉人的心靈特質與生命趨向，正是長於思辨之智悟，而弱於道德生命的追求與開建。是以黃憲等喻爲顏子諸人，則不論是「顏子復生」、「自吾有回，門人加親（日以親）」、「何必減顏子」、「當今之顏子」，乃至「此兒一坐之顏回」，亦皆不由「好學」著眼，即如荀彧有「能備九德，不貳其過，唯荀彧然」之稱，也只是從其才德的表現上言，非關德性，「人物喻體──顏子」在當時確有其殊義，而這種不重「學」與「工夫」的風氣，雖然不具超越性

格，卻使魏晉之思想與人物，在人世間放射出絕然不同於先秦的耀眼光芒。

　　玄學與人物品鑒，即是在這種背景下，最為燦異的時代投影，它們雖屬兩種不同的範疇，彼此卻有著互動的關係，尤以正始之後，玄風大暢，審美的品鑒風尚逐漸流行，「人物喻體──顏子」的才情義涵也相對轉出，本文由黃憲等六人之人格風貌所歸納出來的三項理想人格的基本內涵：1. 天資異稟、2. 言談風姿、3. 知人善鑒，於重才情與審美的品風下，更有其獨特的發展與側重：在以材為德的觀念與適性逍遙說的推演下，特懷天地之佳氣的異稟之資，也有向各種領域延展、推擴的趨勢，遂造就出百花齊放的天才時代，其中尤以最能展現個人才情及生命情調的言談風姿，成為名士風流具現之所在，從其玄談言語中，可以見出他們情深與智悟的生命特質，這種生命特質，一則是對玄理的契悟，一則展現於他們的風姿之中，而其風姿，又不僅在形美質清，更在性情、才智、氣量、識度等所形成的風神氣韻。在知人善鑒方面，知人本有道德教化或政治實用之目的，但於審美品風的推演下，其尋極幽微之明，受玄學之影響，亦特重人超形卓特之風神，故能每出佳辭美語，以玄識品人精神器宇，鑒才遂為名士風雅必備的條件，品鑒人物，也成為他們騁才暢懷的美事了。

　　可見，玄學，不僅凝成了嶄新的聖賢觀，也關涉乎當時價值之重建，而在魏晉名士的體認下，即以自得無累、適性逍遙、隨緣放曠的生命來傳達，他們養生以崇本、飲酒使形神相親、縱心調暢，又顯一任真自然的生命情調，不論是陸雲之不拘禮度如孩之真；謝尚之中節起舞、傍若無人；簡文之「覺鳥獸禽魚，自來親人」；王子猷之「乘興而行、興盡而返」；〔註2〕甚或「居官無官官之事，處事無事事之心」〔註3〕等，皆欲超越物質之機括與成規成矩之拘限，無羈於名教世情、無繫於仕隱為用的必然，而一以才情為要。由此可知，魏晉人在境界上遠儒近道，於心靈之超越純淨有一特殊之祈嚮，但是卻因略去工夫，而僅得平面性的開展。在老莊思想的系統下，人之生理精神由工夫深貫而成的立體動態的統一，至魏晉則簡化為形神相親的平面性結合，因此他們飲酒、服藥，在行為上呈現一種超脫、自在，乃至有「不以王務嬰心」、「蕭然無事，常內足於懷」的優游、閑豫，然而卻因沒有工夫的深透力以超越自然生命的局限，亦只能莫可奈何地深陷於現實流轉之勢，即使深具

〔註2〕見《世說・任誕》，第47條，頁76。
〔註3〕此乃孫綽為劉尹所作之誄語，見《晉書・劉惔傳》，卷75，頁1992。

反抗精神也無由得生命眞正之超脫與自由，唯特能顯一精神況味，而使人忘其在物質機括中。故於魏晉人理想人格的生命特質中，未見老莊於人之深邃通透，只純見他們材質性情的發舒。

其實，朗現於當下的自然生命，固能輝映出其天稟獨受的風華異彩，然若未能撥開其天資之英爽，進而直探道德根源、生命根源，充擴之，以卓然自立，則終不免停留在揮灑自身的材質性情中，而揮灑既久，即固結成爲生命之習氣，遂無以進一步的體現道德生命、眞實生命之純亦不已。並且在魏晉資稟天受的觀念下，雖然人可以從政教（善）之束縛解脫出來而各自騁才，但是才性、氣性之本身即呈現著人類天生的不平等，如果肯定這種不平等的合理性，在天才洋溢之美的背後，即是優勝劣敗的生存競爭與赤裸殘酷的權力爭奪，尤在此朝廷屢替多故、殺戮動亂頻仍之際，全身遠害遂成時人最高的智慧，門第──社會階級不平等的具象──的維護與發揚，也便是德行的表徵，而以勢成理，置身其中之人，無能以人文之胸懷穿透人天賦不平等的可悲，進而彌補轉化，即無能眞正超越這一時代的境遇以旋乾轉坤，只能隨順勢流而下，而在此時流中展現個人的英華與姿態。因此魏晉人獨不能體會顏淵受孔子禮樂文化之教的深義，而特喜其生命所呈現的夙智之美與大賢境界，然而也正由於他們不能從生命根源、道德根源喚起對群體的大悲與大愛，生命的熱情遂僅停留在個人層面，無以進一步地開拓、沈潛、蘊蓄，使之深厚有力。是以魏晉人的生命型態，雖不無眞率動人、琳琅滿目之美，也有令人極可欣賞會心之處，卻往往流於輕淺，而予人靈光一瞬、聲光乍現之感，使人歎美之際，也不得不爲之咨嗟惋惜。

顏子，向來由於史料奇缺，又附孔子驥尾，而以好學大賢形象留存於歷史人心中，似乎並不具探討旨趣，但是若著眼於其形象，脫卻習見，以全新的直感體驗，去貼近他，卻會豁然發覺藉其形象，竟可直契儒、道、玄之理想人格義蘊，且由顏子好學形象，正可呈顯出各家思想工夫義蘊的趨向有無，在對應之下，儒、道、玄思想所開展的面向與卓特處便各自彰然。若就魏晉玄學而言，實以注《老》的王弼與注《莊》的郭象爲其中之翹楚，是以一般論及玄、道之不同，每從王弼注《老》、郭象注《莊》處言之，本文由此契入，則可以提供另一個新角度的觀照。並且對於部分學者鑒於《莊子》內篇時述顏淵，遂言莊子出於顏氏之儒；〔註4〕或主張莊子（徒）改造孔顏之言是一種

〔註 4〕莊子出於顏氏之儒的說法，要者如郭沫若與錢穆先生。郭沫若言「莊子，……

極大的陰謀〔註5〕等說法，便有重新檢視、商榷的必要。此外，若逕以仕、隱
或兼善、獨善來判別儒、道，不僅流於表相，往往也不得其實，如顏淵終身
未仕，自得其樂，依此判其爲儒或道，便易生混淆，然而，若由《論》、《莊》
顏子形象所揭示之工夫路數的不同觀之，其間之異，便涇渭分明。〔註6〕可見
論及形象，尤須把握內涵於此形象的思想性格，或塑造於此形象的語言特質，
如此，方能穿透表相，直指精神，掌握形象的深義，以免流於捕光掠影。其
實由形象的角度入手，並不如一般以概念分析法之解析來得清楚明確，但是
若以形象來體現人的理想生命境界，卻可避免分解思辨所產生的抽象、支離，
而湧現一種生命力與渾然感。

我懷疑他本是『顏氏之儒』，書中徵引顏回與孔子的對話很多，而且差不多都
是很關緊要的話。」〈莊子的批判〉《十批判書》，頁 165。錢穆先生亦以爲「……
莊子內篇則時述顏淵，若謂莊子思想，誠有所襲於孔門，則殆與顏氏一宗爲
尤近。……」〈老莊的宇宙論〉《莊老通辯》，頁 136。由本論文《《莊子》中的
顏子形象》一節可知，莊子內篇時述顏淵，乃是莊子自覺的寓言方法之運用，
且莊子的寓言（重言）人物很多，不僅孔顏，若由此而云顏、莊的傳承關係，
殊爲可疑。此外郭沫若尚從〈田子方〉中步趨夫子的顏淵與《論語》喟然歎
曰的顏淵比對，以爲此乃「出於顏氏之儒的傳習錄」，頁 166。但由本論文第
二章二節論及此段之言可知，二者差別極大，並非「相爲表裡」，更遑論其思
想義涵的不同。同時，他又以爲孔子飯疏食飲水，樂在其中，顏淵簞瓢陋巷，
不改其樂，及他們皆能用之則行，舍之則藏，故爲有出世傾向的人，而孔顏
的心齋、坐忘則爲「有出世意味的東西」，並言莊子是個「厭世的思想家」，
由《論》、《莊》顏子形象相關於此的論述，即可駁此觀點之謬。

〔註5〕戴君仁先生曾云莊學之徒造假孔顏之言，使他們「脫下儒服，穿上道裝」，以
「壯自己學派的聲勢」，是個「極大的陰謀」。見〈莊子書中的夫子曰〉《梅園
論學續集》，頁 258～259。這是站在儒家本位就孔顏之真實面目而言，但是若
跳出實指對象的束縛，就莊子本身而言，寓言（重言）實爲莊子運用以傳達
其思想的語言方法，而《莊子》中的孔顏，亦爲《莊子》諸多寓言人物之一，
蓋因孔顏的師生關係，與顏淵最能體道善學的形象，遂屢爲莊子借用以呈現
其思想。是以若因此安排即云其爲「陰謀」，似有過甚之處。

〔註6〕由《莊子·人間世》可知，心齋說之來，乃在顏淵欲救衛，莊子藉此寓言傳
達他對人間世的關懷與遊人間世的具體方法，因此若謂莊子超仕隱之成見則
可，謂其爲必隱則有失，而《莊子》內七篇，正是其內聖外王之道，是以若
由行跡，尤其是相對於儒家正面禮樂文化的具體開展面來言其獨善，未免流
於表相，也小看了莊子，何況儒家孔顏亦不以仕隱爲必然（可參見本文第二
章第一節「簞瓢陋巷，不改其樂」、「用之則行，舍之則藏」兩段）。其實，仕、
隱、獨善、兼善，不僅是行跡的呈現，其背後還有達與窮的時命問題，由此
來分判儒、道，似未臻精透，也過於概念化，而工夫路數則關乎其思想的思
考基點與整個思想之開展，因此儒、道兩家之本質與面向，則可由其工夫路
數的呈顯，使之豁然彰明。

　　至於魏晉人物品鑒，一直是學界十分熱衷討論的範疇，研究之成績不論深度或廣度，也皆斐然可觀，唯於人物喻體之面向，則少有人措意言及之，故本文試圖標舉出「人物喻體——顏子」，作爲切入魏晉人物品鑒的媒介。然而顏淵與魏晉人物之形象迥然不同，論學，魏晉人則不重學，論德，魏晉間又多「蔑棄禮法、放蕩無檢」之人，即如黃憲已入《世說・德行》，清崔述尙云：「彼叔度者，吾不知其勝人者何在，不過以其蘊藉和平，氣象雍容，故有此品題耳。」若逕以此態度批判，喻爲顏子諸人，自亦無足論焉，只要一句「溢美」或「引喻失當」即可概括，但是若不先預設立場，而以設身處地的觀照方式去細想它，就會發現這些現象實與時代價值觀、時代風尙攸契相關，並非無謂的遊戲之語而已。因此筆者依此態度，並施之以對應效用法，在顏子形象與魏晉人物的人格特質之對應下，即可見出「人物喻體——顏子」之義涵有由道德（至德）——→才德（才略、明智）——→才情（才器、性情）的轉變，這種發現不僅能與探討人物品鑒的傳統觀點形成互証的交流，亦可爲魏晉人物品鑒風格之流演的研究，開拓一個新面向的切入點。如此這一小部分的品鑒現象，藉著「人物喻體——顏子」漣漪式的伸展張力，即能管窺漢末魏晉間人物風格與時代風尙的特色與遞演，而在顏子好學形象所透顯的工夫義涵之照映下，此一時代精神之長短優劣，亦由此反思而得以朗現。

　　綜而觀之，顏子形象於本文，如同電影裡兼具演出與旁白的要角般，成爲縱橫全場的靈魂人物，如此，耳熟能詳的顏子，不再僅是被人歌頌的對象，而且能爲我們開啓探討儒、道、玄的思想精義及魏晉人物風貌與品鑒風尙的方便之門。

參考書目

（一）

1. 鄭玄注，孔穎達正義：《禮記（十三經注疏)》（藝文印書館，民國 74 年 10 版）。
2. 杜預注，孔穎達正義：《左傳（十三經注疏)》（藝文印書館，民國 74 年 10 版）。
3. 竹添光鴻撰：《左傳會箋》（漢京公司，民國 73 年初版）。
4. 何晏集解，邢昺疏：《論語（十三經注疏)》（藝文印書館，民國 74 年 10 版）。
5. 皇侃疏：《論語集解義疏》（廣文書局，民國 66 年、57 年初版）。
6. 朱熹：《四書章句集注》（長安出版社，民國 79 年版）。
7. 馬國翰：《經編論語類（玉函山房輯佚書（三))》（文海出版社，民國 63 年版）。

（二）

1. 瀧川龜太郎：《史記會注考証（學人版)》（洪氏出版社，民國 74 年版）。
2. 班固：《漢書》（宏業書局，民國 73 年再版）。
3. 范曄：《後漢書》（洪氏出版社，民國 67 年 4 版）。
4. 陳壽：《三國志》（洪氏出版社，民國 63 年初版）。
5. 房玄齡：《晉書》（洪氏出版社，民國 64 年初版）。
6. 沈約：《宋書》（洪氏出版社，民國 64 年初版）。
7. 李延壽：《南史》（洪氏出版社，民國 66 年初版）。
8. 司馬光：《資治通鑑》（華世出版社，民國 76 年版）。
9. 王夫之：《讀通鑑論》（里仁書局，民國 74 年版）。
10. 趙翼：《廿二史箚記》（世界書局，民國 75 年 9 版）。
11. 崔述：《考信錄》（世界書局，民國 52 年版）。
12. 黃本驥：《歷代職官表》（洪氏出版社，民國 72 年再版）。

（三）

1. 樓宇烈校釋：《老子、周易王弼注校釋》（華正書局，民國 72 年初版）。
2. 郭慶藩編：王孝魚整理，《莊子集釋》（木鐸出版社，民國 72 年初版）。
3. 王夫之：《莊子通、莊子解》（里仁書局，民國 73 年版）。
4. 錢穆：《莊子纂箋》（東大圖書公司，民國 75 年版）。
5. 王叔岷：《莊子校詮》（中央研究院歷史語言研究所，民國 77 年版）。
6. 王符：《潛夫論》（世界書局，民國 50 年版）。
7. 徐幹：《中論》（商務印書館，民國 72 年版）。
8. 劉劭：《人物志》（中華書局，民國 77 年版）。
9. 張湛注：《列子》（中華書局，民國 71 年 5 版）。
10. 程顥、程頤：《二程集》（漢京公司，民國 72 年版）。
11. 黎靖德編：《朱子語類》（北京：中華書局，1988 版）。
12. 顧炎武撰，黃汝成集釋：《日知錄集釋》（中華書局，民國 73 年版）。
13. 陳澧：《東塾讀書記》（廣文書局，民國 59 年版）。
14. 熊賜履：《學統》（商務印書館，民國 57 年版）。

（四）

1. 楊勇：《世說新語校箋》（明倫出版社，民國 73 年初版）。
2. 余嘉錫：《世說新語箋疏》（華正書局，民國 78 年版）。
3. 徐震堮：《世說新語校箋》（文史哲出版社，民國 74 年初版）。

（五）

1. 郭沫若：《十批判書》（坊間翻印版）。
2. 牟宗三：《才性與玄理》（學生書局，民國 74 年版）。
3. 張蓓蓓：《中古學術論略》（大安出版社，民國 80 年版）。
4. 徐復觀：《中國人性論史》（商務印書館，民國 76 年、民國 58 年初版）。
5. 余英時：《中國知識階層史論》（聯經出版社，民國 69 年初版）。
6. 李澤厚、劉綱紀：《中國美學史》第 2 卷，（谷風出版社，民國 76 年版）。
7. 葉朗：《中國美學史大綱》第 1 卷，（滄浪出版社，民國 75 年初版）。
8. 錢穆：《中國學術思想史論叢（三）》（東大圖書公司，民國 74 年、民國 77 年初版）。
9. 徐復觀：《中國藝術精神》（學生書局，民國 73 年、民國 55 年初版）。
10. 《王靜芝先生七十壽慶論文集》（文史哲出版社，民國 75 年版）。
11. 朱光潛：《西方美學史》（漢京公司，民國 71 年版）。

12. 杜正勝：《周代城邦》（聯經出版社，民國 68 年版）。

13. 蘇紹興：《兩晉南朝的士族》（聯經出版社，民國 76 年版）。

14. 張蓓蓓：《東漢士風及其轉變》（台大文史叢刊，民國 74 年版）。

15. 李澤厚：《美的歷程》（蒲公英出版社，民國 75 年版）。

16. 黎運漢、張維耿：《現代漢語修辭學》（香港商務印書館，1986 版）。

17. 錢穆：《莊老通辨》（東大圖書公司，民國 80 年版）。

18. 戴君仁：《梅園論學續集》（藝文印書館，民國 63 年初版）。

19. 黃紹祖：《復聖顏子史料彙編》（新文豐出版公司，民國 74 年版）。

20. 黃紹祖：《顏子研究》（正中書局，民國 66 年初版）。

21. 唐長孺：《魏晉南北朝史論拾遺》（坊間翻印版）。

22. 賀昌群等：《魏晉思想甲編五種》（里仁書局，民國 73 年版）。

23. 唐翼明：《魏晉清談》（東大圖書公司，民國 81 年初版）。

24. 周紹賢：《魏晉清談述論》（商務印書館，民國 76 年 3 版、民國 55 年初版）。

（六）

1. M. Polanyi、彭淮棟譯：《意義》（聯經出版社，民國 73 年版）。

2. T. Eagleton、王逢振譯：《當代西方文學理論》（中國社會科學出版社，1988 版）。

3. J. Bleicher、賴曉黎譯：《當代詮釋學》（使者出版社，民國 79 年初版）。

4. H. Godamer、吳文勇譯：《真理與方法》（南方出版社，民國 77 年初版）。

5. D. C. Hoy、陳玉蓉譯：《批評的循環》（南方出版社，民國 77 年初版）。

（七）

1. 廖蔚卿：〈論魏晉名士的狂與癡〉《現代文學》（民國 56 年 2 月），第 33 期。

2. 林正義：〈論孔子的君子概念〉《台大文史哲學報》（民國 75 年），第 33 期。

3. 廖蔚卿：〈論魏晉名士的雅量——《世說新語》雜論之一〉《台大中文學報》（民國 77 年 11 月），第 2 期。

4. 許結：〈從東漢后期文學看玄儒境界〉，山東大學《文史哲》（1991），第 3 期。

5. 林麗真：《魏晉清談主題之研究》，台大中文研究所博士論文（民國 67 年））。

6. 張蓓蓓：《漢晉人物品鑒研究》，台大中文研究所博士論文（民國 72 年）。

7. 梅家玲，《世說新語的語言藝術》，台大中文研究所博士論文（民國 80 年）。

8. 盧桂珍，《王弼與郭象之聖人論》，台大中文研究所博士論（民國 81 年）。

魏晉任誕士風研究

栗子菁　著

作者簡介

栗子菁，祖籍河南省輝縣，臺灣高雄出生，國立臺灣大學中國文學研究所畢業，現任國防大學通識教育中心專任文職教師，曾任教育部第二梯次四年期（91-95 學年度）「提昇大學基礎教育計畫」——「國防大學基礎學院通識教育提昇計畫——通識教育課程設計」共同主持人及總結報告者。發表論文「杜蘭朵公主三版本——歌劇、豫劇、川劇的比較」、「全國性大學校院通識教育巡迴講座課程－文學講座教學教案分析」等。

提　　要

　　任誕士風是魏晉時代頗為特殊的文化現象，時間長達二百年之久，它的興起與詭譎險惡的政局密切相關。由於不滿執政掌權者虛矯、詐偽的作風，任誕名士遂以任性誕行（越名教而任自然）的方式來渲洩心中的憤懣不平。此種異乎常態的言行舉止，對當時的政治、學術界影響甚為深遠，然而細究任誕狂放行徑的背後，實可觀察到不同時代的名士們，在面對處世立身艱難的挑戰時，不同層次的抉擇與心態，有的藉此反襯出批判省思、針砭時弊的用心；有的則是東施效顰、無所用心的頹廢消散。在內外情境極不協調的狀況下，遂構成此一獨特而不易為人所了解的文化景象。長久以來，任誕士風受到不少學界人士嚴厲的批評與苛責，甚至對它的觀察也有籠統而不切實際的部分。本論文研究目的即期能深入探討魏晉任誕士風的內涵與不同時代所顯示的意義，並試圖給予一客觀公正的評價。

　　本論文資料來源主要以世說新語、後漢書、三國志、晉書為主要依據，輔以作家文集和後世史學、思想論著，並參考時賢論文以組織成篇。首先，說明先秦莊老想及魏晉以前少數士人誕行對魏晉任誕名士的影響；其次界定任誕一詞的涵義並就五倫關係區分誕行為任誕與狂誕；再依時代先後分三期以探討任誕士風形成原因及名士風格與行為表現，以突顯各期任誕士風的特色與前後影響、傳承的關係，最後除綜整前賢對任誕士風的評價外，再歸納提出一己之研究心得。

目

次

前　言

　　任誕士風為魏晉時代最具特色的文化現象，若能對此一士風深入了解，
當有助於了解整個時代的精神旨趣。

　　目前已有許多鞭辟入裡的佳作，如牟宗三先生、余英時先生等諸位前輩
及師長們所作的精細分析，不僅見解卓越，在學術界也享有極高的聲譽與成
就。惟其中大多就魏晉的政治、學術思想等方面闡明其形成原因，或就整體
立說；或就個別析論，但卻偏重在客觀因素之探討，對形成任誕名士風格的
主觀因素，如先天性格與家世背景等，則較少論及。〔註1〕本文將主、客觀因
素兼容並蓄，並分期予以探討，希望能更詳切地突顯出任誕士風之起因，以
及前後期之間影響與傳承的關係。

　　本文以《後漢書》、《三國志》、《世說新語》、《晉書》為主要依據，另以
作家文集及後世史學、思想論著為輔，並參考時賢論文以組織成篇。於此特
別要說明的是凡《世說新語》與《晉書》共同記載的材料，主要皆以《世說
新語》為憑，只有少數為行文方便才選用《晉書》。歷來《世說新語》常被視
為小說，未嘗以史書看待，但據日本早稻田教授大矢根文次郎的考證，《世說
新語》的地位似應予以重估：

　　……長洲の陸師道が撰するところの何氏語林舊序には、予惟、世
　　說紀述漢晉以來佳事佳話、以垂法戒、而選集精英、至為精絕。故
　　房許諸人、收晉史者、往往用以成篇。不知唐藝文志、何故乃列之

〔註1〕此點牟宗三先生曾注意及之，然未廣泛深入探討，可參看《才性與玄理》（臺
　　　北：學生書局，民國69年3月修訂五版），第八章〈阮籍之莊學與樂論〉，頁
　　　288～290。

　　小説家。蓋言此書非實錄者、自劉知幾始。而不知義慶去漢晉未遠。
　　其所述載、要自有據。雖傳聞異詞、抑揚緣飾、不無少過、至其言
　　世代崇尚、人士風流、百世之下、可以想見、不謂之良史不可也。
　　〔註2〕

撰寫論文期間，十分感謝師長、家人、好友的督促與勉勵，尤其要感謝的是：
廖師蔚卿在觀念方法上的啓廸、解惑；齊師益壽在遠赴香江講學一年，教學
工作又甚爲繁重的情況下，仍悉心指導、糾繆鞭策；又蒙王師叔岷賜稿函鼓
勵，惠我良深，謹此再致衷心的敬意與謝忱。

〔註2〕見大矢根文次郎《世說新語と六朝文學》（早稻田大學出版部，昭和58年3
　　　月出版），〈世說と原據とその截取改修について〉，頁1。

第一章　緒　論

魏晉以前任誕言行概述

　　魏晉時代的任誕士風，乃藉思想與行為二方面，互為表裡，突顯而出。魏晉名士批斥仁義禮法的虛偽矯飾，主張任真自然的見解，誕放不拘的行徑，早在先秦時代已有類似的先例。雖然時有先後，魏晉任誕名士展現的風貌絕不同於往昔，但二者仍有共同的焦點，即均在對禮法的意義作深層的探究，只是對問題重視的程度及對問題探討的深度與廣度而言，無疑地，魏晉名士要強過許多。然而先秦以來的思想、言行，的確對魏晉任誕名士有深遠的影響，尤其是老莊的著作，對於任誕名士在思想方面的啟發，毋寧是直接而確切易知的。如《老子》十八、十九章所說：

　　　大道廢，有仁義。智慧出，有大偽。六親不和，有孝慈。國家昏亂，有忠臣。

　　　絕聖棄智，民利百倍；絕民棄義，民復孝慈；絕巧棄利，盜賊無有。

　　　此三者，為文不足，故令有所屬：見素抱樸，少私寡欲。〔註1〕

根據這段行文，可知老子否定了仁義、忠孝等人倫綱紀，以為這都是大道衰頹後產生的結果，非但不能振衰起敝，反而引起更大的昏亂、偽飾，根本之道唯在回歸於素樸少欲的狀態。此外，老子認為道、德、仁、義、禮是逐步遞降的歷程，其中「禮」除了是忠信不足的產物外，更是大亂的發端：

〔註1〕見朱情牽釋、任本之譯《老子釋譯》（臺北：里仁書局，民國74年3月版）老子道經十八、十九章，頁46～48。

> 上德不德，是以有德。下德不失德，是以無德。上德無為而無以為，
> 下德為之而有以為。上仁為之而無以為，上義為之而有以為。上禮
> 為之而莫之應，則攘臂而仍之。故失道而後德，失德而後仁，失仁
> 而後義，失義而後禮。夫禮者忠信之薄，而亂之首。前識者，道之
> 華，而愚之始。是以大丈夫處其厚不處其薄，居其實不居其華。故
> 去彼取此。（卅八章）

此文起首即以「正言若反」的方式來顯明「德」的真義，只有順應「自然」，
體道而行，不刻意作為，才是「上德」。否則，失道之後所生的道德，不過是
「道之華、愚之始」，並不足取。老子嚴厲批判禮教內涵與形式的思想，實大
大地啟示了魏晉任誕名士們在「無所逃於天地之間」的險惡政局中對相襲成
風的禮儀、法度作更深一層的思索與質疑。

《莊子》書中亦有幾處闡明君臣、父子忠孝關係的文字，如〈人間世〉：

> 仲尼曰：天下有大戒二：其一，命也；其一，義也。子之愛親，命
> 也，不可解於心；臣之事君，義也，無適而非君也，無所逃於天地
> 之間，是之謂大戒。是以夫事其親者，不擇地而安之，孝之至也；
> 夫事其君者，不擇事而安之，忠之盛也。〔註2〕

這段話不見於儒家經典，當係莊子假託孔子之言。〈人間世〉的主旨本在論述
遭逢亂世待人與自處之道，其中父子、君臣關係尤為重要，但父子之命與君
臣之義實有差別，唐成玄英疏云：「夫孝子事親，盡於愛敬。此之性命，出自
天然，中心率由，故不可解。夫君臣上下，理必固然。故君臣事君，恐成其
節，此乃分義相投，非關天性。」由上可知，人子之愛親、事親乃出於天然
性命；君臣之尊卑、忠義，卻是出於後天人為，二者本不相同。這番分析可
說是合情入理的，莊子肯定忠孝倫理是人類社會的二大法則，這樣的主張與
老子絕仁棄義的絕對見解有很大的不同，只是莊子也不願人拘守禮法儀容而
失去純真的本性，安時處順，任命而行，才能無往而不適。在〈漁父〉篇裡
藉孔子問「真」，漁父的回答可以更進一步明瞭莊子「貴真法天」的意義：

> 孔子愀然曰：「請問何謂真？」
>
> 客曰：「真者，精誠之至也。不精不誠，不能動人。故強哭者雖悲不
> 哀，強怒者雖嚴不威，強親者雖笑不和。真悲無聲而哀，真怒未發

〔註2〕見郭慶藩輯《莊子集釋》（臺北：華正書局，民國69年10月版）〈人間世〉，
頁155。

而成，眞親未笑而和。眞在內者，神動於外，是所以貴眞也。其用
於人理也，事親則慈孝，事君則忠貞……處喪則悲哀。忠貞以功爲
主……處喪以哀爲主，事親以適爲主，功成之美，无一其迹矣。事
親以適，不論所以矣……處喪以哀，无問其禮矣。禮者，世俗之所
爲也；眞者，所以受於天也，自然不可易也。故聖人法天貴眞，不
拘於俗。」〔註3〕

根據上文得知處世應物唯貴眞誠，外表悲喜若非內心眞摯情感的流露，只是
虛僞做作罷了。事親、事君出自眞誠，必定孝慈、忠貞，此可與前〈人間世〉
引文相印證。另外，特別提及處喪以悲哀爲主，不以禮爲必要，甚且認爲禮
乃世俗所爲，並不足取。然而在〈大宗師〉莊子以「居喪不哀」的故事，進
一步啓示處喪的另一高層次境界：

顏回問仲尼曰：「孟孫才，其母死，哭泣无涕，中心不戚，居喪不哀。
无是三者，以善處喪蓋魯國。固有无其實而得其名者乎？回壹怪之。」

仲尼曰：「夫孟孫氏盡之矣，進於知矣。唯簡之而不得，夫已有所簡
矣。孟孫氏不知所以生，不知所以死；不知就先，不知就後；若化
爲物，以待其所不知之化已乎！且方將化，惡知不化哉？方將不化，
惡知已化哉？吾特與汝，其夢未始覺者邪！且彼有駭形而無損心，
有旦宅而无情死。孟孫氏特覺，人哭亦哭，是自其所以乃。」

藉著孔子的回答，莊子傳達了生死如一、循環順化的觀念。孟孫才其母死，「外
從俗禮，人哭亦哭；內達死生，居喪不哀」的表現，實非拘禮之士所可理解，
不僅俗禮，連哭泣哀傷都是多餘的。在〈大宗師〉另有一段文字說明究竟何
爲眞正的禮意：

莫然有閒而子桑戶死，未葬。孔子聞之，使子貢往侍事焉。或編曲，
或鼓琴，相和而歌曰：「嗟來桑戶乎！而已反其眞，而我猶爲人猗！」

子貢趨而進曰：「敢問臨尸而歌，禮乎？」

二人（按：指孟子反、子琴張）相視而笑曰：「是惡知禮意！」

子貢反，以告孔子，曰：「彼何人者邪？修行无有，而外其形骸，臨
尸而歌，顏色不變，无以命之。彼何人者邪？」

孔子曰：「彼，遊方之外者也；而丘，遊方之內者也。外內不相及，

〔註3〕同註2，〈漁父篇〉，頁1031～1032。

而丘使女往弔之，丘則陋矣。彼方且與造物者爲人，而遊乎天地之
一氣。彼以生爲附贅懸疣，以死爲決疣潰癰，夫若然者，又惡知死
生先後之所在！假於異物，託於同體；忘其肝膽，遺其耳目；反覆
終始，不知端倪；芒然傍徨乎塵垢之外，逍遙乎无爲之業。彼又惡
能憒憒然爲世俗之禮，以觀眾人之耳目哉！」

莊子藉孔子以方內、方外來畫分彼我之界，方內人士謹守世俗禮法，卻往往易
流於形式，成爲向眾人炫耀的工具，失去禮的眞意。莊子在這裡透露出不悅生、
不惡死，任性逍遙，自然無爲的生命觀。此等方外之士不屑爲世俗之禮，雖與
齊一生死的看法有關，但其中亦顯示對虛僞禮法的譏諷與不滿。〔註4〕

　　莊子書中任眞自然、不拘禮法的言行，對魏晉任誕名士實有深刻的啓發
性。然而推考在莊老思想盛行的魏晉時代，部分名士違禮放達行爲產生的原
因及其內涵，並不就等同於老莊，而是在時代環境的種種變化、刺激下，因
應而生的現象，故有他們自己獨特的時代面貌與精神，絕非老莊學說所可涵
蓋。不過，藉此可以說明魏晉任誕名士在歷史上承繼的一面。

　　先秦人士中，它囂、魏牟「縱情性、安恣睢、禽獸行…」〔註5〕一派，可
推爲任誕行徑的先聲。在時遷世易，政治、學術與社會均起劇烈變化的背景
下，它的產生實反映周代以來維繫人心的禮樂教化之權威性已受到考驗，它、
魏等人顯然是冀求從禮教的束縛中解脫，以獲得個人的自足與自適。雖然他
們實際形跡如何，不得而知，但道家對禮教的嚴厲批判對他們當有一定的影
響。〔註6〕

　　《列子》〈楊朱篇〉則更進一步強調貴生愛身思想：

　　楊朱曰：「……太古之人知生之暫來，知死之暫往，故從心而動，不
　　違其自然所好，當生之娛非所去也，故不爲名所觀；從性而游，不

〔註4〕論莊子對禮法問題的看法，王師叔岷親贈「論莊子所了解的孔子」手稿影印
　　　本，惠我良多。又得同窗康韻梅的提示，在此謹申謝忱。

〔註5〕見《荀子》〈非十二子〉：「縱情性，安恣睢，禽獸行，不足以合文通治，然而
　　　其持之有故，其言之成理，足以欺惑愚眾，是它囂、魏牟也。」王應麟《困
　　　學紀聞》即疑此篇非荀卿作，然經龍師宇純考訂，當爲荀卿作，不應有疑，
　　　見《中山學術文化集刊》三十集〈荀子眞僞問題〉。

〔註6〕《漢書》卷卅〈藝文志〉道家類中列有公子牟四篇，其下注曰：「魏之公子也，
　　　先莊子，莊子稱之。」《荀子新注》（臺北：里仁，民國72年）於它囂、魏牟
　　　名下注云：「它囂，人名、事跡不詳。魏牟，戰國時魏國貴族，道家一派的學
　　　者」，頁78。

逆萬物所好，死後之名非所取也，故不爲刑所及。名譽先後，年命
多少，非所量也。」

晏平仲問養生於管夷吾，管夷吾曰：肆之而已，勿壅勿閼。……恣
耳之所欲聽，恣目之所欲視，恣鼻之所欲聞，恣口之所欲言，恣體
之所欲安，恣意之所欲行。

楊朱曰：「原憲窶於魯，子貢殖於衛。原憲之窶損生，子貢之殖累身，
然則窶亦不可，殖亦不可，其可焉在？」曰：「可在樂身，可在逸身；
故善樂生者不窶，善逸身者不殖。」

孟孫陽問楊子曰：「有人於此，貴生愛身，以蘄不死可乎？」曰：「理
无不死。」「以蘄久生可乎？」曰：「理无久生。生非貴之所能存；
身非愛之所能厚；且久生奚爲？五情好惡，古猶今也，四體安危，
古猶今也，世事苦樂，古猶今也，變易治亂，古猶今也；既聞之矣，
既見之矣，既更之矣，百年猶厭其多，況久生之苦也乎？」

孟孫陽曰：「若然，速亡愈於久生，則踐鋒刃，入湯火，得所志矣。」
楊子曰：「不然！既生則廢而任之，究其所欲，以俟於死；將死則廢
而任之，究其所之，以放於盡，无不廢，无不任，何遽遲速於其間
乎？」〔註7〕

從〈楊朱篇〉這幾則代表性的思想言論，不難看出對人生所抱持的主張：由
於生命無常，不能自主，故在有限的人生中，宜「從心而動」，在「不爲刑所
及」的前提下，儘可能去滿足自己的慾望，追求當生的快樂，既不可陷於貧
窮以損生，亦不可過於富有以累身，亦不求名位、長壽、富貴。如此則安然
自足，樂生逸身。篇中充滿對生命存在價值的無奈與悲觀，所謂的道德、教
化，反成爲人類社會的贅物，無益於現實人生，「忠不足以安君，而適足以危
身；義不足以利物，而適足以害生」這種與儒家傳統價值觀截然相反的論點，
和魏晉以來任誕士人的見解有非常類似之處，蔡元培先生即以〈楊朱篇〉理
論當作魏晉清談之學說。〔註8〕但彼此之間仍有歧異點，徐復觀先生曾指出：

〔註7〕 《列子》〈楊朱篇〉據徐復觀先生考訂，當爲戰國末年之僞作，見《中國人性
論史》（臺北：商務，民國76年），頁418～430。

〔註8〕 蔡元培，《中國倫理學史》（臺北：商務，民國70年），第二期漢唐承繼時代，
第六章〈清談家之人生觀〉：「楊朱篇雖未能確指爲何人所作，然以其理論與
清談家之言行正相符合，故假定爲清談家之學說。」頁88。

> 按魏晉名士之放曠，主要乃就行為上的不拘禮法而言。但他們有一
> 共同之點，即是皆重視養生，而楊朱篇只有「樂生」（可在樂生）、「逸
> 身」（可在逸身）的思想，決無以延長壽命為目的的養生思想。魏晉
> 人因重視養生，故對耳目口腹之欲，皆要求有節制。〔註9〕

對二者養生思想內涵的區別，徐先生的觀察十分確切，但是東晉時代，有部
分人士並未因重視養生而節制慾望，如石崇、王愷等輩，仍是窮奢極欲，豪
侈享樂。

時代的衰頹、動亂，直接刺激當時有志之士，促使他們以任誕的思想及
行為來反映對人生問題反省之後所作的抉擇。在此要注意的是，他們的言行
在當代雖引人側目，欲未能如往後魏晉時代的任誕人士蔚為一股風潮，影響
既深且遠。

東漢末，因「主荒政繆」，國事日非，不僅政治、學術在現實環境下，受
到強烈的衝擊，社會上亦出現異於常情常理的舉止，駭人耳目，名實之間的
關係變得複雜多端、詭譎不定。士人行事準則也不完全依循傳統儒家思想、
禮教的規範，所以這段時期的士風，依據史傳的記載，往往表現出風格、內
容迥異於昔日的風貌，如《後漢書》〈獨行列傳〉中的向栩：

> ……少為書生，性卓詭不倫。恆讀老子，狀如學道。又似狂生，好
> 被髮，著絳綃頭。常於竈北坐板牀上，如是積久，板乃有膝踝足指
> 之處。不好語言而喜長嘯。賓客從就，輒伏而不視。有弟子，名為
> 「顏淵」、「子貢」、「季路」、「冉有」之輩。或騎驢入市，乞匃於人。
> 或悉要諸乞兒俱歸止宿，為設酒食。時人莫能測之。郡禮請辟，舉
> 孝廉、賢良方正、有道，公府辟，皆不到。又與彭城姜肱、京兆韋
> 著並徵，栩不應。
>
> 後特徵，到，拜趙相。及之官，時人謂其必當脫素從儉，而栩更乘
> 鮮車，御良馬，世疑其始偽。及到官，略不視文書，舍中生蒿萊。
> 徵拜侍中，每朝廷大事，侃然正色，百官憚之。會張角作亂，栩上
> 便宜，頗譏刺左右，不欲國家興兵，但遣將於河上北向讀孝經，賊
> 自當消滅。中常侍張讓讒栩不欲令國家命將出師，疑與角同心，欲
> 為內應，收送黃門北寺獄，殺之。

〔註9〕 見《中國人性論史》，頁426。

由向栩事跡看來，他真是一個任性誕放的人物。雖似學道，卻又以孔子自居，行事舉止，出人意表，尤其誦讀孝經以卻賊之議，更屬人間奇聞，果真「卓詭不倫」！又如《後漢書》〈逸民列傳〉的戴良：

> 良少誕節，母憙驢鳴，良常學之以娛樂焉。及母卒，兄伯鸞居廬啜粥，非禮不行，良獨食肉飲酒，哀至乃哭，而二人俱有毀容。或問良曰：「子之居喪，禮乎？」良曰：「然。禮所以制情佚也，情苟不佚，何禮之論！夫食旨不甘，故致毀容之實。若味不存口，食之可也。」論者不能奪之。
>
> 良才既高達，而議論尚奇，多駮流俗。同群謝季孝問曰：「子自視天下孰可為比？」良曰：「我若仲尼長東魯，大禹出西羌，獨步天下，誰與為偶！」舉孝廉，不就。再辟司空府，彌年不到，州郡迫之，乃避辭詣府，悉將妻子，既行在道，因逃入江夏山中。優遊不仕，以壽終。……

前一例向栩違反常情的行徑，似看不出有譏刺現實的深刻涵義。戴良則不同，居母喪異於尋常禮法的作為，引人側目、質疑。從他的回答中可以知道他講求的不是喪禮外在的形式，乃是內心真摯孝思的流露，有了真實不放蕩的情感，自不需要人為的禮法約束人心。漢武帝獨尊儒術以來，孝道的實踐備受推崇與矚目，甚且士人名節亦植基於此，獲得社會公眾的嘉許。但是到東漢末年，卻有不少名不副實的情形出現，如：趙宣親喪，「行服二十餘年，鄉邑稱孝，州郡數禮請之。郡內以薦陳蕃。蕃與相見，問及妻子，而宣五子皆服中所生。」〔註10〕喪禮原為表達人子思親之情，孰料竟成為求取聲名的工具了。戴良身處漢末名實錯亂、譁眾取寵的時代，或當有一番反省、再思，才說出「情苟不佚，何禮之論」這番話來。另從他終身隱居不仕的態度推敲，戴良的言行如此，不是沒有原因的。

　　到了漢魏之際孔融、禰衡二人，就以「匹夫抗憤，處士橫議」的狂態，對現實政治作直截犀利的批斥：

> 時年飢兵興，操表制酒禁，融頻書爭之，多悔慢之辭。既見操雄詐漸著，數不能堪，故發辭偏宕，多致乖忤。
>
> 曹操既積嫌忌，而郗慮復搆成其罪，遂令丞相軍謀祭酒路粹枉狀奏

〔註10〕見《後漢書》卷六十六〈陳王列傳〉。

> 融曰：「……融爲九列，不遵朝儀，禿巾微行，唐突宮掖。又前與白
> 衣禰衡跌蕩放言，云『父之於子，當有何親？論其本意，實爲情欲
> 發耳。子之於母，亦復奚爲？譬如寄物瓶中，出則離矣。』既而與
> 禰衡更相贊揚，衡謂融曰：『仲尼不死。』融答曰：『顏回復生。』
> 大逆不道，宜極重誅。」〔註11〕

從史傳的記述，孔融不僅在政事上打擊、蔑視曹操的威權；更在日常生活中以違反倫常的奇言異行表達心中的不滿情緒，也因此使執權者藉後者作爲殺他的把柄，以除去奪權路上的障礙。與孔融相知相善的禰衡更以狂放的言語與輕恣之舉動激怒曹操，明示其昂揚不屈的傲骨與不屑爲伍的志節：

> 融既愛衡才，數稱述於曹操。操欲見之，而衡素相輕疾，自稱狂病，
> 不肯往，而數有恣言。操懷忿，而以其才名，不欲殺之。聞衡善擊
> 鼓，乃召爲鼓史，因大會賓客，閱試音節。諸史過者，皆令脫其故
> 衣，更著岑牟單絞之服。次至衡，衡方爲漁陽參撾，踒蹋而前，容
> 態有異，聲節悲壯，聽者莫不慷慨。衡進至操前而止，史訶之曰：「鼓
> 史何不改裝，而輕敢進乎？」衡曰：「諾。」於是先解衵衣，次釋餘
> 服，裸身而立，徐取岑牟、單絞而著之，畢，復參撾而去，顏色不
> 怍。操笑曰：「本欲辱衡，衡反辱孤。」〔註12〕

禰衡剛直的表態，予曹操極大的難堪與羞辱，爲了保有容人雅量的聲名，曹操將他送到劉表，劉表再以相同理由，送與性急的黃祖，這招借刀殺人之計，終於輾轉得逞。

觀孔、禰二人行事動機，已明顯透露出對當道玩弄權謀的鄙夷，他們並非像戴良只以異乎常情常理的言行作消極的反抗，達到獨善其身、遠離禍患的目的，他們寧可犧牲性命，以維護個人的尊嚴，絕不使自己成爲當權者玩弄於股掌間的籌碼，任憑左右。

漢末向栩、戴良、孔融、禰衡等人的任誕行爲，只能算是個人行爲或任誕士風的醞釀時期，尚未如魏晉之時的竹林名士、中興八達等輩，使天下士子望風披靡，形成魏晉士風中不可忽視的一環，同時也造成當世及後代不同的評價。

〔註11〕見《後漢書》卷七十〈鄭孔荀列傳〉第六十。
〔註12〕見《後漢書》卷八十下，〈文苑列傳〉第七十下，又見《世說新語》〈言語〉
第二，第八條。

第二章 「任誕」涵義的探討

第一節 「任誕」一詞釋義

　　歷來闡釋任誕的學者，多就其荒廢禮教，放蕩通達的行為加以論定，如余嘉錫先生、古苔光先生等是。余嘉錫于《世說新語》〈任誕篇〉箋疏云：

> 國於天地，必有興立。管子曰：「四維不張，國乃滅亡。」自古未有無禮義，去廉恥，而能保國長世者。自曹操求不仁不孝之人，而節義衰；自司馬昭保持阮籍，而禮法廢。波靡不返，舉國成風，紀綱名教，蕩焉無存，以馴致五胡之亂，不惟亡國，且幾亡種族矣。君子見微而知著，讀世說任誕之篇，亦千古之殷鑒也。〔註1〕

余說的要點有三：

1. 禮義大法為國之根本，不立則國不存，曹操求不仁不義之人，是導致節義衰亡的始作俑者。

2. 司馬昭維護阮籍反禮法之言行，使禮教蕩然不存。且種下五胡亂華，亡國甚至幾乎亡族的禍因。

3. 世說所載任誕事跡，足使後人知所警惕、鑑戒。

　　可知余先生純然站在批判者的立場，以任誕人物為歷史罪人，他們的行徑實無可取。

　　古苔光則在〈魏晉任誕人物的分類與行為的探究〉文中說：

> 「任誕」一詞，晉以前的載籍，罕見連用；一直要到劉宋臨川王劉

〔註1〕見《世說新語箋疏》，〈任誕〉廿三，頁726。

> 義慶撰世說新語一書，分全書爲卅六門，始以「任誕」名篇，列爲
> 廿三。自此「任誕」一詞才流行於世。
>
> 綜觀世說新語「任誕」篇所記載，知「任誕」是縱任放誕，不拘小
> 節，不循禮法之意。〔註2〕

古先生的重點有二：

1. 任誕一詞始自《世說新語》，係由劉義慶等編纂時所給予的名稱。可見任誕一詞產生的時代相當晚。儘管東漢之末，即有特立獨行之士，行魏晉名士放誕不羈的作爲，但史傳上卻未曾有此二字連用的語詞出現。

2. 以任誕爲縱任放誕之意，著重不循禮法而行的一面。

余、古二位先生對任誕的看法可說無何差異。只是古先生未如余先生徹底排斥、貶抑魏晉任誕風氣，而能就任誕士人行爲的動機與目的加以判別。〔註3〕

「任誕」一詞就字面及參考史傳、《世說新語》等記載任誕士人的事跡而言，實應取「任性誕行」二層涵義較爲妥當。〔註4〕任性乃針對任誕士人一任性情之眞率，自然流露，不拘泥於有形的禮教束縛而言；「誕行」則指其以放誕荒謬之實際行爲表現。將這二方面統合觀之，正明顯反映出魏晉時代任自然、越名教的特殊風貌。

魏晉士風的演變，即環繞著「名教」與「自然」的問題而進行的。其產生的原因自是多方面的（後文將會討論）。此處只擬就士人表現於外的性行加以察考，以明任誕的眞確內涵。

儒家本有「發乎情，止乎禮義」之說，情與禮互爲表裡才不會滋生弊端，由於東漢以來情、禮之間不再存有必然的實質依存關係，因而魏晉士人即對這個問題加以反省、批判。其中任誕士人採取誇張、大膽的方式表達他們對此問題的態度。如阮籍即在母喪期間及叔嫂之防的作爲上引人側目：

〔註2〕見《淡江學報》第十二期，文學與商學部門，頁287。

〔註3〕同註2，頁315：「魏晉任誕人物固然有值得我們歌頌和敬欽的一面，然而也有爲社會帶來壞影響消極的一面……晉書卷卅五裴頠傳中的論調，即把一國的興亡完全歸咎到何晏、阮籍等人的頭上來，雖然未免太過，可是事實上，我們也不可否認不少當日的任誕名士如王澄、胡毋輔之、桓玄等等，他們確實是純然出自摹倣而求炫耀當時，以示不同於俗人，完全失卻了阮、嵇的襟懷與意旨。此輩名士的生活態度與行爲意識已完全喪失了眞精神與眞意味。」

〔註4〕此定義乃廖師蔚卿于《世說新語》課堂及私下請益時所給予的提示。

阮籍遭母喪，在晉文王坐進酒肉。司隸何曾亦在坐，曰：「明公方以孝治天下，而阮籍以重喪，顯於公坐飲酒食肉，宜流之海外，以正風教。」文王曰：「嗣宗毀頓如此，君不能共憂之，何謂？且有疾而飲酒食肉，固喪禮也！」籍飲噉不輟，神色自若。（《世說新語》〈任誕〉廿三 2——任誕第廿三第 2 條，此據余嘉錫《世說新語箋疏》，以下同。）

阮步兵喪母，裴令公（裴楷）往弔之。阮方醉，散髮坐牀，箕踞不哭。裴至，下席於地，哭弔唁畢，便去。或問裴：「凡弔，主人哭，客乃爲禮。阮既不哭，君何爲哭？」裴曰：「阮方外之人，故不崇禮制；我輩俗中人，故以儀軌自居。」時人歎爲兩得其中。（《世說新語》〈任誕〉廿三 11）

阮籍嫂嘗還家，籍見與別。或譏之。籍曰：「禮豈爲我輩設也？」（《世說新語》〈任誕〉廿三 7）

阮籍於母喪期間異於常禮的表現，引起兩種截然不同的反應：一是何曾站在衛道之士的嚴正立場，於晉文王面前公然指責阮籍破壞「風教」的惡行。二是裴楷以寬大的胸懷，包容阮籍的失禮，並認爲阮籍是「方外之士」，故能不守「禮訓」；而「我輩俗中人」則需以儀軌自守。裴楷折衷調和的見解，深獲時人的歎賞，以爲二種境界人士的行止皆「得其中」。由此也透露出當時禮法的遵行已非絕對，而阮籍更對譏諷他不守「叔嫂不通問」禮儀的人，傲然回答「禮豈爲我輩設」！似乎他已斷然否定了具社會約束力的禮教權威。阮籍所以會反對當時禮法，自不是如他表面行徑所顯示的那樣簡單，於此暫不討論個人原因。只是從其中足觀當代禮教已受知識分子的質疑與不滿。至於何謂「禮教」或「名教」呢？〔註5〕此名稱雖已有諸位前輩下過定義，〔註6〕但

〔註5〕余英時先生曾對這兩個名詞加以解釋：「魏晉時代的「禮教」或「禮法」主要是指在家族倫理的基礎上所發展出來的一套繁文縟節。雖然在很多情形下，「禮教」或「禮法」也可以視爲「名教」的同義語，但是前者的政治涵義較輕而社會涵義則較重。換句話說：「禮教」或「禮法」往往不是指著君臣一倫而言的。「名教」一詞則比較籠統，有時可以解釋爲政治上的名分，就像陳寅恪先生所說的：『以官長君臣之義爲教。』漢末以來，史籍上所載的「背叛禮教」或「不遵禮法」之士，其實是對名教作全面性的反抗，其中包括然而決不限於君臣一倫。」見〈名教危機與魏晉士風的演變〉收于《中國知識階層史論——古代篇》（臺北：聯經出版社，民國73年2月再版），頁338。由余文解析可知，「禮教」、「名教」二者差別甚微，且魏晉士人也幾乎是混而不分

最明白周全者，應爲余英時先生所說：

> 魏晉所謂「名教」乃泛指整個人倫秩序而言，其中君臣與父子兩倫
> 更被看作全部秩序的基礎。不但如此，由於門第勢力的不斷擴大，
> 父子之倫（即家族秩序）在理論上尤超乎君臣之倫（即政治秩序）
> 之上，成爲基礎的基礎了。〔註7〕

由上得知，魏晉所謂「名教」實涵蓋了君臣、父子、夫婦、朋友、兄弟等人倫秩序。儘管余先生以爲魏晉尤爲著重君臣、父子兩倫，但若仔細分析，魏晉名士階層的人倫秩序已呈現出與昔日迥然有別的面目。爲何會有這種差異呢？首先當探究魏晉名士如何看待「名教」？以嵇康爲例，他曾在〈答難養生論〉裡說：

> 且聖人寶位，以富貴爲崇高者，蓋謂人君貴爲天子，富有四海。民
> 不可無主而存，主不能無尊而立，故爲天下而尊君位，不爲一人而
> 重富貴也。……聖人不得已而臨天下，以萬物爲心，在宥群生，由
> 身以道，與天下同於自得。穆然以無事爲業，坦爾以天下爲公。雖
> 居君位，饗萬國，恬若素士接賓客也。雖建龍旂，服華袞，忽若布
> 衣之在身。故君臣相忘於上，蒸民家足於下。豈勸百姓之尊己，割
> 天下以自私，以富貴爲崇高，心欲之而不已哉？〔註8〕

嵇康大膽地表白對君臣關係的見解，並以「勸百姓尊己，割天下自私，以富貴爲高，心欲之不已」的君王是不合乎聖人之道的。聖人之道乃是「穆然以無事爲業，坦爾以天下爲公」。顯然對君臣上下貴賤之分的涵義與目的作一番剖析與反省。根據他的解釋，老莊無爲、無私的思想，才是君主施政應有的旨歸。至於阮籍則更進一步主張無君論，根本否認了君臣制在政治上有任何正面的效用，相反地，卻帶來負面的影響與破壞。阮籍在〈大人先生傳〉裡說：

的，故本文亦不另作區分。

〔註6〕 如臺靜農先生：「所謂名教，便是法家刑名、儒家禮樂的合稱。」見〈魏晉文
學思想的述論〉，收于羅師聯添所編《中國文學史論文選集（二）》（臺北：學
生書局，民國67年5月初版），頁453。又陳寅恪先生：「故名教者，依魏晉
人解釋，以名爲教，即以官長君臣之義爲教，亦即入世求仕者所宜奉行者也。」
見〈陶淵明之思想與清談之關係〉，收于《陳寅恪先生論文集》下冊（臺北：
里仁出版社，民國70年初版）頁1013。

〔註7〕 同註5，頁332。

〔註8〕 《全上古三代秦漢三國六朝文》（二）「全三國文」，卷四十八「答向子期難養
生論」（香港：中文出版社），頁1325。

> 蓋無君而庶物定，無臣而萬事理。……君立而虐興，臣設而賊生。
> 坐制禮法，束縛下民。……竭天地萬物之至，以奉聲色無窮之欲，
> 此非所以養百姓也。〔註9〕

阮籍認爲在無君無臣的情況下，天下萬事萬物井井有條；君臣設立倒使暴虐詭詐叢生，禮法制定成爲束縛百姓的手段。阮籍對君臣倫理及禮法制度可謂痛加撻伐了。嵇康在〈難自然好學論〉中也說道：

> 六經以抑引爲主，人性以從欲爲歡；抑引則違其願，從欲則得自
> 然。然則自然之得，不由抑引之六經；全性之本，不須犯情之禮
> 律。〔註10〕

自然全性的要點在於：「不由抑引之六經，不須犯情之禮律」，這其中反映出六經及禮法律例是違反人性情的，不合乎自然之道。既對「名教」採取抨擊、不予苟同的態度，嵇康進一步提出任情自然的主張。在〈釋私論〉中，更直截了當地標舉出「越名教而任自然」：

> 矜尚不存乎心，故能越名教而任自然；情不繫於所欲，故能審貴賤而
> 通物情。物情順通，故大道無違；越名任心，故是非無措也。〔註11〕

由於「越名教任自然」（即越名任心）思想的引導，因此，不論是當前的政治或家族倫理均不合乎他們的理想，故要起而抗爭。他們行事依憑的標準不再是傳統禮教或六經，而純粹從「任自然」、「通物情」的角度來判斷。這一看法與魏晉人士對情的態度有極密切的關係。魏晉人重視情感的程度可從《世說新語》的記載裡得悉：

> 王戎喪兒萬子，山簡往省之，王悲不自勝。簡曰：「孩抱中物，何至
> 於此？」王曰：「聖人忘情，最下不及情；情之所鍾，正在我輩。」
> （〈傷逝〉十七 4）

> 桓子野每聞清歌，輒喚「奈何！」謝公（安）聞之曰：「子野可謂一
> 往有深情。」（〈任誕〉廿三 42）

> 王長史登茅山，大慟哭曰：「琅邪王伯輿，終當爲情死。」（〈任誕〉
> 廿三 54）

不但王戎他們是深乎情者，前面提及阮籍的行事亦正見出他眞情流露，執著

〔註9〕 見阮籍〈大人先生傳〉，收于嚴可均《全三國文》卷四十六，頁 1315～1316。
〔註10〕 見嵇康〈難張遼叔自然好學論〉，收于《全三國文》卷五十，頁 1336～1337。
〔註11〕 見〈釋私論〉，原文本無此前廿一字，由嚴可均校補入。前引書，頁 1334。

熱切的一面。配合實際行事與論述，可以知道，性情直接真率的表達，不含虛矯造作、沽名釣譽的偽善，才是魏晉名士所推許、稱美的人生態度。因此，所謂自然，據嵇康〈釋私論〉中「越名教任自然」的說法，就是任心、通情，超脫是非利害，不執著於世間的貴賤、好惡，純依本性之真而往，這其中實受有老莊無為思想的影響。

「自然」一詞的基本內涵，依徐復觀先生的分析乃是指「自己如此」之意：

　　「自然」一詞，首見於老子。……其基本意義，皆為不受他力所影響、所決定，而係「自己如此」。在此一基本意義之上，老子把它用到四個方面：

　　（一）以自然說明道自身的形成。……按凡因他物而生者，即係由他物所分化而生。只有道，不由任何他物所分化而生。……因此，道是自己生自己，即是「自己如此」，即是「自然」。

　　（二）老子以自然說明道創造萬物的情形。

　　（三）老子由政治的要求以言人民的自然。

　　（四）老子以人所得於道之德，為人生的自然。〔註12〕

就禮法而言，嵇、阮主張順應本心而行，毋須箝錮心靈情感自由的表達；另一方面從更廣泛的層面來說，自然指物之本然，不加上人為的規範，物之本性既已自足，若再加上人為的規範，必導致紛爭動亂的局面。

綜合來說，「任誕」一詞所蘊涵的意義，可分為二個層次：一方面純任自然，任性情之真率行事；另一方面則以放誕的行徑表現他們對當時禮法的不滿。任性誕行的結果，使魏晉士風突顯出特殊的面貌，情感的表達不再受到重重禮法教條的束縛。由於現實人生的感悟，士人生命價值原附著於政治倫理（即名教）的規限被突破了。士人體會到以情感為主體的自我生命，重視一己獨立的個體於天地之間、人我之際，如何完成生命的價值與意義。無疑地，魏晉時代人倫秩序出現「脫軌」的現象，思想界活潑、多方的辯論、爭議，提供士人更多反省、沈思的機會。他們在這樣空前動盪不安的局勢下，如何安頓自己？為自己重新找到定位呢？前人的規範既不適用於當前處境，他們就必須理出一條通路，在前所未有的迷惘、困惑中，任誕士人選擇以任誕不羈的方式，展現於世人面前，除了具有反抗政治壓迫的意義外，亦且藉

〔註12〕詳見徐復觀《中國文學論集》（臺北：學生書局，民國65年9月三版），〈自然與文學的根源問題〉，頁385～391。

此彰顯他們回應當前世局所作的抉擇。政治環境固是啓導的誘因,但是此一時期最大的成就乃在名士們展露了多采多姿的生命情態。它讓人明瞭生命在不斷的衝突、矛盾中,所激發出的潛力與感染力不容小覷!

第二節 任誕與狂誕

名士的任誕行爲,有的是出自內心眞誠反省後的反應;有的則是東施效顰的摹倣,儘管在表面上的行徑類似,但在實質意義上則迥然有別。此處試據前文任誕之義——任自然而越名教,就任誕行徑加以檢討,則可以看出任誕與狂誕之別。下面擬依名教中的五倫關係以察考魏晉任誕士風在人倫關係上的種種現象。

一、父子之倫

自孔融、禰衡被路粹告發以「父之於子,當有何親?論其本意,實爲情欲發耳。」的大膽言論破壞倫理道德後,父子關係已然啓人深思了。從孔融本身性行來看,十三歲喪父,哀悴毀頓,扶而後起,州里歸其孝。可知他也是重視人倫,克盡人子孝道之人,且於其任官內,還曾把「遭父喪,哭泣墓側,色無憔悴」〔註13〕的假孝子給殺了。東漢以來重孝的風氣極盛,不但社會輿論推崇孝子,當政者亦以「舉孝廉」名目獎勵孝子,並作爲進身之階。由於利祿所趨,遂產生流弊,有人爲求虛浮的名譽以謀取官位,只顧表現外在的哀戚、禮節,甚或激詭反常的現象發生,最著名的例子當屬《後漢書》〈陳蕃傳〉中的趙宣,居親喪「行服二十餘年,鄉邑稱孝,州郡數禮請之,郡內以薦蕃,蕃與相見,問及妻子,而宣五子皆服中所生。蕃大怒……遂致其罪。」〔註14〕行服二十餘年,非眞思念親恩深重,只爲博取虛浮聲名,以久居喪作爲沽名釣譽的工具。在虛浮成風、性情失眞的社會現實中,激起有心人士的反省與檢討,而孔、禰二人即可謂之爲時代先聲。

至阮籍居母喪,裴頠對阮籍不守禮制的行爲,以其爲方外之人可以如此,自己爲俗輩中人,故當以儀軌自守。在此透露出守禮或不守禮是二種平行的地位,並無高低上下之分,不但裴頠默許阮籍等人任誕的行徑,眾人亦不以

〔註13〕見《藝文類聚》(臺北:藝文印書館)卷八十五引,史傳無載。
〔註14〕見《後漢書》卷六十六,〈陳蕃傳〉,頁2159~2160。

爲非。另《世說新說》〈德行〉一 11 說：

> 王戎、和嶠同時遭大喪，俱以孝稱。王雞骨支牀，和哭泣備禮。武
> 帝謂劉仲雄（毅）曰：「卿數省王、和不？聞和哀苦過禮，使人憂之。」
> 仲雄曰：「和嶠雖備禮，神氣不損；王戎雖不備禮，而哀毀骨立。臣
> 以和嶠生孝，王戎死孝。陛下不應憂嶠，而應憂戎。」

注引晉陽秋曰：「世祖及時談以此貴戎也。」生孝與死孝的差異處即在哀切追
思之情是否眞摯，而不在乎是否嚴守世俗禮義。《禮記》〈檀弓篇〉曾有這樣
的記載：子路曰：「吾聞諸夫子：喪禮，與其哀不足而禮有餘也，不若禮不足
而哀有餘。」《莊子》〈漁父篇〉亦有近似的論點：「處喪則悲哀，處喪以哀爲
主。處喪以哀，無問其禮矣。禮者，世俗之所爲也。」這些看法無疑地給予
一任性情眞率的任誕名士最強而有力的支持！余英時先生另外加以解釋說：

> 如果阮、裴的故事表示自然與名教各得其所，那麼王、和的故事則
> 說明自然高於名教，也就是「情」比「禮」更重要。〔註15〕

其實，禮的制定即據人情而來，情禮本應互爲表裡，且觀阮籍、王戎等行事，
行止雖然放誕，卻並沒有違背「父子有親」的倫理，反倒在任誕中看見他們
莊嚴、深情的一面。若非禮法趨於僵硬，流於形式，脫離常情，何至有情禮
對立之論？自然名教孰高孰低之爭呢？由此可知在魏晉時代情、禮之對立已
成爲一重要課題了。

除了在喪禮上崇尚自然之士表現情感重於禮教外，在日常生活中，父子
之倫亦表現出不同於往昔嚴守尊卑界限的面貌，如中興八達之一的胡毋輔
之，其子謙之，才學不及乃父，而傲縱過之。《晉書》本傳曾記載：

> 至酣醉，常呼其父字，輔之亦不以介意，談者以爲狂。輔之正酣飲，
> 謙之闚而屬聲曰：「彥國年老，不得爲爾！將令我尻背東壁。」輔之
> 歡笑，呼入與共飲。

父子間的關係在撤除尊卑的樊籬後，竟相互戲謔起來。這與儒家傳統「父子
有親」的內涵大不相同，也難爲時人所接受。畢竟守喪禮時期飲酒食肉的放
任行爲，背後有眞實的情感作依據；而此處難免流於做作、虛矯之弊，只見
逾越父子之禮，卻未見父子親情至性。胡毋輔之父子二人的言行僅能視爲越
禮逆理的任性放達，而非任情之眞了。下面二則故事可以看出舐犢情深、愛

〔註15〕 余英時《中國知識階層史論——古代篇》，〈名教危機與魏晉士風的演變〉，
頁 342。

子心切的至性至情：

> 郗嘉賓喪，左右白郗公「郎喪」，既聞，不悲，因語左右：「殯時可
> 道。」公往臨殯，一慟幾絕。(《世說新語》〈傷逝〉十七 12)
>
> 王戎喪兒萬子，山簡往省之，王悲不自勝。簡曰：「孩抱中物，何至
> 於此？」王曰：「聖人忘情；最下不及情；情之所鍾，正在我輩。」
> (〈傷逝〉十七 4)

郗愔老來喪子，最初還強忍悲痛，不動聲色，臨殯時哀慟逾恆，《續晉陽秋》
且說他「慟悼成疾」，足見真切的骨肉之情是絕對無法遮蔽、掩飾的。王戎對
喪子之態度，則毫不壓抑他的情感，盡情在人前渲洩，並自許為鍾情人，豈
能無動於衷呢！郗愔、王戎行止雖稍有差別，但其中蘊涵深厚的父愛天性，
實令人感懷良久，不能不為之動容，畢竟人間最純真美善的情感，盡現於此！

二、君臣之倫

君臣尊卑上下的關係是漢代大一統政權建立下積極推動的觀念，歷經數百
年，自亦有其穩固的根基和共同遵守的禮儀法度。隨著漢末政權的更迭、轉移，
動盪不定的君臣關係，不禁使人重新檢討或根本懷疑君主制度。上一節所引嵇
康、阮籍等抨擊名教的言論，即可了解他們十分痛恨假公濟私、奴役百姓的專
斷君主。嵇康以為百姓尊君、貴君的目的是為天下而非單為君主一人。貴為天
子的職責需能以天下為公，為百姓謀福祉。阮籍則激憤地指責君主不遺餘力地
搜括天地萬物，以滿足個人無盡的欲望，使百姓深受痛苦。他認為無君無臣的
時代，天下反而太平無事、萬物自理。足見自私自利的君主是他們共同聲討的
對象，這樣的國君要想百姓對他盡忠、效勞，豈非癡心妄想？「君臣有義」的
倫理觀，並不是片面、單方的要求臣子效忠君上；乃是建立在「君使臣以禮，
臣事君以忠」的相對關係上。從嵇、阮等言論看來，君臣倫理所謂的尊卑、上
下絕非無條件的服從。由於戰禍動亂，篡奪權位事件不時發生，執權者常為鞏
固既有政治優勢，採取高壓、恐怖的殘酷手段清除異己，據王世貞《藝苑卮言》
所載，漢末以來死於政治變故的名士文人不勝枚舉，如：「蔡邕、孔融、楊脩、
禰衡、邊讓、張裕、酈炎、何晏、鄧颺、夏侯玄、高岱……嵇康、呂安、張華……
潘岳、孫拯、歐陽建、陸機、陸雲……」，〔註16〕因此，「君之視臣如土芥，則

〔註16〕見王世貞《藝苑卮言》卷八，收于丁福保《歷代詩話續編》中冊，（臺北：木
鐸出版社），頁 1086。

臣視君如寇讎」(《孟子》〈離婁〉) 的情形就不可避免了，特別在改朝換代或權力中心有所移轉時最爲明顯。在君臣作政治抗爭時，勢單力薄的人臣常居下風，除了少數敢於正面和當權者衝突外，如孔融、嵇康，其餘只有壓抑心頭的不滿，屈從於強權的脅迫、威嚇，如《世說》〈言語〉二 16 所載：

> 司馬景王東征，取上黨李喜，以爲從事中郎。因問喜曰：「昔先公辟
> 君不就，今孤召君，何以來？」喜對曰：「先公以禮見待，故得以禮
> 進退；明公以法見繩，喜畏法而至耳！」

此處《世說》記載的重心雖在李喜的巧言妙答上，但從中當可見出人臣戰兢、戒慎的心態及主政者脅人以從己的專斷作風。

隨著政權的統一，君臣的關係不再是緊張的對峙，而呈現出君臣促膝相談的親密關係，如《晉書》〈明帝紀〉：

> 性至孝，有文武才略，欽賢愛客，雅好文辭。當時名臣，自王導、
> 庾亮、溫嶠、桓彝、阮放等，咸見親待。嘗論聖人眞假之意，導等
> 不能屈。

晉明帝與魏武帝、魏文帝皆喜好文學、賞遇賓客的作風實有異曲同工之妙，不過，他和當時名臣保持如此親密的關係是十分特殊的。自典午南移，清談成爲名士生活中不可或缺的重要活動，由史傳可知，晉明帝也受此風尚感染和大臣們清談辯論。另外，據《世說新語》記載，晉簡文帝亦好與臣作促膝長談，通宵達旦：

> 許掾嘗詣簡文，爾夜風恬月朗，乃共作曲室中語。襟懷之詠，偏是
> 許之所長。辭寄清婉，有逾平日。簡文雖契素，此遇尤相咨嗟。不
> 覺造膝，共叉手語，達于將旦。既而曰：「玄度才情，故未易多有許。」
> 續晉陽秋曰：「詢能言理，曾出都迎姊，簡文皇帝、劉眞長說其情旨
> 及襟懷之詠。每造膝賞對，夜以繼日。」(〈賞譽〉八 144)

《晉書》曾言及簡文帝「清虛寡欲，尤善玄言」，由於帝王嗜愛玄言清談，又能欣賞名士才情，方使賓主歡談融洽，不知東方之既白。這何嘗不是君臣性情眞率、自然的流露！可見時代風潮對君王也造成相當程度的影響，另如《世說》〈言語〉二 89：

> 簡文崩，孝武年十餘歲立，至暝不臨。左右啓「依常應臨」。帝曰：
> 「哀至則哭，何常之有！」

孝武帝雖年僅十餘歲，也不願墨守成規，按照既定儀式行禮，寧可依著眞實

的情感表達心中哀悼的思緒。孝武帝的回答顯然與任誕名士注重眞情至性，不拘俗禮的論點相符合。魏晉以來，君臣一倫因爲任誕風氣的衝擊，除了使君臣尊卑、上下的關係受到批判；另一方面也使君臣關係呈現任眞、自然的親和性。

三、夫婦之倫

　　五倫中夫婦的關係，本是人倫的發端，情感也是最親密的結合，但在禮教重重設防之下，夫婦情感的表達有許多的限制，尤其在公共場合，更應謹守分寸，不得逾越，否則即遭致嚴厲的批評，而絕大多數的誡條都是針對婦女而設的，因此，婦女的形象多是卑微、拘謹的。但是在魏晉時代，禮法諸般禁忌，已不再被視爲理所當然，一成不變，原本「夫婦有別」的禮教大防，也爲親密的情感所取代，而敢於放任性情之眞。如《世說》〈惑溺〉卅五6：

> 王安豐婦，常卿安豐。安豐曰：「婦人卿婿，於禮爲不敬，後勿復爾。」
> 婦曰：「親卿愛卿，是以卿卿；我不卿卿，誰當卿卿？」遂恒聽之。

據許世瑛先生的考訂，「卿」字在此，不是第二身稱代詞的尊稱，而變爲狎暱之稱。〔註17〕王戎婦勇於衝破禮教的藩籬，眞實大膽地以行動表現對夫婿的情意，誰說不宜？連原欲以不合禮數爲由拒絕的王戎都被妻子的眞誠所感化。荀粲則因愛妻備至，以致妻子病逝，己亦痛悼而終：

> 荀奉倩與婦至篤，冬月婦病熱，乃出中庭自取冷，還以身熨之。婦
> 亡，奉倩後少時亦卒。以是獲譏於世。奉倩曰：「婦人德不足稱，當
> 以色爲主。」裴令聞之曰：「此乃是興到之事，非盛德言，冀後人未
> 昧此語。」

荀奉倩夫婦鶼鰈情深、相濡以沫的生活，雖在男女不平等的社會裡，並未取得諒解與寬容，但是荀奉倩呵護妻子，堅如金石的情愛，亦是深乎情者的執著表現。古有明訓娶妻重德不重色，但實際情形仍先著重外表儀容，甚或有因妻子貌醜而嫌棄之，不計其德是否貞淑，如《世說》〈賢媛〉十九6：

> 許允婦是阮衛尉女，德如妹，奇醜。交禮竟，允無復入理，家人深
> 以爲憂。會允有客至，婦令婢視之，還答曰：「是桓郎。」桓郎者，
> 桓範也。婦云：「無憂，桓必勸入。」桓果語許云：「阮家既嫁醜女

〔註17〕見許世瑛先生〈世說新語中第二身稱代詞研究〉，收于《中央研究院歷史語言研究所集刊卅六本下》（民國54年12月出版），頁185～233。

與卿，故當有意，卿宜察之。」許便回入內。既見婦，即欲出。婦
料其此出，無復入理，便捉裾停之。許因謂曰：「婦有四德，卿有其
幾？」婦曰：「新婦所乏唯容爾。然士有百行，君有幾？」許云：「皆
備。」婦曰：「夫百行以德爲首，君好色不好德，何謂皆備？」允有
慚色，遂相敬重。

允妻針對夫婿重色輕德的弱點，以機智、鋒利的談辯，使許允折服並由衷敬
重妻子的識見、才德。新婦據理力爭的氣勢與丰采，與名士論辯時展現的風
姿實可媲美。王廣新婦也爲丈夫所嫌棄，但她卻反唇相譏，加以駁斥：

王公淵娶諸葛誕女。入室，言語始交，王謂婦曰：「新婦神色卑下，
殊不似公休！」婦曰：「大丈夫不能仿佛彥雲，而令婦人比蹤英傑！」
（《世說》〈賢媛〉十九9）

夫婦間除了以正面的關愛表達情感外，也有以大膽的言論與行動，發抒
自我內心的主張和見解，特別是有些婦女們的行止，其開放的程度，足令當
代人驚訝萬分，甚至還激起衛道之士的痛心指責。如《世說》〈排調〉廿五8：

王渾與婦鍾氏共坐，見武子從庭過，渾欣然謂婦曰：「生兒如此，足
慰人意。」婦笑曰：「若使新婦得配參軍，生兒故可不啻如此！」

鍾氏當著夫婿面前，公然稱讚小叔，並強調若得婚配小叔，子息將較現有的王
武子更爲傑出，此等語氣即就今日視之仍嫌輕肆、放蕩了些，而鍾氏竟能毫無
忌憚地調侃自己的先生。謝道韞且在返還娘家時，將丈夫批評得一文不值：

王凝之謝夫人既往王氏，大薄凝之。既還謝家，意大不說。太傅慰
釋之曰：「王郎，逸少之子，人材亦不惡，汝何以恨乃爾？」答曰：
「一門叔父，則有阿大、中郎。羣從兄弟，則有封、胡、遏、末。
不意天壤之中，乃有王郎！」（《世說》〈賢媛〉十九26）

謝道韞聰識有才辯，又出身人才鼎盛的謝家大族，見多識廣的結果，使她在
遍數家族英傑時，益發輕蔑、鄙視新嫁夫婿。《晉書》卷九十六〈列女傳〉曾
記述兩則謝道韞頗具名士風範的事蹟，可據以想見其爲人之煥發英氣：

凝之弟獻之嘗與賓客談議，詞理將屈，道韞遣婢白獻之曰：「欲爲小
郎解圍。」乃施青綾步障自蔽，申獻之前議，客不能屈。

自爾嫠居會稽，家中莫不嚴肅。太守劉柳聞其名，請與談議。道韞
素知柳名，亦不自阻，乃簪髻素褥坐於帳中，柳束脩整帶造於別榻。
道韞風韻高邁，敘致清雅，先及家事，慷慨流漣，徐酬問旨，詞理

> 無滯。柳退而歎曰：「實頃所未見，瞻察言氣，使人心形俱服。」道
> 韞亦云：「親從凋亡，始遇此士，聽其所問，殊開人胸府。」

謝道韞的神采、談吐，具有魏晉以來名士的風流舉止，雖以一介女流，卻絲毫不讓鬚眉，在清談辯論上往往使對方折服、歎賞。由於她能展現一己獨特的風格與才華，故在當代有人亦給予極為崇高的評價：

> 謝遏絕重其姊，張玄常稱其妹，欲以敵之。有濟尼者，竝遊張、謝二家。人問其優劣？答曰：「王夫人神情散朗，故有林下風氣。顧家婦清心玉映，自是閨房之秀。」（《世說》〈賢媛〉十九 30）

以謝道韞與竹林名士相比配，真可謂崇禮有加了。

　　另外有些婦女在擇偶時主動、大方的舉動，也突破了禮教之防，甚有自主獨立的個性：

> 韓壽美姿容，賈充辟以為掾。充每聚會，賈女於青璅中看，見壽，說之。恆懷存想，發於吟詠。後婢往壽家，具述如此，并言女光麗。壽聞之心動，遂請婢潛修音問。及期往宿。壽蹻捷絕人，踰牆而入，家中莫知。自是充覺女盛自拂拭，說暢有異於常。後會諸吏，聞壽有奇香之氣，是外國所貢，一箸人，則歷月不歇。充計武帝唯賜己及陳騫，餘家無此香，疑壽與女通，而垣牆重密，門閤急峻，何由得爾？乃託言有盜，令人修牆。使反曰：「其餘無異，唯東北角如有人跡。而牆高，非人所踰。」充乃取女左右婢考問，即以狀對。充祕之，以女妻壽。（《世說》〈惑溺〉卅五 5）

又如《晉書》卷四十二〈王濬傳〉：

> ……刺史燕國徐邈有女才淑，擇夫未嫁。邈乃大會佐吏，令女於內觀之。女指濬告母，邈遂妻之。

這些婦女的行為表現，與時代風氣的開放大膽實相關聯，因此干寶、葛洪都針對此一現象，痛加駁斥：

> ……其婦女，莊櫛織紝皆取成於婢僕，未嘗知女工絲枲之業，中饋酒食之事也。先時而婚，任情而動，故皆不恥淫泆之過，不拘妒忌之惡，父兄不之罪也，天下莫之非也。又況責之聞四教於古，修貞順於今，以輔佐君子者哉！（《晉書》卷五〈孝愍帝紀〉）

葛洪也批判道：

> 今俗婦女，休其蠶織之業，廢其玄紞之務，不績其麻，市也婆娑。

舍中饋之事，修周旋之好，更相從詣之適親戚，承星舉火，不已於
行。多將侍從，曄曄盈路，婢使吏卒，錯雜如市，尋道褻謔，可憎
可惡。或宿于他門，或冒夜而反，遊戲佛寺，觀視漁畋；登高臨水，
出境慶弔；開車褰幃，周章城邑；盃觴路酌，絃歌行奏。轉相高尚，
習非成俗。〔註18〕

足見干寶、葛洪對當時婦女的公開行動，大不以爲然，認爲是破壞風俗禮教，
莫此爲甚！

四、兄弟之倫

　　手足之親乃植基於家庭生活中，自然孕育出的情感，其中「兄友弟恭，
長幼有序」是兄弟倫理特別重視的涵蘊，因此兄弟在情感上雖是血濃於水，
密不可分；但在實際行爲、態度上，仍有各自應守的規範與本分，不能隨意
逾越。魏晉時代由於重情越禮的緣故，兄弟之間時或未依傳統禮法行事，而
純任心性、淳眞面目自然表露出摯誠的深情來，如《世說》〈傷逝〉十七 16：

王子猷、子敬俱病篤，而子敬先亡。子猷問左右曰：「何以都不聞消
息？此已喪矣！」語時了不悲。便索輿來奔喪，都不哭。子敬素好
琴，便徑入坐靈牀上，取子敬琴彈，弦既不調，擲地云：「子敬！子
敬！人琴俱亡。」因慟絕良久，月餘亦卒。

王子猷兄弟史書言其性格：一是卓犖不羈，傲達無行；一是高邁不羈，恃才
傲物，均爲不拘禮法，任性放達之人，子猷在應盡喪禮禮儀時，表現一副漠
然、無動於衷的情狀，令人大惑不解，甚或疑其無情無義，但是兄弟友愛的
情懷，在覩物興情的觸動下，原本壓抑的悲苦，一發不可收拾，就在身爲兄
長「人琴俱亡」的哀嘆聲中，徒留天人永隔、手足情深的無奈與傷感。

　　在《世說新語》裡享有溫雅融暢、寬和從容等極高評價的謝安，對任性、
傲慢的弟弟－謝萬，亦極盡呵護、提攜之能事，在《世說》〈簡傲〉廿四 14
可清楚印證：

謝萬北征，常以嘯詠自高，未嘗撫慰眾士。謝公甚器愛萬，而審其
必敗，乃俱行。從容謂萬曰：「汝爲元帥，宜數喚諸將宴會，以說眾
心。」萬從之。因召集諸將，都無所說，直以如意指四坐云：「諸君

〔註18〕《世說新語》〈賢媛篇〉余嘉錫箋疏案引《抱朴子》外篇〈疾謬篇〉之言。

皆是勁卒。」諸將甚忿恨之。謝公欲深著恩信，自隊主將帥以下，
無不身造，厚相遜謝。及萬事敗，軍中因欲除之。復云：「當爲隱士。」
故幸而得免。

在《世說》〈品藻〉九 49 對謝萬的性格、敗績有更進一步的分析：

> 謝萬壽春敗後，簡文問郗超：「萬自可敗，那得乃爾失士卒情？」超
> 曰：「伊以率任之性，欲區別智勇。」

劉孝標注引《中興書》曰：

> 萬之爲豫州，氐、羌暴掠司、豫，鮮卑屯結并、冀，萬既受方任，
> 自率眾入潁，以援洛陽。萬矜豪傲物，失士眾之心。北中郎郗曇以
> 疾還彭城，萬以爲賊盛致退，便向還南，遂自潰亂，狼狽單歸。太
> 宗責之，廢爲庶人。

由以上記載可知謝萬爲人任性驕矜，闇於識見，做哥哥的亦了解弟弟的缺點，
甚至早已洞悉戰敗的必然性，只因器愛的緣故，仍竭盡兄長所能教導、協助，
更在弟弟弄巧成拙，得罪諸將的情況下，收拾殘局，力挽頹勢，最後且設法
免弟死罪。其友愛的情懷誠可謂山高海深。至於周顗、周嵩、周謨三兄弟則
是另一種特殊的情感表現，如《世說》〈方正〉五 26：

> 周叔治作晉陵太守，周侯、仲智往別。叔治以將別，涕泗不止。仲
> 智恚之曰：「斯人乃婦女，與人別唯啼泣！」便舍去。周侯獨留，與
> 飲酒言語，臨別流涕，撫其背曰：「奴好自愛。」

兄弟三人的情性在臨別送行的場合上畢現無遺。老么周謨臨行依依不捨，不
覺潸然淚下；二哥周嵩對弟弟這般兒女姿態，甚爲惱怒，毫不體恤弟弟的處
境，斥責一頓便告離；此時做大哥的周顗表現了爲人兄長的友愛與體貼，陪
著弟弟飲酒話別，分擔離愁憂思，同時也聲淚俱下地撫慰、勸戒么弟好好自
愛、自重。周嵩曾經爲母親分析兄弟三人將來的前程展望，十分具代表性，《世
說》〈識鑒〉七 14：

> 周伯仁母冬至舉酒賜三子曰：「吾本謂度江託足無所。爾家有相，爾
> 等並羅列吾前，復何憂？」周嵩起，長跪而泣曰：「不如阿母言。伯
> 仁爲人志大而才短，名重而識闇，好乘人之弊，此非自全之道。嵩
> 性狼抗，亦不容於世。唯阿奴碌碌，當在阿母目下耳！」

由周嵩言之鑿鑿的分析，可以明白他直切的性格，若將其所言與《世說》〈方
正〉五 26 劉孝標注引《鄧粲晉紀》相對照，不但能發現周嵩識鑒之明，也能

體察到他對哥哥的情義，並非是無手足親情之人：

> ……周嵩字仲智，謨兄也。性絞直果俠，每以才氣陵物。顗被害，
> 王敦使人弔焉。嵩曰：「亡兄，天下有義人，爲天下無義人所殺，復
> 何所弔？」敦甚銜之。猶取爲從事中郎，因事誅嵩。

周嵩識鑒誠明，但是恃才傲物，激切剛直的個性卻成爲致命傷，無法逃避被
殘害的悲劇。周嵩對殺兄的仇人，故不假辭色，顯見對兄長仍心存敬愛之意。
可是以下兩則記述，卻又看出他任性、輕肆的一面：

> 周伯仁爲吏部尚書，在省內夜疾危急。時刁玄亮爲尚書令，營救備
> 親好之至。良久小損。明旦，報仲智，仲智狼狽來。始入戶，刁下
> 牀對之大泣，說伯仁昨危急之狀。仲智手批之，刁爲辟易於戶側。
> 既前，都不問病，直云：「君在中朝，與和長輿齊名，那與佞人刁協
> 有情？」逕便出。（《世說》〈方正〉五27）

又如《世說》雅量六21：

> 周仲智飲酒醉，瞋目還面謂伯仁曰：「君才不如弟，而橫得重名！」
> 須臾，舉蠟燭火擲伯仁。伯仁笑曰：「阿奴火攻，固出下策耳！」

這二則故事充分證明周嵩猖傲、狂誕的反常情形，不但在兄長病情轉危爲安
之際，呵斥、攻擊辛苦一夜照顧病人的恩友，就算對刁玄亮甚爲鄙視，亦足
見其恩怨不分，緩急不明；甚且於酒醉時，口出狂言，舉燭擲兄，似乎心中
積怨、嫉妒之心遠超兄弟情誼，此等舉措實大大違反人性本有之常情常理，
未見眞誠動人的情感存在，絕非任眞自然者所應有的行止。

五、朋友之倫

朋友所處的地位，雖在五倫中列爲最後，然而有時朋友之間相知相許的
程度還超過前四倫。「朋友有信」本是朋友交往時所應具備的基礎，魏晉時代
則於此之外，特別注重隨興所至的愜意、投契以及豪爽豁達的氣度，至於表
面禮教的周到與否，則不甚措意，如《世說》〈任誕〉廿三22：

> 賀司空入洛赴命，爲太孫舍人。經吳閶門，在船中彈琴。張季鷹本
> 不相識，先在金閶亭，聞絃甚清，下船就賀，因共語。便大相知說。
> 問賀：「卿欲何之？」賀曰：「入洛赴命，正爾進路。」張曰：「吾亦
> 有事北京。」因路寄載，便與賀同發。初不告家，家追問迺知。

賀循、張翰在素不相識的情況下，傾蓋如故，張翰且在不拘禮俗的直率中與

友共乘入京。又如《世說》〈任誕〉廿三 26、27 記述溫嶠、庾亮事：

> 溫太真位未高時，屢與揚州、淮中估客樗蒱，與輒不競。嘗一過，
> 大輸物，戲屈，無因得反。與庾亮善，於舫中大喚亮曰：「卿可贖我！」
> 庾即送直，然後得還。經此數四。

> 溫公喜慢語，卞令禮法自居。至庾公許，大相剖擊。溫發口鄙穢，
> 庾公徐曰：「太真終日無鄙言。」

溫嶠一生對東晉朝廷有極大的貢獻，他曾平息王敦、蘇峻之亂，屢有智謀奇計以化除危機，但在此處卻可看見溫嶠任誕放達，不爲史書所載的面貌，他和庾亮可說是患難與共的至交好友，前一則記載，足見庾亮慷慨解囊相助的盛情。後一則足見庾亮對溫嶠放達的尊重，故溫雖「發口鄙穢」，而庾則雅量寬容。另一則故事也可證溫嶠灑脫不拘的個性：

> 衛君長爲溫公長史，溫公甚善之。每率爾提酒脯就衛，箕踞相對彌
> 日。衛往溫許，亦爾。（《世說》〈任誕〉廿三 29）

溫、衛二人情誼甚篤，不因職位高低而有上下尊卑的隔閡，反倒深相契合，隨興之所至，飲酒食肉，促膝長談。從這些任誕名士的交友情況來看，禮法已不是他們依循的標準。而無拘無束，任心而動的相互交往，反更顯友情的眞摯。以下一條將可明瞭任誕名士所抱持的心態：

> 王子猷居山陰，夜大雪，眠覺，開室，命酌酒。四望皎然，因起彷
> 徨，詠左思招隱詩。忽憶戴安道，時戴在剡，即便夜乘小船就之。
> 經宿方至，造門不前而返。人問其故，王曰：「吾本乘興而行，興盡
> 而返，何必見戴？」（《世說》〈任誕〉廿三 47）

王子猷的作風最足以代表任誕之輩「乘興而行，興盡而返」的心態，不只對舊交如此，對不相識者亦復如是：

> 王子猷出都，尚在渚下。舊聞桓子野善吹笛而不相識。遇桓於岸上
> 過，王在船中，客有識之者云：「是桓子野。」王便令人與相聞云：
> 「聞君善吹笛，試爲我一奏。」桓時已貴顯，素聞王名，即便回下
> 車，踞胡牀，爲作三調。弄畢，便上車去。客主不交一言。（《世說》
> 〈任誕〉廿三 49）

客主均爲貴顯之士，雖互相仰慕，卻緣慳一面，就在偶然的際遇下，藉樂聲達到心靈的交流，雙方可以不交一語，各自興盡而返。

　　以上所舉任誕之士在交友時乘興、任眞的行徑，尚未有明顯違反禮教情

事發生。以下則多爲任誕名士不顧世俗禮法、恣意妄爲的舉動：

> 王、劉共在杭南，酣宴於桓子野家。謝鎮西往尚書墓還，葬後三日
> 反哭。諸人欲要之，初遣一信，猶未許，然已停車。重要，便回駕。
> 諸人門外迎之，把臂便下，裁得脫幘著帽。酣宴半坐，乃覺未脫衰。
> （《世說》〈任誕〉廿三 33）

對叔叔應盡的喪禮尚未完成，謝尚對好友的邀約，略作推辭後，便在好友重
邀之下，不顧一切的投入友人酣宴中，連喪服都沒有換下，酣宴過半，才驚
覺此事。謝尚輕率不拘細行的表現，不僅本身毫無愧疚不安，就連朋友們也
不認爲有何欠妥處，劉注引宋明帝文章志曾對此有較詳細的說明：

> 尚性輕率，不拘細行。兄（應作叔）葬後，往墓還，王濛、劉惔共
> 遊新亭，濛欲招尚，先以問惔曰：
>
> 「計仁祖正當不爲異同耳。」惔曰：「仁祖韻中自應來。」乃遣要之。
> 尚初辭，然已無歸意。及再請，即回軒焉。其率如此。

可知這批朋友都具備放達不羈的個性，才能在氣味相投中獲得相交的樂趣。
不過，亦有相知相善的好友，因不堪對方縱恣放誕的行徑而規避者，如謝尚
的堂弟謝奕與桓溫故事：

> 奕……與桓溫善。溫辟爲安西司馬，猶推布衣好。在溫坐，岸幘笑
> 詠，無異常日。桓溫曰：「我方外司馬。」奕每因酒，無復朝廷禮，
> 嘗逼溫飲，溫走入南康主門避之。主曰：「君若無狂司馬，我何由得
> 相見！」奕遂攜酒就聽事，引溫一兵帥共飲，曰：「失一老兵，得一
> 老兵，亦何所怪。」溫不之責。〔註19〕

謝奕與桓溫情誼雖篤，但二人身分畢竟有高下之別，謝奕卻無視於此，仍推布
衣好，在桓溫坐上，縱情放恣，毫不拘束。甚且每因酒醉，其傲誕無禮的舉止，
更是變本加厲。爲了逃避謝奕強逼人飲的惡習，桓溫只有循走他處，以求解脫。
面對謝奕的狂放輕肆，也唯有在桓溫的寬容大度下，才能相安無事。

　　王導與周顗的友誼交往十分特殊，他們原本是親朋密友，孰料卻因周顗
的誕行，引起王導誤解，最後竟造成不可挽回的悲劇。根據《晉書》卷六十
九〈周顗傳〉及《世說》，王導甚重周顗，二人也不時互相以言語調侃，但雙
方皆不以爲忤，由此可推知情誼深厚的程度：

〔註19〕見《晉書》卷 79〈謝奕附傳〉，此則亦見於《世說》〈簡傲〉廿四 8，二者記
　　　　述稍有差異，爲便於行文及內容完整性，故採《晉書》。

> 王公與朝士共飲酒，舉瑠璃盌謂伯仁曰：「此盌腹殊空，謂之寶器，何邪？」答曰：「此盌英英，誠爲清澈，所以爲寶耳！」（《世說》〈排調〉廿五 14）

> 王丞相枕周伯仁黎，指其腹曰：「卿此中何所有？」答曰：「此中空洞無物，然容卿輩數百人。」（《世說》〈排調〉廿五 18）

> 周僕射……詣王公……既坐，傲然嘯詠。王公曰：「卿欲希嵇、阮邪？」答曰：「何敢近舍明公，遠希嵇、阮！」（《世說》〈言語〉二 40）

然而這分親密的情感，卻因王敦舉兵叛變事而有了變化，據《晉書》〈周顗傳〉記載：

> 初，敦之舉兵也，劉隗勸帝盡除諸王，司空導率羣從詣闕請罪，值顗將入，導呼顗謂曰：「伯仁，以百口累卿！」顗直入不顧。既見帝，言導忠誠，申救甚至，帝納其言。顗喜飲酒，致醉而出。導猶在門，又呼顗。顗不與言，顧左右曰：「今年殺諸賊奴，取金印如斗大繫肘。」既出，又上表明導，言甚切至。導不知救己，而甚銜之。敦既得志，問導曰：「周顗、戴若思南北之望，當登三司，無所疑也。」導不答。又曰：「若不三司，便應令僕邪？」又不答。敦曰：「若不爾，正當誅爾。」導又無言。導後料檢中書故事，見顗表救己，殷勤款至。導執表流涕，悲不自勝，告其諸子曰：「吾雖不殺伯仁，伯仁由我而死。幽冥之中，負此良友！」

周顗的死，與他不當的言行有極密切的關係。姑不論周顗爲何要隱埋救助好友的動機，在王導整個家族因王敦事件陷入愁雲慘霧中，隨時有被滅族的重大危機時，周顗就算不願公開聲援王導，也不該以玩笑輕浮的行止刺激心焦如焚的好友，除了使他失去理智判斷並挑起仇恨怨憤的敵意。當危難化解後，這項錯誤卻未曾泯除，反使王導在不明究裡的情況下，間接殺了救命恩人。友誼的逆轉與悲慘的結局，恐非周顗當初率意而行時所預料得到的。

　　綜合而言，任誕名士的行徑在依據五倫加以分類並探究其實質內涵之後，可以歸納出二種現象：一是行爲雖放誕，但卻仍能合乎倫理的要求，只是表現方式有所差異，情感的蘊涵仍然濃烈、眞摯而感人，他們可說是任性情之眞，亦即任自然的具體典範；另一種行爲誕放的程度則流於狂恣、任性，已經是越禮逆理，違反人情之常，未嘗見眞誠動人的情感存在，故直可視爲「狂誕」，而不許其爲「任誕」。

第三章　任誕士風第一階段（曹魏至西晉建國前）

中國歷史上疆域最廣、氣勢如虹的統一大帝國 —— 漢朝，至東漢末年已呈現氣數將盡的衰亡跡象，種種政治、學術、社會方面的弊端，已逐漸腐蝕這個曾經締造過輝煌成就的王朝，使國本為之動搖，終於在兵荒馬亂、群雄割據的紛擾局勢中，退出歷史舞台。儘管政權已改朝換代，東漢對繼起王朝在政治、學術、社會方面的影響仍舊存在，甚至對後來歷史的發展具有決定性的誘導作用。因此，在探討魏晉任誕士風時，仍有必要針對東漢末年的情勢加以論析，更何況任誕士風所以興起的原因，正與之息息相關，不容忽視。

第一節　政治、學術狀況的分析

一、政治方面

東漢本有嚴密的政治組織，但自和帝以後，君主多為幼年即位，壽祚又短，政權遂落在外戚、宦官手中，由於二派勢力互有消長，常因爭奪權勢，演變成衝突對立的局面，國運就在擾攘不安的政治糾葛下，日趨沒落。桓靈之際，政綱尤弛，桓帝時外戚梁太后之兄梁冀專權暴虐，忌害忠良，桓帝不平，乃與宦官單超等五人共謀，除滅梁冀。但單超等五人封侯後，卻結黨作惡，貪殘橫行，從此宦官權柄在握，左右皇室，種下日後亡國的禍因。

當然士大夫崇尚氣節，評論時政，特別對敗壞綱紀的宦官集團大力抨擊，司隸校尉李膺，執法嚴政不阿，糾劾奸佞，繩之以法，使宦官囂張氣燄大減，

為污濁的朝政開創新契機。宦官集團在勢蹙力迫的困境裡，先下手為強，遣人上書誣告李膺與太學生共為朋黨，誹謗朝廷，造成「黨錮之禍」。據《後漢書》卷六七〈黨錮列傳〉記述：

> 時河內張成善說風角，推占當赦，遂教子殺人。李膺為河南尹，督促收捕，既而逢宥獲免，膺愈懷憤疾，竟案殺之。初，成以方伎交通宦官，帝亦頗誶其占。成弟子牢脩因上書誣告膺等養太學遊士，交結諸郡生徒，更相驅馳，共為部黨，誹訕朝廷，疑亂風俗。於是天子震怒，班下郡國，逮捕黨人，布告天下，使同忿疾，遂收執膺等。其辭所連及陳寔之徒二百餘人，或有逃遁不獲，皆懸金購募。使者四周，相望於道。

靈帝繼立，大將軍竇武與太傅陳蕃同心戮力，延聘名賢共事，使委靡的朝政露出一線曙光。二人並密謀誅翦宦官曹節、王甫等，惜太后對悉數殲滅宦官的行動，猶疑未決，以致消息走漏，坐失良機，造成另一次劫難：

> 張儉鄉人朱並，承望中常侍侯覽意旨，上書告儉與同鄉廿四人別相署號，共為部黨，圖危社稷……靈帝詔刊章捕儉等。大長秋曹節因此諷有司奏捕前黨故司空虞放，太僕杜密、長樂少府李膺……太尉掾范滂等百餘人，皆死獄中。…其死徒廢禁者六七百人。(《後漢書》〈黨錮列傳〉)

這次宦官集團的勝利，只不過是漢朝覆亡的前兆，甚且更加速它的到臨。

　　獻帝登基後，由何后主政，后兄何進以大將軍身分輔佐，又圖盡誅宦官，因緩慢行事，謀畫欠周，不僅何進被宦官設計誘殺，更造成董卓、袁紹、袁術等軍閥各自割據，獨霸一方，就在兵連禍結中，大漢河山隨之變色。

　　黨錮之禍對知識分子身心的戕害至深且鉅，由史書所載「黨事始於甘陵、汝南，成於李膺、張儉，海內塗炭，二十餘年，諸所蔓衍，皆天下善士」(《後漢書》〈黨錮列傳〉) 可以證明。

　　除了外戚、宦官把持政權外，東漢吏治也早已出現偏頗激詭的現象，如順帝時左雄上書中所述：

> 漢初至今，三百餘載，俗浸彫散，巧偽滋萌，下飾其詐，上肆其殘。典城百里，轉動無常，各懷一切，莫慮長久。謂殺害不辜為威風，聚斂整辦為賢能，以理己安民為劣弱，以奉法循理為不化。〔註1〕

〔註 1〕見《後漢書》卷六十一本傳。

又李固亦言及：

> 伏聞詔書務求寬博，疾惡嚴暴。而今長吏多殺伐致聲名者，必加遷賞；其存寬和無黨援者，輒見斥逐，是以淳厚之風不宣，彫薄之俗未革。〔註2〕

可知順帝時吏治已有嚴酷、苛暴的情形，而爲洞燭機先的官員剴切指陳，以期朝廷有所更革。另外對官員的考績只重表面而未能求實效，「觀政於亭傳，責成於期月」的作法，只有使求進者粉飾欺瞞以利官運亨通，虛矯作僞之風自難避免。徐幹對於這個現象有更深入的描述：

> 桓靈之世，其甚者也。自公卿大夫，州牧郡守，王事不恤，賓客爲務，冠蓋塡門，儒服塞道，饑不暇餐，倦不獲已，殷殷汸汸，俾夜作晝；下及小司，列城墨綬，莫不相商以得人，自矜以下士。星言宿駕，送往迎來，亭傳常滿，吏卒傳問（「傳問」一作「侍門」，當從之。見梁榮茂《徐幹中論校證》，炬火夜行，闇寺不閉，把臂捩腕，扣天矢誓，推託恩好，不較輕重；文書委於官曹，繫囚積於圄圉，而不遑省也。詳察其爲也，非欲憂國恤民，謀道講德也，徒營己治私，求勢逐利也。〔註3〕

政府官員「上行下效」，置王事於度外，只以賓客間之送往迎來爲務，他們爲政的著眼點全不在憂國恤民，謀講道德，僅看重一己的私利、權位而已。東漢自光武以來，積極提倡儒學，上自帝王下至平民百姓，莫不敦尙研習儒家典籍，除了在學問知識方面的熱烈追求外，朝廷也藉著選舉賢良方正與孝廉以獎勵士人的氣節，因此東漢風俗向以「淳美」著稱。可是由徐幹這段指陳，可知漢末已不復當年盛況，知識分子似已有頗大的轉變，經國治世的理想與懷抱，不再是他們念茲在茲的志向，只汲汲營營的爲小我私利謀畫、奔走，是什麼原因造成士人自甘墮落、日趨下流呢？政治的腐敗、內閧；既得利益者枉顧民生國事，專在小集團裡明爭暗鬥，並不時以高壓恐嚇手段阻撓眞心爲國爲民的正直之士，甚至使他們成爲政治權力的犧牲品。現實政治環境既如此昏暗，積極進取的態度反成爲招禍之所由，於是明哲保身或夤緣附會尋

〔註2〕見《後漢書》卷六十三本傳。

〔註3〕見徐幹「中論」譴交篇。（商務印書館，四部叢刊本），梁榮茂《徐幹中論校證》（臺北：牧童出版社，民國69年5月增訂版），〈譴交〉第十二：「類聚引：亭作「停」；「傳問」，作「侍門」。案：傳問，無義，傳涉上文而誤。作「侍門」，是也。」頁97。

求個人政治前途，遂成爲多數士人的因應之道。

漢末羣雄割據的紛亂狀況，經過赤壁之戰後，形成魏、蜀、吳三國鼎立的局面。曹操在挾持獻帝以自重的有利條件下，以兗州爲根據地，南征北討，完成曹魏統一北方的大業。東漢此時早已名存實亡了。曹操取得主控權後，首先推行屯田政策，以穩固戰後經濟基礎；其次爲了摧抑名門士族的反對勢力，俾鞏固自己新政權，乃下令唯才是舉，樹立新的用人標準。此舉雖然奏效，但曹操對士族不合作的態度，往往亦採取嚴厲強硬的手段，毫不寬假，被曹操所殺知名之士即有：孔融、邊讓、楊脩、崔琰、華陀等等。其中孔融和挫辱曹操以致間接爲其所殺的禰衡，便是有意藉任誕的言行以表達對曹操施政手腕的強烈不滿。

魏文帝延康元年，採用吏部尚書陳羣建議，定九品官人之法，使士家大族從此在政治利益上獲得極大的保障，根據《新唐書》卷一百九十九〈儒學〉中柳沖所撰氏族論云：

> 魏氏立九品，置中正，尊世冑，卑寒士，權歸右姓已。其州大中正、
> 主簿、郡中正、功曹，皆取著姓士族爲之，以定門冑，品藻人物。
> 晉宋因之……

由於曹操父子所面臨的時代問題已不盡全同，再加上處事作風的差異，故在甄拔人才的方法上，魏文帝顯然是採取與士家大族協調、合作的步驟，從此九品中正制就和門閥勢力不可分開，且成爲士族的特權享有達數百年之久！

曹魏自八歲的齊王芳繼位後，國政由曹爽及司馬懿共同輔政，二派勢力便展開激烈的政權爭奪戰。起初是曹爽集團執掌樞要，至正始十年，司馬懿以石破天驚的手腕，發動政變，從此曹魏軍政大權，全部爲司馬氏掌握，但也使整個國家陷入整肅異己的殘酷殺戮中。

根據史書的記載，魏晉遞嬗之際，誅伐事件不勝枚舉，如《魏志》卷四〈少帝紀〉云：

> 嘉平元年……有司奏收黃門張當付廷尉考實其辭，爽與謀不軌。又
> 尚書丁謐、鄧颺、何晏、司隸校尉畢軌、荊州刺史李勝、大司農桓
> 範皆與爽通姦謀，夷三族。
>
> 嘉平六年……中書令李豐，與后父光祿大夫張緝，謀廢大將軍司馬
> 師，以太常夏侯玄爲大將軍，中領軍許允爲太尉，緝爲驃騎將軍；
> 事覺，諸所連及者，皆夷三族。

其餘如毌丘儉、諸葛誕，甚至如高貴鄉公曹髦皆因造反抵抗罪名，慘遭迫害。由於司馬氏手段毒辣險狠，遂激起士人以任誕言行自衛或變相抵制的作為，形成當代特殊的文化現象。

二、學術方面

　　政治因素雖影響士人深遠，但是學術思想的危機也不容漠視。東漢崇尚儒學，學風鼎盛，經過二、三百年獨尊一家的局面，不僅缺少其他學說有力的衝擊；學術本身又失去創新、調節的活力，往往形成僵化的教條，或淪為政治工具，使人只著重枝微末節，忽略主體精神所在，而有「見樹不見林」之憾！

　　東漢學術思想界有二項特色，一是以讖緯之學言災異、解經書。二是著重訓詁，義理不彰。原本讖緯乃術士之書，與經義並不相涉，﹝註4﹞直到五經成為作官取士，獲得利祿之憑藉後，「緣飾以儒術」遂為士人行事準則，一時風尚，方士們欲提高讖緯之術的層次與地位，便利用朝野尊經的大好時機，使經書、讖緯產生比附關係，從此讖緯便以「附驥尾」的方式得到異乎尋常的地位，並在歷史中發生很重要的影響力。特別在哀、平之際，王莽用讖緯符命作為篡漢的依據，此後便大為興盛，各種利己論說皆挾讖緯以自重，《後漢書》卷八十二上〈方術列傳〉云：

> 漢自武帝頗好方術，天下懷協道藝之士，莫不負策抵掌，順風而屆焉。後王莽矯用符命，及光武信讖言，士之赴趣時宜者，皆馳騁穿鑿爭談之也。故王梁、孫咸名應圖籙，越登槐鼎之任。鄭興、賈逵以附同稱顯。桓譚、尹敏以乖忤淪敗。自是習為內學，尚奇文，貴異數，不乏於時矣。

另外據《東觀漢紀》卷一建武六年云：

> 光武以讖緯為號召，賴豪族大姓之力，復興漢室後，深信讖緯。雖在軍中，猶以餘閒講經義，發圖讖。

光武帝篤信不疑，崇尚讖緯的作風，終東漢之世都未能擺脫它的陰影籠罩，甚至變本加厲，如明帝永平元年，樊儵以讖記正五經異說（《後漢書》卷三二〈樊宏傳〉）；永平三年依曹充建言詔改郊廟樂曰大予樂，樂官曰大予樂官，以應圖

﹝註4﹞徐養原緯侯不始於哀平辨云：「圖緯乃術士之書，與經義本不相涉。」（《經義叢鈔》卷二十）

讖（《後漢書》卷三五〈曹襃傳〉及《東觀漢紀》卷二）；章帝章和元年，侍中曹襃依準舊典，雜以五經讖記之文，撰次天子至於庶人冠婚吉凶終始制度，正定漢儀（《後漢書》卷三五本傳），曹襃以經、讖含混夾雜的方式製定漢禮，並自稱此舉乃「當仁不讓」之要務。這套前所未有的禮儀制度，激起部分人士強烈的反對，認為曹襃擅製漢禮，破壞聖術，罪宜刑誅。其實章帝起意制定禮樂的理由即依據河圖、尚書璇璣鈐等立說，風吹草偃的結果，就有曹襃承旨的改制。漢禮最終雖寢而未行，但此事件正充足反映讖緯之術的勢力非同小可。當時雖有桓譚、尹敏、張衡、荀悅攻訐讖緯之虛妄謬誤（參見《文心雕龍》〈正緯篇〉），但仍不能遏止風尚之所趨，且由這批持反對意見者一一受制於信仰圖讖君主的際遇，即可知讖緯思想根深蒂固，深受重視之一斑。

　　《文心雕龍》〈正緯篇〉曾說：「緯多於經，神理更繁」，似乎緯書的複雜繁瑣較經學有過之而無不及，其實東漢經學亦有頗為紛亂糾結的層面。而漢代儒學之所以興盛的原因，誠如班固所分析的說法：

> 自武帝立五經博士，開弟子員，設科射策，勸以官祿；訖於元始，百有餘年。傳業者寖盛，支葉繁滋。一經說至百餘萬言，大師眾至千餘人，蓋祿利之路然也。〔註5〕

經學之盛，由於以利祿誘惑之故，使經學傳播迅速，學習人數驟增，至東漢時期據《後漢書》所載「太學人才自順帝更修黌宇，增甲乙文科，梁太后詔大將軍，下至六百石，悉遣子弟入學，遊學增盛，至三萬餘生。」〈儒林傳〉大師教授、著錄的生徒弟子比西漢時千餘人更多，如牟長著錄前後萬人，蔡玄著錄更高達萬六千人。〔註6〕人數的成長，並不能保證質的精純，尤其在經學鼎盛的西漢，經學已發展成「一經說至百餘萬言」的畸形地步，盛衰之間只有一線之隔，隨著經學的日漸興盛；它的弊端也逐日浮現，班固在《漢書》〈藝文志〉即已深入剖析經學衰敝的根源：

> 古之學者，耕且養，三年而通一藝，存其大體，玩經文而已。是故用日少而畜德多，三十而五經立也。後世經傳既已乖離；博學者又不思多聞闕疑之義，而務碎義逃難，便辭巧說，破壞形體，說五字

〔註5〕見《漢書》〈儒林傳〉贊。

〔註6〕見《後漢書》卷一百零九〈儒林傳〉：「蔡玄字叔陵，汝南南頓人也。學通五經。門徒常千人。其著錄者萬六千人。」，「牟長字君高，樂安臨濟人也。少習歐陽尚書……自為博士，及在河內，諸生講學者常有千餘人，著錄前後萬人。」

之文至於二三萬言；後進彌以馳逐。故幼童而守一藝，白首而後能
言。安其所習，毀所不見，終以自蔽。此學者之大患也。〔註7〕

從「存大體，玩經文」講求實質內涵，修身養德，演變到務求碎義巧說，自
蔽不前，經學逐漸脫離常軌發展。至東漢師法下復分家法，今文之外別立古
文，形成各派家法及今古文之爭，「經有數家，家有數說。章句多者或乃百餘
萬言，學徒勞而少功，後生疑而莫正。」〔註8〕；「今學以古學爲變亂師法，
古學以今學爲『黨同妒眞』相攻若讐，不相混雜。」〔註9〕由於經文解釋各家
不同，令人莫衷一是，訓詁之學乃大興，但因過於枝蔓紛歧，反使義理曚昧
不明，及至鄭康成出，融合今古文說，打破門戶禁忌「括囊大典，網羅眾家，
刪裁繁誣，刊改漏失，自是學者略知所歸。」〔註10〕

鄭康成集大成的努力，對經學弊病的改革雖然具有功效，但究竟積弊已
深，再加上政治紊亂對學術的斲傷力太大，正如范蔚宗在《後漢書》〈儒林傳〉
論說：

……揚雄曰：「今之學者，非獨爲之華藻，又從而繡其鞶帨。」夫書
理無二，義歸有宗，而碩學之徒，莫之或徙，故通人鄙其固焉，又
雄所謂「譊譊之學，各習其師」也。且觀成名高第，終能遠至者，
蓋亦寡焉，而迂滯若是矣。然所談者仁義，所傳者聖法也。故人識
君臣父子之綱，家知違邪歸正之路。自桓、靈之間，君道秕僻，朝
綱日陵，國隙屢起，自中智以下，靡不審其崩離……〔註11〕

范蔚宗首先指明爲學之迂滯不通，已不爲有識之士重視；但他亦不抹殺儒學
在教導、引正人心方面具有一定的價值，以致東漢在傾頹式微間仍持續好幾
十年光景。然而朝綱的崩散，使儒學失去了政治上運作的意義，它的沒落就
更加速了，魚豢在《魏略》〈儒宗傳〉序說：

從初平之元（漢獻帝年號），至建安之末，天下分崩，人懷苟且，綱
紀既衰，儒道尤甚。……正始中，有詔議圜丘，普延學士，是時郎官
及司徒，領吏二萬餘人，雖復分布，見在京師者，尚且萬人，而應書

〔註 7〕　見《漢書》〈藝文志〉。
〔註 8〕　見《後漢書》卷三五〈鄭玄傳〉論。
〔註 9〕　見皮錫瑞《經學歷史》，（臺北：龍泉書屋，民國 69 年 5 月初版），〈經學中衰
　　　　時代〉，頁 142。
〔註 10〕　同註 8。
〔註 11〕　見《後漢書》卷七十九〈儒林傳〉論。

與議者，略無幾人。又是時朝堂公卿以下四百餘人，其能操筆者，未
有十人。多皆相從飽食而退。嗟呼！學業沈隕，乃至於此。〔註12〕

建安末年學業沈隕的現象實令人怵目驚心！這段話不只透露儒學的衰敝，也
顯示士人苟且喪志，使應有的操守、氣節盪然無存。

儒術本身雖有長期定於一尊的護身符，卻出現許多不利的因素，諸如重
讖緯、講章句、勸功名等，不但使其僵化，也失去學術原本面目，反成為有
心人士利用的工具，至此經術幾已無可挽救。再加上曹操鑒於漢末以來徒尚
虛名而無實才之弊，遂強調重法，唯才是舉而不計德性。在建安時期，曹操
藉著當權的地位，發表內容驚人的求賢四令：

建安八年令：未聞無能之人，不鬥之士，並受祿賞，而可以立功興
國者也。故明君不官無功之臣，不賞不戰之士；治平尚德行，有事
賞功能。

建安十五年令：今天下未定，此特求賢之急時也……若必廉士而後
可用，則齊桓其何以霸世！今天下得無有被褐懷玉而釣于渭濱者
乎……二三子其佐我名揚仄陋，唯才是舉，吾得而用之。

建安十九年令：夫有行之士未必能進取，進取之士未必能有行也。陳
平豈篤行，蘇秦豈守信邪？而陳平定漢業，蘇秦濟弱燕。由此言之，
士有偏短，庸可廢乎！有司明思此義，則士無遺滯，官無廢業矣。

建安廿二年令：昔伊摯、傅說出於賤人……皆用之以興。……韓信、
陳平負汙辱之名，有見笑之恥，卒能成就王業，聲著千載……今天
下得無有至德之人放在民間，及果勇不顧，臨敵力戰；若文俗之吏，
高才異質，或堪為將守；負汙辱之名，見笑之行，或不仁不孝而有
治國用兵之術：其各舉所知，勿有所遺。〔註13〕

曹操雖在第四令中亦將至德之人放在所舉之列，但總括而言，最引人注目的，
莫過於他再三標榜的「唯才是舉」、「重才輕德」觀念，令中尤其強烈流露出
對有行無才之人的蔑視。曹操為振衰起敝，對他「沈疴下猛藥」的苦衷似應
有所諒解，但卻導致學術風氣的轉變，「今之學者，師商韓而上法術，競以儒
家為迂闊，不周世用」（《三國志》卷十六〈杜恕傳〉）儒術唯我獨尊的地位不

〔註12〕見《全三國文》卷四十三。
〔註13〕見《魏書》〈武帝紀〉第一。

再，而思想根基的動搖，正好也給予士人重新反省、檢討的機會。

漢末中原大亂，荊州未受戰火波及，劉表為八俊之一，禮賢下士，頓時成為學術重鎮。王粲〈荊州文學記官志〉（《全後漢文》卷九十一）云：

> 乃命五業從事宋衷所作文學，延朋徒焉。宣德音以贊之，降嘉禮以勸之，五載之間，道化大行；耆德故老綦毋闓等負書荷器，自遠而至者，三百有餘人。

蜀書李譔傳云：

> 父仁，字德賢，與同縣尹默俱遊荊州，從司馬徽、宋忠等學，譔具傳其業。……著古文易、尚書、毛詩、三禮、左氏傳、太玄指歸，皆依準賈馬，異於鄭玄。與王氏（肅）殊隔，初不見其所述，而意歸多同。

可知荊州學術著重古文，並已注意易及太玄，誠兩漢至魏晉學術轉變的樞紐。至何晏、王弼始大暢玄風，創立玄學的根基。《晉書》卷四三〈王衍傳〉云：

> 魏正始中，何晏王弼等祖述老莊，立論以為天地萬物皆以無為本；無也者，開物成務，無往而不存也者。陰陽恃以化生，萬物恃以成形，賢者恃以成德，不肖者恃以免身。故無之為用，無爵而貴矣。

《文心雕龍》〈論說篇〉亦論及：

> 魏之初霸，術兼名法，傅嘏王粲，校練名理。迄至正始，務欲守文；何晏之徒，始盛玄論。於是聃周當路，與尼父爭途矣。

學術風氣由於何晏、王弼二人祖述莊老，注書談論的結果，此後魏晉數百年的歷史便籠罩在玄學的風潮下，雖然各個時代的內容或有差異，但是都對當代造成深遠的影響，並引起時人或後世相當多的批評，無論是持諒解的觀點或詆毀的論調，均可證明玄風在魏晉時代所映照出的光與熱。

漢末混亂黑暗的政局，儒學本身的拘執不化以及曹魏以來循名責實的政治策略，在在迫使士人對於一連串的政治、學術變化採取因應措施，因而也促成士人結合力量以維護自身的權益並表達他們的理想與主張。由清議的果效和黨錮之禍牽連的深廣，可見士人影響力之大。〔註14〕自東漢以來，士人在政治、學術、經濟上佔有相當的優勢，無論是選舉或鄉里清議均操縱在他們手中，有些雖然無一官半職，其權力之大實屬罕見，如《後漢書》卷六八〈符融傳〉：

> 時漢中晉文經、梁國黃子艾並恃其才智，炫耀上京，臥託養疾，無

〔註14〕《後漢書》〈黨錮列傳范滂傳〉：「其時黨人之禍愈酷，而名愈高，天下皆以名入黨中人為榮。范滂初出獄歸汝南，南陽士大夫迎之者，車千輛。」

> 所通接。洛中士大夫好事者承其聲名,坐門問疾,猶不得見。三公
> 所辟召見輒以詢問之,隨所臧否,以爲與奪。

晉、黃二人儼然成爲國家三公的幕後決策人,可見名士所享聲望之隆。名士們除了本身具有卓越品鑒人物的才能之外,本身也多出自大姓、冠族。因此,在選舉、清議時,往往有所袒護,失去公允持平的立場,衍生弊端,仲長統《昌言》曾指出:

> 天下士有三俗,選士而論族姓閥閱,一俗。交遊趨富貴之門,二俗。
> 畏服不接於貴尊,三俗。

王符《潛夫論》〈實貢篇〉云:

> 夫志道者少友,逐俗者多儔,是以舉世多(朋)黨而用私,競比質
> 而行趨華,貢士者非復依其質幹,準其材行也,直虛造空美,掃地
> 洞說,擇能者而書之……〔註15〕

由此可見,注重門閥、家世、朋黨交結已是東漢以來特有的社會現象。漢末士人因意氣相感、同志相許,彼此標榜品題,蔚然成風,且有「三君」、「八俊」、「八顧」、「八及」、「八廚」之目:

> 自是正直廢放,邪枉熾結,海內希風之流,遂共相標榜,指天下名
> 士爲之稱號;上曰三君,次曰八俊,次曰八顧,次曰八及,次曰八
> 廚,猶古之八元、八凱也。竇武、劉淑、陳蕃爲三君。君者,言一
> 世之所宗也。李膺、荀翌、杜密、王暢、劉祐、魏朗、趙典、朱寓
> 爲八俊。俊者,言人之英也。郭林宗、宗慈、巴肅、夏馥、范滂、
> 尹勳、蔡衍、羊陟爲八顧。顧者,言能以德行引人者也。張儉、岑
> 晊、劉表、陳翔、孔昱、范康、檀敷、翟超爲八及。及者,言其能

〔註15〕 見《潛夫論》(商務印書館,四部叢刊本)及胡楚生《潛夫論集傳》,(臺北:鼎文,民國 68 年 11 月初版),頁 245。註釋(二):汪繼培云:「《傳》作『朋黨用私,背實趨華。』按《韓非子・孤憤篇》云:『臣利在朋黨用私。』《漢書・貨殖傳・序》云:『僑民背實而要名。』此以朋爲多,以背實爲比質,並誤,行字亦疑衍,程本又誤用爲朋,古書多朋用三字,往往相亂,《戰國策》韓公仲朋亦作韓仲,《史記・甘茂傳》作公仲侈,《漢書・古今人表》又作公中用,《霍去病傳》:『校尉僕多有功,封爲煇渠侯。』顏師古曰:『《功臣侯表》作僕朋,今此作多,轉寫者誤也。』二事正與此類。」◎楚生案:此文疑當作「是以舉世多朋黨而用私,競背實而趨華」,王本、育文本黨上有「朋」字,此作「背」,無「行」字,當從之。程本、崇文本、掃葉本、日刊本用並作「朋」,並非是。《本傳》作「朋黨用私,背實趨華」,乃約簡此文者也。

導人追宗者也。度尚、張邈、王考、劉儒、胡母班、秦周、蕃嚮、

王章爲八廚。廚者，言能以財救人者也。〔註16〕

在眾多名士中，他們的結黨相交，除了志行相同外，身分地位的類似亦是不可忽略的原因。據唐長孺先生的考訂，〔註17〕其中多以大姓、冠族爲主，如竇武屬貴戚，陳蕃、李膺、杜密、荀翌、劉祐等，或任官職，或家世顯赫，且幾乎都以察舉孝廉起家，儘管也有貧寒出身如郭林宗者，究屬少數，而他們最終也成爲大姓、名士了。自曹魏實施「九品中正」制，則更加強了對士族權益的保障，日人宮崎市定曾說明士人享有的特權爲：一、任官權，二、就學權，三、免役權。〔註18〕政治上既享有實質的權益，很自然地在社會、經濟上也建立起穩固的地位。因戰爭動亂的關係，大量破產逃亡的農民尋求新的庇護；而豪族大姓爲了確保生命財產的安全，築起碉堡塢壁，聚集流民，組織強大部曲，成員既是武裝勢力，也是勞動人口，一等戰事底定，龐大的部曲便成爲門閥得貨財的來源，奠定深厚紮實的社會、經濟勢力。〔註19〕各種因素良性循環的結果，使得魏晉士人獲得空前的利益與地位，這些都對任誕士風的產生及其展現風貌有十分密切的關係。

第二節　任誕人物的風格及行爲表現

任誕士風所以興起的原因，一方面固與客觀政治、學術環境的激盪，使士人產生自覺有關；另一方面也與士人的家世或性格有所關聯，而構成各個人物的特殊風格。此一階段人物可以正始名士何晏及竹林七賢的阮籍、嵇康、王戎、劉伶〔註20〕及劉昶爲代表，以下試分述之：

〔註16〕見《後漢書》卷六七〈黨錮列傳〉。

〔註17〕見唐長孺「魏晉南北朝史論拾遺」，「東漢末期的大姓名士」，頁29。

〔註18〕參宮崎市定《九品官人の研究》（京都：京都大學東洋史研究會，1956年），第三章第七節，頁247。

〔註19〕詳見王瑤《中古文學史論》（臺北：長安出版社，民國75年6月3版），〈政治社會情況與文士地位〉，頁19～20。唐長孺《魏晉南北朝史論拾遺》，〈南北朝時期的客和部曲〉，頁3～4。

〔註20〕《世說》〈文學〉四94「袁彥伯作名士傳成」，劉孝標注曰：「宏以夏侯太初、何平叔、王輔嗣爲正始名士。阮嗣宗、嵇叔夜、山巨源、向子期、劉伯倫、阮仲容、王濬沖爲竹林名士。裴叔則、樂彥輔、庾子嵩、王安期、阮千里、衛叔寶、謝幼輿爲中朝名士。」

《世說》〈任誕〉廿三1「陳留阮籍，譙國嵇康，河內山濤，三人年皆相比，

一、何　晏

　　正始名士中，何晏身分十分特殊，據《三國志》本傳，何晏本爲何進之孫，因母改嫁曹操，從此得與曹魏公子同列。少以才秀知名，好老莊言，作道德論及諸文賦著述凡數十篇。又依〈魏略〉云：

> ……晏無所顧憚，服飾擬於太子，故文帝特憎之，每不呼其姓字，嘗謂之爲「假子」。晏尚主，又好色，故黃初時無所事任。及明帝立，頗爲冗官。至正始初，曲合于曹爽，亦以才能，故爽用爲散騎侍郎，遷侍中尚書。晏前以尚主，得賜爵爲列侯，又其母在內，晏性自喜，動靜粉白不去手，行步顧影。

何晏本爲名門之後，曹魏時雖貴爲公子，可是身分卻十分尷尬，但何晏並沒有卑屈退讓，反而肆無忌憚，服飾擬於太子，可知其桀驁不遜的性格。又性自喜，動靜粉白不去手，行步顧影，《世說》〈容止〉十四2即言何晏美姿儀，面至白。《晉書》〈五行志〉並說他好服婦人之服，傅玄認爲「此服妖也。」雖然六朝傾向陰柔美，但何晏任性放誕的舉措，足以令人側目，而六朝名士服食養生的風氣，相傳亦爲何晏首創，《世說》〈言語〉二14：

> 何平叔云：「服五石散，非唯治病，亦覺神明開朗。」劉注引秦丞相寒食散論曰：「寒食散之方雖出漢代，而用之者寡，靡有傳焉。魏尚書何晏首獲神效，由是大行於世，服者相尋也。」

何晏行止據史書記載並沒有太高的評價。《魏志》〈管輅傳〉注引輅別傳：

> 舉爲秀才，輅辭裴使君（徽），使君言「何尚書神明精微，言皆巧妙，巧妙之志，殆破秋豪，君當慎之。」又曰：「裴使君問：『何平叔一代才名，其實何如？』輅曰：『其才若盆盎之水，所見者清；所不見者濁。神在廣博，志不務學，弗不成才。欲以盆盎之水，求一山之形，形不可得，則知由此惑。故說老、莊則巧而多華，說易生義則美而多僞。華則道浮，僞則神虛。得上才則淺而流絕，得中才則游精而獨出。輅以爲少功之才也。』」（引自《世說》〈文學〉四6余嘉錫校箋一）

余嘉錫先生以爲管、裴二人對何晏評語，係在曹爽事敗之後，或不免詆之過

康年少亞之。預此契者：沛國劉伶，陳留阮咸，河內向秀，琅邪王戎。七人常集于竹林之下，肆意酣暢，故世謂『竹林七賢』。」
文中分類本此而來，唯七賢中的山濤、向秀無誕行記載故不論。阮咸則以其無所爲而爲，歸入下一章討論。

當，但是批評何晏志不務學，弗能成才，作學問浮華虛僞，誠少功之才的論點，在《三國志》〈曹爽傳〉裡卻可以得到更進一步的了解：

> ……明帝崩，齊王即位，加爽侍中，改封武安侯，邑萬二千戶，賜劍履上殿，入朝不趨，贊拜不名……其餘諸弟，皆以列侯侍從，出入禁闥，貴寵莫盛焉。南陽何晏、鄧颺…咸有聲名，進趣於時，明帝以其浮華，皆抑黜之；及爽秉政，乃復進敘，任爲腹心……初，爽以宣王年德並高，恆父事之，不敢專行。及晏等進用，咸共推戴，說爽以權重不宜委之於人。乃以晏爲尚書，典選舉……晏等專政，共分割洛陽、野王典農部桑田數百頃，及壞湯沐地以爲產業，承勢竊取官物，因緣求欲州郡……其作威如此。爽……數與晏等會其中，飲酒作樂……。

何晏投身曹爽政治集團，不僅識略淺陋，其憑寵自放、目無法紀的作風，顯見其浮華放達的個性，實不具備經國治世的才能，因此管、裴對何晏的評語仍是十分有見地的。何晏以其通貴顯要的地位，主持風氣，對魏晉玄風的流暢，確居首功，學術上的貢獻不可磨滅。但他行事爲人的放任不羈，卻使他壯志未酬，葬送在險惡的政治糾葛中。

二、阮　籍

阮籍的父親即建安七子之一的阮瑀，少受學於蔡邕，曾任曹操司空軍謀祭酒，管記室。軍國書檄，多出自阮瑀之手。阮籍家學淵源，亦以才藻艷逸，聞名於世。他的性格據《三國志》〈魏書〉所載「倜儻放蕩，行己寡欲，以莊周爲模則。」《晉書》本傳則詳加描述：

> 籍容貌瓌傑，志氣宏放，傲然獨得，任性不羈，而喜怒不形於色。
> 或閉戶視書，累月不出；或登臨山水，經日忘歸。博覽羣籍，尤好
> 莊老。嗜酒能嘯，善彈琴。當其得意，忽忘形骸。時人多謂之癡。

綜合前述二書的記載，對阮籍爲人應有初步的了解，他的內心世界極爲豐富；外在行爲則與眾不同，十分具有個人強烈的色彩。《魏書》〈阮籍附傳〉引《魏氏春秋》曰：

> 籍曠達不羈，不拘禮俗。性至孝，居喪雖不率常檢，而毀幾至滅性，兗州刺史王昶請與相見，終日不得與言，昶歎賞之，自以不能測也。太尉蔣濟聞而辟之，後爲尚書郎、曹爽參軍，以疾歸田里。歲餘，

爽誅……後朝論以其名高，欲顯崇之。籍以世多故，祿仕而已。聞
步兵校尉缺，廚多美酒，營人善釀酒，求爲校尉。遂縱酒昏酣，遺
落世事。嘗登廣武，觀楚、漢戰處，乃歎曰：「時無英才，使豎才成
名乎！」時率意獨駕，不由徑路，車迹所窮，輒慟哭而反……。

阮籍的性行表現，除了本身性格的因素，現實環境的刺激也是使他以如此任
誕放達面目展現在世人面前的重要原因。年少時期的阮籍也曾懷抱雄心壯
志，服務家國，在詠懷詩第十五首中，他清楚寫下思路歷程的轉變：

昔年十四五，志尚好詩書。被褐懷珠玉，顏閔相與期。開軒臨四野，
登高望所思。丘墓蔽山岡，萬代同一時。千秋萬歲後，榮名安所之。
乃悟羨門子，噭噭令自嗤。〔註21〕

爲何積極入世的襟懷一變而爲消極頹喪，認爲人生無常，終歸塵土，毫無意
義呢？問題就在他的理想已被現實世界所扼殺、斷絕，面對沒有絲毫希望、
遠景的未來，豈能不感到灰心頹喪呢？「邦有道，則仕；邦無道，則可卷而
懷之。」（《論語》〈衛靈公篇〉），「邦有道，不廢；邦無道，免於刑戮。」（《論
語》〈公冶長篇〉），阮籍的選擇顯然可見。但是阮籍對人生價值觀是否眞的全
然放棄，不再堅持呢？

徘徊蓬池上，還顧望大梁。綠水揚洪波，曠野莽茫茫。走獸交橫馳，
飛鳥相隨翔。是時鶉火中，日月正相望。朔風屬嚴寒，陰氣下微霜。
羈旅無儔匹，俛仰懷哀傷。小人計其功，君子道其常。豈惜終憔悴，
詠言著斯章。〔註22〕

詩中透顯出對人生常道的堅持，不惜憔悴的執著。這與阮籍任誕放達，不拘
禮法，以致爲名教之士疾之若讎的風格似不甚相符，這其中代表什麼涵義呢？
彭毅師在〈阮籍詠懷詩的情意表象與實際〉一文中解釋說：

實際上，放誕與不拘禮法，是他對醜惡現實的反動；「無常」之感，
也是對生命與當世的虛幻和荒謬而作的抗議。在意識的深處，他
仍是渴望肯定眞實的價值 —— 一種完全不被權勢虛偽所污染的
價值。……阮籍所嗟歎或諷刺的「無常」，多半是外在於人而非人
所能操縱控制的，如生命短暫、權勢名位、富貴盛衰等等……所
謂的「常」，則往往能操之在我，是內在的道德，不屈的精神呈

〔註21〕逯欽立輯校《先秦漢魏晉南北朝詩》（臺北：木鐸出版社）卷十阮籍詩，頁499。
〔註22〕同前註，頁499～501。

現……。〔註23〕

如此看來，阮籍放誕不羈的行爲就不是純然出於倜儻曠達的個性而已，乃是有所爲而爲的，看他批斥那羣虛僞、無恥禮教之徒的口吻是何等激動、辛辣！但在面對政治衝突時，卻又表現得那樣謹愼、委婉，如口不臧否人物，自求東平太守、兵步校尉等，這都證明阮籍具有一獨立自主的人格，身處歪曲悖繆的世代，對於人生常理常則仍然肯定它最高的價值！他沒有隨波逐流，自暴自棄，在面臨強大政治迫害時，選擇委曲求全，保全自尊的方式，其目的在全身亦在維持一己人格的完整。〔註24〕面對霸道專橫的君主及其爪牙，阮籍的妥協並不意味著投降，從他以祿仕爲遊戲的態度可知，他並未眞正屈服，或許對他而言，命喪霸主手中，根本是無意義的犧牲，他寧可做自己的主人，決定生命的方向。然而，在現實的箝制中，如何能辦得到？這恐怕就是他「酣飲無常」，「窮迹慟哭」的內在眞實原因吧？

三、嵇　康

　　嵇康家世儒學，出身士族，與阮籍家世相近。康父昭，任督軍糧治書侍御史，兄喜爲晉揚州刺史、宗正。《魏書》本傳只有寥寥數語記載：「時又有譙郡嵇康，文辭壯麗，好言莊、老，而尚奇任俠。至景元中，坐事誅。」〔註25〕嵇康同阮籍一樣具有卓越的文學創作能力，也都長而愛好莊老思想，其性格也有獨特異人之處，另據嵇喜爲康所作傳云：

> …少有儁才，曠邁不羣，高亮任性，不脩名譽，寬簡有大量。學不師受，博洽多聞，長而好老、莊之業，恬靜無欲。性好服事，嘗採御上藥。善屬文論，彈琴詠詩，自足於懷抱之中。〔註26〕

由傳記內容，可知嵇康孤高任性的人格特質，嵇康亦曾在〈與山巨源絕交書〉中，對好友剖析自己的性格：

> ……吾直性狹中，多所不堪。……少加孤露，母兄見驕，不涉經學，性復疏嬾，筋駑肉緩……又縱逸來久，情意傲散。簡與禮相背，嬾

〔註23〕 本文係彭毅師于民國77年4月9日「台大中文系學術討論會」之演講稿。
〔註24〕 廖師蔚卿〈魏晉名士的狂與痴〉：「至於阮籍雖反對權勢，卻口不臧否人物，連嵇康也自歎不如。故他的放誕態度，除了保全人格和自尊外，還有全身的作用。」收于《現代文學季刊》第卅三期（民國57年），頁38。
〔註25〕 見《魏書》卷二十一〈嵇康傳〉，頁605。
〔註26〕 同前註。

與慢相成。而爲儕類見寬，不攻其過。又讀莊老，重增其放。故使榮進之心日頹；任實之情轉篤……阮嗣宗口不論人過，吾每師之而未能及。至性過人，與物無傷，唯飲酒過差耳。至爲禮法之士所繩，疾之如讎，幸賴大將軍保持之耳。吾不如嗣宗之資，而有慢弛之闕，又不識人情，闇于機宜，無萬石之愼，而有好盡之累。久與事接，疵釁日興，雖欲無患，其可得乎？〔註27〕

這封書信主要目的在向山濤表明以自己剛直簡慢的個性實不宜擔任朝官，信中也坦率露骨地說出對當前政治的立場：「每非湯武而薄周孔」，明顯地表示對司馬氏家天下作風的不滿。雖然信中言語容或有誇張之處，但是參照實際行事看來，嵇康對現況及將來艱險的命運，似早已瞭然於胸了，而隱士孫登亦曾預言道：「君性烈而才雋，其能免乎！」但嵇康也曾試圖盡己之力避開世俗的凶惡，王戎甚且說他「與康居二十年，未嘗見其喜慍之色。」（《世說》〈德行〉一16，《晉書》卷四十九本傳）；他也深知「禍從口出」的道理，但他卻不能像阮籍一樣「口不論人過」，由於剛腸疾惡的性格，使他無法緘默、隱忍，故當司馬昭的爪牙又是貴幸公子的鍾會「乘肥衣輕，賓從如雲」耀武揚威的來刺探嵇康政治意向時，嵇康箕踞而鍛，根本不予理睬，鍾會臨去，嵇康譏諷地問：「何所聞而來？何所見而去？」鍾會對此無禮舉動深銜在心，借呂安事件，譏詆其罪：「康、安等言論放蕩，非毀典謨，帝王者所不容，宜因釁除之，以淳風俗。」〔註28〕嵇康雖願「全眞養素」、「賤物貴身」，最終仍難逃政治迫害者的魔掌。在幽憤詩中嵇康對自己的境遇有令人萬分悲痛的記述：

……曰余不敏，好善闇人……惟此褊心，顯明臧否。感悟思愆，怛若創痏。欲寡其過，謗議沸騰。性不傷物，頻致怨憎。昔慙柳惠，今愧孫登。內負宿心，外恧良朋…咨予不淑，嬰累多虞，匪降自天，寔由頑疎。理弊患結，卒致囹圄。……實恥訟寃，時不我與。雖曰義直，神辱志沮。……順時而動，得意忘憂。嗟我憤歎，曾莫能儔。事與願違，遘茲淹留。窮達有命，亦又何求……。〔註29〕

嵇康的人生悲劇反映出一個是非不明、黑白顛倒的時代，他在詩中對自己褊

〔註27〕《全晉文》卷四七，頁1321～1322。
〔註28〕見《魏書》本傳裴注引魏氏春秋；《晉書》本傳卷四九〈嵇康傳〉；《世說》〈簡傲〉廿四3。
〔註29〕同註21，卷九，頁481。

狹、頑疎的個性所導致的過失，深表哀悔痛怛之意，不但認爲有違宿心，也愧對良朋。其實，他守正不阿、見義勇爲的作風，並沒有過錯可言，也正是人類可貴的操守。錯只錯在他身處眞理幽暗、公義沈寂的世代，雖嵇康對莫須有的死刑罪名，並不能完全釋懷，但他臨刑東市，神氣不變，彈琴以終的從容無懼之色，不正是「風雨如晦，雞鳴不已」的君子最佳典範嗎？而山濤也認爲嵇康爲人「巖巖若孤松之獨立」，〔註30〕可想見其凜然特立之風姿！在魏晉時代容貌舉止之美是當時社會所推崇、標榜的，嵇康不僅以「風姿特秀」、「蕭蕭肅肅，爽朗清舉」（《世說》〈容止〉十四 5）「龍章鳳姿，天質自然」贏得當代眾人的賞譽，更以遠邁卓絕的內在精神特質，吸引三千名太學生於其臨刑之際爲他請命，延以爲師。〔註31〕由此可見，嵇康雖未居高官，卻儼然已成爲一代知識分子心目中的精神領袖。

四、王　戎

　　出身於家世顯赫的瑯邪王氏大族，據《晉書》本傳，戎父、祖皆任刺史等官職。王戎「幼而穎悟，神采秀徹」，具有洞燭機先的能力。王戎夙慧早熟，竟和長他廿歲之多的阮籍心相共鳴，互爲賞識。「爲人短小，任率不修威儀，善發談端，賞其會要」，王戎雖貌不驚人，但「戎眼爛爛，如巖下電」（裴楷評語），善於清談論辯，性格雖不拘小節，大而化之，但「性至孝，不拘禮制，飲酒食肉，或觀奕棊，而容兒毀悴，杖然後起。」〔註32〕

　　足見反禮教背後的眞心摯愛。王戎最爲人訾議的缺失在於「性好興利」又錙銖計較，到了苛刻、吝嗇的地步。《世說》〈儉嗇〉二十九有多條相關記載：

> 王戎儉吝，其從子婚，與一單衣，後更責之。劉注引王隱晉書曰：「戎性至儉，不能自奉養，財不出外，天下人謂之膏肓之疾。」（第 2 條）
>
> 司徒王戎，既貴且富，區宅僮牧，膏田水碓之屬，洛下無比。契疏鞅掌，每與夫人燭下散籌算計。（第 3 條）
>
> 王戎有好李，賣之，恐人得其種，恒鑽其核。（第 4 條）

〔註30〕見《世說》〈容止〉十四 5。
〔註31〕見《世說》〈雅量〉六 2。
〔註32〕《晉書》卷四三〈王戎傳〉。

> 王戎女適裴頠，貸錢數萬。女歸，戎色不說。女遽還錢，乃釋然。（第
> 5 條）

王戎儉吝的程度，實不得不令人驚怪，甚至連自己女兒借貸未還也不稍假辭色。《晉書》〈王戎〉本傳曾載其本欲收受賄賂，因為人察覺而拒收，雖有君主為其開脫，卻為清慎之士所鄙：

> ……南郡太守劉肇賂戎筒中細布五十端，為司隸所糾，以知而未納，
> 故得不坐，然議者尤之。帝謂朝臣曰：「戎之為行，豈懷私苟得，正
> 當不欲為異耳！」帝雖以是言釋之，然為清慎者所鄙，由是損名。

《世說》〈儉嗇〉廿九 3 劉注引晉諸公贊曰：「戎性簡要，不治儀望，自遇甚薄，而產業過豐，論者以為台輔之望不重。」依照王戎這般鄙吝事迹看來，顯示為人十足的自私自利，一副守財奴的惡劣形象。對於他的作為，史傳則另有一番說解：

> 戎多殖財賄，常若不足。或謂戎故以此自晦也。（《世說》〈儉嗇〉廿
> 九 3 劉注引晉陽秋）

> 王戎晦默於危亂之際，獲免憂禍，既明且哲，於是在矣。或曰：「大
> 臣用心，豈其然乎？」逵曰：「運有險易，時有昏明，如子之言，則
> 蘧瑗、季札之徒，皆負責矣。自古而觀，豈一王戎也哉？」（同上引
> 戴逵論）

余嘉錫先生對戴逵的說辭，不與苟同，他認為：

> 觀諸書及世說所言，戎之鄙吝，蓋出於天性。戴逵之言，名士相為
> 護惜，阿私所好，非公論也。〔註33〕

其實，就王戎一生行事而言，他全生自衛的用心相當顯白，王戎政績以伐吳成功最為彰著，進爵為安豐縣侯，此後官運雖亨通，卻無傑出的表現，只得到「庶績修理」的泛泛評價，並且王戎還常勸誡友朋注意明哲保身之道，如鍾會伐蜀，誡之曰：「道家有言，為而不恃，非成功難，保之難也。」又戎專斷刑賞，威震內外的東安公繇「大事之後，宜深遠之。」又如「王政將圮，苟媚取容，屬愍懷太子之廢，竟無一言匡諫。」〔註34〕《晉書》並指明其處世的心態：

> 戎以晉室方亂，慕蘧伯玉之為人，與時舒卷，無蹇諤之節。自經典
> 選，未嘗經寒素，退虛名，但與時浮沈，戶調門選而已。尋拜司徒，

〔註33〕《世說》〈儉嗇〉廿九 3 箋疏二。
〔註34〕同註32。

雖位總鼎司，而委事僚案。

可見王戎並不願與政權發生任何衝突，他只是安時處順，以趨吉避凶罷了。

王戎嘗經黃公酒爐下過，回顧車後客曰：

> 吾昔與嵇叔夜、阮嗣宗酣暢於此，竹林之游亦預其末。自嵇、阮云亡，吾便為時之所羈紲。今日視之雖近，邈若山河！（見《世說》〈傷逝〉十七 2 及《晉書》本傳）

緬想昔日與先輩把酒暢談的情景，不能不感慨係之，當年的王戎亦曾意氣風發，有所執著，如今卻為世俗事務所絆，與時浮沈而已，因此廖師蔚卿嘗言：

> 王戎以反禮法全人格，又以好漁利自汙以全生命。這種借任誕而成其明哲保身的用心，不僅難獲世人瞭解與容許，並且難於持之而不移，所以王羲之與謝萬書說：「古之辭世者，或被髮佯狂，或污身穢跡，可謂艱矣。」！（《晉書》〈王羲之傳〉）確是知言。〔註35〕

五、劉　伶

《世說》〈容止〉十四 13 曾這樣形容劉伶的相貌：「身長六尺，貌甚醜顇，而悠悠忽忽，土木形骸。」所謂土木形骸，即言其外表如土木，不加雕飾，質樸無華。劉注引梁祚魏國統曰：「劉伶，字伯倫，形貌醜陋，身長六尺，然肆意放蕩，悠焉獨暢。自得一時，常以宇宙為狹。」可以想見劉伶亦為一特立獨行之士，諸書記載都強調其形貌之醜陋，這與魏晉特別注重儀容風姿之美有關。但是劉伶內在含蘊的資質卻亦有感動人之處，據《晉書》卷四九本傳云：

> ……放情肆志，常以細宇宙齊萬物為心。澹默少言，不妄交游，與阮籍、嵇康相遇，欣然神解，攜手入林。初不以家產有無介意。常乘鹿車，攜一壺酒，使人荷鍤而隨之，謂曰：「死便埋我。」其遺形骸如此。

劉伶雖放情肆志，卻是個不交非類，十分有原則的人，既能與嵇、阮相見欣然，應是彼此情志可以產生共鳴所致。因此，劉伶內心並不如外表那樣的頹廢荒唐，終日與酒為伍的心態，當也有個人的寄託、愁懷在其中。觀其所著酒德頌，就可以略為領悟他的人生觀及為何唯酒是務的原因：

> 有大人先生，以天地為一朝，萬期為須臾，日月為扃牖，八荒為庭

〔註35〕同註24。

衢。行無轍迹，居無室廬，幕天席地，縱意所如。止則操卮執觚，
動則挈榼提壺，惟酒是務，焉知其餘。有貴介公子，搢紳處士，聞
吾風聲，議其所以，乃奮袂攘襟，怒目切齒，陳說禮法，是非蜂起。
先生於是方捧罌承槽，銜杯漱醪，奮髯箕踞，枕麴藉糟，無思無慮，
其樂陶陶。兀然而醉，怳爾而醒。靜聽不聞雷霆之聲，熟視不睹泰
山之形。不覺寒暑之切肌，利欲之感情。俯觀萬物，擾擾焉若江海
之載浮萍。二豪侍側焉，如螺蠃之與蟆蛉。〔註36〕

劉伶如同阮籍爲文取笑那般貴介公子，搢紳處士，以禮法作爲衡量別人是非
的準繩，欲使是非蜂起。但大人先生與天地精神相往來，唯酒是務，自然逍
遙，反而沒有是非，其樂陶陶，劉伶認爲他們才應該接受大人先生的潛移默
化呢！從這段反諷的文章裡，可以知道劉伶、嵇康、阮籍都嫌憎虛僞作假、
自以爲是的禮教信徒，鄉愿小人。現實環境的污濁不堪，使阮籍需以酒澆胸
中塊壘，劉伶當然也有「以酒澆愁」的苦悶，不過，劉伶在實際行爲表現上
的放達任性，卻是十分聳動聽聞的，如《世說》〈任誕〉廿三6：

劉伶恆縱酒放達，或脫衣裸形在屋中，人見譏之。伶曰：「我以天地
爲棟宇，屋室爲幝衣，諸君何爲入我幝中？」

從劉伶的回答中，也顯示當代個體意識的覺醒，注重個人人格的獨立完整，才
會出現這樣自負的口吻與作爲，而不在乎別人的眼光！另外，劉伶病酒的情形
已至不可自拔的地步，《世說》〈任誕〉廿三3曾記下這段頗具戲劇化的情節：

劉伶病酒，渴甚，從婦求酒。婦捐酒毀器，涕泣諫曰：「君飲太過，
非攝生之道，必宜斷之！」伶曰：「甚善。我不能自禁，唯當祝鬼神，
自誓斷之耳！便可具酒肉。」婦曰：「敬聞命。」供酒肉於神前，請
伶祝誓。伶跪而祝曰：「天生劉伶，以酒爲名，一飲一斛，五斗解酲。
婦人之言，慎不可聽。」便引酒進肉，隗然已醉矣。

劉伶此處全然一副貪婪的酒鬼模樣，似乎酒已不再是如阮籍作爲避禍全生之
用，而是使他「無思無慮，其樂陶陶」的麻醉劑了。

六、劉　昶

晉書無傳。根據《世說新語》〈任誕〉、〈簡傲〉等篇及《晉書》〈王戎傳〉

的相關記載，昶字公榮，沛國人。爲人通達，仕至兖州刺史。（《世說》〈任誕〉
廿三 4 注引劉氏譜及晉陽秋）劉公榮名知人，性尤好酒（《世說》〈賞譽〉八
14 引虞預晉書及〈簡傲〉廿四 2 引竹林七賢論）。《世說》裡對他的記述都與
酒有關：

> 劉公與人飲酒，雜穢非類，人或譏之。答曰：「勝公榮者，不可不與
> 飲；不如公榮者，亦不可不與飲；是公榮輩者，又不可不與飲。」
> 故終日共飲而醉。（〈任誕〉廿三 4）

> 王戎弱冠詣阮籍，時劉公榮在坐。阮謂王曰：「偶有二斗美酒，當與
> 君共飲。彼公榮者，無預焉。」二人交觴酬酢，公榮遂不得一桮。
> 而言語談戲，三人無異。或有問之者，阮答曰：「勝公榮者，不得不
> 與飲酒；不如公榮者，不可不與飲酒；唯公榮，可不與飲酒。」（〈簡
> 傲〉廿四 2）

前後二則故事，似呈現一種關聯性，阮籍彷彿有意藉劉昶自己的飲酒觀，和
好友開個玩笑，明知其嗜酒，卻滴酒不與，吊足他的胃口。劉昶寬容雅量，
不以爲忤，仍能自得於懷。劉昶的通達也表現在與人飲酒不拘對方身分的高
低，一視同仁。在注重門第階級的當時，名門望族常不屑與不如己者共處。
劉昶的舉止，雖遭人譏刺，他卻自有一套不同於流俗的見解，故能不擇人共
飲而醉，這種豁達的胸襟實在令人激賞。由於資料的限制，無法進一步分析
其好酒的背後，是否有其他的動機。

第四章　任誕士風第二階段（西晉建國至南渡以前）

　　司馬炎於西元二六五年，代魏立晉，史稱晉武帝。但是直到西元二八○年，武帝出兵平吳之後，西晉才算是完成統一的王朝。在這個階段裏，任誕士人並沒有像處在朝代興替間的嵇、阮一般，有極為艱險、高壓迫害的政治環境，而這原本是他們所以任誕的最主要原因。在主因消逝之後，任誕士風卻未見衰減反益發興盛，甚至較前代有過之而無不及，無論在人數或種種任誕的行徑表現上，都十分可觀，究竟是什麼因素造成這股風潮持續不斷？又與前一階段有何不同的面貌？以下即嘗試加以分析、探究。

第一節　政治、學術狀況的分析

一、政治環境

　　司馬炎即位以來，面對百廢待舉的局面，曾頒布施行不少寬仁措施，以撫慰戰亂中百姓受創的身心，如減免天下租稅，除舊嫌，解禁錮，使亡官失爵者復位等，且下詔大弘儉約，禁奢靡，出御府珠玉玩好之物，頒賜王公以下各有差（《晉書》〈武帝紀〉泰始元年令）；又嘗詔告「郡國守相，三載一巡行屬縣，見長吏，觀風俗，存問耆老，親見百年。錄囚徒，理冤枉，詳察政刑得失，知百姓所患苦。揚清激濁，舉善彈違……」（泰始四年）；武帝並嘉許直言切諫的作風：「讜言謇諤，所望於左右也。人主常以阿媚為患，豈以爭臣為損哉？」還因而罷黜請求治罪諫臣的官吏（泰始八年）；可見武帝確實銳

意革新，頗想有一番積極作為。《晉書》本紀亦說「帝宇量弘厚，造次必於仁恕；容納讜正，未嘗失色於人；明達善謀，能斷大事，故得撫寧萬國，綏靜四方。承魏氏奢侈刻弊之後，百姓思古之遺風，乃屬以恭儉，敦以寡欲。有司嘗詔奏御牛青絲紖斷，詔以青麻代之。臨朝寬裕，法度有恆。」對武帝施政初期，給予頗高的評價，也肯定政績的果效，惜未能慎始敬終，自「平吳之後，天下乂安，遂怠於政術，耽於游宴，寵愛后黨，親貴當權，舊臣不得專任，彝章紊廢，請謁行矣。」其實，西晉建國以來，即已出現不少隱憂，武帝的荒怠，使問題加速惡化，嚴重斲傷國家的命脈。

晉武帝本出身於東漢以後的世家大族，再加上西晉仍沿襲曹魏以來的「九品官人」法，自然形成士族政治，「上品無寒門，下品無世族」的現象更是積重難返了。西晉初年，世家大族如琅邪王祥、滎陽鄭沖、陳國何曾、臨淮陳騫、潁川荀顗、荀勗、河東衛瓘、裴秀、太原王渾、王沈、泰山羊祜、河內山濤、京兆杜預等，或以國之耆老，特蒙優禮；或以參與魏晉遞嬗之際的祕策密謀，任掌機要；或以連姻皇室，位居要津。[註1]這批士族不但擁有政治上的優勢，更進一步取得經濟利益，享有占田蔭戶及免除租稅等的特權。經濟與政治力量的結合，使世家大族的社會地位益形鞏固。

然而，世家大族的豪奢與貪污，卻使他們逐漸腐化，失去積極作為的鬥志。這股歪風蔓延甚廣，連原本主張儉約的武帝自平吳後，也沈浸在聲色之娛，縱慾狂歡，《晉書》有云：

> 時帝多內寵，平吳之後復納孫皓宮人數千，自此掖庭殆將萬人。而並寵者甚眾，帝莫知所適，常乘羊車，恣其所之，至便宴寢。宮人乃取竹葉插戶，以鹽汁灑地，而引帝車。[註2]

帝王的放縱固已至此，王侯公卿淫奢相競的風氣，更到匪夷所思的地步！當代首富石崇與外戚王愷鬥富的舉動，不但武帝未加勸阻，反推波助瀾，支持王愷。其他勳臣外戚如何曾、王濬、王濟、羊琇、賈謐等，都以奢豪誇示於人。為了滿足生活上的物質慾望，橫徵暴斂，賄賂貪污等情事就不可避免了，王愷、石崇固不必論，即如名賢杜預者，也數次賄賂洛中貴要而不以為恥。[註3]武帝且

〔註1〕參見王仲犖《魏晉南北朝史》上冊，第三章第二節〈西晉的黑暗統治與八王之亂〉，頁209。

〔註2〕見《晉書》卷卅一〈后妃傳〉中之胡貴嬪傳。

〔註3〕見《晉書》卷卅四〈杜預本傳〉。

賣官鬻爵，以官錢入私門，較之東漢桓、靈帝「賣官錢入官庫」更不如。〔註4〕
西晉拜金主義盛行的結果，使社會風氣敗壞，綱紀廢弛，隱士魯褒曾著「錢神
論」譏刺當代金錢至上的畸形景象：

> 錢之為言泉也，無遠不往，無幽不至。京邑衣冠，疲勞講肆，厭聞
> 清談，對之睡寐，見我家兄，莫不驚視。錢之所祐，吉無不利，何
> 必讀書，然後富貴！……無德而尊，無勢而熱，排金門而入紫闥。
> 危可使安，死可使活，貴可使賤，生可使殺。是故忿爭非錢不勝，
> 幽滯非錢不拔，怨讎非錢不解，令問非錢不發。

> 洛中朱衣，當塗之士，愛我家兄，皆無已已。執我之手，抱我終始，
> 不計優劣，不論年紀，賓客輻輳，門常如市。諺曰：「錢無耳，可使
> 鬼。」凡今之人，惟錢而已。〔註5〕

魯褒將上流社會嗜錢如命，標榜金錢萬能的情狀，刻劃十分入微，唯利是圖
的後果是「綱紀大壞，貨賂公行，勢位之家，以貴陵物，忠賢路絕，讒邪得
志，更相薦舉，天下謂之互市焉。」〔註6〕金錢與惡勢力一旦糾結不清，國家
政局焉能不江河日下，岌岌可危呢？

　　對於政治社會上的頹風，武帝並不能加以重整，反有默許之嫌，對於權
臣間的明爭暗鬥，常優柔寡斷，縱容情勢的惡化，以致朋黨紛然，鮮少有顧
全大局者。以伐吳事件來說，主戰派的羊祜、張華與反對派賈充、荀勖等，
爭論多時，疑而未決，及至平吳之後，代表大族的賈充、荀勖對主戰派的得
勢怨懟，妒恨不已，伺機譖毀於帝前。平吳將帥也為「爭功」互相較量，其
中王濬、王渾爭執最烈，武帝竟寬仁以待，均加封賞，使雙方隔閡加大，有
如仇敵一般。不僅於此，「立嗣」問題所造成的政治風暴，至動搖國本。武帝
晚年，諸子並弱，太子衷不敏，朝臣內外，皆屬意其同母弟齊王攸。但是荀
勖、馮紞等諂媚大臣，懼立攸為嗣，禍必及己，遂竭力阻撓、破壞，武帝亦
終不能廢子立弟，齊王攸被遣就國，憂憤疾發而亡。晉惠帝嗣立之後，師心
自用的大臣再加上酷虐成性的賈后幕後操縱，國事日非是必然的道理。

　　自東漢以來異族遷徙入中國境內的人數已日益增多，有時還被利用為戰
爭時的兵力，異族勢力發展至晉朝時已不容忽視了，他們與漢人不斷發生衝

〔註4〕見《晉書》卷八五〈劉毅傳〉。
〔註5〕見《晉書》卷九四〈魯褒傳〉。
〔註6〕見《晉書》卷四〈惠帝本紀〉。

突，隨時有爆發的危機存在。故具識見之大臣多主張徙戎，以除禍患。其中，以江統徙戎論最著：

> ……非我族類，其心必異，戎狄志態，不與華同。而因其衰弊，遷之畿服，士庶翫習，侮其輕弱，使其怨恨之氣，毒於骨髓。至於蕃育眾盛，則坐生其心，以貪悍之性，狹憤怒之情，候隙乘便，輒爲橫逆。而居封域之內，無障塞之隔，掩不備之人，收散野之積，故能爲禍滋擾，暴害不測。此必然之勢，已驗之事也。當今之宜，宜及兵威方盛，眾事未罷，徙馮翊、北地。……戎、晉不雜，並得其所……縱有猾夏之心，風塵之警，則絕遠中國，隔閡山河，雖爲寇暴，所害不廣。〔註7〕

江統不僅對戎狄勢力提出預警，實際形勢也已到「西北諸郡，皆爲戎居」，「關中之人，百餘萬口，率其少多，戎狄居半」〔註8〕的局面，因此接連著有郭欽、傅玄、江統、阮種等人向朝廷大聲疾呼注意此一問題的嚴重性，其後五胡亂華的事實證明了他們的高瞻遠矚。然而當時朝政鬆弛，又繼之以「八王之亂」，內鬨不休，正給予夷狄入侵的絕佳時機。

起初，晉武帝有鑑於曹魏承漢以來「眾建諸侯少其力」的作法，使中央失去宗室屏藩的能力，便大封同姓諸王，優禮有加，除可享有兵權，且可自選本國的文武官吏，擁有相當雄厚的政治勢力。中央方面，自平吳全國統一之後，即偃武修文，悉去州郡兵，以免除州郡積重之勢，一旦州郡武力裝備解除，握有兵權、軍隊的諸王宗室，就可趁機發動事件，「八王之亂」的禍因實肇基於此。

晉惠帝的愚騃不明，使皇后賈氏專擅亂政，爲奪取外戚楊駿權勢，不惜利用八王，引起戰端，又極盡離間挑撥之能事，周旋其間，得到控制全局的主宰地位，後因廢殺太子遹，激起公憤，在趙王倫的計誘之下被賜身死，直至永寧元年，趙王倫稱帝被殺，惠帝復位，暫告一段落。接著齊王冏入朝專政，因驕奢擅權，又引發諸王間一連串的討伐行動，最後司馬王越成爲最後的勝利者，惠帝遭越毒殺，其弟熾繼立爲懷帝。晉室骨肉相殘的慘劇，終於落幕，自元康元年（西元 291 年）始，到光熙元年（西元 306 年）止，共計十六年之久，喪亡人數達二、三十萬之多。

〔註7〕《晉書》卷五六〈江統傳〉：「統深惟四夷亂華，宜杜其萌，乃作徙戎論。」
〔註8〕同註7。

胡族趁著中原諸王鬩牆之際，大舉叛亂，匈奴劉聰派兵出擊洛陽，於永嘉五年攻陷，縱兵大肆搜略，擄懷帝北去，史稱「永嘉之禍」。懷帝於次年遇害，大臣乃迎立武帝孫秦王業即帝位，是爲愍帝。在劉聰族弟劉曜的圍攻下，勉強支撐了四年，兵窮糧盡，終於投降。西晉國祚只有五十二年。好不容易維持的大一統局面又重新分裂，中原再度陷入紛亂的戰火中。

西晉武帝時的安泰，促使部分名士競以豪侈誇張的任誕行徑傲示於人，這是前期任誕士風所沒有的現象。另一方面由於政黨爭權激烈的結果，士人慘遭殺戮的恐怖局勢又再度出現，爲了要免於政治風暴或強權的脅迫，因明哲保身、拒予妥協、任眞自然等目的而有的任誕行爲遂造成任誕士風另一次的高潮。

二、玄學發展

何晏、王弼奠立了玄學的基礎，使「正始玄風」成爲兩晉名士傾慕、效法的對象。王何二人祖述老莊，立論以「無」爲本，據改造過的老子思想解釋儒家經典，如何晏作「道德論」、「論語集解」；王弼注「老子」，注「周易」及「論語釋疑」，企圖建立他們的玄學新體系，並達成齊一儒道，調和「自然」與「名教」的目的，可見王何二人哲理鑽研之用心，但是他們最爲兩晉名士歡賞的部分，係擅長於通辯論難，《世說》〈文學〉四6注引文章敍錄曰：「晏能清言，而當時權勢，天下談士，多宗尙之。」又引魏氏春秋曰：「晏少有異才，善談易、老。」，由於何晏身分貴顯，清談風氣傳播相當迅速，王弼辭鋒亦十分犀利精敏，《世說》〈文學〉四6有云：

> 何晏爲吏部尚書，有位望，時談客盈坐，王弼未弱冠往見之。晏聞弼名，因條向者勝理語弼曰：「此理僕以爲極，可得復難不？」弼便坐難，一坐人便以爲屈，於是弼自爲客主數番，皆一坐所不及。

何晏、王弼不僅以妙善玄言獲得時人推崇，西晉名士並以「正始之音」爲稱讚嘉許之辭，如《世說》〈賞譽〉八51云：

> 王敦爲大將軍，鎮豫章。衛玠避亂，從洛投敦，相見欣然，談話彌日。于時謝鯤爲長史，敦謂鯤曰：「不意永嘉之中，復聞正始之音。阿平若在，當復絕倒。」

西晉時王衍、樂廣等，祖述玄虛，宅心事外，不圖在學術思想上深進，而只以談論爲主了。《世說》〈賞譽〉八23：

> 衛伯玉爲尚書令，見樂廣與中朝名士談議，奇之曰：「自昔諸人沒以
> 來，常恐微言將絕。今乃復聞斯言於君矣！」注引晉陽秋曰：「尚書
> 令衛瓘見廣曰：『昔何平叔諸人沒，常謂清言盡矣，今復聞之於君！』
> 王隱晉書曰：「衛瓘有名理，及與何晏、鄧颺等數共談講，見廣奇之
> 曰：『每見此人則瑩然猶廓雲霧而覩青天。』」

對樂廣清談內容雖不得而知，但是因他使微言、清言再振的緣故，便自然成
爲西晉清談的領袖。由《世說》〈文學〉四16可以探悉樂廣清談的實際情況：

> 客問樂令「旨不至」者，樂亦不復剖析文句，直以麈尾柄确几曰：「至
> 不？」客曰：「至！」樂因又舉麈尾曰：「若至者，那得去？」於是
> 客乃悟服。樂辭約而旨達，皆此類。

足證清談必需具有要言不繁，比喻適切，意旨深遠的功力，《世說》〈賞譽〉
八25：

> 王夷甫自歎：「我與樂令談，未嘗不覺我言爲煩。」注引晉陽秋曰：
> 「樂廣善以約言厭人心，其所不知，默如也。太尉王夷甫、光祿大
> 夫裴叔則能清言，常曰：『與樂君言，覺其簡至，吾等皆煩。』」

言簡意遠的境界是清談名士心嚮往之的最高造詣，所以連當時亦爲清談領袖
的王衍也要佩服樂廣，自歎不如了。王衍出身琅邪王氏，爲王戎的堂弟，對
何晏、王弼「貴無」論點極爲推重，但裴頠卻著崇有論以譏誚、反對，〔註9〕
王衍卻並不介意，處之泰然，據《晉書》卷四十三〈王衍傳〉云：

> 衍既有盛才美貌，明悟若神，常自比子貢。兼聲名藉甚，傾動當世。
> 妙善玄言，唯談老莊爲事。每捉玉柄麈尾，與手同色。義理有所不
> 安，隨即改更，世號「口中雌黃」。朝野翕然，謂之「一世龍門」矣。
> 累居顯職，後進之士，莫不景慕放效。選舉登朝，皆以爲稱首。矜
> 高浮誕，遂成風俗焉。

王衍以世家大族又兼朝廷顯職的身分，帶動朝野清談的風氣，雖然他常因義
理不安，隨即見風轉舵，但這並未影響其聲譽，也可見當時清談並非嚴肅性
的學術思想討論，而談辯時的風姿神采更是眾人關注的焦點所在。甚至清談
玄言還對矜高浮誕的風俗有相輔相成之效。樂廣雖出身孤貧，但因裴楷、王
戎諸名士的薦舉及作爲成都王穎岳父的關係，使他身居要津，以清談得享盛

〔註9〕《晉書》卷卅五〈裴頠傳〉：「至王衍之徒，聲譽太盛，位高勢重，不以物務
　　　自嬰，遂相成效，風教陵遲，乃著崇有之論以釋其蔽。」

名。然而樂廣對於當時如王澄、胡毋輔之等，任放爲達，不拘禮制的行爲，
十分不贊同，認爲「名教中自有樂地，何爲乃爾也！」〔註10〕樂廣的態度並
不是反對玄學清談本身，只是反對極端任放的生活方式。

第二節　任誕人物的風格及行爲表現

　　此期任誕人物雖然上承嵇康、阮籍「越名教而任自然」的主張，但是在
內涵及表現行爲方面，卻不盡相同。由於西晉自武帝建國後，已成統一局面。
魏晉遞嬗時所引發的種種政治問題不復存在，因此，如嵇、阮具強烈批判意
味的言論也相對減少。原本嵇、阮之所以任誕的原因，主要是基於對現實人
生深刻反省後所採取的行動，對他們來說，任誕行爲只是手段，而非目的。
西晉時代情況便有些差異，以任誕爲手段、爲目的者兼而有之。西晉初年的
安定富強，使汰侈驕奢的風氣十分盛行，甚而發展到彼此競奇炫耀的病態現
象。但自惠帝登基後，政局又陷入一片混亂，外戚楊賈相爭之外，又有諸王
專權傾軋，士人在動輒得咎之餘，爲避禍全生計，常採任誕行徑處世，但其
中亦有藉任誕之名，行放縱之實者，成因顯然要比前期複雜得多，以下即針
對各種情況，予以分類探究。

一、非本性任誕，爲避禍佯狂者，有山簡、賀循：

（一）山　簡

　　簡字季倫，爲山濤幼子。《晉書》卷四十三本傳言：「性溫雅，有父風，
年二十餘，濤不之知也。簡歎曰：『吾年幾三十，而不爲家公所知！』後與譙
國嵇紹、沛郡劉謨、弘農楊準齊名。」曾任吏部尙書、尙書左僕射，領吏部
等職，並建議朝臣各舉所知，以廣得才之路，朝廷從之。這是山簡從政表現
最好的時期。及至「永嘉三年，出爲征南將軍、都督荆湘交廣四州諸軍事、
假節，鎭襄陽。于時四方寇亂，天下分崩，王威不振，朝野危懼。簡優游卒
歲，唯酒是耽。」《世說新語》〈任誕〉廿三19記述此時山簡誕放的行徑：

　　　　山季倫爲荆州，時出酣暢。人爲之歌曰：「山公時一醉，徑造高陽池。
　　　　日莫倒載歸，茗芋無所知。復能乘駿馬，倒箸白接籬。舉手問葛彊，
　　　　何如并州兒？」高陽池在襄陽。彊是其愛將，并州人也。注引襄陽

〔註10〕見《世說》〈德行〉一23 及《晉書》卷四三本傳。

記曰：「漢侍中習郁於峴山南，依范蠡養魚法作魚池，池邊有高隄，種竹及長楸，芙蓉菱芡覆水，是游燕名處也。山簡每臨此池，未嘗不大醉而還，曰：『此是我高陽池也！』襄陽小兒歌之。」

《晉書》本傳亦有類似描寫。山簡身處天下分崩、朝野危懼之際，爲了自保全生的緣故，便藉出外游樂、酗飲狂放的行徑爲掩護，與阮籍、劉伶等爲避禍而飲的出發點無異。山簡後雖欲濟家國危難，惜心餘力絀，未能成功：

時劉聰入寇，京師危逼。簡遣督護王萬率師赴難，次于涅陽，爲宛城賊王如所破，遂嬰城自守。及洛陽陷沒，簡又爲賊嚴嶷所逼，乃遷于夏口。招納流亡，江漢歸附。時華軼以江州作難，或勸簡討之。簡曰：「與彥夏舊友，爲之惆悵。簡豈利人之機，以爲功伐乎！」其篤厚如此。（《晉書》本傳）

山簡的才識誠不足，但對國家忠誠厚愛之心，卻是眞摯感人的：

時樂府伶人避難，多奔沔漢，讌會之日，僚佐或勸奏之。簡曰：「社稷傾覆，不能匡救，有晉之罪人也，何作樂之有！」因流涕慷慨，坐者咸愧焉。（《晉書》本傳）

山簡愧對朝廷，自責爲罪人的沈痛與哀傷，足證他仍關切時事，並非麻木不仁，縱性放誕的無知之士。

（二）賀　循

據《世說》〈規箴〉十 13 注引賀循別傳及《晉書》本傳，賀循身世頗爲曲折：「循字彥先，會稽山陰人。本姓慶，高祖純，避漢帝諱，改爲賀氏。父邵，吳中書令，以忠正見害。循少嬰家禍，流放荒裔，吳平乃還。」（據《世說》）「操尚高厲，童齔不羣，言行進止，必以禮讓。……後爲武康令……政教大行，鄰城宗之。然無援於朝，久不進序。……趙王倫篡位，轉侍御史，辭疾去職。……會逆賊李辰起兵江夏……辰別帥石冰略有揚州…前南平內史王矩……等唱義，傳檄州郡以討之，循亦合眾應之。冰大將抗寵有眾數千，屯郡講堂。循移檄於寵，爲陳逆順，寵遂遁走……一郡悉平。循即謝遣兵士，杜門不出，論功報賞，一無豫焉。」（據《晉書》本傳），賀循爲人守正不阿，治事才能卓越，但因孤立無援，仕途十分艱辛，然而賀循並不爭寵邀功，反倒盡其在我，謙沖自守，他還以疾辭去職，任放不羈的行徑躲避政治風暴：

及陳敏之亂，詐稱詔書，以循爲丹楊內史。循辭以腳疾，手不制筆，

又服寒食散，露髮袒身，示不可用，敏竟不敢逼。是時州內豪傑皆
見維縶，或有老疾，就加秩命，惟循與吳郡朱誕不豫其事。（《晉書》
本傳）

賀循爲了不向暴力威嚇屈服，不惜被髮佯狂，拒絕妥協，全生保志的用心，
十分悲苦！及至南渡，賀循甚得朝廷禮遇，有關疑滯難題，皆就教之，許
爲當世儒宗。綜觀賀循一生行事，一代良臣實當之無愧。爲了忠於國家民
族，甚至以服食、袒身自污其身，其時處境之艱困窮厄，眞非外人所可想
像的了！

二、任眞自然者，有劉寶、張翰、阮侑：

（一）劉　寶

　　寶字道眞，史傳無載，只能從《世說新語》少數條則中知其性行梗慨。《世
說》〈德行〉一22曾記其發跡經過：

　　劉道眞嘗爲徒（注引晉百官名曰：「劉寶字道眞，高平人。徒，罪役
作者。」）扶風王駿以五百足布贖之，既而用爲從事中郎。當時以爲
美事。

由於身爲罪隸，若非扶風王駿的賞識、提拔，在講究出身門第的晉朝，劉寶
是很難登上政治舞台的。《世說》〈任誕〉廿三17就記述一段他由平民至仕宦
期間所發生的故事：

　　劉道眞少時，常漁草澤，善歌嘯，聞者莫不留連。有一老嫗，識其
非常人，甚樂其歌嘯，乃殺豚進之。道眞食豚盡，了不謝。嫗見不
飽，又進一豚，食半餘半，迺還之。後爲吏部郎，嫗兒爲小令史，
道眞超用之。不知所由，問母；母告之。於是齎牛酒詣道眞，道眞
曰：「去！去！無可復用相報。」

劉道眞的任性率直及知恩圖報的眞誠，可使人想見其爲人。另一則記述卻可
更一步了解其誕行：

　　陸士衡初入洛，咨張公所宜詣，劉道眞是其一。陸既往，劉尚在哀
制中。性嗜酒，禮畢，初無他言，唯問：「東吳有長柄壺盧，卿得種
來不？」陸兄弟殊失望，乃悔往。（《世說》〈簡傲〉廿四5）

劉道眞面對仰慕而來的陸氏兄弟，所關切的竟是可作爲酒器的壺盧，欲求得
種子。由於當時他正在服喪期間，忽出此語，殊失禮度，難怪陸氏兄弟要駭

然失望，認爲其人名實不副了。劉道眞的誕行自出於恣情任性，但是否也有可能爲要顯示其對陸氏兄弟的輕蔑呢？由於陸氏兄弟係因吳亡入晉，除了南北相輕、對敵的因素外，陸機個性「清屬有風格」，〔註11〕入洛之後，常用激直驕人的辭鋒辯答，〔註12〕以致稜角太露，極易遭人側目、排斥，而劉道眞或許就藉機使以禮法自居的陸機知難而退。〔註13〕

（二）張 翰

《世說》〈識鑒〉七10注引文士傳有他一生簡要的記錄：

> 張翰字季鷹，父儼，吳大鴻臚。翰有清才美望，博學善屬文，造次立成，辭義清新。大司馬齊王同辟爲東曹掾。翰謂同郡顧榮曰：「天下紛紛未已，夫有四海之名者，求退良難。吾本山林間人，無望於時久矣。子善以明防前，以智慮後。」榮捉其手，愴然曰：「吾亦與子採南山蕨，飲三江水爾！」翰以疾歸，府以輒去除吏名。性至孝，遭母艱，哀毀過禮，自以年宿，不營當世，以疾終于家。

在天下紛紛未已時，張翰有鑒於聲名的負面作用，選擇隱居山林，快然自適的生活，《世說》〈識鑒〉七10亦載其思歸的因由：

> 張季鷹辟齊王東曹掾，在洛見秋風起，因思吳中菇菜羹、鱸魚膾，曰：「人生貴得適意爾，何能羈宦數千里以要名爵！」遂命駕便歸。俄而齊王敗，時人皆謂爲見機。

張翰原本是東吳亡國之人，入洛之後，並非不想在仕途中求發展，但適逢八王之亂，目睹舉國顛沛，爲去危圖安，遂命駕歸鄉，絕不貪戀官場榮華。張翰的性格本屬任達不羈，他的誕行在《世說》中共有三條記載：

> 張季鷹縱任不拘，時人號爲江東步兵。或謂之曰：「卿乃可縱適一時，獨不爲身後名邪？」答曰：「使我有身後名，不如即時一杯酒！」注引文士傳曰：「翰任性自適，無求當世，時人貴其曠達。」（〈任誕〉廿三20）

> 賀司空入洛赴命，爲太孫舍人。經吳閶門，在船中彈琴。張季鷹本不相識，先在金閶亭，聞絃甚清，下船就賀，因共語，便大相知說。問賀：「卿欲何之？」賀曰：「入洛赴命，正爾進路。」張曰：「吾亦

〔註11〕《世說》〈賞譽〉八39注引文士傳曰：「……機清屬有風格，爲鄉黨所憚。」
〔註12〕可參看《世說》〈言語〉二26、〈方正〉五18二條。
〔註13〕《世說》〈言語〉二26注引機別傳曰：「博學善屬文，非禮不動……」。

有事北京。」因路寄載，便與賀同發。初不告家，家追問迺知。（〈任
誕〉廿三22）

顧彥先平生好琴，及喪，家人常以琴置靈牀上。張季鷹往哭之，不
勝其慟，遂徑上牀，鼓琴，作數曲竟，撫琴曰：「顧彥先頗復賞此不？」
因又大慟，遂不執孝子手而出。（〈傷逝〉十七7）

張翰的生命觀不在立德、立功、立言，而僅在求一己之自適逍遙，功名利祿
只是羈絆、阻礙生命的自然伸展。對他而言，即時一杯酒，家鄉美好的風味、
景物，都是當下足以暢人心懷的事物，身後的功名似乎變得太遙遠而又不真
實。他的言行正充分反映當時名士的心態，只追求暫時的享樂，不求永恆價
值的建立，這不僅是時代的悲劇，也是個人自棄的無奈。看他對母親、朋友
的逝去，所流露的孝思、深情，不能不肯定他仍是一個熱血男兒，只是政治
的紛亂，冷卻了這分熱情！

（三）阮 脩

《世說》〈文學〉四18注引名士傳曰：「阮脩字宣子，陳留尉氏人。好
老、易，能言理，不喜見俗人，時誤相逢，即舍去。傲然無營，無家儋石之
儲，晏如也。琅邪王處仲為鴻臚卿，謂曰：『鴻臚丞差有祿，卿常無食，能
作不？』脩曰：『為復可耳。』遂為鴻臚丞、太子洗馬。」〔註14〕由於個性
簡任之故，阮脩行事具有一己獨特的風格，《世說》〈任誕〉廿三18：

阮宣子常步行，以百錢掛杖頭，至酒店，便獨酣暢。雖當世貴盛，
不肯詣也。

綜觀阮脩處世的態度，可知其人雖窮困不堪，然傲骨十足，好惡分明，因此
江統舉人時，就以阮脩為直言。〔註15〕《晉書》本傳另記阮脩由於精研易理，
使當時的談宗王衍，對其言寡旨暢的功力，大為歎服。史傳雖僅言阮脩好易
老，但從其著作〈大鵬贊〉的內容中，可知對《莊子》亦有所涉獵，並以〈逍
遙游〉中的大鵬鳥自比本身具有的鴻鵠大志，絕非鷽鳩尺鷃所知。他寧可「志
存天地，不屑唐庭」，人生貴適志，不為世事累其心，正是他的人生觀。儘管
後來接受王敦徵召作官，卻是迫於現實生活所致。

〔註14〕 本條正文本應指阮瞻而非阮脩。據程炎震、余嘉錫考訂可知，請參《世說新
語箋疏》〈文學〉四18條箋疏（二）。

〔註15〕 《晉書》卷五六〈江統傳〉。

三、縱放狂誕者，如王澄、阮咸

（一）王　澄

　　出身琅邪王氏大族，為王戎的堂弟。《世說》〈賞譽〉八31註引王澄別傳曰：

> 澄風韻邁達，志氣不群。從兄戎、兄夷甫，名冠當年。四海人士，
> 一為澄所題目，則二兄不復措意，云「已經平子」，其見重如此。是
> 以名聞益盛，天下知與不知，莫不傾注。澄後事迹不逮，朝野失望。
> 及舊遊見者，猶曰：「當今名士也。」

王澄貴遊子弟縱放通達的習性十分濃厚，但是在當世卻享有重名，尤其人倫
識鑒的能力最為人稱許，凡經王澄所題目，二位知名兄長便不復措意，可見
推重的程度。

　　由於家世、才華的緣故，少歷顯位，累遷成都王穎從事中郎。成都王嬖豎
孟玖譖殺陸機兄弟，為天下切齒。王澄揭發孟玖私姦，勸成都王殺玖，事成之
後，士庶莫不稱善。總括而言，王澄官位雖高，政績卻乏善可陳，仕宦期間常
與王敦、謝鯤、庾敳、阮脩、光逸、胡毋輔之等「酣讌縱誕，窮歡極娛」。（《晉
書》卷四十三本傳）《世說》〈德行〉一23曾記載這批任誕名士的舉動：

> 王平子、胡毋彥國諸人，皆以任放為達，或有裸體者。注引王隱晉
> 書曰：「魏末阮籍，嗜酒荒放，露頭散髮，裸袒箕踞。其後貴遊子弟
> 阮瞻、王澄、謝鯤、胡毋輔之之徒，皆祖述於籍，謂得大道之本。
> 故去巾幘，脫衣服，露醜惡，同禽獸。甚者名之為通，次者名之為
> 達也。」

他們驚世駭俗的行止，對當時社會造成極大的震撼與影響，清談領袖樂廣大
不以為然，說：「名教中自有樂地，何為乃爾也！」可見王澄等人假託阮籍的
言行，作為自己通達任放的藉口，到了目無法紀、等同禽獸的地步！《世說》
〈簡傲〉廿四6：

> 王平子出為荊州，王太尉及時賢送者傾路。時庭中有大樹，上有鵲
> 巢。平子脫衣巾，徑上樹取鵲子。涼衣拘閡樹枝，便復脫去。得鵲
> 子還，下弄，神色自若，傍若無人。注引晉陽秋曰：「惠帝時，太尉
> 王夷甫言於選者，以弟澄為荊州刺史，從弟敦為青州刺史。澄、敦
> 俱詣太尉辭。太尉謂曰：『今王室將卑，故使弟等居齊、楚之地，外
> 可以建霸業，內足以匡帝室，所望於二弟也！』」

王澄在大庭廣眾間，脫衣上樹以取鵲子，這種旁若無人的行徑，狂誕不羈的表現，只爲達而達，並無任何深刻的涵義，與阮籍的任誕絕不可同日而語。當時世家大族居官爲政的心態，從王衍深謀遠慮的擘畫中亦可窺知，政治利益的攫取，對他們是一石二鳥之計，不但有匡救帝室之美名，復可鞏固整個家族政治、經濟的地位。〔註16〕

王澄在政治上既採消極無爲作風，故走馬上任後，「日夜縱酒，不親庶事，雖寇戎急務亦不以在懷。」時京師危逼，澄率眾軍，將赴國難，但因特史爲寇所獲，利用假情報，使王澄誤信，散眾而還。王澄羞愧難當，卻委罪長史斬首卸責。後有益梁流人造反，王澄亦無憂懼之意，但與成都內史日夜縱酒，投壺博戲，數十局俱起。以致上下離心，內外怨叛，望實雖損，王澄猶傲然自得。終因看輕王敦，遭來慘死的命運。劉琨早先即預言王澄一生必以悲劇收場：

> 劉琨嘗謂澄曰：「卿形雖散朗，而内勁狹，以此處世，難得其死！」
> 澄默然無以答。後果爲王敦所害。劉琨聞之曰：「自取死耳！」（《世
> 說》〈讒險〉卅二1注引鄧粲晉紀）

王澄爲他自己放誕的性格，付上了生命的代價！

（二）阮　咸

《世說》〈賞譽〉八12注引名士傳記述阮咸一生行事：「咸字仲容，陳留人，籍兄子也。任達不拘，當世皆怪其所爲。及與之處，少嗜欲，哀樂至到，過絕於人，然後皆忘其向議。爲散騎侍郎。山濤舉爲吏部，武帝不用。太原郭奕見之心醉，不覺歎服。解音，好酒以卒。」山濤對阮咸的品目爲：「清眞寡欲，萬物不能移也。」雖然嗜欲寡少，但因爲人放達不拘，不僅令世人側目，連武帝也有這層顧慮而不予任用。阮咸通達事跡見諸載籍的有：

> 阮仲容、步兵居道南，諸阮居道北。北阮皆富，南阮貧。七月七日，
> 北阮盛曬衣，皆紗羅錦綺。仲容以竿掛大布犢鼻褌於中庭。人或怪
> 之，答曰：「未能免俗，卿復爾耳！」注引竹林七賢論曰：「諸阮前
> 世皆儒學，善居室，唯咸一家尚道棄事，好酒而貧。舊俗：七月七
> 日，法當曬衣，諸阮庭中，爛然錦綺。咸時總角，乃豎長竿，掛犢

〔註16〕此可參看毛漢光《中國中古社會史論》第十篇〈中古大士族之個案研究——瑯瑯王氏〉，頁365～404。其中頁391曾有言：「……王氏對現實社會的三種反應（案指政治行爲分積極型、因循型、無爲型），作風雖有不同，其基本心理則一，即保持家族的生存與地位。」

鼻憚也。」(《世說》〈任誕〉廿三 10)

阮咸自小受家風、時尚的影響，舉動放達，尤其叔父阮籍的作為更有潛移默化之功，只是他雖位列竹林七賢之一，卻未必能體會叔父處世之用心，因此，常有縱情越禮的劣行：

> 諸阮皆能飲酒，仲容至宗人間共集，不復用常杯斟酌，以大甕盛酒，圍坐相向大酌。時有羣豬來飲，直接去上，便共飲之。(《世說》〈任誕〉廿三 12)

> 阮仲容先幸姑家鮮卑婢。及居母喪，姑當遠移，初云當留婢，既發，定將去。仲容借客驢著重服自追之，累騎而返。曰：「人種不可失！」即遙集之母也。(《世說》〈任誕〉廿三 15)

阮咸飲酒所展現的狂態，使人只覺其放肆無檢，純粹為滿足口腹之慾而已，既無個人憂思，也無時代悲情，阮籍大醉六十日，窮巷慟哭的內心世界，是他不能理解、了悟的。在母喪期間，竟囂張公然著重服追趕婢妾，其狂誕違紀的程度，連阮籍都不能接受，所以當阮渾亦欲效法父親行徑時，阮籍期期以為不可，認為一個阮咸就夠了：

> 阮渾長成，風氣韻度似父，亦欲作達。步兵曰：「仲容已預之，卿不得復爾。」(《世說》〈任誕〉廿三 13)

> 羣從昆弟莫不以放達為行，籍弗之許。(《晉書》卷四十九本傳)

(三) 王 衍

王衍字夷甫，為王戎從弟。神情明秀，風姿詳雅。王衍總角時嘗命駕見僕射羊祜、尚書山濤，因姿才秀異，敍致既快，事加有理，濤甚奇之。既退，看之不輟，乃歎曰：「生兒不當如王夷甫邪？」羊祜曰：「亂天下者，必此子也！」(參《世說》〈識鑒〉七 5)王衍自幼年即嶄露頭角，異乎尋常，但當山濤對其歎賞不已之際，羊祜卻認為王衍的才華，對天下恐非福反是禍，不同的評價正反映出王衍複雜多變的一生。

據《晉書》卷四十三附傳的記載，因外戚楊駿欲以女妻之，王衍以為恥，遂佯狂自免。泰始八年，詔舉奇才可以安邊者，尚書盧欽以衍好論從橫之術，便舉為遼東太守，王衍不就，於是口不論世事，唯雅詠玄虛而已，由此可知王衍個性狷傲獨特的一面。王衍又妙善玄言，聲名藉甚，故後進之士，無不景慕放效，矜高浮誕，遂成風俗。在仕宦初期，王衍雖終日清談，縣務亦理。

及至權位日高，便志在苟免，無忠蹇之操。愍懷太子爲賈后所誣，王衍因其女爲太子妃，懼禍連累，即自表離婚；王衍素輕趙王倫之爲人，及倫篡位，乃佯狂斫婢以自免；居宰輔之重，不以經國爲念，時局動盪不安時，僅思自全之計，以弟澄、族弟王敦分任荊、青州，以爲「荊州有江漢之固，青州有負海之險，卿二人在外，而吾留此，足以爲三窟矣。」狡兔計謀，徒令識者鄙棄、輕蔑其爲人。

及賊寇蜂起，眾共推王衍爲元帥，衍懼不敢當，以非才辭之。不久舉軍爲石勒所破，衍爲陳禍敗之由，計不在己。甚而「自說少不豫事，欲求自免，因勸勒稱尊號」。石勒怒罵後，使人排殺之。王衍將死前亦懺悔己過：「向若不祖尚浮虛，勠力以匡天下，猶可不至今日。」臨終前的覺悟，已屬亡羊補牢。與王衍同居清談領袖地位的樂廣，雖亦宅心事外，卻反對放達任誕的行止，只願「清己中立，任誠保素」，居官爲政，無當時令譽，但每去職，遺愛爲人所思，和王衍怯懦褊狹的一生顯然有所不同。

四、豪侈無度者：有任愷、何曾、石崇、王愷、王濟等

（一）任　愷

「愷字元褒，樂安博昌人。有雅識國幹，萬機大小多綜之。與賈充不平，充乃啓愷掌吏部，又使有司奏愷用御食器，坐免官，世祖情遂薄焉。」（《世說》〈任誕〉廿三 16 注引晉諸公贊）《世說》本文記其所以任誕的原因，係對現實政治的失望所致：

> 任愷既失權勢，不復自撿括。或謂和嶠曰：「卿何以坐視元褒敗而不
> 救？」和曰：「元褒如北夏門，拉攞自欲壞，非一木所能支。」

參照《晉書》卷四十五本傳可知，任愷於晉國初建，便位居侍中，封昌國縣侯。由於有經國治世之才，加以秉性忠正，以社稷爲己任，極得武帝寵信。任愷對外戚賈充爲人甚是鄙惡，屢次裁抑、排斥，卻不得逞，反引發任、賈二派朋黨的對峙，積怨深重。其後賈充以詭詐的技倆，升任愷爲吏部尚書，使侍覲轉希，再譖毀任愷豪侈，用御食器，遂免官，帝寵大衰。

任愷雖盡忠職守，卻被賈充黨羽步步進逼，連摯友都遭受連累免官，心灰意懶之餘，「乃縱酒耽樂，極滋味以自奉養。初，何劭以公子奢侈，每食必盡四方珍饌，愷乃踰之，一食萬錢，猶云無可下箸處。愷時因朝請，帝或慰諭之，愷初無復言，惟泣而已。……愷不得志，竟以憂卒……」任愷放誕奢

華的行爲，乃爲要發洩心中鬱積的怨恨。原本勤恪、忠正的他，禁不起現實殘酷的打擊，冷熱、順逆的變化無常，便用美酒、佳肴來放縱自己，麻痺心中的痛苦。

（二）何曾、何劭

何曾性至孝，以禮法之士自居，曾於文帝座前嚴辭譴責阮籍負才放誕，居喪無禮的行徑，認爲「宜擯四裔，無令污染華夏。」然而何曾生性豪奢，也足以顯示其任性放誕的一面，他的舉措對社會風俗也帶來相當大的影響。《晉書》卷三十三本傳記載其奢靡作風：

> 然性奢豪，務在華侈。帷帳車服，窮極綺麗，廚膳滋味，過於王者。每燕見，不食太官所設，帝輒命取其食。蒸餅上不坼作十字不食。食日萬錢，猶曰無下箸處。人以小紙爲書者，敕記室勿報。劉毅等數劾奏曾侈忕無度，帝以其重臣，一無所問。

何曾子何劭受父風影響，奢侈程度有過之而無不及：

> 驕奢簡貴，亦有父風。衣裘服翫，新故巨積。食必盡四方珍異，一日之供以錢二萬爲限。時論以爲太官御膳，無以加之。

（三）石崇、王愷

石崇之父石苞臨終，分財物與諸子時，獨不及崇，其母以爲言，石苞說：「此兒雖小，後自能得。」石崇穎悟有才氣，而任俠無行檢。他所以發跡的原因，據《晉書》卷三十三本傳所言係「在荊州，劫遠使商客，致富不貲。」不出父親所料。石崇與潘岳諂事佞臣賈謐，逢賈謐出門，石崇必降車路左，望塵而拜，卑佞已極。

至於王愷因身爲世族國戚，性復豪侈，故能與石崇相抗衡。他們奢靡、鬥富的事跡多見於《世說新語》〈汰侈篇〉：

> 崇資產累巨萬金，宅室輿馬，僭擬王者。庖膳必窮水陸之珍。後房百數，皆曳紈綉，珥金翠，而絲竹之藝，盡一時之選。築榭開沼，殫極人巧。與貴戚羊琇、王愷之徒競相高以侈靡，而崇爲居最之首，琇等每愧羨，以爲不及也。（〈汰侈〉卅8注引續文章志）

至於實際奢華的行止，〈汰侈篇〉亦有數則十分傳神的寫照：

> 石崇廁，常有十餘婢侍列，皆麗服藻飾。置甲煎粉、沈香汁之屬，無不畢備。又與新衣著令出，客多，羞不能如廁。……（〈汰侈〉卅2）

　　王君夫以粆糒澳釜，石季倫用蠟燭作炊。君夫作紫絲布步障碧綾裏
　　四十里，石崇作錦步障五十里以敵之。石以椒爲泥，王以赤石脂泥
　　壁。（〈汰侈〉卅4）

　　王君夫嘗責一無服餘衵，因直內著曲閤重閨裏，不聽人將出。遂饑
　　經日，迷不知何處去。後因緣相爲垂死，迺得出。（〈汰侈〉卅7）

　　石崇與王愷爭豪，並窮綺麗，以飾輿服。武帝，愷之甥也，每助愷。
　　嘗以一珊瑚樹，高二尺許賜愷。枝柯扶疏，世罕其比。愷以示崇，
　　崇視訖，以鐵如意擊之，應手而碎。愷既惋惜，又以爲嫉己之寶，
　　聲色甚厲。崇曰：「不足恨，今還卿。」乃命左右悉取珊瑚樹，有三
　　尺四尺，條幹絕世，光彩溢目者六七枚，如愷許比甚眾。愷惘然自
　　失。（〈汰侈〉卅8）

石崇、王愷鬥富情事，連身爲帝王的司馬炎，都在推波助瀾，資助舅舅與石
崇較量高下，在鬥富之外，也充分反映他們「爲富不仁」的心態，不惜以人
命作賭注或洩憤的對象，尤其石崇的專橫野蠻最令人髮指：

　　石崇每要客燕集，常令美人行酒。客飲酒不盡者，使黃門交斬美人。
　　王丞相與大將軍嘗共詣崇。丞相素不能飲，輒自勉強，至於沈醉，
　　每至大將軍，固不飲，以觀其變。已斬三人，顏色如故，尚不肯飲。
　　丞相讓之，大將軍曰：「自殺伊家人，何預卿事！」（〈汰侈〉卅1）

　　石崇爲客作豆粥，咄嗟便辦。恒冬天得韭萍虀。又牛形狀氣力不勝
　　王愷牛，而與愷出遊，極晚發。爭入洛城，崇牛數十步後，迅若飛
　　禽，愷牛絕走不能及。每以此三事爲搤腕。乃密貨崇帳下都督及御
　　車人，問所以。都督曰：「豆至難煮，唯豫作熟末，客至，作白粥以
　　投之。韭萍虀是擣韭根，雜以麥苗爾。」復問馭人牛所以駛。馭人
　　云：「牛本不遲，由將車人不及制之爾。急時聽偏轅，則駛矣。」愷
　　悉從之，遂爭長。石崇後聞，皆殺告者。（〈汰侈〉卅5）

石崇視奴婢直如草木，殘忍到已無人性可言，故最終亦爲財所害，不僅自身
刑誅東市，母兄妻子皆遭夷滅，結局十分悲慘！

（四）王　濟

　　濟字武子，性亦豪侈，麗服玉食，貴遊公子習氣甚重，《世說》〈汰侈篇〉
亦記其數條豪奢行徑：

武帝嘗降王武子家，武子供饌，並用瑠璃器。婢子百餘人，皆綾羅綺襦，以手擘飲食。丞犾肥美，異於常味。帝怪而問之，答曰：「以人乳飲犾。」帝甚不平，食未畢，便去。王、石所未知作。（〈汰侈〉卅3）

王君夫有牛，名「八百里駮」，常瑩其蹄角。王武子語君夫：「我射不如卿，今指賭卿牛，以千萬對之。」君夫既恃手快，且謂駿物無有殺理，便相然可。令武子先射，武子一起便破的，卻據胡牀，叱左右：「速探牛心來！」須臾，炙至，一臠便去。（〈汰侈〉卅6）

王武子被責，移第北邙下。于時人多地貴，濟好馬射，買地作埒，編錢帀地竟埒。時人號曰「金溝」。（〈汰侈〉卅9）

王濟奢侈的花樣又不同於王愷、石崇，可見當時不僅比財力高下，更以千奇百怪、聳人聽聞的招數誇炫於人。這種譁眾取寵、爭奇鬥富的風氣，在當時曾煽染成風，尤其在平吳之後，舉國歡享統一的盛勢，自武帝起到王臣公卿，多縱情聲色、恣慾放蕩，整個社會淫靡輕肆的結果，「生於憂患，死於安樂」這句話，便成為西晉王朝最貼切的寫照！

第五章　任誕士風第三階段（東晉時期）

　　經過西晉末年永嘉之禍及五胡亂華的兵燹戰役之後，任誕名士儘管也有反躬自省，爲神州陸沈，傷心流涕者，[註1] 但隨著東晉江南政權的建立與世家大族重又獲得以往崇高優越的政治、經濟等地位之際，任誕風氣便再度蓬勃發展起來。國土南遷的恥辱，對這般名士而言，似乎在自己家族重新覓安安身的穩固基礎後，即已將之拋諸九霄雲外，不足爲懷了。東晉任誕名士的行跡，較諸前二階段尤爲放達無檢，在人數方面，不僅是歷來最多的時期，影響的層面亦最廣泛。連孝武帝都受此風氣感染，不以常禮爲依歸了。[註2] 東晉雖屬偏安江左的局面，但是何以任誕士風仍然持續不衰呢？而在種種誕行的背後又反映出什麼樣的時代意義呢？本章即針對此作一探討。

第一節　政經、學術狀況的分析

一、政經環境

　　當中原地區因內亂、夷狄不斷侵擾，動盪不已時，不少世家大族眼見局勢危急，便率其宗族、部曲等，避難江南。有些具政治、經濟眼光者，更早早於江南地區佈局，以利日後整個家族的發展，最顯明的例子就是以王衍爲

〔註1〕見《世說新語》〈言語〉二31：「過江諸人，每至美日，輒相邀新亭，藉卉飲宴。周侯中坐而歎曰：『風景不殊，正自有山河之異！』皆相視流淚。唯王丞相愀然變色曰：「當共勠力王室，克復神州，何至作楚囚相對？」
〔註2〕見《世說》〈言語〉二89。

代表的琅邪王氏家族，在晉惠帝時即請求選者將王澄、王敦分派至荊、青州任地方刺史，以搶得先機。〔註3〕然而從中獲利最多的人，非晉皇族司馬睿莫屬。司馬睿是司馬懿的曾孫，琅邪王馬伷的孫子，在宗室中屬於遠支，地位不很重要。八王之亂時，成爲東海王司馬越的忠實黨羽，被封爲平東將軍，鎮下邳。懷帝時，他聽從王導的建議，移鎮建業。直到長安陷落，愍帝被擄，司馬睿因地利之便，正式登基，建立東晉政權。由於江南地區在漢代即已開發，再加上三國時吳國的拓展，頗有經濟與社會的規模，這一方面使日後的東晉能迅速立國；另一方面也產生南來北人與當地豪族的衝突。晉書云：「（元）帝……及徙鎮建康，吳人不附，居月餘，士庶莫有至者……」，〔註4〕幸虧王導謀畫得宜，於三月上巳元帝修禊的機會，盛具威儀侍從，震動吳人望族的視聽，相率拜於道左，再進一步網羅當地領袖顧榮、賀循，其餘吳人便自動歸附，漸相崇奉，君臣之禮始定。

不久洛陽傾覆，士族避亂江左者十之六七，王導勸元帝廣納賢才，共圖國事，於是元帝以「王敦、王導、周顗、刁協並爲腹心股肱，賓禮名賢，存問風俗，江東歸心焉。」〔註5〕「時荊揚晏安，戶口殷實，導爲政務在清靜，每勸帝克己勵節，匡主寧邦。」〔註6〕在君臣共相合作之下，東晉政權暫時獲得穩定發展。

然而東晉潛伏的內部問題，卻逐漸侵蝕既有的成果，所以國祚雖有一百零三年，北方也始終紛擾不寧，本有許多恢復中原故土的良機亦一一喪失了。當時主要的內部問題有：

1. 荊、揚之爭（中央與方鎮的衝突）。
2. 僑寓世族與土著世族的衝突。
3. 世族壟斷經濟方面的利權，百姓困頓，時爲野心家利用，發起暴動。
4. 世族多無意恢復故土，野心家又常利用「北伐」作爲奪權手段，致使內部政潮迭起。〔註7〕

〔註3〕見《世說》〈簡傲〉廿四6注引晉陽秋曰：「惠帝時，太尉王夷甫言於選者，以弟澄爲荆州刺史，從弟敦爲青州刺史。澄、敦俱詣太尉辭。太尉辭曰：『今王室將卑，故使弟等居齊、楚之地，外可以建霸業，內足以匡帝室，所望於二弟也！』」

〔註4〕見《晉書》卷六十五〈王導本傳〉。

〔註5〕見《晉書》卷六〈元帝本紀〉。

〔註6〕同註4。

〔註7〕見傅樂成主編，鄒紀萬著《魏晉南北朝史》（臺北：眾文圖書公司，民國74

　　這幾個問題實際都與世家大族發生密切的關聯性。由於東晉新政權是以北來的世家大族為主要支柱，因此他們也享有王室特別優厚的待遇，在權高位重祿厚的情況下，上述問題便自然衍生了。江東世家大族雖亦擁護東晉王朝，但是權益分配的懸殊以及既有經濟利益的受威脅，自使他們心懷怨憤。為了避免造成嚴重的政治衝突，危及東晉政權，北來的世家大族遂在經濟上讓步，往東土－浙、閩一帶開發資源，避開江東世族在太湖流域的地盤，「於是以王、謝為首的北來世家大族率其宗族、鄉里、賓客、部曲，紛紛流寓到浙東會稽一帶……從此，南北兩大地主集團之間，便從地域上分開各自的經濟勢力範圍……這樣，兩大地主集團此後在利益一致的基礎上，共同維持了江左偏安之局，有二百七八十年之久。」〔註8〕東晉以化解雙方經濟利益的衝突來維持政權的穩固，但在政治權力的分配上，卻始終未曾給予南士多少優惠的待遇，所以「寄人國土」的北來世家大族仍掌握著絕對的優勢。東晉不設丞相，政事乃操於中書監、中書令手中。由元帝初年到安帝隆安三年的八十年間，膺任中書監的有王導、庾亮、庾冰、何充、會稽王昱、謝安，膺任中書令的有庾亮、何充、褚裒、王坦之、謝安、王獻之、王珉、王恭、王國寶等，沒有一個是吳地世族。

　　東晉朝廷對收復北方的態度並不熱衷，最主要的原因有二：一是晉為世族政治。僑寓高門在江南建立政權，目的為保其家族尊榮，並非全力效忠晉室。何況他們大多數已在江東地區發展出豐厚的經濟、家族勢力，又有政治權力中心的保障，自然不願勞師動眾，破壞既有的成果。況且北方戰亂、蕭條的殘破景象，更加堅定他們安於現狀的決心！同時自魏晉以來消極頹唐的政治風氣與逸遊、清談的作風，仍然深深影響著這批世族，這多少也消磨掉他們恢復故地的志意。二是雖然當時中央政權苟安的心態與晉人嚮往早日收復中原的心願並不相符，但是朝廷畏懼北伐成功之後的將帥，形勢坐大難以約束，甚至有威脅東晉王室的危機，所以晉室中央自祖逖意圖北伐開始，都採取拖延、淡化的政策處理，北伐領袖除祖逖外，尚有庾亮、庾翼、殷浩、桓溫與劉裕，他們曾四次北取洛陽，並消滅了數個北方王國，但這些珍貴的戰果，南方朝廷不僅不加重視，反而時加掣肘，坐失光復故土的良機。東晉王室保守苟安的心態，並未能有效防止權臣的篡奪野心，反而在內鬨不休的

　　　　年11月再版）第一章第五節〈東晉與胡族政權的對立〉頁43～44。
〔註8〕見王仲犖「魏晉南北朝史」第五章「東晉王朝的建立及其政治」，頁327～329。

情況下，使劉裕崛起，以擁有強大的兵力而代晉立宋。

　　東晉是在兵荒馬亂中倉促成立的王朝，由於王導苦心擘畫經營，方能順利穩固政權基礎，且使世家大族在政治、經濟上獨佔鰲頭之餘，成爲既有錢又有閒的特殊階級，縱慾享樂的人生觀，在飽經戰亂流離、生命無常的傷痛後，正好給予士人身心暫時的慰藉與渲洩。另一方面，東晉權臣如王敦、蘇峻等都曾舉兵叛變，威脅朝廷安危，並以強勢高壓的手段迫使羣臣屈服，爲了免於權臣的恐嚇、誅伐及遠避災禍起見，不少士人就以任誕的行徑處世爲人，這是任誕士風所以至東晉仍然未曾衰退的原因。

二、玄學概況

　　在東晉未建國以前，江南的學術思想，算是頗爲保守的，當時北方魏晉兩朝所風行的玄談，在江南鮮有流傳的跡象。他們所著重的是易，是天體論，〔註9〕孫吳時，曾有好幾種易注出現。整體說來，江南學風與漢代相近。〔註10〕晉室東遷之後，京洛風氣移到了以建康爲中心的江南地區，江南名士不少接受了新學風，開始重視三玄，甚至感染了清談之風，如《世說》〈文學〉四53：

> 張憑舉孝廉出都，負其才氣，謂必參時彥。欲詣劉尹，鄉里及同舉者共笑之。張遂詣劉。劉洗濯料事，處之下坐，唯通寒暑，神意不接。張欲自發無端。頃之，長史諸賢來清言。客主有不通處，張乃遙於末坐判之，言約旨遠，足暢彼我之懷，一坐皆驚。眞長延之上坐，清言彌日，因留宿至曉。……即同載詣撫軍……撫軍與之話言，咨嗟稱善曰：「張憑勃窣爲理窟。即用爲太常博士。」

足證吳郡張氏已受清談風氣的習染。談風之所以在南方繼續開展，與北來世族的提倡很有關係。《世說》〈文學〉四22：

> 殷中軍爲庾公長史，下都，王丞相爲之集，桓公、王長史、王藍田、謝鎮西竝在。丞相自起解帳帶麈尾，語殷曰：「身今日當與君共談析理。」既共清言，遂達三更。丞相與殷共相往反，其餘諸賢，略無

〔註 9〕孫吳時江南流行的學術還有「天體論」。《吳志》卷一二〈陸績傳〉稱績作渾天圖。主張張衡之渾天而駁王充之蓋天。此外研究天體的尚有王蕃、姚信等。入晉之後，論天體者有虞喜、葛洪等。漢代天體的討論很流行，可是一到三國卻只流行於江南，這也是江南學風近於漢代之一證。見唐長孺《魏晉南北朝史論叢》——〈讀抱朴子推論南北學風的異同〉，頁367～368。

〔註10〕同註8，頁364。

所關。即彼我相盡，丞相乃歎曰：「向來語，乃竟未知理源所歸，至
於辭喻不相負。正始之音，正當爾耳！」

名臣如王導、庾亮、殷浩等都尚清言，甚至如張憑者因善清言，竟成爲仕進
的捷徑了。雖然南方士族受清談玄風影響是顯而易明的，但綜觀《世說新語》
有關清談的記述，便知談玄論辯的專長，仍非北來世族莫屬。連東晉簡文帝
都是「清虛寡欲，尤善玄言」。殷浩、劉惔、王濛皆爲其所賞遇：

……時人以惔方荀奉倩，濛比袁曜卿，凡稱風流者，舉濛、惔爲宗焉。

簡文帝之爲會稽王也，嘗與孫焯商略諸風流人……及簡文帝輔政，
益貴幸之，與劉惔號爲入室之賓。〔註11〕

在朝廷顯要的倡導、推重下，清談風氣自是盛行不衰的。正始之音是當時諸
名士清談的最高標準，而竹林名士則成爲他們崇拜的偶像：

風僕射雍容好儀形，詣王公，初下車，隱數人，王公含笑看之。既
坐，傲然嘯詠。王公曰：「卿欲希嵇、阮邪？」答曰：「何敢近舍取
公，遠希嵇、阮！」（《世說》〈言語〉二40）

又如《世說》〈品藻〉九17注引鄧粲晉紀曰：

（謝）鯤與王澄之徒，慕竹林諸人，散首披髮，裸袒箕踞，謂之八
達。

除了在清談的形式上以正始之音爲依歸，即生活行跡也以竹林名士的放達爲
模倣的對象。當時的清談對名士而言，是生活中的一種消閒活動：

王（濛）、劉（惔）與林公共看何驃騎，驃騎（何充）看文書，不顧
之。王謂何曰：「我今故與林公來相看，望卿擺撥常務，應對玄言，
那得方低頭看此邪？」何曰：「我不看此，卿等何以得存？」諸人以
爲佳。（《世說》〈政事〉三18）

王、劉二人對清談所持態度可見一斑。

東晉在玄學理論的發展上，並沒有太多的建樹，渡江以後，除了以易老
莊三玄哲理爲談資外，主要談論的題目，爲「聲無哀樂」、「養生」、「言盡意」
三者。《世說新語》〈文學〉四21云：

舊云：王丞相過江左，止道聲無哀樂、養生、言盡意，三理而已。
然宛轉關生，無所不入。

〔註11〕見《晉書》卷九十三〈王濛傳〉。

雖然這只提供當代談論的主題所在，無法窺知全豹，但卻可以看出南渡後的名士清談家，「真正只是些談家，他們不復如以前的那些談論前輩，不但是談家，同時也是思想家，自立一論，用談論的方式讓別人接受，而今卻採用前人的一些理論，『宛轉關生，無所不入』，談論的技巧也許更進了，而在理論方面，卻已到了窮盡的地步……」〔註12〕不過，東晉正是佛教思想逐漸傳佈的時代，所以清談中常常雜有佛義，名僧也常加入清談，如《世說》〈文學〉四32：

> 莊子逍遙篇，舊是難處，諸名賢所可鑽味，而不能拔理於郭、向之外。支道林在白馬寺中，將馮太常共語，因及逍遙。支卓然標新理於二家之表，立異義於眾賢之外，皆是諸名賢尋味之所不得。後遂用支理。

又如同書〈文學〉四40：

> 支道林、許掾諸人共在會稽王齋頭。支為法師，許為都講。支通一義，四坐莫不厭心。許送一難，眾人莫不抃舞。但共嗟詠二家之美，不辯其理之所在。

又《世說》〈文學〉四45：

> 于法開始與支公爭名，後精漸歸支，意甚不忿（余嘉錫《世說新語箋疏》引李慈銘云：「案精當是稱之誤，忿當是伏或是平之誤。」），遂循跡剡下。遣弟子出都，語使過會稽。于時支公正講小品。開戒弟子：「道林講，比汝至，當在某品中。」因示語攻難數十番，云：「舊此中不可復通。」弟子如言詣支公。正值講，因謹述開義。往反多時，林公遂屈。厲聲曰：「君何足復受人寄載！」

名僧不但參與清談辯論，而且名僧講經也用辯難的方式，互爭高下，老莊與佛理亦常互通。而名僧如支道林的地位更受到時人的推尊：王濛以支道林「造微之功，不減輔弼。」其所以如此，正如湯用彤所說：「實則當代名僧，既理趣符老莊，風神類談客。而『支子特秀，領握玄標，大業沖粹，神風清瀟』故名士樂與往還也。」〔註13〕

　　由於玄學清談既成為名士生活的主要部分，自然其中所談的理論也會影

〔註12〕見何啓民《魏晉思想與談風》（臺北：學生書局，民國71年1月四版）七、〈渡江前後〉，頁195。

〔註13〕見湯用彤《漢魏兩晉南北朝佛教史》（臺北：商務印書館，民國68年7月臺五版），第二分第七章〈兩晉際之名僧與名士〉，頁131。

響到他們的立身行為。在東晉時期，最明顯的便是希企隱逸之風，雖然早在漢末魏初此種思想已萌芽，但未若東晉這樣的普徧，同時希求隱逸的心態不再為明哲保身或反抗現實，而是為追求玄遠、超脫的意境。〔註14〕

第二節　任誕人物的風格及行為表現

　　東晉任誕名士在中原故土淪喪之後，其任誕習氣依舊在南方繼續發展，且影響的層面較前更為擴大，上至帝王，下至平民百姓都有誕行出現。因此，此期放達的行為並未比較減少，〔註15〕反因部分名士物質生活條件的提昇，生命價值觀的調整，趨向逸樂、縱欲，相與狂歡飲酒，較西晉時期有過之而無不及。《列子》〈楊朱篇〉「樂生」、「逸身」的思想，在東晉任誕名士身上可說充分獲得印證。同時，受到家族門風的影響，許多任誕名士是父子、兄弟相沿成習的。不過，在東晉任誕名士之中，亦有並非完全拋棄政務、專注一己之享樂者，且其中亦不乏任真自然，情感誠摯的人。以下即依性行相近者分類敘述之：

一、狂誕不羈者，有胡毋輔之、胡毋謙之、畢卓、光逸、阮孚、孔羣、桓玄、袁耽、王濛、謝奕、謝安等

（一）胡毋輔之，胡毋謙之

　　胡毋輔之字彥國。少擅高名，有知人之鑒。性嗜酒，任縱不拘小節。與王澄、王敦、庾顗俱為太尉王衍所昵，號曰四友。以家貧，求試守繁昌令，始節酒自屬，甚有能名。後與郡人光逸晝夜酣飲，不視郡事。成都王穎為太弟，召為中庶子，遂與謝鯤、王澄、阮脩、王尼、畢卓俱為放達。可見一旦位高任重之後，受時尚影響，胡毋輔之也不再兢兢業業以政務為要了。而他所舉薦的人物，非重實才，乃氣味與之相投者：

　　嘗過河南門下飲，河南驛王子博箕坐其傍，輔之叱使取火。子博曰：「我辛也，惟不乏吾事則已，安復為人使！」輔之因就與語，歎曰：

〔註14〕見王瑤《中古文學史論》——〈中古文人生活〉：「論希企隱逸之風」，頁93～94。

〔註15〕同註14，〈中古文學思想〉：「文學與清談」，頁67：「到了東晉，清談的風氣仍然盛行不衰，因為過江的還是那些洛下名士，但放達的行為，卻比較少了一些。」實則放達的行為並未減少，反而加多。

「吾不及也！」薦之河南尹樂廣，廣召見，甚悅之，擢爲功曹。其
甄拔人物若此。（《晉書》卷四十九本傳）

胡毋輔之之子胡毋謙之，才學不及父，而傲縱過之。由於父親酣酒輕恣，「飲
酒散髮，裸裎閉戶，不納外客」（《晉書》斠注註引書鈔一百四十八晉中興書）
受家風的潛移默化，胡毋謙之亦狂誕十足：

至酣醉，常呼其父字，輔之亦不以介意，談者以爲狂。輔之正酣飲，
謙之闚而厲聲曰：「彥國年老，不得爲爾！將令我尻背東壁」輔之歡
笑，呼入與共飲。其所爲如此。（《晉書》卷四十九附傳）

父子能如此放縱不羈，互不介意，在魏晉時代實不多見。由此可見，時代的
病態與人生觀的頹廢委靡。

（二）畢　卓

畢卓字茂世。少傲達爲胡毋輔之所知。太興末，爲吏部郎，嘗飲酒廢職。
《世說》〈任誕〉篇記其放誕行跡有：

比舍郎釀酒熟，卓因醉，夜至其甕間取飲之。主者謂是盜，執而縛
之，知爲吏部也，釋之。卓遂引主人燕甕側，取醉而去。（〈任誕〉
廿三 21 注引晉中興書）

畢茂世云：「一手持蟹螯，一手持酒桮，拍浮酒池中，便足了一生。」
（〈任誕〉廿三 21）

卓嘗謂人曰：「得酒滿數百斛船，四時甘味置兩頭，右手持酒杯，左
手持蟹螯，拍浮酒船中，便足了一生矣。」（《晉書》卷四十九本傳）

畢卓曾經因酒廢職，乘醉盜飲，甚至主張一生如能一手持蟹螯、一手持酒杯，
拍浮酒船中，便心滿意足，了無遺憾。對人生似乎沒有什麼理想值得去追尋、
奉獻，而酒中的夢幻世界使他幾乎也與眞實人生隔離了。

（三）光　逸

光逸字孟祖。初爲博昌小吏，後爲門亭長，迎新令至京師。胡毋輔之望
見逸，許爲奇才俊器，並薦逸於東海王越，越初以光逸門寒而不召，後乃任
用。光逸放誕事跡據《晉書》卷四十九本傳所載：

初爲博昌小吏，縣令使逸送客，冒寒舉體凍湮，還遇令不在，逸解
衣炙之，入令被中臥。令還，大怒，將加嚴罰。逸曰：「家貧衣單，
沾湮無可代。若不暫溫，勢必凍死，奈何惜一被而殺一人乎！君子

仁愛，必不爾也，故寢而不疑。」令奇而釋之。尋以世難，避亂渡
江，復依輔之。初至，屬輔之與謝鯤、阮放、畢卓、羊曼、桓彝、
阮孚散髮裸裎，閉室酣飲已累日。逸將排戶入，守者不聽，逸便於
戶外脫衣露頭於狗竇中窺之而大叫。輔之驚曰：「他人決不能爾，必
我孟祖也。」遽呼入，遂與飲，不捨晝夜，時人謂之八達。

出身並非高門大姓的光逸，由於胡毋輔之賞識、提拔的關係，日與放達名士
相處，不免使原本任放的本性更得到充分發揮的機會，酣飲、裸裎甚且鑽進
狗洞學狗吠，不一而足，可見任誕名士對他影響之深！

（四）阮　孚

阮孚字遙集。其母即胡婢。阮孚「風韻疎誕，少有門風。」避亂渡江，
元帝以為安東參軍。蓬髮飲酒，不以王務嬰心。轉丞相從事中郎，終日酣縱，
恆為有司所按，帝每優容之。

阮孚雖處亂世，卻只願明哲保身，竭力避免國家臨危授命的任務，明帝
時，溫嶠受顧命，邀孚同行，並告之曰：「主上遂大漸，江左危弱，實資羣賢，
共康世務。卿時望所歸，今欲屈卿同受顧託。」孚不答，固求下車，嶠不許。
將至台門，告嶠內急，求暫下，便徒步還家。

咸和初，拜丹楊尹。時太后臨朝，政出舅族。孚謂所親曰：「……主幼時艱，
運終百六，而庾亮年少，德信未孚，以吾觀之，將兆亂矣。」會廣州刺史劉顗
卒，遂苦求出，王導以孚疏放，非京尹才，許之。《晉書》卷四十九本傳云：

琅邪王裒為車騎將軍……以孚為長史。帝謂曰：「卿既統軍府，郊壘
多事，宜節飲也。」孚答曰：「陛下不以臣不才，委之以戎旅之重。
臣俛勉從事，不敢有言者，竊以今王茬鎮，威風赫然，皇澤遐被，
賊寇斂跡，氛祲既澄，日月自朗，臣亦何可爝火不息？正應端拱嘯
詠，以樂當年耳。」遷黃門侍郎……嘗以金貂換酒，復為所司彈劾，
帝宥之。

阮孚身受朝廷厚恩，屢膺重任，卻不思有以報效國家，只知鎮日酣縱，荒怠
王務，對帝王的勸誡、叮囑，從其回答中即可看出玩世不恭的態度。

（五）孔　羣

孔羣字敬休，有智局，志向不羈。性亦嗜酒，耽湎至深。有關他性行的
記載，見諸《晉書》卷七十八〈孔愉附傳〉及《世說新語》：

蘇峻入石頭，時匡術有寵於峻，賓從甚盛。羣與從兄愉同行於橫塘，
遇之，愉止與語，而羣初不視術。術怒，欲刃之。愉下車抱術曰：「吾
弟發狂，卿爲我宥之。」乃獲免。後峻平，王導保存術，嘗因眾坐，
令術勸羣酒，以釋橫塘之憾。羣答曰：「羣非孔子，厄同匡人。雖陽
和布氣，鷹化爲鳩，至於識者，猶憎其目。」導有愧色。（《晉書》
附傳）

鴻臚卿孔羣好飲酒。王丞相語云：「卿何爲恆飲酒？不見酒家覆瓿布，
日月糜爛？」羣曰：「不爾，不見糟肉，乃更堪久。」羣嘗書與親舊：
「今年田得七百斛秫米，不了麴蘖事。」（《世說》〈任誕〉廿三 24）

孔羣個性方正耿介，面對權臣爪牙狐假虎威的態勢，絕不妥協。至於沈溺飲
酒的程度亦甚驚人，並以糟肉較爲持久不腐的歪理來反駁王導的規勸，足見
當代飲酒幾已至無可救藥的地步！

（六）桓　玄

桓玄字敬道，一字靈寶，大司馬桓溫之孽子，甚得寵愛。形貌瓌奇，風
神疏朗，博綜藝術，善屬文。以父有不臣之跡，朝廷抑爲素官，鬱鬱不得志。
其後任官州郡，豪縱不羈，士庶憚之。又大築城府，台舘山池莫不壯麗。元
興二年舉兵叛變，並篡位稱帝。以驕奢荒侈，遊獵無度，兵敗被殺。桓玄誕
放事跡分見《世說》及《晉書》卷九十九本傳：

桓南郡被召作太子洗馬，船泊荻渚，王大服散後已小醉，往看桓。
桓爲設酒，不能冷飲，頻語左右：「令溫酒來！」桓乃流涕嗚咽。王
便欲去。桓以手巾掩淚，因謂王曰：「犯我家諱，何預卿事？」王歎
曰：「靈寶故自達！」注引語林曰：「玄不立忌日，止立忌時，其達
而不拘，皆此類。」（《世說》〈任誕〉廿三 50）

桓南郡小兒時，與諸從兄弟各養鵝共鬥。南郡鵝每不如，甚以爲忿；
迺夜往鵝欄間，取諸兄弟鵝悉殺之。既曉，家人咸以驚駭，云是變
怪，以白車騎。車騎曰：「無所致怪，當是南郡戲耳。」問，果如之。
（《世說》〈忿狷〉卅一 8）

……其庶母蒸嘗，靡有定所，忌日見賓客遊宴，唯至亡時一哭而已。
縗服之內，不廢音樂。……兄偉葬日，旦哭晚戲，或一日之中屢出
馳騁。……（《晉書》本傳）

前後二則故事，顯示桓玄為人放達不拘的本性，後者尤見其哀喪情感之虛偽不真。小時忿殺諸兄長鵝事，已見其性格的急暴，以致日後居官或篡位稱帝，都難以收服人心，遂在百姓疲苦、朝野勞瘁之下，兵敗身亡。

（七）袁　耽

　　袁耽字彥道。少有才氣，俶儻不羈，為士類所稱。袁彥道素以藝名顯，其誕放事跡如下：

> 桓宣武少家貧，戲大輸，債主敦求甚切，思自振之方，莫知所出。陳郡袁耽，俊邁多能。宣武欲求救於耽，耽時居艱，恐致疑，試以告焉。應聲便許，略無慊吝。遂變服懷布帽隨溫去，與債主戲。耽素有藝名，債主就局曰：「汝故當不辦作袁彥道邪？」遂共戲。十萬一擲，直上百萬數。投馬絕叫，傍若無人，探布帽擲對人曰：「汝竟識袁彥道不？」（《世說》〈任誕〉廿三34）

雖處守喪期間，袁耽為紓友難，不顧世俗禮法，脫衰更衣，縱恣豪賭於賭場間，其放誕可知！及居官為政，袁耽也不改輕率本性，並為此而丟官。《晉書》卷八十三附傳：「咸康初，石季龍游騎十餘匹至歷陽，耽上列不言騎少。時胡寇強盛，朝野危懼，王導以宰輔之重請自討之。既而賊騎不多，又已退散，導止不行。朝廷以耽失於輕妄，黜之。」對軍國大事亦如此輕率，自難取得諒解了。

（八）王　濛

　　王濛字仲祖，為哀靖皇后之父。濛少時放縱不羈，不為鄉曲所齒，晚節始克己勵行，有風流美譽，虛己應物，外絕榮競，內寡私欲。事諸母甚謹，奉祿資產常推厚居薄，喜慍不形於色，不修小節，而以清約見稱。《晉書》卷九十三本傳及《世說新語》載其任誕事跡如下：

> 王仲祖美姿容，每覽鏡自照，稱其父字曰：「王文開生如此兒邪！」居貧，帽敗，自入市買之，嫗悅其貌，遺以新帽，時人以為達。（《晉書》本傳及《世說》〈容止〉十四29注引語林）

> 劉尹、王長史同坐，長史酣酒起舞，劉尹曰：「阿奴今日不復減向子期。」（《世說》〈品藻〉九44）

> 劉尹每稱王長史云：「性至通，而自然有節。」（《世說》〈賞譽〉八87）

王濛年少時放達縱任，或不免受世族習氣的感染，但是他個性原屬通達不羈，

晚年雖克己勵行，依然有名士風流的自然神韻。酣酒起舞的才性展露，充分
顯示當代注重個人生命特質的表現。

（九）謝奕、謝安

謝奕字無奕，爲謝安胞兄。少有名譽，辟太尉掾、剡令，累遷豫州刺史。
其性格頗爲麤彊（《世說》〈忿狷〉卅一5），常因酒醉肆言放誕：

> 桓宣武（溫）作徐州，時謝奕爲晉陵。先粗經虛懷，而乃無異常。
> 及桓遷荆州，將西之間，意氣甚篤，奕弗之疑。唯謝虎子婦王悟其
> 旨。每曰：「桓荆州用意殊異，必與晉陵俱西矣！」俄而引奕爲司馬。
> 奕既上，猶推布衣交。在溫坐，岸幘嘯詠，無異常日。宣武每曰：「我
> 方外司馬。」遂因酒，轉無朝夕禮。桓舍入內，奕輒復隨去。後至
> 奕醉，溫往主許避之。主曰：「君無狂司馬，我何由得相見？」（《世
> 說》〈簡傲〉廿四8）

同一件事，《晉書》卷七十九〈謝奕附傳〉記載較詳：

> （奕）與桓溫善……奕每因酒，無復朝廷禮，嘗逼溫飲，溫走入南
> 康主門避之。……奕遂攜酒就聽事，引溫一兵帥共飲，曰：「失一老
> 兵，得一老兵，亦何所怪。」溫不之責。

由這則記述，謝奕飲酒任率的性格畢現。身爲桓溫下屬，却能毫無拘謹，與
溫作布衣交，甚至使桓溫禁不住他的逼飲而遁走。當其任剡令時，有老人犯
法，謝奕竟以醇酒飲之，醉猶未已，若非謝安諫止，幾出人命。〔註16〕顯然
謝奕有強逼人飲，醉猶未休的怪癖，無怪桓溫要避入南康主門內。

謝安字安石，世有學行，安弘粹通遠，溫雅融暢。善清言、行書。謝安本
無處世意，出則漁弋山水，入則言詠屬文。雖放情丘壑，然每遊賞，必携妓以
從。及弟謝萬黜廢，始有仕進志，歷任侍中、太保，安雖受朝寄，然東山之志
始末不渝，每形於言色。《世說》及《晉書》卷七十九本傳均載其放誕事跡：

> 安縱心事外，踈略常節，每畜女伎，携持遊肆也。（《世說》〈識鑒〉
> 七21注引宋明帝文章志）

> 謝安初携幼釋同好，養志海濱，襟情超暢，尤好聲律。然抑之以禮，
> 在哀能至，弟萬之喪，不聽絲竹者將十年。及輔政，而修室第園館，
> 麗車服、雖碁功之慘，不廢妓樂。王坦之因苦諫焉。（《世說》〈賞譽〉

〔註16〕見《世說》〈德行〉一33及《晉書》卷七十九〈謝奕附傳〉。

八 128 注引續晉陽秋）

> 性好音樂，自弟萬喪，十年不聽音樂。及登台輔，慕喪不廢樂。王
> 坦之書喻之，不從，衣冠效之，遂以成俗。又於土山營墅，樓館林
> 竹甚盛，每携中外子侄往來游集，肴饌亦屢費百金，世頗以此譏焉，
> 而安殊不以屑意。（《晉書》本傳）

謝安早年雖隱居不仕，卻非清心寡欲者，由畜伎宴遊的享樂生活，足證非眞
隱者。此與時代以隱爲高的思想很有關係。儘管如此，未出仕之前的謝安還
頗能以禮節制。及至輔政，竟縱肆有加，不僅慕喪不廢樂；又大興土木，營
築樓館；放蕩奢靡的程度，令人側目。而雖有王坦之的苦諫，却無動於衷，
依舊我行我素，於是衣冠人士掀起一陣跟風。他領導上下，擊潰苻堅，贏得
淝水戰役，確保南土的安定，功不可沒，但上述放蕩奢靡的行徑，竟形成一
時的風尚，則謝安亦難辭其咎。

二、任眞自然者，有羊曼、王尼、桓伊、溫嶠、袁山松、張湛、 殷羨、殷融、劉驎之、羅友、庾冰郡卒、陶淵明等

（一）羊　曼

羊曼字祖延。曼少知名，任達頹縱，好飲酒。溫嶠、庾亮、阮放、桓彝
同志友善，並爲中興名士。時州里稱陳留阮放爲宏伯，高平郗鑒爲方伯，泰
山胡毋輔之爲達伯……曼爲䎡伯，凡八人，號兗州八伯，蓋擬古之八雋。

王敦既與朝廷乖貳，羈錄朝士，羊曼爲右長史。曼知敦不臣，終日酣醉，
諷議而已。又《世說》〈雅量〉六20亦言其眞率的一面：

> 過江初，拜官，輿飾供饌。羊曼拜丹陽尹，客來蚤者，並得佳設。
> 日晏漸罄，不復及精，隨客早晚，不問貴賤。羊固拜臨海，竟日皆
> 美供。雖晚至，亦獲盛饌。時論以固之豐華，不如曼之眞率。

《晉書》卷四十九本傳並記其在蘇峻作亂時威武不屈的表現：

> 蘇峻作亂，加前將軍，率文武守雲龍門。王師不振，或勸曼避峻。
> 曼曰：「朝廷破敗，吾安所求生？」勒眾不動，爲峻所害，年五十五。

羊曼雖也好飲酒、縱誕，但他一生表現要比阮孚有風骨、有氣節得多了，另
一方面酒也成爲他免去權臣加害的護身符。「臨難毋苟免」的擔當，更足見羊
曼非一苟且偷生之輩。

（二）王　尼

　　王尼字孝孫。本兵家子，性格卓犖不羈。洛陽陷，避亂江夏。時王澄爲荊州刺史，遇之甚厚。尼早喪婦，止有一子。無居宅，惟畜露車，有牛一頭，每行，輒使子御之，暮則共宿車上。常歎曰：「滄海橫流，處處不安也。」俄而澄卒，荊土饑荒，尼不得食，乃殺牛壞車，煮肉噉之。既盡，父子俱餓死。（據《晉書》卷四十九本傳）王尼的身世可說是所有任誕名士中最淒涼、蕭條的一位。從他的生平裡，突顯出在其他當代任誕名士所不易見的時代大動亂的痕跡。由於出身貧寒，使王尼備嘗流離失所之苦，最後且在失去貴人的護佑下饑餒而死，王尼的遭遇或許正是當時百姓悲苦生活的縮影。王尼誕放的事跡有如下數則：

> 初爲護軍府軍士，胡毋輔之與琅邪王澄……迭屬河南功曹甄述及洛陽令曹攄請解之。

> 攄等以制旨所及，不敢。輔之等齎羊酒詣護軍門，門吏疏名呈護軍，護軍歎曰：「諸名士持羊酒來，將有以也。」尼時以給府養馬，輔之等入，遂坐馬廄下，與尼炙羊飲酒，醉飽而去，竟不見護軍。護軍大驚，即與尼長假，因免爲兵。

> 時何綏奢侈過度，尼謂人曰：「綏居亂世，矜豪乃爾，將死不久。」人曰：「伯蔚聞言，必相危害。」尼曰：「伯蔚比聞我語，已死矣。」未幾，綏果爲東海王越所殺。初入洛，尼詣越不拜。越問其故，尼曰：「公無宰相之能，是以不拜。」因數之，言甚切。又云：「公負尼物。」越大驚曰：「寧有是也？」尼曰：「昔楚人亡布，謂令尹盜之。今尼屋舍資財，悉爲公軍人所略，尼今饑凍，是亦明公之負也。」

> 越大笑，即賜絹五十匹。諸貴人聞，競往餉之。（《晉書》本傳）

王尼卓犖不羈的個性恰與胡毋輔之等人深相契合，雖然門第不高，卻使名士們樂與之交。王尼眞率性情亦表現在不畏權勢、放膽直言上，尤其向司馬越請求賠償的神采、機趣，非但沒有激怒東海王，反使東海王爲他振振有辭、昂然不屈的儀度所折服。

（三）桓　伊

　　桓伊字叔夏。伊有武幹，標悟簡率，爲王濛、劉惔所知。累遷豫州刺史，贈右將軍。其誕放行跡有：

桓子野每聞清歌，輒喚「奈何！」謝公聞之曰：「子野可謂一往有深情。」（《世說》〈任誕〉廿三 42）

左將軍桓伊善音樂，孝武飲燕，謝安侍坐，帝命伊吹笛。伊神色無忤，既吹一弄，乃放笛云：「臣於箏乃不如笛，然自足以韻合歌管。臣有一奴，善吹笛，且相便串，請進之。」帝賞其放率，聽召奴。奴既至，吹笛，伊撫箏而歌怨詩，因以為諫也。（《世說》〈任誕〉廿三 49 注引續晉陽秋）

《晉書》卷八十一附傳中對桓伊撫箏進諫事記載如下：

……伊便撫箏而歌怨詩曰：「為君既不易，為臣良獨難。忠信事不顯，乃有見疑患。周旦佐文武，金縢功不刊。推心輔王政，二叔反流言。」聲節慷慨，俯仰可觀。安泣下沾衿，乃越席而就之，捋其鬚曰：「使君於此不凡！」帝甚有愧色。

桓伊為了謝安遭小人離間，以致君臣構隙，遂藉機勸誡孝武帝，桓伊的情義令謝安為之感動流涕。桓伊性謙素，雖有大功，而始終不替。在州十年，綏撫荒雜，甚得物情。從他的放率裏，顯見其性情之真摯，實非狂誕之徒可比！

（四）溫　嶠

溫嶠字太真，性聰敏，有識量，少以孝悌稱於邦族，標俊清徹，英穎顯名，風儀秀整，美於談論。為司空劉琨左司馬。是時二都傾覆，天下大亂，溫嶠隨劉琨任左長史，後在朝有棟梁之任，深受明帝器重。及蘇峻叛國，溫嶠破賊居功厥偉，備受寵禮。以中風病故，年四十二。晉中興書曾言：「嶠有儁朗之目，而不拘細行。」溫嶠的性格亦屬任誕縱放者流，《世說》〈任誕篇〉載有其相關事跡三則：

溫太真位未高時，屢與揚州、淮中估客樗蒲，與輒不競。嘗一過，大輸物，戲屈，無因得反。與庾亮善，於舫中大喚亮曰：「卿可贖我！」庾即送直，然後得還。經此數四。（〈任誕〉廿三 26）

溫公喜慢語，卞令禮法自居。至庾公許，大相剖擊。溫發口鄙穢，庾公徐曰：「太真終日無鄙言。」（〈任誕〉廿三 27）

衛君長為溫公長史，溫公甚善之。每率爾提酒脯就衛，箕踞相對彌日。衛往溫許，亦爾。（〈任誕〉廿三 29）

溫嶠在未居高位時，行為即率真放任，及至官運亨通，聲譽卓著時亦不改其

本色。此外，他也並不侷限於職位尊卑，只要性情投合，即可把酒暢談，共相酬答。在誕行中顯見其真率。

（五）袁山松、張湛

袁山松少有才名，博學有文章。衿情秀遠，善音樂。舊歌有行路難曲，辭頗疏質，山松好之，乃文其辭句，婉其節制，每因醲醉縱歌之，聽者莫不流涕。初，羊曇善唱樂，桓伊能挽歌，及山松行路難繼之，時人謂之「三絕」。張湛字處度，小字驎。曾仕至中書郎，作列子注。他們二個的放誕行跡如下：

> 張湛好於齋前種松柏。時袁山松出遊，每好令左右作挽歌。時人謂「張屋下陳屍，袁道上行殯」（《世說》〈任誕〉廿三 43）
>
> 張驎酒後挽歌甚悽苦，桓車騎曰：「卿非田橫門人，何乃頓爾至致？」（《世說》〈任誕〉廿三 45）

袁山松、張湛二人酒後歌唱，皆甚悽苦感人，他們除了在文學上有為人稱道的文采，更藉著音樂上創作歌唱的才華，引動眾人與之產生共鳴，呈現東晉士人才藝煥然、一往深情的面相。

（六）殷羨、殷融

殷羨字洪喬，仕至豫章太守。資性介立，位終光祿勳。其弟殷融字洪遠。桓彝有人倫鑒，見融甚歎美之。著「象不盡意」、「大賢須易」論，理義精微，談者稱之。兄弟二人放曠行為分載於《世說》〈任誕〉及〈文學篇〉中：

> 殷洪喬作豫章郡，臨去，都下人因附百許函書。既至石頭，悉擲水中，因祝曰：「沈者自沈，浮者自浮，殷洪喬不能作致書郵。」（〈任誕〉廿三 31）
>
> 殷融……為司徒左西屬。飲酒善舞，終日嘯詠，未嘗以世務自嬰。……」（〈文學〉四 74 注引中興書）

殷羨、殷融兄弟二人顯然性情十分相近，俱屬任達放率。作兄長的因不堪人情攪擾，中途將請託函件投棄於水中，拒作致書郵；弟弟則飲酒清談、嘯詠善舞，自得其樂，將王事置諸腦後。

（七）劉驎之

劉驎之字子驥，一字遺民。少尚質素，虛退寡欲。好遊山澤間，志存遁逸。車騎將軍桓沖聞其名，請為長史，驎之固辭不受。雖為冠冕之族，信義著於壹小，凡厮伍之家婚娶葬送，無不躬自造訪。以壽終。其放誕之行主要

見於《世說新語》〈任誕〉、〈棲逸〉兩篇：

> 桓車騎在荆州，張玄爲侍中，使至江陵，路經陽岐村，俄見一人，持半小籠生魚，徑來造船云：「有魚，欲寄作膾。」張乃維舟而納之。問其姓字，稱是劉遺民。張素聞其名，大相忻待。劉既知張銜命，問：「謝安、王立度並佳不？」張甚欲話言，劉了無停意。既進膾，便去，云：「向得此魚，觀君船上當有膾具，是故來耳。」於是便去。張乃追至劉家，爲設酒，殊不清旨。張高其人，不得已而飲之。方共對飲，劉便先起，云：「今正伐荻，不宜久廢。」張亦無以留之。（〈任誕〉廿三 38）

> 桓沖嘗至其家，驎之方條桑，謂沖：「使君既枉駕光臨，宜先詣家君。」沖遂詣其父。父命驎之，然後乃還，拂短褐與沖言。父使驎之自持濁酒葅菜供賓，沖敕人代之。父辭曰：「若使官人，則非野人之意也。」沖爲慨然，至昏乃退。因請爲長史，固辭。居陽岐，去道斥近，人士往來，必投其家。驎之身自供給，贈致無所受。去家百里，有孤嫗疾，將死，謂人曰：「唯有劉長史當埋我耳！」驎之身往候之疾終，爲治棺殯。（〈棲逸〉十八 8 注引鄧粲晉紀）

劉驎之高率簡任的風格在當代獨標一格，是眞正一安貧若素的隱士，不僅風骨令人欽佩，其仁愛惻隱的性行，尤爲不可多得。

（八）羅　友

羅友字它仁。少好學，不持節儉，性嗜酒，當其所遇，不擇士庶。後爲襄陽太守，累遷廣、益二州刺史。在藩舉其宏綱，不存小察，甚爲吏民所安說。其放誕行止記載於《世說》〈任誕〉廿三 41、44 二條，均與吃食有關：

> 襄陽羅友有大韻，少時多謂之癡。嘗伺人祠，乞欲食，往太蚤，門未開。主人迎神出見，問以非時，何得在此？答曰：「聞卿祠，欲乞一頓食耳。」遂隱門側。至曉，得食便退，了無怍容。……後爲廣州刺史，當之鎮，刺史桓豁語令莫來宿。答曰：「民已有前期。主人貧，或有酒饌之費，見與甚有舊，請別日奉命。」征西密遣人察之。至日，乃往荆州門下書佐家，處之怡然，不異勝達。在益州語兒云：「我有五百人食器。」家中大驚。其由來清，而忽有此物，定是二百五十沓烏樏。

羅友作荊州從事，桓宣武爲王車騎集別。友進坐良久，辭出，宣武曰：「卿向欲咨事，何以便去？」答曰：「友聞白羊肉美，一生未曾得喫，故冒求前耳。無事可咨。今已飽，不復須駐。」了無慚色。

羅友爲人嗜食成癖，且心中坦蕩，毫無愧色。與人相交，不問貴賤，亦可見其眞率之處。

（九）庾冰郡卒

眞實姓名不詳，但從他的事迹記載中，可看出他機智靈巧，曠達自適的人生信念：

蘇峻亂，諸庾逃散。庾冰時爲吳郡，單身奔亡，民吏皆去。唯郡卒獨以小船載冰出錢塘口，蓬簾覆之。時峻賞募覓冰，屬所在搜檢甚急。卒捨船市渚，因飲酒醉還，舞棹向船曰：「何處覓庾吳郡？此中便是。」冰大惶怖，然不敢動。監司見船小裝狹，謂卒狂醉，都不復疑。自送過浙江，寄山陰魏家，得免。後事平，冰欲報卒，適其所願。卒曰：「出自廁下，不願名器。少苦執鞭，恆患不得快飲酒。使其酒足餘年畢矣，無所復須。」冰爲起大舍，市奴婢，使門內有百斛酒，終其身。時謂此卒，非唯有智，且亦達生。（《世說》〈任誕〉廿三30）

（十）陶　潛

陶潛字元亮，又字淵明，大司馬侃之孫也。潛少有高趣，博學善屬文，穎脫不羈，任眞自得，爲鄉鄰所貴。以親老家貧，起爲州祭酒，不堪吏職，少日自解歸。復爲鎭軍、建威參軍，以性素簡貴，不私事上官，又不堪爲五斗米折腰，於義熙元年，解印去縣。據《晉書》〈隱逸傳〉，可見其任眞自得之情：

……既絕州郡覲謁，其鄉親張野及周旋人羊松齡、寵遵等或有酒要之，或要之共至酒坐，雖不識主人，亦欣然無忤，酣醉便反。未嘗有所造詣，所之唯至田舍及廬山游觀而已。

刺史王弘以元熙中臨州，甚欽遲之，後自造焉。潛稱疾不見……弘每令人候之，密知當往廬山，乃遣其故人龐通之等齎酒，先於半道要之。潛既遇酒，便引酌野亭、欣然忘進。弘乃出與相見，遂歡宴窮日。潛無履，弘顧左右爲之造履。左右請履度，潛便於坐申腳令度焉。弘要之還州，問其所乘，答云：「素有腳疾，向乘籃輿，亦足自反。」乃令一門生二兒共舉之至州，而言笑賞適，不覺其有羨於

華軒也。弘後欲見，輒於林澤間候之。

其親朋好事，或載酒肴而往，潛亦無所辭焉。無一醉，則大適融然。……未嘗有喜慍之色，惟遇酒則飲，時或無酒，亦雅詠不輟。嘗言夏月虛閑，高臥北窗之下，清風颯至，自謂羲皇上人。性不解音，而畜素琴一張，絃徽不具，每朋酒之會，則撫而和之，曰：「但識琴中趣，何勞絃上聲！」

陶潛棄官歸田，自甘恬淡，恐與東晉末年時局紛亂有很大的關係。陶潛任眞自然的個性，無論仕或隱都未曾移易，只要有酒便能欣然歡暢，即或與主人不相識，亦不妨其雅興，必酒酣興盡而返。歸隱後也眞能不慕榮華，樂與田舍、大自然爲伍，雖在官吏面前，淳眞的本色依舊，他也是東晉時代少數眞正歸隱鄉野，安貧樂道，不與世爭的率眞質樸之士。

三、傲誕不羈者，有王恬、王徽之、王獻之等

（一）王　恬

王恬字敬豫，爲王導次子。少卓犖不羈，疾學尙武，不爲王導所重，導見其兄王悅輒喜，見恬便有怒色。性傲誕，不拘禮法。其任誕事跡一則如下：

謝公嘗與謝萬共出西，過吳郡，阿萬欲相與共萃王恬許。太傅云：「恐伊不必酬汝，意不足爾！」萬猶苦要，太傅堅不回，萬乃獨往。坐少時，王便入門內，謝殊有欣色，以爲厚待己。良久，乃沐頭散髮而出，亦不坐，仍據胡牀，在中庭曬頭，神氣傲邁，了無相酬對意。謝於是乃還。未至船，逆呼太傅。安曰：「阿螭不作爾！」（《世說》〈簡傲〉廿四 12）

王恬態度之傲誕，實事出有因，《世說》〈簡傲〉廿四 9「謝萬在兄前，欲起索便器。于時阮思曠（裕）在坐曰：「新出門戶，篤而無禮」可知「江左王、謝齊名，實在謝安立功名以後。此時謝氏兄弟甫有盛名，而其先本非世族，故阮裕譏爲新興門戶。王恬貴游子弟，宜其不禮謝萬也。」〔註17〕王恬以門戶驕人的十足狂態，顯示當代門第、閥閱的界限森嚴，而貴游子弟最喜藉此誇耀、炫示於人，王恬亦未能免。不過，《晉書》本傳言其至晚節更好士，不復年少輕狂，總算是通達事理，有所領悟。

〔註17〕見《世說》〈簡傲〉廿四 12 余嘉錫箋疏一。

（二）王徽之、王獻之

徽之字子猷，王羲之第五子。性卓犖不羈，不以世務盈懷，傲達誕放又好聲色。時人皆欽其才而穢其行。其放誕行爲俱見於《世說新語》中：

> 王子猷、子敬兄弟，共賞高士傳人及贊。子敬賞井丹高潔；子猷云：「未若長卿慢世。」（〈品藻〉九 80）

> 王子猷詣郗雍州，雍州在内，見有氍毹，云：「阿乞那得此物？」令左右送還家。郗出覓之，王曰：「向有大力者負之而趨。」郗無忤色。（〈任誕〉廿三 39）

> 王子猷嘗暫寄人空宅住，便令種竹。或問：「暫住何煩爾？」王嘯詠良久，直指竹曰：「何可一日無此君？」（〈任誕〉廿三 46）

> 王子猷出都，尚在渚下，舊聞桓子野吹笛，而不相識。遇桓於岸上過，王在船中，客有識之者云：「是桓子野。」王便令人與相問云：「聞君善吹笛，試爲我一奏。」桓時已貴顯，素聞王名，即便迴下車，踞胡牀，爲作三調；弄畢，便上車去。客主不交一言。（〈任誕〉廿三 49）

> 王子猷居山陰，夜大雪，眠覺，開室，命酌酒，四望皎然。因起彷徨，詠左思招隱詩，忽憶戴安道。時戴在剡，即便夜乘小船就之。經宿方至，造門不前而返。人問其故？王曰：「吾本乘興而行，興盡而返，何必見戴！」（〈任誕〉廿三 47）

> 王子猷作桓車騎騎兵參軍。桓問曰：「卿何署？」答曰：「不知何署；時見牽馬來，似是馬曹。」桓又問：「官有幾馬？」答曰：「不問馬，何由知其數？」又問：「馬比死多少？」答曰：「未知生，焉知死？」（〈簡傲〉廿四 11）

> 王子猷作桓車騎參軍。桓謂王曰：「卿在府日久，比當相料理。」初不答，直高視，以手版拄頰曰：「西山朝來，致有爽氣！」（〈簡傲〉廿四 13）

王徽之一生以任性傲誕著稱，居官無事事之心，只求一己的逍遙自適，過著朝隱的生活。充分反映當代部分名士以隱爲高，卻在實際行跡中放浪形骸，享受富裕優渥的貴族生活。

王獻之字子敬，爲王羲之之子，少有盛名，而高邁不羈，雖閑居終日，

容止不忘，風流爲一時之冠。工草隸，善丹青。謝安曾問：「君書何如君家尊？」答曰：「故當不同。」安曰：「外論不爾。」答曰：「人那得知！」足見其自負、自大的驕慢，盛氣凌人的態勢，即使是對生父也絲毫不退讓。其誕行見於《世說》〈簡傲〉廿四 17：

> 王子敬自會稽經吳，聞顧辟彊有名園，先不識主人，徑往其家，值顧方集賓友酣燕園中，而王遊歷旣畢，指麾好惡，傍若無人。顧勃然不堪曰：「傲主人，非禮也；以貴驕人，非道也。失此二者，不足齒之傖耳！」便驅其左右出門。王獨在輿上展轉，顧望左右移時不至，然後令送著門外，怡然不屑。

王獻之紈袴子弟的作風，激起主人強烈的反感。獻之卻傲然自在，毫不介意。當時注重門第出身的結果，使得名門之子囂張橫行，目中無人的驕恣狂態，實可與前述王恬驕謝萬的故事相輝映。

四、任誕、狂誕兼而有之者，有周顗、王忱、謝鯤、謝尚、祖逖等

（一）周　顗

周顗字伯仁，汝南安城人，爲揚州刺史周浚的長子。少有重名，又有風流才氣，神彩秀徹。但因正體嶷然，時輩不敢媟。周顗性格寬裕而友愛過人，其弟周嵩曾因醉酒辱罵道：「君才不及弟，何乃橫得重名！」又以燃燭投擲，顗神色無忤，容忍弟弟的放肆無禮（《世說》〈雅量〉六 21）。另一方面周顗亦以方正直言著稱，他對王敦構逆叛國之舉，從未假以顏色。當王師敗績，周顗奉詔詣王敦時，敦曰：「伯仁，卿負我！」顗曰：「公戎車犯順，下官親率六軍，不能其事，使王旅奔敗，以此負公。」王敦憚其辭正，不知所答。當人勸顗避王敦之難時，則曰：「吾備位大臣，朝廷喪敗，寧可復草間求活，外投胡越邪！」及爲王敦所收，大罵曰：「天地先帝之靈：賊臣王敦傾覆社稷，枉殺忠臣，陵虐天下，神祇有靈，當速殺敦，無令縱毒，以傾王室。」語未終，收人以戟傷其口，血流至踵，顏色不變，容止自若，觀者皆爲流涕。（《晉書》卷六十九本傳）可見其大義凜然之風。

至於周顗誕放的事跡，也頗爲震動視聽：

> 有人譏周僕射：「與親友言戲，穢雜無檢節。」周曰：「吾若萬里長江，何能不千里一曲。」注引鄧粲晉紀曰：「王導與周顗及朝士詣尚書紀瞻觀伎。瞻有愛妾，能爲新聲。顗於眾中欲通其妾，露其醜穢，

顏無怍色。有司奏免顗官，詔特原之。」(《世說》〈任誕〉廿三 25)

周伯仁風德雅量，深達危亂。過江積年，恆大飲酒。嘗經三日醒，時人謂之「三日僕射」。注引晉陽秋曰：「初，顗以雅望，獲海內盛名，後屢以酒失。庾亮曰：『周侯末年，可謂鳳德之衰也。』」注引語林（據《太平御覽》四百九十七引）：「周伯仁過江恆醉，止有姊喪三日醒，姑喪三日醒也。」(《世說》〈任誕〉廿三 28) 〔註18〕

顗在中朝時，能飲酒一石，及過江，雖日醉，每稱無對。偶有舊對從北來，顗遇之欣然，乃出酒二石共飲，各大醉。及顗醒，使視客，已腐脅而死。(《晉書》本傳)

帝讌羣公于西堂，酒酣，從容曰：「今日名臣共集，何如堯舜時邪？」顗因醉屬聲曰：「今雖同人主，何得復比聖世！」帝大怒而起，手詔付廷尉，將加戮，累日方赦之。(《晉書》本傳、《世說》〈方正〉五 30)

由上述周顗的事跡，可以看出他集任誕、雅量、方正於一身，個性十分複雜。其任誕行止亦兼有二個層面：一方面於親友言戲玩樂時，縱恣無檢，舉措粗俗無禮，又屢以醉酒失儀，居姑姊喪，僅各清醒三日，雖頗招物議，周顗卻毫不介意；另一方面，周顗也因酒醉，竟不顧君臣禮儀，屬聲叱元帝不配等同堯舜聖世，表現出率真、方正的個性。儘管庾亮批評他到末年爲「鳳德之衰」，但周顗行止雖放誕、醉酒，卻仍未昏聵無知，從他對王敦叛變的所作所爲即可瞭然，更何況在他遇難後，王敦派人搜括其家，僅收得「素簏數枚，盛故絮而已，酒五甕，米數石。」在位者無不佩服他的清約。周顗在政治上雖無顯著成就可言，荒誕不經的行徑也令人不齒，但在放蕩不羈中有時亦展露人性眞、善、美的一面，卻又不能不令人激賞！

（二）王 忱

王忱字元達，又稱佛大、王大。北平將軍王坦之第四子。弱冠知名，與王恭、王珣俱流譽一時。性任達不拘，自恃才氣，放酒誕節。又極欽慕王澄之爲人，加以年少居方伯之任，時人憂其不堪重任。及鎮荆州，威風肅然，殊得物和。並對當時以才雄駕物的桓玄，屢加裁抑，桓玄亦憚服於他的氣勢、精幹。王忱的任誕行爲多與酒有密切的關聯：

〔註18〕「三日醒」原文作「三日不醒」，此據余嘉錫箋疏當去「不」字。

　　王佛大歎言：「三日不飲酒，覺形神不復相親。」注引晉安帝紀曰：
「忱少慕達，好酒，在荊州轉甚，一飲或至連日不醒，遂以此死。」
又注引宋明帝文章志曰：「忱嗜酒，醉輒經日，自號上頓。世謔以大
飲爲『上頓』，起自忱也。」（《世說》〈任誕〉廿三 52）

　　……末年尤嗜酒，一飲連月不醒，或裸體而游……婦父嘗有慘，忱
乘醉弔之，婦父慟哭，忱與賓客十許人，連臂被髮裸身而入，繞之
三帀而出。其所行多此類。（《晉書》卷七十五本傳）

　　王大、王恭嘗俱在何僕射坐。恭時爲丹陽尹，大始拜荊州。訖將乖
之際，大勸恭酒。恭不爲飲，大逼彊之，轉苦，便各以帩帶繞手。
恭府近千人，悉呼入齋，大左右雖少，亦命前，意便欲相殺。何僕
射無計，因起排坐二人之間，方得分散。所謂勢利之交，古人羞之。
（《世說》〈忿狷〉卅一 7）

　　王孝伯問王大：「阮籍何如司馬相如？」王大曰：「阮籍胷中壘塊，
故須酒澆之。」（《世說》〈任誕〉廿三 51）

王忱雖任達，政績卻斐然，殊爲難得。由於仰慕王澄爲人，行跡自易受其影
響。而王忱飲酒追求「形神相親」的境界，究竟蘊涵什麼意義？王瑤曾精細
剖析其中的道理：

　　莊子達生篇云：「夫醉者之墜車，雖疾不死；骨節與人同，而犯害與
人異，其神全也。乘亦不知也，墜亦不知也，死之驚懼，不入乎其
胸中，是故遻物而不慴。彼得全於酒，而猶若是，而況得全於天乎？」
形神相親則神全，因而可求得一物我兩冥的自然境界，酒正是一種
手段。〔註19〕

王忱以酒作爲達到形神相親、物我兩冥自然境界的手段，除因個性任達之外，
當時政治的詭譎或許也是促使他沈迷酒中並以狂誕不羈的行徑表現的原因。
由於王忱兄長王國寶少無士操，不修廉隅，與會稽王司馬道子狼狽爲奸，把
持威權，扇動內外，甚且貪縱聚斂，不知紀極。王忱處此情景，對舉國切齒
的兄長作風恐亦不能釋懷，從治理荊州威風肅然的政績而論，於家國仍持著
忠誠盡責的態度可知。然而王忱的散誕放任，也有流於縱慾享樂、驚世駭俗
的一面。

〔註19〕同註14，「文人與酒」，頁54。

（三）謝鯤、謝尚

謝鯤字幼輿。性通簡，不修威儀，好老、易，善音樂，以琴書爲業。爲人任達不拘，恬於榮辱。鯤曾因時方多故，謝病去職，避地于豫章。鯤不徇功名，無砥礪行，居身於可否之間，雖自處若穢，而動不累高。王敦有不臣之迹，顯於朝野。鯤知不可以道匡弼，乃優游寄遇，不屑政事，從容諷議，卒歲而已。每與畢卓、王尼等縱酒。王敦以其名高，脅迫從己。是時朝望被害，皆爲其憂。而鯤推理安常，時進正言。軍還，使之郡，涖政清肅，百姓愛之。謝鯤除與名士縱酒放誕外，更以「折齒」事件爲人所譏：

> 鄰家高氏女有美色，鯤嘗挑之，女投梭，折其兩齒。時人爲之語曰：
> 「任達不已，幼輿折齒。」鯤聞之，傲然長嘯曰：「猶不廢我嘯歌。」
> （《晉書》卷四十九本傳，又《世說》〈賞譽〉八 97 注引江左名士傳）

> 鯤與王澄之徒，慕竹林諸人，散首披髮，裸袒箕踞，謂之八達。故
> 鄰家之女，折其兩齒。世爲謠曰：「任達不已，幼輿折齒。」鯤有勝
> 情遠慨，爲朝廷之望，故時以庾亮方焉。（《世說》〈品藻〉九 17 注
> 引鄧粲晉紀）

謝鯤誕放不羈的事件中，以此最爲不堪，面對人們的訕笑，他也毫不介意。謝鯤的自處若穢，不徇功名，實與當時險惡詭譎的政局有關，在無可作爲的情況下，只有優游卒歲，縱酒自放了。但謝鯤仍未失其忠正愛國之心，從他對王敦善意的勸諫裡即可明悉。又當他身爲地方長官時，涖政清肅，深受百姓愛戴的優異政績，也足以證明他的威望名實相副。

謝尚字仁祖，爲鯤之子。幼有至性，神悟夙成。及長開率穎秀，辨悟絕倫，脫略細行，不爲流俗之事。好衣刺文袴，諸父貴之，因而自改，遂知名。善音樂，博綜眾藝。尚爲政清簡，始到官，郡府以布四十匹爲尚造烏布帳。尚壞之，以爲軍士襦袴。永和中，拜爲尚書僕射，後進號鎮西將軍。升平初，又進都督豫、冀、幽、并四州。卒於歷陽，時年五十。謝尚任誕事跡，《世說新語》記載較詳：

> 王長史、謝仁祖同爲王公掾。長史云：「謝掾能作異舞。」謝便起舞，
> 神意甚暇。王公熟視，謂客曰：「使人思安豐。」注引晉陽秋曰：「尚
> 性通任，善音樂。」語林曰：「謝鎮西酒後，於槃案間，爲洛市肆工
> 鴝鵒舞，甚佳。」（〈任誕〉廿三 32）

> 王、劉共在杭南，酣宴於桓子野家。謝鎮西往尚書墓還，葬後三日

> 反哭。諸人欲要之，初遣一信，猶未許，然已停車。重要，便回駕。
> 諸人門外迎之，把臂便下，裁得脫幘著帽。酣宴半坐，乃覺未脫衰。
> （〈任誕〉廿三 33）

謝鯤父子誕行皆有屬於超越倫常禮儀的部份，而謝尚沿襲家風，自年少性格即通脫率詣。及長，其放達的行徑亦純屬本性自然的流露，並不含有對現實政治不滿的用意在。謝尚行為雖不羈，但從政期間的表現頗清簡有為，對國家社會畢竟有所貢獻，非如胡毋謙之純粹摹擬其父，一味為狂誕而狂誕。

（四）祖　逖

祖逖字士稚。性通濟、豁蕩不拘小節。然輕財好俠，慷慨有節尚。每至田舍，輒稱兄意，散穀帛以賙貧乏，鄉黨宗族以是重之。逖以社稷傾覆，常懷振復之志。賓客義徒多暴桀勇士，逖遇之如子弟。時揚土大饑，此輩多為盜竊，攻剽富室，逖撫慰問之曰：「比復南塘一出不？」或為吏所繩，逖輒擁護救解，談者以此少逖，然自若也。（見《世說》〈任誕〉廿三 23 注引晉陽秋及《晉書》卷六十二本傳），《世說新語》〈任誕〉廿三 23 亦記此事：

> 祖車騎過江時，公私儉薄，無好服玩。王、庾諸公共就祖，忽見裘
> 袍重疊，珍飾盈列，諸公怪問之。祖曰：「昨夜復南塘一出。」祖于
> 時恆自使健兒鼓行劫鈔，在事之人，亦容而不問。

由《晉書》本傳知祖逖非重財輕義之人，他容忍屬下劫財的行為，固屬放蕩無行檢之舉，但此或與他誓師北伐之舉有關，因東晉朝廷對他舉兵北伐的供需甚為不足，在勢單力薄中，只好藉劫富以助軍餉。

五、非本性任誕，為渲洩愁苦者，有王蘊等：

王蘊字叔仁，孝武定皇后父。為王濛之子，與父俱為外戚。性平和，不抑寒素，務存進達，各隨其方。補吳興太守，甚有德政。屬郡荒人飢，輒開倉贍邺。主簿執諫，請先列表上待報，蘊曰：「今百姓嗷然，路有饑饉，若表上須報，何以救將死之命乎！專輒之愆，罪在太守，且行仁義而敗，無所恨也。」於是大振貸之，賴蘊全者十七八。王蘊居官慈仁寬厚，殊屬難得，他的任誕行跡則與酒密不可分：

> 王光祿云：「酒，正使人人自遠。」注引續晉陽秋曰：「蘊素嗜酒，
> 末年尤甚，及在會稽，略少醒日。」（《世說》〈任誕〉廿三 35）

晉書並記載王蘊雖晚年酣飲，任官猶以和簡爲百姓所悅。這樣一位勤政愛民的好官，又屬王室姻戚，仕途卻不甚平坦，屢遭寃抑，因此，王蘊才藉酒忘卻現實世界的痛苦，酒使人自遠的結論，正是反映他內心深處的感傷與無奈。

第六章 任誕士風的歷史評價

　　自何晏、阮籍等任誕名士，以不遵禮法，違俗反制的行徑，逐漸形成一股風潮後，便不斷有人針對任誕士風或任誕人物加以批評。由於個人的立場不同、角度互異，評價難免有所參差。其中有不少站在儒家甚或道家的觀點，將任誕士風的意義全盤予以否定；亦有就其一二長處為之申辯者。任誕士風在歷史上的功過，究竟為何？本文即試圖予一客觀的評估。

　　前人有關的評價可歸納為三類：

　　一、以道家立場言者：有裴頠、王坦之、樂廣等人。據《晉書》卷三十五〈裴頠傳〉說：

> 頠深患時俗放蕩，不尊儒術，何晏、阮籍素有高名於世，口談浮虛，不遵禮法，尸祿耽寵，仕不事事；至王衍之徒，聲譽太盛，位高勢重，不以物務自嬰，遂相放效，風教陵遲，乃著崇有之論以釋其蔽曰：「……察夫偏質有弊，而覩簡損之善，遂闡貴無之議，而建賤有之論。……是以立言藉於虛無，謂之玄妙；處官不親所司，謂之雅遠；奉身散其廉操，謂之曠達。故砥礪之風，彌以陵遲。放者因斯，或悖吉凶之禮，而忽容止之表，瀆棄長幼之序，混漫貴賤之級。其甚者至於裸裎，言笑忘宜，以不惜為弘，士行又虧矣。」

裴頠以玄學家的立場批評這批蔑視禮法、行止放蕩的名士，[註1] 認為他們不

〔註1〕以裴頠為玄學家之論證，詳閱唐長孺《魏晉南北朝史論集》──〈魏晉玄學之形成及其發展〉，頁332～334。他的結論為：「從前人往往把裴頠之論認為反道家，是由於崇有論中重視禮制、世務之故……其實裴頠仍然是一個玄學家，他所提出的問題與企圖解決的問題乃是有無之辨，這是玄學上的問題，

但使風教陵遲，更對士行有虧。在他看來，自然既是萬有的統合，名教又涵蓋於「有」中，自是合於自然，實毋須放廢禮法至如此不堪的地步！樂廣亦曾因不滿王澄、胡毋輔之任放爲達的作風而笑道：「名教中自有樂地，何爲乃爾也！」他也是持名教與自然合一的立場，不以放達爲然。

至東晉王坦之著廢莊論非議時俗放蕩之弊，《晉書》卷七十五〈王坦之傳〉云：

> ……孔父非不體遠，以體遠故用近；顏子豈不具德，以德備故膺教。……使夫敦禮以崇化，日用以成俗，誠存而邪惡，利損而競息，成功遂事，百姓皆曰我自然。

這個看法與樂廣等以名教與自然相符的論點相同。因先王有鑒於人情流蕩、自足者寡，故以禮儀教化來節制，使羣生不致脫軌亂紀，有損道之全。所以名教仍是人倫社會所必須依循的法則，不可荒怠唾棄。

西晉時爲玄談領袖的王衍，本竭力反對裴頠崇有之論，及至八王之亂後，夷狄入主中原，在他將爲石勒所殺時，才懊悔地說：「嗚呼！吾曹雖不如古人，向若不祖尚浮虛，戮力以匡天下，猶可不至今日！」（《晉書》卷四十三〈王衍傳〉，《世說》〈輕詆〉廿六 11 注引晉陽秋）在國破家亡之際，王衍臨終前吐露心聲，承認虛浮放誕的作風，對國家民族已造成極大的傷害。

以上均爲對任誕風氣持反對意見者，但是謝安卻不贊成時人以清談浮虛爲亡國主因的看法，在《世說》〈言語〉二 70 曾記其與王羲之的對話：

> 王右軍與謝太傅共登冶城。王謂謝曰：「夏禹勤王，手足胼胝；文王旰食，日不暇給。今四郊多壘，宜人人自效。而虛談廢務，浮文妨要，恐非當今所宜。」謝答曰：「秦任商鞅，二世而亡，豈清言致患邪？」

此處雖主要針對清談而論，但當時荒廢王事的任放作風亦在王羲之責難之列，特別在西晉亡於胡，士族南遷，百廢待舉之際，王羲之的觀點實具有代表性的意義，即使謝安並不同意這個看法。

二、以儒家立場言者：有應詹、卞壼、虞預、范甯、干寶、葛洪、顏之推、顧炎武等人。《晉書》卷七十〈應詹傳〉載其上疏元帝曰：

> ……元康以來，賤經尚道，以玄虛宏放爲夷達，以儒術清儉爲鄙俗，永嘉之弊，未必不由此也。

───────────────────────────────

而且他並沒有排斥道家，相反的他和王弼一樣是在綜合儒道。」

又同卷〈卞壼傳〉曰：

> ……阮孚每謂之曰：「卿恆無閒泰，常如含瓦石，不亦勞乎？」壼曰：「諸君以道德恢弘，風流相尚，執鄙吝者，非壼而誰！」時貴游子弟多慕王澄、謝鯤爲達，壼屬色於朝曰：「悖傷禮教，罪莫斯甚！中朝傾覆，實由於此。」欲奏推之。王導、庾亮不從，乃止，然而聞者莫不折節。

應、卞二人均站在禮教的觀點，訾議王澄等貴游子弟頹唐放達，以致中朝傾覆。卞壼甚至想要朝廷窮究他們的罪行，計雖未果，卻可見任誕名士已激起禮教之士強烈的憤怒與不滿。虞預即爲另一個代表人物，「預雅好經史，憎疾玄虛，其論阮籍裸袒，比之伊川被髮，所以胡虜遍於中國，以爲過衰周之時。」〔註2〕

范甯則以爲浮虛相扇，儒雅日替的時風，乃源於王弼、何晏，二人之罪深於桀紂，其論曰：

> ……王何蔑棄典文，不遵禮度，游辭浮說，波蕩後生，飾華言以翳實，騁繁文以惑世。搢紳之徒，翻然改轍，洙泗之風，緬焉將墜。遂令仁義幽淪，儒雅蒙塵，禮壞樂崩，中原傾覆。古之所謂言僞而辯，行僻而堅者，其斯人之徒歟！……王何叨海內之浮譽，資膏梁之傲誕，畫螭魅以爲巧，扇無檢以爲俗。鄭聲之亂樂，利口之覆邦，信矣哉！吾固以爲一世之禍輕，歷代之罪重，自喪之釁小，迷眾之愆大也。〔註3〕

范甯以王弼、何晏二人爲任誕士風的始作俑者，將士風的墮落，社稷的傾頹，一切歷史的罪孽歸諸二人，並以爲其罪深於桀紂暴君。王弼、何晏在他眼中只有負面的影響，全無任何正面的價值。而《晉書》〈儒林傳〉亦承范甯之論指摘正始玄風：

> ……有晉始自中朝，迄於江左，莫不崇飾華競，祖述虛玄，擯闕里之典經，習正始之餘論，指禮法爲流俗，目縱誕以清高，遂使憲章弛廢，名教頹毀，五胡乘間而競逐，二京繼踵以淪胥，運極道消，可爲長歎息者矣。

干寶在《晉書》卷五〈帝紀總論〉中論述晉朝之得失時，曾就社會各種現象

〔註2〕見《晉書》卷八十二〈虞預傳〉。
〔註3〕見《晉書》卷七十五〈范甯傳〉。

指陳其弊病：

> ……加以朝寡純德之人，鄉乏不貳之老，風俗淫僻，恥尚失所，學
> 者以老莊爲宗而黜六經，談者以虛蕩爲辨而賤名儉，行身者以放濁
> 爲通而狹節信，進仕者以苟得爲貴而鄙居正，當官者以望空爲高而
> 笑勤恪。……由是毀譽亂于善惡之實，情愿奔于貨欲之塗。選者爲
> 人擇官，官者爲身擇利，而執鈞當軸之士，身兼官以十數。大極其
> 尊，小錄其要，而世族貴戚之子弟，陵邁超越，不拘資次。悠悠風
> 塵，皆奔競之士，列官千百，無讓賢之舉。……禮法刑政於此大壞，
> 如水斯積而決其隄防，如火斯畜而離其薪燎也。國之將亡，本必先
> 顚，其此之謂乎！

> 故觀阮籍之行，而覺禮教崩弛之所由也。……覽傅玄、劉毅之言，
> 而得百官之邪；核傅咸之奏，錢神之論，而觀寵賂之彰。民風國勢
> 如此，雖以中庸之才，安文之主治之……賈誼必爲之痛哭，又況我
> 惠帝以放蕩之德臨之哉！懷帝趁亂得位，羈於強臣，愍帝奔播之後，
> 徒厠其虛名，天下之政既去，非命世之雄才，不能取之矣！……

干寶列舉諸般具代表性的事實，以證明西晉禮法刑政敗壞、民風國勢凋敝的
情景。他雖然認爲阮籍誕行是禮教崩弛的根本原因，但卻未將亡國之罪全歸
於一人。干寶除了客觀分析問題癥結外，更進一步指明惠帝的無能亦是西晉
覆亡的重要關鍵。

葛洪在《抱朴子》外篇卷二五〈疾謬〉及卷二七〈刺驕〉中對當時名士
不拘禮法、任誕放縱的行徑痛加撻伐：

> ……無賴之子，白醉耳熱之後，結黨合羣，遊不擇類。奇士碩儒或隔
> 離而不接；妄行所在，雖遠而必至，攜手連袂以邀以集，入他堂室，
> 觀人婦女，指玷修短，評論美醜，不解此等何爲者哉！或有不通主人，
> 便共突前；嚴飾未辨，不復窺聽，犯門折關，踰垝穿隙，有似抄劫之
> 至也。其或妾媵藏避不及，至搜索隱僻，就而引曳，亦怪事也。……
> 然落拓之子，無骨髓而好隨俗者，以通此者爲親密，距此者爲不恭，
> 誠爲當世不可不爾。於是要呼憒雜，入室視妻，促膝之狹坐，交杯觴
> 於咫尺，絃歌淫冶之音曲，以挑文君之動心。載號載呶，謔戲醜褻，
> 窮鄙極黷，爾乃笑（此句疑脫一字）。……蓬髮亂鬢，橫挾不帶，或
> 褻衣以接人；或裸袒而箕踞。朋友之集，類味之遊，莫切切進德，闇

閭修業，改過弼達，講道精義。其相見也，不復敍離闊，問安否，賓則入門而呼奴，主則望客而喚狗。其或不爾，不成親至，而棄之不與爲黨。及好會則狐蹲牛飲，爭食競割，廷撥淼摺，無復廉恥。以同此者爲泰，以不爾者爲劣。終日無及義之言，徹夜無箴規之益，誣引老莊，貴於率任，大行不顧細禮；至人不拘檢括，嘯傲縱逸謂之體道……世人聞戴叔鸞、阮嗣宗傲俗自放，見謂大度，而不量其材力，非傲生之匹，而慕學之，或亂項科頭；或裸袒蹲夷；或濯腳於稠眾；或溲便於人前；或停客而獨食；或行酒而止所親。此蓋左袒之所爲，非諸夏之快事也。……夫古人所謂通達者，謂通於道德，達於仁義耳，豈謂通乎褻黷而達於淫邪哉！

任誕名士醉酒酣宴之際，不僅破壞男女禮教的設防，甚且謔戲醜褻，放浪形骸至無所不用其極的地步，還要以莊老之道作爲縱慾輕浮的掩護。葛洪恨惡這批虛假、狂誕之士的劣行，遂以激憤、嚴厲的措辭顯明他們荒唐、無恥的生活眞實面目。

北齊顏之推則站在實用的觀點批評魏晉以來士族但享安逸，未嘗知稼穡耕種之苦辛：

吾見世中文學之士，品藻古今，若指諸掌，及有試用，多所不堪。居承平之世，不知有喪亂之禍；處廟堂之下，不知有戰陳之急；保俸祿之資，不知有耕稼之苦；肆吏民之上，不知有勞役之勤，故難可以應世經務也。晉朝南渡，優借士族……其餘文義之士，多迂誕浮華，不涉世務……江南朝士，因晉中興，南渡江，卒爲羈旅，至今八九世，未有力田，悉資俸祿而食耳。假令有者，皆信僮僕爲之，未嘗目觀起一墢土，耘一株苗；不知幾月當下，幾月當收，安識世間餘務乎？故治官則不了，營家則不辦，皆優閑之過也。〔註4〕

顏之推雖泛指一般文人朝士，除了悉資俸祿而食外，毫無應世經務的體驗與能力，但從他對迂誕浮華風氣的不滿，可知亦涵蓋任誕名士在內。他認爲名士們居官爲政，太過優閑自適，以致連最基本的農務都一無所知，更遑論其他的政治要務！

明末清初顧炎武於《日知錄》中又再度將亡國之罪歸咎於林下諸賢：

〔註4〕見《顏氏家訓集解》（臺北：明文書局，民國73年1月再版）〈涉務篇〉，頁292～297。

魏明帝殂，少帝即位，改元正始，凡九年。其十年則太傅司馬懿殺
大將軍曹爽，而魏之大權移矣。……一時名士風流盛於維下，乃其
棄經典而尚老莊，蔑禮法而崇放達，視其主之顛危若路人然，即此
諸賢為之倡也。自此以後，競相祖述。……以至國亡於上，教淪於
下，胡戎互僭，君臣屢易，非林下諸賢之咎而誰咎哉？〔註5〕

顧炎武目睹明朝亡於清的慘痛經過，對不能克盡職守、以國家興亡為己任的
任誕之士，予以最不留情的苛責，並要他們承擔社稷傾頹、禮教崩壞的歷史
責任。顧炎武在亡國創痛下所得的結論雖難以持平，但其論任達之士無顧君
國安危卻是無可厚非的。

　　三、就事論事就理論理者：有李充、戴逵、錢大昕、梁啓超等。《晉書》
卷九十二〈李充本傳〉言其好刑名之學，深抑虛浮之士，嘗著學箴，稱：

老子云：「絕仁棄義，家復孝慈。」豈仁義之道絕，然後孝慈乃生哉？
蓋患乎情仁義者寡而利仁義者眾也。道德喪而仁義彰，仁義彰而名
利作，禮教之弊，直在茲也。先王以道德之不行，故以仁義化之；
行仁義之不篤，故以禮律檢之。檢之彌繁，而偽亦愈廣。老、莊是
乃明無為之益，塞爭欲之門。……化之以絕聖棄知，鎮之以無名之
樸。聖教救其末，老、莊明其本，本末之塗殊，而為教一也。人之
迷也，其日久矣！見形者眾，及道者鮮。不覿千仞之門而逐適物之
迹，逐迹逾篤，離本逾遠，遂使華端與薄俗俱興，妙緒與淳風並絕，
所以聖人長潛而迹未嘗滅矣。懼後進惑其如此，將越禮棄學而希無
為之風，見義教之殺而不覿其隆矣……人之失德，反正作奇，乃放
欲以越禮，不知希競之為病，違彼夷塗而遵此險徑……世有險夷，
運有通坯，損益適時，升降惟理。道不可以一日廢，亦不可以一朝
擬，禮不可以千載制，亦不可以當年止。非仁無以長物，非義無以
齊恥，仁義固不可遠，去其害仁義者而已。

李充認為儒、道二家雖有本末差異，卻是殊塗同歸，使人棄絕虛偽奔競，而
合於正道。老、莊的無為，並非教人越禮放欲，根本目的原在杜絕爭欲之門。
由於虛浮之士逐跡離本的結果，導致妙緒淳風並絕、華端薄俗俱興的嚴重危
機，因此，李充反對他們失德行險的作為，強調仁義之道不可偏廢，即使在

〔註5〕見顧炎武《日知錄》（臺北：明倫出版社，民國59年10月三版），卷十七，
　　　　正始條，頁378～379。

仁義之道出現弊端時，正確的觀點是除害歸正，而非因噎廢食，棄之不顧。

東晉隱士戴逵亦有與李充相近的看法，深以放達為非道，曾著論分析之：

> 夫親沒而採藥不反者，不仁之子也；君危而屢出近關者，苟免之臣
> 也。而古之人未始以彼害名教之體者何？達其旨故也。達其旨，故
> 不惑其迹。若元康之人，可謂好遁迹而不求其本，故有捐本徇末之
> 弊，舍實逐聲之行，是猶美西施而學其矉眉，慕有道而折其巾角，
> 所以為慕者，非其所以為美，徒貴貌似而已矣。……放者似達，所
> 以亂道。然竹林之為放，有疾而為矉者也，元康之為放，無德而折
> 巾者也，可無察乎！
>
> 且儒家尚譽者，本以興賢也，既失其本，則有色取之行。懷情喪真，
> 以容貌相欺，其弊必至於末偽。道家去名者，欲以篤實也，苟失其本，
> 又有越檢之行。情禮俱虧，則仰詠兼忘，其弊必至於本薄。夫偽薄者，
> 非二本之失，而為弊者必託二本以自通。夫道有常經，而弊無常情，
> 是以六經有失，王政有弊，苟乖其本，固聖賢所無奈何也。〔註6〕

首先，戴逵指明竹林任誕之士乃達其旨而不惑其跡，有疾而為矉者，與元康無德而折巾之輩絕非一丘之貉，戴逵充分肯定了嵇、阮等人行事的意義。其次，載逵又深切剖析儒、道二家尚譽與去名的本旨所在，非捐本徇末、舍實逐聲之徒可以任意偽託假借的。

清代錢大昕於〈何晏論〉中對范甯論王弼、何晏二人罪深桀紂的看法及《晉書》評價不公之事，提出他自己的見解：

> 方典午之世，士大夫以清談為經濟，以放達為盛德，競事虛浮，不
> 修方幅，在家則喪紀廢：在朝則公務廢，而甯為此論，以箴砭當世，
> 其意非不甚善，然以是咎嵇阮可，以是罪王何不可。……予嘗讀其
> 疏以為有大儒之風，使魏主能用斯言，可以長守位而無遷廢之禍，
> 此豈尚清談者能知之，而能言之者乎？若夫勸曹爽紬司馬懿，此平
> 叔之忠於公室也。……甯奈何不考其本末而輒以膏粱傲誕、利口覆
> 邦詆二人者哉？自古以經訓顓門者列於儒林，若輔嗣之易、平叔之
> 論語，當時重之，更數千載不廢，方之漢儒即或有間，魏晉說經之
> 家未能或之先也。〔註7〕

〔註6〕見《晉書》卷九十四〈隱逸本傳〉。
〔註7〕見錢大昕《潛研堂文集》（臺北：商務印書館，《四部叢刊》初編，集部二八

錢大昕對范寗全面抹殺何晏一生的評斷，深不以爲然。在他看來，何晏並非只是一清談虛浮之士。政治上，何晏能盡忠家國、勸諫君主；學術上，所注論語亦爲人推重達千餘年，可謂歷久不衰，甚具貢獻。以「罪深桀紂」這般極度貶抑之辭，將何晏蓋棺論定，無疑是殊欠公允的。

梁啓超於《中國學術思想變遷之大勢》一書中也曾對任誕名士的評價問題作一番探討：

> ……范寗謂王弼、何晏二人之罪，深於桀紂；卞壺斥王澄、謝鯤，謂悖禮傷教，中朝傾覆，實由於此，非過言也。平心論之，若著政治史，則王何等傷風敗俗之罪，固無可假借；若著學術思想史，則如王弼之於老易，郭象向秀之於莊……皆有其所心得之處，成一家言，以視東京末葉，咬文嚼字之腐儒，殆或過之焉……〔註8〕

梁氏亦如錢大昕能就不同的角度分析任誕名士的功過，他對王何在政治上傷風敗俗、罪深桀紂的指摘並不否認；但卻贊許他們在學術思想上傑出的成就。

綜觀歷史上對任誕士風或任誕人物的評價褒貶不一，以下即針對各家說法取長補短，得到幾點初步的認識：

一、如嵇、阮等人「越名教任自然」的主張與放達行止，乃因對當時「假名教」的虛僞作風強烈不滿所導致，他們任眞自然的呼聲，正反襯出現實世界的弊端所在。因此，他們對生命的態度是極其嚴肅而眞誠的，他們並非要人棄絕禮教，而是要人看重眞實內在情感的自然流露，外在的繁文縟節，若只爲沽名釣譽的目的，便毫無意義可言。戴逵認同他們是「有疾而顰」的放達，可謂極具慧眼。

二、在被指爲「無德折巾」的元康名士中，並非全是放誕無恥之徒，有些係爲黑暗政治所迫，或爲逃避權臣的威逼而放浪形骸，以明哲保身者，如山簡、賀循等是。他們二人在政治方面亦不如裴頠、干寶所指責的只是「尸祿耽寵，仕不事事」之輩，反倒都能克盡職守，爲國擘畫。渡江之後，任誕名士如溫嶠、謝尚等也都在任有政績。因此，對任誕名士的評價絕不可侷限於外表形迹的放縱，便將他們歸爲同類，而不詳辨其中個別的差異。正如湯一介論魏晉玄風時所說：

七）卷二，〈何晏論〉，頁 13。

〔註 8〕見梁啓超《中國學術思想變遷之大勢》（臺北：中華書局，民國 56 年 10 月臺三版），頁 59。

　　……對魏晉玄風作爲一種人生態度應有所分別，有的人是「行爲之
　　放」，僅得「放達」之皮相，如王衍、胡毋輔之之流，以矜富浮虛
　　爲放達；有的人是「心胸之放」，則得「放達」之骨骸，如嵇康、
　　阮籍等人，以輕世傲時爲放達；有的人是「與自然爲一體之放」，
　　則得「放達」之精髓，如不爲五斗米折腰的陶潛即是。〔註9〕

　　三、范甯嚴譴何晏、王弼二人罪深桀紂，因其以浮虛相扇，遂使儒雅蒙
塵，中原傾覆。清代錢大昕已針對此番責難力加駁斥，並推崇王、何的學術
成就，以證其非。事實上，要王、何承擔部分毀風敗俗的責任，尚合情理，
但若再加添使社稷傾頹的罪名，似屬太過。連干寶在〈晉紀總論〉中都明白
表示，西晉覆亡的根本原因乃在帝王的昏庸、無能，自愚騃的惠帝登基後，
國勢凋敝、動盪的史實是不容抹殺的。所以單要王、何或任誕名士負起亡國
的重責，未免失之過偏，更有本末倒置之嫌。

　　四、西晉以來，任誕名士上承嵇、阮放達的行徑，無論是「有所爲」或
「無所爲」，因其多出身世家大族又位居高官，對當代風教無疑造成極大的震
撼。兼之部分名士標榜縱慾享樂主義及對政事漠不關心的態度，使任誕名士
難逃史家、正義之士口誅筆伐的命運。對自甘墮落者，固宜如此，但對有疾
而顰者於譴責的同時，應寄予無限的包容與同情，畢竟他們並非隨波逐流、
恬不知恥者。恰恰相反的是，正因他們有良知，有熱情，對國家大事不能或
忘，才使他們在現實痛苦中掙扎，以維持個人的生命尊嚴。

〔註 9〕見湯一介《郭象與魏晉玄學》（臺北：谷風出版社，民國 76 年 3 月），第一章
　　　　〈論魏晉玄風〉，頁 31。

第七章　結　論

　　任誕士風自漢末魏初以迄東晉，長達二百年之久，這股風潮對當時學術、文化界曾激起強烈的迴響，任誕人物更成爲知識分子所仰慕、效法的對象，以嵇、阮爲例，從他們所享有的聲譽來看，實已成爲士林名流的精神堡壘。雖然鄙斥、反對者爲數頗眾，但任誕士風依舊風靡了整個魏晉時代。究竟任誕士風具備何種特質，以至如此吸引人？而此一特殊的文化現象又代表何種意義？錢穆先生曾精細地論析這些問題：

　　　當時人喜把外面一切人事全擺開，專從其人所表現在其本身者作品
　　　目，因之事功德業有非所重，而其人之儀容舉止，言辭音吐，反多
　　　爲人注意。當時人觀念，似乎認爲一人之德性，可在其人之日常生
　　　活與其聲音儀容中表出，而成爲一固定之格調，時人謂是其人之標
　　　致，亦稱標格，或風標，或風格，或標度。猶之此後宋儒之愛言氣
　　　象，要之總是就其人之表現在自身者言。此種氣象與標致之表現在
　　　其人之自身者，亦即是其人之品格與德性。而此種品格與德性，則
　　　實具一種動的潛力，使他人與之相接而引起一種仰欽欣羨之心，受
　　　其感染，羣相慕效，此乃其人人格一種內在影響力，此種潛力之發
　　　爲影響，在魏晉人則稱之爲風流。論語有云：君子之德風，小人之
　　　德草，草上之風必偃。孟子云：其故家遺俗，流風善政，猶有存者。
　　　風流二字，大意本此。故知當時人之所謂人物風流，即指其人之品
　　　格德性之修養可以形成爲一時風氣，爲人慕效。故風流即是至德，
　　　至德始成風流。〔註1〕

〔註 1〕 錢穆〈略論魏晉南北朝學術文化與當時門第之關係〉，收于《中國學術思想史
　　　　論叢》（三）（臺北：東大圖書公司，民國 66 年 7 月初版），頁 157～158。

魏晉時代已打破儒家既定立德、立功、立言三不朽的價值觀，不再以道德事功做爲衡量人品高下的唯一標準，而從個人本身是否能表現出一己的風格作判斷。由於這種風格深具感染力，故能蔚爲風流，形成時代特有的文化現象。然而一個人的品德爲何能產生動的潛力，使他人與之相接便產生仰慕之心，而受其影響呢？牟宗三先生的解釋可以更眞切地體悟到名士所以吸引人的原因：

> 然則「名士」者清逸之氣也。清則不濁，逸則不俗。沉墮而局限於物質之機栝，則爲濁。在物質機栝中而露其風神，超脱其物質機栝，儼若不繫之舟，使人之目光唯爲其風神所吸，而忘其在物質機栝之中，則爲清。神陷於物質機栝中爲濁，神浮於物質機栝之上爲清。事有成規成矩爲俗。俗者，風之來而凝結於事以成爲慣例通套之謂。……每一事務皆有其一定之通套，有其起訖終始之系統。乃至習俗禮法亦皆日常生活上之通套。精神落於通套，順成規而處事，則爲俗。精神溢出通套，使人忘其在通套中，則爲逸。逸者離也。離成規通套而不爲其所淹沒則逸。逸則特顯「風神」，故俊。逸則特顯「神韵」，故清。故曰清逸，亦曰俊逸。逸則不固結於成規成矩，故有風。逸則洒脱活潑，固曰流。故總曰風流。風流者，如風之飄，如水之流，不主故常，而以自在適性爲主。故不著一字，盡得風流。是則逸者解放性情，而得自在，亦顯創造性。故逸則神露智顯。〔註2〕

錢先生看到了名士人格的獨立性與影響力，而牟先生顯然點明當時注重名士才、性二方面的自我獨特表現。由於他們能擺落俗套，不拘成規成矩，故風神特顯俊逸，就因這分自在適性的創造力，使任誕名士備受矚目，他們任情眞率的執著表現，不僅成爲當代知識分子的精神領袖；他們本身也就是時代文化精神內涵的象徵！

〔註 2〕牟宗三《才性與玄理》（臺北：學生書局，民國 69 年 3 月修訂五版），〈魏晉名士及其玄學名理〉，頁 68。

參考書目

一、專書部分

（一）

1. 《十三經注疏》，藝文印書館。
2. 《四書集註》，宋·朱熹，中國書局四部備要本。
3. 《四書讀本》，蔣伯潛廣解，啟明書局。

（二）

1. 《漢書》，漢·班固，鼎文書局廿五史本。
2. 《後漢書》，劉宋·范曄，鼎文書局廿五史本。
3. 《三國志》，晉·陳壽，鼎文書局廿五史本。
4. 《晉書》，唐·房玄齡等，鼎文書局廿五史本。
5. 《南史》，唐·李延壽，鼎文書局廿五史本。
6. 《隋書》，唐·魏徵等，鼎文書局廿五史本。
7. 《廿二史劄記》，清·趙翼，華世出版社。
8. 《秦漢史》，勞榦，中國文化大學出版社。
9. 《兩晉南北朝史》，呂思勉，開明書局。
10. 《魏晉南北朝史》，勞榦，中國文化大學出版部。
11. 《魏晉南北朝史》，王仲犖。
12. 《魏晉南北朝史論叢》，唐長孺。
13. 《魏晉南北朝史論拾遺》，唐長孺。
14. 《魏晉南北朝史論叢續編》，唐長孺。
15. 《中國學術思想史論叢（三）》，錢穆，東大圖書公司。

16. 《中國學術思想變遷之大勢》，梁啓超，中華書局。

17. 《中國哲學史》，勞思光，香港中文大學崇基書院。

18. 《中國倫理學史》，蔡元培，商務印書館。

19. 《中國人性論史》，徐復觀，商務印書館。

20. 《中國知識階層史論——古代篇》，余英時，聯經出版事業公司。

21. 《中國中古社會史論》，毛漢光，聯經出版事業公司。

22. 《兩晉南朝的士族》，蘇紹興，聯經出版事業公司。

23. 《中國文學史》，葉慶炳，學生書局。

24. 《中國中古文學史》，劉師培，文海出版社。

25. 《中古文學史論》，王瑤，長安出版社。

26. 《中國文學史論文選集（二）》，羅聯添編，學生書局。

27. 《漢魏兩晉南北朝佛教史》，湯用彤，商務印書館。

28. 《中國美學史第一卷、第二卷》，李澤厚、劉綱紀主編，谷風出版社。

29. 《經學歷史》，皮錫瑞，莊嚴出版社。

（三）

1. 《老子注》，魏・王弼，藝文印書館。

2. 《老子釋譯》，朱情牽釋，任本之譯，里仁書局。

3. 《荀子集解》，清・王先謙，蘭臺書局。

4. 《荀子新注》，里仁書局。

5. 《莊子集釋》，郭慶藩輯，華正書局。

6. 《抱朴子》，晉・葛洪，中華書局四部備要本。

7. 《列子》，晉・張湛注，中華書局四部備要本。

8. 《昌言》，東漢・仲長統，商務印書館四部叢刊本。

9. 《中論》，東漢・徐幹，商務印書館四部叢刊本。

10. 《徐幹中論校證》，梁榮茂，牧童出版社。

11. 《人物志》，魏・劉劭，商務印書館四部叢刊本。

12. 《潛夫論》，東漢・王符，商務印書館四部叢刊本。

13. 《潛夫論集釋》，胡楚生撰，鼎文書局。

14. 《日知錄》，清・顧炎武，明倫出版社。

15. 《世說新語箋疏》，余嘉錫，仁愛書局。

16. 《世說新語校箋》，楊勇，宏業書局。

17. 《魏晉思想論》，劉大杰，中華書局。

18. 《魏晉的自然主義》，容肇祖，商務印書館。

19. 《魏晉清談思想初論》，賀昌群，里仁書局。

20. 《魏晉玄學論稿》，湯用彤，里仁書局。

21. 《郭象與魏晉玄學》，湯一介，谷風出版社。

22. 《魏晉清談述論》，周紹賢，商務印書館。

23. 《魏晉思想與談風》，何啓民，學生書局。

24. 《中古門第論集》，何啓民，學生書局。

25. 《竹林七賢研究》，何啓民，學生書局。

26. 《才性與玄理》，牟宗三，學生書局。

27. 《世說新語と六朝文學》，日本‧大矢根文次郎，早稻田大學出版部。

（四）

1. 《全上古三代秦漢三國六朝文》，清‧嚴可均輯，香港中文出版社。

2. 《先秦漢魏晉南北朝詩》，逯欽立輯，木鐸出版社。

3. 《昭明文選》，梁‧蕭統編，華正書局。

4. 《藝文類聚》，唐‧歐陽詢，商務印書館影印文淵閣四庫全書。

5. 《太平御覽》，宋‧李昉，商務印書館據宋刊本影印。

6. 《阮步兵詠懷詩箋》，黃節，藝文印書館。

7. 《嵇康集校注》，戴明揚注，河洛出版社。

8. 《文心雕龍注》，梁‧劉勰撰，范文瀾注，開明書局。

9. 《歷代詩話》，清‧何文煥輯，漢京文化出版社。

10. 《中國文學論集》，徐復觀，學生書局。

11. 《美的歷程》，李澤厚，元山書店。

12. 《美學的散步》，宗白華，洪範書店。

13. 《陳寅恪先生論文集》，陳寅恪，里仁書局。

二、期刊、論文

1. 〈荀子真偽問題〉，龍宇純，《中山學術文化集刊》第卅期。

2. 〈論莊子所了解的孔子〉，王叔岷，手稿影印本。

3. 〈魏晉任誕人物的分類與行為的探究〉，古苔光，《淡江學報》第十二期。

4. 〈阮籍詠懷詩的情意表象與實際〉，彭毅，臺大中文系「學術討論會」講稿，民國 77 年 4 月 9 日。

5. 〈魏晉名士的狂與痴〉，廖蔚卿，《現代文學季刊》卅三期。

6. 〈山濤論〉，徐高阮，《中央研究院歷史語言研究所集刊》四十一本一分。

中國學術思想 研究輯刊

六 編

林 慶 彰 主編

第19冊

陽明學與藤樹學之比較研究

北見吉弘 著

王門天泉證道研究
——從實踐的觀點衡定「四無」、「四有」與「四句教」

高 瑋 謙 著

花木蘭文化出版社

國家圖書館出版品預行編目資料

陽明學與藤樹學之比較研究　北見吉弘 著／王門天泉證道研
究──從實踐的觀點衡定「四無」、「四有」與「四句教」　高
瑋謙 著 ─ 初版 ─ 台北縣永和市：花木蘭文化出版社，2009
〔民 98〕
序 2+ 目 2+142 ／ 目 2+106 面；19×26 公分
（中國學術思想研究輯刊 六編：第 19 冊）
ISBN：978-986-254-070-1（精裝）
1.（明）王守仁　2. 中江藤樹　3.（明）王畿　4. 學術思想
5. 陽明學　6. 比較研究
126.5　　　　　　　　　　　　　　　　　　　98015413

ISBN - 978-986-2540-70-1

9 789862 540701

中國學術思想研究輯刊

六　編　第十九冊　　　　　　　ISBN：978-986-254-070-1

陽明學與藤樹學之比較研究
王門天泉證道研究
──從實踐的觀點衡定「四無」、「四有」與「四句教」

作　　者　北見吉弘／高瑋謙
主　　編　林慶彰
總 編 輯　杜潔祥
出　　版　花木蘭文化出版社
發 行 所　花木蘭文化出版社
發 行 人　高小娟
聯絡地址　台北縣永和市中正路五九五號七樓之三
　　　　　電話：02-2923-1455 ／傳眞：02-2923-1452
網　　址　http://www.huamulan.tw 信箱 sut81518@ms59.hinet.net
印　　刷　普羅文化出版廣告事業
封面設計　劉開工作室
初　　版　2009 年 9 月
定　　價　六編 30 冊（精裝）新台幣 50,000 元

陽明學與藤樹學之比較研究

北見吉弘　著

作者簡介

（日）北見吉弘，中國文化大學中國文學研究所博士課程畢業，育達商業技術學院專任助理教授。研究領域為中國現代文學、台灣文學。發表的論文有〈巴金短篇小說集《神鬼人》的主題及其表達手法〉、〈探討巴金小說中的正面人物形象〉、〈巴金在早期短篇小說裡的美女塑造〉、〈大鹿卓小野性崇〉、〈口子描農業移民像〉、〈王陽明的立志論〉等，其著有《商場基本日本語會話》、《戀愛日本語》《台昔話》等。喜歡的動物是貓、烏龜和無尾熊。

提　　要

　　《陽明學與藤樹學之比較研究》此研究透過比較之方法，了解王陽明與中江藤樹之間思想的不同，並由中日陽明學（或心學）各自不同特色，以更深刻的探求日本陽明學之原形。中江藤樹（1608-1648）是日本德川時代初期的唯心主義的思想家，跟王陽明一樣批評朱子，倡導自己新的學說。因其人心為主體的理論，後來被稱之為日本陽明學之始祖。可是因為中日間的社會、時代、文化背景及人物的性格、生活、處境等的不同，在思想上也有顯然的差異。

　　本書之撰述，首先說明王陽明、中江藤樹兩者的思想內容與其人生經歷及其社會、政治、學術、時代等背景，再以此做比較研究之主要參考基礎，進而探討兩者之特徵。旨在敘述王陽明學與藤樹學之性質，說明陽明對藤樹之影響及藤樹學之形成，進而為探求兩個學說的同意處。

目次

序　論

　　王陽明是中國明代具有代表性之思想家，也是位允文允武的儒將。他倡導「知行合一」、「致良知」學說，闡揚儒聖教義，啟迪民心至大。陽明之思想，承繼自陸象山思想，且加以發揚，鞏固「心」為本體之學說。在中國思想史上，陸、王兩者之思想，並稱為「心學」，與朱熹「性即理」之專重外在之「理」的學說相對。陽明思想，曾經對抗程（頤）、朱（熹）等所提倡之「理學」，與陸象山相同，欲把程、朱之傾於客觀側面之理學，轉為注重主觀之唯心論。結果，其學說功能，在中國思想史，留下偉大之創見，給予儒學一個發展之氣運，完成了心學之體系。

　　陽明學之流傳不只在中國，其影響更及於日本，且受廣泛之肯定。日本儒學中之陽明學，即闡述陽明的「知行合一」以及「致良知」的學說，是由批評朱子學之格物窮理所產生，此點，是與中國所產生陽明學之情況很相近。在日本思想史上之被稱為陽明學之祖，即首先批評朱子學，而思想近於心學的人，即是日本江戶初期之儒學家中江藤樹之祖，即首先批評朱子學，而思想近於心學的人，即是日本江戶初期之儒學家中江藤樹（1608～1648），在三十多歲前，全心尊信朱子學，但後來一變而否定朱子學，倡導自己新的學說。因其重視主體的覺悟，輕視外在的規範，具有心學之性質，故後來被稱之為日本陽明學派的鼻祖。

　　陽明學包括人自身以及社會方面，是一種肯定「人人皆可以為聖人」之具有普遍性的思想，並否定外在規範的一種改革的、革命的理論。因此，此種反官僚氣氛的思想趨勢，難以如朱子學般的成為官學，反而有時會遭受政府之彈壓。在日本，幕府認定朱子學為正統學說（在此亦與中國相同），全面

保護之。因為此種原因，如中江藤樹之重個人主體、反體制的想法，被視為異學，而在當時不受重用。但是凡是如此強調內在主體之心學，便不會流於朱子學之流弊，避免墮落於維護政治規範、只欲修得《四書》《五經》而僵化的學問，更不會有傾向外在客觀的專究「知識」之弊。相反地，要求內在精神之呈現，脫離一切規範之拘束，因此理之故，藤樹在當時日本社會裏，比較受非官制之一般眾人所理解和採納，他們把自己的修養當為最主要的人生指標。因此，中江藤樹在日本思想史上的貢獻是很重要的。

中江藤樹既為日本陽明學之始祖，跟陽明一樣開出心學，以「陽明學」之名號而稱之為「日本陽明學」，但因中日間在社會、時代、文化等背景，及兩者的處境、個性、生活等的不相同，在其提倡的學說、思想等層面亦有顯然的差異。在此，由藤樹晚年之思想來加以探求，就可以發現其與陽明學之主旨不一，亦可了解其思想之特異點。發現其有獨立想法，因此在現今的學術研究上，藤樹之學說被稱為「藤樹學」，而認為其有「日本的傾向」之新思想。

過去對藤樹學的研究都認為藤樹思想是一種陽明學之延續，是受陽明學之影響、全面承繼它而形成的。此種研究方向，主要是參考〈藤樹年譜〉之記載，而判斷了藤樹本身之經歷與思想之轉變。換言之，許多研究者片面地追求藤樹之接受外在中國思想上影響，而忽略藤樹內在本體思想之萌芽與進步，〈年譜〉有載藤樹之批評朱子學之顯明的言論，當時研究者認為藤樹在此時離開朱子學而轉向陽明學，並做為日本陽明學之始祖。其實藤樹思想形成「心學」之因素，是他在修養朱子學之時期，就萌生出其心學之基本思想，而慢慢形成他本身獨立之思想，並自然地採取否定朱子學之態度，而指出其不合理處。因此不可從「轉變」之觀點而定義藤樹思想。過去研究之不定就在此點，如今，由於經過前人多年之研究，已發現藤樹思想與陽明思想有不同，因以「藤樹學」之名稱來定義之，在破除以前之「日本陽明學」之狹義理解。因此在研究藤樹思想時，首先探求他本身內在思想之變化，而在「本體」思想發展方面，更了解其思想之獨創。

藤樹與陽明之思想是否一致之問題在前人之研究中已指出二者並非完全一致，但陽明與藤樹，在各國不同的立場上，均是面對朱子學之權威，指出其學問之弊，而主張重視自我本體之自由想法。因此可知陽明學與藤樹學之學說是有些許相同。藤樹曾研讀過《陽明全集》而肯定其思想內容，此可看

出兩者思想在心學規則上是相一致的，亦無可離開心學之範圍，兩者主張德性即在本心中呈現，性是具有絕對的普遍性，即言之人的自然本性。

此研究透過比較之方法，了解陽明與藤樹之間思想之不同，並由中日陽明學（或是心學）之各有不同特色，以更深刻的探求日本陽明學之原形。

本論文之撰述，旨在敘述王陽明與日本陽明學之始祖中江藤樹兩者思想之性質，說明藤樹學之形成、陽明對藤樹之思想影響。探求兩者間的同異處，由論及各人思想之性質，進而解明藤樹學與陽明學之各有不同的、獨特的內容，希望因此對日本陽明學能有更進一步之了解。

此論文先探討王陽明、中江藤樹二人之思想內容，與其人生經歷，和其社會、政治、學術、時代等背景，再以此做比較研究之主要參考基礎，解明各人思想之性質，再進而互相比較探討兩者思想之特徵。

本論共分三章，其大略如下：

諸論（序言），論述陽明學流傳日本、日本儒學家之採納陽明學，並說明中日陽明學之不同性質，以此做比較研究之動機。

第一章：關於王陽明思想之論述，共分爲三節，先敘述其歷程、時代背景。以及他的主要思想「心即理」「知行合一」「事上磨練」等觀念。

第二章：專述中江藤樹之思想，共分爲四節，敘其歷程、時代背景、文化背景。並爲了解藤樹思想之獨創性，詳論其思想之發展情況，以明其學術之成立過程。最後，把藤樹晚年期之思想成熟，當做其思想之完成型，以說明藤樹之主要思想。

第三章：共分爲九節，本章爲此論文之重點所在，主要爲比較陽明、藤樹之思想。首先說明藤樹之轉入王學之歷程與原因及對王學之了解從各方面之研究，考察兩者思想之不同處。比較之觀點，有以下幾點——「致良知」之比較、對《大學》詮釋之比較、本體論和工夫論之比較、實踐主義上之比較、藤樹與王龍溪思想之比較、萬物一體思想之比較等。

第一章　王陽明之思想

第一節　王陽明之簡史

　　王守仁，字伯安，學者稱之陽明先生，浙江省餘姚縣人。生於明憲宗成化八年九月三十日（1472年），距陸象山之死二九七年。父華，字德輝，別號實菴，晚號海日翁，又號龍山公，成化辛丑（1471年）進士第一。〔註1〕仕至南京吏部尚書。

　　陽明幼時穎敏善說，才氣非凡，豪邁不羈。十歲之前，生長於家鄉餘姚；十一歲時，父親龍山公迎養竹軒翁（陽明之祖父），於是隨祖父去往京師（今北平），其父擔憂其豪放不羈之性格，故為之延請塾師，以嚴行管教。十二歲時，陽明對此施教感到不耐，便問塾師：「何為第一等事？」塾師答道：「惟讀書登第耳。」因此答覆不能使他滿足，故而疑曰：「登第恐未為第一等事，或讀書學聖賢耳。」〔註2〕陽明不滿以科舉登第為主之學問，以為登第科舉，即使像父親一樣中了狀元，也是三年就有一個，這如何是第一等？此時陽明以為讀書之目的，是以聖賢之學，完成自己之德性人格。由此可見其心智之不凡。

　　為能進一步的了解王陽明個人的成長歷史，以下便綜合《王陽明年譜》（《王陽明全集》、《王陽明哲學》（蔡仁厚著）、《陽明教育思想之研究》（吳蘭著）等中，較為一般人所接受且較合理之說法以為敘述。

　　十五歲，陽明豪壯之英雄氣概旺盛，加上其強烈報國獻身之雄心，終於

────────────

〔註1〕《王陽明全集》王陽明年譜1頁。
〔註2〕《王陽明全集》王陽明年譜1頁。

冒除出遊居庸三關，慨然興起經略四方之意，嚮慕英雄豪傑之行徑。

十七歲，陽明奉親命，從浙江家鄉到江西南昌迎夫人諸氏。成婚之日，偶然行入鐵柱宮，見一打坐中之道士，因其天生不羈之好奇心，便向道士問養生之道，並與道士相對學坐，竟而忘歸。次日岳家派人尋回陽明，陽明於此夜之體驗，已種下欲成仙之因緣。

次年，陽明偕同其夫人回浙江，途經廣信府（今江西省上饒）時，拜大儒婁一齋為師，學習宋儒格物之學，因而嚮慕聖學。此時為陽明習宋儒之始，亦為陽明人生上之一個轉變。

二十一歲，舉浙江鄉試後，便隨侍龍山公往京師。此時陽明正式遵守朱子格物之說，與朋友討論朱子學之精義。甚至為理解格物窮理，而與朋友親身試驗「格」天下之物，首先是格竹子。他們終日面對竹子沉思默想，第三天他朋友便病倒了，第七天陽明也因格不到而病倒。陽明深感自己能量有限，於是放棄朱子學，轉向世所習習之辭章之學，其間共達五年。

二十二歲、二十五歲，陽明二次會試不第。同舍中有因不第而自感羞愧者，陽明便對他說：「世人以落第為恥，我則以落第而動心為恥。」由此可知陽明意氣昂揚，心胸豁達之性格。其後陽明回到餘姚，於龍泉山寺組織詩社，展現其非凡的才能，作出許多佳句，因而立志為大詩人。

二十六歲，陽明再回京師時，正值國家邊報緊遞之時，由於時代之需求，便轉而學武，平定許多戰亂並屢建奇功。但卻武事不遂，功名亦不成。

二十八歲，陽明中進士，觀政於工部。時，朝廷下詔求言，陽明因胸中有報國建功之志，故而上疏進諫，並提出邊防之策略，然卻未被採納。

三十歲，陽明因公事之便，遊九華山。山中有一位道士善談仙，陽明以客禮待之，並請教成仙之法。其後，陽明聽聞九華山地藏洞有異人，好奇心再起，而前往探視，並與之談論佛家最上乘之法。湛若水〔註3〕謂「初溺於任俠之習，再溺於騎射之習，三溺於辭章之習，四溺於神仙之習，五溺於佛氏之習。」其中「四溺」及「五溺」蓋指此期之變化。

三十一歲，陽明返回京師，與當時之詩文之士喬宇、汪俊、李夢陽、何景明等人交遊，熱衷於辭章之學。他用功過度，雖使其文字的工夫日深，但亦因使其自身體質虛弱多病，而患嘔血宿疾。故而自嘆道：「吾焉能以有限精神，為無用之虛文也。」於是棄辭章之學而告病歸越（今浙江紹興），築室陽

〔註3〕明增城人，字元明、號甘泉。弘治進士，累官南京兵部尚書，致仕。

明洞中，修煉工夫。以數日之修行，而達「先知」之地步。不久，陽明又以為此為「簸弄精神」，不合於真正之道，加以心中惦念祖母與父親，忽而覺悟愛親之念生於孩提，若能將此念拋棄便是「斷滅種性」。故而大悟惟有儒學為人生之大道，而於次年離開陽明洞，轉往西湖養病，重振儒家入世精神以實現其救世之宏願。

三十三歲，他主考山東鄉試。論及佛老當道，是由於聖學不明；綱紀不振，是由於名器太濫、用人太急、求效太速。另外如禮樂之制，分封清戎，禦夷息訟，皆有成法。由此顯示了陽明經世之學的深博。第二年，首次講學京師，以為時人不復有身心之學乃因溺於辭章記誦，故而教示立聖人之意義。然而此時士大夫久溺於詞章記誦，故而得不到肯定與共鳴。

三十五歲，武宗即位，宦官弄政，南京科道戴銑、薄彥徽等人諫忤旨，遠下詔獄。陽明因此義奪填膺，為之上疏辯護。此舉激怒劉瑾，而將之廷杖四十並詔下獄。不久，又遠謫貴州龍場驛。龍場，位居貴州省城山北，地處萬山叢棘之中，蟲毒瘴癘，蛇虺侵入，非人所住之地。此間，其侍從紛紛病倒，陽明因而親自析薪捆材、挑水作食，在此惡劣環境中，日夜端居靜默，以求靜一。經過連日鍛鍊及累積，終於大悟「聖人之道，吾性自足。向之求理於事物者，誤也。」求理於事物，便是求理於心外，此為朱子之教。陽明於此所悟者為「徹通人我物我之界限，而為生宇宙之大本」之仁心真體。陽明據其親身之體驗，主張「求理於心」，即行謂「心即理」說。並由此推衍出「致良知」、「知行合一」，形成陽明思想之根本。

三十八歲，應聘主講於貴陽書院，與學生講述「知行合一」說，但因學生未經歷涵養省察之工夫，故把握不住。

武宗正德五年，陽明遇赦，陞廬陵縣知縣。平日靜坐僧寺，使自悟性體。並以「靜坐」為儒學之工夫。陽明道：「昔在貴陽，舉知行合一之教，紛紛異同，罔知所入。茲來乃與諸生靜坐僧寺，便自悟性體，顧恍恍若有可即者。」

陽明於廬陵縣行事，使全縣大治，湛若水曰：「臥治六月，而百務具理有聲。」及劉瑾伏誅，陽明再奉召返京師，任南京刑部主事。平日召集弟子教仁義之學，並與黃宗賢〔註4〕等人論學，以為「廓清心體，使纖翳不留」，此亦「靜坐」之收斂察識功夫之功，以此使能「識得仁體矣」。然當時士人科舉時文之積習太深，又蔽於功名利祿，故學者不易了解陽明之學，因此他在四

〔註4〕後亦為陽明弟子。

十歲，論晦庵象山之學：「言象山乃孔孟之言非空虛非只尊德性耳……」。

又《年譜》四十三歲載：

> 客有道，自滁游學之士，多放言高論，亦有漸背教者，先生曰，吾
> 年來欲懲末俗之卑污，接引學者，多就高明一路以救時弊，今見學
> 者，漸有流入空虛，爲脫落新奇之論，吾已悔之矣。故南畿論學，
> 只教學者存天理去人欲，爲省察克治實功。

此時，從學者日多，陽明教之存天理、去人欲之工夫。陽明此時已覺靜坐工夫易使人喜靜厭動而流入枯槁之害，故不再取靜坐的方法，論「存天理、去人欲」之涵養審查之工夫。

四十五歲，陞部察院左僉都御史，巡撫南贛汀漳等處。次年到達江西贛州，自此至五十歲，都在江西。此一時期，陽明表現出軍事方面之天賦，爲朝廷建立許多奇功偉績，如：四十六歲平漳寇、橫水桶岡諸寇；四十七歲平三浰、大帽浰頭諸寇；四十八歲平宸濠之亂等。

五十歲，遭武宗寵臣張忠、許泰等之忌恨讒毀，使其思想因內心苦痛而更進一步。《年譜》五十歲記載：

> 近來信得致良知三字，真聖門正法眼藏。往年尚疑未盡，今日多事
> 以來，只此良知無不具足。譬之操舟得舵，平瀾淺瀨，無不如意，
> 雖遇顛風逆浪、舵柄在手，可免沒溺之患矣。

在此，陽明主張之「致良知」說，是由生死之際中體悟而揭示出來，爲陽明一生講學之宗旨，亦爲其學說形成之一重要階段。

此後陽明之學問、德望、威名便爲天下所重，朝廷亦以其征討寧王宸濠有功，封新建伯。其後又履建奇功，門人亦日漸增加，並重用於朝廷。

五十一歲，因遭父喪而哀毀致病。五十三歲，於家服喪期間，各地慕陽明之名而來拜見者眾多，陽明因而特闢稽山書院，聽講者三百餘人。

由此可知陽明之爲天下所重，及因其高尚論旨，而競集其門。然其成名，卻爲元老重臣所嫉妒，而讒於世宗，視其學爲僞學。是以自嘉靖元年（此年，陽明五十一歲時，父龍山公逝世）至嘉靖五年，一直未受朝廷所重用。陽明此一時期，於平靜之家居生活中，靜思澄想，專於追求真理，而成熟自己思想。

五十四歲，夫人諸氏卒。是年之後，每於歸餘姚省墓時，聚集諸生問學，於答顧東橋書有曰：

> 萬事萬物之理，莫不皆然，是可以見析心與理爲二之非矣……，若

鄙人所謂致知格物者，致吾心之良知於事事物物也。吾心之良知，
即所謂天理也，致吾心良知之天理於事事物物，則事事物物皆得其
理矣，故曰致吾心之良知者，致知也；事事物物皆得其理者，格物
也，是合心與理而爲一者也。〔註5〕

以上「致良知」說說是王陽明心學的核心。「良知」存在於每個人心中，只因
爲其爲私慾所蔽展現不出來。是年，立陽明書院，以廣授弟子。

　　五十六歲，奉命兼都察院左都御史。於廣西平定思田之亂時，見邊徼之
民缺乏禮義教化，即復興建學校教化之。平息思田之亂，陸續征伐八寨、斷
藤峽諸蠻賊，掃捺十年來國家之大患。

　　五十七歲，因其自幼體質虛弱，加上高齡而遠征思田、討伐蠻族等，而
加重多年來肺癆咯血之病情，而於嘉靖七年十一月廿九日辰時逝世，享年五
十七歲。

第二節　時代與學術背景

一、時代背景

　　陽明生於明代中葉（明憲宗成化八年至世宗嘉靖七年），正處在一個動亂
之時代。時明室已漸趨衰微，不復有太祖、仁宗、宣宗時代之文治武功，從
英宗之出征失敗，四十萬大軍齊聲潰散時起，明室便面臨開始混亂之局面。
尤其是有武宗、世宗、憲宗，如此昏闇無能而復有專制氣燄之國君，更加速
朝廷政治及國勢之衰弱，而致忠臣殆盡而奸臣專橫之地步。孝宗、武宗、世
宗之世，皆因內有宦官朋黨之爭，外有南倭北虜之侵，國勢漸漸轉弱，並導
致經濟社會之混亂與貧困，復有學術界之敗壞空虛、倫理道德之頹喪，及內
亂之發生與人民之流離艱苦等。陽明目睹如此一動亂世代，他對時政有所不
滿而留下以下詩歌：

艾草莫艾蘭，蘭有芬芬姿，況生幽谷底，不礙君稻畦；艾之亦何益？
徒令香氣衰。荊棘生滿道，出刺傷人肌，持刀忌觸手，睨視不敢揮，
艾草須艾刺，忽爲棘所欺。〔註6〕

〔註5〕《傳習錄》卷二，四。（《陽明全書》）
〔註6〕《陽明全書》卷十九，二四艾草次胡少參韻。

芳園待公隱，屯世待公亭，花竹深臺榭，風塵暗甲兵；一身良得計，
四海未忘情；語及艱難際，停杯淚欲傾。〔註7〕

由以上詩歌，可窺知當時政治腐敗之程度。以下再看當時社會之情況：

舉世困酣睡，而誰偶獨醒，疾呼未能起，瞪目相怪驚，反謂醒者狂。
群起環鬥爭，洙泗報金鐸，濂洛傳微聲，誰鳴塗毒鼓。聞者皆昏冥，
嗟爾欲奚爲，奔走皆營營，何當聞此鼓，開爾天聰明。〔註8〕

又有以下書錄：

世衰俗降，友朋中雖平日最所愛敬者，亦多改頭換面，持兩端之說，
以希俗取容，意思殊爲衰颯可憫。〔註9〕

以上爲陽明對當時社會之不滿，亦可看出其充滿著感慨無奈之意。

於當時，就政治而論，帝王之專制昏昧，把政治之風氣帶入黑暗。就內政而言，皇帝昏庸、宦官及奸邪當路，使政治敗壞。此外，還有韃靼、苗猺等異民族之入侵，可以說相當的混亂。所以就社會背景上而論，由於政治腐敗，世風敗壞，功利之習氣盛行，倫理道德之不興，所以當時是一個在紊亂狀態下之黑暗社會。

二、學術背景

朱子學在明時成爲官學，政府復於科舉，施行八股文以爲別義。其主要之學，以朱子本義爲標準，令學者專讀朱子所註釋的孔孟之書。由於受此官學之限定，使讀書人之思想遭到束縛，甚至其爲學之目的轉以追求功名利祿爲主。於是與聖賢之學，相距日遠。

即使在當時所公認之朱子學，學者亦不重視其眞正之學術精神，只在捨本逐末，不能學得聖賢之義理。使當時人民之精神上流於無力氣、無精神之狀態。

明代所施行之科舉，專取四子書及詩、書、易、禮、春秋五經命士，把經義之體裁，予以嚴密地規定，是所謂八股文取士之制度。讀書以四書五經爲主，於是當時之經學，相當流行。結果拘束了教育內容，扼殺無數優秀人才。所以，八股取士，雖謂以朱子學爲主旨，同時以四書五經之經義來命題，但因限制極多且與功名利祿相互接合，而使程朱之學走入繁瑣、拘派，終於

〔註7〕《陽明全書》卷二十，二一楊邃庵待隱其五。
〔註8〕《陽明全書》卷二十，三二月夜。
〔註9〕《王陽明全集》王陽明書牘6頁與黃宗賢五。

使人感到苦悶、卑下。另外由於科舉之影響，詞章訓詁之學興起。此學，亦與專守讀四書五經者一樣，不尋求高遠的義理，只是一個銖積寸累之工夫而已。此不是以滿足讀書人之要求。

在明時所尊重之朱子學，已無法發揮作用。朱子曾作《大學章句》與《中庸章句》，把《大學》分爲「經」與「傳」。〔註10〕除此以外，承程頤之說，改「經」之「親民」字爲「新民」。以及所定之第五章「此謂知本，此謂知之至也」爲有錯簡，而自補傳加言，論「致知在格物」、「即物而窮其理」等。朱子又爲四書作傳註，專守四書之讀書法。如此以上朱子之學風，王陽明批評說朱子學爲「義外」。現代雖然仍然尊重朱子學，但已成爲「官學」，擁有權威，結果當時讀書人在所被約束之範圍之中，專守朱子之「格物窮理」，亦投入於研究「詞章訓詁」之學問。

因此以陽明爲代表之學者，不堪如此學風之約束，寧以自然誦習，以心代理，而開創思想史上之進步。王陽明之心學，跟朱子之理學不同，是重實踐而輕理論，以踐履精神代替窮素博學，是一個突破當時已經僵化之朱子學，積極自我開拓之新思想。

第三節　王陽明之思想

一、心即理

陽明的「心即理」說，是認爲心是道德的實踐的根據，並是一切存在的根據。此思想爲陽明學之萌芽，此說由陽明本人經歷長期之人生體驗與克服各種障礙所悟得的。陽明言「心即理」，言心外無理，故若要明理，便須在自己心上做工夫。對此工夫論，並非如朱子所說的以心知去格物窮理，而是在心上作「存天理去人欲」，在克去「人欲」後，即能呈現本心的「良知」。故若心無「私欲」之蔽，便有合乎道理的道德實踐。

此陽明之「心即理」說，有追求實踐行爲的積極作用，亦是修正朱子「性即理」說之向心外求理之論所形成。陽明先於二十一歲時，正式遵循朱子「格物窮理」說而以求竹子之理，曾在庭子「格」竹子的「理」，結果不得其理而

〔註10〕　「經」，前部份二百餘字所講「三綱領八條目」爲孔子之言，曾子之述。「傳」，曾子及其門人之所述，以爲經解，並紀分此爲十章。

病倒。在這一場大受挫折，使對專修朱學起了疑問。

從此時之後，一直到三十七歲時大悟「心即理」之前，陽明之人生遇有多次之曲折轉變（如「五溺」）。朱子學重在明理，而使人之生命能逐漸克服「私欲」的障蔽，突破氣氛稟之限制，於此克去「私欲」之上而言，宋明儒學者都有共同體認，陽明亦如此，只是陽明以朱子之說欠缺頭腦。朱子在工夫論方面，主張從持敬與窮理兩方面做工夫。持敬則以敬涵養，求使生命嚴整振作，不昏沈懈怠。「窮理」則是致知以格，即推致人的心知之明，通過「格物」以逐漸明理。故要明理，須「格物」以求知其所以然。於是，依朱子意，須先知「至善」之所在，然後乃可得其所當止，而必通過「格物致知」的工夫，才可以知道「至善」之所在，此即知天下事物之理。先有了解萬物之理，然後一切行為才能合理。可知朱子顯然視理與心為二，以理是客觀的存有，為心所認知之對象，此所謂事事物物皆有定理。

陽明認為這樣說便是求理於外物，是不能明理的。陽明主張若要呈現其理，必須從心上求，以克去「人欲」之蔽之工夫，使心恢復本體。陽明在龍場體悟「心即理」之義，說「心即理也，天下又有心外之事，心外之理乎。」〔註11〕依陽明認為，如果能在心上下工夫，使內心無絲毫的「私欲」，即可使心恢復本體。因為朱子並不是直接從內心作去妄存誠之工夫，而是以明理「致知」為先，於是陽明乃批評朱子的「格物窮理」，求理於事物學說。陽明曰：

> 朱子所謂格物云者，在即物而窮其理也，即物窮理是就事事物物上求其所謂定理者也，是以吾心而求理於事事物物之中，析心與理而為二矣，……若鄙人所謂致知格物者，致吾心之良知於事事物物也，吾心之良知，即所謂天理也，致吾心良知之天理於事事物物，則事事物物皆得其理矣，致吾心之良知者，致知也；事事物物皆得其理者，格物也。是合心與理而為一者也。〔註12〕

陽明認為朱子之學是析心與理為二，因為朱子不說心即是理，而所謂理是外於心，是一個為心所認識之客觀之存在。此即同於孟子所反對的告子之主張。朱子不承認心之為善，他所言之心是氣，而性理是靜態之存有，超越的所以然，故心知與理是二而非一。朱子說仁義禮智是性，性只是理，而惻隱、羞惡等是情，二者有形上形下之分別，心統性情。此是將孟子惻隱之心，仁之

〔註11〕《傳習錄》上、卷一，二。（《陽明全書》）
〔註12〕《傳習錄》中、卷二，四。

端也之語，理解者為心性情三分的格局，故心無本心義，理則只是理，不活動。陽明又云：

> 心即理也，此心無私欲之蔽，即是天理，不須外面添一分，以此純乎天理之心，發之事父便是孝；發之事君便是忠；發之交友、治民便是信與仁，只在此心去人欲存天理上用功便是。〔註13〕

陽明認為，只要心恢復其本體之狀態，無「私欲」之蔽，自然會因應不同之對象而表現出種種理來。故工夫在於「存天理去人欲」，而不是在於格物窮理。陽明亦再用「道心」與「人心」之兩方面說明此天理之心：

> 心一也，未雜於人謂之道心，雜以人偽謂之人心，人心之得其正者即道心，道心之失其正者即人心，初非有二心也，程子謂，人心即人欲，道心即天理，語若分析，而意實得之，今日，道心為主，而人心聽命，是二心也。天理人欲不並立，安有天理為主，人欲又從而聽命者。〔註14〕

以上可看出心有「道心」與「人心」之分，從天理之觀點來論是「道心」，而形軀之私欲之觀點來看是「人心」。陽明之所以「心即理」，把人性之善的根源歸於本體界之「道心」，是故人有回歸本然而然、純粹無蔽之性的可能性。

在回歸本性之工夫方面言之，唯是克去人心，即除去「私欲」之遮蔽而明天然本性而已。陽明在龍場，施行工夫於內在之心頭，一直念求靜一，在於自己生死關頭上，不斷地實踐保持平靜心之工夫，而終於超脫生死之執著。於是陽明克服一個最根本之「私欲」即生死之糾纏，而明本性為理，陽明說：

> 只要去人欲，存天理，方是工夫，靜時念念去人欲存天理，動時念念去人欲存天理，不管寧靜不寧靜。〔註15〕

> 心即理也，此心無私欲之蔽，即是天理，不須外面添一分，以此純乎天理之心，發之事父便是孝；發之事君便是忠；發之交友、治民便是信與仁，只在此心去人欲為天理上用功便是。〔註16〕

勞思光先生在其《新編中國哲學史》中說陽明所謂「心」是一種自覺意志能力，而為根本依此天理之要求，所有行為都不違反道德的，勞思光先生說：

〔註13〕 《傳習錄》上、卷一，二。
〔註14〕 《傳習錄》上、卷一，五。
〔註15〕 《傳習錄》上、卷一，一〇。
〔註16〕 《傳習錄》上、卷一，二。

蓋陽明認爲：人之自覺能力本身即含意普遍規範之要求——亦即
說，人有「應該」或「不應該」之自覺。此種要求，即是所謂「天
理」之方向。意志循此方向而活動，即說爲此「心」純含「天理」。
而此「心」並不必然純含「天理」，則因有時人受生理或心理等等特
殊因素影響，而不能尋求普遍規範，或以愛憎、苦樂等等感受代替
「應該」及「不應該」；在陽明即以「人欲」一詞說之。意志方向時
時指向普遍規範，即是「存天理、去人欲」之實踐。〔註17〕

勞思光先生說能依據自己意志能力而合於「應該」或「不應該」之「自覺」
爲「天理」，依其採取實行，如此就道德行爲上之「道德性」之根源，而「去
人欲」是一超脫心理、生理之束縛之工夫。

所以陽明之「心即理」說由於重視自己內在自覺能力而能夠克去「私欲」
之誘惑，在此可謂人之意志能力即是天理之「道德性」。而若不能道德性作主，
而以形軀欲望作主，則人必會放縱欲求。故理性之指導及限制形體生理之欲
求，人的道德理性，亦可因而得以充分實現。早先孟子已論過陽明之所謂「道
心」「人心」之差別，以及人之不肯受感性欲望，私利習性所束縛。孟子是從
人禽之辨之論點，說明眞性與習性之別，亦是從價值之觀點（非是知識之觀
點）而論的。論定以道德性爲人性，而不以感性的生理本能、欲望爲「人心」
（即是陽明之謂「道心」），在此道德性與動物性之把握之中，認爲道德性爲
第一性，而動物性爲第二性。孟子說：

飲食之人，則人賤之矣，爲其養小以失大也，飲食之人無有失也，
則口腹豈適爲尺寸之膚哉。〔註18〕

孟子並不是否定自然生理，亦不是要滅絕人的生理欲望，但要以道德性作主，
以感性欲望爲從。於是道性與人性間有主從之關係，能夠在德性之規範中，
調整自己感性使其合於天理，這便是人性之善的所在。

陽明從德性之自覺能力上的主張，與象山一樣針對朱子學而論，陽明本
於孟子而要扭轉朱子之非，陸王兩者都是不從客觀之天道天理立論，而從當
下的道德心出發，而言心即理。故陽明否定早已盛行、成爲顯學之朱子學，
批評其「格物窮理」之學風，陽明云：

須從根本求生死，莫向支流辨濁清，久奈世儒橫臆說，競搜物理外

〔註17〕《新編中國哲學史》三上、412頁。
〔註18〕《孟子》告子上一四。

人情。〔註19〕

　　何者，無有聞見之雜，記誦之煩，辭章之靡濫，功利之馳逐，而但

　　使孝其親，弟其長，信其朋友，以復其心體之同然。〔註20〕

陽明根據自己超脫生死之體驗而說「從根本求生死」，是指「存天理去人欲」
之工夫。人有「得失榮辱」「貪生怕死」等生理、心理之欲求，換言之人人各
有「人心」之緣故，有時會有私欲之障蔽，無法循理而行。陽明認為唯有消
化其肉體之欲望——執著生死，承認內在自主之絕對性，而才能恢復心情的
寧靜平安，而能勤勉克服天理之障蔽的人心，正是工夫的深入精微處。所以
由陽明而言，以朱子學為主的宋學之傳統，是「記誦之煩」「辭章之靡濫」「功
利之馳逐」等，都是忽略內在工夫之重要性，且陽明又言彼等學風為「競搜
物理外人情」，是專於窮盡外在客觀之自然，而不願承認天理所在之人情。此
故，陽明指出如此學問不只不能實行道德，亦不可回歸天理，甚至導致守株
待兔，而一無所得的遺憾。前引之文有云：

　　心一也，未雜於人，謂之道心，雜以人偽謂之人心，人心之得其正
　　者即道心，道心之失其正者即人心，初非有二心也，程子謂，人心
　　即人欲，道心即天理，語若分析，而意實得之，今日道心為主，而
　　人心聽命，是二心也，天理人欲並立，安有天理為主，人欲又從而
　　聽命者。〔註21〕

在此陽明認為欲望是無法除去的，亦時時遇到有難以不免為「欲有所得之私
心」，於是陽明強調內在工夫之不斷的堅持，即克去「人欲」，以及注重自我
主體所發之意志的自覺而有所力行。如此，則天然性可發露於外，以有具體
道德行為之形，都不離天道而實現「心即理」之合理。《傳習錄》上有載：

　　愛曰，如事父之孝，事君之忠，交友之信，治民之仁，其間有許多理
　　在，恐亦不可不察，先生嘆曰，此說之蔽久矣，豈一語所能悟，今姑
　　就所聞者言之，且如事父不成去父上求箇孝的理，事君不成去君上求
　　箇忠的理，交友治民不成去友上民上求箇信與仁的理；都只在此心，
　　心即理也。〔註22〕

〔註19〕《陽明全書》卷二十《傳習錄》上、卷二十，三二。
〔註20〕《傳習錄》中、卷二，一九。
〔註21〕《傳習錄》上、卷一，五。
〔註22〕《傳習錄》上、卷一，二。

陽明在此論甚清楚。本心呈現，種種道德之理便會因機而發。不去恢復此心爲純乎天理之心，而要去外面尋理，是尋不到的。陽明亦用鏡子來喻本心，陽明說：「心猶鏡也，聖人心如明鏡，常人心如昏鏡……磨鏡而使之明，磨上用功，明了後亦未嘗廢照」〔註23〕所謂「明鏡」是指「純乎天理之心」，而其感應從之外在實現爲「忠」「孝」等德行。於是如事親之孝行、事君之忠行等都是以「磨鏡」的「存天理去人欲」之工夫所至。凡是能施下此「存天理去人欲」工夫，就有表現合於道之行爲。當然，道德行爲的產生，必得有經驗知識的輔助而後可能，而經驗知識在良知的要求下自會去講求：

> 先生曰，如何不講求，只是有簡頭腦，只是就此心去人欲存天理上講求，就如講求冬溫，也只是要盡此心之孝，恐怕有一毫人欲間雜，講求夏清，也只是要盡此心之孝，恐怕有一毫人欲間雜，只是講求得此心，此心若無人欲，純是天理，是固誠於孝親的心，冬時自然思量父母的寒，便自要去求簡溫的道理，夏時自然思量父母的熱，便自要求求簡清的道理，這都是那誠孝的心發出來的條件。〔註24〕

因陽明續云「却是須有這誠孝的心，然後有這條件發出來。譬之樹木，這誠孝之心便是根，許多條件便是枝葉。須先有根，然後有枝葉。」重點在良心是根，知識是末葉。

陽明在此兼亦說明「存天理去人欲」工夫之需要，即是遵守天理性之自發，便是合於道之具體表現。

陽明了解「良心爲本，知識爲末」之理，而能解決長期以來纏繞心中的「聖賢有分」之問題，此是因爲在早年時實行朱子學「格物窮理」之工夫而有失敗挫折所感而發。從此時以來之疑難，在龍場之地所悟得「心即理」，使往年之苦惱通通在頓時間煙消雲散。認爲人人天生都可能成爲聖人，不是在知識方面所尋求，只要在心上做工夫，恢復本然的心體，本心呈現便是理，不必向外去求理。

二、知行合一

陽明於龍場悟後，開始提倡「知行合一」說，此是針對朱子的知先行後而發的，朱子曰：「知行常相須，如目無足不行，足無目不見，論先後，知爲

〔註23〕《傳習錄》上、卷一，一五。
〔註24〕《傳習錄》上、卷一，二。

先，論輕重，行爲重」，〔註25〕陽明認爲本心之知一定會發而爲道德的行爲，
即知行的本體原是合一的。

　　知行所以不合一，是因爲被私欲私意所隔斷，難以發露出其天然的本體
性。陽明之謂「去人欲」之工夫，是從身心上所做，不關動靜兩時，一切的
工夫是「存天理與去人欲」而已。而此工夫是從內在之心上所做，因「心外無
理」之關係，如果能夠實行此在內的修心工夫，即在於外界就有道德行爲之
自然流出，知行原本上是不分離的。陽明說：

　　　　知者行之始，行者知之成，聖學只一箇工夫，知行不可分作兩事。

〔註26〕

　　　　來書云，眞知即所以爲行，不行不足謂之知，此爲學者喫緊立教，

　　　　俾務躬行則可。〔註27〕

在此可知所謂，「存天理去人欲」之工夫，即是「知」與「行」之合一。陽明
之謂「知」，就是道德方面之良心之覺知，即是孟子所謂「良知」之義。而「行」
是本體之呈現，亦是直貫創生之知，即可謂是孟子所說「良能」。孟子說：

　　　　人之所不學而能者，其良能也，所不慮而知者，其良知也，孩提之

　　　　童，無不知愛其親者，及其長也，無不知敬其兄者，親親，仁也，

　　　　敬長，義也，無他，達之天下也。〔註28〕

所謂「良知」與「良能」，是人人天生所具之本能，皆可「知孝」「知敬」而
行「仁」「義」等道德表現。如此從道德實踐的知與行上說，是沒有知，而不
能行的，若知而不行，只是未知，還未把握「知行合一」之眞實意義。《傳習
錄》有載：

　　　　愛曰，如今人儘有知得父當孝，兄當弟者，卻不能孝，不能弟，便

　　　　是知與行分明是兩件，

　　　　先生曰，此已被私欲隔斷，不是知行的本體了，未有知而不行者，

　　　　知而不行，只是未知，聖賢教人知行，正是要復那本體，不是著你

　　　　只恁地便罷。〔註29〕

在此文中陽明說知行之爲一，沒有道德之具體表現，即不是眞知，於是凡是

〔註25〕《朱子語類》卷二，49頁。
〔註26〕《傳習錄》上、卷一，一〇。
〔註27〕《傳習錄》中、卷二，二。
〔註28〕《孟子》盡心上。
〔註29〕《傳習錄》上、卷一，三。

不明其本體「良知」，即無有恰當行為之表露。陽明說：「知之真切篤實處即是行，行之明覺精察處即是知。」〔註30〕在此可知，知行都是說同一個良知明覺的活動，這亦可說是從知與行兩個層面來說一個整體的、渾然不可分的良知明覺的活動。於是「良知」與「良能」是不能分離，凡是本體必有其感通，一定會有外在之具體實踐。「良知」「良能」二者是相依不離之故，跟朱子之知先行後之教義之間有顯然之不同點，朱子言心非是理，所謂「理」是以「格物窮理」工夫所致之明理，而「心」是在其「理」之指導下所發動之「氣」。朱子認為心非是理，所做之工夫是知先行後的。於是陽明別有立論，反對朱子之教旨。楊祖漢先生曾有以下說明：

> 朱子言知先行後，是以心知知理，然後以理作行為之指導，這是朱子的理論系統，尤其是格物致知論所必至的說法，因他不能肯認心即理，故引起陽明的批評，而有知行合一之說，陽明的批評，當然是有必要的。但一般所了解之知先行後，或因知行間有距離而說知易行難，這則不是陽明知行合一說所能批評或糾正的。因若從教育的程序上說，知先行後是不能反對的，即便是主張心即理之陸象山，亦說知先行後，說為學要先講明，然後踐履。固然他所說的講明本心，不同於朱子之說，但由此亦可見知先行後可作為一個一般性的實踐原則，未必可為知行合一說所取代……自一般或泛說之知行關係上看，說知行間有距離，能知未必能行，及知易行難，亦是可說的，此是就一般之實踐之經驗、感受上說。固然陽明可說知行之所以有距離，是因為非知行之本體，即良知不真切，不能呈現之故，但亦因為私欲之間隔，
> 使現實上知行二者之關係，不是分析地相函的，而是綜和的。〔註31〕

以朱子之「知」為代表，一般所說的知與行，跟陽明所說的知行之義不同，所以朱子與陽明也各有其義，陽明是樹立「心學」而從「心即理」之觀點來主張「知行合一」說，並批評朱子「格物窮理」說。

　　以下再看陽明之所謂「知」與「行」之意義是如何，而為何「知」「行」兩者是一體？在前亦論過陽明之所謂「知」是道德方面之知，亦是孟子所說「良知」之義；而「行」是良知呈現而生發的實踐力量，所謂孟子之「良能」之義。再說「知」是知其理，「行」是行其事，陽明以「知行合一」來主張實

〔註30〕《傳習錄》中、卷二，二。
〔註31〕《儒家的心學傳統》235 頁。

踐道德之要，亦曾強調《大學》之「格物」爲「正事」，是一個糾正不合理行
爲的意思。陽明說「心外無物」，此是根據自己「心即理」之論點而所展開之
主張，而說明「知行合一」之必要，於是陽明之謂「物」（事）須透過身心之
工夫來表現出，貫徹內外的具體行爲。就是說內在工夫所致之道德表現。如
事君、事親、仁民愛物、視聽言動等，是諸物順天理忠孝的表現，而伴隨著
孝、忠等工夫所表現出，便成爲「事」（物）。於是凡爲良知之支配下的一切
具體行爲，無有富貴貧賤、患難死生等外在之障礙，則有「貧而樂、富而好
禮」，「集義無所慊心」等工夫所修正，所成爲的行爲表露。人心雖有喜怒哀
樂等不可免之情，亦須知心體自然會有個中和，而把情感停於恰好，於是陽
明之謂「事」（物）即爲使人心得正而有所化成之道心之表現。陽明追求內在
工夫之成就，他所主張「知行合一」說即擁有積極的含義。所以陽明之主張
「物」之意義是在心之發動處所論。陽明說：

> 除了人情事變，則無事矣，喜怒哀樂非人情乎？自視聽言動以至富
> 貴貧賤、患難死生，皆事變也，事變亦只在人情裏。〔註32〕

在此可知陽明所謂「知」與「行」之一致，非是在外之行爲上所論，於是「行」
雖然是道德之表現，但陽明所要求的是在心上所做之內在工夫，其工夫處亦
是在天然「良知」之感通上。於是陽明說「心外無事」，而一切「物」之產生
無不離開內在之人心。所以從「知行合一」的工夫觀點來看之，所謂「行」
是在心中之感通處所論。

接著再探討「知」之意與「知」「行」兩者之關係。陽明說：

> 知是行的主意，行是知的工夫，知是行之始，行是知之成……古人
> 所以既說一箇知，又說一箇行者，只爲世間有一種人，懵懵懂懂的
> 任意去做，全不解思惟省察，也只是箇冥行妄作，所以必說箇知，
> 方纔行得是，又有一種人，茫茫蕩蕩懸空去思索，全不肯著實躬行，
> 也只是箇揣摸影響，所以必說一箇行，方纔知得眞……今人卻就將
> 知行分作兩件去做，以爲必先知了，然後能行。〔註33〕

陽明說「知是行的主意，行是知的工夫，知是行之始，行是知之成」很明確
地說明「知」「行」之關係。陽明之謂「知」，是從本體界之絕對存有之觀點
來論的，就是陽明之謂「心即理也，此人無私欲之蔽，即是天理」（見前註）

〔註32〕《傳習錄》上、卷一，一一。
〔註33〕《傳習錄》上、卷一，三。

中所見的「良知」之意。「良知」乃是天理自然明覺發見之處，亦是「真誠惻怛」。這可以順著「心即理」的思路來理解。但此「良知」不祇是道德規範之所從出，而是以道德實踐的工夫為首出。因為道德實踐乃是一永恆而不休止的創造歷程，所以陽明心學是以道德實踐的工夫為總綱領，而在「知是行的主意，行是知的工夫，知是行之始，行是知之成」之文中所看出具有動態的實踐性，才能有論及本體「良知」之真實意義的。於是陽明例舉「不解思惟即任意去做」「懸空思索不肯躬行」兩種典型之知行分離之例，指定「良知」之本有實踐功能，亦強調知行是一體之存在，陽明之「知行合一」之義，非只是會合前後之時間上之觀念所論，所謂「知行合一」之真旨是在「知即行」「行即知」，主張「知」與「行」兩者可以說是異名同體。因此陽明之謂知行之分離，是由未貫通「良知」、不明自己本體之論點所說。所以陽明說「以是而言可以知致知之必在於行，而不行之不可以為致知也，明矣，知行合一之體，不益較然矣乎。」〔註34〕以下看《傳習錄》之記載：

> 此豈有內外之分哉，理一而已，以其理之凝聚而言則謂之性，以其凝聚之主宰而言則謂之心，以其主宰之發動而言謂之意，以其發動之明覺而言則謂之知，以其明覺之感應而言謂之物。〔註35〕

在此亦可見得「知行合一」所指的是身心上完整之一體的工夫，定義「行」為非「心之發動」及「明覺之感應」。

陽明以為「心」之發動，這是「仁」「愛」等天理之呈現於外的喜怒哀樂等七情六慾。《傳習錄》有載：

> 愛曰，如事父之坡，事君之忠，交友之信，治民之仁，其間有許多理在，恐亦不可不察，先生嘆曰，此說之蔽久矣，豈一語所能悟，今姑就所問者言之，且如事父不成去父上求箇孝的理，事君不成去君上求箇忠的理，交友治民不成去友上民上求箇信與仁的理，都只在此心，心即理也，此心無私欲之蔽，即是天理，不須外面添一分，以此純乎天理之心，發之事父便是孝，發之事君便是忠，發之交友治民便是信與仁，只在此心去人欲存天理上用功便是。〔註36〕

〔註34〕《傳習錄》中、卷二，八。
〔註35〕《傳習錄》上、卷二，二八。
〔註36〕《傳習錄》上、卷一，二。

陽明在以上所說「如事父不成去父上求箇孝的理，事君不成去君上求箇忠的理」等事。特別強調并非是合乎「心即理」的道理。陽明之此言論，主要是「純乎天理之心」之在此陽明所予期的「知行合一」之呈現，絕不能向外去尋找。錢穆先生在《中國思想史》中所論：

> 陽明所謂心，是知行合一的。若把這番話推到宇宙界，來講朱子的理氣論，也可說是氣的主意，氣是理的工夫。只說理，已有氣。只說氣，已有理。理氣是合一的。但陽明不也說知是行之始嗎？則朱子說理先於氣，豈不仍與陽明一致？這裏卻又有個分別，因爲陽明說的知是活的，有主意的，朱子說的理是靜的，無造作的。因此朱子說知只是覺，而陽明說知卻有所好。朱子又說心能覺見理，卻沒有說心之所好即是理。〔註37〕

錢穆先生指出一般所認識朱子學之理氣論，而在此引起之理先於氣之見解方面，明確地論出陽明所說本體「良知」與其外在呈現「行」（朱子之所謂「覺」）爲一體。心非只是知覺之活動，亦擁有活的、主意的，能夠表現合於天理之感情；在外，如事父、事君等各種交接上所可見的孝行、忠行等具體行爲。是一個具有內外貫徹天理的表現。

　　所謂「知行合一」之「知行」是就「心」有所發的表現而論，陽明曾說「未有知而不行者，知而不行，只是未知」，由於注重內在工夫之「心之發動」處，而要求在此處，施行工夫而去除私欲之遮蔽。所謂「心之發動」就是「行」之始，在此理氣之交合上施行「存天理去人欲」之工夫，即可謂「知」即「行」的。陽明曰：

> 如好好色，如惡惡臭，見好色屬知，好好色屬行，只見那好色時已自好了，不是見了後又立箇心去好，聞惡臭屬知，惡惡臭屬行，只聞那惡臭時已自惡了，不是聞了後立箇心去惡。〔註38〕

陽明引用人之器官感應，喻「知行合一」，在此之「知」是一種知覺能力，秦家懿教授在其著作《王陽明》中所論：

> 陽明並不分開他的「知」與更廣的「知覺」，並以直覺上的好與惡，來證明知與行的關係。知覺的好惡，雖有被動性，但是人心若是以好與惡，來好其所好，惡其所惡，則已將原是被動性感應，變爲主

〔註37〕《中國思想史》228頁。
〔註38〕《傳習錄》上、卷一，三。

動性的選擇了。而這選擇，又是會通知與行的。〔註39〕
心之發動亦是好惡之感覺，這是一個客觀普遍之活動，非有私見而極為自然
之流出，於是所謂「心」是從自然性所引發的被動性之感應，而其本體心為
是非善惡分辨之所，是孟子之謂「良知」，跟此「良知」亦同時發動的本能「良
能」而有道德實踐之表現，一直貫通於外在世間之具體行為，就此客觀之普
遍心就成為人人各別之主動性之選擇。如「人皆有不忍人之心者，今人乍見
孺子將入井，皆有怵惕惻隱之心」〔註40〕之情況所知，即有如此積極之行為，
便是「良知」之純然流出。

於是陽明強調在心之發動處所施下一切工夫之要，除去一切私欲障蔽，
即是「知行合一」之要旨。在此可知「知行合一」說，是在心中所施行之「存
天理去人欲」工夫之含有積極意義之學說。

三、事上磨練

陽明的「知行合一」說是教學者做工夫，但其論點不同於朱子以來的舊
說，可加以解釋之，陽明為了要學生實在踐履，隨時提醒工夫，首先提倡用
靜坐之工夫而讓人人自悟心體，使其達成「存天理去人欲」之目的，《年譜》
三十九歲條云：

> 語學者悟入之功，先是先生赴龍場時，隨地講授，乃歸，過常德辰州，
> 見門人冀元亨蔣信劉觀時輩時輩俱能卓立，喜曰，謫居二年，無可語
> 者，歸途乃幸得諸友，悔昔在貴陽知行合一之教，紛紛異同，罔知所
> 入，茲來乃與諸生靜坐僧寺，使自悟性體，顧恍恍若有可即者。

靜坐的目的是要「使自悟性體，顧恍恍若有可即者」，為了控制心之動搖不停，
借以彌補「紛紛異同，罔知所入」〔註41〕而悟出心之本體。

陽明之所謂靜坐之意義，就是離開一切事為動作，斷絕了一切的用，而
回到本體上來。如此的工夫是可讓人離開事物之紛擾，思慮的奔馳，使心能
夠安定下來。心一得到安靜，就可以省察克治，進一步去除人欲，讓心地能
潔淨，完成「存天理去人欲」之工夫，在此陽明用以一磨鏡之喻，說明天理
「良知」是如明鏡，需要刮磨之「省察克治，掃除廓清」之工夫。

〔註39〕《王陽明》66 頁。
〔註40〕《孟子》公孫丑上。
〔註41〕《年譜》三九歲條。

　　陽明是爲了寧靜心體，主張在初學階段之入學工夫中，靜坐有其必要，凡示學者，皆命「存天理去人欲」以爲本。雖然如此，但陽明學說卻讓他學生不能夠了解靜坐之眞實意義而發生流弊，陽明說：

　　　吾昔居滁時，見諸生多務知解，口耳異同，無益於得，姑教之靜坐，
　　　一時窺見光景，頗收近效，久之漸有喜靜厭動，流入枯竭之病，或
　　　務爲玄解妙覺，動人聽聞。〔註42〕

雖然陽明教人悟性體而克治私欲，但學生卻流於清談、厭事、枯竭，反而在事爲上不能夠得力。陽明主張之靜坐之本意並非是安於寧靜而使引起厭事之狀況，而以「存天理去人欲」爲主而實踐道德。靜坐雖是把心意安定下來之省察克治之工夫，但陽明心學之眞正意義不是「喜靜厭動」之厭事的學問，陽明只是在初學之時期上主張此靜坐而已，其學問之正式修養是在靜時動時都要念念「存天理去人欲」的。於是陽明說「省察是有事時存養，存養是無事時省察」，所謂純粹天理性之存在與運轉，是無有動靜之狀態、時間上之區別，必須有事無事都要「存天理去人欲」，在此陽明提出「事上磨練」之新工夫。《傳習錄》有載：

　　　問，靜時亦覺意思好，才遇事便不同，如何，先生曰，是徒知靜養，
　　　而不用克己工夫也，如此，臨事便要傾倒，人須在事上磨，方立得
　　　住，方能靜亦定，動亦定。〔註43〕

陽明認爲心與理是一體，心體是發動之存在，亦擁有動靜兩面，陽明注意此點爲實踐目的而提倡「事上磨練」。陽明所提倡的「事上磨練」較注重動的一方面，這是比「知行合一」說更能夠讓人落實的，並具有實踐意義之主張，陽明又說：

　　　工夫一貫，何須更起念頭，人須在事上磨練做功夫乃有益，若只好
　　　靜，遇事便亂，終無長進，那靜時工夫亦差似收斂，而實放溺也。
　　　〔註44〕

以上陽明認爲如果靜而不動，就毫無進步，最重要的是「知行合一」之本體心之表露與發揮，所以陽明以體之「事上磨練」，出離開事件、心之落空之弊。所以「事上磨練」說是會合動靜、體用一致之提倡心學方面一個重要的工夫。

〔註42〕《傳習錄》下、卷三，一一。
〔註43〕《傳習錄》上、卷一，九。
〔註44〕《傳習錄》下、卷三，二。

　　陽明曾說「心外無理，心外無事」，心即天理，於是每件事都是心的表現，在世間活動之空間亦心之表現之所在，離開了事，心就落空，離開人情事變，就無處可做工夫，《傳習錄》有以下記載：

　　　　澄嘗問象山在人情事變上做工夫之說，先生曰，除了人情事變，則無事矣，喜怒哀樂，非人情乎，自視聽言動，以至富貴貧賤，患難死生，皆事變也，事變亦只在人情裡，其要只在致中和，致中和只在謹獨。〔註45〕

心之活動是在於人情事變之上，人情就是喜怒哀樂，而此人情就是心之發動，即是事物，於是心是不斷地在人情事變上表現的。但事變中有富貴貧賤、患難死生等產生私欲之源，無法表露出天然本，因此必需先要做好「致中和」之工夫，要中節人情，使其合本來的分限。以下再參考《傳習錄》之記載：

　　　　澄在鴻臚寺倉居，忽家信至，言兒病危，澄心甚憂悶，不能堪，先生曰，此時正宜用功，若此放逐，閒時講學何用，正要在此等時磨練，父之愛子，自是至情，然天理亦自有箇中和處，過則是私意，人於此多認做天理當憂，則一向憂苦，不知已是有所患不得其正，大抵七情所感，多只是過，少不及者……天理本體自有分限，不可過也，人但要識得心體，自然增減分毫不得。〔註46〕

以上記載，是用具體例子來說明「致中和」工夫。此工夫，即是自我調適心之發動、人情之增減，即可謂之本體即工夫的。所以「事上磨練」是在於「心之所發動」處實行。心一旦有發動，必有心理之反應，而在此做「存天理去人欲」之工夫，便能保持「發而皆中節之和」的狀態。

　　心是天理，如有發為喜怒哀樂，自然就有中節之和，於是所表現出來的人情經過自我調適，就能合乎本體。本體即是「良知」，是絕對之天理。於是無論在動態、靜態之下，「良知」是不斷地反應在心中，可知「良知」沒有有事、無事之差別。以下陽明在心之未發、已發雙方面說明心之活動之無限：

　　　　未發之中，即良知也，無前後內外，而渾然一體者也，有事無事可以言動靜，而良知無分於有事無事也，寂然感通，可以言動靜，而良知無分於寂然感通也，動靜者，所遇之時，心之本體，固無分動靜也，……有事而感通，固可以言動，然而寂然者未嘗有增也，無

〔註45〕《傳習錄》上、卷一，一一。
〔註46〕《傳習錄》上、卷一，一三。

事而寂然，固可以言靜，然而感通者未嘗有減也。〔註47〕

陽明說「無事而寂然，固可以言靜」，是針對心靜之一面而論，即是心之未發處。心在未發，就毫無所執，是無善無惡之寂然狀態。而在動的一面，陽明說「有事而感通，固可以言動」，是針對心動之一面而論，這是爲本心之所感應於事物，呈現於道德規範之理，在動態時，心有感應，而擁有具體之表現。在此爲了各種應事，必需施行「致中和」之工夫，調整人情之流露。於是雖然有動靜、已發未發之差別，其實本體「良知」是無有增減，不斷地運轉的，所以陽明說動靜是一體，無可忽略心之自然活動，於是在外界，必有心理反應，就在人情事變之上之喜怒哀樂亦是「良知」之流露，即是事物隨時將其調停適中，使其人情合乎本來的分限。

陽明認爲「理」非是抽象而超脫之存在，而是一個具體而有內在活動，並且能夠感應於現世的自然。陽明認爲靜體的「理」與動體的「心」是相同的，所以要貫徹內外，會合本體與工夫，使道德生活更爲內在化，陽明說「夫在物爲理，處物爲義，在性爲善，因所指而異其名實皆吾之心也，心外無物，心外無理，心外無義，心外無善，吾心之處事物純乎理，而無人僞之雜，謂之善，非在事物有定所之可求也……事事物物上求箇至善是離而二之也」，〔註48〕在此陽明強調本體道性之發揮，並不是將人與客觀之現實世界分隔。所以陽明主張「存天理去人欲」之工夫是無有區分動靜的時，所謂「事上磨練」工夫是爲了彌補靜坐內省工夫之缺點而發展出來的，不只無事之時所行之先求寧靜、省察克治人欲之工夫，亦具有在人當醒時之應事方面的工夫。陽明曾經提倡之靜坐修養法，雖然同樣以「存天理去人欲」爲目的，但如此寧靜存心之功夫較缺乏「知行合一」擁有的實踐積極性，亦容易傾於「知」之內省本體之一面而忽略「行」之道德行爲之一面，也會帶來厭事之弊。陽明所主張之「事上磨練」，一方面是使心體純乎天理，一方面又是使心體表現在運用之上，這樣一來人人就能都發揮天賦以上之力量，對客觀的事爲成就是有幫助的。《傳習錄》有載：

> 人要隨才成就，才是其所能爲，如夔之樂，稷之種，是他資性合下
> 便如此，成就之者，亦只是要他心體純乎天理，其運用處皆從天理
> 上發來，然後謂之才，到得純乎天理處，亦能不器，使夔易藝而爲，
> 當亦能之，又曰，如素富貴，行乎富貴，素患難，行乎患難，皆是

〔註47〕《傳習錄》上、卷二，一八。
〔註48〕《陽明全書》卷四，八。

不器，此惟養得心體正者能之。〔註49〕

　　陽明在此學說中，所謂成就之要件，是在心體純乎天理之所講求自我施行，則是隨才成就之，磨練才性之意思。在此可知陽明之所謂「事上磨練」（即是「存天理去人欲」），不只在事變之際所實行中節人情之作用，也對於磨練個人所賦有之才性方面有絕對的幫助。

四、致良知

　　陽明在五十歲時，提倡「致良知」之學說，在《年譜》如此記載著：

　　　　（成德）十有六年，辛己，先生五十歲在江西，正月，居南昌，是
　　　　年先生始揭致良知之教。〔註50〕

這是陽明晚年時期所主張的教旨。陽明曾經有提倡過的「心即理」「知行合一」之精義，都收錄在此「致良知」之說裏。同時又注重古本《大學》，以「誠意」之教為工夫之中心，並將自己學術之結論歸納以「良知」一義上，以下先看「良知」之義所在。陽明所謂的「良知」出自《孟子》，書中如此記載著：

　　　　人之所不學而能者，其良能也，所不慮而知者，其良知也，孩提之
　　　　童，無不知愛其親者，及其長也，無不知敬其兄者，親親，仁也，
　　　　敬長，義也，無他，達之天下也。〔註51〕

在此孟子指出「良知」是心之本體，即是天理。孟子並說出本心「良知」之知，便其含有良能之能，而良知本身便會自然產生道德行為。陽明再從宇宙界之觀點來說明「良知」：

　　　　人心是天淵，心之本體，無所不該，原是一箇天，只為私欲障礙，
　　　　則天之本體失了。〔註52〕

陽明又說：

　　　　良知是天理之昭明靈覺處，故良知即是天理，思是良知之發用，若
　　　　是良知發用之思，則所思莫非天理矣，良知發用之思，自然明白簡
　　　　易，良知亦自能知得。〔註53〕

良知是人所天生俱來的，陽明一直主張的「存天理去人欲」的工夫要義，即

〔註49〕《傳習錄》上、卷一，一六。
〔註50〕《王陽明全書》王陽明年譜40頁。
〔註51〕《孟子》盡心上。
〔註52〕《傳習錄》下、卷三，五。
〔註53〕《傳習錄》中、卷三，二四。

是回歸天理、與天合而爲一，而以能夠自然產生作用生起不已的道德行爲爲目的。所以「良知」爲天理之明覺呈現，陽明謂之「不待慮而知，不待學而能」，是極爲自然狀態之活動，這絲毫沒有包含人爲的因素在內，知行本體原是合一，亦是每一個人皆可「致良知」，而可成聖的，陽明說：

> 這良知人人皆有，聖人只是保全無些障礙，兢兢業業，矗矗翼翼，自然不息，便也是學，只是生的分數多，所以謂之生知安行，眾人自孩提之童，莫不完具此知，只是障蔽多，然本體之知自難泯息，雖問學克治，也只憑他，只是學的分數多，所以謂之學知利行。〔註54〕

凡是人，不分賢愚祇要做好「存天理去人欲」工夫，就可以入聖。可見陽明的「良知」說是具有普遍性，並且無差別心的，即是「心即理」學說中所說的心之本體，即以知是本心的本質的作用，是道德實踐的根源及動力所在。

　　陽明是從「良知」的知，知是非之功能上論此天理，在前面所論以孟子是非之心爲定義，當成性善之根本。所謂是非之心是孟子所主張的四端之一，而陽明先把孟子之四端綜點在是非之心的定義後主張「良知」說。楊祖漢先生說：

> 孟子說是非之心，是就智德說，而智是四端之一。而陽明則是以知是知非之智統攝四端而言的。良知知是知非，使會好是惡非，即好善惡惡，此即是羞惡之心；而良知乃是眞誠惻怛的，此即是惻隱之心，即陽明是把本心的惻隱、辭讓、是非等作用，以知是知非之知來統括，而亦即是使本心的意義，在知中顯發出來。〔註55〕

「良知」在「知是知非」時，便有天理之呈現。所以以「良知」本體最切於實踐，因爲「良知」就是「知是知非」，所以最爲切近事理的。可見「良知」有一個可依循的準則，有無窮無盡的實踐能量，而可爲道德實踐之絕對價值基準。

　　陽明以「良知」本體爲知善知惡而又能爲善去惡。此「是非之心」，是亦可謂好惡之情。人在應事接物時，依眼前的是非好惡之心所決定去做，便可盡了萬事萬變，即可應一切事。陽明有以下的解釋：

> 良知只是箇是非之心，是非只是箇好惡，只好惡就盡了是非，只是非就盡了萬事萬變。〔註56〕

〔註54〕《傳習錄》下、卷三，五。
〔註55〕《儒家的心學傳統》240 頁。
〔註56〕《傳習錄》下、卷三，一六。

孔子有鄙夫來問，未嘗先有知識以應之，其心只空空而已，但叩他

自知的是非兩端，與之一剖決，鄙夫之心便已了然，鄙夫自知的是

非，便是他本來天則，雖聖人聰明，如何可與增減得一毫。〔註57〕

「良知」在應事之際，有知是知非之認識，在此感通於外物時，亦發生好惡
之情感，是做萬事萬變上之依據。所謂好惡之情，是好善惡惡之意。「若能體
認「良知」，則「良知」如明鏡，是非邪正，無有不知，邪思妄念，都無所遁
形，事物之來，自然是是而非非，好善而惡惡。《傳習錄》有載：

先生嘗謂人但得好善如好好色，惡惡如惡惡臭，便是聖人，直初時

聞之，覺甚易，後體驗得來，此箇功夫著實是難，如一念雖知好善

惡惡，然不知不覺，又夾雜去了，才有夾雜，便不是好善如好好色，

惡惡如惡惡臭的心，善能實實的好，是無念不善矣，惡能實實的惡，

是無念及惡矣。〔註58〕

「如好好色，如惡惡臭」，陽明本體「良知」在應事之際，就以「好惡」之情
呈現「良知」，一切事都如「好好色」「惡惡臭」一般地明白簡易的。理即在
此好善惡惡之知之活動中呈現，在此的理由自己決定，顯出其主體自由之義。

所以以上好惡之感情，是根據良知來之判斷是非之自然反應，在應對事物
之際，將感應呈現於外者，含有天理之表現。吳蘭先生在其者《王陽明教育思
想之研究》云「此乃將孟子所言『是非之心，智之端也；羞惡之心，義之端也』
二者合一，收攝於『良知』上講。蓋是非之心之是非，乃道德上之是非；道德
上之是非，亦即羞惡（好惡）上之義否，是則『是非』、『好惡』，其義一也」，〔註
59〕因為人心擁有能知善知惡之判斷能力，亦具有為善去惡之本能。此即是孟子
所言的「良能」，有無窮盡的實踐力量，而「良知」的實踐是隨時可行的。陽明
之所謂「良知」是包括孟子之四端，因此良知知是知非，便會好是惡非，即好
善惡惡，此即是羞惡之心。可見「良知」是同時所呈現，例如：

知是心之本體，心自然會知，見父母自然知孝，見兄自然知勇，見

孺子入井自然知惻隱；此便是良知，不假外求。〔註60〕

陽明如此說明「良知」真義，以及理解孟子所說的「堯舜之道，孝弟而已」，

〔註57〕《傳習錄》下、卷三，一七。
〔註58〕《傳習錄》下、卷三，六。
〔註59〕《王陽明教育思想之研究》。
〔註60〕《傳習錄》上、卷一，五。

同樣是從眞誠惻怛爲原點而言「良知」，只依當前之是非好惡之心所決定的方向而行便可。

　　「良知」能自然反應爲善去惡之情，從本心而知行爲之方向，以自我內在之「良知」爲實踐之依據。所以良知並沒有什麼規律可依據，秦家懿教授在其著《王陽明》中所謂：

> 因爲人的是非標準，多得自教育與文化。問題是：在教育不普及的社會中，難道多數人不能致良知嗎？而且，時代與社會，對於是非的看法，往往不同。致良知的人，究竟何知何從？〔註61〕

道德之理，在客觀上並無明確地規定，而是由心所自發，因爲教育、文化、社會等外在規範，並非是具有絕對的、永恆之價值基準，如傳統之禮法、一般道德觀念亦然，所以陽明是由自己心中思考出行事之方向，以自己本心之「良知」爲準則，來定義「求諸其心一念之良知，權重之宜，不得已而爲此」，如以聖人、愚人兩者爲例而論：

> 孟子云，夫道若大路然，豈難知哉，人病不由耳，良知良能，愚夫愚婦與聖人同，但惟聖人能致其良知，而愚夫愚婦不能致，此聖愚之所由分也，節目時變，聖人夫豈不知，但不專以此爲學，而其所謂學者，正惟致其良知，以精察此心之天理，而與後世之舉不同耳……夫良知之於節目時變，猶規矩尺度之於方圓長短也，節目時變之不可預定，猶方圓長短之不可勝窮也，故規矩誠立，則不可欺以方圓，而天下之爲圓不可勝用矣，尺度誠陳，則不可欺以長短，而天下之長短不可勝用矣，良知誠致，則不可欺以節目時變，而天下之節目時變不可勝應矣，毫釐千里之繆，不於吾心吾知一念之微而察之，亦將何所用其學乎。〔註62〕

「節目時變」，是無法預測，亦無法避免的。陽明在「正惟致其良知，以精審此心之天理」裏，是指「致良知」之事，亦可說是「存天理去人欲」之工夫。以良知爲基準而省察其「節目時變」之眞相，並實行正常之表現。故其所表現之每一項實踐，都是以「良知」之是非、好善、惡惡爲根據，在此「致」其本體之感應，除去一切「私欲」之弊，即能做到「致良知」之工夫，如：

> 夫舜之不告而娶，豈舜之前已有不告而娶者爲之準則，故舜得以考

〔註61〕《王陽明》113頁。
〔註62〕《傳習錄》中、卷二，八。

之何異，問諸何人，而爲此邪，抑亦求諸其心一念之良知，權輕重
之宜，不得已而爲此邪，武之不葬而興師，豈武之前已有不葬而興
師者爲之準則，故武得以考之何典，問諸何人，而爲此邪，抑亦求
諸其心一念之良知，權輕重之宜，不得已而爲此邪。〔註63〕

舜之不告而娶、武之不葬而興師，即是解釋良知之知是知非，好善惡惡，便
可盡了萬事萬變之義。惟有求於己心之一念，「良知」便會呈現，以此知爲定
向，自己的行爲便會有正確的方向。所以陽明又反對當時所盛行朱子學說的
「訓詁註經」，否定以客觀價值爲準則之學問。陽明之「致良知」說並非以求
知識爲主，如典要、禮俗等外在事物之規準亦不能夠當做實踐之根據，反而
防礙在應事之際之萬事萬變，就不能自然的表現出自己。

故「致良知」乃是即爲眼前應作之事而盡心去作，不使有任可私欲意氣
干擾，並由此成就一切事，使得一切存在走向善美。秦家懿教授在《陽明學》
一書裏，亦有以下的說法：

一方面，他的確認爲，「良知」二字，關係人心本能，是人人可以明
白，可以「反身而誠」的。另方面他又以「簡易」抗拒「支離」，以
斥功利與訓詁之學。他恐怕學者失之於易，將「良知」當作一種「光
景」（或心境）玩弄，而不實落用功。〔註64〕

以上所指，陽明學是從簡單處著手之學問，人不論是從事何種工作，不論知
識能力的高下，都可「致」其「良知」便會呈現最高之價值，即是說人人都
可成爲堯舜。在《王陽明全書》有記載：

聖賢論學，無不可用之功；只是致良知三字，尤簡易明白，有實下
手處，更無走失，近時同志，亦已無不知有致良知之説，然能於此
實用工者絕少，皆緣見得良知未眞，又得致字看太易了，是以多未
有得力處，雖比往時支離之説稍有頭緒，然亦只是五十步百步之間
耳。〔註65〕

「致良知」之功夫，是以簡易爲目的，即是「存天理去人欲」而已。若能夠
「致良知」，則天理就自然地呈現，而就合於陽明「心即理」之要求。換言之
「致良知」之達成，等於「心即理」以及「知行合一」之成就。

〔註63〕《傳習錄》中、卷二，八。
〔註64〕《陽明學》126頁。
〔註65〕《陽明全書》卷六，一五。

　　一般認爲陽明之「心學」，是重視心之修練爲其特色的學問，雖然如此，但是陽明學並非注意心之內面，即是透過此天理心之呈現，便是「致知格物」，要在事事物物上求所謂定理。亦可在「事上磨練」工夫中觀之，注重於日常生活中之實踐之問題。於是「心即理」「知行合一」以及「致良知」等，都與實際生活相當密切。

　　再說陽明學之本質，非在理論體系上所成立之學，而是以自己之具體工夫之下指導實踐方向之學問。於是陽明之「心即理」「知行合一」等言論，非是以理論說服學生爲根據。陽明學之能受到很多人之支持與信奉，主要是其教法之直接簡明，能在具體的生活上用功夫，而切於實踐之特色，合於各種類型之人才之要求之下所成立。

第二章　中江藤樹之思想

第一節　中江藤樹之簡史

　　中江藤樹（1608～1648 年），慶長十二年（1608 年）三月七日，生於近江國高島群小川村。藤樹本名，字惟命，別號藤樹、默軒、顧軒，通稱爲與右衛門。

　　父親吉次以務農爲業，藤樹雖生於農家，幼而穎敏，博聞強記，即顯出與眾不同的資質。祖父吉長在高島城主加藤光泰處爲侯臣。因爲吉長欲收藤樹做爲養子，所以藤樹在九歲時離別父母及出生地近江，跟隨祖父到其任地伯耆。一年後，因爲祖父職務調動之故，藤樹亦從祖父遷到大洲去。居住大洲期間，祖父尋求文學之師而讓藤樹學習之，發現藤樹爲非凡之才。藤樹本身博聞強記，唯一年間，幾乎通曉所有之文字。人皆驚歎藤樹幼而能文字之才能。藤樹在學文字之餘，亦學《庭註》〔註1〕、《式目》〔註2〕等。藤樹記憶神速、過目不忘，祖父大悅，並曰「像如此，雖壯年之人，非所及也。」稱譽其穎敏。以下則引用《藤樹先生全集》中之〈藤樹先生年譜〉，爲中江藤樹作介紹：

　　十一歲時，偶讀《大學》，感動其中「自天子以至庶人，壹是皆以修身爲本」之句。藤樹贊嘆曰「幸哉經之存。聖人豈不可學而至焉乎」，遂立志爲聖人。

〔註 1〕　《庭註往來》，室町時代所編著之書信之範例集。網羅了日常用語，爲當時習字之教科書。
〔註 2〕　貞永（御成敗）式目。鎌倉幕府之法令集。

十五歲之年，祖父吉長卒。十七歲，在大洲由於醫生之招請，從京都來一位禪師到此地講《論語》。因為此時大洲之風格，注重「武」而輕視「文」（學問之總稱）之故，無有士人往去聽之。唯藤樹一個人前去受教。禪師因不滿士人之不來聽講者，只講《論語》之上篇，候歸京都。在此可看出當時大洲之地，相當缺乏學問之風氣。做學問的人，甚至被認為無有士人之風格，易受他人之輕侮。雖然當地學問之風不彰，但藤樹不僅在日間，盡了士人之職。甚至到夜晚，仍默默地努力勤勉自學。

同年，藤樹憂愁無有教之師，親自求於《四書大全》，然憚煩他人之誹謗。白天，終日應接諸士；晚上，及每夜深更，以獨力讀其《四書》。藤樹從《大學》開始，讀過一百遍，才能完全理解其道理。於是接著讀《論語》與《孟子》，藤樹相當順利地通曉之。

藤樹從二十歲起開始學朱子學。堅守朱子學之「格法」，嚴格用行「禮法」。他對朱子學之操行與意欲如霜烈日一般。是年，與同好會合，講明《大學》，藤樹乃以聖學為己任。二十一歲，並為初學者著有《大學啟蒙》。

此時曾前後二次歸去近江，雖欲迎接老母於予州，但因母親老而不願遠離故鄉，遂作罷。

藤樹之固執朱子學「格法」主義，專守到三十多歲，〈年譜〉三十歲條有載「此時還在拘泥於格法」之記述。可以看出藤樹對合理主義遵守之立場。

三十七歲，仍然在於大洲仕官，但藤樹以孝養老母為理由，與家老（家臣之長）告白願意返官之意，然不得許可。遂自主的棄官歸去故鄉小川村。藤樹之棄仕歸鄉，從藤樹自己所講的話來說，是為了孝養母親與自己身體之不健康，所以希望退官。但事實上藤樹之罷官歸鄉的行為是另有他因。當時藤樹之藩中內部有爭權，由於文武兩派之對立傾軋相當激烈。尾藤正英先生〔註3〕曾詳細的論述，他之論點是關於藤樹之罷官歸鄉之理由非只是為了對母親之孝養。實際上在當時之武士社會裏，有以「武」為主，維持現行社會秩序之「現實派」，另外有以「文」為主，重視個人才能之「理想派」。以上兩派之爭權，對藤樹本人來說實在是無法忍受之事。藤樹自己認為身為武士，應該文武兩全。但藤樹專讀朱子學，注重「文」之故，受「現實派」之壓力，遂脫離藩侯歸故鄉。藤樹此時已應知朱子學之不能實現理想，現實仕途不合於聖人之道。藤樹之棄官歸鄉，是對以「武」為主之傳統與規範，要

〔註 3〕《藤樹学の成立に関する研究》250 頁。

相對的採取自由態度之立場而來。此重視個人自由，是一種離開朱子學之「格法」主義之實際行爲上之表現。

藤樹放棄武士生活，歸於小川村，開始做學問與教育。集合近江村少年與追隨藤樹而來的同志與徒弟，開始教育者之生活。從這棄官歸鄉之後，到四十一歲逝世期間，一致專心追求學問教育人材。藤樹本身朴直誠實、溫恭謙退、一舉一動，都順規蹈矩，再加上擁有聖人風格之故，其感化徒弟、村人之力非比尋常。是以村民尊信藤樹如事神。後來尊稱藤樹爲「近江聖人」。

二十八歲，始通筮儀，欲求得易之講師。開始讀《易學啓蒙》。〔註4〕三十歲，遵「三十而有室」〔註5〕之禮法，娶高橋氏之女兒。〔註6〕藤樹在此時亦固守朱子學之「格法」。三十一歲著《持敬圖說》〔註7〕及《原人》。〔註8〕在此之前藤樹專讀《四書》，堅守格法，總是欲逐一受持聖人之典要格式等。但不合時世，難以實行之故，終於曰「聖人之意，如果以上如此，在於今世，非是吾所及之處也。」〔註9〕固執朱子學之「格法」，往往傾向於刻薄，容易陷於主觀的固陋。藤樹才覺悟中國之禮法直接運用於日本社會之不可。認爲如果以原狀來實行朱子之格法，會發生種種障礙。故此時期，藤樹雖然實行朱子學，同時亦發生對此學問之疑問。

三十二歲，著《論語鄉黨啓蒙翼傳》，〔註10〕指出固執外在規範之弊害，主張以重視主體之「禮法之變」思想來代替朱子學「禮法之常」之束縛。在此較明顯能表現出藤樹自由思想之發展。藤樹之要求「禮法之變」，因爲他認爲現世社會、風格習慣等，都有流動性，不斷地動搖改變，而非固定不變的。所以他知道採取「應變」行爲之需要。在此藤樹思想有陸王思想之色彩，他的「禮法之變」思想，比法律、經典、規範等外在規律，更重視個人之主體性。在此兩者之間有先後之差別，藤樹要求先有個人內心之判斷，後有應變外在規律，採取合於道德之行爲。

三十三歲，讀《孝經》，每朝拜誦之。又讀《性理會通》，〔註11〕明白其

〔註4〕朱熹著，共四卷。
〔註5〕室，妻也。《禮記》內則篇所載。
〔註6〕藤樹書院祠神主陷中「名久」之記。
〔註7〕以圖解來說明「敬」之義與持敬之修養法。
〔註8〕《原人》之「原」爲韓愈《原道》之「原」同意，是尋求的意思。
〔註9〕〈藤樹先生年譜〉十有五年戊寅。先生三十一歲條。
〔註10〕《論語》第十篇之注解。
〔註11〕明鐘人傑編。正編七〇卷、續編四二卷。

道理，並被其感動，而建立太乙神信仰，著《太乙神經序》。〔註12〕從此時起發生宗教思想之傾向。同年之著作《翁問答》〔註13〕亦有強調太乙神信仰之事。他是從宗教的角度把太乙神之信仰建立起來，藤樹用此說明宇宙之運行。藤樹以太乙神充塞太虛，宇宙即神，神即宇宙，把宇宙的一切事物都包含在太乙神的妙用運行中，又稱爲「皇上帝」，做爲天地萬物之主宰。藤樹塑造太乙神像之理由是爲使「中人以下昧者」〔註14〕透過對神像之信奉而謹敬爲善。藤樹注重個人之主體性，肯定個人擁有「應變」之能力。雖然違反傳統禮法、經典教法等外在規律，亦能夠表現出合於道德之行爲。藤樹雖然說「禮法之變」，但只有身爲上人〔註15〕之行爲，才算是沒有違反道德。藤樹除了主張主體性（「尊德性」）以外，亦要求外在規律（「異天命」）之太乙神信仰。這是用日本神道傳統來作有形體之擁有人格的主宰神，即依「有形之假象，而見得無形之眞體。」

　　同年（三十三歲），得《王龍溪語錄》，〔註16〕喜悅其啓發處之多。

　　三十四歲，覺悟執著朱子學「格法」之非。藤樹曰「是年，始覺專守格法之非……一日，謂門人曰，吾久來受用格法，近來逐覺其非，受用格法之志，雖同時不語求名利之志，但均失眞性活潑之體，唯吾人，能去拘攀之意，自己信本心，無拘泥其跡。」〔註17〕在此記錄證明藤樹在三十四歲知道專守朱子學「格法」之非，開拓精神之自由。

　　三十五歲，著《孝經啓蒙》〔註18〕

　　三十七歲始求得《陽明全書》。〔註19〕藤樹發現觸發印證之所。木村光德先生解釋其情況說三十二、三歲所寫《論語鄉黨啓蒙翼傳》時，先生（藤樹）之想法已經接近陽明學……三十七歲之得《陽明全書》以前就有跟陽明學一樣或類以之思想。所以他在三十七歲接觸《陽明全書》，才知道自己之思想原來是

〔註12〕《太乙神經》，述太乙神之靈德。

〔註13〕藤樹爲弟子所著之武士道心德之書，同時也是說明人倫之書。

〔註14〕中材之人。可與爲善、可與爲惡之人。

〔註15〕優異之人，亦是上德之人。

〔註16〕王龍溪（明代之學者，是一位王陽明之高弟。(1498～1583)）之語錄。

〔註17〕《藤樹先生年譜》十有八年辛巳。先生三十四歲。

〔註18〕以《古文孝經句解》（元朱申撰）、《古文孝經指解》（司馬光撰）爲底本所著之註解。

〔註19〕王陽明之全集。《陽明先生集要》十五卷、年譜一卷十二冊。崇禎年間（1626～1644）刊。

跟陽明同樣的。」〔註20〕

　　晚年，藤樹之對創造宇宙之太乙神之信奉的意念又增大。故倡導「天地同根、萬物一體」論。他甚至站在儒佛道融合之立場，用自然法的平等觀，把身份階級、富貴貧窮等差別觀，合而為一。他四十歲刊行之著作《鑑草》〔註21〕有載「（天下之）萬民，無一不是天地之子也，我、他人，凡是有人間之形體，皆是兄弟也。」在此主張「聖凡合一」與「明德佛性」。在此可看出藤樹所信仰宇宙之唯一實體之徹底，以及儒佛道融合之精神。

　　藤樹是一位為了實現儒教通俗化而努力追求學問、教育人材之人。在《藤樹先生精言》中有說「無論行儒道者，天子、諸侯、卿大夫、士庶人都能明明德，能與天合而為一。」

　　四十一歲，藤樹患哮喘，逐惹起胸部之痛（病名不明）。秋八月二十五日朝卯時逝世。鄰里鄉黨皆涕泣送柩於小川村東北王林寺而葬之。

第二節　時代背景與儒學之興起

一、近世封建時代

　　中江藤樹出生於德川家康戰勝美濃關東之戰而任征夷大將軍並成立江戶幕府（1603）之後五年，享年四十一歲（1648）。因此，其活動時間是在江戶時代初期，期間所歷之大事有：

　　　　一、1615 年，公佈武家諸侯制〔註22〕

　　　　二、1657 年，發生島原之亂〔註23〕

　　　　三、1659 年，幕府施行鎖國令

由以上可知，隨著德川幕府體制確立，進而限制個人自由、施行封建秩序政策。德川所建立「幕藩體制」之封建統治，為整備封土及身分制度，確立農村經濟，使商業資本勢力從屬於封建權力，並定將軍為世襲制。因此，藤樹

〔註20〕〈中江藤樹の生涯と思想〉。

〔註21〕共六卷，專述女子之品行。是以和文（日文）書寫之教訓書。以孝行、貞節等德目之應報故事做為例話，是此書之主要內容。

〔註22〕為統轄各地大名，由江戶幕府所公布之法。法定君臣之主從關係，明身分，重格式，以及加強天皇、公家之權力，固定大名之職務。

〔註23〕寬永 14～15（1637～38）年，在九州之島原半島所發生大群農民之反幕府運動。

所處之江戶時代初期，正值幕府鞏固體制、集中權力之最盛時，為求國家統一，而限制個人思想自由，以封建之士農工商之身分限定、約束人民。

幕府體制是以幕府為上層，將軍與大名（諸侯）為領土，所有權利集中於幕府；劃民為士農工商四類，以武士為農工商之統治階級，而武士中亦分主從關係。此為一金字塔形社會結構，與武士家臣之身份結構相同。因此，藤樹所處時代，是一個嚴守封建秩序、無條件服從幕府所定之規律，而無思想自由的時代。

二、江戶時代之儒家

江戶時代，基於現實社會之要求，武士社會需要在理論基礎上尋求合理的君臣關係。因為以往以神佛宗教為基礎之世襲主從關係，以不合於此時之武家秩序。在要求新的秩序體系理論之下，他們採取超越世襲秩序階級並含新秩序理論之朱子學，投入武士社會。

其施行朱子學之益處，由為政者來說，可使國家權力更加統一、集中。同時又以儒家之基本思想：修身、齊家、治國、平天下為國家之體制。可見儒家思想之受幕藩之支持，並能應用於江戶時代之封建社會。

江戶儒學之初起，為幕府所招請之藤原惺窩、林羅山二位朱子學家所傳佈之儒家思想，其後而有顯著之發展，其間順序為：朱子學、陽明學、古學、折衷學等，儒家在合於日本風土下，而有獨自之發展。江戶幕府為鞏固封建制度，甚定朱子學為官學。此就一般社會而論，有助於倫理道德意識之提高；就武士階級而論，可加強封建秩序、促進武士道德。以下所要說明的是儒學之發展與其為社會機能之因。阿部吉雄先生說：

> 首先，江戶時代之社會是由大名、武士、庶民組成，其間有嚴格之身分劃分。此時代儒者之身份是界於武士與庶人之間，為一中間階級。因此，儒者例外的能擁有執政者之權力與地位，以此與明清、朝鮮社會做比較，其地位仍是相當低的。江戶時代儒戶之任務，於政治外，是為武士或民間或教師，專致於建立各階級之道德或職業倫理。明清不設身份制度，而有科舉制度，加以文官優位，唯有專研形式化之儒學，方能科舉及第而為官僚，任官方之職……比較江戶社會，至少可說其對民間倫理發達意識是很薄弱的。又明清因科舉之關係，儒學權威化，不能打破絕對尊重經學之傳統，造成學問

形式化，而有失去其生命之傾向。〔註24〕

阿部吉雄先生指出日本的儒學家，因其身分處於武士與庶人之間，故能教導武士及庶人儒家精神，且其爲學之目的乃純粹爲追求儒學之眞理，非爲考取科舉以爲官僚。

由上可知，當時日本之儒學，不管爲政者與庶人間，廣泛地被日本儒學家流傳，甚至得到朝廷肯定。這是日本儒學在江戶時代發展的主因。

三、江戶時代儒學家之地位與儒學之意義

江戶時代之儒學家，幾乎全出身於武士階級之下，其中有幾位雖爲武士出身，但與一般武士相較，其地位較低，且待遇與俸祿也不多。而多位江戶時代初期武士出身之儒學家，其父幾爲浪人（沒有主君之武士）。故由整體來看，此期武士出身之儒學家，其職務、地位相當的低，且不受社會重視。而江戶時代之部分儒學者，如林羅山〔註25〕、山崎闇齋〔註26〕、山鹿素行〔註27〕及中江藤樹的弟子熊澤蕃山〔註28〕等，都屬於是浪人出身。

浪人出身的儒學家，因寬永（1624）之後，因爲社會的安定而顯著減少，同時逐漸增加出身於商人、醫官或醫生等一般百姓身分的儒學家。在當時所劃分的士農工商中，商人或醫生等，並不屬於士人，而是庶人之類。如中村惕齋〔註29〕、伊藤仁齋〔註30〕等，爲商人出身；荻生徂徠〔註31〕、室鳩巢〔註32〕、

〔註24〕《日鮮中三国の新儒学の発展を比較して》。

〔註25〕京都人，名信勝，後稱道春，字子信，號羅山（天正十一年～明歷三年，1583～1657）。儒學家藤原惺窩之門生，不僅因其具官學創始人的表面的權威實際上還因其全面地發展了日本儒學，故在日本思想史上，占有時別重要的地位。其學宗程朱，博洽多聞，力排陸王學。

〔註26〕京都人，名嘉，字敬義，小字嘉右衛門，號闇齋，又號垂加（1618～1682）。初專主濂洛，奉程朱，晚從吉川惟足學神道。後融合宋學與神道，創立所謂「垂加神道」一派。

〔註27〕會律（今福島）人，名高祐，初名義矩，高興，字子敬，號因山、隱山、素行子，通稱佐太郎，甚五左衛門（1622～1685）。素行始講宋學，左袒程朱，四十之後，疑理氣心性之說，是以前著經解數種悉燒，並以排斥程朱、廢棄經義，遂唱古學。觸怒幕府，被流謫於赤穗。

〔註28〕京都人，名伯繼，字了介，號蕃山、息遊軒（1619～1691）。中江藤樹之門生，修陽明學，益得主君之信任，參與藩政，乃布德施惠、賑貧救困。後遭同事之妒嫉，被幕府視爲異端而下台。

〔註29〕名之欽，字敬甫，通稱七左衛門，後改爲仲二郎，號惕齋（1629～1702）。尊奉朱子學，與當時的伊藤仁齋齊名，爲德島藩之儒官。

太宰春臺〔註33〕等，則爲醫官或醫師，皆出於民間。

　　然而當時唯僧侶及儒學家方有機會爲武士之師匠，受朝廷尊敬及良好的待遇。就精神而言，可說是站在指導武士的地位。亦表示其身份雖爲庶人，但若爲高明之儒學家，仍能得到較高之地位與俸祿。

　　一般而言，江戶時代儒學家之地位，界於武士與庶人之間；而中國之儒家，階層則位於社會之上，任官僚並掌握實權。而在日本，幾乎沒有儒者爲一國之宰相或地方官之例，亦無任職於相關時政之事者。他們的任務是在做爲武士與庶人之教師，教導武士道德與庶人倫理，並將倫理道德之推廣爲己任。

　　概觀江戶時期之儒教，約有以下三類：一是仕官於幕府或大名，以爲其臣下，接受其俸祿。二是不肯爲政者之臣下，終生永賓師之身分，專心教導爲政之人。三是自願留於民間，專心教育一般百姓者。其中第一類的儒學家雖爲仕官，但實際上並未擁有高位及政權，只是將自己思想發揚光大。由日本歷史來看，唯有熊澤藩山登昇爲宰相之下之地位，爲一特例。其次爲任於奕府顧問的新井白石。〔註34〕而他們被錄用之主因，僅因其儒學之飽學，亦因其有推動政務之才華。因此，幾乎所有儒學家之俸祿與待遇，都不能與一般士人相比較，仕官之儒是如此，更不用提民間之儒學家，他們雖身爲俗人而受士族尊敬及享特別待遇，但因其身份只在庶人之上，不能與士人相比。

　　江戶時代，朱學雖爲官學，幕府亦重視儒學者，但由以上當時儒學者之地位與任務看，並不能算受朝廷重視。

〔註30〕京都人，名維楨，字源佐，仁齋係其號，又號古義堂、栄隱（1627～1705）。仁齋初學宋儒之學，疑與孔孟之學相違，考索多年後恍然大悟，始出己見。就其思想而言仁齋主即物主義，重常識，倡實證，又強調博學多聞之學。其門人弟子極多，故不可忽視其日本思想史上之地位。

〔註31〕江戶（今東京）人，名雙松，字茂卿，通稱總右衛門，號徂徠、護園、赤城翁，別號物茂卿（1666～1728）。初學朱子之學，至中年轉而痛駁性理，並攻擊仁齋。晚年專述武術。

〔註32〕江戶（今東京）人，名直清，幼名孫太郎，字師禮、汝玉，通稱新助，號鳩巢、滄浪、駿台（1658～1735）專修朱子學，深惡當世之好立異者。受業於木下順庵，由新井白石之薦出任幕府，任儒官。

〔註33〕信濃（今長野）人，字德夫，通稱彌右衛門，號春台，又號紫芝園（1680～1747）。初從中野撝謙學性理學，即而聞徂徠自成一家之言乃棄其學而從之，遂以治經。

〔註34〕江戶（今東京）人，名君美，通稱勘解由，號白石，又號錦屏山人（1657～1725）。習朱子學於木下順庵，後由順庵之推薦，任甲府德川綱豐之儒臣。白石爲幕臣，竭力於政教之合一，他以朱子學之合理主義，確立實證性之學風。

　　江戶幕府之重視儒學，是因儒學能維持階級秩序，他們以之否定人之平等性，控制活動自由，以爲執政者之道具。幕府設「儒者」之職，委以藩主之侍講及藩士之教育之責。又設專門教育儒者之學校，以儒學爲主要教旨，限制個人及宗教思想。朝廷雖如此重視儒學，但也只是就其擁護封建制度之功能，及以此教旨來教育士人與庶民，並沒有將儒家思想運用於實政，也不認爲儒學爲幕藩體制之根抵。如江戶幕府之第一代將軍德川家康，其用藤原惺窩、林羅山等儒學家時，亦賦予與承兌〔註35〕、元信〔註36〕相當之地位。但其所任並非執政之事，而是以其文筆來做外交與行政上之文書解讀，與完成法案之起草等。此外，則兼學問、文藝之講師，以教育爲政者。

　　因此，朝廷之任用儒學者，主要爲博識之學者，以之處理與政事無關之文書，並起草法案，爲武士與庶人之師，專任教育工作。朝廷雖然承認儒學之實際功能，但卻不直接用於政事上，只是以之粉飾政治體制而已。故因儒學之影響力並未達及本體，而使儒學在江戶時代（特別是初期時代）之影響力極爲有限。

第三節　藤樹思想之發展

　　中江藤樹，治學之初爲信奉朱子學，其後轉向陽明學，並將其學發揚光大，成爲日本陽明學之鼻祖。其學說源遠流長，現在已獨成大家，爲世所公認。但有學者指陳藤樹之學，始終未能突破陽明學之範疇。但後來經考證研究，才漸漸發現藤樹個人思想之獨特性，非由陽明思想而來。因以前對藤樹所作的研究，只注重外在先行思想之影響受容，忽略藤樹之內在主體思想部分。

　　故現今藤樹之研究，自藤樹學之成立而言，已非從朱子學、陽明學之觀點開始而論，而是由藤樹學之觀點闡釋其思想之發展與完整。

　　木村光德先生把先後藤樹思想之研究，稱爲「受容史的研究」（相當於中國之編年史）與「發展史的研究」，詳細說明從主體本身而非從年代順序研究（所謂「發展史的研究」）之重要，再論從外在思想之影響與受容之研究（「受容史的研究」）之弊病。故在此對於藤樹學之發展，亦從藤樹主體之發展史的觀點而論。以下便把藤樹學之發展分爲三個節段來說明。第一期，論述對朱

〔註35〕幕府之官位。
〔註36〕同註35。

子學之傾倒與藤樹學之萌芽。第二期，論述藤樹學之發展，與脫離朱學格法及接近陽明學之歷程。第三期，論說藤樹學之完成。

以下，首先說明如何區分藤樹思想發展之時代。筆者把萌芽時代與發展時代，以藤樹二十七歲棄仕歸鄉之時來劃分；發展時代與完成時代，以藤樹三十七歲有很明顯宗教色彩時來劃分。而尾藤正英先生又把中江藤樹之思想形成分為三期。其時代區分為：

一、前期（大洲藩仕時代）
二、中期（二七～三七歲）
三、後期（三七～四一歲）

尾藤正英先生將藤樹前期與中期之區分，定於其棄仕歸鄉，亦即放棄武士生活之時。此時，藤樹對社會秩序等外在規範相對的採取自由態度，很明顯地表現在藤樹之行為上。中後期之區分，尾藤正英先生指出其後期思想「雖然跟陽明學者有類似之矯飾……非是陽明學的。」〔註37〕他認為後期思想有受到陽明極力排斥佛教、禪宗等方面的影響。所以尾藤正英先生做了以上的區分。

藤樹之棄仕歸鄉，有脫離朱子學規範之傾向，這傾向在他早期修習朱子學就產生了，只是在二十七歲以後才顯著顯現出來。這脫離朱子學之傾向，可以說等於是藤樹思想之萌芽。其後期（三七～四一歲）雖然有濃厚的佛教、道教等宗教性，但如此變化在中期已經可見。

所以以上前、中、後之區分，也有一些問題。但是每個人之思想是不斷的在改變的，隨著舊思想的衰退，同時會有新思想的萌芽，新舊思想之解體與誕生是同時一起存在的。如朱子學、陽明學、佛教等內在思想之變化，幾乎無法明分。所以應照著以上時代區分為：萌芽、發展、成熟三期。

一、萌芽時期（～二十七歲，大洲藩士時代）

（一）代表著作

1.《大學啟蒙》

此乃藤樹從朱子《讀大學法》中段大約一百一十二字的文字中，直接節錄下來的，沒有任何新意，但卻可從此點看出他對朱子學格法信奉之傾向。

2. 論文之類

〔註37〕《日本封建思想史研究》193 頁。

（1）〈安昌弒玄同論〉：名儒藤原惺窩〔註38〕之得意弟子菅玄同被他的弟子安昌殺害，玄同的同門林羅山〔註39〕對此事件深感惋惜，因此，由他的長子寫了一篇〈安昌弒玄同論〉，以悼玄同之死，讚玄同爲「醇儒」，並爲安昌之作爲辯解。藤樹時以「安昌弒玄同論」爲題，用以批評林羅山等左門儒學派以博物洽聞爲主之學問。

（2）〈林氏剃髮受位辯〉：朱子學家林羅山爲了肯定德川幕府體制之合理性，乃採朱子學之思想爲之佐證，因此而自幕府處得到法印之位，並剃髮受之。其後又著〈詩並序〉以述說其受位之喜悅，並爲剃髮受位者之行爲做辯解。藤樹知道此事後，便作此文責難羅山。批評他身爲儒官而剃髮受僧位，不但失去自己的方向，且謂剃髮受僧位乃遵循日本的禮俗，是非常不合理的事。藤樹尖銳地攻擊這種掩飾己非之行爲，而論說「明德親民」之實學，並要求順從「權」（時中）之思想。

（3）書簡：共有八種

甲、答小川子疑問（二十五歲）

乙、明日又與仙（二十五歲）

丙、與小川子（二十六歲）

丁、甲戌春答仙（二十七歲）

戊、答小川子（二十九歲）

己、折衷於小川子疑問（三十歲）

庚、答小川子質問（三十歲）

辛、送崇保軒門弟治之（二十九歲左右）

小川子，是指藤樹之門人小川覺、小川仙兄弟。從與小川子之漢文書簡（三十歲以前）中的「應變之義」、「處變之義」、「處變之權」等詞來看，這些幾乎都跟「權」（時中、時措之宜）之意義相同。藤樹所堅持之「時中」、「權」之思想，乃是否定全面依從經典規範以形式爲主之學問。藤樹並注重主體，以作爲實踐行動之規範，表示並非對於朱子形式主義學問之全面信奉。

〔註38〕播磨（今兵庫）人，名肅，字斂夫，號惺窩、妙壽、惺惺子、昨木山人、紫立子、又北肉山人（1561～1619）。專攻朱子學，將五山禪僧下之朱子學，予以體系化，使儒者得離佛教而獨立。

〔註39〕同註25。

（二）萌芽時期之思想

1. 修朱子學

〈年譜〉所載藤樹二十七歲以前修朱子學之記載：

（1）寬永元年甲子。先生十七歲。

> 夏，由醫師之招請，從京都有禪師來，講論語，……唯獨先生，往去聞之，蓋先生，幼而離祖父母，承家，事君，是故，欲修身、齊家，但不知其道，嘗以習大學之句讀，中有正心、修身、齊家等語，知道儒家有修身、齊家之道，然而沒有教師而默止，〔註40〕今，禪師之來講爲幸，潛往聞之，以論語上篇之講終，禪師歸京，先生又愁無做爲師者，求四書大全。（中釋）

藤樹十七歲時，求得《四書大全》而始獨習。《四書大全》乃爲明成祖永樂十三年（1415），帝之勅撰完成的朱子學全集。藤樹第一次接觸之朱子學，無疑是於此時。

（2）寬永丁卯。先生二十歲。

> 先生，專宗朱子，以格法受用，是年，始輩行中川貞良志學，會合二三同志，講明大學，乃以聖學爲己任，夏，以儒法祭祖父。

此時，藤樹熱心信奉朱子學。如用儒法之規則來祭祀祖父，即是遵循朱子學規範之最佳例證。

（3）寬永十有二年乙亥。先生二十八歲。

> ……故拘攀支撐矜持也。（中釋）

此雖爲二十七歲後之記載，但因只差一歲，亦值得參考。由以上我們可知，藤樹仍然是信奉朱子學，並守行其格法的。依〈年譜〉來看，藤樹對朱子學格法之信賴，直到三十四歲才結束。在〈年譜〉三十四歲條：

> 先生三十四歲，是年始覺專守格法之非。（中釋）

因此藤樹之大洲藩時代（二十七歲以前），對朱子學幾乎是抱持著全面信奉的態度。

藤樹在此時期有關朱子思想之著作，雖然〈年譜〉上沒有記載，但卻有二篇論文。一篇是他在二十二歲時所著〈安昌弑玄同論〉，另外一篇是在二十四歲時所著的〈林氏剃髮受位辯〉，首先來看〈安昌弑玄同論〉之內容，並由

〔註40〕沈默也。

此來看藤樹信奉朱子學之態度：

寬永五年（1628），藤原惺窩之高徒菅玄同，被其弟子安田安昌所殺，官府逮捕安昌並處罰之。安昌原來是名儒林羅山門下的好學之士，於是羅山的長男叔勝〔註41〕便著〈安昌弒玄同論〉，爲安昌辯護。藤樹自朋友處得知後，便亦以〈安昌弒玄同論〉爲題，發表反對叔勝的言論，並攻訐安昌之罪行。其文云：

> 然在倭國〔註42〕稱儒者者，徒知讀聖人之書而已矣，可與共學者，未之有也，而親其躬行之實，所以惑世誣民，充塞仁義，有甚於異端者，而玄同其徒之尤也，……不過情欲利害之私而已，是則雖曰有人之形，而實不異於禽獸也，夫玄同之爲人也，徒事於博物洽聞，以徇外誇多爲務，而不覈表裏眞妄之實然，是以識愈多而心愈窒，……是則非人心面獸之俗而何也，而謂之醇儒者，妄人之私言也。

藤樹說明安昌弒其師玄同，乃因玄同之學風以博物洽聞爲事，實行口耳訓詁之學，故而導致爲其弟子所弒之結果。藤樹又以「人面獸心」嚴厲之詞來評論玄同，及林羅山一派詞章訓詁之學風。因此藤樹在此主張其實踐主義之立場，並認爲儒家思想一定要對社會有具體的實踐，才有意義。其次再看另外一篇〈林氏剃髮受位辯〉。

寬永六年（1629）儒者林羅山與其弟信澄，接受了民部卿法印及刑部卿法印之僧位，同時剃髮接受之。羅山，十三歲時（文祿四年，一五九五），曾在臨濟禪〔註43〕之建仁寺，受過佛教之洗禮。建仁寺之僧侶知道羅山有非凡之才，故勸他出家，羅山拒絕之。在寺中待了三年後，十五歲時便離開佛寺，開始專研朱子學。因爲他的才能卓越，不久便有名於世，其學說受到當世人的歡迎，而成爲一位日本名儒。

然當世人見羅山的自我剃髮，而從朝廷受僧位之後，對他便產生了不信任之感。而羅山心中也自覺忐忑。於是乎作〈詩並序〉，〔註44〕爲自己的行爲辯解：

> ……今余兄弟元是儒也，然祝髮者久隨國俗，與太伯之斷髮、孔子

〔註41〕林左門叔勝。

〔註42〕日本。

〔註43〕禪宗五家之一。主張頓悟之南宗禪輩出青原行思、南岳懷讓等逸材，其中南兵之系統中出此臨濟宗。

〔註44〕《羅山詩集》第三十八卷。

之鄉服，何以異哉，復何傷焉。

藤樹對羅山以上辯護不甚贊同，而著〈林氏剃髮受位辯〉以批評之。其
言：

> 夫林氏之剃髮非佛者則假形之徒也，非從國俗也，不言而可知矣，
> 而自附於斷髮之權、鄉服之義，自欺而欺人，其所以惑世誣民，充
> 塞仁義，不可勝言，譬諸小人，其猶穿丁窬之盜也歟，蓋太伯之斷
> 髮，權也。處父子兄弟之變，而用此得中，所以爲至德也，孔子之
> 鄉服，襲水土之事，而所以安土敦乎仁也。

「太伯之斷髮」，雖是隨蠻邦之俗而斷髮，但也是太伯爲了讓他季弟子昌（周
文王）承續王位而做的。因爲太伯認爲子昌有聖人之材，最好由子昌來做王。
其斷髮是表示自己永不回中國的決心。故林羅山舉太伯爲例以自解是不對的。

於「孔子之鄉服」方面，藤樹也說明了其正當的理由。藤樹用《論語》
子罕第九篇孔子之言「麻冕，禮也，今也純，儉，吾從眾。拜下，禮也，今
拜乎上，泰也。雖違眾，吾從下。」說明孔子之穿鄉服是爲了習俗之優良（簡
約）才取之，而故不守往來戴麻冕〔註45〕之禮。

因此太伯與孔子之做法，非只隨當時風俗而爲。而林羅山所看到的，只
是太伯與孔子行爲的表面，藤樹又批評他說：

> 林道春，記性穎敏，而博物洽聞也，而說儒者之道，徒飾其口，效
> 佛氏之法，妄剃其髮，曠安宅而弗居，舍正路而不由，朱子所謂能
> 言鸚鵡也。……

這亦跟〈安昌弒玄同論〉之內容相同，同在否定博物洽聞之事，這是從實踐
主義出發的。

藤樹在此一時期，專讀儒家經典，信奉朱子學，但卻不拘泥於形式規範
之中，隨著時事而做合理的調適，採取洽當的行爲。此適應時宜之精神，乃
承繼《中庸》、朱子之見解。朱子《中庸章句》序裏面有「人心」與「道心」
之說，二者之區別：

> 心之虛靈知覺，一而已矣，爲有人心道心之異者，則以其或生於形
> 氣之私，或原於性命之正。

道心是根據「理」之心，人心則根據「氣」之心。以朱子而言，人的知覺，
如果是隨口耳而動，就是人心；如果從義理而動，則謂之道心。

〔註45〕緇布冠，用細麻織成的禮帽。

以上想法，在藤樹所著〈安昌弒玄同論〉裏也有出現，如：

> 苟安昌使人心聽道心之命。

藤樹晚年主張與王陽明類似的「心即理」「致良知」說，不用於朱子之說。但他在此時期，談到關於人心的時候，還是從朱子學立場而提出主張。

2. 藤樹學之萌芽

於〈年譜〉中之記載，此時期之藤樹乃專守朱子學之格法而不能適應時宜。如：

> 先生，專崇朱子，以格套受用。（二十歲）
>
> ……拘攣支撐矜持也。（二十七歲）

但實際上，藤樹並非專死守朱子學之格法，雖然他信奉朱子學，但否定其「記性穎敏」、「博物洽聞」等只重視博識學問。〈安昌弒玄同論〉有以下的記載：

> 徒事於博物洽聞，以徇外誇多爲務，而不覈表裏眞妄之實然，是以識愈多而心愈窒，故說儒飾口，既罔大學之明法，效佛剃髮，以侮孝經之聖謨，以陷溺形條之私……。

藤樹說做學問之眞正之目標，是「大學之明法」和「孝經之聖謨」，做人之根據是《大學》之「明德」、《孝經》之「孝」。明德和孝，稱爲「道心」，是人之本性，亦是「性命之正」。

藤樹在此〈安昌弒玄同論〉中，指出玄同之忽略本性，反而追求「博物洽聞」，專重知識之學問。藤樹嚴屬批評之，而主張唯有明德、孝、性命之正等，有以上道心之根據，才能追求知識方面的學問。在此可以看到藤樹之重「精神」輕「知識」，比外在客觀更重視內在主體之思想。如此藤樹思想之傾向，可以說是從朱子學專守格法、「格物窮理」思想抽離出來，開始具有陽明「心學」之性格，亦即藤樹學之萌芽。

再看藤樹之另外一篇論文〈林氏剃髮受位辯〉，在裏亦有藤樹反對「博物洽聞」之主張，要求內在本性之發揮。在前面所論「太伯之斷髮」之眞意，亦是注重內在本性之感應。換言之，太伯是隨著自我主體之意念而採取斷髮之行爲，所以太伯之如此做爲，是合於「義」（道義）之適應時宜的行爲，非是模仿外在客觀的習俗所做的。於此篇論文有言。

> 夫林氏之剃髮非佛者則假形之徒也，……自附於斷髮之權、鄉服之義，自欺而欺人，……蓋太伯之斷髮，權也，處父子兄弟之變，而用此得中，所以爲至德也。孔子之鄉服，襲水土之事，而所以安土

敦乎仁也。

藤樹以「斷髮之權、鄉服之義」之文，批評林羅山。在此，所謂「權」的意思，是對外在環境、各種物事之變化，要求相對地採取恰當的行為。換句話說，就是在時宜相應上的具體表現。但藤樹所說的「權」，絕對不是權謀術數。因為其外在行為一定要合於「道義」，是根據道德觀念而行。所以「權」和「義」是一體的，絕不能分開。

藤樹在此時雖然實踐朱子學之規範與禮法，但亦產生了採取權宜行為之意識。於是藤樹為了說明「權」之思想之根據，而用《論語》子罕第九篇、孔子之言詞來說明。筆者在前面 1. 守朱子學之中已經論過，在此僅簡單地說明如下：因為孔子以好的習俗為準，所以選擇了穿著鄉服。孔子這種做法雖然違反傳統的戴麻冕之禮法，但他還是認為如此做法，比較合於真正的道理。所以孔子所違反的當時規範，並非是違反「禮」之本旨，而是以「義」為中心，從自己主體之道心觀點，選擇了以上的做法。

接下來再參考此時期藤樹所寫的書簡，以下從年代之先後列舉之：

甲、答小川子疑問（二十五歲）

乙、明日又與仙（二十五歲）

丙、與小川子（二十六歲）

丁、甲戌春答仙（二十七歲）

戊、答小川子（二十九歲）

己、析衷於小川子疑問（三十歲）

庚、答小川子質問（三十歲）

辛、送崇保軒門弟治之（二十九歲左右）

以上書簡裏，除了丁戊以外都有「應變之宜」、「處變之義」、「處變之權」、「時中」等關係應變之事。如丙「與小川子」裏說「時中之理」。此「時中」是和「權」同義，就是不得拘泥外在規範，採取應合時宜之行為之意。

所以藤樹以上論文與書簡之類，證明了藤樹在這時期已經有以「權」、「時中」等重視主體性存在之思想，為行為上之標準。故這種尊重自我的本體心，以及會合主體性與客觀性之想法，可謂是藤樹學之萌芽。

3. 棄官歸鄉

藤樹在二十七歲，棄官大洲藩，歸去小川村。藤樹於辭職請願書中提到退官的理由：一是因健康問題，無法盡官職；一是為對在鄉下孤獨生活的母

親，克盡孝養之責。實際上，藤樹之棄官歸鄉除了以上二點以外，對當時武士社會的失望也是一個重要原因。藤樹將棄官歸鄉之前後，專讀《四書大全》，信奉朱子學，在武士生活上，追求自己的理想。大江文城先生說藤樹棄官之根本理由是：

當時藩中，有文事武斷派之軋轢，相當深刻。〔註46〕

當時藤樹所仕官的藩中，文事派與武斷派之爭權相當激烈。尾藤正英先生把「武斷派」改爲「現實派」，把「文書派」改爲「理想派」以論之。〔註47〕然以上兩者之論點幾乎一樣。

當時的日本，封建世襲制度〔註48〕嚴格地畫分身分地位，在此下，藤樹希望其個人之身分與地位，由他的人格、能力之高低來決定。由當時的傳統武士社會來看，一般人多重視「武德」，而輕視「文事」（文學一類的學問，朱子學亦在此範圍中）。因此文事派（理想派）的抬頭，便引起與以保守日本傳統及現行制度的武斷派（現實派）的衝突。〈年譜〉十七歲條有以下記載：

夏，由醫師之招請，從京都有禪師來，講論語，此時太洲之風俗專

以武爲主，以文爲弱。（中釋）

當時日本之風俗，對專讀朱子學之藤樹來講，此種風氣，難以實現自己理想，所以他後來之著作《翁問答》裏一再強調「文武一德」論，主張文德武德之合一，根據義理（文德）來實踐武德。

藤樹在此時代專讀朱子學之義理，所以雖然身爲武士，不但重視武德，亦重視文德。所以筆者認爲他的這種態度，算是屬於理想派（文事派）。而藤樹也強調了「道德」爲根本之學問，先有道德之成立，才能開始講究其他的事。藤樹之此種主張，等於是以「文德」爲體，「武德」爲用。於是藤樹受到。

於是藤樹受到武斷派（現實派）之批評與攻擊。在此理想與現實之間，也決定追求精神自由，而要求辭職，結束武士生涯。他的此種棄官行，都是爲了實現理想而做的。唯有離開武士社會傳統，才可以追求學問，亦才能依自己之自由想法來採取行動。故由以上可以看出藤樹之對外在規範，相對地採取自由之態度，重視主體性之想法與具體行爲。所以藤樹之棄官歸鄉，除了追求理想外，也解決了文武（「義理」和「規範」）之分離，並重視主體性

〔註46〕註著《本邦儒學史論考》。
〔註47〕《日本封建思想史研究》149頁。
〔註48〕一代一代承繼自己家職業、財產之制度。

之外在表現。

二、發展時期（二十七歲～三十七歲）

（一）代表著作

1. 關於《孝經》之著作

（1）《首經考》：藤樹以《孝經》爲綱領，《小學》爲條目，以此兩書做爲七經四書〔註49〕之首經。此時期關於《孝經》之研究，除了此著作外，亦有《孝經考》，兩本部依據《今本考經》而作。

（2）《孝經考》：肯定《孝經》爲孔子之著作，並表示尊重《今天孝經》之態度。

2. 關於《大學》之著作

（1）《大學考》：專考察《大學》之著作。但此著作裏所載藤樹之見解，只不過是延襲《四書大全》，以及朱子學末流之既存見解而已。

（2）《大學序說》：引用朱子《大學章句序》而著。藤樹之引用只限前半一部之一百六十四字部分，並附注自己見解。

（3）《大學朱子序圖說》：否定東陽許、蔡虛齊、吳繼仕三人之說。藤樹把《大學朱子序》作爲五大節十二小節，以三氏缺乏「教學之法」爲理由。指出此三人（東陽許之三分節、蔡虛齊之四分節、吳繼仕之五分節）之非。

3. 關於《四書》之著作

（1）《四書考》：論述《四書》之重要性，肯定程朱之說。藤樹在此時期固信奉朱子學之故，引用之資料來源，幾乎都是《四書大全》。

（2）《讀四書法》：指定讀《四書》之次序（先要從《大學》開始，接下是《論語》、《孟子》，最後是《中庸》）。如此《四書》之讀書法，將繼承朱子之《讀四書法》，所引用資料亦從此書選用。

（3）《四書全一圖說》：以上關於《四書》之三作，都順從朱子之見解所著。但此《四書全一圖說》之著作態度，與程朱之注有所區別。但仍有直接理解《四書》之精神。主張《大學》、《中庸》、《論語》、《孟子》之要旨，各在於《明明德》、《致中和》、《求於仁》上，

〔註49〕七經，易、書、詩、春秋、周禮、儀禮、禮記。

而此四者包括在《大學》之規範以內。

4.《明德圖說》

藤樹以《大學》之「明德」當做形而上之根源。用圖解來解釋宇宙之物理與人間之道理。其目的是讓個人明白修身爲工夫之根據（明德），以及回復本體爲由。

5.《五性圖說》

藤樹除了《明德圖說》以外，同時著《五性圖說》。與「明德」一樣把「五性」（仁義禮智信）定爲形而上之根源，用圖解來說明之。此《明德圖說》、《五性圖說》二著，受朱子《太極圖說》之影響，並師法邵子、周子之《先天圖》與《太極圖》所著。故論證方面，幾乎引用《四書大全》與《性理會通》，從朱子學之立場來論之。

6.《持敬圖說》

專論天人關係以及修養修道之意義，並用圖解來說明之。朱子所論修養法有「居敬」與「窮理」，藤樹承其示意而著《持敬圖說》。著作此書之時，藤樹信奉朱子學，所以在此亦有承襲朱子學之情形，但亦已有藤樹自己之特色。他認爲朱子所重視「禮」之根據，是在「畏敬」。藤樹論「畏」是對「上帝」表現之謹愼畏敬之意，故藤樹云「敬，是天命、尊德性之謂也」。「尊德性」，是從人心之內在而論；「畏天命」，則是從超越的外在立場而論。此兩個概念，不只藤樹脫離朱子學之性格，亦有發揚光大藤樹學之根本。

7.《藤樹規》

此爲爲弟子所寫之藤樹書院院規。參考朱子建立白鹿書院之學規，說明教學之趣旨。在此藤樹力於批評「記誦詞章」（枝葉）之學問，主張「畏天命、尊德性」（根幹）爲根本，合於天意之學問。

8.《學舍坐右戒》

《藤樹規》之附則、細則。

9.《原人》

《原人》之「原」，跟韓愈著《原道》之「原」同意，是尋源探本之意。藤樹認爲其根源是《書》、《詩》所載「皇上帝」之事，這「皇上帝」創造了宇宙萬物以及創造人間。在《原人》裏所論藤樹之對「天」的看法是一種屬於宗教色彩之主宰神（皇上帝）。

10.《論語鄉黨啟蒙翼傳》

藤樹選《論語》鄉黨篇，記述孔子之實際行動（跡），然後論及孔子之所以實行具體行為之意圖（心）。藤樹注重合於內在精神而舉行之具體行動（心與跡之妙合），而所著的就是此《論語鄉黨啟蒙翼傳》。本著，「啟蒙」與「翼傳」組合而成書。「啟蒙」是藤樹對鄉黨篇之在思想方面的解釋。「翼傳」是為了輔助「啟蒙」之理論，訓詁字句，指出經傳之來源。

11.《翁問答》

為自己弟子所著武士道心得之書。此書在當時（江戶時代）頗受讀者之歡迎，發行多種版本。此著作於今日，被認為是了解藤樹思想上之最重要、最方便之書。此書論及中江藤樹之中心思想為「孝」，從此思想的觀念，論述學問論、文武論、唯善論、儒佛論等。另外藤樹再附加自己之見解和他的時代批評。此書所著藤樹之思想極為廣泛，亦能夠了解藤樹在此時代思想之發展情況，是故公認《翁問答》為他的代表作。

12.《孝經啟蒙》

在《翁問答》中，藤樹以「孝」作為自己中心思想。在此《孝經啟蒙》中，藤樹專論「孝」之思想。此書為受明江元祚所編《孝經大全》之影響所著。

13.《太乙神經序》

「太乙神」是道教所信仰之神。藤樹把《原人》所載「皇上帝」信仰來解釋太乙神。如此藤樹之太乙神信仰，不合儒家之傳統觀念，但藤樹知道儒家有祭神之習慣。故除了儒家之皇上帝之外，又採取道教太乙神，將此兩者合在一起。

14.《靈符疑解》

解釋靈符為禮拜對象之意義。說明太乙神信仰之真義。與《翁問答》之關係相當密切。

（二）發展時期之思想

1. 從朱子學之脫離

先舉〈年譜〉所載一條朱子學之記載：

（1）寬永二年乙亥。先生二十八歲

……故拘攣支撐務持也。（中釋）

（2）寬永十四年丁丑。先生三十歲

　　是年，高橋氏之女，蓋此時仍然拘泥格法，故執三十而有室之法。
　　（中釋）

（3）寬永十有五年戊寅。先生三十一歲

　　夏，著持敬圖說及原人，此前，專讀四書，堅守格法，窺其意，
　　專欲逐一受持聖人之典要格式等。（中釋）

（4）寬永十有六年巳卯。先生三十二歲

　　夏，講小學，至明年之冬終，諸生專守恪法。（中釋）

（5）寬永十有八年辛巳。先生三十四歲

　　是年，始覺專守格法之非，……受用格法之志，雖同時不語求名
　　利之志，但均失眞性活潑之體，只吾人放去拘攣之意，自己信本
　　心，無拘泥其跡。（中釋）

　　根據〈年譜〉之記述，藤樹三十四歲時，大悟守形式之非。故此時期是
藤樹脫離朱子學之格法，建立自己思想的重要時代。萌芽時代，藤樹思想之
根本是「權」、「時中」等時宜應變之思想。他否定「博物洽聞」之知識主義
之學問，由「明德」爲主的「道心」上，論做學問之道理。換句話，他並不
否定知識，凡是知識，運用在善惡雙方的行爲，但這個兩個方面所利用之知
識，非是在行爲上之根據。於是藤樹否定朱子學之知識主義與格物窮理之思
想。「自信本心，無拘其跡」之言，最顯此意。

　　棄官歸鄉之後第一年，藤樹開始研究《易經》，這是表示他在以《四書大
全》爲中心之朱子學之學問以外，企圖對自己思想方面要有更深刻的要求。〈年
譜〉三十一歲條中記載：

　　……著持敬圖說及原人，此前，專讀四書，堅守格法，其意，欲專
　　逐一受持聖人之典要格式等，然此間不合時世，滯礙〔註50〕以難行，
　　疑以爲聖之道如果如此，在今之世，非吾之所及處，於是取五經熟
　　讀，有觸發感得，故作爲持敬圖說及原人，示同志。（中釋）

《持敬圖說》即將朱子學「持敬」之修養法，用圖解來說明，爲藤樹之代表
著作。藤樹在這《持敬圖說》裏定義「尊德性」與「畏天命」之論。他說：

　　敬者，畏天命、尊德性之謂也。

「尊德性」原來是《中庸》的「君子尊德性」之說。藤樹解釋「尊德性」之

〔註50〕窒礙也。

「尊」是恭敬奉持之意；「德性」是《大學》之「明德」之意。藤樹又說「德性」原來從天所賦於人之正理、上帝命人之所以。

藤樹和朱子都認爲「明德」是一切所發生之根源，從其根源所產生的人間亦擁有「明德」之存在。但藤樹用「上帝」之一個主宰神來論「天」，他並強調「明德」不定義形而上之「理」。所以在《藤樹全集》說：

明明上帝，常照臨而須臾不離，以試其敬怠，而用五福六極，以嚮威之，其聰明照照，不可欺。〔註51〕

藤樹之「德性」、「明德」是由上帝所賦與人間，所以藤樹之「天命」就是「尊德性」之意，亦是恭敬奉持天之命令、尊敬上帝之意。所以藤樹在奉信上帝之需求下，主張「畏天命」之思想。

「畏天命」是畏懼上帝而謹慎信奉上帝之命令之意。藤樹把「上帝」定義爲天地萬物所有存在之根源，是掌握禍福賞罰之主宰神。

藤樹之著作《原人》，展現了藤樹「畏天命」思想之一種宗教傾向，說明天地萬物之主宰「皇上帝」（上帝）之存在，勸說尊敬上帝而實行「天職」、「天事」。因爲藤樹用具有人格之主宰神來表現「天」，故常常被認爲宗教一類思想。但在《原人》裏，藤樹用合理主義之觀點而論「畏天命」之皇上帝信仰，雖然是超越的存在，但絕對不是附有神秘色彩性質之存在。

藤樹之皇上帝，只是要人實行道德上之規範而已。其威力之發揮，在於「昭昭不可欺」之上，而親自運用五福（壽、富、康寧、修好德、考絡命）與六五（凶短折、疾、憂、貧、惡、弱）來監視審察個人之道德行爲。

木村光德先生指出在《持敬圖說》裏面藤樹對朱子學之持敬說有以下四個批評：〔註52〕

（1）程子、謝氏、尹氏之說中，程子之「主一無適」說是最有親切妥當。

（2）「整齊嚴肅」、「常惺惺法」、「心收斂不容一物」等修養法，只能形容持敬之氣象，非是工夫之骨子。徒然地堅持此信念，其所存留的只不過知覺之心而已。

（3）雖然朱子在儒佛惺惺之辨上，未有不明顯之處。

（4）以上甲乙丙三說之結論。朱子和自己之持敬說之間，有本末先後之異。

朱子學說，最重視「整齊嚴肅」，朱子主張人之外在若保持整齊嚴肅，則

〔註51〕《藤全》（《藤樹先生全集》）一，613頁。
〔註52〕《藤樹学の成立に関する研究》370頁。

人之內在亦將常有惺惺的。所以朱子之以上主張，是表示履行外在修爲工夫之需要。

藤樹比朱子之「整齊嚴肅」更重視程子之「主一無適」。但藤樹說不清楚「一」之義，而缺乏妥當。藤樹說：

> 程子主一無適之說，最爲親切的當也，然其曰無適之謂一，則一之義，不親切，而有立言太簡奧，而意味不足者，是以初學不能曉其精蘊，而往往苦著實下手之艱焉，蓋不知畏天命尊德性而徒欲此人之一，則無工夫之準的，而又恐或有他岐之感。〔註53〕

根據藤樹此文，「一」是「畏天命尊德性」之意思。在此藤樹以「畏天命尊德性」來代替「主一無適」。本來程子之「主一無適」是專心於一事，而無有雜念之一種修養法。藤樹說程子之修養法，沒有「工夫之準的」（工夫之標準），而發生「他岐之惑」之缺點。他否定如此主一無適、整齊嚴肅、常惺惺法、心收斂不容一物等修養法，因爲沒有做工夫之標準，並沒有本體之根據。藤樹之工夫標準，就是「畏天命尊德性」，有「畏天命尊德性」之根，本才能講究工夫，確定「工夫之準的」。

朱子主張外在修爲之整齊嚴肅，認爲先從外面來施行工夫，而達到工夫之完璧，就自然地實現內面之完全性。所以在此所看出，朱子分開了「體」和「用」，以爲整齊嚴肅（用）之工夫之目的，是爲了到達其本體「性即理」（體）之故，其工夫之過程亦當然沒有本性之發揮。藤樹不滿意朱子此說法，藤樹認爲朱子學不承認本體心性之發露，於是眞正的工夫，只不過是知覺之作用而已。

藤樹之「畏天命尊德性」之思想，已經有陸王心學之傾向。在此藤樹學萌芽時期所論「權」、「時中」之思想，更有理論之根據，有進一步的發展。藤樹思想體系之樹立，由重視內在本體性之生命力，以及發生對朱子學之疑問與批評兩方並行而產生。

2. 藤樹學之發展

（1）心跡論

藤樹，年三十二歲時，著《論語鄉黨啓蒙翼傳》，〈年譜〉記載：

> 秋，講論語，至鄉黨之篇，感得觸發甚鉅，欲作論語之解，先鄉黨

〔註53〕《藤全》一，685頁。

之篇，至先進二三章。（中釋）

藤樹在此時期，認為對外在規律，應通過內心的判斷然後遵從內在自主性的傾向，愈來愈明顯，因此而極欲追求真正的日本幕藩社會規範。於當時社會所重視之朱子學，藤樹對其專守外在規範，並已成為正式化之學問，亦已產生疑問。

於是藤樹據《論語》鄉黨篇所載之孔子行為，找出其個人之行為規範。鄉黨篇中記載了孔子於複雜的中國周代中，如何的克服現實社會規律，藤樹即以其為模範。然，此著作最大的特色，並不是在對聖人之行為做直接的了解；而是要從外在的行為，進而了解孔子內在的精神。

藤樹定義其根源之精神為「心」，此「心」之發而形成對外之表現為「跡」。在以下便論「心」與「跡」之意義。

> 鄉黨一篇畫出夫子德光之影跡，以開示所以後學求得聖人之筌蹄，
> 蓋明德本無方無體，無聲無臭，是以極高明，道中庸之聖心，不能
> 布之方策，故唯描畫影跡，以萬聖心於其中，學者宜期至善，而不
> 冀其跡，得聖心以為師範矣。〔註54〕

孔子之實踐行動（影跡），是「求得聖心之筌蹄」。所以藤樹說最重要的是內在精神而不是拘泥形跡。他在三十一歲左右，體認了天地萬物為一切根源之生命（如皇上帝之信仰），主張個人要契合此根源之生命，而盡力做本內之事。換句話說，人之行為是跟隨生命之根源所發，而萬物所發生根源則和「與天合而為一」之工夫兩者是同體的。

以下再詳論如何根據「聖人之心」來留下影跡。藤樹說明：

> 聖人之威儀衣服飲食之天則，不思而得，不勉而中，非出於擬議度
> 量也。詩曰，不識不知，順帝之則。〔註55〕

又說：

> 鄉黨生於斯，長於斯，父兄宗族聚於斯之地。聖人於此，至德全體
> 已露，猶草木之萌芽於春。〔註56〕

聖人之行動，一切都是自然而然發生，而毫無勉強。因為「聖心」是順著「帝之則」與「尊德性」同是一切道德本體、本意之所發，即自我精神自然表露

〔註54〕《藤全》一，405頁。
〔註55〕《藤全》一，411頁。
〔註56〕《藤全》一，407頁。

於外之意。

　　如此之自然行為，非只限定於聖人之能力範圍，一般人亦有實行其天賦之性。這是以藤樹之「尊德性畏天命」論為其根據。從這些主張裏可看出，其由於對朱子學之不滿，而追求理想之格物窮理之修養方法的學問。藤樹首先肯定個人發揮德性之能力，及在現實上顯露出順天命之自主性立場。藤樹說：

　　　　聖人於飲食之慎節，猶水之就下，所謂不識不知順之則，……或人
　　　　問，無量之分數，何以知之乎哉，曰，人人固有之良知能知之，非
　　　　思慮擬議之所及，雖愚不肖所與也。〔註57〕

由以上例子可看出，人人都與聖人一樣，可以良知之作用，來達到合於自然、天意之意念，即所謂合於「義」之行動。

　　藤樹論說聖心之意圖，是為了讓個人自覺「固有之良知」和確立陽明所論「心即理」。在萌芽時代，藤樹尚未顯現要求個人存有天理的跡象；在此時，「天理」已在藤樹的意識中產生顯著的變化。

　　（2）太乙神信仰

　　藤樹之皇上帝信仰，在他三十三歲左右的時候，發展為太乙神信仰。太乙神，原來是道教之神，和宋學之太虛一樣，被認為陰陽之根源、形而上之「理」。但藤樹所謂太乙神，非是形而上之「理」，而是一個超越的神。

　　從儒教傳統來看，藤樹的這種信仰只是如「神仙術數」家之淫祀一類，亦即與民間「鎮宅之護符」之以功利為目的之信仰同類。但藤樹所理解之太乙神信仰，並非淫祀，亦非追求現世利益之功利主義，而是從儒教之觀點，將道教的太乙神以道德的純化來定義，「誠敬」來奉祀，主張「畏天命尊德性」之思想。因此，藤樹所謂的道教太乙神，與昔儒學所主張之皇上帝信仰相同，因皇上帝之信奉，亦以道德之實行為目的，為觀察個人行動之主宰，其威力主要在於「昭昭不可欺」之上。此亦藤樹宗教觀之理論根據。

　　《靈符疑解》，是一部說明藤樹太乙神信仰根據之書。藤樹在此書中提到：

　　　　昧者，不能視無形之神，猶聾者不能視有形之尊者，即不能視之，
　　　　則雖教之使畏敬而不篤信而不能敬，是以聖人不得已，而作為靈像。

藤樹在此指出靈像本是可以不必要有的，但因為「昧者，不能視而無形之神」，為了使中人以下的昧者能夠了解「天命」，故而做靈像以為權宜之方。

────────────────

〔註57〕《藤全》一，452頁。

在此，我們可以發現藤樹欲將宗教信仰運用於儒學的企圖。

除此以外，藤樹的太乙神信仰，亦有主張祈福避禍之術之處，即傾於功利主義的想法。藤樹曰：

> 陋儒泥宋儒之注解，而曰，一不計功利，不諂鬼神，其指趣不異於禪學，儒教惡功利者，先有此心，則不得功利，雖得不眞不久故而已，本非惡功利者，欲得眞正悠久之功利者也，堯舜之治，非功利乎。〔註58〕

在此可知藤樹主張功利之原因。他指出若無功利之目標，便如禪學一般，不會發生任何效果。而朱子學則站在「修身俟命不計功利」之立場，要求個人修養上嚴行格法之事，否定一切以功利爲目的之想法，同時強調專守「格物致知」之意志，並守行格法，即可實現「修身」「齊家」「治國」「平天下」之理想。

藤樹對此朱子學之主張，深感疑惑。認爲如果專守「格物窮理」之「整齊嚴肅」爲主之學問，則會導致輕視內在性之積極作用；強調持敬工夫，則較容易忽略窮理之本旨，亦即注重去人欲之工夫，而忽略存天理之傾向，所以藤樹亦以批評禪學之態度，來否定宋儒的思想。

藤樹之所以將太乙神信仰應用於朱子學，是爲了打破理想與現實之間的距離。故而主張太乙神、皇上帝等超越神之信仰，以強化理想對於現實之支配力。

（3）「時處位」論

藤樹爲了追求不被影跡所拘之心而主張「心跡論」，這是他確立「畏天命尊德性」中之「尊德性」的主要目的，亦是萌芽時代所論之「權」及「時中」說的再發展，爲增有理論根據之一大進步。其「時處位」跡則據「尊德性」之理念，而將之更明確的理論化以論之。

《論語鄉黨啓蒙翼傳》中，首先論述「鄉黨篇」記錄孔子影跡之目的，主要是要讓人了解其「聖心」；接著再區分「心」與「跡」二項來說明其本意。繼「心跡論」之後，藤樹進一步主張「時中」論。首先參考以下之記載：

> 鄉黨全篇明聖之時，故首一節，發夫子時中之妙，以爲義例，玩味於字其在字，而可以見時中之義，蓋中者全體大用元神理也，隨時而感通，與先天畫之前合，此之謂時中。〔註59〕

〔註58〕《藤全》一，413 頁。
〔註59〕《藤全》一，409 頁。

在此，除了「時中」之外，藤樹還使用「聖之時」及「時措之宜」之同義詞。其中「時中」乃取自《中庸》：「君子中庸，小人反中庸。君子之中庸也，君子而時中」。〔註60〕以下便分述「時」與「中」之意。首先要論的是藤樹對「時」的看法：

> 凡經濟之所遇，謂之時，時有天地人之三境，曰時，曰處，曰位也，
> 天包得地與人，故舉時以包處與位也。〔註61〕

根據以上記載，所謂「時」是指經世濟世的具體現象，且是「時」「處」「位」三者之總稱。因此，「時」便擁有雙重意義：一是「時」「處」「位」三者之並列存在；一是把「處」「位」會合在「時」之中，以「時」一個字來代替其他兩者之義，或為「處」之中會合「時」「位」為一，或為「位」之中會合「時」「處」為一。所以凡是論說「時」「處」「位」中之任一字，便同時含帶其他二字之意義。因此藤樹說：

> 曰鄉黨，曰朝廷，曰宗廟，舉處而時與位在其中矣。曰恂恂，曰便
> 便，即是明德之感通，發見于言貌之中庸也。〔註62〕

> 下大夫，君在，舉位而包時與處。〔註63〕

藤樹說明凡是指定場所（處），便不用再言「時」「位」；相同的，指定的是對象（位），便不用再言「時」「處」。

除了「時處位」論之外，藤樹思想中還常見到「時中」「適中」等字句。此「中」，常釋為中庸；而藤樹則以為是「適中」，即所謂剛剛好之意。如：

> 威儀中適，不過其則。〔註64〕

隨著「時位處」之境遇，實行「適中」的行為，是藤樹所謂「中庸」的思想。他主張實行完全合於「時中」的行為，所以藤樹對孔子生活形態的尊敬與學習其內在精神之態度可看出，唯有像孔子般的言動，才能完全合於道理，值得為自我行為上之典範。至於孔子是如何的發揮「時中之妙」，藤樹做了說明：

> 從容自得，不出於勉強。〔註65〕

> 所謂，流水地為象之神感自得。〔註66〕

〔註60〕《中庸》第二章。
〔註61〕《藤全》一，410頁。
〔註62〕《藤全》一，410頁。
〔註63〕《藤全》一，413頁。
〔註64〕《藤全》一，414頁。
〔註65〕《藤全》一，414頁。

此一說法，在「心跡論」亦曾提出句其實「心跡」論之根本精神是與「中庸」之道理完全一樣，同在說明，聖人之所有行為都是自然地顯露出來，而沒有一點的造作、勉強、思慮等，以孔子為例：

> 廄焚，子退朝，曰傷人乎？不問馬。〔註67〕

藤樹以為孔子如此詢問，並非經過一段時間考慮後，覺得人較重要，才問道「傷人乎」，而是孔子根本就無人貴畜賤的差別意識，一切都是由聖人真情的發露，來關心人的生命安全。這也是藤樹主張「心」與「跡」的關係（所謂「心跡」論）。

藤樹所主張的「時處位」論，則根據《論語》鄉黨篇所載孔子之具體行為，以定義「時中」（「中庸」）之思想。所以藤樹在此時一宜要求，在特定時代、社會之中，採取合於「道」之行為。以下看鄉黨篇之記載：

> 君子不以紺緅飾，紅紫不以為褻服，當暑袗絺綌，必表而出之，緇衣羔裘，素衣麑裘，黃衣狐裘。〔註68〕

藤樹做了以上的說明：

> 此一節記孔子衣服之制，蓋衣服之文章，根於性命，而其裁制，上律天時，下襲水土，是以所記節節，皆有精入神之妙……蓋夫子之時，禮壞服色混亂，世人或有以紺緅為常服之領緣，或以紫為服，或當暑則求涼體之便，而不著裹衣，或當冬月則衣裘異色者，後世戒服之變，其幾蓋萌芽于茲。〔註69〕

藤樹認為每個時代之禮法，只能有一個王、一個合於其時代之制度與法律，以及合其時代之特有規範，沒有維持永遠的。所以藤樹強調「禮」之時代性，內容一直在改變。藤樹用以上文章說明專守外在規律之非，及如此「服色混亂」之因，主要是因為在中國萌生了異國風俗，所以藤樹注意到周代社會之流動變化，說明孔子認為古禮才合於道理，於是不隨從當時之風俗，而在禮之本質仍依古禮而行。由此亦可看出孔子之守道德之真正態度。藤樹曰：

> 夫子非先王之法服，不敢服，故紺緅與紅紫二段，記人用而夫子不用，當暑緇衣與羔裘二段記人不用而夫子用之，所謂從下之精義。〔註70〕

〔註66〕《藤全》一，435 頁。
〔註67〕《論語》鄉黨篇第十。
〔註68〕同註 67。
〔註69〕《藤全》一，433 頁。
〔註70〕《藤全》一，433 頁。

「從下之精義」是從道理之「義」，及客觀外在規範，相對地實行合於道德行
爲之態度之意。

聖人之言行，無意自然而發，正如「天工無意，而造化萬物」之義一樣，
使所有之言行都能夠合於「義」之要求（如「應時接物之義」）。〔註71〕如此
就是所謂「時中」，亦是聖人之所以聖人之所由。這非是形式的遵奉古禮，而
是隨著時、處、位，採取「禮之變」，〔註72〕實行權宜之必要。

朱子學所提倡「格物窮理」是強調於客觀世界普遍存在之「理」的實在
性。但是這種「窮盡萬物之理」之作業很容易陷於認識客觀存在之因果關係。
藤樹認爲如果根據外在客觀因素之因果關係來決定自我行爲之方向，就等於
是妨礙內在必性之自然流露。但藤樹並沒有否定客觀世界之「理」。因爲如果
否定客觀世界，則無法調和心情之修練、與社會規範之實踐。於是藤樹主張
「神理」「聖神自然之感通」，要求「畏天命」之皇上帝、太乙神信仰。藤樹
除了尊重自然發露之主體性，同時還要求與外在客觀世界的配合。所以，由
此可知「尊德性」、「畏天命」互相配合之需要。

（4）孝論（全孝心法）

藤樹之代表著作《翁問答》之立論，乃衍生自「孝經」之旨意，把「孝」
之義提昇到普遍概念，做爲道德之原理。藤樹說：

　　以世俗觀，孝爲事親之一事，亦淺近之道理。〔註73〕（中釋）

在世俗中，一般人對「孝」之看法，只是「事親」一事，認爲孝養父母即爲
孝行。但藤樹則認爲「孝」之意義，並非如此「淺近」，應是貫通天地人三才
之大道。藤樹說：

　　此孝，在天，爲天之道；在地，爲地之道；在人，爲人之道也，誰
　　原無名，而爲示眾教授，古之聖人按其光景，而稱爲孝。（中釋）
　　〔註74〕
　　夫孝，在混沌中，無其生始，推之於後世而無朝夕，無時不孝，無
　　所不在，無所不適，生生不息，雖須臾不離也。（中釋）〔註75〕
　　夫孝，元來以太虛爲全體，雖經萬世，無有終始，非有無孝之時，

〔註71〕《藤全》一，492頁。
〔註72〕《藤全》一，437頁。
〔註73〕《藤全》三，64頁。
〔註74〕《藤全》三，63頁。
〔註75〕《藤全》一，271頁。

非有無孝之物。〔註76〕

由以上三點論述，藤樹所謂「孝」是形而上之至理與「混沌」「太虛」同意。因此，藤樹此種思想，常被稱爲「孝一元論」。

「孝」是宇宙之根本道理，與「太虛」異名同體，是故此「孝」有本體意義。藤樹亦稱之爲「皇上帝」，把宇宙萬物之根源與流行，又歸於外在主宰神，藤樹說：

> 畏敬吾等之大始祖皇上帝、大父母之天神地祇之命，欽崇受用其神道，始名爲孝行。（中釋）〔註77〕

此根源的生命（皇上帝），形成天地而發養萬物，於是人亦具有其根源的生命，內在藏有天賦之性。所以藤樹在此論定人性之全善。藤樹說：

> 因萬物以天道爲根本而所生，則天道是人物之大父母，亦是根本也，人物是天道之子孫，亦其枝葉也。必明究根本天道爲純粹至善，則其枝葉之人物始皆善無惡。（中釋）〔註78〕

根本之理，是稱爲「孝」，亦在宗教性質之皇上帝信仰上理解萬物之根源。所以藤樹道德學問之根源，乃在於畏敬皇上帝之精神上，以知其主要根底。

藤樹在宇宙之根源上定義了「孝」，故「孝」有超越時空之普遍性，於是在其「孝」之意義之內，沒有如高遠、卑近、古今、東西以及人與物（人、禽、植物、物質）等認知上之差別、相對、區別等。藤樹認爲「孝」是太虛、皇上帝，同時「孝」又與「明德」同義，藤樹說：

> 明全體孝德之所天眞工夫，云之全孝心法，全孝心法，雖謂其有廣大高明、通神明、貫六合，但概其本實，於立身行道、其本，在於明德。（中釋）〔註79〕

> 明明德之本，以良知爲鏡，用以愼獨也，夫良知，從赤子孩提之時起，愛敬親之最初一念爲本，眞實辨加善惡之，分別是非之德性之知也。（中釋）〔註80〕

「孝」是能分別是非，而與孟子四端之心同意，此德性之「知」亦與「良知」相同。於是藤樹又說之「明德」，是內在於人心之、普遍超然之道德性。

〔註76〕《藤全》三，66頁。
〔註77〕《藤全》三，66頁。
〔註78〕《藤全》三，145頁。
〔註79〕《翁問答》上、卷三，六。
〔註80〕《翁問答》上、卷三，一一。

藤樹之孝論，是從宇宙世界之觀點來說明，擁有本體之意義，包括生死、鬼神、造化等不變的原理。這「孝」字是把人的道德性提昇到形而上之原理，亦用「太虛」來描寫爲普遍的存在意義。因此，藤樹此一觀念，已有唯心論、全善論之想法。

三、成熟時期（三十七歲～）

（一）代表著作

1. 有關於註釋經書之部

甲《大學考》：載錄並解說、批評《大學》本文中，對於格物、致知之經解。此時期藤樹有關《大學》之註釋，多採用《古文大學》。

乙《大學蒙註》：論說《大學》之名義，並解釋《大學》三綱領。

丙《大學解》：從王學之立場解釋《大學》。論述三綱領、八條目以及《大學》之本質與「修身正心」之意義。

丁《古本大學全解》：解釋《古本大學》。所以稱爲《全解》，是因爲《大學解》等解釋，並做整體之解釋，只對幾個部份加以說明。但因此書之註解含括了全卷，故以《全解》名之。

戊《中庸解》：中庸首章之解釋。文中藤樹對性道教之見解，與《大學》三綱領，採同樣之思維方式，即從本體工夫之立場來理解。

己《中庸續解》：解釋《中庸》第二章到第二十七章。

庚《論語解》：從《論語》學而篇以下，選出九章，而分爲訓詁、句解、主義共三個階段，闡明其經義。

辛《經解》：爲解釋四書五經，有許多與藤樹思想有關的重要詞句，如格物致知、誠意、明明德、艮背、致中和、慎獨、至善等。

壬《雜著》：借用經典所載德目，論述藤樹本人之思想、體驗。此著書中有如孝、心、中、道、樂、意、學、仁、五常、敬、謙、志、立志、謙意等。與《經解》相比較，其解釋具有藤樹個人思想之獨自性。

2. 《熟語解》

解釋藤樹自己常用八十個語句。

3. 關於道、教佛教影響之著作

甲《鑑草》：藤樹四十一歲時察書簡〈與小川子〉，說明著《鑑草》之目

的：「為了勸戒女子，選擇中國《迪吉錄》之要點，對其要點再加上自己批評」。由此書簡之資料，一般認為《鑑草》是以女子教育為目的而寫的書。除《迪吉錄》外，尚有《三綱行實》等收集中國怪誕不經之故事，其故事之引用均由道教《善書》而來。

乙《春風》：與《鑑草》和另外一著《陰騭》，同樣受道教佛教之影響。此三著之論旨，同在論述福善禍淫之思想、應報論，以及包括儒、佛、道三教之三世應報論。

丙《陰騭》：其要旨與以上二著相同。唯《春風》、《陰騭》非是只為勸戒女子而著。

（二）成熟時期之思想

此時期之重要文獻，大體上可分二類：一是《大學蒙註》《大學解》《古本大學全解》《中庸解》《論語解》等註釋經書方面之書：一是《鑑草》《春風》《陰騭》等受到道教、佛教影響之著作。關於注釋《大學》之四本，雖然在表現上有一點差距，但都以一致之立場來論述自己思想。以下便針對此點，先談談藤樹在註釋《大學》上所表現之思想，再說明其儒佛道「三孝合一」之思想。

1. 簡論關於《大學》之註釋

觀藤樹之各種《大學》之註釋，乃採用《古本大學》（非程朱之改訂本），在解釋上，亦與陽明有相同之處。同時藤樹在此時期，已讀了《性理會通》《陽明全書》等陽明學派之重要經典，而更加確立其思想之體系。因此，藤樹之思想雖不因襲前人，但卻不免受陽明學派影響而容納於其學說。藤樹個人則明言其獨立思想之根據，強調與陽明學之想法有所不同。由其解釋《大學》八條目中，如「誠意」之「意」字來看，陽明與藤樹間之解釋有明顯地不同。藤樹解釋「意」：

> 意之字解，在大學中，訓心之所發，在論語中，訓私意也，似有異
> 義，陽明亦不及深考，從此解，今竊考之如未瑩。（中釋）〔註81〕

藤樹在解釋「意」字時，以為《論語》與《大學》的解釋不同，是不妥當的。《論語》之「意」是子罕篇所載「子絕四，毋意，毋必，毋固，毋我」之所謂「私意」之「意」。藤樹採取《論語》此「意」之說，以為：

〔註81〕《藤全》二，14頁。

> 夫意，心之所倚、好惡之執滯、是非之素定、一切之將迎、及一毫
> 之適莫，皆意也。（中釋）〔註82〕

藤樹將「意」擴大，以關涉乎《大學》中對「意」的解釋。而在「致物致知」方面，藤樹對「致知」的解釋則與陽明一致，以爲「致」是「至」之意思，而「知」是本體「良知」之意。藤樹所謂「良知」，是有判別「是非邪正」、「意念之有無」之性質，他亦用明鏡爲喻，謂之「良知之鏡」。藤樹說：

> 以此良知爲主，克意念之已，謂之致知。（中釋）〔註83〕

> 心之爲邪，意念之作崇也。〔註84〕

藤樹認爲「意」是「人欲」「私意」的作用，要求以「良知」之明鏡爲根據，以此施行「存天理去人欲」之工夫，而去除掉「意念」。在此發現藤樹對「良知」之獨立看法，及其所謂「良知」之本質，只注重認識作用之一面，卻沒有論及陽明學所具有動的、行爲之性格，沒有陽明學那種積極性之含意，只擁有極爲靜的、觀照的性格。

接下來看藤樹對「致知」的解釋：

> 格，正也，正其不正，復正之義也，物，事也。（中釋）〔註85〕

雖然以上藤樹之解釋與陽明的一樣，但是「物」（事）主要是就主觀一面而論，並不論及陽明之客觀性。藤樹又說：

> 物，事也，是指貌言視聽思五事而事。（中釋）〔註86〕

陽明之所謂「物」，雖有包含「視聽言動」，但其主要論點是「事親」「事君」等客觀的、社會行爲之表現，這點藤樹與陽明對《大學》之解釋，便有顯然地不同。藤樹是從主觀的一面來論定倫理道德，所以他的倫理觀，較偏重於個人方面。另外在解釋「三綱領」方面，其中對「親民」之解釋，亦有其獨立之想法：

> 親，愛也，民，人也，要得包括五倫而觀之，親民，於心上而講，
> 勿就事跡而觀之。〔註87〕

在此，藤樹定論「親民」是「親愛」。此「親愛」跟「親民」比較起來，較具普遍性，是從個人內在之感情出發，但也稍微缺乏對社會、政治方面的關心。

〔註82〕《藤全》二，31頁。
〔註83〕《藤全》二，31頁。
〔註84〕《藤全》二，32頁。
〔註85〕《藤全》二，31頁。
〔註86〕《藤全》二，31頁。
〔註87〕《藤全》二，24頁。

藤樹之此時期思想，經過佛教、道教思想之影響，同時也因個人客觀環境的改變，他的思想觀念越來傾向於完全個人內在性之一面。結果，使他能站在接合儒佛道之立場，論定「三教合一」之思想。

2. 「三教合一」思想

以上乃論述藤樹解釋其於《大學》中所看的思想內含，是從他對《大學》之註解的觀點而論。他的代表註解，除了《大學》以外，還有《中庸》，但在此對於解經之部，不再多作敘述，以下則針對藤樹的個人著作來探求其主要思想之性質。藤樹晚年之著作有《鑑草》《春風》《陰騭》等，這些著作中，無不論及佛道思想，亦或表現全面地肯定、容納此二教之態度。因此，《鑑草》等內容，除其基本學問儒學之外，亦含佛老思想，把儒道佛合而為一，並以此觀點來論著。

藤樹在二十七歲至三十七歲的思想之發展階段，對佛道並沒有表示特別寬容的態度，且在此時期所著的《翁問答》中，指出其「孝悌忠之神道」是與佛法不同的，同時批評佛教：

> 原來釋加達磨之心法，本為勸善懲惡，此雖為一段殊勝，然其德流於狂者，且以天竺戎之風為源之心法之故，此法幾成逸狂偏僻，……在其末流，偽善揚惡而迷惑人心，如淫色美聲。〔註88〕

由此可知藤樹不接受佛教之原因。

然，當其四十歲時，卻寫了《鑑草》，說本體之意義為「明德佛性」；並將儒學之「明德」與佛教之「佛教」相互接合。在此時藤樹不但已經沒有反對佛教的言論，相反地，還主張「三教合一」思想，並推論儒佛道思想存在之一致輪廓。

藤樹四十一歲時，曾寫一封信〈給與池田子〉，說明《鑑草》主要為勸戒女子之操行所寫，首先從《迪吉錄》《三綱行實》等精選了道教的神怪故事，再加上藤樹自己的思想與意見。在此藤樹採納佛教輪迴報應之成份，奠定「明明德」為本體論之理論體系。

另外兩本《春風》《陰騭》主要寫儒道佛「三教合一」思想，著作的目的不是《鑑草》所提及女子謹守操行為主，主要是闡揚儒道佛三教思想的中心價值。

〔註88〕《翁問答》下之末。

　　《鑑草》《春風》及《陰騭》三本所引用的中國故事，乃節取自《迪吉錄》《勸戒全書》《三綱行實》等道教之善書。因爲道教神怪故事，與佛教因果報應之說相似，藤樹爲加強其儒學「福善禍淫」之學說思想，乃採用因果報應及輪迴之思想來談「三世因果報應」之概念。由於藤樹希望「善」的永恆性，故站在加強的性善（全善）立場，主張除去各種現實界的不合理。同時乃以「福善淫惡」之主張，堅信自己思想層面的一貫性。

　　藤樹說「致其良知，在此立正命」，又說「福之種，明德佛性也」，福禍之根據是「明德佛性」、「良知」及「孝德」，此即福德一致之思想，亦爲藤樹人生中所不變的信念。

　　藤樹晚年時期，當時有許多不合理現象，如封建專制之支配、嚴格劃分士農工商，並影響個人行爲、思想上的自由，同時無法解決現實問題。因此，藤樹乃採取佛道思想，主張「三世因果報應」論，進而肯定福善禍淫的概念。藤樹說：

　　　　明德佛性之修行，即在後生得佛果之修行也。（中釋）〔註89〕

在此指出今世之修行成果，是跟來世之報應有關連的，又說：

　　　　世間法、出世法，做現世之福、後世之福等各別之意願，而不知無
　　　　爲無漏之善根，只貪得有爲有漏之善根，雖修行佛道而不覺入於外
　　　　道，捨明德佛性之修行，只務外在修行而求得成佛得脫，如緣木求
　　　　魚也，是故，明德佛性之修行爲誠實，雖不願亦自然至佛果，如又
　　　　不務明德佛性之修行、不棄三毒之心，而唯務外在修行，雖晝夜願
　　　　得佛果，必落於地獄，違背如來眞義之故也。〔註90〕

在此，藤樹將儒學之「世間法」與佛教之「出世間法」兩世間法合起來，貫徹了現世、末世之區別，成爲儒佛一致之思想。藤樹並立主張「明德佛性」，用以論述人之本體性。

　　藤樹之「畏天命存德性」思想，是以「皇上帝」主宰神之外在象徵來引導性善論之根據，並爲其工夫論進展之積極作用。在此期間，藤樹接納佛道思想，用其「三世因果報應」論把人生觀念引伸到超越現實世界、具有宗教性之思想立場上。而使儒學之「福善禍淫」感應之理念，不再局限於現世間之範圍，而貫徹了過去、現世、未來之三世間。藤樹說：

〔註89〕　《藤全》三，319頁。
〔註90〕　《藤全》三，320頁。

　　　　孝行是作仙成佛之修行，不孝可謂地獄之業，而人是以明德佛性爲
　　　　根本所生，是故沒人無有此性也，此性爲人之根本，又稱爲本心。（中
　　　　釋）〔註91〕

「孝」是藤樹人倫道德之中心點，同時含有本體性之意義。藤樹說：「孝行
是作仙成佛之修行」，由於以儒學爲「三教合一」思想之根本，注重基本性
「仁愛」）（孝）的普遍自然，用此「孝」字而定成「明德佛性」之本質，無
不離開人倫道德之實踐。可知，雖有一些的宗教色彩，實際上卻有積極呈現
道德之要求，仍有注重自我本體之一貫思想。以下爲藤樹會通儒佛間之差
別，說明其一體性：

　　　　慈悲清淨之心，儒家稱爲仁德，佛法號爲佛性……此慈悲清淨之仁
　　　　德佛性，百福之根本也。（中釋）〔註92〕

當時一般認爲儒學是從現世界之感應上而論「慈悲清淨」，而佛教則在因果報
應之未來世界之處定義它。對此，藤樹否定以上一般通行之見解，主張「慈
悲清淨」之心是能通過現世與來世之間，藤樹稱它爲「慈悲清淨之仁道佛性」。
這就是藤樹要求儒佛二教合一的原因。

　　　自儒學之觀點來看「慈悲清淨」，是指「仁」「孝」以及「明德」；從佛教之
點來看，則指「佛性」，兩者其實是同體異名。故應將儒佛道合而爲一，把性善
說更爲普遍化，如此，則孟子之謂聖人是人人可爲的，即以道德性爲人性，以
道德之理，是內在於人而可以爲人眞實呈現出來的。「三教合一」思想之主張，
而爲此內在而固有的道德性之人格，能夠圓滿地實現出來。在此義下，人人有
一最高之平等性，如果說成爲聖人爲最高境界，即在理論上肯定人人有成聖的
可能性，有許多困難必須克服，不關其困難之程度多大，但是這是現世界之問
題，藤樹是從心說理，顯示出成聖具有眞實的可能性，踐德亦具有眞實的動力。

第四節　中江藤樹之思想

一、《大學》之解釋

　　《大學》原爲《禮記》中之一篇，到了南宋，朱子引用程子之言，以爲

〔註91〕《藤全》三，321頁。
〔註92〕《藤全》三，357頁。

《大學》乃是孔子之遺書，並將其視爲初學者明德入門首要必讀之書。同時朱子又以其自身之觀點重新編纂《大學》，將其以爲之文中錯誤、脫落處等，加以修改增補，分經一章，傳十章，其言曰：「經一章，蓋孔子之言，而曾子述之，其傳十章，則曾子之意，而門人記之也。舊本頗有錯簡，今日程子所定，而更考經文，別爲序次。」由此，可知其重編《大學》之含意及目的。依經一章條目「三綱領」（「明明德」「親民」「止於至善」）爲最終之理想：以「八條目」（「格物」「致知」「誠意」「正心」「修身」「齊家」「治國」「平天下」）爲實踐之次序與方法。於此，朱子將《大學》之經義，加以組織化、系統化，主張修養的目的，乃在修己治人。

中江藤樹研究儒學之起始，是爲了專研朱子學。藤樹十一歲讀《大學》，大受感動而立志爲聖人；其後續讀《四書》、《性理大全》等儒學重要典籍；至晚年，轉而否定朱子「格物窮理」之學（於此，藤樹並非全面的否定，而僅就其專守格法之形式主義之項，產生疑問並有所批評耳），傾向於陽明之「心學」。此一轉變，並非是瞬間發生，而是經過藤樹長年的研究、多次改進而完成的。因此，其晚年著作完成的四本《大學》之註釋（《大學考》、《大學蒙註》、《大學解》、《古本大學全解》）可說是由朱子學而起，其後又受陽明學影響，同時參雜了藤樹個人之想法。因此，對《大學》之解釋及看法，藤樹與朱子、陽明二派，都不盡相合，藤樹比較重視個人的主觀看法，以自己思想立場來解釋《大學》。

藤樹之被稱爲日本陽明學之祖，乃因其對《大學》之解釋、看法，很接近王陽明的心學，其二者確有相似、相同之處，然於思想方面，則有所不同。藤樹於晚年形成了自己的學說，重視《大學》並致力於爲之註解，就學術關係而言，藤樹、朱子、陽明，對《大學》的看法各有不同的見解，也由此表現出三者思想的不同之處。在此對中江藤樹思想之研究，主以藤樹思想完成時期爲範圍（此處對藤樹萌芽時期及發展時期略而不談是因個人之思想是不斷的在改變而更新，基本上三期的特色是不一樣的），又因此期藤樹極爲重視《大學》之見解，至於藤樹與朱子、陽明之間的《大學》的不同看法之處，筆者於本論文第三章探討對其解釋上的差異。以下便就藤樹對《大學》的見解作一論述：

首先要探討的是，對於《大學》的根本──「三綱領」，藤樹是如何作了解的？

（一）「三綱領」

藤樹在其著作《經解》中說：

大學之道，在明明德，在親民，在止於至善。〔註93〕

在此藤樹以「親民」代替朱子之「新民」，論述「三綱領」之「明明德」「親民」「止於至善」三者之關係。藤樹解釋「明明德」爲「天人合一之靈樞」、「人之本心」、「天之所以賦於人」、「人之得萬物之靈明」等，都是由人的內在本性之定義上，表現個人之天然性。另外又提出「明明德爲上帝之所以在於人者」，主張以萬物之主宰「皇上帝」之命爲依據，而賦於人之一種超越性。在此，藤樹從內在性與超越性之兩方面來定義此「天理」的「本然而然」之本性，以謂之「明德」。在此藤樹以外在權威之「皇上帝」來加以鞏固道德行爲，以達與天合一之思想要求。張橫渠說：

天所性者，通極於道，氣之昏明不足以蔽之；天所命者，通極於性，
遇之吉凶不足以戕之。（《正蒙、誠明》）

在此，人之踐德，可以說是命，即可視之爲絕對不可違反者，藤樹如此言命，由其「畏天命尊德性」之思想可得知，主要是由內在本性之發揚，而如此言命，這是從理說的。楊祖漢先生在其著作《儒家的心學傳統》，引用上面所舉張橫渠之言，說明「天命」在踐德行爲上有絕對之價值：

由本性自發的道德命令，亦即是天命，故如要了解天命，須從踐行
自發的道德命令來了解之，而此由本性自發的道德命令，既然又是
天命，則人便必須無條件地遵行。如此而言命，則人對之只有敬慎
勉從，而不會慨歎，不會感到無可奈何。〔註94〕

藤樹所主張之「畏天命尊德性」是以內在絕對之性、外在絕對之權威來進一步要求人「敬慎勉從而不會慨歎（個人遭遇）」，讓人更加能遵守道德行爲。因此藤樹解釋《大學》之「明明德」與陽明一樣是由「人之本心」上而論，亦是從定義外在權威，從「天命」之統治下而論。「明明德」之含意，依藤樹之看法是「畏天命存德性」。

再者，關於「親民」之解釋，藤樹之看法如何？首先看他所論述的「明德」與「親民」的關係。

明德爲人之根本主宰，雖小人惡人，不滅不昧……何以云其不滅不

〔註93〕《藤全》一，26頁。
〔註94〕《儒家的心學傳統》85頁。

昧，是愛親慈子之心也，指此心，可謂親民，親，眞實懇切之心也。

（中釋）〔註95〕

藤樹說「親民」是「明德之感通」，並以「愛親慈子之心」來說明。因有「明德」之作用來發生「親愛」之情，而以此情來眞實懇切地「愛親慈子」。在此藤樹論定「親民」爲「明德」之內在成形。那麼「親民」應如何解釋？「親民」是「明德」之實體，亦是「萬物一體」之妙用。藤樹說：

親，愛也，民，人也，要兼五倫而觀之，親民是於心上而講，而非在事跡上所看。（中釋）〔註96〕

藤樹以「親民」爲「愛人」。此「愛人」之「愛」藤樹又謂之「親愛」、「慈愛」，是與四端之「情」同意，亦是一種道德感情，此道德感情則爲「工夫之種子」：

凡是有生命之人，無論田夫野人，愚痴不肖，如在人倫交際時，無有慈愛之心者，非人也，即是萬欲紛擾之凡心，指點其不滅不昧之實體，開示萬物一體之妙用，識得學問之種子，非曰慈愛而曰親民，是兼修行之田地所示也，親民二字，心事相兼而可言之，或爲心，或爲事，勿言於一偏。（中釋）〔註97〕

「親民」之心，是普遍存在之愛情，此一情感，因尚在「明德不昧」之實體，故不能名爲「至善」。所以藤樹說：

觀時下親民之心，雖有摻雜而非謂之至善，認此實體，做爲工夫之種子，勵格物之功，克去摻雜之意欲時，復得純粹精一之至善。（中釋）〔註98〕

對於「止於至善」之義，及與「明明德」、「親民」之關係藤樹有詳細的說明：

親民是明德之感通也，此德做爲人心之主而交人倫之際，必得愛，如火之乾水，水之潤物。明德之名玄妙，學者求於其心而慮無圖方，以人情切近之名，開示其妙用。至善於親愛之情中，指點寂然不動之本體。明德感通之時，形氣和順而懇切也。合明德之感通與形氣之和順懇切，稱之親愛，所謂情也。於形氣而言，雖謂之有和順懇切之時，不發於和順懇切之時，都有氣象之變，但其

〔註95〕《藤全》二，19頁。
〔註96〕《藤全》二，20頁。
〔註97〕《藤全》二，20頁。
〔註98〕《藤全》二，20頁。

天性，雖有通過不通過，其本體既然不變自若也。然而曰親愛，
只承認形氣和順懇切之氣象，而不能知形象和順懇切所具寂然不
動之本體親愛之根源。故學者拘泥親愛之名，而慮其不明本體，
在此說止於至善之一句。親愛，善也，親愛中之本體，是善之至
極，故稱之至善，觀察至善之實體，而在於至善之地，立定腳跟，
須臾也不離，此謂之止於至善。〔註99〕

在此藤樹將《大學》之「三綱領」，分爲本體（明德）、感通（親民）、工夫（止
於至善）三部，而「止於至善」則是所有一切之工夫。他之認爲工夫在「止
於至善」，乃因其以爲「三綱領」雖無時間之先後，但就關係而言，「明明德」
爲本性之興起，其表露於外，謂之「親民」，即所謂「愛情」，又言之爲「情
感」；而「親民」，確是本體之感通，亦雜有形象之弊──「人欲」、「私欲」
之混合，故在此此「親民」之處，施下所有工夫，認清自我本體之性，做去
人欲之工夫──即「存天理去人欲」之工夫，亦即藤樹所說的「止於至善」，
這是由天人合一之理想境界來論的。以下藤樹以「親民」與「至善」之關係，
來說明「明明德」工夫之意義：

譬如混雜銅鉛之黃金，雖然其質是黃金（其名雖爲黃金），然因有銅
鉛之雜，非是純粹成色之精金也（故非精純之精金也），此混雜之黃
金，從中做鍛鍊，而除去銅鉛，則成爲純粹成色之精金，明明德之
功夫亦如此。（中釋）〔註100〕

在此，藤樹用以「有混雜銅鉛之黃金」及「精金」來說明「親民」與「止於
至善」之關係。由此例，很明白的「止於至善」的工夫，即爲「存天理去人
欲」之意。因此藤樹說：

出於親愛之自然，無有倚處，無有一毫人欲之私者，善之至極也。（中
釋）〔註101〕

所謂「明明德」，是要明「靈光神明之本體」，明「寂然不動之本體」；而「親
民」則是本體之感通，即是認識本體之所以；而「止於至善」則爲成聖之一
般工夫。藤樹之所以論說本體、感通之不同名稱，是因爲他認爲三綱領是同
體異名，本來是一體的，藤樹說：

〔註99〕《藤全》二，25 頁。
〔註100〕《藤全》二，20 頁。
〔註101〕《藤全》二，20 頁。

明德也，親民也，至善也，皆人性之名目，同體異名也（中釋）〔註102〕

從本體上論是「明德」，從感通上論是「親民」，從施行工夫以及理想境界之上而言是「止於至善」。故藤樹所論之大學之道，是本體性自然純粹的發露於外，即是在於「明明德」之上的。而人倫交際時，所感通之親愛之心（「親民」）則爲認識本體之根據，在此施行「止於至善」之「存天理去人欲」的工夫。於是藤樹說「本體即工夫，工夫即本體」，定義以本體爲根本而施行工夫之要。

　　其次，考察藤樹之對「八條目」之解釋爲如何。

（二）「八條目」

　　《大學》所載：

古之欲明明德於天下者，先治其國，欲治其國者，先齊其家，欲齊其家者，先修其身，欲修其身者，先正其心，欲正其心者，先誠其意，欲誠其意者，先致其知，致知在格物。（大學經一章）

從「平天下」始，至「格物」，朱子表示做工夫之次序，各條目都有先後次序之規定。

格物而後知至，知至而後意誠，意誠而後心正，心正而後身修，身修而後家齊，家齊而後國治，國治而後天下平。（經一章）

此「格物而後……平天下」是論述「明明德」境界的達成方法及實行次序。據朱子之解釋，從「格物」開始按著所規定之次第，漸漸擴大工夫之範圍，而最後到達「天下平」之地步。朱子此一方法，是具有連續性與時間性。關於「致知」與「格物」朱子之解釋是：

知猶識也，窮極吾之知識，欲其所知無不盡也，格至也，物猶事也，窮至事物之理，欲其極處無不到也。（朱子章句）

朱子解釋「格物致知」爲窮究知識、觀察物理等，即是不斷的修行積累，時時「窮盡萬物之理」，即可以一旦豁然大悟，明白「性即埋」之道理。此故，朱子對「格物」之解釋，是具有一種「即物窮理」之的認知及重視知識的。

　　藤樹於「八條目」之解釋，與朱子有所不同。朱子對八條目有嚴密的規定，且定義其階段與次序，其間含有時間之先後觀念。藤樹對朱子之定義，不盡贊同，他以爲所有條目應是同時實行的。因此，他不劃分工夫之次序，也不是按照次序來實行各種工夫。於是「格物」「致知」「誠意」等條目，都

〔註102〕《藤全》二，26頁。

成爲一時一事之間的工夫。

由藤樹所主張的「工夫即本體、本體即工夫」上可知，因人已先天地具備「明德」（即「良知」）之故，所以所謂「存天理去人欲」之工夫，只是其天然之本性而已。因此藤樹說「致知」之外沒有「格物」：

> 夫然，故致知之外，無格物，格物之外，無致知，致知之功，必在格物，格物之主宰，必在於知，致知格物，格物以致知，知猶眼目手足之相爲用也，而知本也，物末也，本立而道生，知本末先後，則近道矣。〔註103〕

藤樹在《大學解》裏，詳論「格物致知」之義，藤樹解釋說：

> 所謂知至，呈露良知而明之謂也，與在論語所謂吾欲仁，斯仁至矣之意一致，□後之字，是與上文先後一致，此先後，做爲一時之先後而講之，不可用以隔時替事而講先後也。〔註104〕

「格物」即「致知」，藤樹在此並定義「格物致知」之「知」爲「良知」，是個德性之「知」，而非是朱子所解釋的「知識」。由此可知藤樹之見解與陽明是相同的。

藤樹對「八條目」之看法，較注重以上所解釋的「格物」與「致知」二條。那麼藤樹對於「誠意」「正心」等其他條目，有怎樣的認識呢？以下便看看藤樹之解釋：

> 此段之意，物格而後知至，物格而後意誠，物格而後心正，物格而後身修……如此義，表示所謂一了百當之工程也。（中釋）〔註105〕

從以上解釋，「誠意」「正心」等條目都被包括在「格物」之中，而以「格物」爲代表之一貫性之工夫。於是藤樹以「格物致知」一言，來說明工夫之所以。因此藤樹說代表之一貫性之工夫。於是藤樹以「格物致知」一句來說明工夫之所以。因此藤樹說：

> 格物，包括修身、正心、誠意、致知之功。〔註106〕

藤樹對於《大學》「八條目」之解釋，乃先定義人之本體（明德），而後從本體施行工失。於此處是與陽明相同，同是注重本體之工夫之方法。

〔註103〕《藤全》一，10頁。
〔註104〕《藤全》二，35頁。
〔註105〕《藤全》二，36頁。
〔註106〕《藤全》二，34頁。

二、「致良知」之解釋

　　藤樹之「致良知」論是接受陽明學之見解而有所論。由前面藤樹解釋「格物致知」，及其主張「明德」為「天性之靈昭明覺」等各方面對《大學》的見解，可知他是從道德的自然呈現，來了解「理」之實在，此點是與陽明相同的。同時，藤樹也論述了「良知」，將其視為一切事物之根底：

　　　　良知雖見於方寸，與天地鬼神同體，故良知所知，通天地，通神通
　　　　人。〔註107〕

　　　　至誠無息之良知〔註108〕

　　　　獨者，良知久別名。〔註109〕

藤樹所謂「良知」有本體義，與「明德」「中」之義相同，是宇宙萬物一切之「理」。而「致良知」之「致」則是工夫之意：

　　　　知孩提之愛敬，知成人之四端眞是眞非，皆良知不昧之端的也，此
　　　　良知為主，克意念之已，云格也。〔註110〕

「良知不昧之端的」是與《大學》中的「親民」相同，是「良知」之感通的所謂「親愛」之事。此「良知」之感通處，是由具有實體之「孩提之愛敬」「成人之四端眞是眞非」等外在表現上所了解的。「良知」是無所不在，應時而變，無有增減等具有完整性，故就其作用（工夫）而言，主要是以自然地發露此「本然而然」之天理為目的，即在前面論過的「工夫即本體」之義。

三、本體與工夫

　　中江藤樹在晚年形成唯心論之思想，如在解釋《大學》之見解上，藤樹先定義本體「明德」「良知」之普遍地存在於所有人之內心，而本有能力發露此道德心之天理；再說明此「良知」並非在認知活動中，有主體之外之對象為「知」之認知物，即此「知」並不是認識論義之知，而是本心之知其自己，此即是呈現其自己，盡心知性，是本性之知其自己，亦可以說是知自己之性。性體之覺，即是心之活動，此中，心性是一。

　　以下首論中江藤樹對本體性格之把握及在本體上的工夫。首先藤樹所謂

〔註107〕《藤全》一，515頁。
〔註108〕《藤全》一，185頁。
〔註109〕《藤全》一，513頁。
〔註110〕《藤全》二，31頁。

「學」之義是：

> 學者解惑而入悟，不悟則非實學。〔註111〕
>
> 學者覺也，辨惑而至覺之義也。（中釋）〔註112〕

由上之論述，藤樹所謂「學」即是「覺」、「悟」，其重要性是在於「解惑」、「辨惑」。因此，此「學」就其「存天理去人欲」之修行上而言，不外是實行《大學》之道而已。至於惑的解釋，藤樹說：

> 學問之功，無外是辨惑立本體，惑之根，在意之病之極也。（中釋）
> 〔註113〕

由此可知，藤樹之「學」根本上的意義，是要解除「意之惑」，並立無有「私意」之本體性。藤樹認爲「意」是所有「惡」之成形，亦是「惑」之根源，即是「人欲」、「私欲」。對於「意」的定義，藤樹說：

> 意者，心之所倚，好惡之執滯，是非之素定，一切之將迎，及一毫
> 之適莫，皆意也。（中釋）〔註114〕

以上，藤樹把所有惡源歸於「意」之上，全面否定了「意」。此一相法，主源自於藤樹的「心外無理」唯心論，認爲宇宙萬物之根源爲本體「良知」，此「良知」呈現於外時，若已完成「存天理去人欲」而去除了「人欲」之弊，就等於達成天人合一的境界，故藤樹定義所有惡爲「意」。

藤樹並以《論語》子罕篇第九章所載的「四絕」（意、必、固、我）來說明《大學》「誠意」之「意」。藤樹於此採取《論語》「四絕」是就本體之觀點、聖德之本體自然而言，若於論述《大學》工夫論，用此四絕之「意」。則不恰當：

> 蓋意著，心之所倚也，誠意之意與四絕之意，本無異義也，聖之爲
> 聖無他，無意而明明德而已矣……聖德者，在本體自然上立論，故
> 論之毋意，在大學者，在用力工程上立論，故論之誠意，夫毋者，
> 聖人之事，夫絕者，其有病之故，謂之誠意……或曰，云絕意，而
> 此言有病，何也，曰：在立志之時，亦在用戒懼之功之時，凡是初
> 學之時，不能不依於此，此亦意之類也，故在初學之際，欲絕其意，
> 即不能不入弊於頑虛。（中釋）〔註115〕

〔註111〕《藤全》二，232 頁。
〔註112〕《藤全》二，24 頁。
〔註113〕《藤全》二，42 頁。
〔註114〕《藤全》二，31 頁。
〔註115〕《藤全》二，14 頁。

由《大學》工夫論之觀點，藤樹怕「初學」者入於頑虛之弊，所以以「心之所倚」來論說，而不用「絕意」之詞來解釋。藤樹在工夫論的觀點來解釋《大學》時，根據本體「明德」本然性，主張「存天理去人物」之需要。

以上以實用爲主的工夫論，不是爲「聖德」者，是給初學者提出的理論。故藤樹對「意」的雙方面（「絕意」與、「誠意」）之了解，是以本體（「良知」）爲根據，這也是藤樹思想之基本志向。

上所論述「學」之性格，其本體是爲於人心，以其根本之「良知」，施行復本體之工夫，藤樹說：

> 辨惑之功，無有先於誠意也，誠意之功，不可做爲懸空，以良知爲
> 主，是以格其非，故格物致知者，誠意之工夫也，格物之外，更無
> 誠意之工夫。（中釋）〔註116〕

藤樹以爲「本體即工夫，工夫即本體」「格物即致知，致知即格物」而主張以「致知」爲本體、「格物」爲工夫。在此所謂「格物」是與其他工夫互相貫通，因此又說「格物致知，誠意之工夫也。」以下則對所示之本體論及工夫論作具體之說明：

（一）全孝之心法：此者，筆者於「藤樹思想之發展」已有所論述，在此僅作簡單地說明。藤樹曾謂：

> 太虛根本之名，云之爲孝，此孝之主德，云之至德、中、仁、大體，
> 互用其名也，此至德爲天地之德，亦是人間之根本、人性之靈寶。其
> 德者，以萬物爲一體，廓然大公，遂以順應天下，無不愛之處，無不
> 敬之處，雖謂之備於方寸，相與天地通貫，無有毫髮之差忒。〔註117〕

「孝」「明德」「中」「仁」「本體」「德性」等爲同體異名之本體；由工夫論，即是「明明德」「致中和」「至愼德」「誠意」「止於至善」等，其要旨爲要求在實際生活中體現自我本體。

「孝」與「明德」，同是表現本體之詞，在表現本體上藤樹稱之爲「明德」或「孝」，在晚年則多用「良知」，這其間並沒有明確的標準。但在解釋天人關係時，藤樹多使用「孝」。

《孝經啓蒙》中載「身之本是父母也，父母本是推之而至於始祖，始祖之本是天地也，天地之本太虛也。舉而包括父母、先祖、天地、太虛。」（中

〔註116〕《藤全》二，42頁。
〔註117〕《藤全》二，212頁。

釋）在此，所謂父母即是天地、太虛等一切之存在，因此，對父母之盡孝，即是對太虛之報本，二者是相同。因此，藤樹之天人合一論不只針對外在的世界，同時也能反映出自我內在之本體。藤樹之全孝心法即是通過各人之間之血緣，來探討天與人之相關性。

藤樹以「明德」「良知」之詞來表達本體，使我們同時了解天理本性之普遍性，以及天下萬人平等之觀念。並以與祖先、父母之血緣關係來說明與天地萬物之關聯，以強調「孝」與「天人」之密切關係。

此本體「孝」之概念只是藤樹表達自己思想時的語言上用詞。藤樹在《翁問答》中說：「在於天，爲天之道：在於地，爲地之道：在於人，爲人之道也。雖原來無有名稱，爲眾生表示此意，昔之聖人，描繪其光景，稱之爲孝。」（中釋）這能夠定義藤樹之所以重視「孝」，所以又說：「孝德，神妙不測，廣大深壞，是無有終始之神道也。」

（二）明德與明明德：「明德」是貫徹萬物之普遍存在，與「孝」「良知」同義，藤樹說：「雖明德具方寸，太虛遼闊，其本體包括天地萬物，其大無外，其尊無對。」（中釋），〔註118〕又說：「明德者，人性之總號，德得也，所得於天，而虛靈洞徹，其光明正大，無不照，無不自得，雖下愚，不滅不昧，故號明德」〔註119〕「明德者，天命之性也，雖具於人，充塞於太虛，是以光四海，通於神明，千變萬化，無非此德之神通妙用，故唯名人性曰明德，萬物之性，不能得此名，人之所以異於禽獸者，正在於此。」〔註120〕

以上，藤樹是站在人性比萬物優越之立場來論本體「明德」。其本體，雖包括天地萬物，然「明德」「良知」等天理之存在，則是以人心爲出發，從道德行爲之實現而所定論。因此藤樹之「明德」是以人性爲中心點，而不是就宇宙萬物而言，藤樹注重個人的道德實踐能力，認爲人實現道德的能力，認爲唯有人才能與天合一，與天地日月合其德。

因此，從物理之觀點來看，本體實包含天地萬物、寂然不動之虛；從人性殊稱之觀點來說，本體即是指「明德」。

至於「明德」之工夫爲何？根據《大學》「三綱領」之解釋，所有工夫是處在「止於至善」上，藤樹言：

〔註118〕《藤全》二，18 頁。
〔註119〕《藤全》一，505 頁。
〔註120〕《藤全》一，506 頁。

　　止，至此不遜之意；至，極也；善，至誠無息之名。親愛，善也，
　　以親愛之所寂然不動之本體爲至善。〔註121〕

「親民」（親愛之情）爲「明德」之感通，此道德感情雖是「善」，但不能說是「至善」。因爲善中仍有存在惡的可能，而使之不能爲「至善」。

　　故唯「至善」能超越善惡之相對、好惡之偏重，而達到絕對善。藤樹定義「明明德」之「明德」爲本體之義。接著以「親民」爲本體「明德」之感通，即發生情感、愛情之所，以於此處施下所有之工夫，以達天人合一之境。這是從成爲聖人之理想觀點來論。

　　藤樹主張的「本體即工夫，工夫即本體」，是指「明德」與「至善」兩者本是一體。但因爲人天生具備「明德」之理，在「明德」「親民」「至善」上，亦無任何增損，因此在修養工夫上所用之「止」（止於至善）是指「存天理去人欲」以回復其本然而然之本體爲主要目的。

　　（三）中庸：藤樹在《中庸解》說：「中庸是明德之別名，明德者，以內爲主，無有所倚，有中央之義，故借中之字，做爲明德之異名。庸，常也，用也，明德之萬古，不易常住不滅，而指無有妙用窮盡之所，稱之爲庸。」（中釋）。〔註122〕認爲「中庸」是「明德」之別名。據《中庸解》之說法，「中」與「明德」同意，「明德」爲「萬物一體之本體」，「中」爲創造天地萬物之形而上之原理，「庸」則是在個人心體之內調整「中」之作用。因此「中」是「無有所倚」，是一個超越相對是非的存在，亦可言之爲「良知」。藤樹說：「在中央而無有所知，稱之爲中，知眞是，知眞非，在此稱爲良知，同體而異名也。」（中釋）〔註123〕「中庸，良知之別名，心之本體也。」（中釋）〔註124〕

　　就個人心情作用而論，「中」是指「喜怒哀樂之未發」的狀態，爲情之本體之意。藤樹說：「中庸所載，喜怒哀樂未發，謂之中。此一句，在無事之時，指點知止之工程，無事而喜怒哀樂未發時，放下種種習心、嗜好、見解、沉下心源；在觀察時，純一無雜而神明昭昭，毫無倚，即爲之中。此中有呈露之時，萬物本體而無有物我間之隔，以是爲中之本體。」（中釋）〔註125〕因「中」爲喜怒哀樂、好惡是非之天則，若「心之所倚」，則會離開本體而失去其本體

〔註121〕《藤全》二，42頁。
〔註122〕《藤全》二，135頁。
〔註123〕《藤全》二，135頁。
〔註124〕《藤全》二，121頁。
〔註125〕《藤全》二，427頁。

之作用「和」。

藤樹在道德實踐之立場主張「中庸」：所謂「中」爲行爲上之主宰，亦是本體「良知」；「和」是指「視聽言動思」之「五事」。因此，「中」、「和」二者之關係，與「明德」、「親民」（親愛）同樣可以定義「中」爲本體，「和」爲本體之感通。以下看藤樹「和」的說明：

> 和，雖謂之一身之運用，但通天地萬物，無滯礙之所，故云之天下之達者也。（中釋）〔註126〕

天下萬物運行之根源，都是由「和」之作用本體而來。因「和」是據本體，而散發知性、心性、行爲運行之本源；「中」是本體「未發之時」純粹、沒有混合「私意」之狀態。藤樹以本體之「已發」的、感通狀態的論點，稱之爲「和」。故「中」、「和」兩者也是同體、一德的。

以上論述藤樹對「中庸」的看法，是從「心法」的本性爲天理之立場而論本體性之意義，以證明人能時時表現適當的道德行爲，以此定義本性爲天理。至於工夫如何？藤樹說：

> 中和爲象本體之妙，以爲愼獨之準則。（中釋）〔註127〕

此「愼獨」是「中和」之工夫。藤樹說：

> 此（愼獨）是格物致知之露樞，化凡入聖之脈路也。愼者，敬而不違之意；獨者，一念獨知之靈明，天性之殊稱，孝經之所謂膝上之愛嚴，孟子之所謂良知也。（中釋）〔註128〕

據此「愼獨」與「格物致知」同義，「獨」是「獨知」即「良知」。爲探求「中和」之工夫論，其下緊接著便探討「愼獨」之意。

（四）獨和愼獨：《大學》：「所謂誠其意者，毋自欺也，如惡惡臭如好好色，此之謂自謙，故君子必愼其獨也。」〔註129〕《中庸》：「道也者，不可須臾離也，可離非道也，是故君子戒愼乎其所不睹，恐懼乎其所不聞，莫見乎隱，莫顯乎微，故君子愼其獨也。」〔註130〕以上說明「愼獨」之重要性，及其爲行道不可忽略之工夫。藤樹亦就「獨」與「愼獨」二方面做探討，而其「獨」之定義：

〔註126〕《藤全》二，64頁。
〔註127〕《藤全》二，65頁。
〔註128〕《藤全》一，29頁。
〔註129〕《大學章句》傳之六章。
〔註130〕《藤全》二，59頁。

太虛遼廓之皇上帝，太一元神之一，厥靈光稟受人生之月窟，而妙
用一貫，無所倚，無所待，無思無爲，活潑潑地，獨往獨來者，謂
之獨。所謂惟一，一德、一實、獨樂，皆是也。〔註131〕

在此，藤樹以宇宙的觀點來論其本體義，定義「獨」爲一貫物理之宇宙萬物
之理。而「太虛遼廓之皇上帝，太一元神之一」之「太虛」、「皇上帝」等本
體意則與「獨」相同。藤樹又以「良知」來說明：

獨者良知之殊稱，千聖之學脈。〔註132〕

獨者良知之別名，其靈照自是純一無雜。〔註133〕

明德之獨知，雖是如隱微，通天地鬼神而不能欺人也。〔註134〕

藤樹以「獨」之靈明爲「良知」「明德」等超越、充實內外之本體。同時指出
「獨」爲天性之本覺：

獨者，天性之本覺，至虛至誠至神至妙，無聲無臭無色也。不只他
人不能睹聞，己亦不能睹聞。然而是爲一身之主本，亦天命之實體。
其尊無對，須臾不可離，所謂戒愼乎所不睹，恐懼乎所不聞之義也。
（中釋）〔註135〕

「獨」，藤樹以爲即「一身之主體」「天命之實體」之本體義。而「本覺」與
「明德」同義，其本出佛教徒修練所達到之最後境界，藤樹並以佛教「虛無」
說明其宇宙論。

他指出「獨」即是「知」（「良知」），並強調此爲「一念獨知之靈明」：

獨是一念獨知之靈明，天性之殊稱，是孝經所謂膝下之愛嚴，孟子
所良知是也。厥之神，於太虛遼廓之中，唯唯而一箇而無對待，其
實體具方寸而塞天地，無所不通，無所不利，千變萬化，無有非是，
此獨之妙用神通。（中釋）〔註136〕

此雖以佛教概念來論述宇宙萬物之道理，但在說明靈明之「知」爲道德體「良
知」時，則運用了「易」之「太虛遼廓」。以上爲本體論之「獨」，其工夫論
「愼獨」爲何？首先先看藤樹對「愼」的定義：

〔註131〕《藤全》一，31頁。
〔註132〕《藤全》一，189頁。
〔註133〕《藤全》一，513頁。
〔註134〕《藤全》二，47頁。
〔註135〕《藤全》二，61頁。
〔註136〕《藤全》一，29頁。

慎獨，即格物致知也。（中釋）〔註137〕

獨，即良知之別名；慎，即格致之義。〔註138〕

此為「慎獨」為「獨」之工夫，而「慎」之字義為：

慎，恭敬奉持之意。（中釋）〔註139〕

戒慎恐懼，即慎之字義也。（中釋）〔註140〕

慎獨者，尊德性而以身心之主宰之謂也。（中釋）〔註141〕

「獨」之工夫「慎」，為「戒慎恐懼」「恭敬奉持」，即「畏天命尊德性」之事，「慎獨」之工夫則與《大學》之「止於至善」一致。故雖為「戒慎恐懼」「恭敬奉持」，然實際只是強調「存天理去人欲」之實踐。藤樹說：

學者閒居無時之時，以中為準則，克去頑空適莫之意必固我，以無所倚之圓神惺惺之態，做為用工夫時之依照，此為靜時之慎獨。於應接有事之時，以和為準則，提撕警覺墮落於意必固我之念，不失中庸之和豫而用工夫，是為慎獨。（中釋）〔註142〕

藤樹以靜時與動時兩種情況來說明「慎獨」，並以之推論「中庸」思想之實義，靜時運用於未發本體之「中」時，動時行於產生五感之覺醒時。靜時之「慎獨」，是以「克去頑空適莫之意必固我」為主；動時用於本體有感通（應接有事之時）之際，以「和」為主。藤樹便以此兩種不同角度來做「存天理去人欲」之工夫。又說：

中庸之謂喜怒哀樂之未發謂之中，此一句在無事之時，指點知止之工程也……無事之時，用以中庸之工程；有事之時，用以大學之工程，如果無有工夫之關斷，則必為知止者也，即有知止之時，慎一念之獨知，勉勵不離此止，是為慎獨誠意之工夫。〔註143〕

藤樹指出喜怒哀樂未發之時，應順《中庸》做工夫；當產生喜怒哀樂情感，則以具實踐意義的《大學》作工夫，其又稱之為「慎獨誠意之工夫」。藤樹如此區分中庸與大學慎獨義之不同，是很有識見的。

〔註137〕《藤全》二，42頁。
〔註138〕《藤全》二，4頁。
〔註139〕《藤全》一，190頁。
〔註140〕《藤全》二，62頁。
〔註141〕《藤全》一，190頁。
〔註142〕《藤全》二，65頁。
〔註143〕《藤全》二，65頁。

　　（五）誠與誠意：這是藤樹解釋《大學》時主張的重點。認爲「誠」是一貫物理道理之本體，說：

　　　　誠者，純粹而無污染，眞實而無妄雜，天之道也。所謂天，包括天命而云，所謂天之命，是爲天命之性，人之固有此之云也。（中釋）〔註144〕

藤樹站在人性善的立場而論述本體「誠」。又說：

　　　　誠，良知之本體。（中釋）〔註145〕

　　　　誠者本心之實體，所謂赤子之心，孩提之愛敬，當下不昧之良知此也。〔註146〕

「誠」是心之本體，與「良知」同義。其「誠意」之「意」者爲：

　　　　意者萬欲百惡之淵源也。故有意之時，明德昏昧五事顚倒錯亂也；無意之時，明德明徹，五官從令，萬事中正通利也。（中釋）〔註147〕

　　　　意者凡心之實體，好惡之凝於物，是非之素定於跡者，所謂適莫此也。〔註148〕

藤樹所論的「意」爲「私欲」「私意」，爲《論語》中之「四絕」所對治之對象。「誠意」的工夫爲如何：

　　　　誠，純一無雜，眞實無妄之謂也。意者心之所倚好惡之執滯，是非之素定，一切將近，及一毫適莫，皆是也。省察克治其意念之所倚所雜，復本來純一無雜之眞心，此謂誠意。〔註149〕

　　　　誠意之意，與子絕四意同。聖人所爲聖無他，毋意而明德明而已；學者所學亦無他，絕意而復明德本然而已。然初學者遽欲絕意，則不能無弊，故不日絕意，日誠意。〔註150〕

藤樹以省察克治「意念之倚所」，是在「絕四」之要求下的工夫，並立「明德之本然」（誠）以復本性爲主要工夫。前者，較缺乏積極性作用，甚會落於佛教「禪」之空寂境地，因爲克治與復性本是一體，故藤樹又從「本體即工夫」

〔註144〕《藤全》二，181 頁。
〔註145〕《藤全》二，526 頁。
〔註146〕《藤全》二，14 頁。
〔註147〕《藤全》二，14 頁。
〔註148〕《藤全》一，12 頁。
〔註149〕《藤全》一，509 頁。
〔註150〕《藤全》一，509 頁。

的觀點，要求「存天理去人欲」的工夫。

四、三教合一之思想

（一）禍福應報之思想

福善禍淫之思想，是藤樹自始至終無所改變的思想信念，到了晚期，更成為其思想中心點。他所主張的禍福是以儒學福德一致之思想為根據，從踐德之行本身之絕對價值觀念下，以「良知」「明德」「孝德」等實踐道德之根據，為合於天命之道。因此，藤樹之福德一致其意，不外是自覺地踐德盡道，將內在道德本性自發，視之為天之所命而已。故其主張「畏天命尊德性」以外，透過「天」「皇上帝」等主宰之存在，證明內在本性之絕對性。在此產生了疑問，如果以「天」之權威來論定踐德具有絕對之價值，則人便須在自己決定範圍盡其所應為之工作。由此觀之，藤樹之禍福應報論似乎有其不合理之處。楊祖漢先生在《儒學的心學傳統》中說：

> 在知有命，正視人的有限性後，而更要盡所當盡，此便更突顯出人
> 之踐德是完全無條件的，是不為利益效果的，而踐德之行本身便具
> 有絕對之價值，由義命之對揚，更見人的生命之莊嚴。由此知有限
> 制，知生死禍福遭遇之不可測，而仍自覺地踐德盡道，可見人之從
> 事道德之實踐，乃是一種必然、完全的義務，不會因任何特殊的情
> 況而可容許有例外，就此義而言，人之踐德，亦可說是命，即可視
> 之為絕對不可違反者，如此言命，便是從理說的命，而不是從氣說
> 的生死禍福之命。〔註151〕

在自發的道德命令（天命）之下，雖遭遇吉凶禍福，應不會感到無奈，除個人現實生活外，對踐德之信念將無所影響。此是由道德之自命而自天命，不是以一外在之權威規定人要踐德。

關於以上問題，藤樹是如何思考？對此，藤樹自言其禍福之說，乃為使人自發地生起道德活動，使人人都有實踐道德之信念，興起行道之風氣。「（禍福之說）乃上下通用之勸戒也……問：求福為善，究意非利心乎？答：求福而襲善之跡，則庶乎利心也，以禍福為勸戒，而止於至善，則所謂利心已所懲之惡念也，何利心之有乎？」藤樹認為「勸戒」（即「禍福報應」）就是人

〔註151〕《儒家的心學傳統》84 頁。

之所以實踐道德之根本;「求福而襲善之跡,則「求福而襲善之跡,則庶乎利心也」為使人自發的遵守道德,脫離習氣纏繞之方法。這些都是以實踐主義的觀點來說的。

(二)禍福應報之理論根據

上面提到藤樹福禍思想之意義,是在實踐道德之要求下具有「勸戒」之功能。為使此想法更加深刻,並能解決現實社會充滿的各種矛盾,故而思索自我思想理論之根據。如果,藤樹認為只有超越現世界之限制,脫離自己一代之限制及個人生死之固執,才推論出禍福之思想。故藤樹說:「福善禍淫者,天道自然之妙理,而無毫髮之差忒也。蓋善惡之報應,大率以五世為大限,依此大限,以福極之法察之,則洵無可疑者」。在此,藤樹以道教「三世應報論」、佛教「因果說」定義福善禍惡之思想理論,並解決現世社會的種種不合理。主張由離開自己一代之道德範圍,而在「五世」維持血緣關係之過程看,此福禍沒什麼不可論的。亦即凡以「誠敬」之態度奉祀天神,便自然能發提本性「明德」達到超越善惡好惡相對之境界,藤樹在此以「佛性」來表示本體性。因人的壽命、富窮、福善禍惡等,在整個宇宙之運轉,只是一個極小的遭遇、問題,為福善之報應,應堅持行道之信念而發揚本體(藤樹言之「明德佛性」)才對。藤樹所謂的「命運」並不局限於現世,因此,現世上的善人之不幸、惡人之僥倖,是與現世之禍福無關,其歸是在於「五世」間之「天」之報應的。藤樹貫徹現在、過去、未來,確立禍福思想之理論根據。其形成,是以儒學之福善禍淫、信天鬼神之現報應之中心,並容納佛道「三世應報」及「三世因果」,而成其「三教合一」之思想。

(三)「三教合一」思想之形成

藤樹在《鑑草》云:「今生之心,即後生之心也。所謂今生之心,明明德佛性,清淨安樂,即後生之心,至極樂之佛果,今生之心,如有三拇盛而迷妄苦痛,即後生之心,受於地獄之責。」(中釋)其採用佛教思想亦可由此看出,藤樹在此說明以「明德佛性」為主的儒佛為一體之概念。

藤樹的「三教合一」,乃將道教、佛教思想容納於自己思想體系中。在道教的善書(此善書為勸善之意,宋時通用)《迪吉錄》《勸戒全書》《孝順事實》《三綱行實》中所述道教思想,是否定宿命,信仰因果報應的,藤樹便掌握各種思想之可行性,並援引其中之各種怪異故事,推論出自己之思想。此後

其思想便越來越傾向於宗教，並多採納佛教思想，加深了神祕色彩。其主張「明德佛性」時，雖以儒學爲中心，曾因「三教合一」之主張，而被視爲異端。藤樹所謂「明德佛性」究竟爲何？

藤樹之中心思想「明德佛性」，是會合人世法與出世法，主張儒佛二教合一（儒學之入世法與佛學之出世法），藤樹說：

> 或曰，今世人之願現世安穩，後世善所，在明德佛性之修行亦有後生佛果之福，曰，明德佛性之修行，即得後生佛果之修行也……雖肉身有生死，本心無生死也，此故今生之心即後生之心也。今生之心，明明德佛性，清淨安樂，即後生之心，至於極樂之佛果。（中釋）

〔註152〕

藤樹運用儒學之福善禍淫及佛教思想，通過三世（藤樹亦論之五世），擴大其影響力。以儒學之心學爲思想之體，佛道二教爲其用，論述本體心之貫通三世其作用之永久。於此，本體「明德佛性」爲入世法與出世法之所以，認爲儒學是從俗世之有得有失思想而來，而佛教則源自出世的無得失心處。就三教之異及如何會通三教，藤樹說：

> 曰：雖原本三教皆是明明德之教，但仙佛之二教，其法不便於法世間，且其有難以取入工夫之所，儒教，是方便於世間之日用，且其有取入工夫之易，爲世間通用，唯有論之於儒道之心學。（中釋）〔註153〕

又說：

> 慈悲情淨之心，儒家稱仁德，佛法號佛性……此慈悲清淨之仁德佛性，是百福之根本。（中釋）〔註154〕

藤樹認爲慈悲清淨之心是貫通現世與來世之所以，欲修正儒學而使之不限於現世報應，佛教之注重來世因果，其因能通現世與來世，故藤樹謂之「慈悲清淨之仁德佛性」。

中江藤樹之禍福報應說「三教合一」思想，由以上可知是得自佛道三世因果之思想，並將自己之思想完全應負於時代與現實問題上，完成其自身之思想體系。其爲儒家報應思想定義「善」之永恆性，而取佛道二教思想來論述「三教合一」之目的。

〔註152〕《藤全》三，319頁。
〔註153〕《藤全》三，400頁。
〔註154〕《藤全》三，357頁。

第三章　陽明學與藤樹學之比較

第一節　中江藤樹之轉入王學

　　中江藤樹之學，初由朱子學入手，故萌芽期的藤樹思想具有朱學的色彩。其後慢慢脫離朱子學之「格法」，而建立自己獨立思想。

　　藤樹信奉朱學並嚴守「格法」之態度，差不多持續到藤樹三十多歲時，〈年譜〉三十歲記載「此時乃泥於格法」表現出其徹底尊奉朱子學說之立場，又〈年譜〉三十一歲條中亦多描繪出藤樹之專守朱學的信念：

> 從此專讀四書，堅守格法，其意專欲逐一受持聖人之典要格式等，
>
> 然因不合時宜而窒礙難行，於是疑以爲聖人之道如此，於今世，非
>
> 是吾之所能及處也。（中釋）〔註1〕

因其對朱子學「格法」之執著，每流於主觀、固陋，而產生許多問題，三十歲以後藤樹漸漸發覺自己所用非法，以爲朱子學之「禮法」應該與時代、地方、風俗等條件互想，亦即否定專守朱子學之「格法」，轉向於類似陽明學之專重內在本體心之思想。以下便分別論述藤樹學之萌芽，及與陽明思想之差異。

一、重視主體

　　〈年譜〉三十四歲條載「是年始覺專守格法之非」，藤樹此時以往視之爲外在權威的規範、禮法等產生疑問，認爲不能再全面依靠朱子學，應尋求另一準則。故而轉以注重自我內在之道德基準，代替朱子學道德之權威。此一思想表

〔註 1〕　《藤全》五，20 頁。

現於藤樹三十二歲所著之《論語鄉黨啓蒙翼傳》中，其主張不爲「禮法之常」所拘，以自由精神取「禮法之變」之要。並強調「時中」之「權」，自覺固執形式之弊。同時藤樹還認識到若忽略個人主題與其時代的社會環境，就不能談論眞正的道理。藤樹不滿於當時已淪爲形式化之朱子學，以爲其以《四書》、《五經》或《十三經》等儒家經典爲主之道德基準，已不合時代之舊規範。藤樹認爲經典雖是神聖不可侵犯，但仍是歷史的產物，不應直接運用於時代、人民、風俗等與中國完全不同的日本上。若不考慮日本現實社會的情況，而直接將孔子之學說運用其上，將是很危險的。此一具歷史觀念及見解，由現今之研究觀點來看是理所當然，而在視朱子學之格法與儒學經典爲權威的江戶時代則是非常難得。藤樹在此建立新的道德觀念，以爲國家要有其獨立自主性，個人亦應有個人之獨特性。其重自主性而強調自我本體之思想，與王陽明曾經離開朱子學而轉向重視以心爲主體的情形一致。自此，藤樹便傾向於陽明思想，而以此新思想建立具有自主性、創造性之藤樹學。

二、陽明思想之受容

藤樹三十二歲時著《論語鄉黨啓蒙翼傳》，主張主體性之重要，並論述「時中」、「權」之思想以說明之。三十三歲時讀《性理會通》，受到啓發而開始祭拜太乙神。其於著《翁問答》之前專研《性理會通》一書，可見其對藤樹影響之大。

《性理會通》乃明崇禎七年（1634 年），武林（浙江省錢塘）人・鐘人傑〔註2〕所著，寫此書之目的主要是爲了遍布百氏。陽明、龍溪、白沙、整庵復所的講語，柏齊、浚川的五行，以及青田、梁山的象緯，都是近代的宗工大儒、編輯有助於聖人闡釋經文，採輯爲續，附之卷末，便於學者校正。〔註3〕

由此首舉王陽明與王龍溪，可知《性理會通》無疑是以陽明學爲基準而編成之書。其中王龍溪爲陽明學浙中之主要人物，楊復所則爲羅近溪之門下，屬於泰州派，至於江右王門，則連一人都沒有列舉，是故鐘人傑編輯此書之意圖是很明顯的。以此立場，鍾人傑亦例舉了劉青田、陳白沙、與陽明同時代之何柏齋，及注重「氣」之思想的羅整庵、王浚川。此些人與陽明思想一致或類似，均爲批評朱子學之思想家。故《性理會通》對中江藤樹之影響是

〔註 2〕 明、錢塘人，李瑞先。著有性理會通，又輯刊唐宋叢書。
〔註 3〕 參考論文《中國思想と藤樹》。

相當大的。

　　其次，《性理會通》續編收有司馬光《潛虛圖》、錢塘與鍾人傑等彙輯之《元包數義》，此些皆具濃厚易學色彩，表現形而上之神祕主義，由此亦看出明末思想界之風氣。此外，此書中亦收管志道《論乾龍義》、林兆恩《歌學解》、劉元卿《大學疏略》、周汝登《九解》等書。其中，管志道屬泰州派耿定向之門下；林兆恩為明末之思想家，主張儒、道、佛三教一致；劉元卿為耿定向之門下；周汝登為羅近溪之門下，其幾為王學之重要之物。此外，尚有明初之代表儒者，如：宋儒、劉基、王禕、方孝儒、陳獻章等。故《性理會通》是以王學為中心，並加入了易學神祕色彩而編輯成之書。藤樹在讀《性理會通》一書時，同時對《易經》亦有所尊重，其於三十三所著之《靈符疑解》中說：

> 儒者之道以易為主本，四書五經所說，諸儒發明之語錄，雖廣，皆
> 本於易，於易理，一毫有差，則異端也。〔註4〕

於此，藤樹將《易經》定為首經，其重視《易》是此時之情形。其於《雜著》中說：

> 大虛翏廓，神化之全體也，本無名字，聖人字之曰易。易有太極，
> 是生兩儀，兩儀生四象，四象生八卦，八卦生六十卦，交易絪縕，
> 化育之運，數足時至，而先生天，而後生地，而後生人，生萬物，
> 而生生無窮。〔註5〕

在此藤樹認為《易》是宇宙之原理，是一實物理與道之理。此一思想在他三十一、二歲時之著作中常常出現。

　　藤樹之「權」、「時中」思想，脫離朱子學格法而證悟「活潑潑地」之心法。藤樹此一證悟，可能也受到《孟子》、《中庸》之引導，但亦不能忽視《易》之「巽以行權」之影響。藤樹說：

> 履，德之基也；謙，德之柄也；復，德之本也；恒，德之固也；損，
> 德之修也；益，德之裕也；困，德之辨也；井，德之地也；巽，德
> 之制也。履和而至，謙、復、恒、損、困、井、巽以行權。〔註6〕

巽卦為風之象故，不膠著於一處之所，而能應合時、處、位之變化，實行合於義之行。「權」，是知道事物之輕重，隨著物之輕重，能夠應變而合於事宜之意。

〔註4〕 《藤全》一，142 頁。
〔註5〕 《藤全》一，245 頁。
〔註6〕 《藤全》一，494 頁。

在《翁問答》中，可找出「權是道之惚名」、「時中之天理」之語。此一思想實為藤樹「禮之常」（不變之道）與「禮之變」（權變之道）之主張。〔註7〕因此，於藤樹思想之根底，實有《易》巽卦行權之思想。〈年譜〉三十三歲條載：

> 冬，得王龍溪語錄，始讀此時，悅其觸發之處甚多，然死其間雜佛語，近於禪學，後得陽明全集而讀之，知龍溪非近於禪學，且從間雜佛說可見其憫世之深。（中釋）〔註8〕

王龍溪，出自王陽明門下，藤樹於《論語卿黨啓蒙翼傳》中第一引用到龍溪之文章：

> 常人終日擾擾，全賴後天渣滓厚味培養，方穀一日之用，夜間全賴一覺熟睡，方能休息（方此時），陽光盡為陰濁所陷，如死人一般。
> 〔註9〕

藤樹三十七歲時得《陽明全集》，一般以為藤樹是在此時成為日本陽明學者的。然藤樹所受之陽明學，仍是自王龍溪思中獲得的。藤樹繼前文說：

> 如何為聖人一貫之學，本以太虛為準則，佛老之學皆不離道一以貫之，唯有精粗大小。達人為何忌其言語，且當時多有學佛之徒，是以門雜其語而示之非是其外，欲悟皆太虛一貫之道之為也。（中釋）〔註10〕

王龍溪之思想固可開啓三教一致之論。藤樹晚年之思想與龍溪一樣，傾向三教合一，以為「真實之儒道」是包括佛老仙而統一之「太虛之神道」，此與龍溪之主張相同。藤樹之宗教性的萬物一體之思想，仍以龍溪思想為媒介而接受陽明思想。此派王學之宗教性格，使藤樹加強了神教色彩，而形成皇上帝、太乙神信仰，藤樹以為此即為宇宙之生命力——「太虛」。

於儒家經典中，王龍溪最能接受《易》之思想，並有注釋《易》之《大象義述》，又有「易與天地準一章大旨」、「艮止精一元旨」、「先天後天解義」、「河圖洛書解義」等論說。尤其「艮止精一元旨」是有關艮卦之論說，於藤樹之著作中常有引用。王龍溪非常重視自然，強調隨著外界之變化而能適應自然，以「無」為聖學之宗，在多方而影響了藤樹。其中最重要的是其對本體界之看法。在《翁問答》有載：

〔註7〕 《藤全》一，458 頁。
〔註8〕 《藤全》五，22 頁。
〔註9〕 《藤全》一，481 頁。《王龍溪全集》卷一，三　山麗澤錄。
〔註10〕 《藤全》一，481 頁。《王龍溪全集》卷一，三　山麗澤錄。

　　體充問曰：好受用仕候全孝之心法，則至於艮背敵應之聖域。師曰：

　　心學是從凡夫至聖人之道，則全孝之心法即艮背敵應之心法也，雖

　　變名，其實同一之道理也，此謂之本體工夫也。（中釋）〔註11〕

藤樹三十四歲所著之《翁問答》中以體悟本體爲主要思想，源於《龍溪語錄》
之「天泉證道紀」及「沖元會紀」等。故可知藤樹是在三十三、四歲時，自
龍溪之著作承襲其以悟本體爲工夫之基本想法。然藤樹於何時接受了陽明之
思想？依〈年譜〉來看，是在三十七歲之時：

　　是年，始求得陽明全集，讀此而悅其觸發印證處甚多。（中釋）〔註12〕

然在此之前，藤樹三十三歲讀《性理會通》，己受其中所錄之《陽明語錄》所影
響；三十七歲求得《陽明全書》，而學得陽明「知行合一」之說。藤樹曾經說：

　　薰至善是良知之別名號也，在內有誠則在外有形者也，事善而無心

　　善者，非至善也，雖心不違善，事之不中節者亦非善。〔註13〕

此處，藤樹明顯地將心與事分開。在得《陽明全書》之後，又有以下說法：

　　心事元是一也，故事善而非心善者，未之有也，心善而非事善者，

　　亦未之有也。〔註14〕

以上爲〈年譜〉三十七歲所載，藤樹否定其曾論心與事有別。藤樹雖與陽明
學一樣表明「良知」、「明德」、「至善」之說，但初於「心事一元」之「知行
合一」方面，尚未徹底滲透陽明學，故於此主張「知行合一」之必要。（雖
未直言「知行合一」，但主張「心事合一」，可見其對「知行合一」之了解。）

　　藤樹思想亦重《大學》，並主陽明之「致良知」與「格物致知」之工夫。
他與陽明於心學立場相同，但思想上仍有明顯差別之處。因藤樹之釋《大學》
乃源自王龍溪之思想，龍溪之思想重「自然」與「無」之關係，其後之思想。
藤樹曾讀《性理會通》、《王龍溪語錄》等書，故深受此學之影響，於藤樹所
解釋之《大學》中，亦可見其以佛教爲中心之宗教思想，與陽明學之影響同
時而至。

　　當時，於日本陽明學界，有多位儒學家重視《大學》與《孝經》。於《大
學》，藤樹晚年曾著四種註釋，以《大學》爲表達自己思想之主要著書。而《孝

〔註11〕《藤全》三，274 頁。
〔註12〕〈年譜〉三十七歲條。
〔註13〕《藤全》一，186 頁。
〔註14〕〈年譜〉三十七歲條。

經》，因明代許多儒家重視，故亦影響日本之儒學家。中江藤樹曾論「孝一元論」，以「孝」爲宇宙萬物之根源。陽明認爲「孝」爲人類根源的親愛之本性，在說明「知行合一」時亦常舉「孝（弟）」之例子來做根據，說明「良知」時亦然。儒家思想，原以敬祀祖先爲根底，亦是主張孝德爲本，陽明雖未特別提到《孝經》的重要性，但在日本以中江藤樹爲主之陽明學界，卻很重視。此爲中江藤樹（日本陽明學）之一大特色。

三、時代背景

藤樹在世之江戶時代，隨著幕藩體制之強化，社會傾向閉鎖生與固定性之情形愈來愈濃厚，藤樹二十七歲時便離開武士生活而田鄉。此一歷程之主要是因爲，當時之儒學實以仕奉幕府爲主，故缺乏彈性，成爲形式化，其社會亦因被封鎖而造成一個無自由的環境。藤樹批評當時日本朱子學者代表——林羅山之學問爲：專守身分上下秩序、擁護封建階級制度、肯定外在權威之絕對性等朱子學形式主義。此等思想於藤樹之〈林氏剃髮受位之辯〉中均可見。筆者於前已論及藤樹早期所萌芽之「權」、「時中之權」、「心跡論」、「禮法之變」等，都是批評當時日本社會、政治以及成爲形式化的學術風氣而來的。因此，藤樹脫離以上各種自我之拘束，成爲一位民間儒學家，開始專心地做學問與教育而培養人材。創立藤樹思想之主要因素，基本上是由重視個人內在精神之自由解放而來。藤樹所提倡之思想，雖然類似陽明學，亦受過王學之影響，但其思想之萌芽與發展，是隨著他對當時日本社會之不滿，對政治、學術等各方面之憂患意識，以及追求眞正的學問、眞實的道理、理想的人生，經過不斷的思索與改進而所形成的。如此類似陽明之心學，就藤樹本身而言，其思想之萌芽是在否定當時日本社會之封鎖性、批判朱子學之不合理之時，已經形成其基本想法的。此一根底，一直到其晚年仍然不變。

第二節　中江藤樹對王學之了解

王陽明思想之主要內容，大體爲第一章「王陽明思想」處所論之「心即理」、「知行合一」、「事上磨鍊」、「致良知」等，故以下亦依次說明藤樹對此四種陽明主要思想之了解狀況。

一、心即理

　　藤樹之接受陽明思想，主要接受以王龍溪爲首由晚明時代儒家思想，直接把握心學最高境界「致良知」。故對藤樹而言，陽明早期所提倡的「心即理」並不重要。

　　藤樹之所以不提到「心即理」，除了直接體會心學最高境界「致良知」理論，也有其本身思想獨立發展的因素。藤樹心學就形成而言，雖然陽明學給予很大的幫助，但其心學之呈現則是由藤樹自己獨立創造。首先專修朱子學「格法」，然後發現宋理學的「格物窮理」並不能使學者「成聖」。如此藤樹之專修朱子學與否定，是與陽明的經歷類似。只是藤樹卻未如陽明一般立刻脫離朱子學而立門派，乃維持專守儒學之態度，繼續摸索如何解決朱子學「格物窮理」之問題。藤樹學的形成，主要爲藤樹自己不斷的摸索及修改，自然演變爲與陽明學類似的型態而已。「心即理」是在陽明否定朱子理學的時期，是其剛開始提倡心學理論階段的初步思想概念。而此「心即理」說之理論與藤樹思想確無衝突處，但就其根據及思想之萌芽而言，仍有所不同。故此亦可能爲藤樹不特別強調「心即理」之因。

二、知行合一

　　藤樹第一次接觸王陽明思想，是在三十七歲時，〈年譜〉有載：「是年，始求得陽明全書。讀此而悅其觸發印證所之甚多」，此對了解藤樹與陽明兩者關係極爲意義。以下繼續看〈年譜〉關於三十七歲：

> 心事元是一也。故事善而心不善者，未有此也。心善而事不善者。
> 亦未有此也。（中釋）
> 其心精微而於事爲有破綻者，未有此也。（中釋）

藤樹在晚年發現早期所提倡「心跡」論所缺乏「心學」要素，認爲尚未徹底走「心學」之路線，故強調「心事一元」論以取代早期所主張「事處位」的理論。

　　「心事一元」在理論上而言，與陽明之「知行合一」相同。如果「心」是屬於善，則惑通之「事」亦屬善的。藤樹以爲「心」與「事」，本來不會不相離，是一體之本然的。所謂知善，須通過行善之實現，才能說眞正的知善，如果自我認爲知善，而不行善，則不可謂之知善。藤樹未使用「知行合一」之言，但就其「心事一元」之自覺，則可說等於已理解陽明學「知行合一」之意義。在《翁問答》中他主張：

祭事爲明明德之學問也，學問爲治天下國家之政也，悟得本來以一
爲二，二而一。（中釋）

因所謂「明明德」爲「心」上的活動，而此活動即爲「治天下國家」所呈現
的「事」，故理論上而言，是與陽明之「知行合一」相同。

三、事上磨鍊

「事上磨鍊」之語，藤樹於其著作《中庸續解》之中曾使用，雖次數不
多，但亦引發其思想內容，是否與陽明「事上磨鍊」思想相同或類似之問題。
陽明學「事上磨鍊」之思想，是根據實際行爲而產生，陽明在軍事上亦有輝
煌的成就實踐成功之因素最大。其次，陽明在提倡「致良知」以後，特別強
調實際上的具體實行，除靜坐之冥想、訓詁注釋之讀書外，尙要求主動入實
際社會之場所，面臨生活，如此才能到達「致良知」之地步。如教育自己孩
子、在戰場實踐兵法、照顧養老院的老人，或力行農、工、商，於此具體積
極行爲之上，才能磨練自己。此思想，否定了專讀經書、思索各家思想，不
具實際行爲之空談理論。

藤樹亦重視實際生活中具體行爲之實行，基於對醫學之喜愛，其著《捷
經醫筌》《神方奇術》等有關醫學之書；在教學中，除教導德業之外，尙依各
學生之才能，施以「水土播植」等技術教育。藤樹於《翁問答》中說：「農工
商，皆勤其所作，不怠，蓋財毀……」「從其器用、思其運命，謀而定其本分
之生理、士農工商之中」，此一說法與陽明之想法是一致的。陽明云：

其才質之下者，則安其農、工、商、賈之分，和勤其業，以相生相
養，而無有乎希高慕外之心。其才能之異，若皋、夔、稷、契者，
則出而各效其能。若一家之務，或營其衣食，或通其有無，或備其
器用，集謀并力，以求遂其仰事俯育之願，惟恐當其事者之或怠而
重己之累也。〔註15〕

此外，藤樹言：「所謂聖人，以四海爲一定，中國（指日本）爲一人」，此與
陽明的天地萬物一體之要旨是一致。陽明重視在實際生活上有用之「實學」，
亦注意到實際社會之需求，勉於學習兵法，於戰場上發揮其能，以此自我實
踐來證示「事上磨鍊」之要。於藤樹之代表著作《翁問答》中，亦可常見關

〔註15〕《傳習錄》中，卷二，一二。

於「軍法」之記載，就原爲「武士」之藤樹而言，這並不足爲奇。然因藤樹曾有以「文」（即道德爲主之學問）爲本，而以「武」爲末之主張，故可知其對於實際社會上克盡本份之重視，此亦爲其日後自我選定之賢人中，除顏子、曾子、子思、孟子之外，尚取孔明、王陽明之原因。由此亦可了解其對軍法之價值觀。

四、致良知

關於「致良知」之理解，藤樹說：「格者，正也；物者，事也……正視聽言動思之不中節者，此之謂格物。致者，至也，與至於命之至同義，至於此而不違之意也，天性之靈昭明覺之謂知」，〔註16〕此原據《大學問》之「良知……乃是天命之性，吾心之本體而自然靈昭明覺者也」之文。就「格物」之「物」（事）方面而論，藤樹以爲所謂「物」即視聽言動思五事，故又說明「洪範五事」之意，可能與王龍溪「艮止精一之旨」（《王龍溪全集》卷八）所言「洪範五事，貌言視聽，皆本於思，思曰睿，睿作聖，故曰思者聖功之本……」有所關係。

藤樹晚年，轉爲肯定佛道之宗教思想，重視「自然之天則」而言「節是自然之天則，所謂知也，……五事，不離良知，謂之致知。」，〔註17〕此想法亦承繼自陽明、龍溪思想，《傳習錄》載「養吾儒心，未嘗離事物，只順其天則自然」，王龍溪《大學首章解義》亦有「正感正應，順其天則自然……是謂之格物」之言，故可知藤樹與陽明、龍溪所論之本體「良知」說相同的。王龍溪尤其特別重視「自然」「無」，有擴張陽明晚年思想之傾向，此成爲藤樹受以龍溪爲中心之明末陽明學派所注重爲以達到安心立命之心境爲最後目標。

再就陽明學本身而論，其不僅具積極行動主義一面，並有傾向靜的一面，故藤樹以三教一致爲主之宗教性因素，不少受到陽明學的影響。

藤樹思想與陽明的相較，雖有傾向於靜之一面，但以宗教面而言，實際可歸納爲陽明學思想體系之一發展據點。因此若只看藤樹所傾重於宗教的一面，亦不能說兩者思想不一致。

在藤樹所著《翁問答》中提到「明明德之本，在以良知爲鏡而愼其德」。

〔註16〕《藤全》一，9頁。
〔註17〕《藤全》一，9頁。

藤樹在此第一次用「良知良能」，在其著作所看到的如「良知良能」「本心之良知」「明德之良知」等，而對於「致良知」並無包含這一詞。因此藤樹定義「良知」爲「明鏡」，視「良知」爲修鍊工夫所欲達到之目標，似乎並不要求積極的實現「良知」。此一想法在陽明學裡面亦可見：

> 心猶鏡也，聖人心如明鏡，常人心如昏鏡。近世格物之説，如以鏡照物，照上用功，不知鏡尚昏在，何能照，先生之格物，如磨鏡而使之明，磨上用功，明了後亦未嘗廢照。〔註18〕

陽明亦以鏡喻「良知」，「良知」之照出「是非善惡」，即如「明鏡」之作用一般，不一定要如禪宗之達到「悟」之心境。陽明在此主張，實際之會上所純化之具體行爲之要，亦可言之爲一種磨鏡之「磨」之工夫。因此在表達上，以「明鏡」之比喻本體，是具有積極作用的。陽明強調了「本體工夫」，要求在行爲（工夫）中，實現本體（良知），所以本體與工夫是一體的。但就王龍溪思想而言，其「四句教」中所謂「良知」本是明顯而完整，一旦自覺（大悟）此本然而然之心，便將自然地發露出來。此一思想，雖謂爲「本體即工夫」，然其重點則在於本體之自覺上。

除注重「本體」之陽明學派除龍溪之外，尚有以傾於學習、修鍊、重視「工夫」之陽明學派存在。以下便說明錢德洪（洪甫）、王錢（龍溪）之「四句教之爭」，並論述錢、王二人對「四句教」之異解，與陽明本人的最後說明。由於錢、王二人，於當時表不了不同的意見，他們爭論「四句教」在陽明思想體系上的重要性。錢洪甫說：

> 心體是天命之性，原是無善無惡的。但人有習性，意念上見有善惡在，格、致、誠、正、修，此正是復那性體功夫，若原無善無惡功夫，亦不消說矣。〔註19〕

王龍溪則言：

> 若悟得心是無善無惡之心，意即是無善無惡之意，知即是無善無惡之知，物即是無善無惡之物。〔註20〕

由此明白可知，錢洪甫主「修」，王龍溪主「悟」。因有分歧意見，故一起見陽明，請爲解難。陽明曰：「二君之見，正好相資爲用，不可各執一邊」，說

〔註18〕《傳習錄》上、卷一，一五。
〔註19〕《傳習錄》下、卷三，二一。
〔註20〕《王龍溪語錄》卷一，1頁。

明因世上有兩種人，故因材施教乃依人之素質而定。陽明說：

> 利根之人，一悟本體，即是功夫……其次不免有習心在，本體受
> 蔽……汝中（王龍溪）之見，是我接利根人的。德洪之見，是我這
> 裏爲其次立法的。〔註21〕

藤樹之想法如何？《翁問答》云：「心學是凡夫之至聖人之道，全孝心法即是
艮背敵應之心法也。……去此本體工夫也」，所謂「艮背敵應之聖域」是從聖
人之立場所論之實現已安定、完全狀態之工夫（行爲），而尚未達此理想境地
之凡夫，雖具本來之「良知」，但因受「塵埃」「昏處」所蒙蔽，不能完全「致」
其本性。因此，凡夫是以「工夫」爲中心，聖人是以「本體」爲中心。看以
上情形，藤樹掌握陽明學「本體即工夫」的要旨。

第三節　「致良知」說之比較

　　「致良知」爲陽明晚年所主張之理論，今則以爲爲陽明學中之最高命題。
陽明之「致良知」乃得自《大學》之「致知」，其否定朱子之所謂「致，推極
也；知，猶識也。推極吾之知識，欲其所知無不盡也。格，至也；物，猶事
也。窮至事物之理，欲其極處無到也。」朱子之「致」爲推極；「知」爲知識，
陽明以爲「知」不是知識而是本體「良知」。此表明了陽明學已從朱子學獨立
出來，由思想史之觀點來看，如此強調內在主體，不僅重要而且有意義，同
時也是一個很大的轉變。

　　陽明認爲「心即理」爲現實體驗之事實，以此而作了立論，而朱子則視
陽明之現實體驗之事實，爲最終之境界。藤樹因其人生體驗與其發現朱子學
之矛盾，而於晚年採陽明學之立論，而會通朱子學與陽明學，以定其結論。
因朱子雖主張「致知」之「知」爲知識，但亦有視「知」爲本心「良知」之
說法。在《大學或問》中說：「若夫佑則心之神明妙眾理而宰萬物者也。」又
在《大學章句》曰：「明德者，人之所得乎天，而虛靈不昧，以具眾理而應萬
事者也。」朱子亦認爲德性之知，即「明德」與「良知」。藤樹十七歲始讀《四
書大全》，精讀《或問》、《章句》等朱子學之經典，經過數年終於體悟出知識
良知爲一體之理論。朱子同樣有些理解，朱子說：

> 郭叔雲問，爲學之初在乎格物，格物有理，第氣稟昏愚，不能格至

〔註21〕《傳習錄》下、卷三，二一。

其理，曰，人箇箇有知，不成都無知，但不能推而致知耳，格物，
理至徹底處，又云，致知格物，只是一事，非是今日格物，明日又
致知，格物以理言也，致知以心言也。〔註22〕

「致知」與「格物」是在同時體驗的。從「理」之觀點來說是「格物」，從
「心」之觀點來說是「致知」，實際上是沒有時間上之前後差別。再看以下朱
子之言論：

所謂致知在格物者，言欲吾之知，在即物而窮其理也。蓋人心之靈，
莫不有知，而天下之物，莫不有理；惟於理有未窮，故其知有不盡也。
是以大學始教，必使學者即凡天下之物，莫不因其已知之理而益窮也，
以求至乎其極。至於用力之久，而一旦豁然貫通焉，則眾物之表裏精
粗無不到，而吾心之全體大用無不明矣。此謂物格，此謂知之至也。

〔註23〕

說格物致知曰，他所以下格字致字者，皆是爲自家元，有是物。〔註24〕

一旦豁然貫通，知識之「知」便轉變成良知之「知」。故朱子所謂「致知」，
不只是知識，而似有本心「良知」之意。據朱子之言，本體「良知」含攝知
識之「知」，此間有相連之關係。再看藤樹之說法：

朱子已釋爲德性之知，或問：所謂佑則心之神明、妙眾理、宰萬物
者也。此說是也。〔註25〕

藤樹會通朱子學與陽明學，認爲知識之「知」應該是德性之「知」，而其釋朱
子學與陽明學爲同體驗上之學問，則是會通朱、王，從連續性之觀點來論述
的。藤樹云：

格者正也，物者事也……正視聽言動思之不中節者，此之謂格物。
致格至也，與至於命之至同義，至於此而不違之意也，天性之靈昭
明覺之謂知。〔註26〕

致，至也，知，良知也，知孩提之愛、敬，無有成人之四端及意念
之時，知眞是與眞非，皆良知不昧之端的也。〔註27〕

〔註22〕《朱子語類》卷一五—九（正中書局）。
〔註23〕《大學章句補釋》八章，朱子格物致知知補傳。
〔註24〕《朱子語類》卷一五—九（正中書局）。
〔註25〕《藤全》二，16頁。
〔註26〕《藤全》一，9頁。
〔註27〕《藤全》二，31頁。

藤樹此論說與陽相同，同認爲「致知」是「致良知」，「良知」爲「天性之靈招明覺」、「知眞實與眞非」等德性與感情的呈現於外，同時對「格」、「物」、「致」、「知」每字之解釋亦相同。因此，藤樹引用陽明之「致良知」說是很明顯。藤樹又曰：

> 獨者良知之別名。〔註28〕
> 至善者良知之別名。〔註29〕
> 明明德之本，良知也。〔註30〕

由此可知，藤樹視「良知」爲一切之根底，並爲所有萬物成立之根據，並爲所有萬物成立之根據，可見陽明與藤樹對「致良知」之解釋幾乎一樣。以下便論述二者對「致良知」之不同觀點。

藤樹定義「致，知也；知，良知也」，爲此藤樹提出的見解與陽明一致。但藤樹詳論「良知」之作用，解釋爲「意念之有無」、「是非邪正」等能鑑定出是非善惡有如「良知之鏡」〔註31〕之功能。在此處陽明並無論過。藤樹又說：

> 此良知爲主，克意念之已而致知之謂也。〔註32〕
> 心之爲邪，意念之集也。（中釋）〔註33〕

藤樹說惡之根源由「意念」之集合而來，其又將「知」與「意」分開，定其關係爲相互對立之存在。藤樹說：

> 心之邪正，在於意知之兩路。（中釋）〔註34〕

藤樹主張將「心之正」歸於「知」，「心之邪」歸於「意」，心之善惡關鍵由選擇「知」或「意」來決定。雖然陽明亦解釋「致」爲「至」，但陽明說「如云喪致乎哀之致。」〔註35〕此「致」之意是使（良知）能夠達到之意。陽明爲到達「止於至善」之境界，又於《傳習錄》中說「致其極」，又云「心之虛靈明覺，即所謂本然之良知也。」表示心之本性具「靈明」之作用，陽明謂之「良知」，並認爲認知之作用亦不能外於「良知」。「良知」一語原見於《孟子》，

〔註28〕　《藤全》一，513 頁。
〔註29〕　《藤全》一，186 頁。
〔註30〕　《藤全》三，269 頁。
〔註31〕　《藤全》二，32 頁。
〔註32〕　《藤全》二，31 頁。
〔註33〕　《藤全》二，34 頁。
〔註34〕　《藤全》二，32 頁。
〔註35〕　《陽明全書》卷二六。4 頁。

為「是非之心」。但陽明之「良知」，其內容不限於是非善惡之分別，陽明說：
「喜怒憂懼亦不外於良知」，故除了認知作用之外，亦含人之情感。又說「能
戒慎恐懼，是良知也」，如此關於意志之作用亦為「良知」之功能。所以陽明
之「良知」兼備了「良知」與「良能」之作用。

　　陽明之「致良知」，是要讓本體之良知充份地發揮於外在行為上。陽明說：

　　　知如何而為溫清之節。知如何而為奉養之宣者所謂知也，而未可謂

　　　之致知，必致其知如何為溫清之節者之知，而實以之溫清。致其知

　　　如何為奉養之宣者之知，而實以之奉養，然後謂之致和。〔註36〕

陽明以對親之孝行來論述「致良知」之意義，指出雖於內心了悟溫清奉養之
要，但不能表現於具體行為上，仍不算是「致知」。凡是一切道德，應該具備
實際上之行為，才合於陽明所要求的「知行合一」。比如：

　　　又曰：知是心之本體，心自然會知，見父自然知孝，見兄自然知弟，

　　　見孺子入井自然知惻隱，此便是良知，不假外求。〔註37〕

陽明指出「知」與「行」是沒有分別的，由此進而於「知」與「意」之關係上
論及「只要知身心要知物是一件」，對陽明而言，貫徹心之作用最重要，故心、
意、知等精神上之各種作用之區別是沒有的，也不需要。其次，其「致良知」
在實際之具體行為上有不可分之關係，於是對外在萬物之看法，亦不是由對照
之概念而理解的。藤樹主張「知」、「意」分離之想法，和陽明明顯地不同。藤
樹之「良知」，如鏡子之作用一般，只是認知作用而已，陽明之「良知」則具有
表現具體行為之性格，二者恰好相反，唯以靜態的、觀照的性格為本質除外。
藤樹解釋「致良知」為「至良知」亦視「良知」為一種要達到之目標，認為「致
良知」即「至良知」即「止於至善」，是一個人生目標之理想境界。所以藤樹之
「致良知」雖就心學立場所說，但是其解釋仍與陽明思想之本旨不同。

第四節　對《大學》論釋之比較

　　王陽明為闡揚自己思想，而以《大學》為思考主體，同時以「心即理」
補充朱子「格物窮理」之說，並推論其「致良知」思想。朱子之「格物窮理」，
以理為客觀外在的傾向於積學、觀察，故容易忽略內在主體之自覺。陽明怕

〔註36〕《傳習錄》中、卷二，七。
〔註37〕《傳習錄》上、卷一，二。

其主體與客體（主體與工夫）會內外分離，故於《大學》中論說「正心」、「誠意」、「致知」、「格物」等工夫之一貫性。認爲「格物」之「物」之非是客體對象之物，而是「事」。因爲陽明以「格物」爲「正事」，故在此「格物」之工夫與「正心」之工夫間是有關連的。

　　藤樹晚期於《大學》之著作有《大學考》、《大學蒙注》、《大學解》、《古本大學全解》等四種，另外又相同論述立場的《經解》。除此之外，其晚年尙有《中庸》、《論語》等注釋，大體上也與陽明相似，加上其晚年思想較接近於陽明，故被視爲日本陽學之始祖。然藤樹之思想雖與陽明學有很多相同之處，但並非完全承襲。

　　藤樹的《大學》注釋，表現其晚年思想，尤其相較於其他注釋、著作後，更可看出其間之統一及主要思想。其所著之四種《大學》注釋，與陽明同取古本解釋之內容，如把「致知」之知解釋爲「良知」等，幾與陽明相同。以下便比較二者解《大學》之同異處，並論說其立場之差別。

一、八條目

　　《大學》：「古之欲明明德於天下者，先治其國，欲治其國，先齊其家；欲齊其家者，先修其身；欲修其身者，先正其心；欲正其心者，先誠其意；欲誠其意者，先致其知，致知在格物。」〔註38〕這段話中有六個「先」字，另外在「致知在格物」中有一個「在」字。木村光德先生在《藤樹學成立之研究》中〔註39〕由比較朱、王、藤三者對「先」「在」字之解釋，而論各人思想之特徵。以下筆者便參考木村光德先生之研究，論其要旨後，再比較說明陽明與藤樹對「八條目」之看法。

　　首先是朱子之解釋《大學章句》中論「六先一在」，以說明「八條目」之先後次序。首先其解釋「先」爲工夫之次序，朱子曰：

　　　　六箇欲與先字，讀欲如此，必先如此，是言工夫節次，若致知，則

　　　　便在格物上，欲與先子差慢，在字又緊得些字。〔註40〕

以上朱子解釋從「明明德」到「致知」間的「先」字。那麼對「致知在格物」之對「在」字的解釋又爲如何？按上之引文，「先」爲「慢」而「在」爲「緊」。

〔註38〕《藤全》一，30頁。

〔註39〕《藤樹学の成立に関する研究》507頁。

〔註40〕《大學章句大全》54頁。

藤樹云：

> 明明德於天下以上，皆有等級，到致知格物處，便親切，故不曰致
> 知者先格其物，只曰致知在格物也。〔註41〕

朱子認爲「致知在格物」之「在」字因爲能表示「緊」之意，故此「先」字
用得恰當。朱子認爲豁然貫通以前，要以「格物」與「致知」爲在內與在外
之功夫，一旦豁然貫通，則外在萬物之理和內在之「致知」便歸於一。故以
此自覺之體驗上而論，「格物」即「致知」，「致知」即「格物」。因此朱子所
論《大學》之工夫，是有先後次序的。

　　至於王陽明是如何解「八條目」。陽明把它分爲二：一爲從「古之欲明明
德於天下者」到「先修其身」爲「明德」、「親民」之修爲工夫；一爲從「欲
修其身」到「致知在格物」爲說明「明德」、「親民」、「止於至善」之物工夫。
因此在「修身」、「正心」、「誠意」、「致知」、「格物」之解釋方面，陽明並不
和朱子一樣的認爲有階段、次序之工夫。其以爲此些工夫是一體的。

　　再看藤樹對於「八條目」之看法。藤樹說：

> 平天下亦在於致知格物，治國亦在於致知格物，齊家在於致知格
> 物，修身亦在於致知格物，正心亦在於致知格物，誠意亦在於致
> 知格物，致知格物之外更無工夫，所謂天下第一等之事，人間第
> 一義之事，勿走別路，勿做到事而分曉其爲易間直截，故用六先
> 字、一在字而示其主意。其主意，欲明明德於天下者即先致其知，
> 欲治國者先即致其知，欲齊家者即先致其知，欲修身者即先致其
> 知，欲正心者即先致其知，欲誠意者即先致其知。致知在格物之
> 義也。〔註42〕

以上藤樹之論，把所有「八條目」集中在「致知格物」之一事。此外，藤樹
另有其他之言論：

> 格物是包括修身、正心、誠意、致知等工夫。（中釋）〔註43〕
> 格物與修身，勿各別講……格物修身雖是異名，其實是示無差別。（中
> 釋）〔註44〕

〔註41〕《大學章句大全》20頁。
〔註42〕《藤全》二，33頁。
〔註43〕《藤全》二，34頁。
〔註44〕《藤全》二，34頁。

藤樹將所有的條目集合在「致知格物」一事之上，這一點較王陽明更爲徹底。

在致知與格物方面，藤樹曰：

良知之所，以知爲主而格五事之非。〔註45〕

藤樹認爲「致知」爲根本，「格物」爲枝末，而本末是一體，故「致知」即「格物」。此想法是與陽明相同。其次，對於「八條目」之解釋，《大學》云：

物格而後知至，知至而後意誠，意誠而後心正，心正而後身修，身修而後家齊，家齊而後國治，國治而後天下平。

對以上出現之七個「而」字，藤樹解釋：

此爲先後以一時一事之次序而講，勿隔時替事而論（中釋）〔註46〕

他主張「八條目」不是異事各別之工夫，而是同事同時之工夫。藤樹又曰：

恐學者因八條之名，誤認爲工夫有等級，不辨八條總括之工程是爲唯格物，於是論說此段……此段之意，是物格而後知至，物格而後心正，物格而後身修，物格而後家齊，物格而後國治，物格而後天下平地。此義，所謂開示一了百當之工程之義也。〔註47〕

只要專心於「格物」，其他七條目便可自然地貫通。由可知藤樹之見解與陽明相同。以下繼續看藤樹對「致知」與「格物」之解釋：

致知格物……學者用力下手之實地，聖學之所以成始成終者而字義主意共不可不明白者也，然諸儒紛紜之說競起，至當之說亦不明於世，誠可概可憫之甚者也。（中釋）〔註48〕

「格物」和「致知」是聖學之始終，藤樹憂煩諸儒紛紛不定之狀況，而提出自己之主張。以下則比較陽明與藤樹「致知格物」之解釋，首先是陽明之見解。

陽明解釋「致知」即是「致良知」之事。朱子先於陽明，論說了「格物」爲窮知存於萬物萬事之理，他對於「致知」之解釋是：追求知識而窮盡所有事物之理。所以朱子所說之「知」的是知識。對此，陽明持著懷疑的態度，故而反對朱子，指出「格物」之「格」爲「正」，而「物」爲「事」，即等於人之行爲。所以陽明之「格物」，指的是「正事」。至於「致知」，陽明解釋爲「致良知」，故可知陽明之「良知」爲「心之本體」，即是孟子所謂「是非之

〔註45〕《藤全》二，34頁。
〔註46〕《藤全》二，35頁。
〔註47〕《藤全》二，36頁。
〔註48〕《藤全》二，16頁。

心」，是爲天理之謂。藤樹論「致知格物」：

> 知是良知也，知孩提之愛與敬，無成人之四端及意念之時，知眞是
> 眞非，皆良知不昧之端的也。（中釋）〔註49〕
>
> **此良知為主而克意念之私，云之致知。**（中釋）〔註50〕
>
> 格，正也，正其不正，復正之義也。〔註51〕
>
> 意念之有無、五事之所無有之時，有伏藏而難辨，發於五事之時，
> 不能欺是非邪正、良知之鏡而易辨，故初學致知之功，以良知之鏡
> 照察五事是非而致其良知，云之格物。（中釋）〔註52〕

「意念」指「心之所倚、好惡之執滯、是非之素定、一切之將迎及一毫之適莫」。看以上藤樹之對「致知格物」的解釋，幾乎與陽明相同。因此，藤樹對「致知格物」字義之了解，可說完全承繼自陽明。

接下看藤樹所理解「致知」與「格物」之間的情形：

> 格物，做爲致知之工夫。（中釋）〔註53〕
>
> 格物工夫之外，更無致知之工夫。格物即致知之工夫也。（中釋）
>
> 〔註54〕

在此，藤樹亦承繼陽明之看法，定「致知」與「格物」之關係爲「本體」與「工夫」。陽明曾說過：

> 格物是致知的工夫，知得致知，便已知得格物，若是未知格物，則
> 是致知工夫未嘗知也。〔註55〕

由此可以論定，陽明與藤樹都是從本心之觀點出發，以爲「致知」之「知」爲良知，是所謂本體之意；「格物」之「物」爲「事」；而「格」爲「正」，所謂「正事」之意。由二者論「致知」與「格物」爲本體與工夫之關係，可知藤樹在此方面之思想是與陽明一致的，但有稍許不同，以下即論述之。

藤樹認爲「致知格物」不只貫通「正心」、「誠意」、「修身」，同時亦貫通「平天下」、「治國」、「齊家」等所有《大學》之八條目。但陽明則認爲「致

〔註49〕《藤全》二，31頁。
〔註50〕《藤全》二，31頁。
〔註51〕《藤全》二，31頁。
〔註52〕《藤全》二，31頁。
〔註53〕《藤全》二，32頁。
〔註54〕《藤全》二，36頁。
〔註55〕《傳習錄》中、卷二，一六。

知格物」只貫通「修身」以下的「正心」、「誠意」兩條，為「明明德」、「親
民」、「止於至善」之工夫，把八條目分之為二，定義「格物」到「修身」為
內在、「齊家」到「平天下」為「推己及人」的外在工夫。

　　以上有關八條目之解釋，陽明與藤樹於表達上雖有些差異，但在思想上
和文字解釋上，兩者之看法幾乎相同。藤樹本身亦曾經明言其與陽明思想有
不同之處，表明其學說非出自他人學說，並於《大學考》中對陽明學說加以
批評。二者之差別及藤樹對陽明之批評，主要在「誠意」的解釋上。

　　對於《大學》之八德目，藤樹曰：「蓋八目之工程，以誠意為主」，視「誠
意」為「主本眼目」，〔註56〕此一看法乃承繼陽明之「大學之要，誠意而已矣」
之主張，但藤樹繼續說明：

　　　　誠，指良知，良知之所知眞實無妄而無欺之所也。（中釋）〔註57〕
　　　　誠者本心之實德，所謂赤子之心、孩提之愛敬、當下不昧之良知此
　　　　也。〔註58〕
　　　　誠，良知之本體，格去意必固我而歸於誠，謂之誠意。（中釋）〔註
　　　　59〕
在此，藤樹說明了「誠意」之「誠」為心之本體。而其「意」之解釋如何？
　　　　意之解，於大學訓為心之所發也，於論語訓為私意也，似有異義。
　　　　陽明亦不及深考而作此解。今竊考之如未瑩。（中釋）〔註60〕
在此所提到之《論語》，是指「子絕四：毋意、毋必、毋固、毋我」（子罕篇）
中的「意」。藤樹批評陽明之說，主張在《論語》與《大學》之間對「意」的
解釋不同，藤樹曰：
　　　　蓋意者，心之所倚也，誠意之意與絕四之意，本無異義也，如此，
　　　　聖人之聖之所無他，無意而明明德而已矣。〔註61〕
藤樹會通《論語》「絕四」之私意與《大學》「誠意」之意，強調其解釋之「意」
字的正當性。陽明則釋「意」為「意念之發動」，而藤樹則以為「意是萬欲百
惡之淵源」、「意是心之所倚」，又曰：

〔註56〕《藤全》二，13頁。
〔註57〕《藤全》二，45頁。
〔註58〕《藤全》一，12頁。
〔註59〕《藤全》二，526頁。
〔註60〕《藤全》二，14頁。
〔註61〕《藤全》二，14頁。

　　意者，凡心之實體，好惡之凝滯於物，是非之素定於趾者，所謂適
　　莫此也。（中釋）〔註62〕

　　心之本體，如鑑平衡平，看毫髮之所倚、所雜，亦爲之不正……意
　　是心之所倚，好惡之執滯，是非之素定，一切之將迎，及一毫之適
　　莫，皆意也。（中釋）〔註63〕

故於此，「意」是「意者、萬欲百惡之淵源也」即指《論語》「絕四」中之「毋
意」，並非《大學》之「誠意」。故此藤樹對「意」之解釋與陽明不同，藤樹
之解雖比較特殊，但亦像似承自朱子、陽明所謂之「私意」或「人欲」之概
念。

　　然而藤樹之對「私意」、「私欲」等的省察克治及其回復本體之工夫如何？
藤樹曰：

　　誠意之功，不能爲懸空，在於以良知爲主而格其非之上。故格物致
　　知爲誠意之工夫也。（中釋）〔註64〕

　　所謂格物致知即誠意之工夫，亦於八條目說下所文勢，格物即誠意
　　之工夫，格物之外無有誠意之工夫。（中釋）〔註65〕

「致知格物」爲「誠意」之工夫，再此對於「致知格物」藤樹有詳細的解釋。
他參照陽明之說，釋「致知」爲「致，至也。知，良知也」，兩者於此見解相
同。但對「良知」，藤樹以爲：

　　良知爲主而克意念之私，謂之致知。〔註66〕

　　以良知之鏡照察五事之是非而致其知，謂之格物。（中釋）〔註67〕

「良知」是辨別「意念之有無」、「是非邪正」之「良知之鏡」。因「意」爲「心
之爲邪，是意念之崇」、故全面地否定「意」。「意」爲「人欲」、「私欲」、故
「意」和「知」（良知）是相互對立之關係。

　　陽明釋「誠意」之「意」爲「心之所發」，即心之發之意。然藤樹不認爲
如此，他認爲「意」爲「心之所偏倚」即是「人欲」，故其思想具有以消除「意」
之善之可能性。此處爲藤樹與陽明兩者在思想上的最大差別：陽明以儒學傳

〔註62〕《藤全》一，12頁。
〔註63〕《藤全》二，31頁。
〔註64〕《藤全》二，42頁。
〔註65〕《藤全》二，526頁。
〔註66〕《藤全》二，31頁。
〔註67〕《藤全》二，32頁。

統、藤樹則以三教合一觀點來解釋「意」。〔註68〕

　　陽明之所謂「良知」：

　　　　良知是天理之昭明靈覺處，故良知即是天理。〔註69〕

此「良知」為心之本體所具之靈明之作用。與藤樹同主張「良知」之作用在判斷善惡之靈明。

　　藤樹以為「良知」之本體是太虛之靈明，故不於善惡，此想法與陽明相同，但其「良知」為靜止、固定，為所要達到完成之境界之主張。從陽明學之觀點來看，如此將本體與作用分離，就沒什麼工夫可言。王陽明是在為善去惡之格物工夫上，主張「致良知」之工夫。而藤樹則只尊重了自然為善之想法。藤樹在《古本大學全解》中說：

　　　　致，至也。……至於此而不違之意也。

又在《大學考》中有以下之言：

　　　　聖之所以為聖無他，無意而明明德而已矣。學者之所求亦無他，誠
　　　　意而復聖人毋意之明德而已矣。（中釋）

藤樹所謂「良知」之性質，是一種固定性、完成性的，這點不能與陽明「知行合一」之說相互關連。

　　以下再對「格物」之解釋進行比較，首先是陽明對「物」之解釋：

　　　　心之所發，便是意；意之本體，便是知；意之所在便是物。如意在於
　　　　事親即事親，便是一物；意在於事君即事君，便是一物；意在於仁民
　　　　愛物即仁民愛物，便是一物；意在於視聽言動即視聽言動，便是一物。

　　　　〔註70〕

從「靜」之觀點來看心，是「心」；從「動」之觀點來看，則是「意」。故陽明於此之論述要旨是「物」為「意之所在」或「意之所涉著處」，如「事親」、「事君」、「仁民愛物」、「視聽言動」等，指的是心之具體活動。所以「格物」之意是在具體行為之際，改正心動之所不正，而實行合於道之行為。陽明說：

　　　　溫清之物格，然後知溫清之良知始致。〔註71〕

此處指出，能夠於實際行為上表現出合於「知行合一」之行為，如此才符合

〔註68〕參考保田清先生著《日本陽明学の一般的傾向》。
〔註69〕《傳習錄》中、卷一一，24頁。
〔註70〕《傳習錄》上、卷一，2頁。
〔註71〕《傳習錄》中、卷二，7頁。

陽明之「致良知」。這是陽明對「物」方面的解釋而藤樹對「格物」看法如何？
藤樹曰：

> 物，事也。指貌言視聽之五事而云。（中釋）〔註72〕
>
> （所謂格物）無有意念之有無事之時，伏藏而難辨。於五事所發之時，是非邪正，不能欺良知之鏡而易辨。〔註73〕

藤樹所謂「格物」之「物」，是「貌言視聽思」之「五事」。又說：

> 用力於懸空，不能致知。就五事之上，辨心上之邪正，良知愈開發而工夫方有下手之處。（中釋）〔註74〕
>
> 天下之萬事，難有千差萬別，毫無離五事之事，不然，無有貌言視聽思之時，行得何事。（中釋）〔註75〕
>
> 格者正也，物者事也，事物之變，雖無紀極，而未有出視聽動思五事者，故洪範舉五事，以統萬事，是以正視聽言動之不中節者，此之謂格物。〔註76〕

以上都是藤樹重視並糾正「五事」之得潠述即所謂「格物」之工夫。藤樹又曰：

> 平天下，亦在於致知格物；治國，亦在於致知格物；齊家，亦在於致知格物；治身，亦在於致知格物；正心，亦在於致知格物；誠意，亦在於致知格物。致知格物之外，更無工夫。〔註77〕

所謂「格物」之工夫，不但為「致知」、「正心」、「修身」，且為「齊家」、「治國」、「平天下」等所有《大學》條目之工夫，藤樹將儒家內聖外王之所有工夫都歸於「致知格物」。其「致知」為本體之「良知」，此與陽明之看法並無不同，但藤樹把「格物」之「物」解釋為「貌言視聽思」的「五事」，與陽明思想有所差異。陽明以為「格物」之「物」，雖含「視聽言動」等感情之表露，但應更注重「事親」、「事君」等具體行為。所以陽明之「物」，一為「貌言視聽思」等主觀事實，一為社會上之客觀事實。二者應同時把握而不可分。故其於「格物」之理念上包括外在社會倫理之意味。

然藤樹則只就主觀面來把握行為，而其「格物」之作用亦只限定於所謂

〔註72〕《藤全》二，31 頁。
〔註73〕《藤全》二，31 頁。
〔註74〕《藤全》二，32 頁。
〔註75〕《藤全》二，33 頁。
〔註76〕《藤全》一，9 頁。
〔註77〕《藤全》一，510 頁。

「辨心上之邪正」，著重於意念之表露而已，故藤樹之觀念，便傾向於主觀性、個人性的。由此可見，兩者思想具有差別相是很明顯的。以上論述，藤樹並非表示完全忽略了外在客觀之社會，其本身重視《大學》，故於社會倫理之問題亦有所注意，唯以爲「致知格物」之工夫，乃自然貫通所有《大學》之條目，故紓正以「貌言視聽思」五事「格物」之主要工夫，亦即「齊家」、「治國」、「平天下」等之工夫。然大體而言，藤樹較注重個人內在之傾向，這點是不可否認的事實。

二、三綱領

由前王陽明與中江藤樹對「八條目」解釋的差異中可知，王陽明較注重確立社會倫理，而中江藤樹較傾向於個人主體而排斥社會性。以下繼續對「三綱領」做比較。

於此將「三綱領」分爲「明明德」、「親民」、「止於致善」分別敘述，並按依次序來說明陽明與藤樹看法之同異。大體而言，「明明德」與「止於致善，」二者，二人之主張除有稍許的差異之外，可以說是一致，於「親民」則有明顯的差別，由此可看出兩者個性之不同。陽明之解釋「明明德」爲：

> 格物，如孟子大人格君心之格，是去其心之不正，以全其本體之正。
> 但意念所在，即要去其不正，以全其正，即無時無處不是存天理，
> 即是窮理。天理，即是明德；窮理即是明明德。〔註78〕

「明德」即「天理」，亦即「良知」。陽明又說：

> 聖人無所不知，只是知箇天理；無所不能，只是能箇天理。〔註79〕

「明德」爲「本體」，而「明」爲「窮理」，即爲其「工夫」。故此「明明德」就是「致良知」。

陽明之「良知」不祇是道德規範之所從出，而且是天地萬物之存有之基礎，陽明說：

> 良知是造化的精靈，這些精靈，生天生地，成鬼成帝，皆從此出，
> 眞是與物無對。〔註80〕

故可知陽明心學下的道德學與存有學是相通爲一的。

〔註78〕《傳習錄》上、卷一，五。
〔註79〕《傳習錄》下、卷三，六。
〔註80〕《傳習錄》下、卷三，一一。

接著看中江藤樹對「明明德」之解釋。藤樹亦與陽明一樣，同將「明明德」分為本體（明德）與工夫（明）兩部分。首先是對本體「明德」內涵的解釋，藤樹說：

> 明德，雖謂具方寸，大虛廖廓。為其本體，則包括天地萬物。其大無外，其尊無對。（中釋）〔註81〕

又曰：

> 與天地合其德，與日月合其明，與鬼神合其吉凶，學問之道無他，唯明明德也。（中釋）〔註82〕

由上可知，藤樹對「明德」之解釋與陽明一樣，同包括物理和道理，並以天地萬物之存有論為根本。再看其他藤樹的言論：

> 明德者，人性之總號，德得也，所得于天，而虛靈洞徹，其光明正大，無不照，無不自得，雖下愚，不滅不昧，故號明德。〔註83〕
> 明德者，人性之殊稱也。〔註84〕

藤樹認為明德在於人性之內在，其從人性之立場而論其本體為「明德」，即與所謂「良知」同義。為何獨於人性上以「明德」之名稱呢？藤樹曾說「獨者即人性，如此光明正大而與天合其德，與日月合其明……人為萬物之靈而異於禽獸之所，正於此。」（中釋），〔註85〕因人性為「光明正大」而能與天地萬物合其德性，故曰之「明德」。藤樹對「明德」，雖在名稱上偏重於人性，但包括「天地萬物」及本體「良知」，故與陽明之解釋無異。

但於其工夫「明」之解釋上則有顯著的差別。因為藤樹主張「明明德」之工夫，是在「止於至善」上才能展開，此意圖可自對「親民」之解釋中看出，筆者於後對藤樹之解釋「親民」，有詳細的論述，故於此只做簡單地說明。藤樹論「親民」為「明德之感通」，通過「明德」之作用而「形氣和順」，成為「親愛」之情。所以藤樹之解釋「親民」，是以「愛」為代表道德感情之義，非是修為工夫。藤樹曰：

> 親民，是在心上而講。勿就事跡而見。（中釋）〔註86〕

〔註81〕《藤全》二，18、23頁。
〔註82〕《藤全》一，505頁。
〔註83〕《藤全》一，505頁。
〔註84〕《藤全》二，18頁。
〔註85〕《藤全》二，19頁。
〔註86〕《藤全》二，24頁。

他主張修爲工夫是在「止於至善」。至於其義：

> 止，至此不遷之意，至，極也，善，至誠無息之名也，親愛，善也，
> 以親愛中之寂然不動之本體，做爲至善。（中釋）〔註87〕

又曰：

> 至善，在妙用（親民）中開示本體，做爲學者用功之準則。故添止
> 之一字，知工夫之眼目。（中釋）〔註88〕

可知，學者工夫之處是在「止於至善」，但另外藤樹又說：

> 明德也，親民也，至善也，皆人性之名目，同體異名也。（中釋）〔註
> 89〕

由此似乎無法了解「親民」之同於「明德」與「至善」。木村光德先生在《藤樹學成立之研究》中有所說明：

> 「親民」爲親愛之道德感情，是否定其爲「明德」與「至善」之想
> 法。如何理解之？其爲筆者想，藉此警告安於小成的逸樂之徒而提
> 出的看法。因爲此道德感情，是爲「明德」之感通之「善」，並非「至
> 善」。因爲所謂善是存有惡之可能性，所以其中有存在善惡相對的概
> 念。「至善」是絕緣惡之可能性的，一個絕對善。如果「明德」爲「天
> 命」，亦可謂「至善」爲「天人合一」。（中釋）〔註90〕

由以上所知，「明德」是「天命」而「至善」是「天人合一」，兩者本是異名同體。若論其差異，則「明德」是未下工夫之前的自然狀態，雖有「止」之修爲工夫，但未有親愛（「親民」）與「明德」之增減。

藤樹解釋「明德」爲內在本性亦是貫通內外之本體。因爲一切主宰都在自我本身，所以其工夫或學問之綱領，其「明」之本性爲「明德」而已。

藤樹之工夫論是在「止於致善」之上而論。於是「明明德」之意爲體悟本體性。藤樹不認爲此一「窮理」之過程，是回歸本體所施下之工夫。對此工夫論，會通「明明德」、「親民」、「止於致善」爲一體，而爲其定義，故二者看法有所不同。

但於「明明德」之意義，二者都以認識其本體（內在性）爲主要目的。

〔註87〕《藤全》二，25 頁。
〔註88〕《藤全》二，24 頁。
〔註89〕《藤全》二，24 頁。
〔註90〕531 頁。

因此可以說陽明與藤樹對「明明德」之解釋是相同。

其次再對「親民」之意義做比較，首先看陽明對「親民」之解釋。陽明之「親民」之解釋。陽明之〈親民堂記〉載：

> 德不可徒明也；人之欲明其孝之德也，則必親於其父……，欲明其弟
> 之德也，則必親於其兄……君臣也；夫婦也；朋友也；皆然也。〔註91〕

他所謂的「親民」是「政在親民」的政治學說。由此不但可知，此「親民」基本上是推己及人的意思。而且可見陽明堅持修身與爲政不可分的道理，陽明又說：

> 人者，天地之心也。民者，對己之稱也。曰民焉，則三才之道舉矣。
> 是故親吾之父及人之父，而天下之父子莫不親矣……君臣也，夫婦
> 也，朋友也，推而至於鳥獸草木也；而皆有以親之，無非求盡君心
> 焉，以白明其明德也。是之謂明明德於天下，是之謂家齊國治而天
> 下平。〔註92〕

陽明解釋《大學》之「三綱領」，主要重實踐功能，強調「內聖外王」之道，尤其是在「外王」時，極力實現「親民」的理想。在此，陽明對「親民」此爲陽明對「親民」的解釋。接著看藤樹之解釋：

> 親，愛也；民，人也。於五倫中，親民是在心上而論，而非於事跡
> 而見。（中釋）〔註93〕

> 至善，在於親愛之情中，指明寂然不動之本體。（中釋）〔註94〕

於「親民」，藤樹與陽明之解釋有所不同，藤樹以「親愛」、「親愛之情」來說明之，這與其解釋「八條目」的觀念一樣，可看出藤樹之傾向於主觀之一面。藤樹所謂「親愛」跟陽明的「親民」相較，缺乏對政治、社會方面的關心。藤樹主張「非於事跡而見」，即因其所有關心不外乎「心上」，用不著提到屬外在的社會行爲，藤樹又說：

> 親民是明德之感通也。此德做爲人心之主而交人倫之時，必得愛，
> 譬如火之燥物；水之潤物。（中釋）〔註95〕

他解釋「親民」是「明德」之感通，所謂「人情」之義。「人心之主」（即是

〔註91〕 《王陽明全集》王陽明文集一。
〔註92〕 《王陽明全集》王陽明文集一。
〔註93〕 《藤全》二，24 頁。
〔註94〕 《藤全》二，25 頁。
〔註95〕 《藤全》二，24 頁。

「明德」），於外感應之際，發生了「親愛」之情。故藤樹認爲「親民」非是工夫之所，而是本體心「良知」之發動所生的情感。故藤樹說：

> 親民唯示其方便認知本體之所，故無工程之辭。（中釋）〔註96〕
> 依明德之名爲玄妙，學者慮無有求圖方於其心，以人情切近之名，
> 開示其妙用。（中釋）〔註97〕

藤樹之以爲「親民」之妙用，主要是爲了開示「明德」，因爲直接說「明德」之本心，有玄妙不明之處，故爲了方便認識具本心，而轉向注視其感應「人情」之具體表現上施下工夫。所以此「親民」，是施行工夫之所，而不是復本性之工夫的。所以藤樹說之「無工程之辭」，即是沒有人爲工夫和積極作用之意。尾藤正英先生說：

> 所謂「工程之辭」，是指如「明明德」之「明」、「止於至善」之「止」
> 等動詞之意。「親民」之沒有它（工程之辭），是因爲都是沒有把它
> 當成動詞來解釋。而且（藤樹）又說「明德也、親民也，至善也，
> 皆人性之名目，同體異名也。」就是說對於「親民」二字，他認爲
> 只不過表現「親愛之情」如此心的存有義，亦所謂的「實體」概念
> 而已。〔註98〕

「親民」之心，是「明德不昧」之「實體」，雖謂之爲「善」，但因中人以下之人或凡夫一類之徒，仍難免有「人欲」、「意欲」，故尚不能謂之「至善」（絕對善）。藤樹說：

> 見於當下之親民之心，有滲雜意念而非至善，認此實體，當爲工夫
> 之種子，勵格物之功，克去滲雜之意念之時，復於純粹精一之至善。
> 　（中釋）〔註99〕

「親民」是「滲雜」著意念，需要由此認識「明德」之妙用。藤樹認爲「親民」是施行工夫之所，是一個「工夫之種子」，故主張「明明德之工夫之極則，在止於至善」（中釋），〔註100〕把一切工夫歸納在「止於致善」之中。關於「止於至善」，藤樹說：

> 譬如混雜銅鉛之黃金，雖其質爲黃金，有銅鉛之雜，則非是純粹成

〔註96〕《藤全》二，27 頁。
〔註97〕《藤全》二，25 頁。
〔註98〕《日本封建思想史研究》191 頁。
〔註99〕《藤全》二，20 頁。
〔註100〕《藤全》二，20 頁。

色之精金，用此有混雜之黃金來鍛鍊，抹拔爲混雜之銅鉛，則成爲
純粹成色之精金，明明德之工夫亦如此。（中釋）〔註101〕

藤樹在此用「純金」來比喻「至善」。又說：

出於親愛之自然，無有所倚，無有一毫人欲之私者，善之至極。（中
釋）〔註102〕

所謂「止於至善」（即「明明德」之工夫）是在於「親民」之「情」，認識其
寂然不動之本體，達到「出於親愛之自然，無有倚之所」之「至善」之境界。
所以對「止於至善」之解釋亦與陽明一致，陽明曾說：

至善者，性也；性元無一毫之惡，故曰至善，止之，是復其本然而
已。〔註103〕

以上可見，陽明與藤樹於「止於至善」之解釋上亦無差別。

藤樹對《大學》之「三綱領」認爲「明明德」爲學問之綱領；「親民」爲
工夫之種子，以及施行修爲之所；而「止於至善」則爲工夫之極則。此三者
之關係，是於注意「存天理去人欲」工夫之上所主張的，故於解釋「親民」
上，產生了與陽明不同的意見；亦由此可看出兩者思想根本上之差異。陽明
是注重內聖外王而對《大學》之「三綱領」提出主張，尤其是所論述的「親
民」，與外在社會有密切關係。其「民」字之對象是自己以外的人，故「推及
己人」、「推及萬物」之意義。

大致上，兩者於解釋《大學》之差異主要是觀點上：陽明重視客觀社會，
藤樹則傾向於個人主體，陽明在「內聖外王」之上、藤樹在「存天理去人欲」
之上解釋《大學》。雖然解釋不同，但共同目標爲一致，主要以達到「致良知」
的境界。

第五節　「本體」與「工夫」

在前之「致良知」說之比較上，已提及兩者均主張「良知」爲宇宙萬物
之根本，並以「明德」爲人性屬善之根據。但對於《大學》之解釋，兩者思
想卻存在有差異點。藤樹受了濃厚的宗教影響，對《大學》中「誠意」之解

〔註101〕《藤全》二，20頁。
〔註102〕《藤全》二，27頁。
〔註103〕《傳習錄》上、卷一，19頁。

釋，一方面依《大學》之解釋而論，一方面看《論語》子罕篇之「絕四」而論，前者是由工夫論之觀點來看，後者則就本體論之觀點而言。在此藤樹會通兩者而提出自己的解釋，而其思想特徵即在「誠意」之解釋上。藤樹主張「三教合一」及「明德佛性」乃立於本體論之上，以「意」爲「心之所倚」，「誠意」即「去人欲」。藤樹認爲在原理上（即本體論之上），有強調「絕意」之必要，但在工夫論上，則與陽明同樣注意「絕意」之危險性，言「入頑虛之弊」，否定異端之虛無寂滅。故藤樹雖由工夫與本體兩方面來把握《大學》之「誠意」，然於其本體「良知」之內涵上，卻與陽明相同。

　　由其解釋《大學》之觀點中，可看出藤樹之工夫，修養論之要點是在追求心之純化，嚴格地要求達到「致良知」之境界。所以藤樹之思想比陽明較傾向於個人內在之完整，藤樹把陽明主張之「內聖外王」的意義歸納於個人所具「良知」之普遍性。所以其解釋《大學》「八條目」限定於己身範圍內。因爲陽明較注重社會倫理及人我關係，兩者在想法上的差異非常明顯。

　　對於本體之內容與性質，藤樹晚年開始留意本體上之各種屬性，以「良知」「明德」「中」「獨」等來說明其性質，而本體之基本性格，大體上是爲超時空的普遍存在之意義，除了超越時空，亦超越人之生死，普遍地存在於人之心內，如：

> 這箇神明不測之靈性，易所艮背，寂然不動，感而遂通天下之故者，不偏不倚，無過不及，只是厥景象而已。非本然之解。問，此是在何處乎。答，無所不在，無所在，大本在太虛，降在人心。

〔註104〕

此說法與陽明相同，同定義本體爲人性之根本，以及超越時空之存在。陽明在其「致良知」論中，主張以「存天理去人欲」之工夫，回歸到其天理之「良知」，他說「致吾心良知天理於事事物物，則事事物物皆得其理矣」，陽明主張「心即理」，一旦有「良知」感應於物（事），一切所感應之事物便均爲本體「良知」之具體像。本此，陽明之本體論，亦不離開人之內心。

　　除此，在「畏天命」「尊德性」上，藤樹的想法與陽明也是相同的：

> 明德備於方寸，一貫大虛廖廓，包括天地萬物，其大無外，其尊無對，……所謂明德，上通於天道；下通於人道，通於生；通於死，通於順；通於逆，通於日；通於夜，無有非通之云。（中釋）

〔註104〕《藤全》一，221 頁。

〔註 105〕

藤樹在此說「明德」是一個絕對本體，對此和陽明一樣拿「良知」、「中」等
詞而開展心學的本體論。對於定義本體性質，其亦使用了「皇上帝」「太乙神」
「上帝」等具主宰性格之語詞。所以藤樹一方面繼承陽明思想，肯定人性之善，
並以性善之觀點來主張屬於「心學」之本體論。但另一方面藤樹又認爲只有終
始人倫，尚不能完整思想體系，還需「皇上帝」「太乙神」等信仰來講求神人
之交，用它來替代宋明儒學之太虛說。

　　藤樹在其思想發展上，開始提到帶著宗教性色彩的外在主宰（以下以「皇
上帝」爲代表論之），是在三十歲著之《原人》，以及三十二歲之《持敬圖說》
之中出現。從此時開始一直到晚年，對定義外在主宰之要求，一直持續而無改
變。藤樹晚年才跟陽明「致良知」說接觸，而更把握了自己學說之立場，故使
現在的一些研究者認爲藤樹已以陽明之理論代替了「皇上帝」之外在權威。但
實際上，藤樹對皇上帝之信仰態度一直沒有改變。藤樹說：

　　　　事上帝之心，即愛敬惺惺之心，專祭祠宗廟之心，即惺惺之心，此
　　　　愛敬惺惺之心，即愛敬萬物之心。（中釋）〔註 106〕

在三十一、二歲所著之《持敬圖說》中藤樹批評朱子之持敬說：

　　　　所謂整齊嚴肅、常惺惺法、心收斂不容一物，皆形容持敬之氣象而
　　　　已，非工夫之骨子。〔註 107〕

藤樹主張唯有「畏天命尊德性」，才是眞正之持敬。自此以後，在其持敬說之根
本上，已存在此「皇上帝」之權威。藤樹在談「致良知」「誠意」「明明德」「止
於至善」「致中和」等所有工夫論時，都強調其乃附屬奉持「皇上帝」之命。

　　藤樹除了奉持「天」爲工夫論上之要求外，在本體論上則主張：

　　　　用上帝眞實無妄之慈愛，造化萬物，定義人極。（中釋）〔註 108〕

　　　　上帝，天之主宰也。〔註 109〕

　　　　一點虛明之良知，原得於天而至誠無息（中釋）〔註 110〕

藤樹所謂「皇上帝」，不只爲外在權威亦爲內在之本體，主張「畏天命」與「尊

〔註 105〕《藤全》二，23 頁。
〔註 106〕《藤全》二，159 頁。
〔註 107〕《藤全》一，685 頁。
〔註 108〕《藤全》一，584 頁。
〔註 109〕《藤全》一，695 頁。
〔註 110〕《藤全》一，695 頁。

德性」兩方面之工夫應彼此相互接合。在此，「皇上帝」是創造流行宇宙之根本，又是天地萬物之主宰。對於宋明儒學之太虛、太極等所謂「理」，藤樹亦理解爲擁有人格之主宰神。此外，皇上帝又是能禍福賞罰之神：

> 天道，爲福善禍惡，猶如順水之潤，火之乾，故禍福之機，爲善而
> 先知福之至，爲不善而先知禍之至。因鬼神好在幽幽之中，知得其
> 禍福之至，勸善道，戒不善。（中釋）〔註111〕

藤樹之感應說、福善禍惡說，在晚年與道教、佛教之三世因果思想相互接合，形成「三教合一」思想，此一發展，乃爲福德一致之要求。藤樹認爲只有推論現世界之福德一致，才能解決各種現世社會上之矛盾。藤樹提倡的本體意義，除了超越、普遍的人性本體之外，亦有內外貫徹之外在權威之性格，藤樹認爲唯儒道佛三教合一、三世因果報應，才能在民間發揮將「皇上帝」「太乙神」爲主宰的「畏天明」和「福善禍惡」的實際效果，並能使人執行儒學的「尊天理去人欲」。

　　藤樹「皇上帝」之信仰，除了佛道思想之影響，也承繼了儒家的傳統，山下龍二先生曾指出古代先人儒學家崇拜天地鬼神與宗教間之密切關係。〔註112〕藤樹注重《論語》〈鄉黨篇〉，模倣孔子各種日常行爲，並引用其記載，完成了《論語鄉黨啓蒙翼傳》，形成其學說之根本思想「時處位」之說。〈鄉黨篇〉中記載了許多孔子對宗教的看法及態度，如「入大廟，每事問」「鄉人儺，朝服而立於阼階」「祭於公，不宿肉。祭肉不出三日，出三日，不食之矣」等，幾乎都記載了鬼神等宗教行事及喪服等事。由此可知孔子對宗教之態度。

　　其中「鄉人喪儺，朝服而立於阼階」，朱子以合理主義解釋文中之「儺」，只是一個古禮，如戲類之事而已。藤樹在初期雖信奉朱子學，專研《四書》，卻否定朱子之無神論之合理主義，對〈鄉黨篇〉之記載說：

> 蓋聖心，貫幽明，徹人鬼。事死如事生，事亡如事存。合莫之至誠，
> 常有與祖宗相流通者。……夫事子鬼之誠，猶如孩提之愛親。（中釋）
> 〔註113〕

另外，對於「迅雷、風烈必變」之記載，朱註：「敬天怒之所以」，藤樹之看法亦與朱子不同：

〔註111〕《藤全》二，192 頁。
〔註112〕〈中国思想と藤樹〉——《中江藤樹》日本思想史大系二九。
〔註113〕《藤全》一，43 頁。

> 迅雷風烈，是天地鬼神之妙用而太虛之所，氣象之變也，同體之聖
> 人，是以不論不知順帝之則，在容貌自然，與太虛氣象之變，相合
> 而變之。（中釋）

對於《論語》〈鄉黨篇〉，藤樹與朱子之意見有明顯地不同，他直接了悟孔子崇敬鬼神與天的精神與態度。

藤樹亦從《中庸》《孟子》等儒家經典中了解了祭天、祭鬼神等關於「畏天命」之說。尤其是藤樹晚年所謂之《性理會通》《王龍溪語錄》等給與他極大的影響。藤樹在讀《性理會通》時感嘆曰：「今歲，讀性理會通，感於發明，每月一日，行齊戒而祭太乙神」。並在〈年譜〉中說明了祭太乙神之意義：

> 蓋古，天子祭天而士庶人無有祭天之禮，以此祭爲士庶人之所祭天
> 之事，是以不怠此祭。

由藤樹行祭神之積極態度中，我們可見其信仰「皇上帝」之信念。特別要注意的是，藤樹認爲祭天、祭鬼神之傳統禮俗，不應祇由天子主持，天子、諸候、卿大夫、士人等各階級，亦應有祭祠之對象，在此藤樹把祭天之習俗普遍化。以下是山下龍二先生的說明：

> 《中庸》所載「天命之謂性，率性之謂道」，承認天之對人、物賦與
> 性，然而卻無士、庶人之祭天。天與人有密切的關係，在《孟子》
> 裏，天在任命天子之時候，沒有以言語來表達，只是以行、事之形
> 傳達天意，而天意是經過民意才得明顯。天與人之關係，在《中庸》
> 裏，是屬於倫理；在《孟子》裏，是屬於政治的。但依舊沒有士、
> 庶人直接祭天之事，而唯受天命、得其王位之天子才能祭天。藤樹
> 之祭太乙神，是讀《性理會通》之後而來，但（包括庶人階級所有
> 之人）直接參與祭天（皇上帝）則自儒教傳統而來，此想法極爲異
> 端。換句話說，對天之信仰是一般化的，與身分無關，均能與天直
> 接交涉。所以神在（天）之下，所有的人都是平等的。（筆者）想起
> 藤樹之肯定王陽明所謂「滿街之人，皆是聖人」之言，故所有的人
> 都能爲聖人，都是平等的。〔註114〕

從孔孟儒學傳統而言，藤樹之「皇上帝」信仰，雖然改變了傳統習俗及形式，將祭天（皇上帝）普遍化，強調應爲每個人實行的「畏天命尊德性」之學，但並沒有什麼不可思議處，然從陽明學之本質而論，其雖於倫理上區分了階

〔註114〕〈中国思想と藤樹〉。

級、身份，但此是爲維持社會倫理，亦即維持「治國」「平天下」等社會秩序。而就陽明與藤樹心學之觀點而論，最重要的是個人內在本體的不離「心外無理」之範圍，是所謂心學之要旨；在本體之理論上，藤樹視天子、諸候、俗人或士農工商等客觀之階級，爲外在規範之差別，藤樹在唯心論之原理下將所有會合起來，而論述「良知」之普遍性，即「人人皆聖人」之思想。藤樹亦以此結合個人階級，闡明人人共同之道，此與陽明反對科舉所專用以定士人之儒學，表明儒學無階級上下之別的態度相同。兩者均有建立天下所有人共有的、具一般性之儒學的理想。陽明曰：

> 古者，四民異業而同道，其盡心焉一也。士以修治，農以具養，工以利器，商以通貨。各就其資之所近，力之所及者而業焉，以求盡其心。其歸要在於有益於生人之道，則一而已。〔註115〕

在此文中，陽明贊成應視個人之才質而任職的重視主體之想法。個人能順合於自己能量之方向而行，才是合於天道。

藤樹在「畏天命尊德性」思想中，亦與陽明持相同的態度，他否定了定爲官學之朱子學，主張天下人在「良知」之下都是平等的。即在「皇上帝」所支配之天地萬物、內在於個「良知」上，都是平等的。所以，藤樹所強調之「皇上帝」信仰，雖有宗教色彩，但其主張之根本，則與陽明之心學相同，藤樹又說：

> 造化，謂之天，謂之帝，造天地，生萬物，福善禍惡，昭昭無毫釐之差，遠而天地之外，近而一身之中，久而古今之間，暫而一息之頃，微而一塵之內，幽而隱獨之中，皆上帝之所在也。〔註116〕

又說：

> 遠而天地之外，近而一身之內，隱微幽獨中，細微事，無不有天道，天道者造我形，與我性，與我衣食者也，民之父母也，君也。〔註117〕

藤樹認爲本體是「皇上帝」「太乙神」等超越之主宰神，對於陽明之「良知」，藤樹除了利用「良知」一詞外，亦以「明德」「中」等詞來表示其內在本心。他又從儒學傳統之「畏天命」以及其學說「三教合一」之立場，將外在主宰神與內在本體結合在一起，以此內貫徹之本體，形成其思想之重要基礎——禍

〔註115〕《陽明全書》卷二五，10頁。
〔註116〕《藤全》一，680頁。
〔註117〕《藤全》一，37頁。

福報應之理論。至於其前提則在於具有濃厚神秘色彩之天人合一境界，此境界為工夫（修養）之結果，藤樹曰：

> 明明德，則欲升九天之上則升，欲入九地之下則入，自由自在，絕言義焉。〔註118〕

此肯定賞善懲惡之人格神之說法是否與陽明之良知教是否相容？

在陽明思想中，認為所謂天的超越性，在本體良知的意義之中已相容收攝，故未將天定義為外在之實體、自我對象之存在，亦未論及人格神之義。而藤樹雖多論及外在之主宰及有福善福淫之想法，但其目的之主體，是由其面臨社會中之不合理，而欲解決其所面臨之命運的各種矛盾而來的。此肯定了本體「良知」之絕對與善的究極之勝利，更加強本體義之固定性，以借主宰力來更加鞏固修養儒學者努力之意志。故其思想是與陽明相同的，不是「私」而是「公」，不是「趨利避害」而是「由行義行」，而其福善禍惡的果報關鍵是在於「存天理去人欲」之人為努力之呈現，其用則是使人發揮個人之本分，亦即陽明所言「繫言何思何慮，是言所思所慮只是天理，更無別思別慮耳，非謂無思無慮也，心之本體即是天理，有何於思慮，學者用功，雖千思萬慮，只是要復他本體，不是以私意去安排思索出來……」，〔註119〕以修養工夫而達到，無一毫私意留滯之純熟之境，而將自我命從隱曲中翻出來。蔡仁厚先生曾說明天、帝等人格神之涵意：

> 人在道德實踐之過程中，總不覺有昏墮陷溺，當陷溺之時，即是罪惡之時，亦即所謂「落於鬼窟」。從鬼窟中覺醒便是從陷溺中超拔躍起，覺悟之本心超越於罪惡之上，如此，本心性體即顯示其超越義。……但你在此處所顯出的超越之本領，實際上即是本體呈現而超越罪惡。是以當即得之後，小心奉持，不敢踰越，便是敬畏之象。中庸所謂「戒慎乎其所不睹，恐懼乎其所不聞」，即是敬畏。「終日乾乾」「對越在天」，亦是敬畏，敬畏是保任勿失義，尊敬天命義。——當此之時，本體之超越義便出來。所以超越必在保任戒懼時顯。保任戒懼總在不睹不聞之時，而不睹不聞即是所謂靜時，靜時即安靜肅穆之時。此時：吾心內斂而不外用（外用是動之時），即所謂迴向是也……此便是「人所不知而已所獨知」的慎獨之時，而慎獨之

〔註118〕《藤全》一，172頁。
〔註119〕《傳習錄》中、卷二，二四。

時亦正是本體超越之時。所以超越又在安靜迴向時見。迴向即返本，
人在返本時方有敬仰之意，而「本」即是「所敬仰」。〔註120〕

藤樹之福善禍惡之思想，即是以主宰神之超越義的要求，在現實世界的天命之支配下，使人不違背道德實踐，而把自己之超越本領呈現出來，以「存天理畏天命」之精神來實踐陽明「致良知」，在其目的與作用上是完全一致的。由此可以知內在本體義與外在主宰義。

經由以上可知說明內在本體與外在主宰雙方面之超越，可以相互融釋而不相礙。在陽明之言論中亦可見貫徹內外超越義之處，如：

可知充天塞地中間，只有這個靈明。人只是爲形體自間隔了，我的
靈明，便是天地鬼神的主宰，天沒有我靈明，誰去仰他高，地沒有
我的靈明，誰去俯他深，鬼神沒有我的靈明，誰去辨他吉凶災祥，
天志鬼神萬，離卻我的靈明，便沒有天地鬼神萬物了。〔註121〕

在陽明，本有天的超越性，但包收攝於良知之上而說，而不是如藤樹之劃分天、帝等主宰於外。但其二者對本體義之主張都是從踐履工夫下手，不從思辯著眼，同於良知明覺之感應方面有所立論。唯陽明是將天地之主宰包攝在內在本性；而藤樹除了內在本性之絕對義之外，尚主張外在主宰神。雖此，二者都在靈明之作用之上強調貫通天地萬物，在良知明覺感應之際實現神人交際、心物同體、充塞天地等萬物爲一體之關係。故對本體之看法，二者是一致的，皆是一個靈明、一個實現原理之天性。

藤樹思想之要旨在本體之把握，即禍福報應之理論，故以便就報應之想法與藤樹心學之關係，加以論述。

藤樹三十七歲以後，開始注意到「命」之問題，〈書土橋子〉中認爲死生、窮達、貧富、貴賤、得失、禍福等一切均爲天命。命有「正」與「變」二種，爲「致其良知，則正命斯立矣」。藤樹說：

人間萬事皆天命……受用道，則吉凶、禍福、一飲一食，萬事皆正
命也。（中釋）〔註122〕

藤樹指出在現世狀況雖看不出天道應報之作用，但天道之運行確是存在的。藤樹所要求之境遇爲「正命」，即所謂「致其良知」，與陽明所主張之「存天

〔註120〕《王陽明哲學》160頁。
〔註121〕《傳習錄》下，卷三，26頁。
〔註122〕《藤全》二，472頁。

理去人欲」之各人內在性之成就相同，故由「受用道」（致良知）之工夫「明明德」「誠意」，即自然招來「人皆之，天道佑之、福祿隨之，眾邪遠之，神靈衛之，所作必成，無所不利」之結果。藤樹禍福報應之理論及求道之積極性，可見於下：

> 問，禍福之說，只非中人以下之勸戒乎。答，此乃上下通用之勸戒也。……問，求福爲善，究竟非利心乎。答，求福而襲善之跡，則庶乎利心也，以禍福爲勸戒，而止於至善，則所謂利心己所懲之惡念也，何利心之有乎。

藤樹以「勸戒」之詞，說明禍福應報之意義，而應報之「勸戒」不只爲「中人」以下者而論，而是所有人通用之理論。藤樹又言「勸戒」若非「止於至善」，而是「求福而襲善之道」，就會墮於利心之害。由此明白其禍福善惡說，乃爲道德成就上之要求，而非只進求福善之功利而已。再者，藤樹主張「三教合一」，主張報應思想，以解決現世社會之各種矛盾。藤樹由此具宗教性之思想，證明了「心學」之正統性，同時承繼了孔孟儒學之信奉天命。

　　陽明言「良知是心之本體」，是從人的內在本體上主張天然之「良知」，另外，「天即良知，良知即天」，說明內在性與外在天之爲一體，而「良知是造化的精靈。」〔註123〕「人的良知，就是草、木、瓦、石的良知，若草、木、瓦、石無人的良知，不可以爲草、木、瓦、石矣。……天、地無人的良知，亦不可爲天、地矣。蓋天、地、萬物與人原是一體，其發竅之最精處，是人心一點靈明」〔註124〕中之「良」爲存在天地、人間、萬物之根源，如絕對之存在，實際上幾乎是與天、上帝同體，至少此絕對之「良知」是很容易轉化成天神的。藤樹思想將皇上帝、太乙神、太虛、明德、孝、良知等各種內外絕對之項，會合爲一體，此亦可說是陽明「良知」說在宗教上的發展。藤樹晚年受了以王龍溪爲主之明末陽明學的影響，〈年譜〉三十三歲條載「多，得王龍溪語錄，如讀此時，悅其觸發之多。然恐其間雜佛語、近於禪學。後，至得陽明全集而讀此，知龍溪之不近於禪學。且見深深哀憫間雜佛語之世。」於此前，藤樹已有《性理會通》，其中又收集了龍溪所著之《南遊會紀》《三山麗澤錄》二書，可能因先通讀了此二書而對王龍溪思想發生興趣或產生某種心得後而想讀《龍溪語錄》。藤樹濃厚之宗教性思想，除了因知龍溪之學爲

〔註123〕《傳習錄》下、卷三，一一。
〔註124〕《傳習錄》下、卷三，一三。

陽明思想之開展外《性理會通》中之明末陽明學派思想亦爲影響之因，而其「皇上帝」信仰應亦受以王龍溪爲主之明末思想中所具有的宗教思想之影響。是故，陽明雖然不言「皇上帝」的信奉，儒佛道「三教合一」等傾向於宗教之學，但由其學說之於歷代發展上來看，其兩者思想之差距並不是很大。

第六節　實踐主義觀點上之比較

王陽明一方面站在注重實踐行爲之立場，要求達到齊家、治國、平天下之社會理想，另一方面又重視客觀社會之倫理價值觀點，肯定並以得已心之充足與安定。陽明在此一外在、內在雙層之要求下，強調須由行爲之具體實踐才能達成。其所謂「本體即工夫」即爲陽明學之核心，他又以「致良知」「知行合一」等來表現實踐社會倫理之思想。

而中江藤樹則於「靜」的、宗教的觀點上把握了本體「良知」，故其對實際行爲之關心，較局限於主觀之側面，較之陽明其要求平靜自我心之念更強。藤樹受了佛教、道教及晚明陽明學派中傾向於佛學、禪學思想的影響，若以陽明學史之整體觀點來看，可以肯定藤樹思想與陽明思想於性質上是相同的。然陽明本身即是否定佛、老思想：

> 不務於誠意，而徒以格物者，謂之支；不事於格物，而徒以誠意者，謂之虛，不本於致知，而徒以格物誠意者，謂之妄，支與虛與妄，其於至善也，遠矣。〔註125〕

「支」指的是如朱子學末流之代表「訓詁詞章」之學；「虛」指的是佛教、道教等宗教思想，而「妄」字則是偏重形式規範之實踐，以及專求於純化心情之「支」「虛」二事。陽明又批評佛、道說：

> 劉君亮要在山中靜座，先生曰，汝若以厭外物之心去求之靜，是反養成一箇驕惰之氣了；汝若不厭外物，復於靜處涵養，卻好。〔註126〕
>
> 昔之人，固有欲明其明德矣；然或失之虛罔空寂，而無有乎家國天下之施者，是不知明明德之在於親民，而二氏之流是矣。〔註127〕

〔註125〕《陽明全書》卷七、大學古本序一二。
〔註126〕《傳習錄》下、卷三，一一。
〔註127〕《王陽明全集》王陽明文集一，20頁。

「二氏」，是指老與佛。陽明認爲在求「盡心」方面，他是與佛、老二家相同的，但在達到究極之精神境地上，「仙佛到極處，與儒者略同」。〔註128〕其於內在本體之呈現上雖相同，但陽明站在爲政者社會職分之立場，以爲佛、老思想對於治天下國家沒有幫助，且有弊害：「欲寡則心自清，清心非捨棄人事而獨居求靜之謂也；蓋欲使此純乎天理，而無毫人欲之私耳。今欲爲此之功，而隨人欲生而克之，則病根常在，未免滅於東而生於西」。〔註129〕換言之，專心追求平靜心，不只不能達到好結果，可能反而會導致徒勞無功，故陽明本身並不要求消去人之欲望。

因爲陽明學流派也傾向佛教、禪學，因此爲了理解陽明思想，卻出現了各種不同的見解，然若欲純粹地研究陽明一身之思想，便不可與佛教、禪等混同論之。

所謂心學是王陽明由注重實際社會之實踐而主張的，故凡此要求尊重個人主體之思想者，均幾存在一定程度對其時代之社會、時政、學術等各方面之不滿及意見。不論是陽明之反對當時一般所公認之朱子學，或藤樹之要求文武並重之想法等，都是對其時文化有強烈的不滿，而於社會、時政方面否定當時所定之官學（朱子學），並批評朝風與社會風氣。就王陽明本身而論，其時代正值國勢衰弱、百姓顛沛流離、政治腐敗、帝王昏昧之動亂之際；而藤樹本身之時代雖太平而沒有動亂，但在嚴格的封建階級制度之下，所有人民都在外在規範之壓力下，而失去了自由的行爲、思想等。所以兩者都是外在權威之朱子學的形式主義氣氛中，追求個人理想，思索眞實的道理，因此對現實社會產生了疑問，對以實踐道德規範爲主、追求「窮理」的朱子學發生了疑惑，故而以在自己內在道德心之呈現與在現實社會上的實踐中，尋求解決矛盾之方法，並實現人生之道德爲其目標。藤樹雖於晚年對社會缺少關心，但在其學說之萌芽階段，則和陽明一樣的對外在社會充滿關心，只是其宗教色彩愈來愈濃厚，到了晚年心學的實踐主義想法逐漸消失。事實上，藤樹之所以接納佛教、道教等宗教，是與逐漸失去對客觀社會的關心有關。以下便先探求藤樹轉變爲「三教合一」宗教性思想之情況。

藤樹三十三歲左右所著之《翁問答》，是現今被公認爲了解藤樹思想，最重要的一本書。藤樹四十歲左右時，對其內容感到不滿意，而之將之重新整

〔註128〕《傳習錄》上、卷一，一四。
〔註129〕《傳習錄》中、卷二，二〇。

理改訂，然卻於四十一歲時逝世，故其改訂之內容，只是一小部分，其後由其門人附錄《改正篇》，而重新出版。《改正篇》序文中說明了藤樹改正此書之理由，及其主要內容，為佛教問題之論述。藤樹在三十七歲完成《翁問答》時，嚴厲指責宗教迷信，尤其是對佛教之批評嚴厲，同時又以「尊德性畏天命」為此期之思想代表，所謂「心跡」論、「時處位」論等重視「權宜」思想即是在此期所形成的。藤樹之區別「心」與「跡」是否定道德形式（跡）之拘泥，而轉向追究內在精神；重視《中庸》所言「中和」之道、實行「天理」之思想。故在此期間藤樹於思想之進展上，具有積極的、實踐主義之表現。

在其後其所改寫之《翁問答》中對佛、道思想已由否定與批評，轉變為肯定，對所有的排佛論加以反駁，在《鑑草》中說：

今生之心，明明德佛性而為清淨安樂，就後生之心即至極樂之佛果。
〔註130〕

由其「明德佛性」之言中可知，藤樹之論「天理」之重點在於內在方面，已不再特別強調行為（事、跡）一事。然凡以實踐為主之學問的成立，其要素除了定義普遍自然的「天理」之存在外，亦需要有與社會行為密切的想法。如藤樹之「時處位」論主張隨著時、處、位之情況，而採取合於道之權宜行為。此重視一定行為之想法，與陽明「知行合一」論中不斷擁有外在實際行為之要求相同。但在晚期藤樹受宗教影響而傾向尋求自我本性，強調悟覺「明德佛性」之內在面，而對於道德、社會實踐等外在行為之要求在他的「三教合一」思想之中，已看不出來。《翁問答》中本有許多批評武士社會之言論，但於後來重新出版之「改正篇」裏，此類對社會、實政之批評，已改由「溫恭自虛」等詞來代替。

由兩者比較可知，陽明一直堅持自己實踐主義之思想，及對客觀社會之道德觀，陽明曾學習佛、道，但因重視儒學之人生價值觀，而於其後排斥之。而藤樹則是在其思想萌芽與發展過程中，看到心學之積極含意而於肯定佛、道思想，論說了「三教合一」之後，把外在客觀道德之價值觀容納於內在主觀道德之中，不再主張實踐道德行為之重要，而強調內在性之擴充即能貫徹社會道德而達成「平天下」之理想。藤樹同時又認為主要貫徹了「存天理去人欲」之個人修養，即使不言具體道德之實踐，某些社會道德而自然地達到陽明學「成聖」的目標。因此兩者所達到之理想境界是一樣的。

〔註130〕《藤全》三，319 頁。

第七節　人生背景

　　王陽明實踐主義之主張在「知行合一」「事上磨鍊」及「致良知」之學說裏可見的，而何以中江藤樹不能和陽明一樣的推持實踐主義思想，而轉爲佛、道思想，另立學說？其間最大的原因，在於兩者之社會態度的不同。陽明雖經歷多次之挫折與思想之變遷，如其哲友湛若水所說「五溺三變」即「初溺於任俠之習，再溺於騎射之習，三溺於辭章之習，四溺於神仙之習，五溺於佛氏之習，正德丙寅，始歸正於聖之學」。在陽明的人生有多次轉變中，亦與藤樹一樣的受到佛道影響。陽明自述其自七歲起即蓄意學道；三十歲退居故鄉陽明洞中修行，表示慕仙之誠；三十二歲時，竟有在某佛寺中留居八月之久；五十歲時，則訪問佛寺十三次，並常於佛寺講學。其與佛學曾長年多次接觸，對其思想發展是有所影的。且佛道二教，於元、明時已普遍流行，陽明雖排斥二氏，但卻不能完全去除其深遠之影響，「第五溺」即說明了老佛對他之強大吸引力。但陽明思想爲何未如藤樹般的轉變爲富宗教色彩「三教合一」思想？在陽明人生中，曾經歷俠、道、佛、儒等人生轉變過程，但其轉變只爲志向而已，並未如藤樹的「致士歸鄉」如此離開實踐職責之場所，故並沒有失去實現自己理想之機會。陽明於晚年，不論在社會或戰地之實踐場所，都有輝煌之事功，如五十六歲時，奉命兼都察院在都御史而平定了思田之亂，並以禮義教化此邊地民眾，其後又陸續征伐八寨、斷藤峽諸蠻賊，消除了國家之大患。故可知陽明於晚年，仍遵行「知行合一」之積極實踐主義，以自己之磨鍊，作爲人之楷模。以爲如此才算是合於儒學內聖外王之道。

　　而中江藤樹則於二十七歲時，對武士社會產生不滿，辭職歸鄉。回鄉後，始專心研究儒學、養成人材，以建立自己之思想理論，現世社會中，實行合於自己理想之道德要求爲目標。當此時，懷著對形式主義之朱子學的道德規範的疑問，以及對本身武士生活不滿的藤樹，便提出了「心跡」論的主張。此「心」與「跡」、「心」與「事」的自覺，是尊重自主性的，對於外在規範也採取自由之態度。如此思想發明過程，使藤樹思想朝陽明學方向發展。其後又經由《性理會通》《王龍溪語錄》等明代儒學者思想之影響，而更加發展。藤樹三十二歲左右所著之《翁問答》，爲其年輕時代具積極性之著作。

　　《翁問答》是在藤樹歸鄉後六年後完成的，因離開武士生活只有六年之故，此時藤樹對武士生活仍然關心，且其交友範圍亦幾以士人階層爲主。因此，《翁問答》是藤樹站在士人之立場而著，其主要內容，則爲有武士階級之

規範、道德。

　　但對武士社會（即客觀社會）之關懷，並沒有持續多久，因為在藤樹辭去官職，離開武士社會時，對身為武士之藤樹來說，已等於失去實現自我理想之一切。故在藤樹的生活條件中，雖有思想之根據，但在社會中卻沒有實踐之場所。且職歸鄉的藤樹，雖在農鄉中過著研究儒學、培養人材等教學生活，但因其身分為士人，離開了實踐場所，就等於退引一樣。故於長期之隱遁生活之後，藤樹與客觀社會相離愈來愈遠，甚至達到對武士社會深感絕望之地步。其內心懷抱社會實踐之，卻無理想實現之可能，是以藤樹之思想無法到安定之境地。為解除此不安定之情形，故採佛教、道教思想，以具神祕色彩之「禍福報應」「三世報應」論為肯定之方法。亦因此而失去了陽明「心學」所主張之以實踐為主之積極性。

第八節　與王龍溪之關係

　　分析藤樹思想中之陽明特色，可說是與明末陽明學派融合禪佛於儒學一樣，具有濃厚之宗教性格。由〈年譜〉之記載可知，藤樹除《陽明全集》外，還讀過《性理會通》《王龍溪語錄》等以龍溪诶中心之明末陽明學派思想之書籍。藤樹對於《王龍溪語錄》之內容，感嘆地說：「始讀此時，悅其觸發所之多，然恐其間雜佛語而近於禪學」。由其受到不少影響，藤樹肯定龍溪思想的合理性，但其另外所說「恐其間雜佛語而近於禪學」的一句可判斷藤樹此時尚未完全接受佛禪思想，改變反宗教之態度。在讀《陽明全集》以後，藤樹方知龍溪思想不同於禪佛，並全面肯定陽明思想，藤樹說道：

> 後，至得陽明全集而讀此，知龍溪之不近於禪學。見深深其哀憫間
> 雜佛語之世，如何以聖人一貫之學本太虛為準則。佛老之學皆不離
> 一貫之中，唯精粗大小而已。達人豈忌其言語耶。且當時多學佛之
> 徒。以是間雜其語，以示不出其外，皆欲悟太虛一貫之道耳。（中釋）

〔註131〕

龍溪思想為媒介，體悟出儒佛道都不違「一貫之中（道）」，故解除了對於宗教之疑惑，而形成「三教合一」之理論。

　　藤樹在讀過《王龍溪語錄》之前，已讀過《性理會通》中所收錄之《南

〔註131〕〈年譜〉三一歲條。

遊會記》《三山麗澤錄》兩本王龍溪的著作。《三山麗澤錄》載：「吾儒未嘗不說虛，不說寂，不說微，不說密，此是千聖相傳之祕藏，從此悟入，乃是範圍三教之宗」〔註132〕此王龍溪之說乃陽明「儒佛老莊，皆吾之用也」之延伸。接著又說：「先師良知之學，及三教之靈樞……」，〔註133〕此則與藤樹所主張包括佛道一切思想之「太虛之神道」意義相近。另外一書《南遊會記》載：「二氏之學，與吾儒異，然與吾儒並傳而不廢，蓋亦有道在焉，均是心也，佛氏從父母交媾時提出，故曰，父母未生前曰，一絲不掛，而其事曰，明心見性，道家從出胎時提出，故曰，圍地一聲，泰山失足，一靈真性既立而胎息已忘，而其事曰，修心煉性，吾儒卻從孩提時提出，故曰，孩提知愛知敬，不學不慮，曰，大人不失其赤子之心，而其事曰，存心養性，夫以未生時看心，是佛氏頓超還虛之學，以出胎時看心，是道家煉精氣神，以求還虛之學，良知兩字範圍三教之宗」，〔註134〕這思想主張對藤樹「三教合一」理論之形成，不論在內容上或在用詞上都造成了影響，《翁問答》裡有寫：「仙家長生不老之術亦是，佛家成佛得脫之修行亦是，究竟是一心之工夫也。仙家以修心煉性爲宗旨，佛家以明心見性爲宗旨。其工夫之充分成就所之心性，云長生不死，云成佛得脫也」（中釋）之「三教合一」理之形成，不論在內容上或在用詞上都造成了影響。

　　陽明曾批評佛道宗教思想，但亦清楚其正面的價值，故言：「儒佛老莊，皆吾之用也，是之謂大道，二氏自私其身，是之謂小道」，〔註135〕可知陽明並非完全排除二氏（仙佛），而是以「大道」「小道」二字來說明儒（大道）佛道（小道）之差別相而已。陽明以「大道」喻儒學，具比「小道」佛道較優越之地位，然不論「大道」或「小道」，都是只是屬於天然本能「良知」之「用」而已。

　　陽明之心學是經過長年的人生經驗與修養，克服各種障礙而體悟出之學說，雖身爲儒家，但卻認爲儒學思想和佛道一樣，都只是一種學問而已，至於其所思考；絕對不變之存在爲「良知」，則非是儒學既存之理論。在此陽明將儒佛道之教旨與道理等，視爲行爲（工夫）之指導方針，爲能完成「存天理、去人欲」之工夫。

〔註132〕《王龍溪語錄》卷一，一一。
〔註133〕《王龍溪語錄》卷一，一三。
〔註134〕《王龍溪語錄》卷七，四。
〔註135〕《陽明全書》三四，五。

　　藤樹之「太虛之神道」（儒學）及含老佛仙思想之「三教合一」論，除了王龍溪外，陽明亦有同樣想法。只是因陽明較注重客觀社會倫理，而主張「知行合一」，較傾向儒家重視思想人倫道德，鼓勵世人實行內聖外王之眞正道理。故於此，陽明比中江藤樹更深信儒學有與社會合爲一體之機能，並比佛道更具價值。

　　就大體而言，藤樹對老佛道所採之態度，已脫離朱子學合理主義之立場，及專守朱子「格法」之傳統。中江藤樹曾經說：「是年始覺專守格法之非。此前專尊信朱註而講明之，以小學之法，示之門人……」（〈年譜〉三十四歲條），這表示藤樹已明覺朱子學「格法」主義之非，而有明確新立場。這種否定朱子學「格法」的態度，在陽明與王龍溪之思想中也曾發生過。龍溪說：

　　　　勢之所便地之所宜，一一令其如法措置，此是讒入格套，非眞良知
　　　　也。〔註136〕

此處所說「眞良知」與藤樹所言之「眞性活潑之體」同意，龍溪又說：

　　　　哀哭貴於由衷，不以客至不至爲如減也，昔人奔喪，見城郭而哭，
　　　　見室廬而哭，自是哀心不容已，今人不論哀與不哀，見城郭室廬而
　　　　哭，是乃循守格套，非由衷也，客至而哭，客不至而不哭，尤爲作
　　　　僞。〔註137〕

對此，藤樹亦有「自我信本心而勿泥其跡」之說，可知兩者於此處之思想內涵是相同的。而王龍溪也和中江藤樹一樣反對朱子學「格法」之態度及否定形式主義之學問。龍溪說：

　　　　狂者行不掩，亦只是過於高明，脫落格套，無溺於污下之事，誠如
　　　　來教所云，夫狂者，志存尚友，廣節而疏目，旨高而韻遠，不屑彌
　　　　縫格套，以來容於世。〔註138〕

龍溪對不受「格法」限制「狂者」（老佛）表示贊同，這亦與藤樹之想法一致。藤樹否定「格法」主義之思想，在《翁問答》中曾說：「少有萬世通運之定法」。他認爲所謂禮儀形式、倫理道德等規範之內容應是依時代、場所之需求，而隨時改變的。王陽明亦曾說：「夫良醫之治病，隨其疾之虛實、強弱、塞熱、內外，而斟酌、加減、調理、補泄之要，在去病而已，初無一定之方，不問

〔註136〕《王龍溪語錄》卷一，六。
〔註137〕《王龍溪語錄》卷五，一四。
〔註138〕《王龍溪語錄》卷五，一九。

證候之如何，而必使人人服之也，君子養心之學，亦何以異於是。元道自量其受病之深淺、氣血之強弱……」〔註139〕反對完全依照經典中之禮法來實行規範，而應據本心「良知」之判斷來行動。陽明雖然沒有直接指出拘泥「格法」之非，但其想法卻影響了王龍溪、錢洪甫等後代陽明學者，及中江藤樹、龍澤蕃山等日本「心學」儒學家。中江藤樹「權是聖人之妙用，神道之惚名也」（《翁問答》）之自由自在、臨時應變、注重自主性思想即由陽明思想而來。

在王龍溪言論中，「上帝」一詞隨處可見，如「終日對越上帝」〔註140〕「吾人時時能對越上帝」〔註141〕「小心翼翼，對越上帝」〔註142〕等，其「上帝」之概念與藤樹之「皇上帝」一樣，是爲主宰神之存在，並以此貫徹本性「良知」與宇宙萬物之所有存在。陽明說「良知」是「心之本體」，將內在之性與外在主宰神合而爲一，視「良知」爲所有造化萬物之根源，超越時空之絕對存在。而此絕對性，其實是與「天」、「上帝」相同。故王龍溪之「上帝」思想可說是在明末濃厚之宗教氣氛中，所思考出來一個陽明學的新進展。

對於「鄉愿、狂言」龍溪以爲「夫鄉愿，不狂不狷，初間亦是要學聖人，只管學成殼套，居之行之聖人忠信廉潔，同流合污，不與世間立異，象了聖人混俗包荒，聖人則善者好之，不善者惡之、尚有可非可刺，鄉愿之善，既足以媚君子，好合同處，又足以媚小人，比之聖人更覺完全無破綻，譬如紫色之奪朱，鄭聲之亂雅……聖學不明世鮮中行，不狂不狷之習，淪浹人之心。」〔註143〕

此文與藤樹在《翁問答》論述聖人——中行——狂者——狷者——鄉愿之優越次序中，尊重狂者之想法，幾乎相同。藤樹甚將釋迦、達摩、莊子等列入狂者部其評價人物之標準，非以儒、佛、老等門戶（學問上之）區別，藤樹說：

> 狂者（釋加、達摩），雖悟道體廣大高明之所，然不悟入中庸之密，
> 見性成道之心術粗糲迂闊，而於修行異相之所逸狂者也。〔註144〕

藤樹並說：「尚天神地祇爲萬物之父母，則太虛之皇上帝即人倫之太祖，就此

〔註139〕《陽明全書》卷五，九。
〔註140〕《王龍溪語錄》卷一，一三。
〔註141〕《王龍溪語錄》卷一，一六。
〔註142〕《王龍溪語錄》卷一二，「與頁玄論」。
〔註143〕《王龍溪語錄》卷一，四。
〔註144〕《藤全》三，219頁。

神理觀之，則無分聖賢、釋迦、達摩、儒佛及我人者，率皆世界中人之形有，皆皇上帝、天神地祇之子孫」，﹝註145﹞在祖先崇拜之理論之下，皇上帝是所有人之統治者。藤樹在此借「天」之主宰力，以主張萬物一體。陽明天地萬物一體之根本，則是以「致良知」之內在工夫，建立以五倫爲主之社會倫理。故陽明之天地萬物一體論，是在要求達成工夫之目標下而論，而其內聖外王之目標，又是就「平天下」之社會道德觀念而論。藤樹則比陽明較注重個人內在本性之修養，由其肯定釋迦、達摩、莊子等人物中可知，其觀點是從「良知」之普遍意義（人間之存在意義）立場而主張的。而龍溪在《大學首章解義》中曾說：「明德是心之虛靈」，說明了天地萬物一體是爲達到此〈虛靈〉之境界，他又用了「見性」「入定」等佛教用詞加以說明，此與藤樹之「三教合一」相同，同具濃厚之宗教性。故藤樹之萬物一體論，仍先以龍溪思想與陽明學之媒介，而形成個人獨特思想。陽明在社會一體論上，於教育論中主張依個人之能力因材施教，勉勵士、農、工、商等，克盡職責，實現社會全體之調和。而藤樹亦以《孝經》爲基本，區分了天子、諸侯、卿大夫、士人、庶人等之個別社會觀，這種想法，與陽明同樣地具有社會一體之理想。唯其宗教色彩濃厚，使與陽明間有產生論點上之不一致。

第九節　萬物一體思想之比較

　　所謂本體「良知」之存在意義，大體上是從內外雙方面來論定，陽明說良知是「心之本體」這是從人性之內在本體觀點來論；又說「天即良知，良知即天」，則是由與外在天貫徹爲一體之觀點來說，此即是宇宙自然之法則，亦爲造化天地萬物之精靈、運行宇宙自然之源處。就此論點上陽明展開了他的萬物一體之理論，首先參考他以「良知」爲中心所說的宇宙論：

> 良知之虛，便是天之太虛，良知之無便是太虛之無形，日月風雷山川民物，凡有貌象形色，皆在太虛無形中發用流行，未嘗作得天的障礙，聖人只是順其良知之發用，天地萬物俱在我良知的發用流行中……。﹝註146﹞

良知是存在天地、人間之萬物根源，具「和」與「通」之作用，能造化萬物、

﹝註145﹞《藤全》三，219頁。
﹝註146﹞《傳習錄》下、卷三，一三。

運行宇宙自然，此爲孔孟儒學之傳統，亦是儒學之本義。與孔子之言「仁」，孟子之言「萬物皆備於我」、「上下與天地同流」一樣，陽明以「良知」爲其本體，說明與孔孟相同的本體性之運轉自然法則。

孔孟與陽明，都在內在本體之絕對性及外在自然之法則下，論人之具有與天地萬物合一之本能，並在人性之萬能無缺上，要求人之歸於至善。藤樹之思想要旨與此完全相同，他以「良知」「明德」「孝」等，來定義本體之絕對性，以「明德」爲例：

> 明德者，天命之性也，雖具於方寸，充塞於大虛，是以光於四海，
> 通於神明，千變萬化，無非此德之神通妙用，故唯名人性曰明德，
> 萬物之性，不能得此名，人之所以異於禽獸者，正在於此。〔註147〕

人所以異於禽獸（萬物），是在人性光明正大而能與王地合其德、與日月同其光。在此，其與陽明一樣，在人之自主性、積極性的本能上來說明其本體觀念。在表現心之本體時，除了「明德」外，藤樹尚以「孝」「良知」「仁」等來說明。而在各種用語之使用上，並沒有明確的標準，但一般而言，「明德」在分辨人類與禽獸，說明人的本體性之上，時常可見；「孝」用於表明天人關係；「良知」則於其晚年常見。

王陽明之致良知，如前所論，比藤樹較注重社會之一體性，其教學是「只發大學萬物同體之旨，使人各求本性，致極良知，以至於至善功夫，有得則因方設教，故人人悅其善從」〔註148〕故陽明之萬物之一體，是以《大學》爲根據。在《大學問》中，陽明又說：

> 大人者，以天地萬物爲一體者也，其視天下猶一家，中國猶一人焉，
> 若夫間形骸而分爾我者，小人矣，大人之能以天地萬物爲一體也，
> 非意之也；其心之仁，本若是其與天地萬物而爲一也。〔註149〕

陽明以社會一體之立場來要求內聖外王之道，並以「大人」爲使萬物爲一體，天下爲一家，國家爲一身之主宰。所謂「大人」即仁者，能去除私欲之蔽而自明其德，並與物無相對，亦無形骸之私。陽明說「大人之能以天地萬物爲一體也，非意之也；其心之仁，本若是其與天地萬物而爲一也」，陽明認爲大人之能與萬物一體，是因他有「仁心」，其本然而然「心」之完全呈現，便能

〔註147〕《藤全》一，506 頁。
〔註148〕《陽明全書》卷二六，一。
〔註149〕《陽明全書》卷二六，二。

恢復與天地萬物為一體之合於自然之天理。

　　陽明認為「小人」也有仁心，仁心是普遍存在的，只是一般人都為私欲所蔽，而不能將仁心自然呈現，故從事「大人之學」之道，只是為去私欲之蔽，以復其本有之明德而已。故良知並無有聖凡之差別，雖小人亦能於天合而為一。

　　陽明以仁心為「明德」，說明「明德」為體，「親民」為其用，並從天地萬物一體（平天下）之觀點來論「止於至善」，此三綱領本是一體，沒有次序的。陽明說：

> 明明德者，立其天地萬物一體之體也；親民者，達其天地萬物一體之用也，故明明德必在親民，而親民乃所以明德也，是故親吾之父，以及人之父，以及天下人之父，而後吾心之仁與吾之父、人之父，與天下之父而為一體矣；實與之為一體，而後孝之明德始明矣，親吾之兄，以及人之兄，以及天下人之兄，而後吾心之仁與吾之兄、人之兄、與天下人之兄而為一體矣，實與之為一體，而後弟之明德始明矣，君臣也，夫婦也，朋友也，以至於山川鬼神禽獸草木也，莫不實有以親之，以達吾一體之仁，然後吾之明德始無不明，而真能以天地萬物為一體矣，夫是謂明明德於天下，是之謂家齊國治而天下平，是之謂盡性。〔註150〕

他把本心一體的仁，施於其親、其兄，亦推予人之親、人之兄，以及於天下之親、天下之兄。如此，則明德充塞天下，自君臣、夫婦，至山川鬼神、鳥獸草木，皆能親之、敬之、保之、育之。普遍地擴充「明德」才能實現與天地萬物為一體。陽明認為「明明德」與「親民」同屬一種功夫（雖然有體用之別），就如物之內與外，內外齊全，即可內聖外王，達到所謂「止於至善」之理想。因此，「明明德」與「親民」可說是「止於至善」之工夫，其中，「明明德」是立天地萬物一體之體，「親民」為其用，而「至善」，則是明德親民之極則。此陽明之萬一體學說，將其政治思想，包含於道德之中。

　　陽明之解釋《大學》之體系，是站在內聖外王的社會倫理觀點上說明萬物一體，其後，再將其宇宙觀放進此中說形成了「致良知」說。在前面所舉陽明之「良知之虛，便是天之太虛，良知之無便是太虛之無形」之中可見，運用「虛」「無」等字來描述良知的本體，以太虛之發用流行來說明宇宙之運

〔註150〕《陽明全書》卷二六，二。

行，並用此來貫通他的道德論與宇宙論。

以下，要說明的是藤樹的萬物一體思想。

藤樹在其晚年之著作《人道圖說》中說道：

> 五行之神是元亨利貞之誠也，五倫之眞是仁義禮智信也。……天之
> 五行與人之五倫，即同氣異形也，天地是元亨利貞之理而行四時之
> 時，天地位而萬物育，人是從仁義禮智之性、在五倫明之時，即爲
> 齊家、治國、平天下也。〔註151〕（中釋）

由文中可知，藤樹亦與陽明一樣以人的內性爲本體，亦即一切造化之精靈，
存在於天地、萬物、人間之根源，凡是有形體之人，似乎都在形而下地不斷
地循環生命活動，但實際上就陽明、藤樹等主導心學之觀念上來看，那種生
命活之根源，同時亦是形而上之太虛的自然運行。有生命之形體存在，都在
宇宙界裏，隨著太虛而貫通其生命之自然。故陽明與藤樹，皆不考慮形而上、
形而下之區別問題，而是就天然的、自然界的運行做說明。因此，人之存即
是「道器合一、萬物一體」，雖充塞於太虛，然其實體「良知」則皆在人心之
中，普遍地爲人所具有的。

對於良知之看法，陽明又說「天即良知，良知即天」，主張與外在天合而爲
一。在明末宗教流行的情況下，龍溪說：「終日對越上帝」「吾人時時能對越上
帝，無閒漫之時，然後可以無藉於書……」，〔註152〕在其思想中，內在本體「良
知」，與天、上帝之關係，更是加以濃厚化；對於藤樹其本有「天」「上帝」信
仰之傾向，且與內在本體心爲一體，故更把此信天、事天之思想，融於其宇宙
觀之中，以之爲人生論之思想中心。在前面以提到藤樹受到了明末陽明學說之
影響，曾受《易》的宇宙原理影響，其本身亦注重此儒學經典，故由《易》造
化萬之原理中把握其宇宙論，以及推論出宇宙萬物一體之思想。藤樹說：

> 太虛廖廓，神化之全體也，本無名字，聖人字曰易，易有太極，是
> 生兩儀，兩儀生四象，四象生八卦，八卦生六十四卦交易絪縕化育
> 之運，數足時至，而先生天，而後生地，而後生人，生萬物，而生
> 生無窮。〔註153〕

其視《易》爲宇宙之原理、物理、道理一貫之道。以下，藤樹則將自然之法

〔註151〕《藤全》二，623 頁。
〔註152〕《王龍溪語錄》卷一，一六。
〔註153〕《藤全》一，245 頁。

則與人倫，視爲一體而論。

> 一陰一陽之謂道，繼之者善也，成之者性也，元亨誠之通，利貞誠
> 之復，大哉易也，性命之源乎。〔註154〕

> 元亨爲仁禮之性，利貞爲義智之性。〔註155〕

天地自然之理法「元貞利貞」，與人倫之法「仁義禮智」是爲一貫之理。

　　藤樹之「皇上帝」信仰，及福善禍淫思想，雖明顯地具有宗教色彩，（筆者於前已論述其合理性。在此便不再重述）而這都是藤樹思想特色，尤其是其宇宙觀與萬物一體思想更不能脫離於此。在〈欽崇天道〉一文中，他把宇宙之造化與運轉之根源，歸於「天道」法則之統治下：

> 遠而天地之外，近而一身之中，隱微幽獨中，細微之事，無不有天
> 道，天道者造我形，與我性，與我衣食者也，民之父母也，君也，
> 以事君親之道事也，則此之謂欲崇，欽崇之道無他，止於至善而已，
> 欲崇則與五福，不欲崇則降六極，惟影響可畏可畏。〔註156〕

　　最後，藤樹在祖先崇拜之理論下，把皇上帝與祖先合而爲一，主張天下所有人爲一體。他在《翁問答》中說：

> 若天神地祇是萬物之父母，則太虛之皇上帝可謂人倫之太祖。以神
> 理觀之，無論聖人與賢人；釋迦與達摩；儒家與佛家；我與他人，
> 於人世間中皆爲皇上帝及天地祇之子孫。

其次，藤樹在說明心之本體時，除了「明德」「良知」之外，特別喜歡用「孝」一詞，在其著作《孝經啓蒙》中他說：「身之本，父母也，父母之本溯其源即始祖也。始祖之本，天地也，天地之本更溯其源即是太虛也。舉其一祖，則涵括父母、先祖、天地、太虛也。」（中釋）。就字義上來說，「孝」是在說明天人關係之時，表現其對父母、祖先等血緣承傳之重視；就藤樹自定之宇宙論而言，是一種方便用語。在藤樹所重視的《孝經》中，亦有此的特性，但藤樹對「孝」之認識，是由其思想之本體論出發，是在天人互相結合、形成天人關係之上所把握的意義。

　　所謂「孝」，是透過人與人之間的血緣關係，而說明天與人的相關性。藤樹特別用此本體義之絕對性來說明自然界之運行人倫之關係，故其「孝德，神妙

〔註154〕《藤全》一，647頁。
〔註155〕《藤全》一，644頁。
〔註156〕《藤全》一，37頁。

不測，廣大深遠，無終始之神道」（中釋）「身之本父母也，父母之本推至始祖，始祖之本，天地也，天地之本，太虛也，舉一祖，以包括父母、先祖、天地、太虛」（中釋），不只己身與父母為一體，同時也與天地、太虛為一體。於是此「孝」便是貫徹「五倫之眞」（仁義禮知信）與自然信化的「元亨利貞」、一貫物理與道理之意。由此亦產生藤樹之萬物一原、萬物一體之思想。

王陽明以「明德」「良知」等心之本體，說明天下所有人之內在本體，是從善性之普遍性出發，主張施下工夫之重要，以成立社會倫理，達到「平天下」之目標。如此以「明德」「良知」為本體，做為《大學》「明明德」「親民」之工夫，實現「止於致善」之注重內聖外王之實現，亦是一種天地萬物合一之方法。藤樹雖也重視《大學》之經義，卻是從「存天理去人欲」之實踐工夫的觀點來把握，而不是以陽明的重視成立社會倫理。故雖達到的境界及目標二者是相同，對《大學》之解釋卻有所差異。陽明是站在「內聖外王」的觀點，而藤樹則是採「存天理去人欲」之立場，兩者相較，陽明是較注重社會，藤樹則注重個人之修養。故陽明以《大學》三綱領、八條目，所解釋萬物合一的思想，在求之理想境界上所主張，故須通過個人修養，及一些內在工夫，實徹各種相對的，所謂「其精神流貫，志氣通達，而無有乎人己之分，物我之間」，才能實現。

而中江藤樹則透過祖先崇拜、皇上帝信仰，主張二者為一體，來說明天下萬人為一體。又以《易》的宇宙原理來解釋鬼神信仰，會通物理與人倫，完成其宇宙論。木村光德先生在其《藤樹學成立之研究》中說：「藤樹之萬物一體觀，早在朱子學修學時代開始。此萬物一體觀，由於經過道教、佛教等學得，不斷改進，精益求精，成為樹體系上之建固不搖的支柱」（中釋），藤樹之根據宇宙論之觀點來解釋萬物一體，是早在朱子學修養時代就成立的。朱子曰：

> 仁是天地之生氣，義禮智又於其中分別，然其初只是生氣〔註157〕

朱子又引用程子之言曰：

> 程子曰，以主宰謂之帝，以性情謂之乾，他這名義自定，必便是他箇主宰處，所以謂天地以生物為心中閒，欲夫以為某不合如此說。
> 某謂天地別無勾當，只是一生物為心一元之氣，運轉流通，略無停閒，只是生出許多萬物而已，問，程子謂天地無心而成化聖人有心

〔註157〕《藤全》一，671 頁。

而無為，曰，這是說天地無心處，且如四時行、萬物生，天地何所
容心，至於聖人，則順理而已，復何為哉，所以明道云，天地之常，
以其心普萬物而無心，聖人之常，以其情順萬事而無情，說得最好
問，普萬物、莫是以心周遍而無私否，曰，天地以此心普及萬物，
人得之，遂為人之心，物得心、遂為物之心，草木禽獸接著，遂為
草木禽獸之心，只是一箇天地之心爾，今須要知得他有心處，又要
見得他無心處，只恁定說不得。〔註158〕

朱子以「仁」為「天地之生氣」，為一個造化之中心點，定義了宇宙之本體。
程子則在「心一元之氣」的統治下，將性情合為一體，會通主宰，說明本體
心之宇宙運轉，造化萬物。可見藤樹是朱子、程子等南宋大儒之宇宙觀著手，
其後融合了陽明學、道教、佛教等思想要素，而形成其宇宙觀，再由其宇宙
觀，即在現實的（非是如陽明之理想的）觀點，主張了心之本體之絕對性，
此即此會通內在本體與外在主宰之想法上。由此可見，他是從定義本體心之
普遍義來會通三世之超時空之思想。

　　故藤樹是以定義其萬物一體之思想出發，再由此本體性之普遍義與福善
禍淫之報應思想來推論天人合一工夫之重要。而陽明之萬物一體論與工夫
論，是就其立論之先後次序而言，與藤樹完全相反。他是由理想境界之立場，
主張萬物一體之關係，必須先「存天理去人欲」之工夫，才能實現。其兩者
之差異，乃在於其二者對個人或社會之重點看法之不同。藤樹創立了三教合
一思想，由福善禍淫來約束、要求個人之人為努力。在此可見藤樹對客觀社
會之絕望，故未如陽明般地有立社會倫理之強烈要求。而陽明因不斷從事軍
國大政，並立下許多政績成功，一直未失去實踐精神，一直擁有實現平天下
之理想以及推及己人、教養人民之目標。也在《大學問》中說：「大人者，以
天地萬物為一體者也，其視天下猶一家、中國猶一人」，〔註159〕其「以天地萬
物一體」之根本，就是明明德，即體悟自己本性「良知」。在此，建立了人間
之五倫，並指出能與山川鬼神草木合一。

　　其次，藤樹宗教的萬物一體思想之形成，王龍溪是一個重要的媒介。王
龍溪繼承了陽明之《大學》思想而著《大首章解義》其中提到了「明德是心
之虛靈」，而此「虛靈」之貫徹便能達到萬物一體的，他並以「見性」「入定」

〔註158〕《朱子語類》卷一，二（正中書局）。
〔註159〕《陽明全書》卷二六，一。

等佛教語來說明之。

　　陽明是以哲學的萬物一體論爲基本，由此來要求社會之一體；因以材施教爲教育方法依個人之才能，而司士農工商各職，透過對各業之勉勵，來實現社會之全體調整。對此，藤樹亦有相同想法。他是以《孝經》爲本，以天子、諸侯、士人、庶人等不同身分之「孝」，勉勵其達成本生才能。但藤樹之要求並非如陽明般以維持現存體制，擁護國家的專制爲目的，他反對維持體制及專制支配，主張政治形式之應時改變，解決社會的矛盾。由此看來，藤樹與陽明之立場，實有不同。陽明是參與時政，守著現實的道德規範（即是君臣關係之固執），從現存的體制上，期望社會之一體。而藤樹則一直懷著對現存體制的不滿，心中擁有許多改革、革命之念頭，但在社會上卻沒有實踐之可能，故而感到無奈，轉而投入宗教之中，注重個人修養，追求自己思想之合理與可能性。

　　以上可見，藤樹與陽明雖然有類似的社會一體論，但在本質卻不相同。藤樹因不能安於現實社會之狀況，而站在永恆不變的宇宙論點上，主張其萬物一體之思想，此與陽明相較，其濃厚之宗教色彩顯然可見的。

結　論

　　由上文之研究可見，陽明與藤樹二者思想之同異處在於：陽明較注重社
會一體之道德實踐，而藤樹較重個人修養之成就。二者雖有此一比較上的差
異，然基本而言，二者思想皆有重視內在主體之心學之性質，這是明顯而可
見，且不可否認的。藤樹在晚年時，採取佛道思想，及強調「清淨之心」之
高尚境界，而主張了三教合一思想，這似乎已離開了儒學之內聖外王之中心
思想。因儒學之心學主旨，非如宗教的只爲解決生死間之執著，亦主張不可
脫離現實社會之客觀問題的。其教旨統攝了心世間一切事物，即是要追求個
人之成就，因材施教，以吏人人成爲社會的有用之才爲主要目的。藤樹及中
國晚明一些儒學家，都在某些程度上，吸收了佛、道等妙理，推出各自的工
夫論，或從《易》形而上之論點上，建立宇宙論之原理。

　　實際上，藤樹與王龍溪等儒學家，無不以儒學爲本，宗教爲末。其思想之
出發點，亦在內聖外王之社會一體思想上。其學說形成之背景中，都有朱子學
末流之缺乏彈性、束縛個人思想及成爲「官學」，爲鞏固階級權威、維持現實體
制服務之弊害。在建立理想社會之追求上，必須從內聖外王出發，隨著主觀道
德意思之發展，透過道德修爲以推及己人，顧慮及社會道德之成就。換言之，
陽明、藤樹等所要求之「存天理去人欲」工夫，必須要顧慮到主觀的完成個人
修養與客觀的社會實踐，爲此他們會通了內在主體與客觀外在，以爲一體的工
夫論。陽明、藤樹思想，即是由此而開發的，他們都是由對其時代之專制、規
律、道德觀念、學術等之批評而出發，並針對朱子學而提出批評，另立主張。
他從反省朱子學的格物致知說入手，強調內在之本心爲本體，而論「心即理」
之意義；而使儒學成爲人人可行、更容易入手的工夫。

因此，在陽明之「知行合一」、以及藤樹之「心事一元」之思想中可見到，都是以更有實踐之可能的理論與根據，加強其擁實際的道德實踐之能力。在此，在工夫論、教育論方面，在內聖外王之基本要求上，注意內在主體與外在客觀環境，依人之各種不同的素質，主張事上磨鍊（即是因材施教），形成「本體即工夫」之心一元論之學術。此即會合內在本體之擴充與社會秩序之形成，而把本體論與工夫論溶合在一起，用以簡易的方法，鞏固人人皆可成聖之可能性。

但是現實上，內聖外王之完整、存天理去人欲之成就，是工夫最後要達成之目標，換言之，是最完美的理想。陽明、藤樹等皆知道達成其理想地步是很難的，所謂「天人合一」是唯有聖人方能達到之境（他們沒有認為自己能夠達到成聖的地步），他們的工夫論，是在求接近此理想境界而作努力，因此，在理想與現實之對立上，在陽明、藤樹間發生了各不相同的工夫論（本體論是相同）。陽明是追求理想境界上主張了「致良知」說，而藤樹是重視現實之需要而形成「三教合一」說。雖然二者有以上的差別，但在其心學之基本看法是相同的。他們皆以本體良知之自然呈現、貫徹心之作用為最主要的理論。可見他們以「內聖外王」、「存天理去人欲」為終極之目標、思想之主旨，及顧慮個人修為之成就與政治、社會之現實一面。

陽明會通內外、貫徹理想與現實，而形成了主體與客體並重之哲學思想。藤樹思想亦然。其亦為「致中和」之修為工夫，強調主觀與客觀之思想，考慮仁義間之相關性，而推出其個人之學說。因此，陽明、藤樹之所以各有不同的思想，主要即是產生在此主觀與客觀之調整上。

就陽明與藤樹的整體思想而言，陽明較偏重於理想，而藤樹則偏向於現實。這是因為時代背景不同，以致思想上各有所輕重及不同傾向而已。尤其中、日二國之生活環境、文化背景完全不同，而其個人本身之生活、經歷、遭遇等亦不相同，故此二者間所主張之思想內涵的不同是不可避免的。故藤樹雖是日本陽明學之祖師，但亦有其個人的思想特色。

藤樹沒有直接從陽明學入手，而是從陽明之弟子龍溪等所主張注重本體心之自然呈現之學術入手。藤樹承受此思想，形成三教合一，主張儒佛道之一體。他的「孝一元論」是以「孝」為宇宙萬物之根本、超越時空之絕對，此即受《易》之宇宙論、及佛老之思想所形成，是跟晚期陽明學派之思想理論相當地類似的。因此藤樹重視自我本體之修養成就即一切，其工夫論之重

點則在於本體良知之自覺、以歸於本然而然的自然明覺狀態爲目的。此即陽明所說的爲上根人立教的頓悟工夫。

　　再者，藤樹思想之一大特色，是另立一外在權威，他肯定皇上帝之存在，此主張在他晚年，是十分明確的。又他肯定因果報應，以佛教之思想來輔助道德人格之成就。如果愈發使他的思想有其獨特性，而與陽明學派間之差距越來越大。心學的理論，是否可以容許一客觀外在的權威存在、是很可以討論的。但雖如此，藤樹之此等思想，實亦有使道德實踐普及化之功能，而此使道德普及化、正是藤樹晚年似最關心的。

參考文獻

中　文

1. 《王陽明全集》，王守仁，大申書局，（民國 77 年 7 月初版）。
2. 《傳習錄》，王守仁，金楓出版社，（民國 73 年 3 月初版）。
3. 《陽明全書》，王守仁，中華書局，（民國 68 年 7 月三版）。
4. 《王龍溪語錄》，王畿，廣文書局，（民國 49 年 12 月初版）。
5. 《大學章句補釋》，王孺松編，教育文化出版社，（民國 57 年初版）。
6. 《王陽明入聖的工夫》，朱秉義，幼獅文化事業公司，（民國 74 年 9 月二版）。
7. 《四書章句集註》，朱熹，鵝湖出版社，（民國 73 年 9 月初版）。
8. 《朱子語類》，朱熹，正中書局，（民國 51 年初版）。
9. 《朱子語類》，朱熹，臺灣商務印書館，（民國 71 年 8 月四版）。
10. 《中國哲學發展史》，吳怡，三民書局，（民國 77 年 4 月二版）。
11. 《王陽明教育思想之研究》，吳蘭，中華書局，（民國 76 年 12 月二版）。
12. 《中國思想史（下）》，韋政通，水牛出版社，（民國 78 年 7 月八版）。
13. 《王陽明》，秦家懿，東大圖書公司，（民國 76 年 7 月初版）。
14. 《比較中日陽明學》，張君勱，臺灣商務印書館，（民國 59 年 2 月初版）。
15. 《新編中國哲學史（三上）》，勞思光，三民書局，（民國 79 年 11 月六版）。
16. 《儒家的心學傳統》，楊祖漢，文津出版社，（民國 81 年 6 月初版）。
17. 《儒家與康德的道德哲學》，楊祖漢，文津出版社，（民國 76 年 3 月初版）。
18. 《王陽明哲學》，蔡仁厚，三民書局，（民國 72 年 2 月初版）。
19. 《中國思想史》，錢穆，學生書局，（民國 77 年 10 月六版）。
20. 《宋明理學概述》，錢穆，學生書局，（民國 81 年 2 月四版）。

21. 《陽明學述要》，錢穆，正中書局，（民國 56 年 3 月四版）。

22. 《王陽明思想之進展》，鍾彩鈞，文史哲出版社，（民國 72 年 10 月初版）。

23. 《陽明學漢學研究論集》，戴瑞坤，學生書局，（民國 77 年 3 月初版）。

24. 《陽明學說對日本之影響》，戴瑞坤，中國文化大學出版部，（民國 70 年 11 月初版）。

日　文

1. 《日本思想史体系二——中江藤樹》，山井湧、山下龍二、加藤伸行、尾藤正英，校注，岩波書店，（1974 年 7 月初版）。

2. 《中江藤樹の儒学——その形成史的研究》，山本命，風間書房，（1977 年 2 月初版）。

3. 《藤樹学の成立に関する研究》，木村光德，風間書房，（1971 年 6 月初版）。

4. 《藤樹先生全集》（加藤盛一等編），岩波書店，（1940 年增訂再版）。

5. 《陽明学十講》，安岡正篤，二松學舍大學陽明學研究所，（1981 年 10 月初版）。

6. 《中江藤樹（日本教育先哲叢書五）》，加藤盛一，文教書院，（1942 年 8 月初版）。

7. 《日本封建思想史研究》，尾藤正英，青木書店，（1961 年 9 月初版）。

8. 《中江藤樹（人と思想 45）》，渡部武，清水書院，（1974 年 9 月初版）。

論　文

中　文

1. 〈儒家思想對日本的影響〉，杜松柏，中國與日本，二四八，（民國 70 年 10 月）。

2. 〈中江藤樹與日本陽明學〉，張克偉，東方雜誌二一——一一，（民國 75 年 5 月）。

3. 〈日中儒學的陽明學派〉，張鶴琴，今日中國，一四〇，（民國 71 年 12 月）。

4. 〈錢復先生對王陽明哲學的理解〉，楊祖漢，《徐復觀學術思想國際研討會論文集》，（民國 82 年 12 月）。

日　文

1. 〈王陽明思想の変遷について〉，山下龍二，日本中國學會報一〇，（1958 年）。

2. 〈中江藤樹の弁神論〉，小出哲夫，藤樹研究新緣號，（1958 年 6 月）。

3. 〈中江藤樹に於ける「格物致知」〉，小出哲夫，藤樹研究新綠号一〇，（1961 年 9 月）。

4. 〈聖人研究、中江藤樹（二）〉，下程勇吉，モラロジー研究一二，（1982 年 12 月）。

5. 《聖人研究、中江藤樹（三）》，下程勇吉，モラロジー研究一五，（1983 年 11 月）。

6. 《聖人研究、中江藤樹（四）》，下程勇吉，モラロジー研究一六，（1981 年 3 月）。

7. 〈中江藤樹の生涯と思想〉，木村光德，藤樹研究新緣號（1958 年 6 月）。

8. 〈中江藤樹の思想〉，木村光德，藤樹研究復刊一〇（1961 年 9 月）。

9. 〈中江藤樹の経典解釈の立ち場について〉，木村光德，藤樹研究復刊六，1959 年 10 月。

10. 〈中江藤樹の学の成立とその道德教育〉，木村光德，藤樹研究新緣號，（1958 年 6 月）。

11. 〈中江藤樹の学における時中権の意義〉，木村光德，藤樹研究復刊六，1959 年 10 月。

12. 〈翁問答における陽明學の受容とその意義〉，木村光德，藤樹研究復刊三〇，（1988 年 6 月）。

13. 〈王陽明思想「知行合一」論〉，中根公雄，陽明學二，（1990 年 3 月）。

14. 〈藤樹学をめぐる一二の問題点〉，木村光德，藤樹研究復刊三〇，（1988 年 6 月）。

15. 〈中江藤樹の思想形成〉，古川治，甲子園大學紀要一，（1970 年 12 月）。

16. 〈中江藤樹の根本思想〉，古川治，甲子園大學紀要二，（1972 年 3 月）。

17. 〈藤樹学の構造と本質 ——藤樹教育学の形成〉，古川治，藤樹研究復刊二八，（1986 年 8 月）。

18. 〈中江藤樹の孝〉，加地伸行，史學雜誌第八五編六，（1976 年 6 月）。

19. 〈藤樹思想における宗教性——「翁問答」まで〉，吉岡千秋，關西外國語大學研究論集三九，（1984 年 1 月）。

20. 〈日本近代儒学の意義〉，宇野精一，東洋研究（大東文化大學）三三，（1973 年 9 月）。

21. 〈中江藤樹の思想と陽明学〉，尾藤正英，歷史學研究二三一，（1959 年 7 月）。

22. 〈日本における中國思想の影響〉，阿部吉雄，東西時論—— 一一，（1966 年 11 月）。

23. 〈日本儒学の成立〉，阿部吉雄，歷史教育一二──六四──一〇，（1964年 10 月）。

24. 〈日鮮中三国の新儒学の発展を比較して〉，阿部吉雄，東京支那學報一二，（1966 年 6 月）。

25. 〈江戶時代儒学の出身と社會的地位について〉，阿部吉雄，日本中國學會報一三，（1961 年）。

26. 〈江戶時代に於ける儒教理解と変容〉，宮崎道生，國學院雜誌八四──一一，（1983 年 11 月）。

27. 〈日本陽明学の一般的傾向〉，保田清，人文（京都大學教養部）八，（1962年）。

28. 〈王陽明の哲學思想〉，洪樵榕，陽明學創刊號，（1989 年 3 月）。

29. 〈中江藤樹の心学と心法〉，後藤三郎，立教大學心理教育學科研究年報二，（1958 年）。

30. 〈中江藤樹と現代〉，後藤三郎，藤樹研究新緣號，（1958 年 6 月）。

31. 〈日本儒学史体系への序説〉，倉田信靖，東洋研究（大東文化大學）二六，（1972 年 3 月）。

32. 〈藤樹学の成立と孝意識に就いて〉，倉田信靖，陽明學二，（1990 年 3 月）。

33. 〈中江藤樹と武士〉，高橋文博，季刊日本思想史一〇，（1979 年 2 月）。

34. 〈藤樹学の基調〉，荻生茂博，陽明學二，（1990 年 3 月）。

35. 〈中江藤樹の実学感〉，源了圓，心九月號，（1975 年 9 月）。

36. 〈唯一を追う思想──中江藤樹をめぐって〉，樋口浩造，大阪大學日本學報八，（1989 年 3 月）。

37. 〈中江藤樹の主体性の認識の伸展〉，藤田覺，藤樹研究復刊三三，（1991年 9 月）。

38. 〈中江藤樹の神〉，藤田覺，藤樹研究復刊二九，（1987 年 8 月）。

王門天泉證道研究
——從實踐的觀點衡定「四無」、「四有」與「四句教」

高瑋謙　著

作者簡介

高瑋謙，1965 年生，高雄市人。臺灣師範大學國文系畢業（1989），中央大學哲學研究所碩士（1993），中國文化大學哲學研究所博士（2007）。曾任師大附中國文科專任教師、世新大學通識教育中心兼任講師，現任南華大學哲學系專任助理教授。主要研究領域為宋明理學，並已發表相關學術論文十數篇。

提　　要

　　「王門天泉證道」是儒家思想發展史上一大公案，其中有關「四句教」之義理詮解直接牽涉到王陽明思想之宗趣與定位的問題，而王龍溪「四無」說與錢緒山「四有」說之爭辯所衍生出來關於「本體」、「工夫」的探討，也持續籠罩了晚明的整個思潮，成為陽明後學主要的問題意識。故對此一論題進行深入地研析，實具有不容忽視的價值在。本文嘗試從「實踐的觀點」重新檢討天泉證道上的種種問題，希望能在儘量不修改文獻的前提下，透到文句背後去體貼每個說話者心中的理境，把天泉證道之本來面貌呈顯出來。其中主要檢討了牟宗三先生與王財貴先生的說法，以便對比出問題之關鍵所在。牟先生其實是依理論的觀點去分析問題者，故其說法雖自成體系，但大多不符合文獻，恐未必真能相應於天泉證道之實情。王先生則一方面雖已能從實踐的觀點抉發出龍溪「四無」說之精義，但另一方面卻又回到牟先生理論的觀點去看陽明合會「四無」與「四有」的問題，此已不自覺地混用了兩種詮釋的觀點，而造成其系統內部之不協調。本文則一路貫徹實踐的觀點，發現不僅處處能與文獻貼合，而且於義理上亦能融洽無礙。故既闡明了龍溪「四無」說為何可作為一種接引上根人之教法與工夫，同時也釐清緒山「四有」說何以未嘗悟得本體，並且確立陽明「四句教」如何是中人上下無不接著之宗旨。透過以上諸義之衡定，王門天泉證道之真相明矣！

目

次

第一章 導 論

　　王門天泉證道一事，發生在明朝嘉靖六年（1527）九月王陽明起征思田前夕。是夕，在越城天泉橋上，王陽明兩位高弟王龍溪與錢緒山互相爭論師門教法之權實問題：王龍溪認爲四句教只是王陽明一時立教之「權法」，故另提「四無」新說；錢緒山則認爲四句教乃師門教人之「定本」，故堅持四句教法。雙方爭議未決，遂相與請正於王陽明。王陽明調停合會，令其二者相資爲用，不可各執一邊，終歸於四句宗旨之論。這便是王門天泉證道一事之梗概。

　　從思想史上來看，王門天泉證道一事有非常重大的意義：首先，四句教的提出肇見於天泉證道一事之記載當中，它代表了陽明晚年立教的基本宗旨，因此欲對陽明一生學思之發展有徹底的了解，「四句教」的闡明是非常重要的課題。其次，天泉證道中龍溪「四無」說與緒山「四有」說的爭辯，成爲開啓後來王學各個流派分化的先河；而且由之衍生出來的「本體」、「工夫」的爭議，也籠罩了晚明的整個思潮，成爲陽明後學主要的問題意識。最後，天泉證道中關於心體「無善無惡」的說法，流衍到明朝末年造成了許多流弊，引發了晚明諸子如顧涇陽、高景逸等人的責難和批評，更嚴重地影響到陽明思想之定位問題。由此以觀，王門天泉證道一事之闡明，實有不容忽視的價值在。

　　本文之作即欲對此一儒家重要的學術公案進行全面而深入的探討，冀能一窺王門天泉證道之眞相。因此，筆者嘗極力探索當代諸位學者對此一事件的研究成果，以作爲進一步研析之憑籍。其中，牟宗三先生的說法頗具有代表性，一般學者均相當重視。他的意見最直接的是寫在《從陸象山到劉蕺山》一書中，其次是《王陽明致良知教》，再次是《圓善論》，偶亦有散見於其他

著作者，大都側面論及，不如上述三書詳備。筆者曾反覆思考其間，卻仍不能釋然無疑。蓋牟先生的說法，雖可謂體大思精，系統嚴密，可是與文獻的記載未盡貼合。如：陽明說「四無」是爲上根人立教，牟先生卻說「四無」不能獨自成一教法；陽明說「四有」未嘗悟得本體，牟先生卻認爲「四有」亦須悟得本體；陽明說「四有」是爲中根以下人立教，「四句宗旨」則是中人上下無不接著之徹上徹下功夫，而牟先生卻將「四句教」等同於「四有」。究竟陽明之本意爲何？牟先生的詮釋是否真能相應於天泉證道之實情？此仍有待進一步加以探討。

後來讀到王財貴先生《王龍溪良知四無說析論》這篇論文，其中對於「四無」已有極精闢的見解。他從儒家「心即理」的傳統，肯定了「四無」可作爲一種實踐的工夫；又從「教」字的另一層意義，肯定了「四無」可作爲一種點撥式的教法；另外，也曾站在龍溪「四無」說的立場，質疑緒山「四有」說中所言之「無善無惡心之體」尙只是一種「預設」。這些見解均較牟先生的說法更能符合文獻的記載，亦稍可解開筆者心中的困惑。但是，王先生畢竟還是將「四句教」等同於「四有」，其與文獻扞格之處仍然存在。

直到看了陳來先生《有無之境──王陽明哲學的精神》一書，其中便明白區分了「四有」與「四句教」之不同。陳先生認爲「四有」應是指緒山的看法，「四句教」則代表陽明本人的看法。這種見解帶給了筆者很大的振奮，因爲如此一來，便可與文獻的說法吻合了。可是，單從文獻著眼，並不能夠充分說明「四有」與「四句教」之間的差異，因爲兩者在文句上是相同的。當然，陳先生也注意到這一點了，於是他試圖透過陽明另一位弟子鄒東廓對天泉證道之記載，來證明緒山「四有」說與陽明「四句教」兩者之文句是不同的。然而嚴格說來，在這一點上陳先生的做法並不成功（詳見本文第二章之論述），所以天泉證道之真相如何，還有進一步研究的必要。

以上大致說明了本文之主旨與研究之範圍，檢討了前人的成果並指出問題之所在，至於詳細的論述則有待以下各章節爲之。接著再簡單介紹本文的研究方法，以及解釋題目的立意。

筆者認爲：天泉證道中，陽明、龍溪、緒山師徒三人之間的問答，其實反映了他們心中對於本體、工夫、與教法之見解，這原是屬於實踐中證悟之事，而非純粹客觀的理論探討。純粹客觀地探討理論，它可能是一套套固定的學說，可是若就主觀地「證悟」而言，同一套理論學說可能因每個實踐者

體悟之深淺有別而呈顯不同的理境。譬如陽明的致良知教，客觀地來談似乎可以撐開一套固定的義理架構，可是，若就每一位實踐者主觀上對致良知教的證悟來談，便可能體現出不同側面的理境來。若然，陽明「四句教」與緒山「四有」說之間的分別，很可能不在文句上，而是在對於文句背後義理的體悟上。

本文即嘗試從這種「實踐的觀點」來重新探討天泉證道中之種種問題，希望能在盡量不修改文獻的前提下，透到文句背後去體貼每一個說話者心中的理境，將天泉證道之本來面目呈現出來，故本文正題名曰：「王門天泉證道研究」，其下副題則名曰：「從實踐的觀點衡定『四無』、『四有』與『四句教』」。

第二章 天泉證道之始末及其在思想史上的意義

第一節 天泉證道之始末

明嘉靖六年丁亥（1527）五月，王陽明（名守仁，字伯安，世稱陽明先生，1472～1528）受命總督兩廣及江西湖廣軍務兼都察院左都御史，平定廣西思恩、田州兩地少數民族之暴亂。辭免不允，遂於九月起程赴廣。起程前夕（九月八日）〔註1〕，在越城天泉橋上，因門下兩位高弟錢緒山（名德洪，字洪甫，號緒山，1496～1574）〔註2〕與王龍溪（名畿，字汝中，號龍溪，1498～1583）〔註3〕互相爭論四句教法之權實問題，懸而未決，遂相與請正於王陽明。王陽明乃各遣其見，令歸中道，謹守宗旨，保任勿失。這便是王

〔註1〕 《陽明年譜》嘉靖六年「九月壬午發越中」條下云：「是月初八日，德洪與畿訪張元沖舟中，因論爲學宗旨。……畿曰：明日先生啓行，晚可同進請問。是夕夜分，客始散，先生將入內，聞洪與畿候立庭下，先生復出，使移席天泉橋上，德洪舉與畿論辯請問。」見王守仁著，《王陽明全書》（臺北：正中書局，1976年），第四冊，同上頁147。據此，則天泉證道之日爲九月八日。然依陽明於丁亥十二月初一日所作〈赴任謝恩遂陳膚見疏〉云：「已於九月初八日扶病起程」。見同上，第三冊，《奏疏》，卷四，頁140。依此，則天泉證道之日爲九月七日。未詳孰是，茲暫依《年譜》所載。案：陳來先生所著《有無之境──王陽明哲學的精神》（北京：人民出版社，1991年）一書，第八章，頁195下之註解即依陽明〈赴任謝恩遂陳膚見疏〉所載，斷定天泉證道之日爲九月七日，筆者以爲論據未必充分，故不採取。蓋陽明當時已病，亦可能記錯也。

〔註2〕 黃宗羲著，《明儒學案》（臺北：華世出版社，1987年），上冊，卷十一，〈浙中王門學案一〉，頁225。

〔註3〕 同上，卷十二，〈浙中王門學案二〉，頁238。

門著名的一段公案——天泉證道。

不過，關於天泉證道的始末細節，今存各家所錄略有不同，後人亦由此懷疑四句教出於弟子之手，而非陽明本旨。因此，在這一節中須將有關天泉證道的文獻羅列出來，加以比較分析，以確定陽明的立場，同時對錢、王二子的基本主張作初步的釐清，以便在此基礎之上進行更深入的研究。

（一）《傳習錄》下卷記載

丁亥年九月，先生起，復征思田。將命行時，德洪與汝中論學。汝中舉先生教言曰：「無善無惡是心之體，有善有惡是意之動，知善知惡是良知，爲善去惡是格物。」德洪曰：「此意如何？」汝中曰：「此恐未是究竟話頭。若說心體是無善無惡，意亦是無善無惡的意，知亦是無善無惡的知，物亦是無善無惡的物矣。若說意有善惡，畢竟心體還有善惡在。」德洪曰：「心體是天命之性，原是無善無惡的。但人有習心，意念上見有善惡在，格致誠正修，此正是復那性體功夫。若原無善惡，功夫亦不消說矣。」是夕侍坐天泉橋，各舉請正。先生曰：「我今將行，正要你們來講破此意。二君之見，正好相資爲用，不可各執一邊。我這裡接人，原有此二種：利根之人，直從本源上悟入，人心本體原是明瑩無滯的，原是個未發之中。利根之人，一悟本體，即是功夫，人己內外，一齊俱透了。其次不免有習心在，本體受蔽，故且教在意念上實落爲善去惡功夫，熟後，渣滓去得盡時，本體亦明盡了。汝中之見，是我這裡接利根人的；德洪之見，是我這裡爲其次立法的。二君相取爲用，則中人上下，皆可引入於道。若各執一邊，眼前便有失人，便於道體各有未盡。」既而曰：「以後與朋友講學，切不可失了我的宗旨：無善無惡是心之體，有善有惡是意之動，知善知惡是良知，爲善去惡是格物。只依我這話頭，隨人指點，自沒病痛，此原是徹上徹下功夫。利根之人，世亦難遇，本體功夫，一悟盡透，此顏子明道所不敢承當，豈可輕易望人？人有習心，不教他在良知上實用爲善去惡功夫，只去懸空想箇本體，一切事爲俱不著實，不過養成一箇虛寂，此箇病痛，不是小小，不可不早說破。」是日德洪汝中俱有省。〔註4〕

〔註4〕 見陳榮捷著，《王陽明傳習錄詳註集評》（臺北：學生書局，1988年），卷下，第三一五條，頁359～360。

案：《傳習錄》下卷所載天泉問答爲錢緒山所錄〔註5〕，而在《陽明年譜》中，亦有一段同是出自錢緒山之筆的天泉證道記，唯內容文字稍有不同。

（二）《陽明年譜》嘉靖六年丁亥「九月壬午發越中」條下記載

是月初八日，德洪與畿訪張元沖舟中，因論爲學宗旨，畿曰：「先生說知善知惡是良知，爲善去惡是格物，此恐未是究竟話頭。」德洪曰：「何如？」畿曰：「心體既是無善無惡，意亦是無善無惡，知亦是無善無惡，物亦是無善無惡。若說意有善有惡，畢竟心亦未是無善無惡。」德洪曰：「心體原來無善無惡，今習染既久，覺心體上見有善惡在，爲善去惡，正是復那本體功夫。若見得本體如此，只說無功夫可用，恐只是見耳。」畿曰：「明日先生啓行，晚可同進請問。」

是夕夜分，客始散，先生將入內，聞洪與畿候立庭下，先生復出，使移席天泉橋上，德洪舉與畿論辯請問，先生喜曰：「正要二君有此一問，我今將行，朋友中更無有論證及此者。二君之見，正好相取，不可相病。汝中須用德洪功夫，德洪須透汝中本體。二君相取爲益，吾學更無遺念矣。」

德洪請問，先生曰：「有只是你自有，良知本體原來無有。本體只是太虛，太虛之中，日月星辰，風雨露雷，陰霾曀氣，何物不有，而又何一物得爲太虛之障？人心本體亦復如是。太虛無形，一過而化，亦何費纖毫氣力？德洪功夫須要如此，便是合得本體功夫。」

畿請問，先生曰：「汝中見得此意，只好默默自修，不可執以接人。上根之人，世亦難遇，一悟本體，即見功夫，物我內外，一齊盡透，此顏子明道不敢承當，豈可輕易望人？二君已後與學者言，務要依我四句宗旨：無善無惡是心之體，有善有惡是意之動，知善知惡是良知，爲善去惡是格物。以此自修，直躋聖位。以此接人，更無差失。」畿曰：「本體透後，於此四句宗旨如何？」先生曰：「此是徹上徹下語，自初學以至聖人，只此功夫。初學用此，循循有入，雖至聖人，窮究無盡。堯舜精一功夫，亦只如此。」先生又重囑付曰：

〔註5〕　此段天泉問答之記載收在《傳習錄》下卷，原題爲黃省曾錄，唯據此篇內容所載皆用德洪之名，可知爲錢緒山本人所錄無疑。參見陳榮捷著，《王陽明傳習錄詳註集評》，頁11。

「二君以後再不可更此四句宗旨，此四句中人上下無不接著。我年來立教，亦更幾番，今始立此四句。人心自有知識以來，已爲習俗所染，今不教他在良知上實用爲善去惡功夫，只去懸空想箇本體，一切事爲俱不著實，此病痛不是小小，不可不早說破。」是日洪、畿俱有省。〔註6〕

案：《傳習錄》下卷刊於嘉靖三十五年（1556）〔註7〕，《陽明年譜》則成於嘉靖四十二年（1563）〔註8〕。《陽明年譜》所載天泉證道一事，其首尾與《傳習錄》大同小異，而中間部份分開記錄緒山與龍溪各自向陽明請正的問答，則較《傳習錄》總述陽明對兩位弟子之訓誡，從形式上看來，或許更接近當時的實況。蓋《陽明年譜》雖是緒山主稿，然復經龍溪等人「互精校閱」〔註9〕，當更爲可信。另外，在萬曆十五年（1587）刻行〔註10〕的《王龍溪全集》中，有龍溪門人根據龍溪口述錄成的〈天泉證道記〉，亦有相當重要的參考價值。

（三）《王龍溪全集》中〈天泉證道記〉記載

陽明夫子之學，以良知爲宗，每與門人論學，提四句爲教法：「無善無惡是心之體，有善有惡是意之動，知善知惡是良知，爲善去惡是格物。」學者循此用功，各有所得。緒山錢子謂：「此是師門教人定本，一毫不可更易。」先生謂：「夫子立教隨時，謂之權法，未可執定。體用顯微，只是一機。心意知物，只是一事。若悟得心是無善無惡之心，意即是無善無惡之意，知即是無善無惡之知，物即是無善無惡之物。蓋無心之心則藏密，無意之意則應圓，無知之知則體寂，無物之物則用神。天命之性，粹然至善，神感神應，其機自不容已，無善可名，惡固本無，善亦不可得而有也，是謂無善無惡。若有善有惡，則意動於物，非自然之流行，著於有矣。自性流行者，動而無動；著於

〔註6〕 見王守仁著，《王陽明全書》，第四冊，《年譜》，頁 147～148。
〔註7〕 見《傳習錄》下卷末〈錢德洪跋〉一文，收在陳榮捷著，《王陽明傳習錄詳註集評》，頁 386。
〔註8〕 見錢緒山著，〈陽明先生年譜序〉，收在王守仁著，《王陽明全書》，第四冊，頁 190。
〔註9〕 錢緒山〈陽明先生年譜序〉一文有云：「越明年正月，成于懷玉書院，以復達夫，比歸，復與王汝中、張叔謙、王新甫、陳子大賓、黃子國卿、王子健互精校閱，曰：庶其無背師說乎！命壽之梓。」見同上，第四冊，頁 191。
〔註10〕 見蕭良幹著，〈王龍溪先生全集序〉，收在王畿著，《王龍溪全集》（臺北：華文書局，1970 年），第一冊，頁 3～7。

有者，動而動也。意是心之所發，若是有善有惡之意，則知與物一齊皆有，心亦不可謂之無矣。」緒山子謂：「若是，是壞師門教法，非善學也。」先生謂：「學須自證自悟，不從人腳跟轉，若執著師門權法，以為定本，未免滯於言詮，非善學也。」

時夫子將有兩廣之行，錢子謂曰：「吾二人所見不同，何以同人？盍相與就正夫子？」晚坐天泉橋上，因各以所見請質。夫子曰：「正要二子有此一問。吾教法原有此兩種。四無之說，為上根人立教。四有之說，為中根以下人立教。上根之人，悟得無善無惡心體，便從無處立根基，意與知物，皆從無生，一了百當，即本體便是工夫，易簡直截，更無剩欠，頓悟之學也。中根以下之人，未嘗悟得本體，未免在有善有惡上立根基，心與知物，皆從有生，須用為善去惡工夫，隨處對治，使之漸漸入悟，從有以歸於無，復還本體。及其成功一也。世間上根人不易得，只得就中根以下人立教，通此一路。汝中所見，是接上根人教法，德洪所見，是接中根以下人教法。汝中所見，我久欲發，恐人信不及，徒增躐等之病，故含蓄到今，此是傳心秘藏，顏子明道所不敢言者。今既已說破，亦是天機該發泄時，豈容復秘？然此中不可執著，若執四無之見，不通得眾人之意，只好接上根人，中根以下人，無從接授。若執四有之見，認定意是有善有惡的，只好接中根以下人，上根人亦無從接授。但吾人凡心未了，雖已得悟，仍當隨時用漸修工夫，不如此不足以超凡入聖，所謂上乘兼修中下也。汝中此意，正好保任，不宜輕以示人，概而言之，反成漏泄。德洪卻須進此一格，始為玄通。德洪資性沈毅，汝中資性明朗，故其所得，亦各因其所近，若能互相取益，使吾教法，上下皆通，始為善學耳。自此海內相傳天泉證悟之論，道脈始歸于一云。〔註11〕

　　案：此篇記載與前兩篇最大的不同，在於對龍溪所主張的「四無」說做了較詳盡的闡發，並正式揭出「四有」、「四無」的名稱。綜觀以上三篇記載，雖然在文字上有些微差異，但大體來說，因係當事人親筆或口述，故所記大抵詳信而可靠。三篇所記，或各有掛漏之處，將其綜合比觀，當可逼近天泉

〔註11〕見王畿著，《王龍溪全集》，第一冊，卷一，〈天泉證道記〉，頁89～93。

證道之史實。除此之外,陽明另一高弟鄒東廓(名守益,字謙之,號東廓,1491～1562)在其〈青原贈處〉一文中亦曾載及此事。

(四)鄒東廓〈青原贈處〉一文記載

> 陽明夫子之平兩廣也,錢、王二子送於富陽。夫子曰:「予別矣,盍各言所學。」德洪對曰:「至善無惡者心,有善有惡者意,知善知惡是良知,爲善去惡是格物。」畿對曰:「心無善而無惡,意無善而無惡,知無善而無惡,物無善而無惡。」夫子曰:「洪甫須識汝中本體,汝中須識洪甫功夫,二子打併爲一,不失吾傳。」〔註12〕

案:東廓此記,較諸前面三篇記載,實甚粗略。蓋因其非天泉證道之當事者〔註13〕,故此載之眞確性值得考慮。

總計以上四篇記載,若再加上龍溪〈緒山錢君行狀〉一文中所錄〔註14〕(此文所載大致與龍溪〈天泉證道記〉同,故此處不予抄錄),共有五篇,是吾人研究王門天泉證道一公案所能見到的主要資料。從這幾種不同的資料當中,吾人須要加以確認的問題是:

第一、陽明晚年是否曾提出四句教法?這四句的內容是否是:「無善無惡心之體,有善有惡意之動,知善知惡是良知,爲善去惡是格物」?

關於這兩個問題,明末劉蕺山(名宗周,字起東,號念臺,世稱蕺山先生,1578～1645)曾說:「四句教法,考之陽明集中,並不經見,其說乃出於龍溪,則陽明未定之見,平日間嘗有是言,而未敢筆之於書,以滋學者之惑。」

〔註12〕黃宗羲著,《明儒學案》,上冊,卷十六,〈江右王門學案一〉,頁341。

〔註13〕陳來著,《有無之境──王陽明哲學的精神》,第八章,頁201下註解云:「按東廓非丁亥九月天泉證道的當事者,他把天泉證道與嚴灘有無之辯混爲一事,故誤以天泉爲富陽。富陽即指嚴灘,蓋錢、王送陽明至嚴灘,再論有無,其詳亦見於《傳習錄》下。」另王財貴著,《王龍溪良知四無說析論》(收入《師大國文研究所集刊》,第三十五期,1991年6月),第三章,頁420,注釋〔1〕亦對此問題有一番考證:「據《陽明年譜》所載,天泉證道是丁亥九月壬午,該條中有:畿曰:『明日先生啓行,晚可同進請問』之語,可見隔日陽明即出征,而《王龍溪全集》〈緒山錢君行狀〉,繼記陽明起程時,龍溪與緒山送陽明至嚴灘而別,並云:過江右,東廓、南野、獅泉、洛村……諸同志二三百人候于南浦請益,夫子云:『軍旅匆匆,從何處說起,我此意畜之已久,不欲輕言,以待諸君自悟,今被汝中拈出,亦是天機該發泄時……』,可見東廓前時不在陽明身邊也。」二說於此問題考證詳矣,皆明確指出鄒東廓非天泉證道之當事者。

〔註14〕王畿著,《王龍溪全集》,第三冊,卷二十,〈緒山錢君行狀〉,頁1377～1379。

〔註 15〕這是懷疑四句教爲陽明未定之見，而由龍溪所具體擬出者。然根據以上的資料來看，這個說法並不成立。不僅龍溪強調：「陽明夫子之學，以良知爲宗，每與門人論學，提四句爲教法。」（〈天泉證道記〉）緒山亦確認四句教爲「先生教言」（《傳習錄》）陽明本人更反覆叮囑二位弟子：「二君以後再不可更此四句宗旨」並謂：「我年來立教，亦更幾番，今始立此四句。」（《陽明年譜》）可見蕺山之疑根本站不住腳。

其後，黃宗羲（名宗羲，字太沖，號南雷，世稱梨洲先生，1610～1695）更引鄒東廓〈青原贈處〉一文所記，提出更明確的質疑曰：「此與龍溪天泉證道記同一事，而言之不同如此。蕺山先師嘗疑陽明天泉之言與平時不同，平時每言『至善是心之本體』，又曰『至善只是盡乎天理之極，而無一毫人欲之私』，又曰『良知即天理』。錄〔案：指《傳習錄》〕中言天理二字，不一而足，有時說『無善無惡者理之靜』，亦未嘗徑說『無善無惡是心體』。今觀先生所記，而四有之論，仍是以至善無惡爲心，即四有四句亦是緒山之言，非陽明立以爲教法也。今據天泉〔案：指龍溪〈天泉證道記〉一文〕所記，以無善無惡議陽明者，盍亦有考於先生之記乎？」〔註 16〕這是黃宗羲認爲天泉證道的四句教出於緒山，而非陽明立教之言，並認爲四句教第一句應據東廓〈青原贈處〉一文所載，改成：「至善無惡心之體」。關此，黃宗羲欲否認四句教是陽明的教法，根據前所引證的三種資料來看，理由是不夠充份的。至於引用東廓之記來校勘錢、王二子之記，這更是不合理。因爲如前所言，東廓並非天泉證道的當事人，不該用他的轉述來改正當事人的記錄。

綜觀蕺山與宗羲師徒二人所以一再主張「無善無惡心之體」不是陽明的主要思想，並認爲四句教是出於弟子之言，實是基於迴護陽明之心，同時也受到時代背景影響使然〔註 17〕。

第二、天泉證道是起因於龍溪和緒山對陽明四句教的爭辯，究竟其爭辯的問題何在？兩個人的基本觀點如何？而所謂「四無」說與「四有」說的意

〔註 15〕黃宗羲著，《明儒學案》，上冊，〈師說・論王龍溪畿〉，頁 8。
〔註 16〕同上，卷十六，〈江右王門學案一〉，頁 334～335。
〔註 17〕陽明「無善無惡心之體」之說流行到晚明之際，漸漸產生弊病。批評者如東林學派顧涇陽、高景逸等人不僅將這種弊端，視爲陽明後學者的偏失，而且將之視爲陽明思想本身之缺陷，故蕺山、宗羲試圖從文獻上、義理上作正本清源的疏解，將該說摒除於陽明思想之外，以期能補偏救弊。參見陳熙遠著，〈黃梨洲對陽明「心體無善無惡」說的疏解與其在思想史上的意涵〉，收在《鵝湖月刊》第一七七期（1990 年 3 月），頁 11～26。

涵又當如何理解？

　　根據以上的資料，龍溪認爲陽明的四句教只是一時立教之「權法」，不可執定；緒山則認爲四句教乃師門教人之「定本」，一毫不可更易。（見〈天泉證道記〉。另《傳習錄》與《陽明年譜》則載龍溪疑陽明四句教「未是究竟話頭」，因此與緒山展開論辯。三錄所載，意實可通）兩人爭辯的問題主要集中在陽明立四句教的權實問題上，這與後來的學者如蕺山、宗羲等人著重於爭辯四句教是否爲陽明本人的教言，有明顯的不同。換言之，龍溪和緒山之間的爭辯，並不是在於勘定四句教是否出自陽明，而是在共同肯定四句教爲陽明教法的基礎上，進一步商榷應將四句教視爲「權法」或「定本」。

　　依龍溪的觀點，心意知物，只是一事，若說意是有善有惡的，則知與物一齊皆有，「心亦不可謂之無矣」（見〈天泉證道記〉。另《傳習錄》作：「畢竟心體還有善惡在」，《陽明年譜》則作：「畢竟心亦未是無善無惡」）這是說意既處於有善有惡的分化狀態，心體如何能眞是無善無惡地呈顯呢？豈不因意之有善有惡連帶影響到心體也跌宕不平？反過來，若說心體是無善無惡地呈顯，意豈可以有善惡兩歧之分化？故龍溪認爲陽明的四句教不是「究竟話頭」，只是「權法」，乃另提「四無」新說。所謂「四無」之說，用龍溪自己的話來講，即是：「若悟得心是無善無惡之心，意即是無善無惡之意，知即是無善無惡之知，物即是無善無惡之物。」（〈天泉證道記〉）龍溪這種將意、知、物完全統於無善無惡的心體之下，直承此無善無惡的心體自然流行之思想型態，可謂是一側重「頓悟本體」之實踐理論。

　　但依緒山的觀點來看，心體原是天命之性，雖無善無惡，但「人有習心，意念上見有善惡在」（《傳習錄》），故須用「爲善去惡」的功夫（《陽明年譜》），以求恢復本體。若見得心體原是無善無惡，便說無功夫可用，「恐只是見耳」（《陽明年譜》）。因此他不同意龍溪「四無」的說法，主張堅守陽明的四句教法。其實，在緒山這種堅持之下，四句教便只成了一種與龍溪「四無」說相對翻的思想型態：著重在強調「爲善去惡」功夫的必要性，卻不能徹悟「四無」說之理境而正視其價值，可謂是一側重「漸修功夫」之實踐理論。殊不知陽明本人所立的四句教之理境當不止於此。有些學者遂把緒山所堅持下的四句教和陽明本人所立的四句教，看成是同樣的思想型態，同名之爲「四有」〔註18〕，這其實是有待商榷的。

─────────────────────

〔註18〕如牟宗三先生，見氏著，《從陸象山到劉蕺山》（臺北：學生書局，1984年），

　　首先，從文獻上來看，《傳習錄》與《陽明年譜》所錄之天泉問答，同出於緒山之手，其中並沒有提到「四有」、「四無」的說法。東廓〈青原贈處〉中所引，亦無此說法。唯龍溪〈天泉證道記〉一文中提到：「夫子曰：正要二子有此一問，吾教法原有此兩種：四無之說，為上根人立教。四有之說，為中根以下人立教。」這是「四無」說、「四有」說出現的由來，可見這組詞語原是龍溪個人特殊的用法。依照此特殊的用法，「四無」說指的是龍溪本人側重「頓悟本體」之實踐理論，「四有」說指的是緒山側重「漸修功夫」之實踐理論，兩者陽明既皆認為有局限性，又說四句教是「徹上徹下語」，「中人上下無不接著」（《陽明年譜》），則陽明的主張既非「四無」，亦非「四有」明矣，故不宜將陽明本人所立的「四句教」與緒山所堅持下之四句教，均看成是「四有」之思想型態，完全等同起來。

　　其次，從義理上來看，緒山所堅持下的四句教，既著意在「有善有惡意之動」上，強調「為善去惡」功夫之不可或缺性，則其對於陽明四句教首句「無善無惡心之體」實只有思理上之肯認，而不具有實踐上之契悟〔註 19〕，此所以陽明告誡他：「德洪須透汝中本體」（《陽明年譜》）。故緒山對陽明四句教之把握只有後三句較為真切，第一句「無善無惡心之體」則未能透徹了悟，宜其只成「四有」之思想型態。至於陽明本人所立的「四句教」，則句句皆有實義，既徹悟本體，亦不廢功夫，隨學者根器上下，悟「無」見「有」，各資其用，非一特定的思想型態所能範限者也。故陽明所立之四句教與緒山執持下之四句教畢竟是有分別的，此分別不在文句表面上，而是在對文句背後義理的領悟上〔註 20〕。

第三章，第二節，頁 266～282，以及《圓善論》（臺北：學生書局，1985 年）第六章，第五節，頁 313～316。皆明白表示陽明之四句教為「四有」，並未區分陽明與緒山之間有何不同。再如王財貴先生，見氏著，《王龍溪良知四無說析論》，第四章，頁 423～436，亦代表此種立場。

〔註 19〕所謂「思理上之肯認」，意謂此時只在解悟中把握到此心體，所謂「實踐上之契悟」，意謂此時已完全徹悟無善無惡一體而化之本體流行境。此義詳見本論文第三章第三節與第四章第一節。

〔註 20〕陳來先生在其《有無之境——王陽明哲學的精神》一書中，亦主張將陽明的「四句教」和緒山所代表的「四有」說區別開來，這是筆者受其啟發之處。唯陳來先生進而以鄒東廓〈青原贈處〉一文所述：「德洪對曰：至善無惡者心，有善有惡者意，知善知惡是良知，為善去惡格物。」來代表緒山的「四有」說，想藉此從文句上來區分陽明的「四句教」與緒山的「四有」說之不同，則是筆者所不敢苟同的。因為一來陳先生既認為鄒東廓非天泉問答當事人，

　　依筆者之意，吾人不妨回歸到龍溪〈天泉證道記〉中對「四有」一詞的
使用，將此詞用來專門指稱緒山所代表的那種側重「漸修功夫」的實踐理論
〔註21〕，而把「四句教」一詞還原成只代表陽明本人教法所呈顯的特殊理境
〔註22〕。如此一來，「四有」與「四句教」二詞既回歸到其原來的指謂，同
時恰如其分地代表了緒山和陽明兩人之間不同的思想型態。

　　總上所述，天泉證道中應有三種不同的見解：龍溪主張「四無」說，強
調「心意知物一體皆是無善無惡」之「頓悟本體」的實踐理論。緒山主張「四
有」說，強調「人有習心，須用爲善去惡」之「漸修功夫」的實踐理論。陽
明本人則立「四句教」，既不著於「無」亦不偏於「有」，卻又同時兼融「有」
「無」二境，而成一「徹上徹下」的圓實之教。

　　第三、對於龍溪和緒山兩人的爭辯，陽明究竟採取了什麼態度？他又如
何來合會「四無」說與「四有」說的？

　　基本上陽明所採取的是一種調和的態度。他既非完全站在緒山的立場，
認爲龍溪「四無」說是「壞師門教法」；亦非完全站在龍溪的立場，認爲「四
句教」只是一種「權法」（〈天泉證道〉）；而是在不同層面的意義上肯定了兩
者的意見各具有其價值性，同時亦具有其限制性。因此他告誡龍溪和緒山說：
「二君之見，正好相資爲用，不可各執一邊」。（見《傳習錄》。另《陽明年譜》
則載：「二君之見，正好相取，不可相病。」〈天泉證道記〉亦提到陽明要二
位弟子「互相取益」之言，三錄所載皆可見陽明採調和的態度。）

　　至於陽明如何進一步地合會「四無」說與「四有」說呢？根據《傳習錄》
與〈天泉證道記〉的記載，陽明是以接上根人和中下根人的不同來合會此二

　　　不能用他的轉述來證明錢王二子所錄「四句教」首句爲誤記，同樣地亦不當
　　　以東廓所記來證成緒山「四有」說即是如此。再者所謂「至善無惡者心」與
　　　「無善無惡心之體」二句，文字表面雖然不同，但其義理實可相通（參見本
　　　章第二節第三部分），想藉此區分陽明與緒山二人思想型態之不同，實非諦
　　　當。詳見該書，第八章，頁200～202。

〔註21〕龍溪本人或亦有將陽明四句教看成只是「四有」之意，但若僅就〈天泉證道
　　　記〉一文的前後語脈來看，「四有」一詞確實只在陽明對龍溪和緒山二人見解
　　　之合會上出現，從未用來明指陽明本人之四句教，故吾人可說從〈天泉證道
　　　記〉這個文獻來看，「四有」一詞乃專就緒山所代表的思想型態而言。退一步
　　　來說，縱使龍溪本人亦有將陽明四句教視爲「四有」之意，那也只代表龍溪
　　　個人對陽明四句教之理解，不因此即代表陽明之四句教客觀的義理只是「四
　　　有」，吾人當從義理上區分陽明「四句教」與緒山「四有」說之不同。

〔註22〕關於陽明四句教之意涵在本章第二節與第四章第四節有詳細地論述，可參閱。

說的。他認爲：「四無」之說是爲上根人立教，「四有」之說則是爲中根以下人立教。上根之人，悟得無善無惡心體，更無剩欠，一了百當；中根以下之人，未嘗悟得本體，須隨處對治，使之漸漸入悟。上根之人，從無處立根基，一悟本體，便是功夫，這是頓悟之學；中根以下之人，未免在有善有惡上立根基，故須用爲善去惡功夫，這是漸修之法。這兩種接引人的方式，雖然皆是王門用來教人的方法，但也各有其局限性，因此不可執著。「若執四無之見，不通得眾人之意，只好接上根人，中根以下之人，無從接授。若執四有之見，認定意是有善有惡的，只好接中根以下人，上根人亦無從接授。」（〈天泉證道記〉），所以「四無」、「四有」二說，只好「相取爲用，則中人上下，皆可引入於道。若各執一邊，眼前便有失人，便於道體各有未盡。」（《傳習錄》）由此可見，陽明分別從「本體」之悟與不悟，「功夫」之頓與漸，「教法」之上與下來融會「四無」說與「四有」說〔註23〕，正點出了他們理論上之限制所在，同時也顯示出兩種說法的個別價值，更爲「四無」說與「四有」說朝更圓融的理境發展之可能性，指出了可行的方向。

　　《陽明年譜》所載雖無明顯地以接引上下根人來合會「四無」與「四有」的說法，但從陽明告誡二人的說法中，可看出陽明的主張實甚一貫。陽明說：「汝中須用德洪功夫，德洪須透汝中本體。」可見「四無」說的價值在於「頓悟本體」上，「四有」說的價值則在於「漸修功夫」上。而陽明既明白點出龍溪在頓悟「四無」本體之後，仍須用緒山「四有」之漸修功夫，反之，緒山在做「四有」之漸修功夫中，當透悟龍溪「四無」之本體，這種說法無疑是較以接引上下根人來合會「四無」、「四有」的說法，來得更具體，更確切些。

　　第四、陽明在對「四無」說與「四有」說進行合會之後，提出了什麼樣的指示？這樣的指示有什麼意涵？

　　根據《傳習錄》與《陽明年譜》的記載，陽明在對「四無」說與「四有」說做了合會之後，曾告誡兩位弟子，不可更改四句教，四句教是他晚年立教之「宗旨」，是「徹上徹下功夫」，中人上下無不接著，只依這話頭，隨人指點，自沒病痛。（龍溪〈天泉證道記〉則不提此義，蓋視陽明之四句教爲權法

〔註23〕牟宗三先生嘗謂：陽明以「悟得」與「未悟得」本體來合會「四無」說與「四有」說，這是不恰當的，應當以「無對治」與「有對治」來區別較妥。又謂「四無」並不能獨立成一教法。參見氏著，《從陸象山到劉蕺山》第三章，第二節，頁274～282。關於這些問題筆者有不同的看法，詳見本論文第四章。

故）承前所言，陽明認爲「四無」說是用來接引上根之人，「四有」說是用來接引中根以下之人，兩種教法分別適應不同資質的學者，如果各執一邊，眼前便有失人。因此若欲從這兩種教法中，選擇出其中一種來作爲「宗旨」或「徹上徹下功夫」，似乎是不可能的。唯有能兼通「有」「無」二境之教法，方足以當之，那麼只有陽明本人所立之四句教才能勝任。

「四句教」是陽明晚年化境下所楬櫫的教法〔註 24〕，所謂「時時知是知非，時時無是無非」的親身體悟，自當涵融在四句教法之中。首句「無善無惡心之體」並非只是原則上肯定致良知工夫中須有本體作根據而已，而是對本體自然流行「無有作好，無有作惡」之意作一根源上的點醒，此即是後來龍溪所著意發揮的「四無」理境。然「四無」畢竟只是「一無」而已，陽明四句教後三句所強調的「爲善去惡」工夫，自非龍溪「四無」說所能完全賅括。而此四句教之後三句：「有善有惡意之動，知善知惡是良知，爲善去惡是格物」原亦非只是在未能徹悟心體之下所鋪展之工夫理論，而是在悟得心體之後仍肯定「爲善去惡」工夫之必要性。此工夫側面自是後來緒山所著意堅持之「四有」理境，然「四有」畢竟只著於「有」境而已，陽明四句教首句所點明的「無善無惡」本體，並非緒山「四有」說所能完全徹盡。若然，陽明所立之「四句教」，「無」「有」雙出，「頓悟」與「漸修」兼備，隨學者根器上下，皆能接引入道，宜乎其爲「徹上徹下功夫」，爲不可更易之「宗旨」〔註 25〕。

〔註 24〕 依《陽明年譜》中關於天泉證道的記載，其中陽明曾說道：「我年來立教，亦更幾番，今始立此四句」則四句教之提出當在嘉靖五年至六年之間（1526～1527），不能更早。（參見陳來著，《有無之境──王陽明哲學的精神》，第八章，頁 194 下〔註 1〕）此時陽明約五十五歲到五十六歲，這時期陽明之思想，根據龍溪的敘述，是屬於居越以後「所操益熟，所得益化，信者從者益眾，時時知是知非，時時無是無非」的化境，有別於江右以後「專提致良知三字」的階段。（見王畿著，《王龍溪全集》，第一冊，卷二，〈滁陽會語〉，頁 170～172）依此，則陽明之四句教當視爲其晚年化境下所楬櫫的教法，與江右時期所提之「致良知教」在強調的重點上略有不同，不應完全等同看待。案：牟宗三先生在其所著《圓善論》一書，第六章，頁 315，曾經說道：「那四句即是致良知教之綜括」。話雖不錯，卻未能正視四句教首句言「無善無惡心之體」之指點義。詳見本章第二節第一部份之討論，以及第四章第四節對四句教之衡定。

〔註 25〕 牟宗三先生解陽明四句教之所以爲「徹上徹下功夫」在於「因縱使是上根人亦不能無對治，亦不能無世情嗜欲之雜，不過少而易化而已」（見牟宗三著，《從陸象山到劉蕺山》，第三章，第二節，頁 280～281），這是說四句教雖爲

在作了以上的指示之後，陽明更進一步叮囑龍溪：「四無」之說，不宜輕以示人。人心自有知識以來，已被習俗所染，今不教他在良知上實用爲善去惡功夫，只去懸空想個本體，不過養成一個虛寂之病。這便是提點龍溪「四無」說可能產生的流弊，令其不廢漸修工夫，以歸於四句教宗旨。正如〈天泉證道記〉末尾所載：「吾人凡心未了，雖已得悟，仍當隨時用漸修工夫，不如此，不足以超凡入聖，所謂上聖兼修中下也。」揆諸龍溪後來之立論，大抵能謹遵師教，兼顧到漸修工夫的重要性，然「四無」之意莫不潛隱其中，這或許正是龍溪思想之特色所在〔註26〕。

至於對緒山而言，《傳習錄》與《陽明年譜》雖不載陽明有任何進一步的叮囑，然觀諸〈天泉證道記〉末尾所載，陽明說：「德洪卻須進此一格，始爲玄通。」此意亦正點出緒山「四有」說之不足，令其往高明處悟入，以歸於四句教宗旨。考察緒山後來思想之發展，雖也能注意到頓悟本體之切要性，然「四有」之意仍爲其立說之重點〔註27〕，這或許正印證了陽明所言：「德洪

「四有」，爲「有對治」之法，然因上根人、中根以下人皆須對治習氣之雜，故四句教爲「徹上徹下功夫」。此說不符合陽明以「四有」爲接引中根以下人的説法，亦使得龍溪「四無」說爲接引上根人的説法變得沒有意義。王財貴先生承繼牟先生的立場，解釋陽明之「宗旨」何以立在「四有」（依其用法，四有即指四句教）而不立在「四無」時説：「從『聖人亦學』，『工夫』不可已，說宗旨必立在四有而不在四無」（見王財貴著，《王龍溪良知四無說析論》，第四章，第三節，頁431）此說同樣以上下根人皆須做有對治的工夫，來說四句教爲「宗旨」，其不符合陽明原意處亦同上述，詳見本論文第四章之討論。

〔註26〕通貫《王龍溪全集》之意，自是如此。姑舉一例證之：「良知知是知非，原是無是無非，正發眞是眞非之義，非以爲從無是無非中來，以標末視之，使天下胥至於惽惽憧憧也。」（見王畿著，《王龍溪全集》，第二冊，卷十，〈答耿楚侗〉，頁666）此已能「有」「無」雙出，融「有」於「無」。換言之，龍溪認爲良知之能發「知是知非」之用，原是基於「無是無非」之體，然體用本是一貫，如此說的用意，不是要將「知是知非」之用視爲「末」，令天下人重「本」遺「末」，以至於惽惽憧憧，而是要發「眞是眞非」之義。可見龍溪已能正視「知是知非」之工夫義，唯仍喜從「無是無非」處作提點罷了。

〔註27〕緒山〈與張浮峰〉中有云：「龍溪學日平實，每於毀譽紛冗中，益見奮惕。弟向與意見不同，雖承先師遺命，相取爲益，終與入處異路，未見能渾接一體。歸來屢經多故，不肖始能純信本心，龍溪亦於事上肯自磨滌，自此正相當。」（見黃宗羲著，《明儒學案》，上冊，卷十一，〈浙中王門學案一〉，頁235～235）可見緒山於天泉證道後始能「純信本心」，明白龍溪「四無」之意。而龍溪於天泉證道後「亦於事上肯自磨滌」云云，藉由此語復可證明筆者前說之不誤。至於緒山立說仍不免以「四有」爲重點一義，可參閱《明儒學案》所錄緒山

資性沈毅，汝中資性明朗，故其所得，亦各因其所近。」

　　綜觀以上四點所論，主要是扣緊文獻資料，詳加比較分析，以勾勒出整個
天泉證道之始末，其中牽涉到一些對文獻資料詮解上之不同意見，亦大多在注
釋中點示出來，這樣做是爲了使以下各章節在進一步討論問題時有所憑藉。

第二節　天泉證道在思想史上的意義

　　天泉證道的始末既如上述，接下來吾人要探討的是：此事件在中國思想
史上具有什麼意義？首先，四句教的提出肇見於天泉證道中，它代表了陽明
晚年立教的基本宗旨，如此一來，欲對陽明一生思想之發展有徹底的了解，
四句教的闡明是非常重要的課題。其次，天泉證道中龍溪「四無」說和緒山
「四有」說的爭辯，成爲開啓後來王學各個流派分化的先河，而且由之衍生
出來的「本體」、「工夫」的爭議，也籠罩了晚明的整個思潮，成爲陽明後學
主要的問題意識。最後，天泉證道中關於心體「無善無惡」的說法，流衍到
明朝末年造成了許多流弊，引發了晚明諸子的責難和批評，更嚴重地影響到
陽明思想之定位的問題。底下便嘗試從這三方面來進行討論：

　　第一、陽明一生的學思發展，直到四句教法的拈出爲止，可謂已臻至圓
熟的化境，根據黃宗羲在《明儒學案》中所載，對陽明學思的演變有如下的
描述：

> 先生之學，始泛濫於詞章，繼而遍讀考亭之書，循序格物，顧物理
> 吾心，終判爲二，無所得入，於是出入於佛、老者久之。及至居夷
> 處困，動心忍性，因念聖人處此更有何道？忽悟格物致知之旨，聖
> 人之道，吾性自足，不假外求。其學凡三變而始得其門。自此以後，
> 盡去枝葉，一意本原，以默坐澄心爲學的。有未發之中，始有發而
> 中節之和，視聽言動，大率以收斂爲主，發散是不得已。江右以後，
> 專提「致良知」三字，默不假坐，心不待澄，不習不慮，出之自有
> 天則。蓋良知即是未發之中，此知之前更無未發；良知即中節之和，
> 此知之後更無已發。此知自能收斂，不須更主於收斂；此知自能發
> 散，不須更期於發散。收斂者，感之體，靜而動也；發散者，寂之
> 用，動而靜也。知之眞切篤實處即是行，行之明覺精察處即是知，

　　「會語」、「論學書」部分（見前引，頁226～237），通貫其意可知，不復贅。

無有二也。居越以後，所操益熟，所得益化，時時知是知非，時時
無是無非，開口即得本心，更無假借湊泊，如赤日當空而萬象畢照，
是學成之後又有此三變也。〔註28〕

此即所謂「前三變，後三變」之說。前三變是指：（一）泛濫詞章，（二）出
入佛老，（三）龍場悟道等三個階段的轉變而言。後三變是指：（一）龍場悟
道後，以「默坐澄心」爲學的，（二）江右以後，專提「致良知」三字，（三）
居越以後，「時時知是知非，時時無是無非」等三個階段的轉變而言。黃宗羲
此說大抵是根據龍溪在〈滁陽會語〉中所述而簡括成的〔註29〕，兩者皆認爲
陽明於江右提出「致良知」教之後，思想上再有更進一步的演變，即所謂「時
時知是知非，時時無是無非」的化境是也。從時間上來看，四句教的提出無
疑是在此一化境階段，而不在揭「致良知」教的時期〔註30〕。但緒山屢次綜
述陽明學思歷程則僅至「致良知」教時期而已，並不提此化境階段，例如在
〈刻文錄敘說〉一文中所云：

先生之學凡三變，其爲教也亦三變。少之時馳騁於辭章，已而出入
二氏，繼乃居夷處困，豁然有得於聖賢之旨，是三變而至道也。居
貴陽時，首與學者爲知行合一之說。自滁陽後，多教學者靜坐。江
右以來，始單提致良知三字，直指本體，令學者言下有悟，是教亦
三變也。〔註31〕

或謂緒山是站在「教」三變的觀點，故不列龍溪等人所云之化境階段，蓋化
境不可以爲教也。姑不論化境可否以爲教，且說陽明思想之演變中究竟有無
此一化境階段呢？要解答這個問題，關鍵在於先澄清：究竟此所謂化境階段
與致良知教時期，陽明的思想是否有本質上的改變呢？

　　順著上面黃宗羲引述自龍溪的說法來看，陽明於江右提出致良知教時，
已能超越龍場悟道之初以「默坐澄心」爲主要工夫的格局，而達到「默不假
坐，心不待澄，不習不慮，出之自有天則」的境地，其所以如此，蓋陽明此
時已能由良知之自致其知，依其本身之天理天則，以表現爲知善知惡，爲善

〔註28〕黃宗羲著，《明儒學案》，上冊，卷十，〈姚江學案〉，頁181。
〔註29〕王畿著，《王龍溪全集》，第一冊，卷二，〈滁陽會語〉，頁168〜172。
〔註30〕參見本章註24。
〔註31〕錢緒山著，〈刻文錄敘說〉，見王守仁著，《王陽明全書》，第一冊，頁10。另
　　　　外，緒山於〈陽明先生年譜序〉一文中，亦曾綜述陽明一生學思之歷程，然
　　　　亦未提此化境階段。

去惡之事行。更由此知善知惡，爲善去惡之事行中，見良知之時時自作主宰。此即見良知即是未發之中，亦即是已發之和；此知自能收斂，此知亦自能發散；此知不僅僅是知，此知更即是行。換言之，陽明此時已見得良知之即寂即感，即動即靜，知行合一之全體大用。

至於陽明居越以後，基本上於致良知教時期所作之工夫並無一根本的改變，只不過「所操益熟，所得益化」。工夫做到了純熟，良知永現作主，更不待致之之功，所謂「時時知是知非，時時無是無非」。這完全是私意剗盡，了無執著，只是心體之自然流行，更不待思慮擬議其間，故「開口即得本心，更無假借湊泊」，至此，陽明可謂已真實徹至天理流行的境界。

比較陽明此二時期思想之轉變，在義理骨幹上並沒有什麼改變，可以說是同質的發展〔註32〕；但是就踐履上之進境而言，卻不能不有「反之」與「性之」之別〔註33〕。緒山就其理論系統之同處識取，故於陽明揭「致良知」教之後，不再另列化境階段；龍溪則就其實踐理境之不同處洞察，故於陽明揭「致良知」教之後，再列一化境階段。此取徑上之差異，再次印證了陽明所說：「德洪資性沈毅，汝中資性明朗，故其所得，亦各因其所近」的話。

因此吾人若能正視「反之」與「性之」此二實踐理境之別，則龍溪區分江右致良知教時期與居越以後化境階段爲二變的說法，應當是可以被肯定的。若然，則陽明於居越末期所揭示的「四句教」和江右時期所揭之「致良知」教，當亦作如是觀〔註34〕。即「四句教」雖不外於「致良知」教之義理骨幹，然在實踐工夫上實更強調了「無有作好，無有作惡」一義的重要性，此由「四句教」首句強調心體之「無善無惡」可知。換言之，純就理論系統

〔註32〕 蔡仁厚著，《王陽明哲學》（臺北：三民書局，1983年），第一章，頁13。

〔註33〕 「反之」與「性之」二語借用自《孟子·盡心上》篇「身之」與「性之」二語，原文爲：「堯舜，性之也；湯武，身之也。」朱熹於原文下註曰：「堯舜天性渾全，不假修習；湯武修身體道，以復其性。」此二語之理境甚足以狀陽明晚年進境之不同，故借用之。見朱熹著，《四書章句集註》（臺北：鵝湖出版社，1984年），《孟子集註》，卷十三，頁358。

〔註34〕 此處所謂「當亦作如是觀」，是就「同一理論系統因踐履上之進境不同而展現爲兩種不同理境」一形式意義而類比地說，並非將江右時期所揭之「致良知」教與居越以後所揭之「四句教」看成是「反之」和「性之」兩種理境之不同。蓋從下文以「致良知」教接近緒山之「四有」（「反之」）理境，「四句教」爲融合龍溪「四無」（「性之」）與緒山「四有」（「反之」）理境於一爐的說法可知，此處並非將「四句教」看成完全是「四無」（「性之」）的理境。爲避免誤解，特此提出說明。

而言，「致良知」教與「四句教」之間實無不同，然就其實踐工夫上所強調的意味而言，則「致良知」教不免較著重在「本致知以格物誠意而復其心體之正」一義〔註35〕，而「四句教」則更著重在「悟得心體之無善無惡而致知以格物誠意」〔註36〕。本只是一理論系統，只因教者本身之進境不同，故於工夫之指點上亦不能無巧拙偏圓之異〔註37〕。大體說來，江右時期的「致良知」

〔註35〕此可以陽明四十七歲在江西（即江右）時所作的〈大學古本序〉一文的思理為代表。原文曰：「大學之要，誠意而已矣；誠意之功，格物而已矣；誠意之極，止至善而已矣；止至善之則，致知而已矣。〔……〕是故，至善也者，心之本體也，動而後有不善，而本體之知，未嘗不知也。意者，其動也；物者，其事也。致其本體之知，而動無不善，然非即其事而格之，則亦無以致其知，故致知者，誠意之本也。格物者，致知之實也。物格則知致意誠，而有以復其本體，是之謂止至善。〔……〕噫，乃若致知則存乎心悟，致知焉盡矣。」此文之要點，在點出「誠意」為工夫的入手處，蓋意動而後有不善；然「誠意」必本於「致知」，因為不如此則工夫必無首腦也；而「致知」必落於「格物」上做，否則亦無實功也；所以本致知以格物誠意，則有以復心體之正也。這大抵是陽明〈大學古本序〉一文之思路，代表的是「用功夫以復其本體」的實踐方式，頗足以代表陽明此時期之教法。見王守仁著，《王陽明全書》，第一冊，《文錄》，卷三，頁188。

〔註36〕唐君毅先生嘗以四句教來看陽明後三變思想之發展，他認為陽明江右「致良知」教時期可謂重在四句教之第三句「知善知惡是良知」，而居越以後的化境階段則重在四句教之第一句「無善無惡心之體」，此義可與本文相發明，值得參考。參見氏著，《中國哲學原論‧原性篇》（臺北：學生書局，1989年），第十四章，頁465～469。

〔註37〕此義可由陽明龍場悟道後於各個階段提出不同的教法而證得。根據《陽明年譜》的記載，陽明於龍場一悟，即已悟得「格物致知」之旨與「心即理」之義，此時陽明可謂於聖人之道已見得明白，可是「智雖頓悟，行則漸修」（見王畿著，《王龍溪全集》，第一冊，卷十二，〈答程方峰〉，頁811）一時悟得聖人之道，並不表示自身修養已達圓融無礙的境界，仍有待步步修悟以漸趨聖境。自身的修養如此，於工夫教法之指點上亦不能無偏圓巧拙之異。故陽明三十八歲在貴陽，始論「知行合一」，令學者認得知行本體。三十九歲在盧陵任知縣，悔昔在貴陽舉知行合一之教，紛紛異同，罔知所入，故教諸生「靜坐」，以自悟性體。四十三歲陞南京鴻臚寺卿，已悔靜坐之法有漸流入空寂之病，故教學者「存天理、去人欲」，為省察克治實功。四十五歲陞都察院左僉都御史，巡撫南贛汀漳等處，一直到五十歲這段時間，陽明大都留在江西一帶（此所謂「江右時期」也），這個時期陽明平諸寇、擒宸濠、歷張許之變，生死一髮，益信良知之學可以忘患難出生死，所以在五十歲時正式揭「致良知」之教，以為聖門正法眼藏。至此，教法上不可不謂已臻於底定，陽明思想的特色正在於此。唯陽明五十歲的秋天，自江西返浙江，一直到五十六歲征思田前，大都留在越中講學（此所謂「居越時期」也），這個階段陽明在踐履上既如龍溪所言「所操益熟，所得益化，時時知是知非，時時無是無非」，很難說他在教法上沒有更圓熟的表示，吾

教，比較接近緒山「四有」（「反之」）的理境，居越時期的「四句教」，則融合了龍溪「四無」（「性之」）與緒山「四有」（「反之」）兩種理境於一爐，在教法上更爲圓融。

由此觀之，「四句教」之提出實標示著陽明晚年化境下之圓熟教法，「有」「無」雙出，而不落一邊，龍溪於天泉證道後悟得陽明立教之本旨曰：「天泉證道大意原是先師立教本旨，隨人根器上下，有悟有修。良知是徹上徹下眞種子。智雖頓悟，行則漸修。譬如善才在文殊會下，得根本智，所謂頓也；在普賢行門，參德雲五十三善知識，盡差別智，以表所悟之實際，所謂漸也。」〔註38〕善哉斯言，龍溪此說眞可謂暢陽明之本懷也。「四句教」隨人根器上下，有悟有修，有頓有漸，眞是「徹上徹下功夫」也。明乎此「四句教」之實義，吾人方能對陽明晚年立教之宗旨有恰當的了解。

第二、自從天泉證道中，龍溪和緒山針對師門立教宗旨展開辯論之後，隔年（即嘉靖七年，1528 年）陽明即已逝世，同門之間不免於陽明良知之說，擬議攙和，紛成異見，演變成王門日後流派的分化與爭議，龍溪在其〈撫州擬峴臺會語〉一文中曾有如下的描述：

> 先師首揭良知之教以覺天下，學者靡然宗之，此道似大明於世，凡在同門，得於見聞之所及者，雖良知宗說，不敢有違，未免各以其性之所近，擬議攙和，紛成異見。有謂良知非覺照，須本於歸寂而始得，如鏡之照物，明體寂然，而妍媸自辨，滯於照，則明反眩矣。有謂良知無見成，由於修證而始全，如金之在鑛，非火符鍛鍊，則金不可得而成也。有謂良知是從已發立教，非未發無知之本旨。有謂良知本來無欲，直心以動，無不是道，不待復加銷欲之功。有謂學有主宰，有流行，主宰所以立性，流行所以立命，而以良知分體用。有謂學貴循序，求之有本末，得之無內外，而以致知別始終。此皆論學同異之見，差若毫釐，而其謬乃

人可從陽明居越以後與朋友或學生論學之言論中看出（此處不及細論，留待本論文第四章第四節爲之）。故筆者以爲，「四句教」之提出實代表著陽明晚年化境下更圓熟的教法，不可純就義理骨幹上相同，便將居越時期所提之「四句教」的理境與江右時期所提之「致良知」教的理境等同起來，否則，不必等到陽明揭示「致良知」教時方爲聖門正法眼藏，即龍場悟道後所揭示的任何教法大抵皆不出「心即理」一義，皆是聖人之教。然如此說法豈能合乎陽明龍場悟道後學思與教法仍有數變之實情？

〔註38〕王畿著，《王龍溪全集》，第二冊，卷十二，〈答程方峰〉，頁 811～812。

　　　　至千里，不容以不辨者也。〔註39〕

由此看來，天泉證道之後，陽明道脈並不眞能歸一（參見前引龍溪〈天泉證道記〉結尾所云）。根據龍溪此處所列，即有六種不同的看法，（一）主「歸寂」之說者，主要是指江右王門之聶雙江（名豹，字文蔚，號雙江，1487～1563）和羅念菴（名洪先，字達夫，號念菴，1504～1564）。（二）主「修證」之說者，主要是指江右王門之劉獅泉（名邦采，字君亮，號獅泉，生卒不詳）。（三）主「已發」之說者，主要是以江右王門之歐陽南野（名德，字崇一，號南野，1496～1554）爲代表，而浙中王門之錢緒山早期亦有此說法。（四）主「無欲」之說者，主要是指北方王門之孟我疆（名秋，字子成，號我疆，1525～1589）。（五）主「主宰流行」之說者，則江右王門之劉兩峰（名文敏，字宜充，號兩峰，1490～1572）、劉獅泉，與浙中王門之季彭山（名本，字明德，號彭山，1485～1563）皆可爲代表。（六）主「本末之序」之說者，則指泰州學派之王心齋（名艮，字汝止，號心齋，1483～1540）。若再加上龍溪本人喜言之良知「見成」說，至少就有七種不同的說法。而此尙僅止於龍溪所言及者，另外如江右王門之鄒東廓強調良知的「戒懼」義，南中王門之黃五岳（名省曾，字勉之，號五岳，1490～1540）以「情識」言良知等等，皆可見王門流派之分歧〔註40〕。

　　後來黃宗羲作《明儒學案》，便以地域爲根據，將王門流派分成浙中王門、江右王門、南中王門、楚中王門、北方王門，以及粵閩王門，這主要是爲了敘述師承脈絡方便，但卻不能充份顯示出王門諸子間義理系統的差異。如同屬浙中王門的錢緒山和王龍溪，其思想主張顯然不同，不當劃歸一類。同屬江右王門的鄒東廓與聶雙江，主張亦有所不同，劃歸在一起也不易別其條理。此外，黃宗羲以泰州學派之傳，漸失陽明之旨，遂將其摒棄於王門之外，但此派之創始者王心齋畢竟曾親炙於陽明，且自稱弟子，當該劃歸王門〔註41〕。

<hr>

〔註39〕同上，卷一，〈撫州擬峴臺會語〉，頁151～153。另外，在〈滁陽會語〉中（同上，卷二，頁173～174）龍溪亦曾提及王門流派分化情形，唯語多重複之處，故此處不再列出，可一併參看。

〔註40〕參見唐君毅著，《中國哲學原論・原教篇》（臺北：學生書局，1984年），第十三章，頁361。

〔註41〕現今一般學者大抵將泰州學派歸於王門之下而論，如牟宗三先生嘗言：「當時王學遍天下，然重要者不過三支：一曰浙中派，二曰泰州派，三曰江右派。」（參見氏著，《從陸象山到劉蕺山》，第三章，第二節，頁266）又如陳來先生也說道：「泰州雖然決裂，但心齋（王艮）畢竟親炙陽明，不應摒于王門之外。」

　　至於王門各流派之間的爭議，舉其犖犖大者有二：一是江右王門之聶雙
江對龍溪〈致知議略〉一文起疑難而引發的論辯，凡九難九答，後輯爲〈致
知議辯〉〔註42〕。一是泰州學派的周海門（名汝登，字繼元，別號海門，1547
～1629）闡發天泉證道中「無善無惡」之旨，而與甘泉學派的許敬菴（名孚
遠，字孟中，又作孟仲，號敬菴，1535～1604）引發衝突，亦九難九答，名
曰〈九諦〉〈九解〉〔註43〕。在這些爭辯當中，雙方往往各執己見，自認爲自
己的見解才是究竟之論。可見，良知雖然人人皆同，但是每個人的資性不同，
所體會到的側面自有差異。再者，陽明生前在不同的階段，針對不同的情境
所強調的教法亦不相同，這些側面都可能被後學者片面地加以發揮。復次，
由於門人對當時思想界的弊病認識不同，爲了對治這些弊病而強調的師門宗
旨也各自不同。因此，無論從學者個別資性的差異來看，或就陽明不同時期
所強調的教法不同來看，乃至就當時社會思想的諸多流弊來看，王學走向分
化之途是不可避免的，而他們之間的爭辯其實也更深化了王學內在的義理，
這對王學的發展的來說毋寧是極有價值的。

　　唯此中仍不免有一個問題存在，即王門諸子的爭辯中究竟有無客觀的是
非存在？何者爲是，何者爲非？何者爲陽明嫡傳，何者不是？此誠不易衡定。
黃宗羲認爲：

> 姚江之學，惟江右爲得其傳，東廓、念菴、兩峰、雙江其選也。再
> 傳而爲塘南、思默，皆能推原陽明未盡之旨。是時越中流弊錯出，
> 挾師說以杜學者之口，而江右獨能破之，陽明之道賴以不墜。〔註44〕

當代學者牟宗三先生認爲黃宗羲此論斷「未見其是」，他指出：「說東廓、兩
峰能得陽明之傳尚可，（兩峰晚而信雙江，已不能無問題），說雙江、念菴亦
能得其傳，則非，說其獨能破越中之囂張亦非。」〔註45〕因此，牟先生另外
提出自己的評判曰：

　　　　（參見氏著，《有無之境——王陽明哲學的精神》，第十一章，頁322）。

〔註42〕〈致知議略〉與〈致知議辯〉二文今分別收入王畿著，《王龍溪全集》，第一
　　　　冊，卷六，頁405～410與頁411～436。牟宗三先生在其所著《從陸象山到劉
　　　　蕺山》一書第四章中，曾有詳細的疏解，可參看。

〔註43〕關於〈九諦〉、〈九解〉的文字記載今收在黃宗羲著，《明儒學案》，中冊，卷
　　　　三十六，〈泰州學案五〉，頁861～868。蔡仁厚先生在其所著《新儒家的精神
　　　　方向》一書第十六章中，亦有詳細的疏解，可參看。

〔註44〕黃宗羲著，《明儒學案》，上冊，卷十六，〈江右王門學案一〉，頁333。

〔註45〕牟宗三著，《從陸象山到劉蕺山》，第三章，頁299。

陽明弟子多矣，望風而從之學者亦多矣，然能真切于師門之說而
緊守不渝者亦唯錢緒山、王龍溪、鄒東廓、歐陽南野、陳明水五
人而已，雖于自己作工夫或得力處不無畸輕畸重之偏差，雖于王
學興起之原委以及其與宋儒界脈之分野亦不必真能透徹而分明。
〔註46〕

牟先生之說固有其大段的疏解作根據，亦能就王門諸子學說理論之偏頗處切
入，照見其人之思想是否與陽明相應，從而定其嫡庶。唯當代另一位哲人唐君
毅先生則較側重從實際作工夫的角度，來看王門諸子思想之所以有異同的緣
故，認為各派所強調的工夫皆有所當，只可相輔為用，不該相責以非，終歸於
「並行不悖」之義〔註47〕。如其評判聶雙江與王龍溪「致知議辯」一事曰：

今若知其原是功夫之語，其歸寂之教，非謂良知須再歸寂。良知自
寂，何寂可歸？其言非專主良知之寂一面。唯謂此一般人心之須以
歸寂為功，乃能充量呈現「寂而能感之良知」，則其言雖偏，而意未
嘗不圓。今若不知其原是功夫之語，而責之以判寂感、動靜、體用
為二，于良知之上別求主宰，如王龍溪致知議辯，所以疑于雙江者，
雙江固必不受也。〔註48〕

唐先生所著眼的，其實不是理論上圓融無礙與否，而是透到理論背後去看諸
子所強調的實踐工夫是否自成理路，故曰：「其言雖偏，而意未嘗不圓。」唐
先生這種從實際作工夫的角度去看王門諸子思想異同的作法，頗值得吾人參
考。故總結來說，關於王門諸子孰為嫡傳的問題，實有待更進一步的研究，
方能加以確認。但無論如何，王門諸流派的分化與爭議，實肇始於天泉證道
「四有」與「四無」之爭，這是可以確定的。

　　第三、陽明心體「無善無惡」說經天泉證道中一番爭辯之後，一直成為
後學者注目的焦點，此蓋有其思想史上的脈絡可尋。黃宗羲曾云：

陽明先生之學，有泰州、龍溪而風行天下，亦因泰州、龍溪而漸失
其傳。泰州、龍溪時時不滿其師說，益啟瞿曇之秘而歸之師，蓋躋
陽明而為禪矣。然龍溪之後，力量無過於龍溪者，又得江右為之救
正，故不至十分決裂。泰州之後，其人多能以赤手搏龍蛇，傳至顏

〔註46〕同上，第五章，頁403。
〔註47〕唐君毅著，《中國哲學原論‧原教篇》，第十三章，頁365。
〔註48〕同上，第十四章，頁372～373。

　　山農、何心隱一派，遂復非名教之所能羈絡。〔註49〕

龍溪於天泉證道中不滿意師教，另提「四無」之說，其後雖謹遵陽明訓示不敢大加闡揚，然「四無」之意確是龍溪思想的底蘊，如其言先天工夫，講「致」字無工夫，講良知見成不假修證，皆可謂出自此種思想。龍溪本人精思力踐，固可無弊，然後學者「力量無有過於龍溪者」，焉可無病？如泰州學派雖以王心齋為始祖，然門人亦有兼宗龍溪者，以其言良知見成的理論是相通的。顏山農（名鈞，字子和，號山農，1504～1596）是心齋的再傳弟子，主張「平時只是率性所行，純任自然，便謂之道。」何心隱（原名梁汝元，字柱乾，號夫山，1517～1579）為心齋的三傳弟子，從學於山農，與聞心齋立本之旨，嘗謂：「孔孟之言無欲，非濂溪之言無欲也。欲惟寡則心存，而心不能以無欲也。欲魚、欲熊掌，欲也。舍魚而取熊掌，欲之寡也。欲生，欲義，欲也。舍生而取義，欲之寡也。欲仁非欲乎？得仁而不貪，非寡欲乎？從心所欲，非欲乎？欲不踰矩，非寡欲乎？此即釋氏所謂妙有乎？」此將「欲」與「道」渾淪一起，並引釋家「妙有」之說以贊之，無怪乎黃宗羲嘆曰：「蓋一變而儀、秦之學矣」！〔註50〕

　　另外，同樣受到王龍溪與泰州王門影響甚深的李卓吾（名贄，號卓吾，又號溫陵居士，1527～1602），言行上更是無所顧忌，嘗謂：「穿衣吃飯，即是人倫物理，除卻穿衣吃飯無倫物矣。」〔註51〕又言：「夫天下之人得所也久矣，所以不得所者，貪暴者擾之，而仁者害之也。仁者以天下之失所也而憂之，而汲汲焉欲貽之以得所之域。於是有德禮以格其心，有政刑以繫其四體，而人始大失所矣。」〔註52〕這些說法均不免超乎傳統儒家的思想之外。後來他主張三教平等，男女平等，晚年更削髮稱僧，因有傷風化之誣而入獄〔註53〕，其果真「非名教之所能羈絡」也。後來，顧亭林（名炎武，字寧人，世稱亭林先生，1613～1682）在對之痛砭之餘，更進而將陽明、龍溪視為始作俑者。其言曰：

　　自古以來，小人之肆無忌憚而敢於叛聖人者，莫甚於李贄。……然推其作俑之繇，所以敢於詆毀聖賢，而自標宗旨者，皆出於陽明龍

〔註49〕黃宗羲著，《明儒學案》，中冊，卷三十二，〈泰州學案一〉，頁703。

〔註50〕以上關於顏山農、何心隱之言行主張皆引述自黃宗羲著，《明儒學案》，中冊，卷三十二，〈泰州學案一〉，頁703～705。

〔註51〕李贄著，《焚書》（臺北：河洛出版社，1974年），卷一，〈答鄧石陽〉，頁4。

〔註52〕同上，卷一，〈答耿中丞〉，頁17。

〔註53〕參見秦家懿著，《王陽明》（臺北：東大圖書公司，1987年），頁213。

溪禪悟之學。後之君子悲神州之陸沈，憤五胡之竊據，而不能不追
求於王，何也。〔註54〕

亭林身遭亡國，故不免言之痛切若此，然由對當時學者言行乖張之批評，進
而溯源至對陽明龍溪「無善無惡」說之抨擊，實有失公允之處。蓋「無善無
惡」說，從學理上來看自有此義，後學者因錯會而產生弊端，自是人病，而
非法病，不當教陽明、龍溪負責，更不可視之爲「禪悟之學」。禪學自禪學，
陽明龍溪「無善無惡」說於儒家之學自有所本，不當混爲一談。然亭林此種
批評實不足爲奇，早在晚明東林時期，如顧涇陽（名憲成，字叔時，號涇陽，
1550～1612）、高景逸（名攀龍，初字雲從，後字存之，別號景逸，1562～1621）
等人便有如此的看法。顧涇陽曾說：

> 管東溟曰：「凡說之不正，而久流於世者，必其投小人之私心，而又
> 可以附於君子之大道者也。」愚竊謂「無善無惡」四字當之。何者？
> 見以爲心之本體原是無善無惡，合下便成一個空。見以爲無善無惡
> 只是心之不著於有，究竟且成一個混。〔註55〕

此謂陽明「無善無惡」說不正，故久流於世而成「空」與「混」。所謂「空」
意指「虛玄而蕩」；所謂「混」意指「情識而肆」。其實這兩種毛病或許正說
中了王學末流之弊害，然如前所說這畢竟是人病，而非法病，不當歸咎於陽
明「無善無惡」之說。此外，顧涇陽並以陽明「無善無惡」說有混同於告子、
佛家之嫌，而謂其「陰壞實教」。其言曰：

> 佛學三藏十二部，五千四百八十卷，一言以蔽之，曰：「無善無惡」，
> 第辯四字於告子易，辯四字於佛氏難。以告子之見性粗，佛氏之見
> 性微也。辯四字於佛氏易，辯四字於陽明難。在佛自立空宗，在吾
> 儒則陰壞實教也。〔註56〕

高景逸亦嘗謂陽明此說「不足以亂性，而足以亂教。」其言云：

> 故無善之說，不足以亂性，而足以亂教。善一而已矣，一之而一元，
> 萬之而萬行，爲物不二者也。天下無無念之心，患其不一于善耳。
> 一于善即性也。今不念于善，而念于無，無亦念也。若曰患其著焉，

〔註54〕顧炎武著，《日知錄》（臺北：中華書局，1976年），卷十八，頁29。
〔註55〕顧憲成著，《小心齋箚記》（臺北：廣文書局，1978年），頁421～423。
〔註56〕顧憲成著，〈與李孟白〉，見黃宗羲著，《明儒學案》，下冊，卷五十八，〈東林
　　　　學案一〉，頁1396。

> 著于善，著于無，一著也。著善則拘，著無則蕩，拘與蕩之患，倍
> 蓰無算。故聖人之教，必使人格物，物格而善明，則有善而無著。
> 今懼其著，至夷善于惡而無之，人遂將視善如惡而去之，大亂之道
> 也。故曰足以亂教。古之聖賢，曰「止善」，曰「明善」，曰「擇善」，
> 曰「積善」，蓋懇懇焉。今以無之一字，掃而空之，非不教爲善也，
> 既無之矣，又使爲之，是無食而使食也。〔註57〕

此謂陽明以「無」之一字，掃除一般人著善之弊，卻不免又著於「無」上，
不似古之聖賢教人「明善」、「擇善」爲善教者也。故其意似欲以「格物明善」，
來救治陽明言「無善無惡」之弊〔註 58〕，然陽明之言「無善無惡」是否眞如
其所說著於「無」而脫略「格物明善」之義？其與佛家、告子之間的差別何
在？又陽明此說是否眞不屬於儒家聖人之教？試觀《傳習錄》上卷所載陽明
與弟子薛侃就「去花間草」一事而來的問答：

> 〔侃〕曰：「然則無善無惡乎？」〔陽明〕曰：「無善無惡者，理之
> 靜，有善有惡者，氣之動。不動於氣，即無善無惡，是謂至善。」
> 曰：「佛氏亦無善無惡，何以異？」曰：「佛氏著在無善無惡上，便
> 一切都不管，不可以治天下。聖人無善無惡，只是無有作好，無有
> 作惡，不動於氣。然遵王之道，會其有極，便自一循天理，便有箇
> 裁成輔相。」曰：「草既非惡，即草不宜去矣？」曰：「如此卻是佛
> 氏意見。草若是礙，何妨汝去？」曰：「如此又是作好作惡？」曰：
> 「不作好惡，非是全無好惡，卻是無知覺的人。謂之不作者，只是
> 好惡一循於理，不去又著一分意思，如此即是不曾好惡般。」〔註59〕

由此段文字來看，陽明之意實甚明白。其所謂「無善無惡」者，只是要人「無
有作好，無有作惡」，然後本心自能「一循天理」以好善惡惡，並非要人「全
無好惡」，做個「無知覺的人」。這裡「無善無惡」之義可以分成「工夫」和
「本體」兩面來看。從「工夫」上說，無善無惡是指「無有作好，無有作惡」，
亦即「不思善，不思惡」之義。從「本體」上說，無善無惡是指本心之超乎
一般善惡相對之名相，而爲一絕對的至善。由工夫上之「不思善，不思惡」

〔註57〕 高攀龍著，〈方本菴先生性善譯序〉，見《高子遺書》，文淵閣四庫全書集部第
　　　　 四二○冊（臺北：商務印書館景印，1986 年），卷九上，頁 16～17。

〔註58〕 參見唐君毅著，《中國哲學原論·原性篇》，第十五章，頁 484～492，以及《中
　　　　 國哲學原論·原教篇》，第十七章，頁 454～459。

〔註59〕 陳榮捷著，《王陽明傳習錄詳註集評》，卷上，第一○一條，頁 123。

以悟本體之「無善無惡可名」而爲至善，即是陽明此處所謂「無善無惡，是謂至善」之義。然陽明在《傳習錄》他處又嘗言：「性之本體，原是無善無惡的」〔註60〕則未嘗不含先從悟本體之無善無惡可名而爲至善，以見工夫上亦當是「不思善、不思惡」之義。此所謂「由工夫以見本體」或「出本體以見工夫」，原只是一體的兩面，蓋本體不離工夫，工夫不離本體，體用本是一原也〔註61〕。

　　故陽明言「無善無惡」說，實代表種一種「點醒」和「遮撥」之意，點醒本體爲無善無惡可名是謂至善之義，遮撥工夫須無執無著方爲究竟之旨。如此，豈有脫略「格物明善」之義？又豈有著於「空」「無」之病？陽明不正要人一循天理去好善惡惡嗎？事實上，眞正脫略「格物明善」之義，而又著於「空」、「無」之上者，乃是佛家之弊。陽明便曾如此評論道：

> 佛氏不著相，其實著了相。吾儒著相，其實不著相。請問。曰：「佛怕父子累，卻逃了父子。怕君臣累，卻逃了君臣。怕夫婦累，卻逃了夫婦。都是爲箇君臣、父子、夫婦著了相，便須逃避。如吾儒有箇父子，還他以仁。有箇君臣，還他以義。有箇夫婦，還他以別。何曾著父子、君臣、夫婦的相？」〔註62〕

佛家逃於父子、君臣、夫婦之外，可見其脫略「格物明善」之義，又著於「空」、「無」之相上。儒家一循天理而行，不作意好惡，故還父子、君臣、夫婦以「仁」、「義」、「別」之理。正如陽明所言：「佛氏著在無善無惡上，便一切都不管，不可以治天下。聖人無善無惡，只是無有作好，無有作惡，不動於氣。然遵王之道，會其有極，便自一循天理，便有箇裁成輔相。」旨哉斯言！

　　至於告子言性「無善無惡」原只是就「氣質之性」而言，未能通貫「義理之性」而論，故只成了實然層面的「中性」意義，未能透到價值層面言其「至善」義。陽明曾如此評論道：

> 告子病源，從性無善無不善上見來。性無善無不善，雖如此說，亦無大差。但告子執定看了，便有箇無善無不善的性在內，有善有惡，又在物感上看，便有箇物在外。卻做兩邊看了，便會差。無善無不善，性原是如此，悟得及時，只此一句便盡了，更無有內外之間。

〔註60〕同上，卷下，第三〇八條，頁352。
〔註61〕同上，卷中，第一五六條，頁219。
〔註62〕同上，卷下，第二三六條，頁309。

告子見一箇性在內，見一箇物在外，便見他於性有未透徹處。〔註63〕依陽明的說法，「無善無不善，性原是如此。」只因告子執定看了，把無善無不善之性看成在內，又把有善有惡純從外在物感上看，是故價值判斷全依外物作標準，本性便只成了一局限在內可善可惡而實無一定善惡可言的「中性」體。吾人稍稍回顧告子「義外」之說，便可明白陽明此說之不誤。「彼長而我長之，非有長於我也。」之說（《孟子·告子上》），不正表明了告子將價值判斷建立在外物的基礎上嗎？於是本性就成了只能隨順外物而定其善惡的中性體。故曰：「性猶湍水也。決諸東方則東流，決諸西方則西流。人性無分於善不善也，猶水之無分於東西也。」（同上）價值判斷的標準既落於外，那麼本性只能是無善無惡地窒守於內，告子此種性「無善無惡」說便只具有實然的「中性」義。此與陽明教人一循本心之天理以好善惡惡之所謂「無善無惡是謂至善」之義同乎？其間毫釐之差，天壤之別，不亦明歟！

總之，陽明言心體「無善無惡」之說並非異端別起而有悖於聖人之教。《尚書·洪範》不是強調「無有作好，無有作惡」之意？《詩經·大雅》中不也有「上天之載，無聲無臭」之說？《論語》中不亦明載「子絕四：毋意、毋必、毋固、毋我」（〈子罕〉）的話？《孟子》雖大多就正面立言，然不也曾云：「大而化之之謂聖，聖而不可知之之謂神」？（〈盡心〉下）周濂溪（名敦頤，字茂叔，世稱濂溪先生，1017～1073）不也強調：「誠無為，幾善惡」〔註64〕？程明道（名顥，字伯淳，世稱明道先生，1032～1085）不亦曾云：「夫天地之常，以其心普萬物而無心；聖人之常，以其情順萬事而無情」〔註65〕？凡此皆不外從「本體」或「工夫」兩方面遮撥吾人對於「善」「惡」之執著，而開啟吾人由相對之境臻至絕對之境的契機。先儒類似此種話頭不少，何故至陽明言心體「無善無惡」即為離經叛教？王學末流造成社會上許多流弊自是事實，然必溯其源於陽明固未必是，疑陽明學為佛氏、告子之學更未必是。陽明之學自是儒家之學，顧高等輩之疑實無謂也。

綜觀以上三點所論，可見天泉證道一事在中國思想史上的意義，其重要性實不容忽視。

〔註63〕 同上，卷下，第二七三條，頁303。
〔註64〕 見周敦頤著，《周子通書》（臺北：中華書局，1978年），〈誠幾德第三〉，頁1。
〔註65〕 見程顥、程頤著，《二程集》（臺北：漢京文化事業有限公司，1983年），《文集》卷第二，〈答橫渠先生定性書〉，頁460。

第三章　王龍溪「四無」說與錢緒山「四有」說之爭辯

　　根據上一章對天泉證道始末的概述，可知龍溪與緒山爭辯的問題在於：陽明所立的四句教究竟是「權法」還是「定本」？龍溪首先發難，視陽明四句教為「權法」，故另提「四無」之說；緒山則護教心重，以陽明四句教為「定本」，堅守固執之下而成「四有」之說。二說各有其側重面，遂亦各成其特定的思想型態，然考察此二思想型態之間的不同，最初未嘗不基於一共同的焦點，此一共同的焦點即落在對於「意」的觀法之問題上。故本章擬先從龍溪與緒山爭辯的焦點談起，指出二者思想分歧的關鍵，再分別對「四無」說與「四有」說的思想內涵進行剖析，使吾人對此二說有充分的了解，最後再比較此二種思想之間的異同，以為彼此進一步會通的可能性鋪路。

第一節　爭辯的焦點

　　細觀龍溪所以視陽明四句教為「權法」，而另提「四無」新說，關鍵全落在四句教的第二句「有善有惡意之動」上，此可由其提出的質疑看出。龍溪的質疑歸納起來可用以下兩個命題來表示：（一）體用顯微，只是一機。心意知物，只是一事。若悟得心是無善無惡之心，意即是無善無惡之意，知即是無善無惡之知，物即是無善無惡之物。（二）意是心之所發，若是有善有惡之意，則知與物一齊皆有，心亦不可謂之無。（見前引〈天泉證道記〉。關於第二個命題《傳習錄》則作：若說意有善惡，畢竟心體還有善惡在。而《陽明年譜》則作：若說意有善有惡，畢竟心亦未是無善無惡。）

　　由第一個命題來看，龍溪之意是說：既然體用顯微只是一機，心意知物只是一事，現在你若悟了心是無善無惡的，那麼意、知、物與心相連貫亦皆應是無善無惡的。因此，依照這個推論，四句教首句既謂「無善無惡心之體」，以下三句意、知、物亦皆應是無善無惡的，而不當是「有善有惡意之動，知善知惡是良知，爲善去惡是格物」。換言之，龍溪認爲只要一悟了「心是無善無惡的心」，依理便只有「四無」說才是究竟，四句教既有第二句以下的歧出，便只能算是一時的「權法」。

　　至於第二個命題，龍溪之意是說：既然意是心之所發，現在你如果說意是有善有惡的，那麼不僅知、物皆是有善有惡，心也不能說是無善無惡的。因此，依照這個推論，四句教第二句既謂「有善有惡意之動」，那麼不僅有以下「知善知惡是良知，爲善去惡是格物」的說法，連同第一句亦當改成「有善有惡心之體」，而非「無善無惡心之體」。換言之，龍溪由四句教第二句言「有善有惡意之動」，而質疑首句「無善無惡心之體」的眞實性。

　　從以上兩個命題，吾人可以發現龍溪的推論方式皆是採直線式的，亦即：心若是無善無惡，意以下亦皆當無善無惡，反過來，意若是有善有惡，心、知、物一體亦皆是有善有惡。在這種直線式的推論中，意之無善無惡或有善有惡，便成了問題的關鍵所在。因爲，依龍溪之意，如果在悟得心體無善無惡之後，意即能是無善無惡，那麼「四無」說便能成立。反之，如果意有善有惡，連帶地心亦不能是無善無惡，那麼陽明的「四句教」便出現了問題。

　　既然「意」是問題的關鍵所在，那麼我們不妨先藉陽明平日的話來探討一下「意」的內涵。陽明在〈答羅整菴少宰書〉中曾言：

> 理一而已。以其理之凝聚而言則謂之性，以其凝聚之主宰而言則謂之心，以其主宰之發動而言則謂之意，以其發動之明覺而言則謂之知，以其明覺之感應而言則謂之物。〔註1〕

此處陽明將性、心、意、知、物，全都收歸到「理」的凝聚，主宰、發動、明覺、感應而言。「理」自是指天理而言，天理至善而無惡，所以由之而來之所謂性、心、意、知、物亦皆是至善而無惡，這是純從超越層面處立言。依照此義，則所謂「意」乃是直承心之發動而來，心之發動全依天理而來，無復感性層面習氣之夾雜，故意爲從心之意、爲至善無惡之意，此可名曰「超越層之意」。不過，陽明並非全從此層面言意，尚有自經驗層面言意者，如〈大

〔註1〕 陳榮捷著，《王陽明傳習錄詳註集評》，卷中，第一七四條，頁 250。

學問〉中曾云：

> 蓋心之本體本無不正，自其意念發動，而後有不正。故欲正其心者，
> 必就其意念之所發而正之。凡發一念而善也，好之眞如好好色；發
> 一念而惡也，惡之眞如惡惡臭，則意無不誠，而心可正矣。〔註2〕

陽明此處言「意」，即關聯著吾人的感性習氣而立言。心之本體雖本無不正，但意念一發動卻不保證時時皆正，這完全要看意是否能純從心體而發。純從心體而發之意，即是善意；不能純從心體而發之意，便是惡意。後者即是陽明所謂「隨軀殼起念」之「念」。凡隨軀殼起念，便一往是惡的，可是此處陽明言可善可惡之「意」，比較是中性的描述義，此可名曰「經驗層之意」。

由此可知，陽明言「意」本可有「超越層之意」與「經驗層之意」兩義，這兩義亦本就不同層面立言，各有所指，恐不必相礙也。唯龍溪偏重在從陽明言「超越層之意」處識取，故喜言「四無」之說。前所謂第一個命題中「若悟得心是無善無惡的心，意即是無善無惡的意」云云，不可謂於師說中無所本，亦自有其可以成立的道理。可是，龍溪執著在由此「超越層之意」以觀心與意之間的關係，遂有第二個命題中出現的質疑：「若是有善有惡之意，心亦不可謂之無」的說法。殊不知此種直線式的推論並不適用於「有善有惡之意」與「無善無惡之心」之間的關係。牟宗三先生曾說：

> 若說意是心之所發動的，所發動出的既有善有惡，則發動出此意的根亦必不能純淨，亦必有可善可惡的傾向或種子。此是直線而推。如是，則心之體成善惡混的中性，不過未經發動而分化出來而已。但，這不是陽明說無善無惡是謂至善之「心之體」之意，亦不是王龍溪之意。因王龍溪明說「天命之性粹然至善，神感神應，其機自不容已，無善可名，惡固本無，善亦不可得而有。」然則自心之發動言意，必不是直線地推說，乃是曲折地說。在這曲折地說中，必認定心之體爲超越的本心自己，發動而爲意是在感性條件下不守自性歧出而著于物或蔽于物，因而成爲意。如是，則意自意，而心體自心體，不能因意有善惡，而心體亦有善惡也。〔註3〕

牟先生此說指出：「有善有惡之意」與「無善無惡之心」之間的關係，不能是直線地推說，而應是「曲折地說」。因爲意之發動爲有善有惡，乃是受感性條

〔註2〕 王守仁著，《王陽明全書》，第一冊，《文錄》，卷一，頁122。
〔註3〕 牟宗三著，《從陸象山到劉蕺山》，第三章，頁268～269。

件的影響使然，不可依此即推說心體亦是有善有惡的。換言之，意雖是有善有惡，心體仍可以是無善無惡，故龍溪以此質疑陽明的四句教是不中肯的。

再說，陽明四句教表面上看來，雖似偏重在從「有善有惡之意」處立論，但從首句強調「無善無惡心之體」看來，亦未嘗不含有「無善無惡之意」一義，只是陽明不像龍溪完全從此面去發揮罷了。因此，陽明的四句教不當把它看成是一種固定架構或一套特定的理論，而應該把它看成是工夫的指點語，唐君毅先生便從此角度來看陽明的四句教，其言曰：

> 若然，則意等有善惡，畢竟心體還有善惡否之一問題仍在。陽明于此並未明答也。吾今抄此傳習錄之文，乃意即在指出上一問題，陽明之未明答。其所以不明答，蓋由陽明之提四句教，乃是教法語、工夫語，並非客觀的討論心意是什麼。即不管意有善有惡時，心體中是否有善惡在，人總可直去悟心之體之明瑩無滯、無善無惡之一面，以爲工夫；而于見意有善有惡時，則可以知善知惡，爲善去惡爲工夫。若然，則不管是利根、鈍根，皆有四句教中所言之工夫照管。〔註4〕

唐先生此說可謂深契陽明立四句教之本旨。蓋四句教原非客觀的想要討論心意知物是什麼，只是就吾人作聖工夫作一點示，隨學者根器利鈍，所見自有深淺之別，或自首句悟入，「即本體便是工夫」；或從後三句悟入，「用工夫以復本體」，不當執定於一端來看四句教。

龍溪一往從高明處識取，偏重在由「超越層之意」處立論，不能通觀陽明四句教兼重「超越層之意」與「經驗層之意」兩面之微旨，故其批評陽明之四句教實有不當之處，然其言「四無」之說自成一理境。

緒山緊接著對龍溪的說法提出了反駁，他反駁的意見亦可以歸納成兩點：（一）心體原來是無善無惡的，但人有習心，意念上見有善惡在，爲善去惡正是復那本體功夫。（二）若見得本體原是無善無惡，只說無功夫可用，恐只是見耳。（此處根據《傳習錄》與《陽明年譜》之意綜括而成）

從第一點來看，緒山似乎是要爲陽明四句教辯護。他首先原則地肯定心體無善無惡的說法，但他認爲人總有習心在，所以意念上畢竟是有善有惡的，因此爲善去惡的功夫正爲恢復本體而設，是不可缺少的。依緒山這種看法，表面上是處處貼合著四句教的文句，可是畢竟他只從「經驗層之意」一面去契入，把陽明四句教看成只是「用工夫以復本體」的一套實踐理論，如此一

〔註4〕 唐君毅著，《中國哲學原論·原教篇》，第十三章，頁363。

來，陽明四句教首句言「無善無惡心之體」，便只成了「用工夫以復本體」之工夫中的超越根據，或只成了「用工夫以復本體」之工夫下所欲臻至的結果，不論是從「超越的根據」義或從「臻至的結果」義去把握陽明「無善無惡心之體」之義，都是將此「無善無惡心之體」推出去成為吾人思考解悟中所把握的對象（因有能所關係而顯對象義），而未能直下承擔此「無善無惡心之體」之當體自己。換言之，在緒山此種見解下，陽明四句教首句言「無善無惡心之體」只成了一原則上的肯認，而不具有當下指點與當體實踐的積極意義，此豈能盡陽明四句教之全蘊乎？

再配合第二點來看，更可見出緒山只著意在「有善有惡意之動」上，而不能明徹「無善無惡心之體」之義之不足。緒山認為龍溪見得心體原是無善無惡，便說意、知、物亦應是無善無惡，這是不做工夫，只是一種「見」。殊不知龍溪「四無」說下非不做工夫，而是做「無工夫的工夫」，這種「無工夫的工夫」其實才是工夫的根本義，所謂「無工夫中眞工夫」〔註5〕也。蓋工夫本體原無二致，離本體而言工夫，工夫不是究竟，同時也對顯出此時本體不在徹悟中。緒山此處認定「用工夫以復本體」之工夫才是唯一的工夫，正是不明工夫的根本義，亦不明本體之究竟義，故其不能承認龍溪「四無」說的價值，同時將陽明四句教詮解成只是「四有」，蓋有其思理上的一貫性。

總括以上的討論，可知龍溪與緒山爭辯的焦點，主要落在對「意」之觀法不同的問題上。龍溪一味往「超越層之意」上識取，故極力主張貫徹「四無」的說法，而未能通達陽明四句教之兼通「有」「無」為教：既有對「超越層之意」的點示，而又不廢對治「經驗層之意」的工夫。其視陽明四句教為「權法」，固是高明者著於「無」之弊。反觀緒山則一味往「經驗層之意」上識取，故反對龍溪「四無」的說法，其雖欲為陽明四句教辯護，卻不知將四句教只詮解成「四有」，而不能徹悟四句教首句「無善無惡心之體」之當下指點義與當體實踐義。其視陽明四句教為「定本」，亦不過是樸實者著於「有」之弊。依此，底下將分別闡明龍溪「四無」說與緒山「四有」說之思想內涵。

第二節　王龍溪「四無」說之思想內涵

承上所言，龍溪「四無」說之提出，在於其對於「意」之觀法一味往「超

〔註5〕　王畿著，《王龍溪全集》，第一冊，卷六，〈與存齋徐子問答〉，頁447。

越層之意」識取，故吾人今欲探討其「四無」說之思想內涵，自亦當由此「超越層之意」切入，以見其思想成立之因由，進而對其思想之全貌做層層的剖析，以徹底掌握龍溪「四無」說之精義。

龍溪「四無」說之成立，主要是著眼於「意」原是「本心自然之用」。此義信得過，則「意」統於「心」，自無善惡兩歧之分化，意既無善惡兩歧之分化，則「知」亦不必突顯其知善知惡之相，同樣地「物」亦不過是本心明覺感應中之實事，如此「四無」說便成立。龍溪嘗借楊慈湖（名簡，字敬仲，世稱慈湖先生，1141～1225）「不起意」之說，來闡明此義，試觀其言：

> 馮子叩闡師門宗說，先生曰：知慈湖不起意之義，則知良知矣。意者，本心自然之用，如水鑒之應物，變化云爲，萬物畢照，未嘗有所動也。惟離心而起意，則爲妄，千過萬惡，皆從意生。不起意，是塞其過之原，所謂防未萌之欲也。不起意，則本心自清自明，不假思爲，虛靈變化之妙用，固自若也。空洞無體，廣大無際，天地萬物，有像有形，皆在吾無體無際之中，範圍發育之妙用，固自若也。其覺爲仁，其裁制爲義，其節文爲禮，其是非爲知，即視聽言動，即事親從兄，即喜怒哀樂之未發，隨感而應，未始不妙，固自若也。而實不離於本心自然之用，未嘗有所起也。〔註6〕

依龍溪此處的闡釋，可知楊慈湖「不起意」之義並非要人全然無意，而是要人「不離心而起意」。因爲「意」原是「本心自然之用」，本心自清自明，不假思爲，而虛靈變化之妙用，自然如如流行，更不待吾人另起意念，而後本心方可有種種妙用也。因此本心之感應變化，實是動而未動，起而不起。有人便曾懷疑慈湖「不起意」之說是「滅意」或「不起惡意」，龍溪皆一一加以駁正，承上文之載有云：

> 馮子曰：或以不起意爲滅意，何如？先生曰：非也。滅者，有起而後滅，不起意，原未嘗動，何有於滅？馮子曰：或以不起意爲不起惡意，何如？先生曰：亦非也。心本無惡，不起意，雖善亦不可得而名，是爲至善，起即爲妄，雖起善意，已離本心，是爲義襲，誠僞之所分也。〔註7〕

龍溪於此指出，所謂「不起意」，並非是「滅意」，因爲本心自然發用，原未

〔註6〕同上，卷五，〈慈湖精舍會語〉，頁362～363。
〔註7〕同上，頁363～364。

嘗起，故不必言滅。而「不起意」亦非是「不起惡意」，因爲本心至善，其自然發用固無惡可言，善亦不可得而名，所以雖起善念，仍屬作意，已離本心，並非「不起意」也。龍溪此處雖爲慈湖之說而辯，實則其本身的思路亦通於此，其〈意識解〉一文中嘗云：

> 予贈麟陽趙子，有意象識神之說，或者未達，請究其義。予曰：人心莫不有知，古今聖愚所同具，直心以動，自見天則，德性之知也。泥於意識，始乖始離。夫心本寂然，意則其應感之跡；知本渾然，識則其分別之影。萬欲起於意，萬緣生於識，意勝則心劣，識顯則知隱。故聖學之要，莫先於絕意去識，絕意非無意也，去識非無識也。意統於心，心爲之主，則意爲誠意，非意象之紛紜矣。識根於知，知爲之主，則識爲默識，非識神之恍惚矣。譬之明鏡照物，體本虛而妍媸自辨，所謂天則也。若有影跡留於其中，虛明之體，反爲所蔽，所謂意識也。〔註8〕

所謂「學聖之要，莫先於絕意去識」正是遙契慈湖「不起意」之說。然龍溪進一步解釋說「絕意非無意也，去識非無識也」亦正是用來澄清一般人的疑慮。他區分了「誠意」與「意象」，「默識」與「識神」之間的不同。若意統於心，心爲之主，則意爲「誠意」，自不當禁絕；所當禁絕者唯不依於心而起之種種「意象」而已。同樣地，若識根於知，知爲之主，則識爲「默識」，自不當棄去；所當棄去者唯不從知而起之種種「識神」而已。就「誠意」與「默識」而言，皆是心知自然之「應感」與「明覺」；就「意象」與「識神」而言，則皆屬背離心知而來之「作意」與「了別」。前者來自本心良知之自然發用，後者則來自人爲意識之執著造作。故說穿了，不論是慈湖「不起意」之說或龍溪「絕意去識」之說，皆是令人由當下化去人爲意識之執著造作，而契悟本心良知之自能發用。

然而，反過來說，由契悟本心良知之自能發用，而令人當下化去人爲意識之執著造作，亦未嘗不是慈湖「不起意」之說與龍溪「絕意去識」之說的根本意旨。故慈湖嘗言：「人心自明，人心自靈，意起我立，必固礙塞，始喪其明，始失其靈。」〔註9〕又云：「此心即道，惟起乎意則失之，起利心焉則差，起私

〔註8〕　同上，第二冊，卷八，〈意識解〉，頁557～558。

〔註9〕　黃宗羲著，《宋元學案》（臺北：華世出版社，1987年），第五冊，卷七十四，〈慈湖學案・絕四記〉，頁2475。

心焉則差，起權心焉則差，作好焉作惡焉，凡有所不安於心皆差，即此虛明不起意之心以行，勿損勿益，自然无所不照。」〔註10〕此便是先肯定本心自明自靈，自然無所不照，而令人勿損勿益，不須作好作惡。而龍溪亦言：「人心莫不有知，古今聖愚所同具，直心以動，自見天則，所謂德性之知也。泥於意識，始乖始離。」這也是先肯定本心良知自能發用流行，而令人不要泥於意識的執著。

以上正反兩說，前者由令人當下化去人爲意識的執著造作，而將意識統歸於本心良知之自然發用，方便地說可謂「攝用以歸體」；而後者由契悟本心良知之自能發用，而令人當下化去人爲意識之執著造作，方便地說可謂「承體以起用」。其實亦無所謂「攝用以歸體」之「攝」的作用與「承體以起用」之「承」的作用，蓋用自必歸體，體自必起用，一如龍溪所言：「天下未有無用之體，無體之用，故曰：體用一原。」〔註11〕體用既是一原，則即用見體，即體見用，由工夫的不可執著性即見本體的自然妙用性，由本體之自然妙用性即見工夫的不可執著性，兩者本是一體的兩面，更無分於「體」與「用」，「本體」與「工夫」。所以理論地分解地說，可以分拆「體」、「用」，而有所謂「攝用以歸體」、「承體以起用」等說，以方便吾人掌握其思想之脈絡。然而就實踐地具體地說，體用本是一原，或即用見體，或即體見用，而實無分於體與用。這才是眞正相應於本心良知自然發用流行之實理實事。

龍溪「四無」說之思想，正是基於對此體用一原之實理有根本的洞悟（形式地說），亦即對本心良知自然發用流行之實事有具體而眞切的體驗（內容地說）。故〈天泉證道記〉中載其言曰：「體用顯微，只是一機，心意知物，只是一事。」當龍溪說出此話時，是表示他對於體用一原之實理有眞實的契悟，而不僅僅是一種原則上的肯定而已。故接著又說：「若悟得心是無善無惡之心，意即是無善無惡之意，知即是無善無惡之知，物即是無善無惡之物。」一旦眞實契悟體用一原之實理，那麼心意知物本是一體流行之實事，所以若悟得心是無善無惡的，意、知、物也該當是無善無惡的。然而至此亦不過從體用一原這個形式的側面，見得心意知物原是一體相貫之實事而已，至於心意知物何以內容地皆是「無善無惡」的呢？龍溪接著說道：「蓋無心之心則藏密，無意之意則應圓，無知之知則體寂，無物之物則用神。天命之性，粹然

〔註10〕同上，〈慈湖學案‧附錄〉，頁2479。
〔註11〕王畿著，《王龍溪全集》，第一冊，卷七，〈南遊會記〉，頁459。

至善，神感神應，其機自不容已，無善可名，惡固本無，善亦不可得而有，是謂無善無惡。若有善有惡，則意動於物，非自然之流行，著於有矣。自性流行者，動而無動。著於有者，動而動也。」因爲心意知物既然只是一體相貫之實事，那麼心不突顯其自體相而爲無心之心，意亦不突顯其自體相而爲無意之意，知亦不突顯其自體相而爲無知之知，物亦不突顯其自體相而爲無物之物。無心之心則此心已退藏於密，無意之意則此意更能圓轉應感，無知之知則此知乃歸體而寂，無物之物則此物更見神妙之用。歸宗來說，只是此天命粹然至善之性之自體神感神應流行不已罷了。天命之性既是粹然至善，則夐然超乎一般善惡之名相，故其流行亦是自不容已，無有作好無有作惡。反之，天命之性既是自性流行，動而無動，不著於有善有惡，故見其自體亦是無善無惡可名，而爲粹然至善。因此，無論是從本體粹然至善之「無善無惡可名」下貫到工夫自然流行之「無有作好作惡」，或者從工夫自然流行之「無有作好作惡」上契本體粹然至善之「無善無惡可名」，皆見此心意知物一體相貫俱爲「無善無惡」，而龍溪「四無」說於焉成立。

　　相應於龍溪此種對心意知物一體皆是無善無惡的洞見，在實踐的工夫上龍溪實開發了一種側重「頓悟本體」的工夫理論。此種側重「頓悟本體」的工夫理論，其實只是一種「點醒」或「提示」，並非真能給出一套軌則供人持循。就「體」上說，「四無」是要「點醒」吾人良知本體的自然妙用性，令人直下悟入本體，此乃是「悟本體即是工夫」之「悟」的工夫；就「用」上說，「四無」是要「提示」吾人工夫的不可執著性，令人直下忘掉工夫，此乃是「忘工夫即悟本體」之「忘」的工夫〔註12〕。底下分從這兩方面來闡述。

　　首先，就「悟本體即是工夫」之「悟」的工夫來講，龍溪嘗謂：「君子之學，貴於得悟，悟門不開，無以徵學。」〔註13〕又謂：「若論千聖學脈，自有真正路頭，在於超悟。」〔註14〕凡此皆強調悟的重要。至於如何入悟，似亦有門徑可尋，龍溪嘗有〈悟說〉一文論及於此：

　　　　入悟有三，有從言而入者，有從靜坐而入者，有從人情事變鍊習而
　　　　入者。得於言者謂之解悟，觸發印正，未離言詮，譬之門外之寶，

〔註12〕此處分開體用兩面言「四無」說下之工夫理論，主要是參考王財貴先生的說法。參見其著，《王龍溪良知四無說析論》，第五章，頁437。

〔註13〕王畿著，《王龍溪全集》，第三冊，卷十七，〈悟說〉，頁1224。

〔註14〕同上，第二冊，卷十，〈復顏沖宇〉，頁710。

> 非己家珍。得於靜坐者，謂之證悟，收攝保聚，猶有待於境，譬之
> 濁水初澄，濁根尚在，纔遇風波，易於淆動。得於鍊習者，謂之徹
> 悟，磨礱鍛鍊，左右逢源，譬之湛體冷然，本來晶瑩，愈震盪愈凝
> 寂，不可得而澄淆也。根有大小，故蔽有淺深，而學有難易，及其
> 成功一也。〔註15〕

此處雖列舉了「解悟」、「證悟」和「徹悟」三種悟入的門徑，其實前二者只
可說是「徹悟」前的預備工夫而已。因為就「解悟」而言，只是從言語上承
當過來，根本未接觸到本體之真實面貌，其由此而作工夫，亦不過執持一個
思理中的本體為根據罷了，思理中的本體自非本體如如呈顯之當體自己。而
「證悟」雖得力於靜坐，對於本體之超越性若有所得，可是因仍有待於境，
未能當下體現此本體以為工夫，故同樣於本體之真實面貌有一間之隔。因此
要說真正悟得本體之本來面目，唯有「徹悟」方是究竟。「徹悟」者，得於鍊
習，悟本體即是工夫，無待於境，左右逢源，時時是湛體冷然，愈震盪愈凝
寂，此方是龍溪「四無」說下之工夫也。

　　與此「徹悟」義相通的，龍溪亦常說「信得及」三字。依龍溪的看法，
能信得及良知，自見本體即是工夫，此誠非易事，故其嘗謂：「致良知三字，
及門者誰不聞，唯我信得及。」〔註16〕，可見「信得及」之中正有大工夫在。
龍溪曾詳細闡釋此義云：

> 夫養深則跡自化，機忘則用自神，若果信得良知及時，即此知是本體，
> 即此知是工夫，固不從世情嗜欲上放出路，亦不向玄妙意解內借入
> 頭。良知之外更無致法，致知之外，更無養法。良知原無一物，自能
> 應萬物之變，譬之規矩無方圓，而方圓自不可勝用。貞夫一也，有意
> 有欲，皆為有物，皆屬二見，皆為良知之障。于此消融得盡，不作方
> 便，愈收斂，愈精明，愈超脫，愈神化，變動周流，不為典要。日應
> 萬物，而心常寂然，無善無不善，是為至善。無常無不常，是為真常。
> 無迷無悟，是為徹悟。此吾儒不二密旨，千聖絕學也。〔註17〕

故龍溪所提點的「信得及」三字，非只從言語思想中承當過來便是，而是指
對良知本體有真切的徹悟。「良知之外，更無致法。致知之外，更無養法。」

〔註15〕同上，第三冊，卷十七，〈悟說〉，頁 1224。
〔註16〕同上，第一冊，〈王龍溪先生傳〉，頁 19。
〔註17〕同上，第三冊，卷十七，〈不二齋說〉，頁 1221～1222。

在眞信得良知及時，所謂「致知」亦不過是直下順承此良知之自然發用流行而已。因爲「良知原無一物，自能應萬物之變，譬之規矩無方圓，而方圓自不可勝用。」既然良知自能應萬物之變，吾人剩下來唯一能做的只是「信得及」的工夫。龍溪他處曾言：「若信得良知及時，時時從良知上照察，有如太陽一出，魑魅魍魎自無所遁其形，尚何諸欲之爲患乎？此便是端本澄源之學。」〔註18〕又言：「良知是斬關定命眞本子，若果信得及時，當下具足，無剩無欠，更無磨滅，人人可爲堯舜。」〔註19〕凡此皆可見龍溪強調「信得及」的工夫，實是基於對良知本體的自然妙用性有深切的契悟，此釋其「悟本體即是工夫」之「悟」的工夫義。

其次，再就「忘工夫即悟本體」之「忘」的工夫來講，龍溪嘗謂：「忘則澄然無事，工夫方平等，不起爐灶。」〔註20〕可見，「忘」然後工夫可歸於平平，不另起爐灶。另起爐灶即謂「助」，忘是對助而言，龍溪謂：「忘是棄之義也。且此言爲用功者說，爲執著凝滯者說，不然，又爲痴人前說夢矣。」〔註21〕故「忘」是對認眞做工夫者作一提示，提示其工夫的不可執著性，使其工夫能更歸於平實。然每個人執著不同，「下者溺於嗜好攀援，高者泥於見聞格套，高下雖殊，其爲心有所向，則一而已。夫心有所向，則爲欲；無所向，則爲存。」〔註22〕不論是下者之溺於嗜好攀援，或高者之泥於見聞格套，凡心有所向便是欲，皆須化忘以至於無，方能默契本心良知之自然流行。龍溪有一極著名的判例：

> 荊川唐子，開府維揚，邀先生往會，時已有病。遇春汛，日坐治堂，命將遣師，爲防海之計。一日退食，笑謂先生曰：「公看我與老師之學有相契否？」先生曰：「子之力量，固自不同，若說良知，還未致得在。」荊川曰：「我平生佩服陽明之教，滿口所說，滿紙所寫，那些不是良知？公豈欺我耶？」先生笑曰：「難道不是良知，只未致得眞良知，未免攙和。」荊川憤然不服，云：「試舉看。」先生曰：「適在堂遣將時，諸將校有所稟呈，辭意未盡，即與攔截，發揮自己方略，令其依從，此是攙入意見，心便不虛，非眞良知也。將官將地方事體，

〔註18〕同上，第一冊，卷三，〈金波晤言〉，頁244。
〔註19〕同上，第二冊，卷十，〈答吳悟齋〉，頁689。
〔註20〕同上，第一冊，卷三，〈水西精舍會語〉，頁242。
〔註21〕同上，第一冊，卷三，〈水西精舍會語〉，頁242。
〔註22〕同上，第三冊，卷十七，〈子榮惟仁說〉，頁1253。

請問某處該如何設備，某事卻如何追攝，便引證古人做過勾當，某處
如此處，某事如此處，自家一點靈明，反覺凝滯，此是攙入典要，機
便不神，非真良知也。及至議論未合，定著眼睛，沈思一回，又與說
起，此等處認作沈幾研慮，不知此已攙入擬議安排，非真良知也。有
時奮掉鼓激，厲聲抗言，使若無所容，自以為威嚴不可犯，不知此是
攙入氣魄，非真良知也。有時發人隱過，有時揚人隱行，有時行不測
之賞，加非法之罰，自以為得好惡之正，不知自己靈根，已為動搖，
不免有所作，非真良知也。他如製木城，造銅面，畜獵犬，不論勢之
所便，地之所宜，一一令其如法措置，此是攙入格套，非真良知也。
嘗曰：『我已一一經營，已得勝算，猛將如雲，不如著一病都堂在陣。』
此是攙入能所，非真良知也。若是真致良知，只宜虛心應物，使人人
各得盡其情，能剛能柔，觸機而應，迎刃而解，更無些子攙入，譬之
明鏡當臺，妍媸自辨，方是經綸手段。纔有些子才智伎倆，與之相形，
自己光明，反為所蔽。口中說得十分明白，紙上寫得十分詳盡，只成
播弄精魂，非真實受用也。」荊川憮然曰：「吾過矣！友道以直諒為
益，非虛言也。」〔註23〕

龍溪之判可謂微矣深矣！唐荊川（名順之，字應德，號荊川，1507～1560）非
不著實做工夫者也，其本人或亦以為所言所行盡合陽明良知之教，而龍溪卻能
深察其言行的背後所不自覺隱含的病痛：舉凡所謂意見、典要、擬議、氣魄，
作意、格套、能所，皆未免是習氣上之攙和，非良知之自然呈露。「若是真致良
知，只宜虛心應物」，「纔有些子才智伎倆，與之相形，自己光明，反為所蔽。」
工夫未至於「忘」，隨時有所執著而不自知，良知之虛明反為蔽塞，此不可不慎
也。正如龍溪他處所言：「纔有所向便是欲，纔有所著便是妄，既無所向，又無
所著，便是絕學無為本色道人，一念萬年，更有何事？」〔註24〕工夫能夠化忘
無為，才是究竟的工夫。

　　更進一步來說，化忘無為，以至於「忘無可忘」，才能「得無所得」，此
則「存乎心悟」也，龍溪曾云：

予聞之道無方所，而學無止極，淵然而寂，若可即，而非以形求；
若可知，而非以知索；若可循，而非以力強也。夫非以形求，則為

〔註23〕同上，第一冊，卷一，〈維揚晤語〉，頁103～106。
〔註24〕同上，第二冊，卷十一，〈與李見亭〉，頁770。

　　忘形之形；非以知索，則爲忘知之知；非以力強，則爲忘力之力。

　　惟忘無可忘，斯得無所得。得且不可，而況於住乎？若此者，存乎

　　心悟，未有所悟而求得，與未有所得而求忘，皆妄也。〔註25〕

既然「未有所悟而求得，與未有所得而求忘，皆妄也。」所以龍溪所強調的忘工夫之「忘」，非要人去「求忘」，而是連此忘亦忘，因爲「惟忘無可忘，斯得無所得」，若此者，全然「存乎心悟」。龍溪所提示的忘工夫之「忘」，乃指點語，非一般可以持循的工夫語，說「忘」即是說「悟」，即「忘」即「悟」，由工夫的不可執著性即悟本體的自然妙用性，此釋其「忘工夫即悟本體」之「忘」的工夫義。

　　以上分從體用兩面闡釋龍溪「四無」說下所開之工夫，乃相應於龍溪「四無」說對於良知本體原亦有即體見用，即用見體兩面之體悟而言。其實，體用既是一原，如此分拆，總只是方便，不可執定地看。總地來說，不論是「悟本體即是工夫」之「悟」的工夫或「忘工夫即是悟本體」之「忘」的工夫，皆指向「悟體」之工夫，唯悟體方是「眞得眞忘」，龍溪嘗曰：

　　故君子之學，以悟爲則，以遣累爲功。累釋而後可以入悟，悟得而

　　後其功始密而深，是謂眞得眞忘，非言說意想之所能及也。〔註26〕

此處點出「悟」之工夫的特色，乃「非言說意想之所能及也」。何以故如此呢？龍溪接著說：

　　道不可以言說意想而得，則離言說、絕意想之外，將何所事？悟也

　　者，聖學之幾微，無所因而入，遣累之說亦筌耳。譬諸諸夢之得醒，

　　曾有假於言說意想與否？此可以默識矣。〔註27〕

蓋「道」之本性原非可以言說意想而得，故「悟」之工夫，亦當是在「離言說、絕意想」之外。如此說，似乎同於老子所謂「道可道，非常道」之說，亦合於禪宗所謂「言語道斷，心行路絕」之旨，然此亦不過是就「悟」之形式面的特性而言之相同若此，就三教所悟之內容旨趣而言，自有不同的歸向〔註28〕。若

〔註25〕同上，第三冊，卷十六，〈別言贈周順之〉，頁1129。

〔註26〕同上，第三冊，卷十六，〈別言贈周順之〉，頁1130。

〔註27〕同上，第三冊，卷十六，〈別言贈周順之〉，頁1130～1131。

〔註28〕關於三教異同的問題，在《王龍溪全集》中龍溪曾有明白的闡述，如〈東遊會語〉一文中記道：「楚侗子問老佛虛無之旨，與吾儒之學，同異如何？先生曰：先師有言，老氏說到虛，聖人豈能于虛上加得毫實。佛氏說到無，聖人豈能于無上加得一毫有。老氏從養生上來，佛氏從出離生死上來，卻在本體上加了些子意思，便不是他虛無的本色。吾人今日，未用屑屑在二氏身上辨

以此而疑龍溪之學為二氏之學，恐亦是滯於言詮也。總之，「悟」之工夫，實「不可以言思期必而得」〔註29〕，而正是在此毫無依傍之下，才真能得個悟入。〈留都會記〉一文中曾如此記載：

> 楚侗子送先生至新安江舟中，更求一言之要為別。先生曰：「子常教人須識當下本體，更無要於此者。雖然，這些子如空中鳥跡，如水中月影，若有若無，若沈若浮，擬議即乖，趨向轉背，神機妙應，當體本空，從何處去識他？於此得箇悟入，方是無形象中真面目，不著纖毫力中大著力處也。」楚侗子躍然，曰：「得之矣！」〔註30〕

從龍溪的提點之中，楚侗子（名定向，字在倫，號楚侗，世稱天臺先生，1524～1596）言下「躍然」，此一躍正代表一種「悟」。單由文字表面來看，龍溪似以「若有若無，若浮若沈，擬議即乖，趨向轉背」等言語來教人，而楚侗子似亦從言語上承當過來而得悟。但如果楚侗子之悟，非只是一種「解悟」，而是「徹悟」的話，那麼，吾人當透入到文字背後去解析其中的奧義。蓋承上所言，真正「悟」的工夫（徹悟），實不可以言思期必而得，則從教者的立場而言，並非可用一套固定的言說為教法而冀人得悟；從學者的立場而言，亦非可以直接由此固定的言說中而得個悟入。其表現的方式毋寧說是「詭譎的」、「辯證的」，而非「分解的」、「邏輯的」〔註31〕。畢竟這是實踐中的事，

同異，先須理會吾儒本宗明白，二氏毫釐，始可得而辨耳。」可見佛老言虛言無，亦自有可取之處，只是歸宗不同，不得與吾儒之旨混為一談。故底下又云：「先師提出良知兩字，範圍三教之宗，即性即命，即寂即感，至虛而實，至無而有。千聖至此騁不得一些精采，活佛活老子至此弄不得一些伎倆，同此即是同德，異此即是異端，如開拳見掌，是一是二，曉然自無所遁，不務究明本宗，而徒言詮意見之測，泥執名象，纏繞葛藤，祇益紛紛射覆耳。」所謂「千聖至此騁不得一些精采，活佛活老子至此弄不得一些伎倆」，正是說明悟道之真實況狀，三教皆是無拘無執，同是至虛至無，唯吾儒「至虛而實，至無而有」，即寂即感，即性即命，故可範圍三教之宗，而與二氏之學歸趨不同也。（以上兩段文字皆見第一冊，卷四，〈東遊會語〉，頁292～294）另外在〈南遊會記〉一文中亦有論及此問題者，可一併參看。（見第一冊，卷七，〈南遊會記〉，頁465～466。）

〔註29〕同上，第二冊，卷十二，〈答程方峰〉，頁812。
〔註30〕同上，第一冊，卷四，〈留都會記〉，頁306。
〔註31〕牟宗三先生嘗謂：「可說的真理是可以用一定的概念去論謂的真理。這種論謂就是知性形式底了解，所以必是遵守邏輯的，而其所成功的了解就是科學知識，或云知性所得的知識。不可說的真理就是不能用一定概念去論謂的真理。這種真理就是『形而上的絕對真實』。對于這種『真實』之踐履的思維或體悟是超知性的，所以也不是邏輯的，而是辯證的。」參見氏著，《理則

非言說中的事。因此，吾人若肯定楚侗子這一躍具有實踐上真實的意義，那麼龍溪之教就不只是一套固定的言說，而是一種「點醒」或「提示」；而楚侗子之得亦不只是從言說上承當過來，而是從言說之外，從棲心無寄，萬緣俱泯的堵絕中「悟」入。

　　然而說「悟」必含著「頓」，以其不經媒介，不歷階程之故，故又名曰「頓悟」。一旦頓悟，則龍溪「四無」說之思想全幅朗現，全部取得真實的意義。反之，若不在頓悟之中，則「四無」說根本不具有真實的意義，頂多亦只是理論上一圓滿的預設罷了。因此，不談「四無」則已，一談「四無」必關聯者「頓悟」這個實踐的工夫而言。「頓悟」不只是一「境界」而已，它同時是「本體」的真實面貌，亦同時是究竟意義的「工夫」。故「四無」說下，境界、本體、工夫三者完全一致，完全收歸在「頓悟」之中。從「境界」來看，「四無」說不代表對治工夫的最後階段，以其本不涉歷程，當下即是本體工夫一體流行的化境；從「本體」來看，「四無」說不代表對治工夫中之超越根據，以其本不涉能所，當下即此本體便是工夫；從「工夫」來看，「四無」說不代表復返本體之最後工夫，以其本不涉意必，當下即此工夫便是本體。

　　因此，總結來講，龍溪的「四無」說代表的是：「頓悟」中「即本體便是工夫」的境界。說本體，即此便是本體；說工夫，即此便是工夫；說境界，即此便是境界。此方是真相應於龍溪「四無」說，而從實踐的角度來認取的本義，筆者名之曰「四無說之實踐義」或「四無說之呈顯義」。至於從理論的角度，把「四無」說視為一修養歷程中最後的「境界」，或視為一對治工夫中所依據的「本體」，或視為一復返本體中最後的「工夫」，皆不免只是分解脈絡下方便的說法，筆者名之曰「四無說之理論義」或「四無說之靜態義」。這種說法不可謂全無道理，然非真能相應於龍溪「四無」說的本義而立論。

　　近代學者如牟宗三先生，在其所著《從陸象山到劉蕺山》一書中，分析龍溪的「四無」說，最初亦從理上肯定它是「明覺無所對治，心意知物一體而化，一切皆如如呈現」的「圓頓之教」〔註32〕。可是最終卻因從實踐上看，「頓悟談何容易，亦並不是人人可走的路，即使是上上根器，亦不能無世情

學》（臺北：國立編譯館出版，正中書局印行，1982年），第十三章，頁276。由此可知，相應於良知本體之如如朗現的體悟而言，亦必是辯證的，而非邏輯的。蓋良知本體之如如朗現即是「形而上的絕對真實」，即是「不可說的真理」。

〔註32〕牟宗三著，《從陸象山到劉蕺山》，第三章，頁273。

嗜欲之雜，不過少而易化而已。(人總是有限的存在，亦總是有感性的存在)」，而判定龍溪「四無」說爲「實踐對治所至的化境」，又謂「四有」亦含有「四無」這種「頓之根據」〔註33〕。這便不免是從「四無說之理論義」或「四無說之靜態義」去詮釋龍溪的「四無」說。

在這種詮釋下，龍溪的「四無」說只成了對治工夫下所達至的最後結果，或對治工夫中所依持的超越根據，則龍溪本人「四無」說欲發揮的頓悟本體便是工夫的境界，霎時只成了吾人的一種嚮往，或理論上暫時的預設，而不具有當下實現的可能性。究竟「頓悟」只是一種有待實現的理想？還是一種可以當下實現的真實呢？如果說「頓悟」畢竟只是一種理想，不可能當下立即實現，那麼在對治工夫的歷程中亦實不可能有頓悟的可能性，因爲從漸修的工夫中欲達到頓悟的境界，仍是一種異層的跳躍，只不過工夫致久純熟，較「易」達到此境而已〔註34〕。然而，於此問題上說「難」說「易」，實無多大意義。要說「難」，頓悟確實不易，龍溪亦曰：「若夫無緣起悟，無法證修，非上上根不能也。」〔註35〕要說「易」，良知在人，本不待學慮，當下可以朗現〔註36〕。因此，吾人要考慮的是「頓悟」究竟有無實踐上的可能性？若有，

〔註33〕同上，頁 280。

〔註34〕事實上牟先生亦非不知從「漸修」到「頓悟」是「異層的跳躍」，其嘗曰：「依前者之方式作工夫〔案：指「四有」說下之工夫〕，則致久純熟，私欲淨盡，亦可至四無之境，此即所謂『即工夫便是本體』。(此所謂『便是』，若在對治過程中，則永遠是部份地『便是』，而且永遠是在有相中的『便是』。必須無所對治時，才是全體『便是』，才是無相地『便是』，而此時工夫亦無工夫相。)」(同上，頁 273。) 此間牟先生所謂由部份的「便是」到全體「便是」，並不是有必然的關係，因爲從「有相」這個層面到「無相」這個層面，正是所謂「異層的跳躍」，其間仍須肯定「頓悟」是當下可能的才行，並非工夫積累多了「自然」可以達至此「頓悟」之境。藉用周海門的話說：「爲善去惡，悟無善無惡而始真。」(見黃宗羲著，《明儒學案》，中冊，卷三十六，〈泰州學案五〉，頁 862) 關鍵仍在於「悟」，若悟門不開，仍可能一直皆是做爲善去惡之工夫。依筆者之推想，牟先生非不知此義，只是著眼於實際修爲中當下頓悟有其困難存在，故不免言之若此。但畢竟如此分疏並非究竟之義。

〔註35〕王畿著，《王龍溪全集》，第一冊，卷四，〈留都會記〉，頁 305。

〔註36〕孟子言：「人之所不學而能者，其良能也；所不慮而知者，其良知也。」(《孟子‧盡心》) 此一根本的洞見吾人若信得及，則良知當下可悟。此外，如程明道亦言：「學者須先識仁。〔……〕識得此理，以誠敬存之而已，不須防檢，不須窮索。〔……〕『必有事焉而勿正，心勿忘，勿助長』，未嘗致纖毫之力，此其存之之道。若存得，便合有得，蓋良知良能元不喪失。」(見程顥、程頤著，《二程集》，《遺書》卷第二上，〈二先生語二上〉，頁 16～17。此條下注一「明」

則當下即可實現，不必拉長其工夫歷程才有可能；若無，則不僅當下不可能
實現，在對治工夫的歷程中亦不保證一定會實現。

　　吾人如果肯定儒家自孔孟以來所說的「心即理」之義，不只是一種理論的
預設，而有實踐上真實的意義，那麼吾人亦當該正視龍溪「四無」說所代表的
「頓悟」義，具有當下即可呈顯的可能性。正如龍溪後來追憶陽明的教誨時嘗
言：「追憶嚴陵別時申誨之言，有曰：我拈出良知兩字，是是非非自有天則，乃
千聖秘藏，雖昏蔽之極，一念自反，即得本心，可以立躋聖地。」〔註37〕若陽
明此說不虛，則龍溪「四無」說不正是契合陽明此一微旨乎？龍溪後來所主張
的「見在良知」之說〔註38〕，不亦正因對於「良知在人，本無污壞」之義信得
及嗎？如果龍溪「四無」說真如牟先生所說只是一工夫歷程中最後的化境，或
者只是一對治工夫中超越的根據，那麼龍溪「四無」說或「見在良知」說等主
張，不盡皆成了理論中暫時的預設嗎？理論中或許可以有此預設，然真相應於
道德實踐中之實理實事而言，龍溪「四無」說自有當下即可呈顯的真實意義。
龍溪「四無」說若有蕩越之處，不在於將「頓悟」看得太容易，而在於認為「頓
悟」之後，可以長住此「頓悟」之化境中，更不須用「漸修」工夫〔註39〕，此
是龍溪著於「無」之病，亦是其不解陽明「四句教」（不同於緒山的「四有」說）
之既重「悟體」又不廢「漸修」工夫之關鍵所在。

　　後來如王財貴先生作《王龍溪良知四無說析論》一文，已頗能正視龍溪「四
無」說之實踐義，其言曰：「到王龍溪四無說出現，特別看重『見在良知』，則
其為教，顯到了極點，而『見體』之可能幾乎變成了必然，道德之真處必在由

字，示為明道語）此義若信得及，良知亦當下可悟。再如陸象山亦言：「吾於
　　踐履未能純一，然纔自警策，便與天地相似。」見陸九淵著，《象山全集》（臺
　　北：中華書局，1987年），卷三十四，〈語錄上〉，頁12。此義若非虛說，良知
　　亦當下可悟。
〔註37〕王畿著，《王龍溪全集》，第三冊，卷十六，〈書先師過釣臺遺墨〉，頁1167。
〔註38〕「見在良知」說是龍溪重要的觀點，也正是其「四無」說背後所隱含的根本
　　洞見。上文以篇幅過長之故，未能詳細論及，參見其全集，第一冊，卷六，〈致
　　知議辨〉一文，頁411～435。
〔註39〕此可從《陽明年譜》中所載看出：「畿曰：『本體透後，於此四句宗旨何如？』
　　先生曰：『此是徹上徹下語。自初學以至聖人，只此功夫。〔……〕』。」依龍
　　溪此處之意，似乎以為「頓悟」四無之後，即可時時是頓，長住此境，更不
　　必言「四句教」中之「漸修」工夫。其實，人固有當下頓悟的可能，亦隨時
　　有下墮之可能，只要一念下墮即須做對治之工夫。龍溪之疏闊與蕩越正在於
　　此，此便是著於「無」之弊。詳見下章所論。

此明覺付諸實踐！於是王龍溪可以側重『見體』而立教，此亦『心即理』教下必有之理論形態也。」〔註40〕此說已能從實踐角度更加契入龍溪「四無」說之實義。然而，當王財貴先生在論「四無」說是否可以成爲一種教法時，不自覺地又從「四無說之理論義」去詮釋「四無」，其言曰：「如依上節吾人對『四無』之衡定，說『四無』是或在『四有』之下而爲其根，或在『四有』之上而爲其果者，說『四無』之別於『四有』，只是一趣嚮，一意味之強調，是一虛層的提示，一活潑的點化……等等義，則『四無』不得離『四有』之外而別立一與『四有』並列之『教法』，它本原含於『四有』之內，或爲『四有』之延續。牟先生之判定極是。然陽明終可說是亦一教法者，其所說之『教法』之義已與說『四有』爲『教法』之義不同矣。此時之所謂『教法』，其實不外是一種『啓示』，一種『喚醒』、一種『點撥』而已。」〔註41〕此說已不能無病。

　　蓋說「四無」不能是與「四有」成爲「並列」之教法，此義誠然，因爲如王先生所說「四無」是一種「啓示」、「喚醒」或「點撥」，自是一種特殊的教法。然而又說「四無」不得離「四有」之外，它原本含於「四有」之內，或爲「四有」之延續，此則與前說不一致了。試問：「四無」若不在「四有」之外，如何成爲對「四有」的一種啓示或點撥？反過來說，「四無」若原本含於「四有」之內，或爲「四有」之延續，那麼「四有」本自可通於「四無」，又何待「四無」來啓示或點撥？之所以會有此不協調出現，原因在於此間已不自覺混用了兩種不同的觀點。當說「四無」是一種特殊的教法，是一種「啓示」、「喚醒」或「點撥」時，這是從「四無說之實踐義」去詮釋「四無」；當說「四無」不外於「四有」，它本原含於「四有」之內或爲「四有」之延續時，這是從「四無說之理論義」去詮釋「四無」。兩者原是兩種不同觀點下的說法，若貫徹前說，則「四無」自是屬於「四有」之外另一種特殊的教法，它不含在「四有」之內或爲「四有」之延續；若貫徹後說，則「四無」不得別立另一種教法，因爲它本含於「四有」之內或爲「四有」之延續。牟先生的看法可謂貫徹後一種說法者，故他判龍溪「四無」說不能成爲一獨自的教法〔註42〕。而王財貴先生試圖調和牟先生的看法與自己的看法，殊不知已造成兩種觀點的混淆而不自覺。

　　因此，牟先生之說法與陽明之說法並非如王先生所言：「吾以爲矛盾終是

〔註40〕王財貴著，《王龍溪良知四無說析論》，第五章，頁437。
〔註41〕同上，第四章，頁427。
〔註42〕牟宗三著，《從陸象山到劉蕺山》，第三章，頁281。

表面的，其所以幻似矛盾，原因出在『教』字之有歧義。牟先生是依理而談，因而推至其不可；陽明則暗中兩用，造成混淆而不自覺。」〔註43〕若單只是「教」字有歧義，那麼澄清了自然沒有問題，然而這根本是代表兩種不同詮釋系統下的說法。牟先生判「四有」未嘗不悟本體，陽明卻說「四有」（中下根人）未嘗悟得本體。牟先生認為「四無」只是實踐對治所至的化境，不能獨自成一教法；陽明卻說「四無」即本體便是工夫，是為上根人立教。牟先生認為「四句教」之所以為徹上徹下的教法，是因為縱使上根人亦不能無對治，這是將陽明的「四句教」詮釋成如緒山所代表的「四有」義；而陽明本人認為「四句教」之所以為徹上徹下的教法，是因為此四句中人上下無不接著，亦即接上根人之「四無」與接中下根人之「四有」皆包含在「四句教」之中。凡此諸問題之衡定上的差異，背後其實皆因為牟先生是依「四無說之理論義」（或「四無說之靜態義」）去詮釋「四無」，而陽明乃相應於龍溪而採「四無說之實踐義」（或「四無說之呈顯義」）去理解「四無」。兩種說法涇渭分明，背後理路亦甚一貫，不可視為只是表面的矛盾。王財貴先生不能貫徹其從實踐的觀點詮釋「四無」的洞見，而處處欲調和牟先生的說法，故其對「四有」與「四無」合會之衡定亦不能沒有矛盾之處。

以上檢討牟、王二位先生對龍溪「四無」說的看法，基本上牽涉到整個對天泉證道其他問題之衡定，故不得不詳細辨明。凡所牽涉到的諸多問題，容於以下各章節中再一一細論。

第三節 錢緒山「四有」說之思想內涵

根據本章第一節的討論，緒山因對於「意」的觀法一味往「經驗層之意」識取，故強調「為善去惡工夫」的不可或缺性，反對龍溪「四無」說之「悟本體便是工夫」之義。由此吾人可以推知，緒山對於陽明四句教首句言「無善無惡心之體」一義，實只有思理上之肯認，而不具有實踐上之契悟。借用龍溪「解悟」與「徹悟」之分來說，即緒山只是在「解悟」中把握到此無善無惡之心體，而未能「徹悟」此無善無惡之心體當體即用之境界。因此，從表面上看，緒山似乎是為陽明「四句教」而辯解；深一層來看，則緒山此辯解並未能代表陽明「四句教」之全幅意旨，只代表了一種側重「用工夫以復

〔註43〕王財貴著，《王龍溪良知四無說析論》，第四章，頁426。

本體」的思想格局，此即是「四有」。

在緒山這種「四有」的思想格局之下，所謂「無善無惡心之體」只是對治工夫中所依持的超越根據，或對治工夫下所欲恢復的境界，而不是此無善無惡之心體之當體如如呈顯，所以後來陽明才指點緒山「須透汝中本體」（《陽明年譜》），並且諄諄訓示道：

> 有只是你自有，良知本體原來無有。本體只是太虛，太虛之中，日月星辰，風雨露雷，陰霾曀氣，何物不有，而又何一物得爲太虛之障？人心本體，亦復如是。太虛無形，一過而化，亦何費纖毫氣力？
> 德洪功夫須要如此，便是合得本體功夫。（《陽明年譜》）

所謂「有只是你自有，良知本體原來無有」，正是明白告訴緒山：如果你一定要堅持說「意是有善有惡的」，那只不過是你個人的執著，須知良知本體原是無善無惡的。可見陽明認爲在緒山執著說「意是有善有惡的」之立場下，並非眞能徹悟心體之無善無惡義。所以陽明接著舉「太虛」爲喻，說道：「本體只是太虛，太虛之中，日月星辰，風雨露雷，陰霾曀氣，何物不有，而又何一物得爲太虛之障？人心本體，亦復如是。」此意不正說明，在吾人心體之籠罩範圍中，何嘗沒有感性習氣之存在，然而感性習氣又何嘗眞能成爲吾人心體之障蔽呢？可見，陽明本人未嘗不知吾人意念之發動可能受到感性習氣之影響，而有善惡兩歧之分化，然而他卻對於本心之無滯性信得及，亦即對於「無善無惡心之體」之即體即用性悟得透。因此他又接著說到：「太虛無形，一過而化，亦何費纖毫氣力？德洪功夫須要如此，便是合得本體功夫。」這便指出德洪之不足處。依陽明本人的看法，雖說「意是有善有惡的」，但若能對此「無善無惡心之體」悟得透、信得及，則「一悟本體便是工夫」，龍溪「四無」說自有道理，何須反對？而緒山你現在既執著在「意是有善有惡的」，便認爲只能夠「用爲善去惡工夫以復返本體」，不許龍溪言「四無」之「悟本體即是工夫」，可見你對於「無善無惡心之體」之即體即用性尚悟得不透。若悟得透，工夫正應該要如此做，如此做才是「合得本體功夫」。

由以上陽明對緒山的訓示中，可見緒山對於「無善無惡心之體」之即體即用性並不眞能悟得透。事實上，不只陽明對緒山的看法如此，連緒山本人對自己亦持相同的看法。《傳習錄》下卷，便有一則緒山親自所錄〔註44〕，記

〔註44〕此條所記在《傳習錄》下卷雖標明爲「黃以方錄」，但根據內容直接稱「德洪」之名，可知爲錢緒山本人所錄無疑。參見陳榮捷著，《王陽明傳習錄詳註集

載天泉證道後他與龍溪追送陽明至嚴灘時的問答，如下：

> 先生起行，征思田。德洪與汝中追送嚴灘，汝中舉佛家實相幻相之
> 説。先生曰：「有心俱是實，無心俱是幻。無心俱是實，有心俱是幻。」
> 汝中曰：「有心俱是實，無心俱是幻，是本體上説功夫。無心俱是實，
> 有心俱是幻，是功夫上説本體。」先生然其言。洪於是時尚未了達，
> 數年用功，始信本體功夫合一。但先生是時因問偶談，若吾儒指點
> 人處，不必借此立言耳。〔註45〕

嚴灘問答距離天泉證道的時間並不太久〔註46〕，基本上仍延續著天泉證道
中，「有」與「無」，「本體」與「工夫」的話題。然此次的問答不僅是天泉證
道之延續，更具有「究極之説」的意義〔註47〕。在問答中龍溪舉佛家實相幻
相之説，向陽明請益，陽明則仿照佛家偈子，為説四句。龍溪聰慧，言下即
解得其意〔註48〕；緒山樸實，「數年用功，始信本體功夫合一」。由此看來，

〔註45〕　評》，頁11。
〔註45〕　見陳榮捷著，《王陽明傳習錄詳註集評》，卷下，第三三七條，頁381～382。
〔註46〕　據《陽明年譜》記載：嘉靖六年丁亥「九月壬午發越中」，前一日（九月初八）
　　　　即為天泉證道日。「甲申渡錢塘」，其下有云：「先生遊吳山、月巖、嚴灘，俱
　　　　有詩。」而「十月，至南昌。」嚴灘在今浙江省桐廬縣西，南昌則在今江西
　　　　省，可見嚴灘問答當在九月至十月之間，不出十月，離天泉證道日並不太久。
　　　　見王守仁著，《王陽明全書》，第四冊，頁147～149。
〔註47〕　明嘉靖八年正月錢緒山與王龍溪二人在〈訃告同門〉一文中曾說道：「前年秋，
　　　　夫子將有廣行，寬、畿各以所見未一，懼遠離之無正也。因夜侍天泉橋而請質
　　　　焉。夫子兩是之，且進之以相益之義。冬初追送嚴灘，請益，夫子又為究極之
　　　　説。由是退與四方同志更相切磨，一年之別，頗得所省，冀是見復得遂請益也，
　　　　何遽有是邪？嗚呼！別次嚴灘踰年，而聞訃復於是焉，云何一日判手，遂為終
　　　　身永訣已乎？」（見王守仁著，《王陽明全書》，第四冊，《世德紀》，卷一，頁
　　　　257）可見嚴灘問答不僅延續了天泉證道的課題，而且具有「究極之説」的意
　　　　義。
〔註48〕　關於龍溪之慧解，此處大端疏釋如下：所謂「有心俱是實，無心俱是幻，是
　　　　本體上説功夫。」此意是說：凡有本心流貫之處，則一切存在皆是真實的；
　　　　若無本心流貫之處，則一切存在皆是虛幻的。一如《中庸》所說：「誠者物之
　　　　終始，不誠無物。」而此本心誠體自能如如流行，繁興大用，識得及時，即
　　　　此本體便是功夫，更無餘義。再者，所謂「無心俱是實，有心俱是幻，是功
　　　　夫上説本體。」此意是說：唯有功夫上不起造作之心，那麼所成就的一切才
　　　　是真實的；若是功夫上有了造作之心，那麼所成就的一切皆是虛幻的。一如
　　　　程明道所說：「天地之常，以其心普萬物而無心，聖人之常，以其情順萬事而
　　　　無情。」功夫上真能無心無作，本體自能如如流行，繁興大用，識得及時，
　　　　即此功夫便是本體，更無餘義。由龍溪此處之慧解，可證明其說「四無」乃
　　　　是真實徹悟「無善無惡心之體」之即體即用義。另外，牟宗三先生嘗從「實

緒山於天泉證道當時，並未眞能徹悟陽明「無善無惡心之體」之即體即用義。
另外，如緒山在〈與張浮峰〉一文中所言，也可證明以上的觀點：

> 龍溪學日平實，每於毀譽紛冗中，益見奮惕。弟向與意見不同，雖
> 承先師遺命，相取爲益，終與入處異路，未能渾接一體。歸來屢經
> 多故，不肖始能純信本心，龍溪亦是事上肯自磨滌，自此正相當。
> 〔註49〕

緒山此處明白表示自己「歸來屢經多故，不肖始能純信本心」，可見，天泉證道
中他雖說「心體是天命之性，原是無善無惡的」，這只不過是原則上的肯定，只
是從言說上承當過來，並不眞能實踐地徹悟此心體無善無惡之實義。後來羅念
菴曾敘述緒山之學的演變，便將他對「無善無惡」說的領悟過程展示出來：

> 緒山之學數變，其始也，有見於爲善去惡者，以爲致良知也。已而
> 曰：「良知者，無善無惡者也，吾安得執以爲有而爲之，而又去之？」
> 已又曰：「吾惡夫言之者之淆也，無善無惡者，見也，非良知也。吾
> 惟即吾所知以爲善者而行之，以爲惡者而去之，此吾可能爲者，其
> 不出於此者，非吾所得爲也。」又曰：「向吾之言猶二也，非一也。
> 夫子嘗有言矣，曰：『至善者心之本體，動而後有不善也。』吾不能
> 必其無不善，吾無動焉而已。彼所謂意者動也，非是之謂動也；吾
> 所謂動，動於動焉者也。吾惟無動，則在吾者常一矣。」〔註50〕

由這段敘述看來，緒山之學約可分成四個階段：第一個階段，以爲善去惡爲
致良知。亦即自有善有惡之意發動後，更起爲善去惡之念以致知，工夫上不
免有所作意，不能明白本心無善無惡之義。第二個階段，已能肯定良知無善
無惡之義。故對於前一階段執著於有善有惡之意，更起爲善去惡之念以致知
之工夫，表示懷疑。第三個階段，以無善無惡爲見，而以「即吾所知以爲善
者而行之，以爲惡者而去之」爲工夫。此可見其第二階段所肯定的良知無善
無惡義，只是一時從理上承當過來，並不眞能從實踐上體悟得透徹，故又重
回到第一階段以爲善去惡爲工夫。唯其與最初之見不同者，則在於更重此良
知之「知」的作用〔註51〕，此抑或表示他對於「良知」的體悟更加貼切一些。

　　有層」與「作用層」的角度來說明此義。可參見氏著，《中國哲學十九講》（臺
　　北：學生書局，1983 年），第七講，頁 153～154。
〔註49〕黃宗羲著，《明儒學案》，上冊，卷十一，〈浙中王門學案一〉，頁 235～236。
〔註50〕同上，頁 226。
〔註51〕唐君毅者，《中國哲學原論・原教篇》，第十四章，頁 367。

到了最後階段，直契本心之至善義，而以不動於意為工夫。黃宗羲認爲緒山此時之「無動」，即是慈湖「不起意」之旨〔註52〕，則緒山已能了悟龍溪「四無」說之即體即用義也。若然，吾人可見，緒山於天泉證道中並不眞能徹悟陽明四句教首句言「無善無惡心之體」之實義，其果眞是「歸來屢經多故」，然後「始能純信本心」。

以上不憚其煩地徵引陽明、緒山、念菴之言，無非是要證明以下之事實：即天泉證道中緒山並未眞能徹悟陽明四句教首句言「無善無惡心之體」之實義，故緒山本人所詮解下之「四句教」與陽明本人所立之「四句教」並不相同，應當區別開來。然而區別的依據並非從文句上有所差異而來，而是從對於文句背後的義理之體悟有所不同而來。

在緒山體悟下之「四句教」，首句「無善無惡心之體」只具有「理論義」或「靜態義」，其或爲對治工夫中所依持之超越根據，或爲對治工夫下所欲恢復的境界，總之，此時之心體是在能所對待的關係中之對象，而非此心體之當體無善無惡的呈顯。換言之，此時之心體因突顯其自體相而不再是「無善無惡」之如如呈顯，它成了一種有相之「有」〔註53〕。再配合四句教之後三句「有善有惡意之動，知善知惡是良知，爲善去惡是格物」，則緒山本人所體悟下之「四句教」，眞可謂是名副其實的「四有」。在此一意義之下，「四有」一詞不再只是一個實然意義的稱謂語，而是一個含有價值意義的判斷語。

至於陽明本人心目中之「四句教」，不僅首句言「無善無惡心之體」，含有龍溪「四無」說中「即體即用」之當下指點義與當體實踐義，後三句言「有善有惡意之動，知善知惡是良知，爲善去惡是格物」，更含有緒山「四有」說中「爲善去惡」之漸修工夫義。因此，陽明本人心目中之「四句教」，乃是兼通「無」、「有」二境之教法，既言「頓悟」又不廢「漸修」，隨學者根器上下而指點，或悟後以起修，或漸修而入悟，此方見其爲「徹上徹下功夫」，爲不可更易之四句「宗旨」。在此一意義之下，「四句教」一詞既代表陽明本人所立那四句教法之本來的稱謂，也同時代表了陽明本人所立那四句教法之原來的理境。（關於陽明本人所立的「四句教」之理境，在第四章第四節將有詳細的論述）

牟宗三先生在其《從陸象山到劉蕺山》一書中，談到「四句教」時，並未能從實際體悟之不同來區分陽明與緒山所代表理境之差異，而直接將「四句教」

〔註52〕同註50。
〔註53〕牟宗三著，《從陸象山到劉蕺山》，第三章，頁269～271。

視爲一固定的理論架構，分析其義而謂之「四有」，並且判定「四有」亦「悟得本體」〔註54〕，此恐未能曲盡天泉證道之事實。蓋若依牟先生如此的說法，則吾人欲以此「四有」（即「四句教」）代表緒山之實踐理境，則明明不符合於文獻。不僅陽明說「中根以下之人未嘗悟得本體」一語須要修改〔註55〕，陽明告誡緒山，「須透汝中本體」一語亦變得沒有意義，緒山自言「數年用功，始信本體功夫合一」，以及「歸來屢經多故，不肖始能純信本心」等語，也都變得不可理解。再者，若欲以牟先生所說的「四有」（即「四句教」）代表陽明之實踐理境，則亦與文獻有扞格之處。〈天泉證道記〉中明明提到：「吾教法原有此兩種：四無之說，爲上根人立教。四有之說，爲中根以下人立教。」則是以「四有」之說爲接引中根以下人之教法。又說：「若執四無之見，不通得眾人之意，只好接上根人，中根以下人無從接授。若執四有之見，認定意是有善有惡的，只好接中根以下人，上根人亦無從接授。」更明確地表示「四有」之說上根人無從接授。而《傳習錄》卻說：「只依我這話頭，隨人指點，自沒病痛，此原是徹上徹下功夫。」《陽明年譜》亦載：「二君以後再不可更此四句宗旨，此四句中人上下無不接著。」則此「原是徹上徹下功夫」，與「中人上下無不接著」的「四句教」，能夠只是前說「爲中根以下人立教」之「四有」乎？抑或得以後一種說法勘定前一種說法爲不當乎〔註56〕？

〔註54〕同上，頁 266～271 與 279～280。

〔註55〕牟宗三先生認爲：如果四有句是屬於中根以下之人，則如果他們「未嘗悟得本體」，則他們如何能致良知？而且與「致知存乎心悟」這句話亦相矛盾，因此牟先生判定陽明此語爲不妥當，須修改成：四有四無俱須悟得本體，上下根之分不在悟得與未悟得，而在無對治與有對治。（同上，頁 279～280）依筆者之意，緒山「四有」說中「用工夫以復本體」所包含之「悟體」義，與龍溪「四無」說中「悟本體即是工夫」所包含之「悟體」義，並不完全相同。蓋「四有」說中所悟得之本體仍不免是在有相之中的本體，「四無」說中所悟得之本體則是在無相之中的本體。本體既呈現其自體相，則已非「無善無惡心之體」之如如呈顯，唯有本體不呈現其自體相，方是「無善無惡心之體」如如呈顯。因此，若純粹理論地靜態地說，本體就只是這本體，不論有相無相皆是此一本體。然若就實踐地呈顯地說，悟得本體仍在有相之中，只能代表一種「解悟」或「證悟」，唯有悟得本體之如如呈顯無形無相，方是眞正的「徹悟」。緒山「四有」說中之「悟體」義與龍溪「四無」說中之「悟體」義，差別在此。此原是實踐中之事，非理論中之事。陽明所謂「中根以下人，未嘗悟得本體」之義，即落在「徹悟」義下去講。牟先生未能正視此兩種「悟體」義之不同，故有修改陽明說法之擧。

〔註56〕牟宗三先生認爲：陽明爲龍溪之穎悟所聳動，故以上下根來合會「四無」與「四有」，卻未能詳予疏導。而依《傳習錄》所載，陽明又說四句教「原是徹

考察牟先生的說法之所以與文獻頗多不合的原因，主要有兩端：一是純從理論的進路去詮釋「四句教」，而未能從實踐的進路正視陽明與緒山所體悟之「四句教」之理境有所不同。二是未能正視「無善無惡心之體」一語之實踐義與呈顯義，把「用工夫以復本體」格局下之「悟體」義，與「悟本體便是工夫」格局下之「悟體」義，混同在一起。因前一端之理由，故牟先生未能區分陽明「四句教」與緒山「四有」說之不同。因後一端之理由，故牟先生未能區分龍溪「四無」說為已悟得「無善無惡心之體」，緒山「四有」說實未嘗悟得「無善無惡心之體」。

如果說牟先生的說法於義理上確有所當，那麼縱使與文獻不合，稍作修改亦無大礙，然根據前面大段的討論下來，牟先生之說既與文獻不合，於義理上亦未見穩當。陽明本人之「四句教」與緒山領悟下之「四句教」有所不同，其理甚明。緒山「四有」說下之「悟體」義與龍溪「四無」說下之「悟體」義並不相同，其理亦甚明矣！推原牟先生本來之用心，實欲強調「四有」（即「四句教」）說並非徹底的漸教，它亦含有頓之可能根據，而與朱子之為徹底的漸教不同〔註57〕。此說凡真能相應於儒家言「心即理」之義者，蓋無人能反對。然而這畢竟是從理論的進路去分析問題，非真相應於天泉證道中所突顯出來之種種實踐理境的差異之事實。譬如當吾人說「四有」亦含有「頓」之根據時，這是從理上肯定地如此說；理上肯定地如此說，實際上當然也可以呈顯，但事實上卻尚未呈顯，這與「四無」所代表之當下已經呈顯此頓悟理境，便有所不同。因此，就實踐上來講，吾人說「四有」代表尚未完全頓

上徹下工夫」，則四句教又不只限於中下根矣。（同上，頁281）可見，牟先生並非沒有注意到陽明兩處說法之不同，卻認為陽明以上下根來合會「四無」與「四有」的說法是受龍溪之穎悟所聳動，因此當依陽明說四句教「原是徹上徹下工夫」為標準來勘定前說。依筆者之意，陽明心目中實甚湛然澄明，並未受到龍溪之穎悟所動。龍溪「四無」確實代表一種徹悟本體之實踐工夫，而緒山雖承陽明「四句教」而立說，然從其強調「為善去惡工夫」的不可或缺性，以及不能正視龍溪「悟本體即是工夫」之實踐義看來，緒山所領悟下之「四句教」並不真能悟得「無善無惡心之體」，宜其只成接中根以下人之教法，上根人無從接受。若能正視此二說「悟體」深淺之不同，則陽明以上下根來合會「四無」與「四有」並不算錯。而陽明本人心目中之「四句教」，既兼通「無」「有」二境為教，亦宜乎其為徹上徹下工夫。因此，分開了陽明與緒山所體悟之「四句教」之理境的不同，則陽明前後的說法皆有所當，又何來聳動之說？又何必以後一說來勘定前一種說法呢？

〔註57〕同上，頁278～281。

悟本體之理境,「四無」代表已經完全頓悟本體之理境,不亦宜乎?天泉證道
中陽明說「四有」未嘗悟得本體,不亦正是著眼於此實踐上體悟得透徹與不
透徹之差別而如此判定的嗎?牟先生其實也並非不知陽明所謂「未嘗悟得本
體」之義,當該是「沒有頓悟得或達到無善無惡一體而化的化境」〔註58〕,
然而終究未能從實踐的角度正視此頓悟化境之「呈顯義」,遂轉而從理論的角
度判定「四有」亦須「悟得本體」,亦「含有頓之根據」,如此一來,此頓悟
化境之「呈顯義」便轉成了收攝在對治工夫之超越根據中之「靜態義」。這種
詮釋角度的滑落,已不能恰當地反應出天泉證道中種種實踐理境之差異的實
情了。

　　因此,牟先生之判定「四有」亦須「悟得本體」,亦「含有頓之根據」,
它「並非徹底的漸教」等義,從理論的角度來看,皆是正確的。只是以此理
論的角度下之說法,來看陽明所謂「中根以下之人未嘗悟得本體」的話,在
詮釋的進路上便不能完全相應了。因為陽明畢竟是從實踐的角度來判定四有
「未嘗悟得本體」,此本不能算錯。其實,這兩種角度下之說法原本不相妨礙,
只要弄清彼此的分際即可。只是牟先生必欲以理論的角度下之說法,來判定
陽明從實踐的角度下之說法為不妥當,背後根本的想法還是在於:認為「頓
悟」不是當下可以呈顯的,它只是「實踐對治所至之化境」。因此,「四無」
不可作一客觀的教法,「四有」雖是漸,亦含有「四無」這種「頓」之根據,
它是徹上徹下的教法,因為縱使上根人亦不能無對治。這些說法理路實甚一
貫,皆是將「四無」說之當下呈顯義,收攝到「四有」對治工夫中之最後結
果,以及「四有」對治工夫中之超越根據,於是「四無」只成了理論中暫時
預設的「靜態義」。依此理論的、靜態的角度來看,自然要說「四有」亦須「悟
得本體」,自然要說「四有」亦「含有頓之根據」。然而,此處所謂的「本體」,
所謂的「頓之根據」,皆已非龍溪由實踐的、呈顯的角度所說之「四無」的本
義了。想要從此理論的、靜態的角度,來收編龍溪「四無」說之實踐義、呈
顯義,而取消其「四無」說之獨立價值,則龍溪果真能服乎?想要從此理論
的、靜態的角度,來說「四有」兼含「頓」與「漸」,為「徹上徹下的教法」,
以此混同於陽明之「四句教」首句言「無善無惡心之體」之當下指點義與當
體實踐義,為真正包含「四無」與「四有」兩種教法之徹上徹下義,則陽明
又豈能心領乎?因此,如果上一節所作的結論是正確的:即「四無」不只是

〔註58〕同上,頁275。

「實踐對治所至之化境」，而是當下即可實現。（若當下不可能實現，在對治工夫的歷程中亦不保證一定會實現；反之，若在對治工夫的歷程中保證一定會實現，那麼當下亦即可實現）。那麼，牟先生從理論的、靜態的角度去詮釋天泉證道的種種說法，皆不能真相應於天泉證道之事實。

後來如王財貴先生作《王龍溪良知四無說析論》一文，在談論到「四句教」時，亦採取牟先生理論的進路去詮釋它，把它看成是一套固定的義理架構，分析其義而謂之「四有」〔註59〕，並未能從實際體悟之不同，來區分陽明本人所立之「四句教」與緒山執持下之「四句教」之差異。雖然，他曾說：「陽明心中，已融有無而機杼自在，本不必說有說無，或說有說無均無不可。要說『權法』，四有、四無，都是權，要說『實法』，四有、四無，都是實。不具此融通者，不足以為天下立教也。」〔註60〕顯已能體貼陽明之本懷。但是，他畢竟未能依此而闡明陽明「四句教」之本義為兼合「四無」與「四有」二境之教法。他仍舊是依理論的進路，把陽明的「四句教」看成是一種「做對治工夫以復返本體」之「四有」的理境〔註61〕。此則未能正視陽明之「四句教」首句言「無善無惡心之體」之當下指點義與當體實踐義了。其實，在其依理論的進路所詮釋下之「四句教」，倒比較像本文所詮釋的緒山之「四有」說，而陽明本人所立之「四句教」之本義則喪失了。

或許站在王先生的立場，一時並不能滿意筆者如此的判語。他要說：「四有雖在現實中做『漸』的工夫，但其起修之根據卻是超越的，故亦有頓的可能。自此漸與頓兩頭通，現實與超越兩頭通而言，『四有』已包涵了『四無』，『四無』終不外於『四有』。」〔註62〕依筆者的想法：你此處所謂「四有」已包涵了「四無」，或「四無」終不外於「四有」之根據處而言，只具有理論義或靜態義，而不具有當下指點義或當體實踐義。如果王先生仍然要辯說：我所謂「四有」已包涵了「四無」，或「四無」終不外於「四

〔註59〕王財貴著，《王龍溪良知四無說析論》，第二章，頁390～392，與第三章，頁411～412。

〔註60〕同上，第四章，頁431。

〔註61〕王財貴先生嘗引牟先生的說法來詮釋陽明「四有」說之所以為「有」之義，其中提到此時之心、知因顯對治之能而起特殊之定相，謂之「有相」（同上，第三章頁411～412）。可見，其詮釋下之陽明「四句教」只是一種「做對治工夫以復返本體」之「四有」理境，此時首句所言「無善無惡心之體」仍在「有相」當中，而非完全無相地當體呈顯。

〔註62〕同上，第四章，頁431。

有」，其中「四無」不只是理論義或靜態義，而是代表一「意味之強調」、一「虛層的提示」、一「活潑的點化」（見上節所引）。則筆者要說，那是你不自覺地將理論的詮釋進路與實踐的詮釋進路混用的結果。焉有一方面依理論的詮釋進路，將「四有」視爲一套固定的義理架構來分析其義，並站在「四無」的立場質疑其首句「無善無惡心之體」尙只是一「預設」〔註63〕；一方面又依實踐的詮釋進路，將「四有」視爲含有一「意味之強調」、一「虛層的提示」、一「活潑的點化」之「四無」的當下指點義或當體實踐義？如果說「『四無』畢竟只是『一無』」這句話之義，並非只是要以「四有」首句來靜攝龍溪的「四無」說的話，那麼「四有」（即「四句教」）首句言「無善無惡心之體」所含之當下指點義或當體實踐義，便應該依實踐的詮釋進路重新予以定位，而不是既從理論的詮釋進路分析其義理架構，又從實踐的詮釋進路賦予首句一當下指點義或當體實踐義，此則於詮釋系統上不協調了。

因此，如前所引，《陽明年譜》中陽明告誡緒山的話說：「有只是你自有，良知本體原來無有，本體只是太虛，太虛之中，日月星辰，風雨露雷，陰霾曀氣，何物不有，而又何一物得爲太虛之障？人心本體，亦復如是。太虛無形，一過而化，亦何費纖毫氣力？德洪功夫須要如此，便是合得本體功夫。」筆者曾如此疏釋道：依陽明本人的看法，雖說「意是有善有惡的」，但若能對此「無善無惡心之體」悟得透、信得及，則「一悟本體便是工夫」，龍溪「四無」說自有道理，何須反對？而緒山你現在既執著在「意是有善有惡的」，便認爲只能夠「用爲善去惡工夫以復返本體」，不許龍溪言「四無」之「悟本體即是工夫」，可見你對於「無善無惡心之體」之即體即用性尙悟得不透。若悟得透，工夫正應該要如此做，如此做才是「合得本體功夫」。（爲討論方便，故重錄於此）

可見，陽明本人雖說「有善有惡意之動」的話，並不影響他對「無善無

〔註63〕王財貴先生曾站在龍溪「四無」說之立場，順通龍溪質疑「四有」的話說：「意從心發，意昏昧，豈非即表示心昏昧，蓋此時你所說的超然自在的心，尙只是一預設（或隨聖人之教而如此信仰而已，實未自證）。」（同上，第三章，頁409）此或只是順通龍溪之意而如此說，然王先生本人又豈非如此來看「四有」？或許王先生要說：這只是站在龍溪的立場，對緒山提出質疑罷了，並不是對陽明也一併質疑。筆者認爲：當你依理論的詮釋進路，將「四有」（或說「四句教」）視爲一套固定的義理架構時，便不足以由此四句本身的義理，來區分緒山和陽明之間的不同，既是質疑緒山，同時也質疑了陽明。由此反顯出由理論的進路去詮釋陽明「四句教」之不當。

惡心之體」有透徹的了悟。因此，若把「四句教」依陽明本人的體悟來講，則第二句雖提到「有善有惡意之動」，那也只是陽明事實描述地點出人生的病痛落在於「意」之上，陽明本人並不因此即「執著」在此處看，認爲修養工夫只能是「用爲善去惡工夫以復返本體」，一如緒山者然。所以陽明才說：「本體只是太虛，太虛之中，日月星辰，風雨露雷，陰霾噎氣，何物不有，而又何一物得爲太虛之障？」又說：「太虛無形，一過而化，亦何費纖毫氣力？德洪功夫須要如此，便是合得本體功夫。」（此意亦同於上一節所引，龍溪追憶陽明在嚴陵相別時的申誨之言，其中陽明說道：「我拈出良知兩字，是是非非自有天則，乃千聖秘藏，雖昏蔽之極，一念自反，即得本心，可以立躋聖地。」此語可以更清楚表明陽明此處所說之意，見註37）。由此可知，關鍵不在是否說了「有善有惡意之動」的話，而是端看說者是否「執著」在此處看修養工夫。此非可以用客觀地理論的分析方式來決定的，必須透到說者背後實際的體悟來看。

如果以上所說不誤，那麼我們便應當依實踐的詮釋進路來看「四句教」，然後依陽明本人的體悟還歸其「四句教」之本義。而緒山畢竟是執著於「有善有惡意之動」去看修養工夫的，故「四句教」在其執著下只成了一種「用工夫以復本體」之「四有」。順帶一提的是，即連龍溪亦不免執著於「四句教」首句「無善無惡心之體」去看修養工夫，故視後三句的說法爲權說，此便有著於「無」之病，以爲人可以一悟永悟。殊不知人雖有當下頓悟之可能，亦有一念陷溺之可能，既須「頓悟」，又不廢「漸修」，方是陽明立四句教之宗旨。故陽明原是四句平說，「無」「有」兼備。緒山卻執著在第二句上看，遂成「四有」之說。龍溪則執著在第一句上看，遂成了「四無」之說。陽明告誡二位弟子不可各執一邊：「汝中須用德洪功夫，德洪須透汝中本體」，此語之意得矣！陽明叮囑二位弟子：「只依我這話頭，隨人指點，自沒病痛，此原是徹上徹下功夫」又說：「二君以後再不可更此四句宗旨，此四句中人上下無不接著。」此所謂「徹上徹下功夫」，所謂「宗旨」之意亦得其正解矣！

討論至此，從實踐的進路區分陽明「四句教」與緒山「四有」說之不同，是必須的。從實踐的進路判定緒山「四有」說代表「未嘗悟得本體」之理境，亦是必須的。接下來要進一步說明的是：緒山「四有」說之爲「有」是什麼意義？若撇開牟宗三先生依理論的進路去詮釋「四有」（即「四句教」），將之視爲一套固定的義理架構而無分於陽明與緒山之不同，以及判定「四有」亦

須「悟得本體」等不相應的判語不論，純就其對「四有」內部義理的分析來看，確實可以彰顯出本文所說的緒山之「四有」說的思想內涵。茲藉其言以說明緒山「四有」說之為「有」的意義：

> 首先，意之所在為物，意之發動有善有惡，則其所意在之物亦必有善有惡，有正有不正。但吾人不能說知善知惡之知亦有善有惡，如云善的知與惡的知，此則不成話，乃成為良知之否定，亦不能說無善無惡是謂至善之「心之體」亦有善有惡，如云善的心之體與惡的心之體，此亦不成話，蓋亦成為至善的「心之體」之否定。然則心之體與良知之為有，與意物有善有惡之有，其意不同矣。〔註64〕

牟先生此處首先區分了「意」與「物」之為「有」，和「心」與「知」之為「有」，其間意義之不同。蓋「意」與「物」之為「有」，乃含「有善有惡」之義；但「心」與「知」之為「有」，則不可說亦含「有善有惡」之義，否則便成了本心與良知之否定了。所以，依牟先生的看法，「心」與「知」之為「有」：「其義必轉進一層而為另一意義的『有』」〔註65〕，而與「意」與「物」之為「有善有惡」的「有」不同矣。牟先生說：

> 良知之為知善知惡的有即順意之有善有惡而顯其知善知惡之知相而非無知之知矣。「無知之知則體寂」，此顯一知相之有知之知即顯一浮動之決定相，或凸現一決定之知相，而其體不寂矣。此即是有「相」之有。同理，心之體之為無善無惡是謂至善的有即順意之有善有惡而顯其至善之相而不同於意，因而亦非無心之心矣。「無心之心則藏密」，此顯一至善之相之心即凸顯一決定之至善心相而其藏不密矣。此即心之亦為有也。此有亦是有「相」之有。物之為有是隨意之為有而有，而且其為有是有正有不正之有，正的物有物相，不正的物亦有物相，而非無物之物矣。「無物之物則用神」，此有物相之物其為意之所用之用即多滯礙而不神矣。此而不神即反顯有善有惡之意為有意相之意，而非無意之意矣。「無意之意則應圓」，此有意相之意即為動于物而滯于物而不能圓應無方矣。是以若從意之動著眼，則因對治關係，心與知物亦隨意之為有相而一齊皆有相也。」〔註66〕

〔註64〕牟宗三著，《從陸象山到劉蕺山》，第三章，頁268。
〔註65〕同上，頁268。
〔註66〕同上，頁270～271。

由此看來，「知」之所以為「有」，乃因順著意之有善有惡而顯其「知善知惡之相」，此是「有相」之有。而「心」之所以為「有」，亦因順著意之有善有惡而顯其「至善之相」，此亦是「有相」之有。而「物」之所以為「有」，仍是隨意之為有而有，不僅是「有正有不正」之有，同時也是「有相」之有。而「意」之所以為「有」，則本因動于物而為有，不僅是「有善有惡」之有，同時也是「有相」之有。所以，若從意之動著眼，則因對治關係，心與知物皆隨意之為有相而一齊皆有相。只是，「意與物是經驗層上的感性的有，而心之體與良知則是超越層上的睿智的有」〔註67〕有的層次雖然不同，可是都屬於有。緒山「四有」說之為「有」，其義明矣！

相應於緒山此種心意知物一齊皆有之「四有」理境，在實踐的工夫上緒山實強調一種側重「漸修工夫」的工夫理論。此種側重「漸修工夫」的工夫理論，其實是著眼於「人有習心，意念上見有善惡在」，所以須透過良知之知善知惡，為善去惡以格物誠意，然後復歸於心體之正，這是屬於「用工夫以復本體」的工夫理論。

如前所引羅念菴敘述「緒山之學數變」一段，其中第一階段與第三階段緒山所做的工夫，皆可用來說明緒山此處「四有」說下之工夫理論。「其始也，有見於為善去惡者，以為致良知也。」其實，從實踐上看，若單單只是見得意念上有善有惡，而去做為善去惡的工夫，未必真能致得良知。因為，如果體悟得良知不夠真切，見得善惡不夠分明，徒然只做為善去惡工夫，亦可能只是世俗之教，而不必是「良知之教」。陽明〈大學古本序〉中不是曾說：「不本於致知，而徒以格物誠意者，謂之妄。」〔註68〕可見，單是做為善去惡工夫，而未能以良知為首腦，則所謂「致良知」也者，未必十分落實。此或許是緒山早期的工夫境界，但光從念菴的描述，吾人亦很難判定緒山一定只是如此。然而不論真相如何，以上所說確實可以代表「用工夫以復本體」之工夫的某一種型態，因為從「本體未復，工夫漸修」來看，這時工夫總是在歷程當中，在歷程當中隨學者體悟良知之淺深，工夫上自有疏密之別。

到了第三階段，緒山的見解是：「吾惡夫言之者之淆也，無善無惡者，見也，非良知也。吾惟即吾所知以為善者而行之，以為惡者而去之，此吾可能為者，其不出於此者，非吾所得為也。」如前所評，緒山此時既以無善無惡

〔註67〕同上，頁270。
〔註68〕王守仁著，《王陽明全書》，第一冊，《文錄》，卷三，〈大學古本序〉，頁188。

爲「見」，不認爲那是良知之本來面目，可見其第二階段所肯定的「良知者，
無善無惡者也」，只是一時從理上承當過來，並不眞能從實踐上悟得透徹。緒
山與龍溪並稱爲陽明門下兩大教授師，四方來學先經緒山與龍溪疏通大旨，
而後卒業於陽明〔註69〕，則緒山於陽明平日之教言亦不可謂不熟矣。其亦曾
爲陽明「四句教」言「無善無惡心之體」一義辯解，亦說得大端無差〔註70〕。
然而，正如龍溪所說：「學須自證自悟，不從人腳跟轉。」口中說得十明白，
紙上寫得十分詳盡，亦不表示自家生命眞實受用。一時從言語上「解悟」得
來，未必表示眞「徹悟」本心良知之無善無惡當體流行之境。唯緒山此一階
段之工夫較諸早期之工夫，實更能把握此知善無知惡之「良知」，然究竟能體
貼到什麼程度亦甚難言也。若由他認爲「無善無惡者，見也，非良知也」的
見解看來，其致良知之工夫亦不能不涉入意必了。

　　陽明便曾告誠學生守衡曰：「爲學工夫有淺深。初時若不著實用意去好善
惡惡，如何能爲善去惡？這著實用意，便是誠意。然不知心之本體原無一物，
一向著意去好善惡惡，便又多了這分意思，便不是廓然大公。書所謂『無有
作好作惡』，方是本體。所以說有所忿懥好樂，則不得其正。正心只是誠意工
夫裏面。體當自家心體，常要鑑空衡平，這便是未發之中。」〔註71〕陽明此
番話眞足以作爲吾人用漸修工夫時的一種提醒和點示。由此亦可見，陽明「致

〔註69〕黃宗羲著，《明儒學案》，上冊，卷十一，〈浙中王門學案一〉，頁 225。

〔註70〕緒山〈復楊斛山〉一文中曾爲陽明言心體「無善無惡」之意辯解，其結論部份
　　　　說道：「故先師曰『無善無惡者心之體』，是對後世格物窮理之學，先有乎善者
　　　　立言。因時設法，不得巳之辭焉耳。」（同上，頁 235）說陽明言「無善無惡心
　　　　之體」，是爲後世格物窮理之學，先有乎善者立言。這話不能算錯。陽明本嘗語
　　　　學者曰：「心體上著不得一念留滯，就如眼著不得些子塵沙。」又曰：「這一念
　　　　不但是私念，便好的念頭亦著不得些子，如眼中放些金玉屑，眼亦開不得了。」
　　　　（陳榮捷著，《王陽明傳習錄詳註集評》，卷下，第三三五條，頁 380）但接著說，
　　　　陽明言「無善無惡心之體」乃因時設法，不得巳之辭焉。這話便不完全能體貼
　　　　陽明的用心了。陽明平日曾說道：「無善無不善，性原是如此。悟得及時，只此
　　　　一句便盡了。」（同上，第二七三條，頁 330）又曰：「性之本體，原是無善無惡
　　　　的。」（同上，第三〇八條，頁 352）又曰：「聖人無善無惡，只是無有作好，無
　　　　有作惡，不動於氣。」（同上，卷上，第一〇一條，頁 123）依此，則陽明本是
　　　　稱理而談，無善無惡是謂至善，既點醒吾人本體爲無善無惡可名是謂至善之意，
　　　　又提示吾人工夫須無有作好無有作惡方是究竟之旨，何來「因時設法，不得巳
　　　　之辭」之說？要說「因時設法」，凡一切特定之教莫不如此；然應機稱理而談，
　　　　亦無「不得巳」之想也。故筆者評緒山所論爲「大端無差」，以此。

〔註71〕陳榮捷著，《王陽明傳習錄詳註集評》，卷上，第一一九條，頁 141。

良知」教之究竟了義，當該是要人「悟」體。誠如陽明〈大學古本序〉中所說：「乃若致知則存乎心悟，致知焉盡矣！」〔註 72〕致知工夫若未達到「心悟」的境界，則永遠是在對治的歷程當中，唯有達到「心悟」的境界，致知工夫才能算是圓滿究竟。

　　牟宗三先生曾引陽明「乃若致知則存乎心悟，致知焉盡矣！」這句話，來證明四有說下之致知工夫亦須對於良知本體有一種「心悟」，否則致良知根本無從說起。〔註 73〕筆者以爲陽明「乃若致知則存乎心悟，致知焉盡矣！」一句，乃是在寫〈大學古本序〉一文最後，對吾人著實去做「致知以格物誠意」之工夫作一根源的點化，指出致良知工夫最根本也是最究竟處，乃存乎「心悟」。唯有「心悟」，致知工夫方見眞切篤實，而實亦無「致」可言，只是良知「自致」。唯有「心悟」，致知工夫方是圓滿究竟，而實亦無「知」可致，只是良知「自照」。故陽明此句乃是相應於實踐工夫而來的點化語，並非從理論層面說明致知工夫須預設心悟。若然，則陽明此句正是用來點化那些「未嘗悟得本體而做致知工夫」的人，而不是如牟先生所說致知須要預設心悟的意思。〔註 74〕

　　如果以上所說無誤的話，則吾人做「四有」之「漸修工夫」，最後亦須走向「四無」之「頓悟本體」的境界，才算是圓滿究竟。當然，吾人雖一時達到「四無」之「頓悟本體」的境界，仍當本於此而不廢「四有」之「漸修工夫」，才不致於有滯虛守寂之病。這便是天泉證道中陽明在聽完龍溪與緒山二位弟子的見解之後，所告誡他們的話：「汝中須用德洪功夫，德洪須透汝中本體」。由此，底下可以轉入對陽明合會「四無」「四有」之探討了。

〔註 72〕王守仁著，《王陽明全書》，第一冊，《文錄》，卷三，〈大學古本序〉，頁 188。

〔註 73〕牟宗三著，《從陸象山到劉蕺山》，第三章，頁 279～280。

〔註 74〕案：關於「乃若致知則存乎心悟，致知焉盡矣！」一句，亦有版本作成如下的斷句：「乃若致知則存乎心，悟致知焉，盡矣！」見王守仁著，《王陽明全集》（臺北：大申書局，1983 年），《文集》，卷一，頁 14。筆者以爲此種斷句方式並不十分恰當，因爲根據龍溪在〈大學首章解義〉一文中的說法：「大學一書，乃孔門傳述古聖教人爲學一大規矩，若夫法外之巧，則存乎心悟，先師所謂致知焉盡矣！」王畿著，《王龍溪全集》，第二冊，卷八，〈大學首章解義〉，頁 517。明顯地是採取以上第一種斷句方式去理解的，以龍溪親炙於陽明的程度來看，龍溪此種說法當更爲可信，故本文不採取此第二種斷句方式去理解陽明此句之意。

第四章 王陽明對「四無」說與「四有」說之合會

　　上一章既分別地闡述了龍溪「四無」說與緒山「四有」說之思想內涵，確立龍溪「四無」說爲代表一種「頓悟」之實踐理境，緒山「四有」說爲代表一種「漸修」之實踐理境。接著本章將透過陽明對二者合會之說法，來衡定龍溪「四無」說與緒山「四有」說之個別價值與限制。誠如本文在第二章第一節所綜述的：陽明是從「本體」之悟與不悟，「工夫」之頓與漸，「教法」之上與下來合會「四無」說與「四有」說的〔註1〕。藉由此一合會，不僅使龍溪和緒山更加明白自己說法之分際所在，同時也爲二者朝向更圓融的理境去發展，指出了明確的方向。此一圓融的理境，即爲陽明本人所立之「四句教」所代表。故陽明在對二者加以合會之後，更進一步叮囑道：「二君以後再不可更此四句宗旨，此四句中人上下無不接著。」究竟在陽明心目中「四句教」所代表之「宗旨」意義如何呢？此有待吾人深入去探討。本章便循著以上所說之理路，依次來加以說明。

〔註1〕 若依〈天泉證道記〉之語脈來看，陽明合會「四無」說與「四有」說時，是依「教法」、「本體」、「工夫」之次序來合會的。然若依《傳習錄》之語脈來看，則依「本體」、「工夫」、「教法」之次序來合會的。本章爲義理討論上之方便起見，故先談「本體」，次說「工夫」，再論「教法」。因爲要決定「四無」「四有」各爲何種意義之「教法」？何以分屬「上根之人」、「中根以下之人」？這些問題都將建立在前兩個問題解決之後的基礎上，才比較容易回答。

第一節　「悟得本體」與「未嘗悟得本體」

　　根據〈天泉證道記〉所載，陽明說道：「吾教法原有此兩種，四無之說，為上根人立教。四有之說，為中根以下人立教。上根之人，悟得無善無惡心體，〔……〕中根以下之人，未嘗悟得本體，〔……〕。」而《傳習錄》中記道：「我這裡接人，原有此二種：利根之人，直從本源上悟入，人心本體原是明瑩無滯的，原是個未發之中。〔……〕其次不免有習心在，本體受蔽，〔……〕汝中之見，是我這裡接利根人的；德洪之見，是我這裡為其次立法的。」可見，陽明認為龍溪「四無」說代表「悟得本體」之實踐理境，緒山「四有」說代表「未嘗悟得本體」之實踐理境〔註2〕。而《陽明年譜》中所載，雖無明顯地如此說，但從陽明告誡：「汝中須用德洪功夫，德洪須透汝中本體」的說法來看，亦可對比出此意來。

　　三種文獻的記錄既如此一貫，則陽明以「悟得本體」和「未嘗悟得本體」來合會「四無」和「四有」之說法，亦是確然無疑的。接下來，吾人要進一步探討的是：陽明究竟是依何種觀點來判定龍溪「四無」說為「悟得本體」，而緒山「四有」說為「未嘗悟得本體」？又陽明此種判定妥當否？

　　推想天泉證道當時，龍溪和緒山對著陽明各自陳述了自己心中的意見，於是陽明乃相應於二位弟子體道之心得而加以指正之，這一番師徒之間的問答，當不只是客觀地討論學問上之是非對錯而已，而是在印證個人主觀實踐上之工夫與境界，故後人名之曰：天泉「證道」。既是「證道」，自是屬於實踐中之事，而非理論中之事。若然，當陽明說龍溪「四無」說「悟得本體」，緒山「四有」說「未嘗悟得本體」時，應是依實踐的觀點而如實地言之。

　　何以依實踐的觀點如實地言之，龍溪「四無」說便是「悟得本體」，而緒山「四有」說便是「未嘗悟得本體」呢？回顧上一章第二節所述，龍溪「四無」說代表「心意知物一體皆是無善無惡」之境界，亦即代表「頓悟」中「即本體便是工夫」的境界。此時本體、工夫、境界三者是一，完全收歸在「頓悟」之中。要說「本體」，即此工夫之無作無執便是本體；要說「工夫」，即此本體之自然流行便是工夫；要說「境界」，即此本體工夫一體而化便是境界。故從「悟體」來說，龍溪「四無」說下所悟得之本體不代表對治工夫中之超

〔註2〕　此處須附帶說明的是：當陽明說「上根之人」如何如何，「中根以下之人」如何如何時，其實即指「四無」如何如何，「四有」如何如何，二者之間意思實可替代，為免誤會，特略加說明。

越根據，以其本不涉能所，當下即此本體便是工夫。

　　相較於龍溪「四無」說下所謂「悟得本體」之義，緒山「四有」說實未能臻至此境。如上一章第三節中所述，緒山「四有」說代表「心意知物一齊皆是有相之有」的境界，亦即代表「漸修」中「用工夫以復本體」之境界。此時，本體、工夫、境界三者未能是一，因為有對治歷程的關係。要說「本體」，此時之本體只是對治工夫中之超越根據，並非本體自己之如如呈顯；要說「工夫」，此時之工夫只是攝持本體下之意必執著，並非究竟工夫之無作無執；要說「境界」，此時之境界只是本體待復工夫待化之過渡階段，並非本體工夫一體呈顯之最後圓滿。故從「悟體」來說，緒山「四有」說下所悟得之本體不代表「即本體便是工夫」之本體自己，以其涉入能所對待，本體尚未完全無相地呈顯。

　　由此看來，陽明依實踐的觀點，相應於龍溪「四無」說與緒山「四有」說之理境，而如實地判定「四無」為「悟得本體」，「四有」為「未嘗悟得本體」，這並無任何不恰當之處。然而，如前所提到的，牟宗三先生嘗認為陽明此種說法是不妥當的，理由是：「如果四有句是屬于中根以下之人，則如果他們『未嘗悟得本體』，則他們如何能致良知？而且與『致知存乎心悟』這句話亦相矛盾！」因此，他修改陽明之判語而說：「是以四有四無俱須悟得本體（悟得良知即是悟得心之本體），上下根之分不在悟得與未悟得，而在有無對治。」〔註3〕究竟牟先生的說法能否成立呢？上一章第三節已大致討論過了，此處再將筆者主要的論點歸納成以下兩方面來說：

　　第一、牟先生的說法與文獻不符，造成許多文獻之意義無法索解：因為若依牟先生的說法，不僅陽明說「中根以下之人未嘗悟得本體」一語須要修改，即連陽明告誡緒山「須透汝中本體」一語亦變得沒有意義。陽明說法姑可不論，緒山記錄嚴灘問答一事，曾自述道：「洪於是時尚未了達，數年用功，始信本體工夫合一」〔註4〕這句話當如何理解？緒山〈與張浮峰〉中追述自己在天泉證道之後「歸來屢經多故，不肖始能純信本心。」〔註5〕這句話又代表什麼含義？甚至羅念菴曾描述「緒山之學數變」，其中提到緒山在第一個階段：「有見於為善去惡者，以為致良知。」第二階段已明白：「良知者，無善

〔註3〕　牟宗三著，《從陸象山到劉蕺山》，第三章，頁279～280。
〔註4〕　陳榮捷著，《王陽明傳習錄詳註集評》，卷下，第三三七條，頁381～382。
〔註5〕　黃宗羲著，《明儒學案》，上冊，卷十一，〈浙中王門學案一〉，頁235～236。

無惡者也，吾安得執以爲有而爲之，而又去之？」可是到了第三個階段卻又改口說：「吾惡夫言之者之淆也，無善無惡者，見也，非良知也。吾惟即吾所知以爲善者而行之，以爲惡者而去之，此吾可能爲者。其不出於此者，非吾所得爲也。」到了最後階段才終於契悟陽明所謂：「至善者心之本體，動而後有不善。」之旨〔註6〕。若緒山「四有」說早已「悟得本體」，其思想又何來如此多的跌宕呢？

第二、牟先生的說法混淆了兩種「悟體」義，其詮釋的觀點與天泉證道之眞相並不相應：從牟先生欲修改陽明說法的理由來看，牟先生主要是著眼於致良知工夫中亦須肯定悟得良知本體，否則工夫便沒有了根據。其實，這只是一種理論觀點下的說法。若從實踐的觀點來看，「四有」說下所謂的「悟得本體」，只是理論言說中一種暫時的「預設」，頂多也只是實踐對治中的一種「解悟」或「證悟」罷了，這與「四無」說下所謂的「悟得本體」乃代表一種「呈顯」或「徹悟」之義並不相同。故依此實踐的觀點爲判準，當牟先生說「四有四無俱須悟得本體」時，恐不免已混淆了兩種「悟體」義，而且亦不相應於天泉證道之所以爲「證道」之實。

由此看來，牟先生修改陽明的判語所做成的結論，並不眞能成立。天泉證道中陽明那合會的說法應該是妥當而可以被接受的。

至於王財貴先生，雖無明白表示緒山「四有」說「悟得本體」或「未嘗悟得本體」。但是從他曾站在龍溪「四無」的立場，質疑「四有」說下所肯定的「無善無惡心之體」，尚只是一種「預設」〔註7〕來看，他顯然是贊同陽明判定「四有」說「未嘗悟得本體」的說法。只是在王先生未能從「四句教」本身，區別開緒山與陽明二人所代表之實踐理境不同的作法下，緒山的「四有」說既代表「未嘗悟得本體」之義理型態，則不亦正表示陽明「四句教」也代表「未嘗悟得本體」之義理型態嗎？再者，王先生時而欲將其詮釋下之「四無」所含之當體實踐義與當下指點義，靜攝到「四有」之超越根據處或工夫化境處去說〔註8〕，看似圓融地合會了「四無」與「四有」，殊不知已造成了兩種詮釋觀點的混用而不自覺。在這種將兩種詮釋觀點混用的情況下，一來或者減殺了其詮釋下的「四無」說之實踐義，一來或者模糊了其詮釋下

〔註6〕 同上，頁226。
〔註7〕 王財貴著，《王龍溪良知四無說析論》，第三章，頁409。
〔註8〕 同上，第四章，頁427、431。

之「四有」說代表「未嘗悟得本體」之理境的見解。總之，王先生若能貫徹其詮釋「四無」說時所採取的「實踐的觀點」，來詮釋陽明對「四無」與「四有」合會時的說法，那麼將更能反映出整個天泉證道之真相。

第二節 「頓悟工夫」與「漸修工夫」

根據〈天泉證道記〉的記載，陽明說：

> 四無之說，為上根人立教。四有之說，為中根以下人立教。上根之人，悟得無善無惡心體，便從無處立根基，意與知物，皆從無生，一了百當，即本體便是工夫，易簡直截，更無剩欠，頓悟之學也。中根以下之人，未嘗悟得本體，未免在有善有惡上立根基，心與知物，皆從有生，須用為善去惡工夫，隨處對治，使之漸漸入悟，從有以歸於無，復還本體。及其成功，一也。

而《傳習錄》中亦記載：

> 利根之人，直從本源上悟入，人心本體原是明瑩無滯的，原是個未發之中。利根之人，一悟本體，即是工夫，人己內外，一齊俱透了。其次不免有習心在，本體受蔽，故且教在意念上實落為善去惡功夫，熟後，渣滓去得盡時，本體亦明盡了。汝中之見，是我這裡接利根人的；德洪之見，是我這裡為其次立法的。

由以上兩段文字看來，陽明認為「四無」之說是接引上根人的教法，「四有」之說是接引中根以下人的教法。上根之人，一悟得無善無惡心體，便直接由此無善無惡心體著眼，即此本體以起工夫〔註9〕，易簡直截，更無剩欠，這是做「頓悟」的工夫。至於中根以下之人，因未嘗悟得本體，未免在有善有惡之意上著眼，故用為善去惡工夫，隨處對治，使之漸漸入悟，這是做「漸修」的工夫。兩者做工夫的路數雖然不同，但最終皆可達到成聖的目標。這樣說來，陽明是從不同的層次來肯定「四無」與「四有」的教法義與工夫義的。教法與工夫原本相互關聯，一是就教者的立場講，一是就學者的立場講。陽明既肯定「四無」可作為一種教法，當該表示他同時肯定「頓悟」工夫是當下可即的，否則亦根本沒有教法可言。然而「四無」說下之教法與工夫，究竟與我們一般說「四有」之教法與工夫意義相同嗎？本節將先就工夫一面來

〔註9〕 參見唐君毅著，《中國哲學原論・原教篇》，第十四章，頁379。

作探討，至於教法的問題則留待下節為之。

正如上一章所述，龍溪「四無」說下所開出來的「頓悟」工夫，並非一套可以供人持循的工夫，它是一種「無工夫的工夫」。「無工夫的工夫」並非不做工夫，而是直下順承此良知本體之自然發用流行，故雖做工夫卻不顯工夫相，這是究竟的工夫，也是真正的工夫，所謂「無工夫中真工夫」是也。然而，這種做工夫的方式毋寧說是「詭譎的」、「辯證的」，而非一般思想言說中之「分解的」、「邏輯的」方式，由此看來，這種工夫又是屬於特殊的。雖特殊但並非全然不能得個入路，關鍵即在於是否能對於本心良知之體用一貫性信得及：「即此知是本體，即此知是工夫」，「良知之外，更無致法；致知之外，更無養法」，「譬之明鏡當臺，妍媸自辨」。此種工夫究竟難乎？易乎？要說難，確實甚難，因為「這些子如空中鳥跡，如水中月影，若有若無，若沈若浮，擬議即乖，趨向轉背」，終非言思期必可得。要說易，確實甚易，因為「良知在人，本無污壞」，「雖昏蔽之極，一念自反，即得本心，可以立躋聖地」。於此說難說易恐只是一時方便，並無究極的意義。因為如果不想成聖則已，如果要想成聖，此關總須通過。要通過此關亦別無巧法，仍須有賴這一悟。

有人或許以為透過「四有」之「漸修」工夫可以「自然」達到「頓悟」的境界，殊不知從「漸修」工夫到「頓悟」仍是一種「異層的跳躍」。「漸修」工夫畢竟是在「有相」的對治過程中，這時本心良知因作為對治之根據而顯「能相」，有善有惡之意物因作為被對治的對象而顯「所相」，在這種對治的關係中，本心良知之為「無善無惡」與「知善知惡」畢竟仍只是潛隱在其自體相背後，而非真正本心良知之當體自己「無善無惡」與「知善知惡」之如如呈顯，所以這時所說的本心良知云云，並非本心良知之本來面目。一如龍溪所說：「若覺相未忘，到底不忘照管，永無超脫之期。」〔註10〕

若然，「頓悟」是否當下即可實現畢竟仍成一個問題。若說當下不可能實現，那麼在對治工夫的歷程中亦不保證一定能實現；反之，若說在對治工夫的歷程中保證一定會實現，那麼當下亦即可實現。從儒家言「心即理」的傳統來看，應是肯定本心「即存有即活動」的〔註11〕，因此成聖是必然的，頓

〔註10〕 王畿著，《王龍溪全集》，第一冊，卷四，〈過豐城答問〉，頁280。
〔註11〕 牟宗三著，《心體與性體》（臺北：正中書局，1985年），第一冊，第一章，頁59。

悟亦該當是當下即可實現的。再者，人人皆有良知，而良知現成圓滿〔註12〕，從原則上說，每個人當下皆可頓悟，而且可以以此頓悟爲工夫，不必待到成聖時才可以說此境界。但從現實上著眼，人的稟性氣質不同，下根人氣質昏濁，一時不易頓悟，故用「漸修」工夫，循循有入，到最後工夫純熟，渣滓去得盡了，亦「頓悟」本體。而上根人氣質清明，合下私欲較少，則「懸崖撒手，直下承當」〔註13〕，「萬握絲頭，一齊斬斷」〔註14〕，當下即此本體便是工夫，偶有所蔽，仍不廢「漸修」工夫，所謂「才動即覺，才覺即化」，亦並非完全不可能。

　　如果以上所說不誤，那麼陽明肯定「四無」之「頓悟」工夫，可以作爲接引上根人的工夫教法，以及肯定「四有」之「漸修」工夫，可以作爲接引中根以下人的工夫教法，當該是可以被接受的。只要明白這兩種「工夫」的工夫義並不是同一個層次的意義即可。

　　在正面釐清了「頓悟」工夫與「漸修」工夫各自的意義與價值之後，再看看陽明如何從反面指出兩者的限制。〈天泉證道記〉中載曰：

> 若執四無之見，不通得衆人之意，只好接上根人，中根以下人，無
> 從接授。若執四有之見，認定意是有善有惡的，只好接中根以下人，
> 上根人亦無從接授。

可見，不管是龍溪「四無」說下所強調的「頓悟」工夫，或者緒山「四有」說下所強調的「漸修」工夫，都只是具有片面性，或適用於上根人，或適用於中根以下人，並沒有那一種工夫能夠照管到所有根器的人。所以，依《傳習錄》的記載，陽明的看法是：

> 二君相取爲用，則中人上下，皆可引入於道。若各執一邊，眼前便
> 有失人，便於道體各有未盡。

既然「四無」說與「四有」說下之工夫皆只具有片面性，那麼相取爲用則可，各執一邊則不可。若相取爲用，則不管上根人或者中根以下之人，皆有工夫可以照管而可以引入於道。若各執一邊，則不僅漏失了某種根器的人，同時

〔註12〕牟宗三先生嘗解釋龍溪「現成良知」曰：「所謂現成良知，見在具足，是就呈露的良知自身說，並不是說人在隨時不自覺地混雜呈現這個現實的狀態中就是聖人，現成具足不是就這個現實狀態說。」（見氏著，《從陸象山到劉蕺山》，第四章，頁345）牟先生此一說法甚好，可以澄清一些人的誤解。

〔註13〕王畿著，《王龍溪全集》，第一冊，卷四，〈過豐城答問〉，頁280。

〔註14〕同上，〈留都會記〉，頁303。

也表示了自己對於道體之發用流行體悟未盡。

由此看來，陽明雖然一方面肯定了「四無」說下之「頓悟」工夫與「四有」說下之「漸修」工夫各具有其獨自的意義和價值，但另一方面卻也反對全部只講「四無」之「頓悟」工夫，而廢棄了「四有」之「漸修」工夫；或者全部只講「四有」之「漸修」工夫，而廢棄了「四無」之「頓悟」工夫，理由有二：一來是這樣做的話會造成漏失掉某種根器的人，二來是這樣做的話表示講者對於道體之發用流行體悟得不夠完全。第一個理由直接推演而下，比較好懂，可以不論；第二個理由則乍聽之下，不易明白，有待疏釋一番。

因為就著道體之發用流行如實地觀之，道體必然落在氣化當中發用流行，這是分解地說。若圓融地來說，則道體之發用流行即在氣化流行中見，或說即在氣化流行中方見道體之發用流行。故圓融地說，道即氣，氣即道，原是一體之流行。分解地說，則道屬超越層，氣屬經驗層。就著超越層的道體落在經驗層的氣化中發用流行時，純自道體一面而觀之，它本是粹然至善，而實不露善相惡相，故亦無善無惡可名；純自氣化一面而觀之，它本是實然中性，而其中萬相紛乘，遂亦自成機括。道之發用流行既不能離氣而見，則道體之粹然至善亦不能不透過氣化之萬相紛乘而顯。氣化本身既自成機括，則道體透過氣化而表現時，亦不能不套在這機括之中。氣化這一機括，即代表一種限制，道體必須透過這限制來表現，沒有限制就沒有道體之表現。故氣化本身，同時是道體表現時的一種通孔，同時也是道體表現時的一種限制。吾人當正視氣化本身存在的意義，它同時包含了這正反兩面的作用。〔註15〕因此，就著道體之落在氣化中發用流行時，由道體一面而觀之，道體雖在氣化的限制當中，但隨時可以通過氣化之限制而表現其自身之粹然至善；反過來，由氣化一面而觀之，道體雖然隨時可以通過氣化之限制而表現其自身之粹然至善，但道體亦隨時處在氣化之限制當中。由前者可以見道體自身之性能，它的本質是無限的；由後者可以見氣化自身之機括，它的本質是有限的。真知道者，必然能通觀此道體之無限性與氣化之有限性兩面，而如實地了知。

故《易經・繫辭下傳》曰：「夫乾，天下之至健也，德行恆易以知險。夫坤，天下之至順也，德行恆簡以知阻。」乾坤之道，雖至健至順，易簡可行，然未嘗無有險阻，由此可以顯出道德實踐之真切與莊嚴。從其易簡可行顯真

〔註15〕參見牟宗三著，《中國哲學十九講》，第一講，頁 5～10。

切，從其必含險阻顯莊嚴。道體之發用流行是如此，君子體道而行亦是如此。
不能透徹了解如此如此者，必未眞實了知道德實踐之爲道德實踐。孔子踐仁，
未嘗不知命也。孟子盡心知性知天，亦未嘗不言立命也。蓋人不僅擁有本心
良知，同時也具有感性習氣，人固然可以當下頓現本心良知，但人也隨時有
可能一念墮入感性習氣之中。人畢竟不是動物，也不是上帝，動物受其感性
習氣蒙蔽，要當下頓現本心良知似乎不可能（原則上說有可能，事實上說不
可能）；而上帝既無感性習氣，故永無下墮之可能。人卻同時包含有神性和物
性兩面，故人隨時可以當下「頓悟」即達「四無」之境，亦隨時可能一念下
墮，仍須用「四有」之「漸修」工夫。

　　因此，陽明之意實甚明顯，他所以反對龍溪和緒山各執一邊，表面上看
是因爲這樣做「眼前便有失人」，但是更根本的原因是這樣做「便於道體各有
未盡」。前面那句話是客觀地就接引人會有漏失講，後面那句話則收歸到每個
人自身的道德實踐講。因爲就著每個人自身去實踐道德時，事實上鮮少有人
能一悟「四無」，即常住於「四無」之中，永不退轉；當然也沒有人可以只做
「四有」之「漸修」工夫，永不超悟，而能夠達到成聖的目標的。

　　可是，吾人只要稍稍回顧龍溪和緒山先前對「四無」與「四有」之爭議，
便可以發現他們二人確實有執著於自己意見的毛病。

　　龍溪固是首先發難者，他不滿意於陽明的「四句教」，視之爲一時的「權法」，
故另提「四無」新說，言下似有以「四無」爲究竟而可以取代陽明「四句教」
之意，這一點我們透過《陽明年譜》所記便可以證明。《陽明年譜》記載：

> 畿請問，先生曰：「汝中見得此意，只好默默自修，不可執以接人。
> 上根之人，世亦難遇，一悟本體，即見工夫，物我內外，一齊盡透，
> 此顏子明道不敢承當，豈可輕易望人？二君以後與學者言，務要依
> 我四句宗旨：無善無惡是心之體，有善有惡是意之動，知善知惡是
> 良知，爲善去惡是格物。以此自修，直躋聖位。以此接人，更無差
> 失。」畿曰：「本體透後，於此四句宗旨如何？」先生曰：「此是徹
> 上徹下語，自初學以至聖人，只此工夫。初學用此，循循有入，雖
> 至聖人，窮究無盡。堯舜精一工夫，亦只如此。」

由這段話中龍溪向陽明問道：「本體透後，於此四句宗旨如何？」看來，龍溪
似乎以爲一悟「四無」之本體透徹之後，便可時時即以此「頓悟」爲工夫，
常住於「四無」之境，更不須要再用「四句教」中之「漸修」工夫。龍溪此

種看法便有著「無」之病。殊不知相應於眞實的道德實踐而言，既須「頓悟」工夫，也須「漸修」工夫，而這也正是陽明「四句教」中同時包含此兩種工夫教法的原因了。龍溪未能通達陽明「有」「無」兩面立教之深意，故視「四句教」爲權法，而執著於「四無」以爲究竟。眞可說是只知本心良知之無限，不識感性習氣之有限；只知道德本質之簡易，不識道德實踐之險阻，其疏闊與蕩越正落於此。

值得一提的是，有人或許根據以上引文中陽明告誡龍溪：「汝中見得此意，只好默默自修，不可執以接人。上根之人，世亦難遇，一悟本體，即見工夫，物我內外，一齊盡透，此顏子明道不敢承當，豈可輕易望人？」這一段話，便推斷陽明認爲龍溪「四無」之「頓悟」工夫，不可以作爲一種工夫，不可以用來接引人。如此便體會差矣！因爲如果陽明此段話之意眞是認爲「四無」不可作工夫，那麼陽明又何必說「默默自修」的話，依什麼來修呢？再者，如前所引龍溪在〈天泉證道記〉與緒山在《傳習錄》中的記錄，皆明載陽明以「四無」作爲接引上根人的教法，如果說緒山在《陽明年譜》這裡所記爲正確的話，那麼緒山在《傳習錄》中所記以及龍溪在〈天泉證道記〉中所述不皆是錯誤了嗎？

事實上，從《陽明年譜》記載天泉證道一事的特色來看，它比較著重在以個別問答的方式來表達陽明對二位弟子的告誡。既是個別當面的告誡，所以從反面點出其限制的話語較多，從正面肯定其價值的話語較少。這與《傳習錄》和〈天泉證道記〉直接記錄陽明單方面的教諭，而同時包含正面的肯定與反面的告誡之話語，在記錄的方式上是有很大的不同的。所以《陽明年譜》所記不見陽明從正面以上下根來合會「四無」與「四有」的說法，原因在此。因此《陽明年譜》所記的這一段話，當從反面的告誡語來了解。

先前也提到陽明一方面雖肯定「四無」可以作爲一種接引上根人的教法，可是另一方面他也反對龍溪執著於「四無」來接引所有人，把每個人都看成「一悟本體，即見功夫，物我內外，一齊盡透」之上根，從而廢棄了「漸修」工夫不講，此一面的意思陽明原是有的。所以《陽明年譜》這一段話只宜從反面的告誡語去了解，而不宜把它當成是正面的否定語，認爲陽明反對「四無」作爲一種工夫教法。否則，不僅會造成文獻記錄上彼此之間的矛盾，更嚴重地影響到「四無」與「四有」獨自的意義與價值，扭曲了陽明合會的本意。

以上說明了天泉證道中龍溪確實有執著於「四無」的毛病，同時也說明

了陽明從反面告誡他不可執著於「四無」之意。接下來，我們再看看緒山是否也有執著於「四有」的毛病，以及陽明究竟如何去告誡他的。

根據上一章所述，緒山在與龍溪爭議時，一再著眼於「人有習心，意念上見有善惡在」一義，故強調「爲善去惡」之「漸修」工夫的必要性。他不明白龍溪「四無」說之「頓悟」義，故視「四無」只是一種「見」。由這些見解看來，緒山確實有執著於「四有」之病。殊不知相應於眞實的道德實踐而言，既須「漸修」工夫，也須「頓悟」工夫，而這也才是陽明「四句教」之本來宗旨。只因緒山未能洞察陽明「有」「無」兩面立教之微意，故視龍溪「四無」爲敗壞師門教法，而執著於「四有」以爲師門教人之定本。眞可說是只知感性習氣之有限，不識本心良知之無限；只知道德實踐之險阻，不識道德本質之簡易，其著實與不透正落於此。

所以從《陽明年譜》所記來看，陽明實特別著重在對緒山點明良知本體之無善無惡義：

> 德洪請問，先生曰：「有只是你自有，良知本體原來無有。本體只是太虛，太虛之中，日月星辰，風雨露雷，陰霾曀氣，何物不有？而又何一物得爲太虛之障？人心本體，亦復如是。太虛無形，一過而化，亦何費纖毫氣力？德洪功夫須要如此，便是合得本體工夫。

由陽明對緒山這段指點的話語中，除了反映出上述緒山不悟本體之事實外，更重要的是點出了「頓悟」是當下即可實現之意。所謂「本體只是太虛，太虛之中，〔……〕何物不有？」云云，表示陽明並非不能正視人有感性習氣的事實，所以其四句教中亦言「有善有惡意之動」。可是陽明並不執著於此看修養工夫，所以他接著說：「太虛無形，一過而化，亦何費纖毫氣力？德洪功夫須要如此，便是合得本體功夫。」這正是指出本心良知之性能。本心良知雖處於種種感性習氣的昏蔽中，當下亦能衝破這些有限的障礙而彰顯出其無限的意義來，而這也才是陽明四句教首句言「無善無惡心之體」之意，它是實踐的、動態的、呈現的，而非如緒山觀解下之爲理論的、靜態的、預設的。所以陽明能了解龍溪「四無」之「頓悟」義，而緒山卻不能。陽明此番點破，一來可以從反面化除緒山對「漸修」工夫的執著，二來亦可以從正面導引緒山往「頓悟」工夫的路上走。

由此可見，龍溪之執著於「四無」之「頓悟」工夫，與緒山之執著於「四有」之「漸修」工夫，所執著的工夫教法雖然不同，但兩者皆不免有執著之

病則一也。龍溪執著於「四無」，固是滯虛守寂，有疏闊蕩越之病；緒山執著
於「四有」，也是涉入意必，有著實不透之病。所以，《陽明年譜》中記載陽
明對二位弟子之合會，開宗明義便是：

> 二君之見，正好相取，不可相病。汝中須用德洪功夫，德洪須透汝
> 中本體。二君相取爲益，吾學更無遺念矣。

非眞通徹於「四無」「四有」二境者，何足以明白洞達至此！非眞篤切於「頓
悟」「漸修」二法者，又何足以圓融無礙至此！「頓悟」終不廢「漸修」，「漸
修」終須要「頓悟」，陽明之宗旨明矣！

然而，牟宗三先生對陽明以上下根兩種教法來合會「四無」與「四有」的
作法，頗不以爲然！他認爲陽明是受龍溪之穎悟所聳動，未免著了一分意思。
因此他修改陽明的說法，判定龍溪「四無」說只是實踐對治所至之化境，並不
能獨自成一教法。而「四有」說雖是「漸」，亦含有「頓」之可能而可通于「頓」，
故可說是徹上徹下的教法。他又批評龍溪把先天之學看得太容易，而把「四有」
只看成後天，而忽略了其致良知之先天義，這便成了蕩越〔註16〕。關於牟先生
這些說法，在上一章或多或少都討論過了，此處再綜合成兩點加以說明：

第一、牟先生之所以判定龍溪「四無」只是實踐對治所至之化境，而非當
下即可實現，主要的原因是：「即使是上上根器，亦不能無世情嗜欲之雜，不過
少而易化而已（人總是有限的存在，亦總是有感性的存在）。」〔註17〕這一點事
實上陽明在合會時也注意到了，因此他雖然一方面肯定「四無」是接引上根人
的工夫教法，一方面也反對龍溪全部只講「四無」而廢棄「四有」。一揚一抑之
間，頗見陽明教化吞吐之功，既通徹於「四無」又不著於「四無」。因爲就著眞
實的道德實踐而言，總須兩面通觀：一面是感性習氣的有限性，一面是本心良
知的無限性。唯有通徹這兩面來看道德實踐，才不致於有著「有」或著「無」
之病。

由此看來，人雖是感性的存在，但同時也是理性的存在。感性雖足以一
時障蔽理性而成爲限制，但理性終究能突破感性的限制而彰顯其無限性。因
爲良知在人，本無污壞，雖昏蔽之極，一念自反，即得本心，可以立躋聖地。
此無論於聖賢與百姓皆然，所以陽明才說：「一節之知，即全體之知；全體之

〔註16〕 參見牟宗三著，《王陽明致良知教》（臺北：中央文物供應社，1980 年），第六
　　　　章，頁 80～90，以及《從陸象山到劉蕺山》，第三章，頁 280～281。
〔註17〕 牟宗三著，《從陸象山到劉蕺山》，第三章，頁 278。

知，即一節之知，總是一箇本體。」〔註18〕因此，就著眞實的道德實踐而言，原不必執著於感性一面立論，也不必執著於理性一面立論，否則難免會有滯礙不通之處。若牟先生眞要從感性一面著眼，批判陽明把「四無」當作一種工夫教法爲不當，那麼貫徹下來，連牟先生把「四無」當作實踐對治所至之化境也不可能成立。反過來，若牟先生眞要從理性一面著眼，認爲把「四無」當作實踐對治所至之化境是眞實可能的，那麼貫徹下來，則陽明把「四無」當作一種工夫教法也是眞實可能的。由此看來，牟先生的說法並不眞通透而穩當也。而陽明的說法乃同時通觀理性感性兩面而後立論也，故他一方面從理性著眼，肯定龍溪「四無」說爲接引上根人的工夫教法；另一方面又從感性著眼，提醒龍溪不可只講「四無」而廢棄「四有」。此豈非通徹於「四無」又不著於「四無」之圓融無礙的說法？何聳動之有？又何著了一分意思之有？

第二、牟先生說「四有」雖是「漸」，亦含有「頓」之可能而可通于「頓」，故可說是徹上徹下教法。這未免是從理論的觀點，把「四無」之實踐義與呈顯義，收攝到「四有」之漸修工夫中的超越根據處或最後結果處。在這種說法下，「四無」只具有理論義或靜態義。其所謂「徹上徹下教法」云云，其實只是「四有」一教法，「四無」只是悟者自悟，不悟者亦有悟之可能罷了。所以牟先生才說：「上根人亦可以一下子即頓，中下根人亦有頓之可能之根據。對上下根而言，似乎可說是兩種說教法，然自法而言，則只是四句教一教法，四無並不能獨自成一教法。」〔註19〕若依此說，這種教法便只能「徹下」，並不眞能「徹上」，因爲其「四有」中所含之「四無」並無指點義，每個人均只能依「漸修」一種方法去做工夫。在「漸修」中雖原則上肯定有「頓悟」的可能，但如果「頓悟」不是當下即可實現的，就算把它收攝到「漸修」工夫之最後，亦不可能實現。

此外，牟先生又說，依「四有」方式做工夫，雖是從後天入手，對治的標準卻是先天的，這是致良知的先天義。純從理論上說這樣講全對，但若從眞實的道德實踐上來講，在「四有」的致良知工夫中，良知的先天義並不顯。良知本身自是先天的，可是在對治工夫中良知一顯其對治相便已在後天之中了。牟先生不也曾說：「若在對治過程中，則永遠是部份地『便是』〔案：指「即工夫便是本體」〕，而且永遠是在有相中的『便是』。必須無所對治時，才

〔註18〕陳榮捷著，《王陽明傳習錄詳註集評》，卷下，第二二二條，頁300。
〔註19〕牟宗三著，《從陸象山到劉蕺山》，第三章，頁281。

是全體『便是』，才是無相地『便是』，而此時工夫亦無工夫相。」〔註 20〕若然，從實踐的觀點看，龍溪把「四有」看成是後天之學並沒有錯，把「四無」看成是先天之學也沒有錯。

再者，當龍溪客觀地分辨說「四無」工夫「易簡省力」，「四有」工夫「轉覺繁難」，這也不能算錯。陽明不是曾說：「良知發用之思，自然明白簡易，良知亦自能知得。若是私意安排之思，自是紛紜勞擾，良知亦自會分別得。」〔註 21〕簡易與繁雜之分，陽明早已有之，又豈是龍溪所獨發？至於龍溪把先天之學看得太易，教人捨後天趨先天，自可說是著於「無」，有疏闊蕩越之病。但若依緒山「四有」之見，把先天之學視爲不可能，只教人捨先天趨後天，此不亦可說是著於「有」，而有著實不透之病乎？牟先生一直未能正視緒山「四有」說「未嘗悟得本體」之事實，只是從理論的觀點說「四有」亦含有「頓」之根據而可通于「頓」，此豈能盡道德實踐之實理實事乎？理論上肯定吾人做「漸修」工夫可通於「頓」，事實上吾人何時能通於此「頓」，豈不仍須有賴實踐上之一「悟」乎？若頓悟非當下即可實現者，那麼單從理論上如此肯定，又豈能濟事也！

後來，如王財貴先生便已從「良知之體用一貫性」與「良知之見在性」二義，肯定龍溪「四無」說之「頓悟」工夫爲必然的〔註 22〕，肯定龍溪「四無」說可以作爲一種特殊的「教法」〔註 23〕。同時，也曾站在龍溪「四無」說的立場，質疑緒山「四有」說下之「悟體」只是一種「預設」〔註 24〕等等。這些見解均已能相應於天泉「證道」中之實理實事而言之。可是，如先前所一再指出的，王先生在解釋陽明合會「四無」與「四有」的說法時，不免又套在牟先生詮釋的系統中，故不自覺地造成了兩種觀點的混用，此已不能順適無病了。此處不再細論，請參閱前說。

第三節　「上根人之教法」與「中根以下人之教法」

上一節已指出陽明以龍溪「四無」說爲接引上根人的教法，以緒山「四

〔註20〕同上，頁 273。
〔註21〕陳榮捷著，《王陽明傳習錄詳註集評》，卷中，第一六九條，頁 241。
〔註22〕王財貴著，《王龍溪良知四無說析論》，第二章，頁 397，與第五章，頁 437。
〔註23〕同上，第四章，頁 427～428。
〔註24〕同上，第三章，頁 409。

有」說爲接引中根以下人的教法。究竟所謂「上根之人」與「中根以下之人」是依什麼觀點來區分的？這種區分是否把人看成是命定的？而所謂「四無」說作爲一種「教法」之義與「四有」說作爲一種「教法」之義是否相同？「四無」究竟可不可以算得上是一種「教法」？這些問題本節將一一討論。

首先就「上根」與「中下根」之分來說，主要是從人的氣質之清濁著眼，氣質清明者謂之「上根」，氣質昏濁者謂之「中下根」。這其間當然沒有一套絕對的標準，可以嚴格地判分誰是「上根」，誰是「中下根」，只不過概略地如此分之而已。再說氣質的清明與昏濁，也不是單就人的聰明程度高低來看，最重要的還是就人的習氣私欲多寡來說〔註25〕。習氣私欲少的人，他的本心所受的障蔽比較小，良知容易顯露出來，一經點化，馬上見得道體分曉，此可名之曰「上根之人」。習氣私欲多的人，他的本心所受的障蔽比較大，良知不易顯露出來，雖經點化，一時也未必見得道體明白，此可名之曰「中根以下之人」〔註26〕。

既然「上根之人」與「中根以下之人」習氣私欲的多寡不同，受教程度也不同，所以聖人施教時也不得不因人而異。孔子便曾說道：「中人以上，可以語上也；中人以下，不可以語上也。」（《論語・雍也》）這正是所謂因材施教之義。龍溪「四無」說既代表「頓悟」之實踐理境，故陽明以之爲接引上根人的教法；而緒山「四有」說既代表「漸修」之實踐理境，故陽明以之爲接引中根以下人的教法，這豈不正是秉承孔子施教之精神而來嗎？《傳習錄》中便有一段文字記載陽明回答學生這方面的疑問：

> 問：「『中人以下，不可以語上』，愚的人與之語上，尚且不進，況不與之語可乎？」先生曰：「不是聖人終不與語，聖人的心，憂不得人人都做聖人，只是人的資質不同，施教不可躐等。中人以下的人，便與他說性說命，他也不省得，也須謾謾琢磨他起來。」〔註27〕

由此可見聖人施教之用心，非故意不與中根以下之人言上乘的道理，只是資質不同，施教不可躐等。可是，話說回來，所謂「上根」與「中下根」之分，只

〔註25〕 牟宗三著，《從陸象山到劉蕺山》，第三章，頁274。
〔註26〕 《莊子・大宗師》中嘗云：「其耆欲深者，其天機淺。」程明道見此語而贊之曰：「莊子此言最善！人於天理昏者，止是爲耆欲所亂。」見錢穆著，《莊子纂箋》（臺北：東大圖書公司，1985年），頁48。此意頗能用來說明根器與私欲之間的關係。
〔註27〕 陳榮捷著，《王陽明傳習錄詳註集評》，卷下，第二五一條，頁318。

是一時施教上方便的分設，並非把每個人都看成是命定的。陽明便曾闡明此義：

> 先生曰：「聖人亦是學知，眾人亦是生知。」問曰：「何如？」曰：「這
> 良知人人皆有。聖人只是保全無些障蔽。兢兢業業，亹亹翼翼，自
> 然不息，便也是學，只是生的分數多，所以謂之生知安行。眾人自
> 孩提之童，莫不完具此知，只是障蔽多，然本體之知，自難泯息，
> 雖問學克治，也只憑他，只是學的分數多，所以謂之學知利行。」

〔註28〕

「生知安行」之聖人，與「學知利行」之眾生，只不過在修養工夫上有難易
遲速之別而已，就其做為一個人的基本特質來講，並沒有兩樣。人畢竟不是
上帝，也不是動物，而是同時兼含神性與物性兩面者。就其皆有物性一面來
看，即連像聖人這般的上根，也或多或少須用「漸修」的工夫，所以聖人亦
是「學知」；就其皆有神性一面來看，即便是眾生這般的中下根，也未嘗沒有
「頓悟」的可能，所以眾生亦是「生知」。

　　因此，真知道者必能融通兩面而觀之，當他說「上根之人」如何如何時，
未嘗不知此所謂上根之人隨時有一念下墮而成中下根之可能；當他說「中根
以下之人」如何如何時，未嘗不知此所謂中根以下之人隨時有當下頓悟而成
上根之可能。此所以陽明一方面肯定龍溪「四無」說為接引上根人的教法，
另一方面又告誡龍溪不可執著於「四無」以接引人，原因在此。而陽明一方
面肯定緒山「四有」說為接引中根以下人的教法，另一方面又告誡緒山不可
執著於「四有」以接引人，原因亦在於此。

　　可是，如前所述，天泉證道中龍溪確實有執著於「四無」的毛病，他以
為人人皆有良知，工夫只須時時頓悟，便可一了百當，這便不免把每個人均
視為能夠永不退轉的上根，而忽略了感性在人，一念下墮，上根之人亦已成
了中根以下之人。相對地，緒山也確實有執著於「四有」的毛病，他以為人
人皆有習心，工夫只能時時漸修，才能復返本體，這便不免把每個人均視為
未能當下頓悟的中下根，而忽略了良知在人，一時俱顯，中根以下之人亦已
成了上根之人。由此可見，龍溪與緒山都各執一端以觀人，所以其教法都不
免只具有片面性。這片面性不僅就客觀地接引上下根人會有漏失講，同時也
就主觀地道德實踐會有不盡講。因此陽明才告誡他們說：「二君相取為用，則
中人上下，皆可引入於道。若各執一邊，眼前便有失人，便於道體各有未盡。」

〔註28〕同上，卷下，第二二一條，頁 299。

　　龍溪執著以「上根」來觀人固是太過，緒山執著以「中下根」來觀人亦是不及，過與不及皆非中道。而陽明自是兼通兩面以觀人者，故無龍溪與緒山二人之執著，〈天泉證道記〉中曾記載陽明說道：「世間上根人不易得，只得就中根以下人立教，通此一路。」有人或許直接順著文字表面的意思，把它解成：陽明不願意把教立在龍溪的「四無」說上面，只贊成把教立在緒山的「四有」說上面。這樣解未免太過著實，不能曲盡陽明心中的微意。因為如上所說龍溪與緒山的教法都只具有片面性，陽明斷無理由將教立在「四有」說上，又將「四無」說摒除在外。其實這段話的上半句，陽明之意乃是要遮撥龍溪執著「四無」說以接人的毛病；而下半句中，陽明所謂的「中下根人」自含隨時可通於「上根人」之意，非如緒山執著下之所謂「中下根人」僅僅只是「中下根人」。若然，陽明所謂「只得就中根以下人立教」之意，非是要將教立在緒山之「四有」說上面亦已明矣！否則上根人如何能「通此一路」呢？

　　討論至此，所謂「上根之人」與「中根以下之人」等義已明，接下來再看「教法」的問題。

　　如前所述，龍溪「四無」說下所開出來的「頓悟」工夫，並非一套可以供人持循的工夫，而是一種「無工夫的工夫」，所以相對地，其「四無」說作為一種教法，亦非一套可以供人持循的教理，而是一種當機的指點。正如龍溪所說：「道不可以言說意想而得」，那麼凡有一套可以供人持循的教理，人即可著於此教理而成執，才有所執則已涉入意想，不復見道體之本來面目了。《傳習錄》卷中曾記載陽明說及此意：

> 答原靜書出，讀者皆喜澄善問，師善答，皆得聞所未聞。師曰：「原靜所問，只是知解上轉。不得已與之逐節分疏。若信得良知，只在良知上用功，雖千經萬典，無不吻合。異端曲學，一勘盡破矣。何必如此節節分解？佛家有撲人逐塊之喻，見塊撲人，則得人矣。見塊逐塊，於塊奚得哉？」在坐諸友聞知，惕然皆有惺悟。此學貴反求，非知解可入也。〔註29〕

可見，凡是以固定的言說方式教人，人儘可以只是在知解上打轉，知解上雖理會得明白，於自家生命終隔一層，所謂「見塊逐塊，於塊奚得哉？」世人不知，儘於知解上尋出路，殊不知「此學貴在反求，非知解可入也」。所以真正相應於悟道工夫之究竟教法，唯在當機予人指點，令人直下信得良知及，「若

―――――――――――――――――――――――――――――――
〔註29〕同上，卷中，〈錢德洪跋〉，頁238。

信得良知，只在良知上用功，雖千經萬典，無不吻合。」龍溪「四無」說作
爲一種教法，正是這種當機予人指點之教。

至於緒山「四有」說作爲一種教法，則明顯撐開一套教理供人持循，它
告訴學者有善有惡之「意」與「物」是工夫對治的對象，而無善無惡之「心」
與知善知惡之「知」則是工夫對治的根據。當意念上見有善惡在時，良知未
嘗不能知善知惡，良知一知善知惡即能爲善去惡，故爲善去惡工夫正是復那
心體的工夫。在這種分解的說理下，可以提供一般人做工夫的方法，這大抵
也是一般世俗言「教」之本義。可是正因爲它有一套固定的教理可供人持循，
人儘可以持循此教理去做工夫而自以爲已見得道體之本來面目。殊不知道體
原是無聲無臭，唯在當下體之而已。陽明曾說：「夫道必體而後見，非已見道
而後加體道之功。」〔註30〕若有個「無善無惡」的心體可見，復以此心體所
發之明覺去知善知惡，爲善去惡，則工夫已成兩截，而不再是悟得本體之工
夫了。陽明嘗以孔子教人的方法來說明此意：

> 先生曰：「孔子有鄙夫來問，未嘗先有知識以應之，其心只空空而已。
> 但叩他自知的是非兩端，與之一剖決，鄙夫之心，便已了然。鄙夫
> 自知的是非，便是他本來天則。雖聖人聰明，如何可與增減得一毫？
> 他只不能自信，夫子與之一剖決，便已竭盡無餘了。若夫子與鄙夫
> 言時，留得些子知識在，便是不能竭他的良知，道體即有二了。」

〔註31〕

可見，孔子教人並非預先有一套固定的教理存放在心中，然後要人依循此教理
去做工夫。他只是給予人當機的指點，點醒人信得及自家的良知。因爲良知在
人，原自能知是知非，原自能呈顯，教者若信得及時，當下點醒即可，自不必
繞舌說理；學者若信得及時，當下直承良知發用便是，更不必思個有善有惡之
意爲所對，再思個知善知惡之知爲能對，如此能所對待之中，即已遠離良知之
本來面目了。

由此看來，龍溪「四無」說作爲一種教法之義，雖與緒山「四有」說作
爲一種教法之義不同，然未嘗不是孔門教人的方法之一。若說得更徹底一點，
緒山「四有」說雖給出一套可以供人持循的教理，但終究只是一時的方便法
門，並不眞能令人當下識得良知之本來面目。而龍溪「四無」說雖沒有給出

〔註30〕同上，卷中，第一七二條，頁 247。
〔註31〕同上，卷下，第二九五條，頁 345。

一套可以供人持循的教理，但卻是真正的究竟法門，它能指點人當下識得良知之本來面目。

若然，在吾人真實去做道德實踐的歷程中，雖不免須要依循「四有」之教理去做「漸修」的工夫，卻也不能不透過「四無」之指點而當下「頓悟」本體。如果良知在人，本不待學慮，雖處在昏蔽之中，亦能自顯自照，那麼龍溪「四無」說之當機指點的教法，亦可以作為一種獨立的教法。而依循緒山「四有」說之教法去做「漸修」工夫者，如果最後要達到「頓悟」的境界不是自然而然的，那麼，「四無」說作為一最後的提撕與點醒仍是必要的。

考察牟宗三先生之所以判定龍溪「四無」說不能作為一獨自的教法，主要的原因有二：一是認為「四無」說根本沒有給出一套可以供人持循的教理，故不符合一般說「教」之本義，二是認為「四無」說下所開出的「頓悟」工夫根本不可能當下實現，故「四無」說不可作為一獨自的教法。

第一個原因，筆者的看法是，龍溪「四無」說誠然不是一般說「教」之本義，但是它所代表的當機指點之教法，未嘗不是孔門教人的方法之一，甚至是孔門教人最直接的方法。孔子教學生何嘗給出一套固定的教理，他回答學生問「仁」問「孝」，不大多是當機指點嗎？故《論語》一書中只見指點的語言，不見定義的語言。若然，則龍溪「四無」說雖不符合一般說「教」之本義，又豈不可稱之為一種特殊的教法而予以正視呢？

第二個原因，則如先前所反覆申述的：如果「頓悟」不是當下即可實現的，那麼即使在實踐對治的歷程中亦永不可能實現；反之，若「頓悟」在實踐對治的歷程最後可以實現，那麼當下即可實現。依人人皆有良知，而良知本無污壞來看，「頓悟」乃是當下即可實現的，故龍溪「四無」說可以作為一獨自的教法，同時也能作為「四有」之上的一種點化。

第一個原因只是定義上的問題，尚不是牟先生與陽明說法不同的主要關鍵，第二個原因則是義理上的問題，直接牽涉到牟先生與陽明說法之系統上的差異，可是王財貴先生似乎只從第一個原因去著眼，他說：「吾以為矛盾終是表面的，其所以幻似矛盾，原因出在『教』字有歧義。牟先生是依理而談，因而推至其不可；陽明則暗中兩用，造成混淆而不自覺。若能解開『教』字歧義，則可各得其意而不相妨。」〔註32〕如果真只是「教」字有歧義，那麼澄清了自然可以各得其意而不相妨，可是牟先生的說法與陽明的說法背後實

〔註32〕王財貴著，《王龍溪良知四無說析論》，第四章，頁426。

代表著兩個不同的詮釋系統，這是王先生所沒有注意到的。

所以王先生雖然一方面承認龍溪「四無」說是一種「啓示」、「喚醒」、或「點撥」，總之是一種特殊的「教法」；卻又說「四無」本原含於「四有」之內，或爲「四有」之延續，牟先生之判定極是〔註 33〕。其實，在牟先生的系統中，只有「四有」一教法，「四無」只是靜攝在「四有」的化境中，並不含有教法義。試問：在牟先生這樣的詮釋系統中，還容得下「四無」作爲一種「啓示」、「喚醒」、或「點撥」之義嗎？王先生試圖調和牟先生的說法與陽明的說法之間的矛盾，卻不自覺地造成自己詮釋系統的不一致，殊爲可惜。

第四節　王陽明「四句教」之「宗旨」

根據《傳習錄》與《陽明年譜》的記載，陽明在對龍溪「四無」說與緒山「四有」說做了以上的合會之後，進一步指示二位弟子，以後再不可更改「四句教」，四句教是他晚年立教之「宗旨」，更是「徹上徹下功夫」，此意究竟爲何？《傳習錄》中記載陽明的說法是：

> 以後與朋友講學，切不可失了我的宗旨：無善無惡是心之體，有善有惡是意之動，知善知惡是良知，爲善去惡是格物。只依我這話頭，隨人指點，自沒病痛，此原是徹上徹下功夫。

而《陽明年譜》的記載因爲是採個別問答的方式，所以陽明此一說法分見三處，其說如下：

> 二君已後與學者言，務要依我四句宗旨：無善無惡是心之體，有善有惡是意之動，知善知惡是良知，爲善去惡是格物。以此自修，直躋聖位。以此接人，更無差失。

> 此是徹上徹下語，自初學以至聖人，只此功夫。初學用此，循循有入，雖至聖人，窮究無盡。堯舜精一功夫，亦只如此。

> 二君以後再不可更此四句宗旨，此四句中人上下無不接著。我年來立教，亦更幾番，今始立此四句。

由這些文獻記錄來看，陽明之意十分明顯。其所謂「宗旨」，實具有「究極之說」的意義，故交待二位弟子以後再不可更易。而其所謂「徹上徹下功夫」，乃具有「中人上下無不接著，隨人指點，自沒病痛」的特性，故謂自初學以

〔註33〕同上，頁 427。

至聖人只此功夫。而這些意義與特性，無不指向陽明本人所立的「四句教」：即「無善無惡心之體，有善有惡意之動，知善知惡是良知，為善去惡是格物」四句。

以陽明本人這種對「四句教」的看法，再來對比他先前對龍溪「四無」說與緒山「四有」說所做的衡定，其間的差異原是不言自明的。陽明明說「四無」是用來接引上根人的教法，「四有」是用來接引中根以下人的教法，兩種教法都只具有片面性，如果各執一邊，不僅眼前便有失人，同時表示對於道體體悟未盡。如果陽明前後的說法不是互相矛盾的話，那麼陽明所謂的「宗旨」與「徹上徹下功夫」，自無落在緒山「四有」說上面的道理，一如牟宗三先生與王財貴先生所說者然。

蓋若依牟先生的說法，則不僅將陽明之「宗旨」，變成了只落在「四有」一邊之「徹下」教法，同時也將陽明先前所肯定的「四無」作為一種接引上根人的教法之義完全否定了。在牟先生的詮釋系統下，「四無」只是收攝在「四有」之化境中，成了悟者自悟，不悟者亦含有悟之可能根據的一種理境，「四無」之指點義或教法義完全不見了。如此一來，其所謂「四有」是一「徹上徹下教法」云云，其實只是「四有」一種「徹下」的教法，其間所含之「四無」並無教法義，又如何能是「徹上」的教法呢﹝註34﹞？

至於王財貴先生則是認為：從「人有習心」，「教之不可以已」說必立宗旨，從「聖人亦學」，「工夫不可以已」，說宗旨必在四有而不在四無。在這種說法下，無異是將陽明先前所肯定的「四無」作為一種接引上根的教法之義，排除在「四句宗旨」之外。若然，則其先前所強調的龍溪「四無」說是一種「啟示」或「喚醒」諸義，豈不都成了虛說而已？龍溪「四無」說畢竟不宜作為一種教法。而且，如此一來，其所謂「四有」是一「徹上徹下教法」云云，也只不過是「四有」一種「徹下」的教法罷了，其間所含之「四無」並不真能含有教法義。由此可見，其系統前後之說法並不能統一﹝註35﹞。

以上是就著文獻來說陽明必將「宗旨」與「徹上徹下功夫」立在「四句教」。接著，再從義理來看陽明「四句教」何以是「宗旨」與「徹上徹下功夫」？

如前所述，在真實的道德實踐當中，必須同時正視本心良知之無限性，

﹝註34﹞牟宗三著，《從陸象山到劉蕺山》，第三章，頁280～281。
﹝註35﹞王財貴著，《王龍溪良知四無說析論》，第四章，頁430～432。

以及感性習氣之有限性。由前者可見道德本質之簡易，由後者可見道德實踐之險阻。只知簡易而不知險阻者，一如龍溪者然，執著於「無善無惡心之體」去看修養工夫，故強調「悟本體即是工夫」，卻對於「有善有惡意之動」之命限看得太輕。反之，只知險阻而不知簡易者，一如緒山者然，執著於「有善有惡意之動」去看修養工夫，故強調「用工夫以復本體」，卻對於「無善無惡心之體」之性能悟得不透。而陽明本人自是能通觀兩面而無所執著者，故其四句教只是四句平說，既言「無善無惡心之體」以肯定本心良知之無限性，又言「有善有惡意之動」以下三句以正視感性習氣之有限性。當陽明說：「本體只是太虛，太虛之中，日月星辰，風雨露雷，陰霾曀氣，何物不有？」時，不正表示他對氣化之有限性能充份的正視嗎？可是，當陽明接著說：「而又何一物得為太虛之障？人心本體，亦復如是。太虛無形，一過而化，亦何費纖毫氣力？」時，不也正表示他對於道體之無限性能信得及嗎？凡真篤切於道德實踐者，必能融通此兩面而立教，故孔子踐仁，未嘗不知命；孟子盡心知性知天，亦未嘗不言立命。若然，則陽明之立「四句教」，豈非本於孔孟之教而來？其兼通「無」、「有」二境以為教法，豈非不可更改之「宗旨」？其既重「頓悟」，又不廢「漸修」，隨學者根器上下指點，或悟後而起修，或漸修以入悟，此豈非「徹上徹下功夫」？

如果以上所說不誤，那麼如牟宗三先生與王財貴先生純粹依理論的觀點去分析陽明「四句教」，順龍溪之意而名之曰「四有」，這種做法不是有待商權了嗎？其未能正視緒山「未嘗悟得本體」之事實，而將陽明本人所立之「四句教」與緒山所堅持下之「四有」，混同在一起而不作區別，這種做法不也同樣未能曲盡天泉證道之事實嗎？

事實上，如前所引述的，唐君毅先生認為陽明「四句教」並非客觀地去討論心意是什麼，而根本是教法語或工夫語。換言之，不管意有善有惡時，心體中是否有善惡在，人總是可以直去悟心體之無善無惡，以為工夫；而於見意有善有惡時，則可以以知善知惡，為善去惡為工夫。若然，則不管上根、下根，皆有四句教中所言之工夫照管。〔註36〕筆者以為唐先生這種說法較符合陽明立四句教之本意。

另外，如龍溪在〈答程方峰〉一文中曾如此追憶道：「天泉證道大意原是先師立教本旨，隨人根器上下，有悟有修。良知是徹上徹下真種子。智雖頓

〔註36〕見本論文第三章，註4。

悟，行則漸修。譬如善才在文殊會下，得根本智，所謂頓也；在普賢行門，
參德雲五十三善知識，盡差別智，以表所悟之實際，所謂漸也。」〔註37〕龍
溪此說亦可謂深契陽明立教之宗旨矣！

　　除了以上從文獻和義理的角度，來確立陽明「四句教」作爲「宗旨」與
「徹上徹下功夫」之義以外，吾人還可以從陽明晚年居越以後與朋友或學生
論學之言論中，發現陽明這種圓熟的教法。茲略舉數例以明之：

> 良知只是一箇，良知而善惡自辨，更有何善何惡可思？良知之體本自
> 寧靜，今卻又添一箇求寧靜。本自生生，今卻又添一箇欲無生。非獨
> 聖門致知之功不如此，雖佛氏之學亦未如此將迎意必也。〔註38〕

> 問：「『不睹不聞』，是說本體，『戒愼恐懼』，是說功夫否？」先生曰：
> 「此處須信得本體原是不睹不聞的，亦原是戒愼恐懼的。戒愼恐懼，
> 不曾在不睹不聞上加得些子。見得眞時，便謂戒愼恐懼是本體，不
> 睹不聞是功夫。」〔註39〕

> 先生曰：「無知無不知，本體原是如此。譬如日未嘗有心照物，而自
> 無物不照。無照無不照，原是日的本體。良知本無知，今卻要有知。
> 本無不知，今卻疑有不知，只是信不及耳。〔註40〕

> 先生嘗語學者曰：「心體上著不得一念留滯，就如眼著不得些子塵
> 沙。些子能得幾多，滿眼便昏天黑地了。」又曰：「這一念不但是私
> 念，便好的念頭亦著不得些子。如眼中放些金玉屑，眼亦開不得了。」
> 〔註41〕

從這些例子當中可以證明：陽明晚年非常重視「四無」一面的工夫。他教人
要不思善不思惡，直承良知本體發用流行，否則，縱使是好意見，亦不免涉
入意必將迎了。但是陽明不僅重視這一面，他同時也強調不可著於「四無」，
而須切實地去做「四有」的工夫，如：

> 性無不善，故知無不良。良知即是未發之中，即是廓然大公、寂然

〔註37〕王畿著，《王龍溪全集》，第二冊，卷十二，〈答程方峰〉，頁 811～812。

〔註38〕陳榮捷著，《王陽明傳習錄詳註集評》，卷中，〈答陸原靜書二〉，第一六二條，
　　　　頁 228。

〔註39〕同上，卷下，第二六六條，頁 326。

〔註40〕同上，卷下，第二八二條，頁 336。

〔註41〕同上，卷下，第三三五條，頁 380。

不動之本體，人人之所同具者也。但不能不昏蔽於物欲，故須學以去其昏蔽。〔註42〕

今卻不去必有事上用工，而乃懸空守著一箇勿忘勿助，此正如燒鍋煮飯，鍋內不曾漬水下米，而乃專去添柴放火，不知畢竟煮出箇甚麼物來。吾恐火候未及調停，而鍋已先破裂矣。近日一種專在勿忘勿助上用工者，其病正是如此。終日懸空去做箇勿忘，又懸空去做箇勿助。渀渀蕩蕩，全無實落下手處，究竟工夫只做箇沈空守寂，學成一箇癡騃漢。〔註43〕

楊慈湖不爲無見，又著在無聲無臭上見了。〔註44〕

至吉安，諸生偕舊遊三百餘迎入螺川驛中，先生立談不倦。曰：「堯舜生知安行的聖人，猶兢兢業業，用困勉的工夫。吾儕以困勉的資質，而悠悠蕩蕩，坐享生知安行的成功，豈不誤己誤人。」〔註45〕

由這些言論看來，陽明亦十分重視「四有」一面的工夫。他教人不可沈空守寂，必須實落去做必有事焉的工夫，否則，便是坐享生知安行的成功，學成一個癡騃漢而已。因此，一方面要信得及本心之無限性，而當下做得「四無」之工夫；另一方面也要正視習氣之有限性，而切實去做「四有」之工夫，這才是陽明晚年教人的根本宗旨。再如：

問：「知譬日，欲譬雲。雲雖能蔽日，亦是天之一氣合有的。欲亦莫非人心合有否？」先生曰：「喜怒哀懼愛惡欲，謂之七情。七者俱是人心合有的，但要認得良知明白。比如日光，亦不可指著方所，一隙通明，皆是日光所在。雖雲霧四塞，太虛中色象可辨，亦是日光不滅處。不可以雲能蔽日，教天不要生雲。七情順其自然之流行，皆是良知之用，不可分別善惡，但不可有所著。七情有著，俱謂之欲，俱爲良知之蔽。然纔有著時，良知亦自會覺，覺即蔽去，復其體矣。此處能勘得破，方是簡易透徹功夫。」〔註46〕

所謂「雖雲霧四塞，太虛中色象可辨，亦是日光不滅處」，正指出道體之無限

〔註42〕同上，卷中，〈答陸原靜書二〉，第一五五條，頁217。
〔註43〕同上，卷中，〈答聶文蔚二〉，第一八六條，頁266～267。
〔註44〕同上，卷下，第三一〇條，頁354。
〔註45〕同上，拾遺，第五一條，頁419。
〔註46〕同上，卷下，第二九〇條，頁342。

性；而「不可以雲能蔽日，教天不要生雲」，正指出氣化之有限性。以此來看道德實踐，則「七情順其自然之流行，皆是良知之用，不可分別善惡，但不可有所著」，當下便做得「四無」之工夫；「七情有著，俱謂之欲，俱爲良知之蔽。然纔有著時，良知亦自會覺，覺即蔽去，復其體矣」，仍須切實去做「四有」之工夫。有「悟」有「修」，不落一邊，工夫方見簡易透徹。

然而，陽明晚年不只在教人的言語上圓融洞達至此，在教人的方法上更是純熟無礙，如：

> 郡守南大吉以座主稱門生，然性豪曠，不拘小節，先生與論學有悟，乃告先生曰：「大吉臨政多過，先生何無一言？」先生曰：「何過？」大吉歷數其事，先生曰：「吾言之矣。」大吉曰：「何？」曰：「吾不言，何以知之？」曰：「良知。」先生曰：「良知非我常言而何？」大吉笑謝而去。居數日，復自數過加密，且曰：「與其過後悔改，曷若預言不犯爲佳也？」先生曰：「人言不如自悔之眞。」大吉笑謝而去。居數日，復自數過益密，且曰：「身過可免，心過奈何？」先生曰：「昔鏡未開，可得藏垢。今鏡明矣，一塵之落，自難住腳。此正入聖之機也，勉之！」〔註47〕

這已非持一套固定的法理去教人了，完全是當機的指點。法理教人，看似有路可循，然於作聖工夫，不免終隔一層。像陽明這種應機的點撥，當下便可令人悟入本心，何等易簡直截！又何等明白切要！

綜觀以上所引，可見陽明晚年居越以後，在「時時知是知非，時時無是無非，開口即得本心，更無假借湊泊」的修養境界下，教人的言論與方法更臻圓熟，而「四句教」豈不正標幟著他晚年化境下這種圓融無礙的教法？

在陽明揭示「四句教」爲他晚年立教之「宗旨」，以及作爲「徹上徹下功夫」之教法之後，更進一步叮囑龍溪：「汝中此意，正好保任，不宜輕以示人，概而言之，反成漏泄」〔註48〕。因爲「利根之人，世亦難遇，本體工夫，一

〔註47〕 同上，拾遺，第四六條，頁415～416。

〔註48〕 〈天泉證道記〉中陽明曾云：「汝中此意，我久欲發，恐人信不及，徒增躐等之病，故含蓄到今，此是傳心秘藏，顏子明道所不敢言者。今既已說破，亦是天機該發泄時，豈容復秘？然此中不可執著。」此即所謂「天機發泄」之說。陽明此處告誡龍溪不可將「四無」輕以示人，以免漏泄天機，其實主要是著眼於龍溪把本體工夫之究竟了義說得太顯，恐人一時承當不過，反而成了播弄精魂。畢竟「四無」是用來接引上根人的教法，不宜「概而言之」，況且上根人中亦鮮有能一悟永悟，永不退轉者，故曰「此中不可執著」。陽明此

悟盡透，此顏子明道所不敢承當，豈可輕易望人？人有習心，不教他在良知上實用爲善去惡功夫，只去懸空想箇本體，一切事爲俱不著實，不過養成一箇虛寂。」當陽明說出此話時，其實是要提醒龍溪「四無」說可能產生的流弊，令其不廢「四有」之漸修工夫，而歸於「四句教」之宗旨，正如〈天泉證道記〉末尾所載：「吾人凡心未了，雖已得悟，仍當隨時用漸修工夫，不如此，不足以超凡入聖，所謂上乘兼修中下也。」揆諸龍溪後來之立論，雖也能謹遵師教，兼顧到「漸修」工夫的重要性，然「四無」之意莫不潛含其中。所謂「悟」後而起「修」，正代表著龍溪後來實踐工夫的特色。

至於對緒山而言，《傳習錄》和《陽明年譜》中雖不載陽明有任何進一步的叮囑，然觀諸〈天泉證道記〉末尾所載：「德洪卻須進此一格，始爲玄通。」陽明此意亦正是點出緒山「四有」說之不足，令其悟入「四無」之頓悟工夫，而歸於「四句教」之宗旨。考察緒山後來之立論，雖也能秉承師訓，兼顧到「頓悟」工夫的切要性，然「四有」之意仍爲其強調的重點。所謂漸「修」以入「悟」，正代表著緒山後來實踐工夫的特色。這或許剛好印證了陽明所言：「德洪資性沈毅，汝中資性明朗，故其所得亦各因其所近。」

龍溪有一段話，頗足以用來說明他自己和緒山後來實踐工夫之不同：

> 楚侗耿子曰：「吾人講學，雖所見不同，約而言之，不出兩端。論本體者有二，論工夫者有二。有云：學須當下識本體，有云：百倍尋求研究，始能認識本體。工夫亦然，有當下工夫直達，不犯纖毫力者，有百倍工夫研究，始能達者。」先生曰：「此可兩言而決，頓與漸而已。本體有頓悟，有漸悟。工夫有頓修，有漸修。萬握絲頭，一齊斬斷，此頓法也。芽苗增長，馴至秀實，此漸法也。或悟中有修，或修中有悟。或頓中有漸，或漸中有頓，存乎根器之有利鈍，及其成功一也。吾人才學，悟須實悟，修須眞修。凡見解上揣摩，知識上轇泊，皆是從門而入，非實悟也。凡氣魄上承當，格套上模擬，皆是泥象而求，非眞修也。實悟者，識自本心，如啞子得夢，意中了了，無舉似處。眞修者，體自本性，如病人求醫，念中切切，無等待處。悟而不修，玩弄精魂。修而不悟，增益虛妄。二者名號種種，究而言之，致良知三字盡之。良知是本體，於此能日著日察，

處之意，當該不是否定「四無」可以作爲接引上根人的教法，而只是提醒龍溪不要全然執著於「四無」以接引人而已。

即是悟。致知是工夫，於此能勿助勿忘，即是修。但恐吾人聽得良
知慣熟，說得致知容易，把作尋常話頭抹過耳！」〔註49〕

此文論述實踐工夫十分精深而且切要，甚善！吾人一般只說「頓悟」與「漸
修」兩種工夫，龍溪此處則分別就本體與工夫而言頓漸，故成了四種：本體
有「頓悟」，有「漸悟」；工夫有「頓修」，有「漸修」。「頓悟」是指一時而悟，
這比較好懂。「漸悟」是指慢慢入悟，這是就吾人入悟之遲速難易而言，非謂
入悟本身是在歷程之中。「頓修」應指悟後起修，所謂「才動即覺，才覺即化」
是也，非謂修行可以不歷階程。「漸修」，應指未悟之前循序而修，此時或隨
人言語或因自己模糊之道德意識而修〔註50〕。

　　以此四組詞語來看龍溪與緒山實踐工夫之不同，吾人可以這樣說：龍溪
「四無」是接引上根人的教法，「上根之人，悟得無善無惡心體」，這是「頓
悟」，「雖已得悟，仍當隨時用漸修工夫，不如此不足以超凡入聖」，這是「頓
修」。以悟統修，藉修以完悟，這正是龍溪後來實踐工夫之特色。緒山「四有」
是接引中根以下人的教法，「中根以下之人，未嘗悟得本體，須隨處對治，使
之漸漸入悟」，這是「漸悟」，「未免在有善有惡上立根基，心與知物皆從有生，
須用為善去惡工夫」，這是「漸修」。未悟而修，因修以入悟，這正是緒山後
來實踐工夫之特色。

　　其實，不論是龍溪「以悟統修，藉修完悟」之實踐工夫，或者緒山「未
悟而修，因修入悟」之實踐工夫，皆不外是陽明「致良知」教下所開發出來
的工夫理路。正如龍溪此處所言：「良知是本體，於此能日著日察，即是悟。
致知是工夫，於此能勿忘勿助，即是修。」若悟能「實悟」，修能「真修」，
則不管是依龍溪或依緒山之實踐方式去做工夫，皆可達到成聖的目標，亦皆
無悖於陽明晚年立「四句教」之宗旨。

　　緒山在〈與張浮峰〉一文中，曾敘述自己與龍溪在天泉證道後學思之演變，
頗足以證明此處所說之意為不誤，茲再次徵引於此，以作為本章節之結束：

龍溪學日平實，每於毀譽紛冗中，益見奮惕。弟向與意見不同，雖
承先師遺命，相取為益，終與入處異路，未見能渾接一體。歸來屢
經多故，不肖始能純信本心，龍溪亦於事上肯自磨滌，自此正相當。

可見，道德實踐誠非易事，單是言語上一時承當過來並不濟事。良知雖然人

〔註49〕王畿著，《王龍溪全集》，第一冊，卷四，〈留都會記〉，頁309～304。
〔註50〕參見王財貴著，《王龍溪良知四無說析論》，第五章，頁439。

人皆同，但每個人受限於自己的資質，體悟良知之側面不能沒有差別。緒山以其沈毅的資性，終能「純信本心」；龍溪以其明朗的資性，終能「於事上肯自磨滌」，可見二人實踐工夫之篤切，亦印證了陽明於天泉證道中所做的合會，實是相應而且中肯的。

第五章　結　論

　　天泉證道中，陽明、龍溪、緒山師徒三人之間的問答，反映了他們心中對於本體、工夫與教法之見解，這原是屬於實踐中證悟之事，而非純粹客觀的理論探究。本文便基於此一觀點，重新檢討天泉證道上的種種問題，期能在儘量不修改文獻的前提下，透到文句背後去體貼每個說話者心中的理境，把天泉證道之本來面目呈顯出來。其間並論述了牟宗三先生與王財貴先生的說法，以便對比出問題之關鍵所在。牟先生實是依理論的觀點去分析問題者，故其說法雖自成體系，但大多不符合文獻，恐未必真能相應於天泉證道之實情。王先生則一方面雖已能從實踐的觀點抉發出龍溪「四無」說之精義，但另一方面卻又回到牟先生的觀點去看陽明合會「四無」與「四有」的問題，這已不自覺混用了兩種詮釋的觀點，而造成其系統內部之不協調。本文則嘗試貫徹實踐的觀點去詮釋天泉證道上的所有問題，得到的結論約可歸納成以下數端：

　　一、龍溪「四無」說代表「心意知物一體皆是無善無惡」的境界，亦即代表「頓悟」中「即本體便是工夫」的境界。此時，本體、工夫、境界三者是一，完全收歸在「頓悟」之中。要說「本體」，即此工夫之無作無執便是本體；要說「工夫」，即此本體之自然流行便是工夫；要說「境界」，即此本體工夫一體而化便是境界。此方是真相應於龍溪「四無」說，而從實踐的觀點來認取的本義，筆者名之曰：「四無說之實踐義」或「四無說之呈顯義」。至於從理論的觀點，把「四無」說視為一對治工夫中所依據的「本體」，或視為一復返本體中最後的「工夫」，或視為一修養歷程中最後的「境界」，皆不免是分解脈絡下方便的說法，筆者名之曰「四無說之理論義」或「四無說之靜態義」。蓋此時「四無」之理境只是一理論中暫時預設的圓滿狀態，而非真實

的呈顯，此已非龍溪「四無」說之本義了。

二、緒山「四有」說代表「心意知物一齊皆是有相之有」的境界。亦即代表「漸修」中「用工夫以復本體」的境界。此時，本體、工夫、境界三者未能是一，因爲有對治歷程的關係。要說「本體」，此時之本體只是對治工夫中之超越根據，並非本體自己之如如呈顯；要說「工夫」，此時之工夫只是攝持本體下之意必執著，並非究竟工夫之無作無執；要說「境界」，此時之境界只是本體待復工夫待化之過渡階段，並非本體工夫一體呈顯之最後圓滿。此方是眞相應於緒山「四有」說，而從實踐的觀點來認取的本義。至於從理論的觀點，說「四有」亦未嘗不含有「四無」之頓的根據，或說「四有」亦未嘗不可通於「四無」之頓的工夫，或說「四有」亦未嘗不含有「四無」之頓的可能而可通於頓，這些皆不免是理論中暫時預設的講法，而非眞相應於實踐中之實理實事而言之「四有」。

三、陽明認爲龍溪「四無」說代表「悟得本體」之實踐理境，緒山「四有」說代表「未嘗悟得本體」之實踐理境，這是可以成立的。因爲從實踐的觀點來看，龍溪「四無」說代表已經「徹悟」了「即本體便是工夫」之本體，此時之本體乃是「無善無惡心之體」之當體自己無相地呈顯。而緒山「四有」說則代表未能「徹悟」此「即本體便是工夫」之本體，蓋此時之本體並非「無善無惡心之體」之當體自己無相地呈顯。

四、陽明認爲龍溪「四無」說可以作爲接引上根人的工夫教法，緒山「四有」說可以作爲接引中根以下人的工夫教法，這也是可以成立的。因爲從實踐的觀點來看，由「漸修」的工夫要達到「頓悟」的境界，其間仍是一種「異層的跳躍」。若「頓悟」不是當下即可實現，那麼即使是在對治工夫的歷程中亦不保證一定會實現，反之，若說在對治工夫的歷程中保證一定會實現，那麼當下亦即可實現。從儒家言「心即理」的傳統來看，應是肯定本心「即存有即活動」的，因此成聖是必然的，「頓悟」亦該當是當下即可實現的。再者，從龍溪所強調之「良知現成圓滿」，與「良知體用一貫」二義來說，「頓悟」可以作爲一種工夫教法，更是必然的。只是從現實上著眼，人的稟性氣質不同，而教不可躐等，故「四無」之「頓悟」工夫適合用來接引上根人，「四有」之「漸修」工夫適合用來接引中根以下之人。

五、陽明一方面雖肯定龍溪「四無」說下之「頓悟」工夫與緒山「四有」說下之「漸修」工夫，具有各自的意義和價值，但另一方面，卻也反對龍溪

全部只講「頓悟」工夫而廢棄「漸修」工夫，也反對緒山全部只講「漸修」工夫而不管「頓悟」工夫。陽明這種說法是中肯的。因爲就著道德實踐來看，既須肯定本心良知之無限性，亦須正視感性習氣之有限性。由前者說人人皆有當下「頓悟」之可能，由後者說人人亦或多或少都有「漸修」的必要。人畢竟不是上帝，也不是動物，而是同時兼具理性和感性兩面者。故執著於「四無」固然不是，執著於「四有」亦屬不是。「頓悟」不廢「漸修」，「漸修」終須「頓悟」，這才能相應於道德實踐之眞實。

六、天泉證道中龍溪確實有執著於「四無」的毛病，而緒山也確實有執著於「四有」的毛病。從龍溪向陽明問道：「本體透後，於此四句宗旨如何？」看來，龍溪似乎以爲一悟「四無」，便可以常住「四無」之境，更不須要再用「四句教」中之「漸修」工夫，這便有「疏闊蕩越」之病。其視陽明四句教爲一時之「權法」，實因不能通達陽明「有」「無」兩面立教之深意。而從緒山與龍溪爭議時，一再強調「漸修」工夫的必要性，以及不能正視龍溪「四無」說的價值看來，緒山確實有「著實不透」之病。其執著於「四有」以爲師門教人之「定本」，實因未能洞察陽明「有」「無」兩面立教之微意。

七、「上根」與「中下根」之分，主要是從人的氣質之清濁著眼，氣質清明者謂之「上根」，氣質昏濁者謂之「中下根」。但這種區分只是就著修養工夫上有難易遲速之別而說，並非把每個人都看成是命定的。因爲從陽明說：「聖人亦是學知，眾人亦是生知」看來，上根之人仍須兼修中下，中下根人亦未嘗不能當下頓悟而成上根。

八、龍溪「四無」說作爲一種教法，是屬於當機指點的方式；而緒山「四有」說作爲一種教法，則是給出一套教理供人持循。前者看似無把柄可循，卻能當下令人悟入本心，直承良知本體之發用流行。後者雖給出一套教理，但人儘可以執持此教理去做工夫，而自以爲已見得道體之本來面目。殊不知道體原是無聲無臭，唯在當下體之而已，知解上縱使理會得明白，於自家生命終隔一層。所以，就著眞實的道德實踐而言，雖不免須要依循「四有」之教理去做「漸修」工夫，卻也不能不透過「四無」之指點而當下「頓悟」本體，兩種教法兼備，方可引人躋入聖域。

九、陽明「四句教」作爲他晚年立教之「宗旨」，實具有「究極之說」的意義，故交待二位弟子以後再不可更易。而「四句教」作爲一種「徹上徹下功夫」，實具有「中人上下無不接著，隨人指點自沒病痛」的特性，故謂自初

學以至聖人只此功夫。由此看來,陽明之「四句教」乃是兼通「無」、「有」二境之教法,既重「頓悟」、又不廢「漸修」,隨人根器上下指點,或「悟」後而起「修」,或漸「修」以入「悟」,皆可以有四句教之工夫照管。這不論是從天泉證道的文獻來看,或從四句教本身的理境來分析,或從陽明晚年居越以後的言論與教法來考察,在在皆可證明這種說法爲不誤。總之,「四句教」實代表著陽明晚年化境下一種圓融無礙的教法。

　　十、在陽明揭示「四句教」爲他晚年立教之「宗旨」之後,更進一步叮囑龍溪:「雖已得悟,仍當隨時用漸修工夫,不如此不足以超凡入聖。」揆諸龍溪後來之立論,雖也能謹遵師教,兼顧到「漸修」工夫的重要性,然「四無」之意莫不潛含其中。所謂「悟」後而起「修」,正代表著龍溪後來實踐工夫的特色。而陽明也進一步叮囑緒山:「德洪卻須進此一格,始爲玄通。」考察緒山後來之立論,雖也能秉承師訓,兼顧到「頓悟」工夫的切要性,然「四有」之意仍爲他強調的重點。所謂漸「修」以入「悟」,正代表著緒山後來實踐工夫的特色。其實,不管是依龍溪或依緒山的實踐方式去做工夫,最後皆可達到成聖的目標,亦皆無悖於陽明晚年立教之宗旨。

參考書目

一、古代文獻

1. 孔安國傳，孔穎達等正義：《尚書正義》，收入《十三經注疏》（明嘉慶二十年重刊宋本，阮元校勘），第 1 冊，臺北：藝文印書館，1989 年。

2. 毛亨傳，鄭玄箋，孔穎達等正義：《毛詩正義》，收入《十三經注疏》（明嘉慶二十年重刊宋本，阮元校勘），第 2 冊，臺北：藝文印書館，1989 年。

3. 王弼，韓康伯注，孔穎達等正義：《周易正義》，收入《十三經注疏》（明嘉慶二十年重刊宋本，阮元校勘），第 1 冊，臺北：藝文印書館，1989 年。

4. 王守仁：《王陽明全書》，臺北：正中書局，1976 年。

5. 王守仁：《王陽明全集》，臺北：大申書局，1983 年。

6. 王守仁撰，吳光、錢明、董平、姚延福編校：《王陽明全集》，上海：上海古籍出版社，1992 年。

7. 王艮：《王心齋全集》，臺北：廣文書局，1987 年。

8. 王畿：《龍谿王先生全集》（明萬曆乙卯〔43 年，1615〕嘉善丁賓編，山陰張汝霖校刊本），臺北：國家圖書館善本微卷 12105。

9. 王畿：《王龍溪全集》（清道光壬午〔2 年，1820〕會稽莫晉刻本影印），臺北：華文書局，1970 年。

10. 王畿：《王龍溪語錄》，臺北：廣文書局，1986 年。

11. 王畿著，吳震編校整理：《王畿集》，南京：鳳凰出版社，2007 年。

12. 王懋竑：《朱子年譜》，臺北：世界書局，1984 年。

13. 朱熹：《周易本義》，臺北：大安出版社，1999 年。

14. 朱熹：《四書章句集註》，臺北：鵝湖出版社，1984 年。

15. 朱熹著，黎靖德編：《朱子語類》，臺北：文津出版社，1986 年。

16. 朱熹著，黃坤校點：《四書或問》，上海：上海古籍出版社，2001 年。

17. 朱熹著，朱傑人、嚴佐之、劉永翔主編：《朱子全書》上海：上海古籍出版社；合肥：安徽教育出版社，2002 年。

18. 李贄：《焚書》，臺北：河洛出版社，1974 年。

19. 周敦頤：《周子通書》，臺北：中華書局，1978 年。

20. 周汝登：《聖學宗傳》，山東：孔子文化大全編輯部編輯，山東友誼書社出版，1989 年。

21. 胡宏：《胡宏集》，北京：中華書局，1987 年。

22. 唐順之：《唐荊川集》（四部叢刊本），臺北：臺灣商務印書館，1976 年。。

23. 高攀龍：《高子全書》（文淵閣四庫全書本，集部第四二〇冊），臺北：商務印書館景印，1986 年。

24. 徐愛、錢德洪、董澐著，錢明編校整理：《徐愛、錢德洪、董澐集》，南京：鳳凰出版社，2007 年。

25. 陸九淵：《象山全集》，臺北：中華書局，1987 年。

26. 陳獻章：《陳獻章集》，北京：中華書局，1987 年。

27. 郭慶藩輯：《莊子集釋》，臺北：華正書局，1985 年。

28. 張載：《張載集》，臺北：漢京文化事業有限公司，1983 年。

29. 張廷玉：《明史列傳》，臺北：明文書局，1991 年。

30. 程顥、程頤：《二程集》，臺北：漢京文化事業有限公司，1983 年。

31. 黃宗羲：《宋元學案》，臺北：華世出版社，1987 年。

32. 黃宗羲：《明儒學案》，臺北：華世出版社，1987 年。

33. 鄒守益著，董平編校整理：《鄒守益集》，南京：鳳凰出版社，2007 年。

34. 劉宗周著，戴璉璋、吳光主編：《劉宗周全集》，臺北：中央研究院中國文哲研究所籌備處，1996 年。

35. 歐陽德著，陳永革編校整理：《歐陽德集》，南京：鳳凰出版社，2007 年。

36. 聶豹著，吳可爲編校整理：《聶豹集》，南京：鳳凰出版社，2007 年。

37. 羅洪先著，徐儒宗編校整理：《羅洪先集》，南京：鳳凰出版社，2007 年。

38. 羅汝芳：《盱壇直詮》，臺北：廣文書局，1977 年。

39. 羅汝芳著，方祖猷、梁一群、李慶龍等編校整理：《羅汝芳集》，南京：鳳凰出版社，2007 年。

40. 顧炎武，《日知錄》，臺北：中華書局，1976 年。

41. 顧憲成：《顧端文公集》（明崇禎無錫顧氏家刊本），臺北：國家圖書館善本微卷 12739。

42. 顧憲成：《小心齋箚記》，臺北：廣文書局，1978 年。

二、現代著作

1. 方東美：《新儒家哲學十八講》，臺北：黎明文化事業公司，1985 年。

2. 方祖猷：《王畿評傳》，南京：南京大學出版社，2000 年。

3. 王邦雄、曾昭旭、楊祖漢著：《論語義理疏解》，臺北：鵝湖出版社，1994 年。

4. 王邦雄、曾昭旭、楊祖漢著：《孟子義理疏解》，臺北：鵝湖出版社，1998 年。

5. 印順：《中國禪宗史》，臺北：正聞出版社，1998 年。

6. 古清美：《明代理學論文集》，臺北：大安出版社，1990 年。

7. 朱維煥：《周易經傳象義闡釋》，臺北：臺灣學生書局，1993 年。

8. 朱鴻林：《明儒學案點校釋誤》，臺北：中央研究院歷史語言研究所，1991 年。

9. 牟宗三：《王陽明致良知教》，臺北：中央文物供應社，1980 年。

10. 牟宗三：《中國哲學十九講》，臺北：臺灣學生書局，1983 年。

11. 牟宗三：《中國哲學的特質》，臺北：臺灣學生書局，1984 年。

12. 牟宗三：《現象與物自身》，臺北：臺灣學生書局，1984 年。

13. 牟宗三：《從陸象山到劉蕺山》，臺北：臺灣學生書局，1984 年。

14. 牟宗三：《才性與玄理》，臺北：臺灣學生書局，1984 年。

15. 牟宗三：《心體與性體》，臺北：正中書局，1985 年。

16. 牟宗三：《圓善論》，臺北：臺灣學生書局，1985 年。

17. 牟宗三：《智的直覺與中國哲學》，臺北：臺灣商務印書館，1987 年。

18. 牟宗三：《佛性與般若》，臺北：臺灣學生書局，1989 年。

19. 余英時：《中國思想傳統的現代詮釋》，臺北：聯經出版社，1987 年。

20. 余英時：《宋明理學與政治文化》，臺北：允晨文化實業股份有限公司，2004 年。

21. 杜維明：《人性與自我修養》，臺北：聯經出版事業公司，1992 年。

22. 杜維明：《儒家思想——以創造轉化為自我認同》，臺北：東大圖書公司，1992 年。

23. 岑溢成：《大學義理疏解》，臺北：鵝湖出版社，1986 年。

24. 何淑靜：《孟荀道德實踐理論之研究》，臺北：文津出版社，1988 年。

25. 呂妙芬：《胡居仁與陳獻章》，臺北：文津出版社，1996 年。

26. 呂妙芬：《陽明學士人社群——歷史、思想與實踐》，臺北：中央研究院

近代史研究所，2003 年。

27. 呂澂：《中國佛學源流略講》，臺北：里仁書局，1985 年。

28. 李明輝：《儒家與康德》，臺北：聯經出版事業公司，1990 年。

29. 李明輝：《康德倫理學與孟子道德思考之重建》，臺北：中央研究院中國文哲研究所，1994 年。

30. 李明輝：《當代儒學之自我轉化》，臺北：中央研究院中國文哲研究所，1994 年。

31. 李明輝編：《儒家經典詮釋方法》，臺北：臺大出版中心，2004 年。

32. 李明輝：《四端與七情——關於道德情感的比較哲學探討》，臺北：臺大出版中心，2005 年。

33. 李紀祥：《兩宋以來大學改本之研究》，臺北：臺灣學生書局，1988 年。

34. 吳光主編：《陽明學研究》，上海：上海古籍出版社，2000 年。

35. 吳震：《聶豹、羅洪先評傳》，南京：南京大學出版社，2001 年。

36. 吳震：《陽明後學研究》，上海：上海人民出版社，2003 年。

37. 吳震：《羅汝芳評傳》，南京：南京大學出版社，2005 年。

38. 林月惠：《良知學的轉折——聶雙江與羅念庵思想之研究》，臺北：臺大出版中心，2005 年。

39. 林月惠：《詮釋與工夫——宋明理學的超越蘄向與內在辯證》，臺北：中央研究院中國文哲研究所，2008 年。

40. 林安梧：《存有、意識與實踐》，臺北：東大圖書股份有限公司，1993 年。

41. 岡田武彥著，吳光、錢明、屠承先譯：《王陽明與明末儒學》，上海：上海古籍出版社，2000 年。

42. 侯外盧、邱漢生、張豈之主編：《宋明理學史》，北京：人民出版社，1987 年。

43. 姜允明：《心學的現代詮釋》，臺北：東大圖書股份有限公司，1986 年。

44. 范良光：《易傳道德的形上學》，臺北：臺灣商務印書館，1990 年。

45. 徐復觀：《中國經學史的基礎》，臺北：臺灣學生書局，1996 年。

46. 徐復觀：《中國人性論史·先秦篇》，臺北：臺灣商務印書館，1987 年。

47. 唐君毅：《中國哲學原論·原教篇》，臺北：臺灣學生書局，1984 年。

48. 唐君毅：《中國哲學原論·導論篇》，臺北：臺灣學生書局，1986 年。

49. 唐君毅：《中國哲學原論·原道篇》，臺北：臺灣學生書局，1986 年。

50. 唐君毅：《中國哲學原論·原性篇》，臺北：臺灣學生書局，1989 年。

51. 唐君毅：《哲學論集》，臺北：臺灣學生書局，1990 年。

52. 秦家懿：《王陽明》，臺北：東大圖書公司，1987 年。

53. 袁保新：《孟子三辨之學的歷史省察與現代詮釋》，臺北：文津出版社，1992 年。

54. 袁保新：《從海德格、老子、孟子到當代新儒學》，臺北：臺灣學生書局，2008 年。

55. 容肇祖：《明代思想史》，臺北：臺灣開明書店，1978 年。

56. 陳來：《朱熹哲學研究》，臺北：文津出版社，1990 年。

57. 陳來：《宋明理學》，臺北：洪葉文化事業有限公司，1993 年。

58. 陳來：《有無之境——王陽明哲學的精神》，北京：人民出版社，1991 年。

59. 陳來：《有無之境——王陽明哲學的精神》，臺北：佛光文化事業有限公司，2000 年。

60. 陳榮捷：《王陽明與禪》，臺北：臺灣學生書局，1984 年。

61. 陳榮捷：《王陽明傳習錄詳註集評》，臺北：臺灣學生書局，1988 年。

62. 陳榮捷：《朱學論集》，臺北：臺灣學生書局，1988 年。

63. 麥仲貴：《王門諸子致良知學之發展》，香港：香港中文大學，1973 年。

64. 麥仲貴：《明清儒學家著述生卒年表》，臺北：臺灣學生書局，1980 年。

65. 湯用彤：《漢魏兩晉南北朝佛教史》，臺北：臺灣商務印書館，1991 年。

66. 勞思光：《中國哲學史》，臺北：三民書局，1984 年。

67. 勞思光：《思辯錄——思光近作集》，臺北：東大圖書股份有限公司，2003 年。

68. 嵇文甫：《左派王學》，臺北：國文天地雜誌社，1990 年。

69. 傅偉勳：《學問的生命與生命的學問》，臺北：正中書局，1993 年。

70. 馮耀明：《中國哲學的方法論問題》，臺北：允晨文化實業股份有限公司，1989 年。

71. 彭國翔：《良知學的展開——王龍溪與中晚明的陽明學》，臺北：臺灣學生書局，2003 年。

72. 彭國翔：《儒家傳統——宗教與人文主義之間》，北京，北京大學出版社，2007 年。

73. 黃進興：《優入聖域：權力、信仰與正當性》，臺北：允晨文化實業股份有限公司，1994 年。

74. 張君勱：《新儒家思想史》，臺北：弘文館出版社，1986 年。

75. 張君勱著，江日新譯：《王陽明》，臺北：東大圖書公司，1991 年。

76. 張永儁：《二程學管見》，臺北：三民書局，1988 年。

77. 張立文：《宋明理學研究》，北京：中國國人民大學出版社，1985 年。

78. 張學智：《明代哲學史》，北京：北京大學出版社，2000 年。

79. 曾陽晴：《無善無惡的理想道德主義》，臺北：臺灣大學出版社，1992 年。

80. 楊國榮：《心學之思：王陽明哲學的闡釋》，北京：三聯書店，1997 年。

81. 楊國榮：《王學通論：從王陽明到熊十力》，臺北：五南圖書出版公司，1997 年。

82. 楊伯峻編著：《論語譯注》，臺北：華正書局，1990 年。

83. 楊伯峻編著：《孟子譯注》，臺北：華正書局，1990 年。

84. 楊祖漢：《儒家的心學傳統》，臺北：文津出版社，1992 年。

85. 楊祖漢：《中庸義理疏解》，臺北：鵝湖出版社，1997 年。

86. 楊祖漢：《當代儒學思辨錄》，臺北：鵝湖出版社，1998 年。

87. 楊祖漢：《從當代儒學觀點看韓國儒學的重要論爭》，臺北：臺大出版中心，2005 年。

88. 楊惠南：《禪史與禪思》，臺北：東大書局，1995 年。

89. 熊十力：《讀經示要》，臺北：明文書局，1984 年。

90. 蒙培元：《中國心性論》，臺北：臺灣學生書局，1990 年。

91. 蒙培元：《理學的演變——從朱熹到王夫之、戴震》，臺北：文津出版社，1992 年。

92. 蔡仁厚：《新儒家的精神方向》，臺北：臺灣學生書局，1984 年。

93. 蔡仁厚：《孔孟荀哲學》，臺北：臺灣學生書局，1984 年。

94. 蔡仁厚：《儒家心性之學論要》，臺北：文津出版社，1990 年

95. 蔡仁厚：《王陽明哲學》，臺北：三民書局，1992 年。

96. 蔡仁厚：《王學流衍——江右王門思想研究》，北京：人民出版社，2006 年。

97. 劉述先：《朱子哲學思想的發展與完成》，臺北：臺灣學生書局，1984 年。

98. 劉述先：《黃宗羲的心學及其定位》，臺北：允晨文化實業股份有限公司，1986 年。

99. 錢明：《陽明學的形成與發展》，南京：江蘇古籍出版社，2002 年。

100. 錢穆：《陽明學述要》，臺北：正中書局，1979 年。

101. 錢穆：《中國學術思想史論叢》（七），臺北：東大圖書股份有限公司，1986 年。

102. 錢穆：《宋明理學概述》，臺北：臺灣學生書局，1987 年。

103. 賴賢宗：《體用與心性——當代新儒家哲學新論》，臺北：臺灣學生書局，2001 年。

104. 戴瑞坤：《陽明學漢學研究論集》，臺北：臺灣學生書局，1988 年。

105. 鍾彩鈞：《王陽明思想之進展》，臺北：文史哲出版社，1983 年。

三、期刊論文

1. 王汎森：〈「心即理」說的動搖與明末清初學風之轉變〉,《中央研究院歷史語言研究所集刊》,第 65 本,第 2 分（1994 年 6 月）。

2. 王財貴：《王龍溪良知四無說析論》,臺北：臺灣師範大學國文研究所碩士論文,1990 年 6 月,收入《臺灣師範大學國文研究所集刊》,第 35 期（1991 年 6 月）。

3. 王財貴：《儒家判教之基型——有關王龍溪四無圓教義之探討》,《鵝湖學誌》,第 13 期（1994 年 12 月）。

4. 王財貴：《從天台圓教論儒家心學建立圓教之可能性》,臺北：中國文化大學哲學研究所博士論文,1996 年。

5. 水野實、永富青地、三澤三知夫校注,張文朝譯：《稽山承語》,收入《中國文哲研究通訊》,第 8 卷,第 3 期（1998 年 9 月）。

6. 牟宗三：〈陸王一系之心性之學〉,原刊於《自由學人》,第 1 卷,第 1 期至第 3 期（1956 年 8 月至 10 月）；今收入《牟宗三先生全集》,第 30 冊,臺北：聯經出版公司,2003 年。

7. 牟宗三：〈研究中國哲學之文獻途徑〉,原刊於《鵝湖月刊》,第 121 期（1985 年 7 月）；今收入《牟宗三先生全集》,第 27 冊,臺北：聯經出版公司,2003 年。

8. 牟宗三：〈《孟子》演講錄（六）〉,《鵝湖月刊》,第 353 期（2004 年 11 月）。

9. 岑溢成：〈王心齋安身論今詮〉,《鵝湖學誌》,第 14 期（1995 年 6 月）。

10. 呂妙芬：〈顏子之傳：一個爲陽明學爭取正統的聲音〉,《漢學研究》,第 15 卷,第 1 期（1997 年 6 月）。

11. 呂妙芬：〈陽明學派的建構與發展〉,《清華學報》,第 29 卷,第 2 期（1999 年 6 月）。

12. 李明輝：〈朱子論惡之根源〉,收入鍾彩鈞主編：《國際朱子學會議論文集》（上冊）,臺北：中央研究院中國文哲研究所,1993 年。

13. 李明輝：〈從康德的實踐哲學論王陽明的「知行合一」說〉,《中國文哲研究所集刊》第 4 期（1994 年 3 月）。

14. 李明輝：〈劉蕺山論惡之根源〉,收入鍾彩鈞主編：《劉蕺山學術思想論集》,臺北：中央研究院中國文哲研究所,1998 年。

15. 李明輝：〈存心倫理學、形式倫理學與自律倫理學〉,《國立政治大學哲學學報》,第 5 期（1999 年 1 月）。

16. 林月惠：《陽明「內聖之學」研究》,臺北：臺灣師範大學國文研究所碩士論文,1988 年 6 月。

17. 林月惠：〈從宋明理學「性情論」考察劉蕺山對《中庸》「喜怒哀樂」的詮釋〉，《中央研究院中國文哲研究所期刊》，第 25 期（2004 年 9 月）。

18. 林志欽：〈王龍溪四無說釋義〉，《鵝湖月刊》，第 184 期（1990 年 10 月）。

19. 林惠勝：〈試論王龍溪「三教合一說」──以《調息說》為例〉，臺北：《中國學術年刊》，第 14 期（1993 年）。

20. 高瑋謙：〈牟宗三先生論「天泉證道」之檢討〉，收入李明輝主編：《牟宗三先生與中國哲學之重建》，臺北：文津出版社，1996 年。

21. 高瑋謙：〈宗密對儒道兩家思想之批判與肯定〉，《鵝湖月刊》，第 308 期（2001 年 2 月）。

22. 高瑋謙：〈唐君毅先生論「德性之知」與「知識之知」的關係之檢討〉，《鵝湖月刊》，第 316 期（2001 年 10 月）。

23. 高瑋謙：〈《明儒學案·浙中王門學案》中錢緒山與王龍溪思想之述評〉，《鵝湖學誌》，第 27 期（2001 年 12 月）。

24. 陳來：〈自然為學：王畿哲學的本質特徵──兼論中純夫先生王門三派說質疑〉，《寧波大學學報》（人文科學版），第 3 期，1999 年。

25. 陳來：〈《遺言錄》《稽山承語》與王陽明晚年思想〉，收入吳光主編：《陽明學研究》，上海：上海古籍出版社，2000 年。

26. 陳熙遠：〈黃黎洲對陽明「心體無善無惡」說的疏解與其在思想史上的意涵〉，《鵝湖月刊》，第 177 期（1990 年 3 月）。

27. 屠承先：〈陽明學派的本體功夫論〉，《中國社會科學》，第 6 期（1990 年）。

28. 勞思光：〈王門功夫問題之爭議及儒學精神之特色〉，《新亞學術集刊》，第 3 期（1982 年）。

29. 張永儁：〈朱熹哲學思想之「方法」及其實際運用〉，收入《國際朱子學會議論文集》（上冊），臺北：中央研究院中國文哲研究所，1993 年。

30. 彭國翔：〈王龍溪的先天學及其定位〉，《鵝湖學誌》，第 21 期（1998 年 12 月）。

31. 彭國翔：〈王龍溪的《中鑒錄》及其思想史研究〉，《漢學研究》，第 19 卷，第 2 期（2001 年 12 月）。

32. 彭高翔（彭國翔）：〈王龍溪先生年譜〉，原刊於《中國文哲研究通訊》，第 7 卷，第 4 期（1997 年 12 月）；今收入氏著：《良知學的展開──王龍溪與中晚明的陽明學》，附錄一，臺北：臺灣學生書局，2003 年。

33. 彭國翔：〈明刊《龍溪會語》及王龍溪文集佚文──王龍溪文集明刊本略考〉，原刊於《鵝湖月刊》，第 286-288 期（1999 年 4 月至 6 月）；今收入氏著：《良知學的展開──王龍溪與中晚明的陽明學》，附錄二，臺北：臺灣學生書局，2003 年。。

34. 楊國榮：〈王門後學致良知說的演進〉，《學術界》，第 5 期（1988 年）。

35. 楊國榮：〈從現成良知說看王學的衍化〉，《哲學與文化》，第 17 卷，第 7 期（1990 年 7 月）。

36. 楊祖漢：〈王龍溪對王陽明良知說的繼承與發展〉，《鵝湖學誌》，第 11 期（1993 年 12 月）。

37. 楊祖漢：〈王龍溪哲學與道德教育〉，《鵝湖月刊》，第 231 期（1994 年 9 月）。

38. 楊祖漢：〈從王學的流弊看康德道德哲學作爲居間型態的意義〉，《鵝湖學誌》，第 33 期（2004 年 12 月）。

39. 蔡家和：《王龍溪思想的衡定》，桃園：國立中央大學哲研所碩士論文，2000 年 6 月。

40. 劉桂光：《王龍溪與聶雙江、羅念庵論辯之研究——以陽明學爲判準》，臺北：中國文化大學哲學研究所碩士論文，1995 年。

41. 鄭址郁：〈王龍溪「現成論」的考察〉，《鵝湖月刊》，第 269 期（1997 年 11 月）。

42. 錢明：〈陽明學派分化的思想基礎〉，《浙江學刊》，第 4 期（1986 年）。

43. 錢明：〈王學流派的演變及其異同〉，《孔子研究》，第 6 期（1987 年 4 月）。

44. 鍾彩鈞：〈錢緒山及其整理陽明文獻的貢獻〉，《中國文哲研究通訊》，第 8 卷，第 3 期（1998 年 9 月）。